Nachvertragliches Wettbewerbsverbot
des GmbH-Geschäftsführers

Europäische Hochschulschriften Recht

European University Studies in Law

Publications Universitaires Européennes de Droit

Band/Volume 6762

Sven Büttner

Nachvertragliches Wettbewerbsverbot des GmbH-Geschäftsführers

Die rechtliche Beurteilung nachvertraglicher Wettbewerbsverbote im Lichte der verfassungs- sowie zivilrechtlichen Vorgaben und Prinzipien

PETER LANG

Lausanne - Berlin - Bruxelles - Chennai - New York - Oxford

Bibliografische Information der Deutschen Nationalbibliothek
Die Deutsche Nationalbibliothek verzeichnet diese Publikation in der Deutschen Nationalbibliografie; detaillierte bibliografische Daten sind im Internet über http://dnb.d-nb.de abrufbar.

Zugl.: Düsseldorf, Univ., Diss., 2023

D 61
ISSN 0531-7312
ISBN 978-3-631-90849-5
E-BOOK 978-3-631-90850-1
E-PUB 978-3-631-90851-8
DOI 10.3726/b21174

Verlegt durch:
Peter Lang GmbH, Berlin, Deutschland

info@peterlang.com http://www.peterlang.com/

Diese Publikation wurde begutachtet.

Für meine Frau, Kinder und Familie

Vorwort

Die Arbeit befasst sich mit dem nachvertraglichen Wettbewerbsverbot des GmbH-Geschäftsführers. Im Mittelpunkt steht dabei die Fragestellung, wie die sach- und systemgerechte rechtliche Beurteilung im Lichte der verfassungs- sowie zivilrechtlichen Vorgaben und Prinzipien und unter Anwendung der allgemeinen methodischen Mittel der richterlichen Rechtsfortbildung im Vergleich zur bisherigen Rechtsprechung aussehen könnte.

Die Arbeit wurde im Sommersemester 2022 von der Juristischen Fakultät der Heinrich-Heine-Universität Düsseldorf als Dissertation angenommen. Rechtsprechung und Literatur konnten bis Ende Juli 2022 berücksichtigt werden. Zu diesem Zeitpunkt wurden auch die zitierten Internetseiten zuletzt aufgerufen.

Mein besonderer Dank gilt zunächst meinem Doktorvater, Herrn Prof. Dr. Ulrich Noack für die Möglichkeit, während meiner Lehrstuhltätigkeit die hiesige Arbeit anzufertigen zu dürfen. Für die Erstellung des Zweitgutachtens bin ich zudem Prof. Dr. Andreas Feuerborn zu großem Dank verpflichtet. Meinen ehemaligen Kolleginnen und Kollegen am Lehrstuhl für Bürgerliches Recht, Handels- und Wirtschaftsrecht danke ich für die gute Zusammenarbeit, insbesondere Robert Nies, Patrick Boguslawski und Dr. Lisa Guntermann für die Aufnahme ins Team sowie ihre Hilfsbereitschaft. So möchte ich dem gesamten Lehrstuhlteam für die vielen wertvollen Erinnerungen und Erfahrungen danken. Ebenso bedanken möchte ich mich bei Herrn Dr. Carsten Weiß für die stets hilfreichen Anmerkungen und Hinweise bei der anfänglichen Suche nach einem Promotionsthema.

Zuletzt gebührt der wohl größte Dank meiner Frau Kyra, die mich als stets unschätzbare Verbündete während meines Studiums sowie der Promotionsphase bedingungslos unterstützt hat. Ebenso möchte ich mich besonders bei meinen Eltern, die mich immer vorbehaltlos auf meinem Weg begleitet haben, als auch bei meinem Bruder, der mir zumindest keine weiteren Steine in den Weg warf, bedanken. Ein weiterer Dank gebührt überdies meinen Schwiegereltern sowie meiner Schwägerin, die vor allem mir, aber auch meiner Frau während meines Studiums sowie der Promotion eine große Stütze waren.

Düsseldorf, Juli 2023

Büttner

Abkürzungsverzeichnis

Für die verwendeten Abkürzungen wird auf *Kirchner, Hildebert/Böttcher, Eike*, Abkürzungsverzeichnis der Rechtssprache, 10. Auflage, Berlin 2021 verwiesen.

Inhaltsübersicht

Inhaltsverzeichnis

Erster Teil: Grundlagen

§ 1 Einleitung

A. Untersuchungsgegenstand

Der fortschreitenden Technisierung des Wirtschaftslebens folgt auch ein steigendes Bedürfnis nach Kenntnis- und Geheimnisschutz. Dazu tritt die ebenfalls steigende Diskontinuität der Beschäftigungsverhältnisse. Folglich steigt auch das Arbeitgeberinteresse an einem effektiven und zulässigen Schutz der Betriebs- und Geschäftsgeheimnisse sowie dem allgemeinen Schutz vor einer möglicherweise schädigenden Konkurrenztätigkeit des ausgeschiedenen Beschäftigten.[1] Zudem entspricht es schon dem Charakter der Anstellungsverhältnisse der leitungsbefugten Organe, dass diese auf eine höhere Fluktuation angelegt sind. Vor allem im Vergleich zu Arbeitsverhältnissen wird das Anstellungsverhältnis der Geschäftsführer[2] der GmbH öfter von einer Befristung, die nicht verlängert wird, oder einer ordentlichen Kündigung betroffen sein.[3] Folglich wird nicht allein das Arbeitgeberinteresse, sondern vielmehr auch das Gesellschaftsinteresse an einem effektiven und zulässigen Schutz ihrer Betriebs- und Geschäftsgeheimnisse sowie vor einer potenziell schädigenden Konkurrenztätigkeit durch ihren ehemaligen Geschäftsführer steigen.

Diesbezüglich spielen Wettbewerbsverbote eine gewichtige Rolle im Wirtschaftsleben, die insofern insbesondere gegenüber Arbeitnehmern, Gesellschaftern, Geschäftsführern von Gesellschaften sowie gegenüber Veräußerern von Unternehmen oder Freiberuflerpraxen vereinbart werden.[4] Von Bedeutung sind sie somit auch gegenüber Organmitgliedern von Kapitalgesellschaften, zu denen auch der GmbH-Geschäftsführer gehört. Organmitglieder stellen zumeist

---

1 Zum Wandel des Arbeitsmarktes und der betrieblichen Beschäftigungsstabilität siehe *Struck*, Flexibilität und Sicherheit, S. 20 ff.; *Vesper*, Indirekte nachvertragliche Wettbewerbsbeschränkungen, S. 25; *Kocher*, NZA 2010, 841 ff.; siehe auch *Kittner*, BB 2011, 1013.

2 In Anlehnung an den Wortlaut des § 6 GmbHG wird der GmbH-Geschäftsführer im Folgenden alleinig als Geschäftsführer bezeichnet. Des Weiteren wird aus Gründen der besseren Lesbarkeit ausschließlich die männliche Form verwendet, sie bezieht sich gleichwohl auf Personen jedes Geschlechts. Entsprechendes soll für alle genannten Personengruppen gelten.

3 *Bauer/Diller*, Wettbewerbsverbote, § 24 Rn. 1103, die dies hinsichtlich der Anwendbarkeit des § 75 Abs. 2 HGB besprechen.

4 Staudinger/*Fischinger*, BGB § 138 Rn. 448; *Krämer*, FS Röhricht, 2005, 335, 336.

„Schlüsselkräfte“[5] der Gesellschaft dar, die dementsprechend zugleich auch der „zentrale Know-how-Träger“ der Gesellschaft sein werden. So leuchtet es ein, dass ein Wechsel zu einem Konkurrenzunternehmen oder eine anschließende eigenständige Kon-

kurrenztätigkeit nachteilige Auswirkungen auf die wirtschaftlichen sowie wettbewerblichen Interessen der alten Gesellschaft haben kann.[6]

Einen nachvertraglichen Schutz vor der Verwertung von Kenntnissen und Erfahrungen sowie im Allgemeinen vor einer Konkurrenztätigkeit kann die Gesellschaft nur durch die ausdrückliche vertragliche Abrede in Form eines nachvertraglichen Wettbewerbsverbotes erlangen.[7] Nicht nur, dass es weitergehende nachvertraglich wirkende Wettbewerbsverbote *de jure* nicht gibt, enthält auch unsere Rechtsordnung keine eigens anwendbare spezialgesetzliche Regelung, die die rechtliche Zulässigkeit solcher nachvertraglichen Wettbewerbsverbote mit Geschäftsführern regelt. Solche spezialgesetzlichen Regelungen finden sich allein in den §§ 74 ff. HGB sowie im § 90a HGB, die gleichwohl jeweils einen eigenständigen persönlichen Anwendungsbereich normieren.

Ohne die eigens anwendbare spezialgesetzliche Grundlage hat sich die rechtliche Beurteilung nachvertraglicher Wettbewerbsverbote mit Geschäftsführern im Laufe der Jahre im Wege der Einzelfallrechtsprechung im Sinne eines *case law* entwickelt.[8] So befasste sich schon das Reichsgericht mit der Zulässigkeit von Konkurrenzverboten.[9] Ausgehend von dieser Rechtsprechung und anknüpfend an die Leitsatzentscheidung des BGH zu nachvertraglichen Wettbewerbsverboten mit Geschäftsführern vom 26.03.1984[10] soll die rechtliche Beurteilung am Maßstab des § 138 BGB stattfinden.[11] Bei dieser Prüfung betonte der BGH,

5 *Bauer/Diller*, BB 1995, 1134.

6 *Bauer*, FS Schwerdtner, 2003, 441.

7 MHLS/*Ziemons*, GmbHG § 43 Rn. 275; MüKoGmbHG/*Jaeger/Steinbrück*, § 35 Rn. 367.

8 *Thüsing*, NZG 2004, 9.

9 Vgl. RGZ 1, 22; 2, 118; 31, 97; 31, 97, 99; 68, 229; 112, 361.

10 BGHZ 91, 1.

11 Vgl. BGH, DB 1965, 468; BGHZ 91, 1, 3; BGH, NJW 1992, 1892 f.; BGH, NJW 2002, 1875, 1876; BGH, NJW-RR 2008, 1421, 1422; BGH, NZG 2008, 753; siehe auch MüKoGmbHG/*Jaeger/Steinbrück*, § 35 Rn. 368; Noack/Servatius/Haas/*Beurskens*, GmbHG § 37 Rn. 117; *Bauer*, FS Schwerdtner, 2003, 441, 442 ff.; *Thüsing*, NZG 2004, 9; *Kort*, ZIP 2008, 717, 718; *Menke*, NJW 2009, 636 f.; Gehle, DB 2010, 1981; *van Kann/Keiluweit*, BB 2010, 2050, 2051; *Müller*, GmbHR 2014, 964; *Weitnauer/Grob*, GWR 2014, 185, 189; *Kielkowski*, NZG 2015, 900; *Seel*, NWB 2018, 953; *Niklas*, ArbRAktuell 2019, 459; *N. Eckert/Köpple*, NZA 2020, 1453, 1455.

dass die Konkretisierung des § 138 BGB bei nachvertraglichen Wettbewerbsverboten mit Geschäftsführern im Lichte des Art. 12 Abs. 1 GG in Verbindung mit Art. 2 Abs. 1 GG sowie „unter Heranziehung der in den §§ 74 ff. HGB zum Ausdruck gekommenen Rechtsgrundsätze" vorzunehmen sei.[12] Beachtlich war damit die Betonung der Heranziehung der in den §§ 74 ff. HGB enthaltenen Grund- und Rechtsgedanken, die als allgemeine Wertungen zur Ausfüllung des Maßstabes der guten Sitten herangezogen werden sollen.[13]

Unter der Beachtung der BGH-Rechtsprechung stellte sich im Laufe der Zeit eine Vielzahl von Fragen und Problemen im Rahmen der rechtlichen Beurteilung nachvertraglicher Wettbewerbsverbote mit Geschäftsführern. Dies ist nicht nur dem grundsätzlichen Fehlen eigens anwendbarer Regelungen geschuldet, sondern eben auch der Rechtsprechung des BGH selbst. Anknüpfend an die Leitsatzentscheidung des BGH aus dem Jahre 1984 und die generelle Ablehnung der analogen Anwendung der §§ 74 ff. HGB entschied der BGH im Jahre 1992 gleichwohl, dass die §§ 74 ff. HGB doch nicht „generell unanwendbar" seien.[14] Diesen Entscheidungen folgten Weitere zum Teil nicht ganz stringente.[15]

Neben der Kritik an der grundsätzlichen Konzeption der Rechtsprechungspraxis werden vor allem die unklaren und undeutlichen Vorgaben, die sich durch die Rechtsprechung entwickelten bzw. nicht entwickelt haben, angeprangert.[16] Insgesamt ergebe die Rechtsprechung ein „diffuses Bild"[17]. So haben sich zwar „eigene Grenzen entwickelt, die in vielen Punkten [jedoch] noch nicht präzise

---

12 BGHZ 91, 1, 5.

13 Vgl. Noack/Servatius/Haas/*Beurskens*, GmbHG § 37 Rn. 116; *Jäger*, DStR 1995, 724, 725.

14 BGH, NJW 1992, 1892, 1893.

15 BGH, NJW 1992, 1892, 1893; MüKoGmbHG/*Jaeger/Steinbrück*, § 35 Rn. 370; Lutter/Hommelhoff/*Kleindiek*, GmbHG Anh. zu § 6 Rn. 25; *Bauer/Diller*, BB 1995, 1134, 1135; *Kamanabrou*, ZGR 2002, 898, 903; *Thüsing*, NZG 2004, 9 f.; *Gravenhorst*, DB 2019, 1572, 1573.

16 Hier vor allem Staub/*Weber*, HGB vor § 74 Rn. 22; Heymann/*Henssler/Michel*, HGB vor § 74 Rn. 17; MüKoGmbHG/*Jaeger/Steinbrück*, § 35 Rn. 369 f.; *Fleck*, FS Hilger/Stumpf, 1983, 197, 205, 209 f.; *Wank*, FS Wiedemann, 2002, 587, 606; *Bauer/Diller*, Wettbewerbsverbote, § 24 Rn. 1038; *Gissel*, Arbeitnehmerschutz für den GmbH-Geschäftsführer, S. 136 ff.; *Gravenhorst*, Nachvertragliche Wettbewerbsverbote mit GmbH-Geschäftsführern, S. 66 ff.; *D. Gaul*, GmbHR 1991, 144, 147; *Henssler*, RdA 1992, 289, 294; *Boemke*, ZfA 1998, 209, 233 f.; *Lembke*, NZA-RR 2019, 65, 68; *M. Köhler*, EWiR 2019, 461, 462; *Dzida/Lang*, ArbRB 2019, 189.

17 *Heidenhain*, NZG 2002, 605; Baumbach/Hueck/*Zöllner/Noack*, 18. Aufl. 2006, GmbHG § 35 Rn. 198.

gezogen sind“[18]. Es bestehen damit im Allgemeinen große Unsicherheiten in der Literatur sowie der Kautelarpraxis, demnach die oft als undurchsichtig empfundene BGH-Rechtsprechung es überhaupt kaum ermögliche, voraussehbare und rechtssichere nachvertragliche Wettbewerbsverbote zu vereinbaren.[19] Dazu kommt, dass der BGH nicht oft die Gelegenheit erhält, sich zur vorliegenden Thematik zu äußern, was zum Teil dem Umstand geschuldet ist, dass über nachvertragliche Wettbewerbsverbote mit Organmitgliedern oftmals im einstweiligen Verfügungsverfahren gestritten wird, bei dem keine Revision stattfindet.[20]

B. Ziel und Gang der Untersuchung

In diesem Sinne stellen die Fragen, ob den §§ 74 ff. HGB insgesamt eine Leitbild- oder Orientierungsfunktion zukommt, die sodann auch über den originären persönlichen Anwendungsbereich hinaus zu beachten ist sowie der möglichen Anwendbarkeit der §§ 74 ff. HGB gegenüber Geschäftsführern, die zentralen und weiterhin umstrittenen Streit- und Diskussionsthemen „im Spannungsfeld zwischen der arbeits- und gesellschaftsrechtlichen Stellung der Geschäftsführer“[21] dar. Dazu tritt des Weiteren auch die Frage der Methodenehrlichkeit. Dies nicht allein hinsichtlich der sachgerechtesten Lösung einer möglichen analogen Anwendbarkeit der §§ 74 ff. HGB oder der Konkretisierung des § 138 BGB,[22] sondern auch hinsichtlich der methodischen Klarheit der Rechtsfindung. Somit ist die vorliegende Problematik auch aus methodischer sowie dogmatischer Sicht zu betrachten, womit es vor allem um die sach- und systemgerechte rechtliche Beurteilung des nachvertraglichen Wettbewerbsverbotes des Geschäftsführers geht.

Im ersten Teil der vorliegenden Arbeit sollen einleitend die Grundlagen der Arbeit dargelegt werden. Dazu gehört zuvörderst die Erörterung der Rechtsverhältnisse zwischen der Gesellschaft und dem Geschäftsführer. Des Weiteren sind auch die BGH-Rechtsprechung hinsichtlich der inhaltlichen Ausgestaltung nachvertraglicher Wettbewerbsverbote herauszuarbeiten. Darüber hinaus sind

---

18 *Thüsing*, NZG 2004, 9; vgl. auch *Krahforst*, Nachvertragliche Wettbewerbsverbote für GmbH-Geschäftsführer, S. 28.

19 BeckOGK/*Ittmann*, HGB § 74 Rn. 9.2; *Bauer/Diller*, Wettbewerbsverbote, § 24 Rn. 1037; *Heidenhain*, NZG 2002, 605.

20 Siehe dazu *Diller*, FD-ArbR 2008, 263932.

21 MüKoGmbHG/*Jaeger/Steinbrück*, § 35 Rn. 368.

22 Dazu vor allem *Canaris*, JuS 1989, 161, 164, hinsichtlich des Vorzugs der analogen Anwendung des § 74a Abs. 1 S. 1 und 2 HGB.

auch die allgemeinen Voraussetzungen und Vorgaben der richterlichen vertraglichen Inhaltskontrolle, die der richterlichen Rechtsfortbildung sowie der Herleitung allgemeiner Rechtsprinzipien darzustellen.

Im zweiten Teil soll sodann die Frage der möglichen analogen Anwendung des Gesamtregelungskomplexes der §§ 74 ff. HGB diskutiert werden, bei der es vor allem um die Herausarbeitung der Vorgaben zur analogen Anwendung arbeitsrechtlicher Schutzvorschriften gehen wird.

Aufbauend auf diesen Ergebnissen folgt im dritten Teil zunächst die Prüfung der sach- und systemgerechten Konkretisierung des § 138 BGB, dies im Wege der Diskussion der Sach- und Systemgerechtigkeit der bisherigen Rechtsprechung sowie der methodisch und dogmatisch sauberen Herausarbeitung und Anwendung der allgemeinen Rechtsgedanken der §§ 74 ff. HGB. Im Anschluss daran soll zudem noch die mögliche analoge Anwendung einzelner Regelungen der §§ 74 ff. HGB geprüft werden. Diese Prüfung wird im Wesentlichen auf den gefundenen Ergebnissen der sach- und systemgerechten Konkretisierung des § 138 BGB aufbauen, da beide Prüfungen im Kern auf den möglicherweise induktiv zu gewonnenen verallgemeinerungsfähigen Wertungen und Rechtsprinzipien der §§ 74 ff. HGB beruhen werden. Auf diesen induktiv zu gewinnenden verallgemeinerungsfähigen Wertungen und Rechtsprinzipien wird auch die eigene Überlegung de lege ferenda beruhen, die in Anbetracht des Fehlens einer spezialgesetzlichen Grundlage eine mögliche zukünftige gesetzliche Regelung zur sachgerechten rechtlichen Behandlung nachvertraglicher Wettbewerbsverbote mit Geschäftsführern darstellen soll.

Der vierte und letzte Teil enthält sodann eine Zusammenfassung der wesentlichsten Erkenntnisse und Ergebnisse dieser Arbeit.

§ 2 Rechtsverbindungen zwischen Gesellschaft und Geschäftsführer

A. Das Organverhältnis des Geschäftsführers

Der Geschäftsführer stellt neben der Gesellschafterversammlung gemäß § 6 Abs. 1 GmbHG ein notwendiges Organ der GmbH dar.[23] So vertritt der Geschäftsführer gemäß §§ 35, 37 GmbHG die Gesellschaft nach außen gegenüber Dritten.[24] Demnach stellt das Handeln des Geschäftsführers gleichzeitig das Handeln der Gesellschaft dar.[25] Im Außenverhältnis hingegen gilt die Vertretungsmacht nach § 37 Abs. 2 GmbHG grundsätzlich unbeschränkt, sodass auch Beschränkungen in der Satzung, durch Weisungen oder im Anstellungsvertrag keine Wirkung im Verhältnis zu außenstehenden Dritten haben.[26] Nach innen hat der Geschäftsführer die Geschäftsführungskompetenz inne, die gesetzlich nicht geregelt ist, gleichwohl aber der Norm des § 35 Abs. 1 GmbHG folgt. Der Geschäftsführer ist grundsätzlich frei in der Leitung der Gesellschaft, obgleich er an etwaige Weisungen der Gesellschafter gebunden ist.[27] Dazu obliegt dem Geschäftsführer ein unentziehbarer Kern gesetzlich geregelter Pflichten, die auch nicht durch Satzungsregelungen oder Weisungen der Gesellschafter beschnitten werden können.[28] Gemäß § 43 GmbHG hat der Geschäftsführer den

---

23 *Altmeppen*, GmbHG § 6 Rn. 2; MüKoGmbHG/*Stephan*/*Tieves*, § 35 Rn. 14; Erbs/Kohlhaas/*Schaal*, GmbHG § 6 Rn. 2; Scholz/*U. H. Schneider*/*S. H. Schneider*, GmbHG § 6 Rn. 3. Als weiteres Beispiel muss dem Geschäftsführer die Mindesteinlage der Gesellschafter nach § 8 Abs. 2 GmbHG zur freien Verfügung stehen. Die Notwendigkeit der Gesellschafterversammlung hingegen ergibt sich nicht ausdrücklich aus dem Gesetz, wird jedoch in den §§ 46, 47 Abs. 1, 48 Abs. 1 GmbHG vorausgesetzt, vgl. MüKoGmbHG/*Stephan*/*Tieves*, GmbHG § 35 Rn. 13.

24 Noack/Servatius/Haas/*Beurskens*, GmbHG § 35 Rn. 1; BeckOK GmbHG/*Wisskirchen*/*Kuhn*/*Hesser*, § 35 Rn. 1.

25 *Altmeppen*, GmbHG § 35 Rn. 7; MHLS/*Lenz*, GmbHG § 35 Rn. 8; Lutter/Hommelhoff/*Kleindiek*, GmbHG § 35 Rn. 1.

26 Noack/Servatius/Haas/*Beurskens*, GmbHG § 37 Rn. 51; Henssler/Strohn GesR/*Oetker*, GmbHG § 37 Rn. 20; MHLS/Lenz, GmbHG § 37 Rn. 1; MüKoGmbHG/*Stephan*/*Tieves*, § 37 Rn. 156.

27 *Grunewald*, Gesellschaftsrecht, S. 366.

28 Vgl. *Altmeppen*, GmbHG § 37 Rn. 6; MHLS/*Lenz*, GmbHG § 37 Rn. 10, 16; MüKoGmbHG/*Stephan*/*Tieves*, § 37 Rn. 26 ff.; Lutter/Hommelhoff/*Kleindiek*, GmbHG § 37 Rn. 5. Dazu gehören beispielsweise die Pflichten der ordnungsgemäßen

Sorgfaltsmaßstab des „ordentlichen Geschäftsmanns“ einzuhalten, der mit dem Sorgfaltsmaßstab des „ordentlichen und gewissenhaften Geschäftsleiters“ nach § 93 Abs. 1 AktG übereinstimmt,[29] womit auch die „Business Judgement Rule“ nach § 93 Abs. 2 AktG analog zur Anwendung kommt.[30]

Zudem ist hinsichtlich der Geschäftsführung auch die Fremdorganschaft erlaubt. Demnach kann nicht nur ein Gesellschafter, sondern auch ein Dritter als Fremdgeschäftsführer wirksam als Geschäftsführungsorgan bestellt werden. Dies Unterscheidung zwischen dem Fremd- oder Gesellschafter-Geschäftsführer ist vor allem hinsichtlich der Anwendbarkeit arbeits-, sozial- und wettbewerbsrechtlicher Vorschriften von Belang. Selbiges kann zudem für die Unterscheidung der Gesellschafter-Geschäftsführer mit oder ohne Mehrheitsbeteiligung sowie mit oder ohne Sperrminorität von Bedeutung sein.[31]

Während der Organstellung unterliegt der Geschäftsführer, auch ohne dass eine vertragliche Vereinbarung von Nöten wäre, Wettbewerbsverboten.[32] Zum einen ein organschaftliches Wettbewerbsverbot, welches – ungeachtet seiner konkreten dogmatischen Herleitung[33] – jedwede Aktivität des Geschäftsführers untersagt, die in den Tätigkeits- und Konkurrenzbereich der Gesellschaft fällt und aus der sich ein Interessenkonflikt entwickeln kann.[34] Der Geschäftsführer

---

Buchführung nach den §§ 41 ff. GmbHG, die Verantwortlichkeit für den Jahresabschluss nach § 264 HGB sowie allerhand Auskunfts-, Handelsregister sowie Offenlegungspflichten.

29 Vgl. MüKoGmbHG/*Fleischer*, § 43 Rn. 1; *Altmeppen*, GmbHG § 43 Rn. 3; BeckOK GmbHG/*Ziemons/Pöschke*, § 43 Rn. 40; Noack/Servatius/Haas/*Beurskens*, GmbHG § 43 Rn. 8 f.; MHLS/*Ziemons*, GmbHG § 43 Rn. 409; *Wirbelauer*, MDR 2018, 61.

30 *Altmeppen*, GmbHG § 43 Rn. 8; BeckOK GmbHG/*Ziemons/Pöschke*, § 43 Rn. 101; Scholz/*Verse*, GmbHG § 43 Rn. 71; *Kuntz*, GmbHR 2008, 121, 123; *Fleischer*, NZG 2011, 521, 523.

31 *Altmeppen*, GmbHG § 6 Rn. 80; MüKoGmbHG/*Stephan/Tieves*, § 35 Rn. 14; *Uckermann/Drees*, DStR 2019, 561 f.

32 OLG Oldenburg, NZG 2000, 1038, 1039; BeckOGK/*Fehrenbach*, BGB § 307 Wettbewerbsverbotsklausel Rn. 219; *Altmeppen*, GmbHG § 43 Rn. 29; Hachenburg/*Mertens*, GmbHG, § 43 Rn. 49; BeckOK GmbHG/*Ziemons/Pöschke*, § 43 Rn. 155; *Kordes*, GmbH-StB 2008, 276, 280.

33 Sie zum § 88 AktG: Henssler/Strohn GesR/*Oetker*, GmbHG § 35 Rn. 22; Noack/Servatius/Haas/*Beurskens*, GmbHG § 37 Rn. 83; *Wirbelauer*, MDR 2018, 61, 64; zum § 112 HGB: Scholz/*Verse*, GmbHG § 43 Rn. 187; *Goette*, DStR 1998, 1137, 1139; *Leuering/Rubner*, NJW-Spezial 2020, 719.

34 Dazu eingehenderBeckOK GmbHG/*Ziemons/Pöschke*, § 43 Rn. 160; *Koch*, AktG § 88 Rn. 3; MüKoAktG/*Spindler*, § 88 Rn. 24; *Schneider*, GmbHR 1993, 10, 18. Zum Teil wird auch eine allgemeine Ausweitung auf abhängige Unternehmen im Sinne der

kann in den Tätigkeitsfeldern der Gesellschaft weder für eigene noch für fremde Rechnung tätig werden.[35] Daneben ist es dem Geschäftsführer nach der sogenannten Geschäftschancenlehre, die der aus dem US-amerikanischen Recht bekannten „*corporate opportunities doctrine*" entspringt,[36] untersagt, Chancen der Gesellschaft für den eigenen Zweck und Vorteil auszunutzen.

Als weitere Pflicht des Geschäftsführer zur Wahrung des Wettbewerbs und der Interessen der Gesellschaft trifft diesen eine Verschwiegenheitspflicht, die über das Anstellungsverhältnis und die Organstellung hinauswirkt und sowohl als Teil der Geschäftsführungspflichten als auch als Teil der organschaftlichen Treuepflicht anzusehen ist.[37] Ist auch diese – anders als in § 93 Abs. 1 S. 3 AktG, § 34 Abs. 1 S. 2 GenG – im GmbHG nicht ausdrücklich gesetzlich geregelt, findet sie jedoch durch die strafrechtliche Vorschrift des § 85 GmbHG ihre sanktionsbehaftete Kodifizierung und wird demnach als bestehende Pflicht vorausgesetzt.[38]

Können einige der beschriebenen organschaftlichen Wettbewerbsverbote auch für den Bereich nach der Organstellung weiterhin Wirkung entfalten, ist der Geschäftsführer mit der Beendigung und dem Ausscheiden aus der Organstellung sowie der Beendigung des Anstellungsverhältnisses grundsätzlich vollkommen frei in der Ausgestaltung seines weiteren beruflichen Fortkommens sowie in der Verwertung seiner beruflichen Kenntnisse und Erfahrungen. Möchte sich die Gesellschaft über den Schutzbereich des § 85 GmbHG

---

§ 17 AktG vorgenommen. Eine Ausweitung des Wettbewerbsverbotes auf die Tätigkeitsfelder der beherrschenden Gesellschaft ist nicht grundsätzlich geboten, kann gleichwohl einzelfallabhängig ebenfalls bestehen. Dies insbesondere in den Fällen, in denen der Geschäftsführer der Tochtergesellschaft infolge der Einbindung in den Konzern für den Wettbewerb relevante Informationen und Kenntnisse erlangen konnte. Vgl. Scholz/*Verse*, GmbHG § 43 Rn. 192; BeckOK GmbHG/*Ziemons/Pöschke*, § 43 Rn. 161; *Röhricht*, WPg 1992, 766, 770; *Schneider*, GmbHR 1993, 10, 18.

35 BeckOK GmbHG/*Ziemons/Pöschke*, § 43 Rn. 159; MüKoGmbHG/*Jaeger/Steinbrück*, § 35 Rn. 361; Noack/Servatius/Haas/*Beurskens*, GmbHG § 37 Rn. 84; Lutter/Hommelhoff/*Kleindiek*, GmbHG Anh. zu § 6 Rn. 22; Oppenländer/Trölitzsch/*Baumann* GmbH-GF-HdB, § 14 Rn. 12; *Goette*, DStR 1998, 1137, 1139; *Leuering/Rubner*, NJW-Spezial 2020, 719. Dies gilt auch dann, wenn der Gesellschaft von vornherein die nötigen Mittel fehlen, um selbst im jeweiligen Tätigkeitsbereich aktiv zu werden.

36 MüKoGmbHG/*Fleischer*, § 43 Rn. 175; BeckOK GmbHG/*Ziemons/Pöschke*, § 43 Rn. 176; *Müller*, GmbHR 2014, 964.

37 MHLS/*Ziemons*, GmbHG § 43 Rn. 292; Scholz/*Verse*, GmbHG § 43 Rn. 226; *Schroeder*, DB 1997, 2161, 2162.

38 MüKoGmbHG/*Fleischer*, § 43 Rn. 199 f.; Noack/Servatius/Haas/*Beurskens*, GmbHG § 37 Rn. 93; *Kunz*, DB 1993, 2482, 2483; *Armbrüster*, GmbHR 1997, 56, 57.

hinaus vor einer Konkurrenztätigkeit und der Verwertung von Kenntnissen und Informationen durch den ausgeschiedenen Geschäftsführer schützen, kann ein weitergehender Schutz allein durch die Vereinbarung eines nachvertraglichen Wettbewerbsverbotes erfolgen,[39] welches zumeist zeitgleich mit der Anstellung im Anstellungsvertrag vereinbart wird.[40] Besteht folglich ein weitergehendes nachvertragliches Schutzbedürfnis der Gesellschaft, ist die vertragliche Vereinbarung eines solchen Verbotes notwendig. Die inhaltlichen sowie normativen und methodischen Vorgaben der rechtlichen Beurteilung nachvertraglicher Wettbewerbsverbote mit Geschäftsführern werden im späteren Verlauf der Arbeit eingehender besprochen.

B. Verhältnis zwischen Organstellung und Anstellungsverhältnis

Neben der Organstellung ist der Geschäftsführer schuldrechtlich durch ein Anstellungsverhältnis in Form des Geschäftsführeranstellungsvertrages mit der Gesellschaft verbunden. Bei der Abgrenzung und Betrachtung dieser beiden Rechtsverhältnisse ist zuvörderst das Trennungsprinzip zu beachten, welches grundsätzlich sowohl vom BGH[41] als auch vom BAG[42] anerkannt und angewandt wird. Das Trennungsprinzip beschreibt die rechtliche Selbstständigkeit der Beziehungen der Gesellschaft zum Geschäftsführer und somit die strikte Trennung der gesellschaftsrechtlichen Beziehung als Organ (Organverhältnis) und der schuldrechtlichen Beziehung (Anstellungsverhältnis).[43] Folglich sind

---

39 BGH, NJW-RR 1990, 226; OLG Düsseldorf, NZG 1999, 405; MüKoGmbHG/*Jaeger/Steinbrück*, § 35 Rn. 367; BeckOK GmbHG/*Wisskirchen/Kuhn/Hesser*, § 6 Rn. 94; *Altmeppen*, GmbHG § 6 Rn. 91; Reichert GmbH & Co. KG/*Brechtel*, § 16 Rn. 109; Fleischer/*Thüsing*, Vorstandsrecht, § 4 Rn. 108; *ders.*, NZG 2004, 9; *Bergwitz*, GmbHR 2006, 1129, 1131; *Bauer/v. Medem*, GWR 2011, 435, 436.

40 MHLS/*Ziemons*, GmbHG § 43 Rn. 275; Noack/Servatius/Haas/*Beurskens*, GmbHG § 37 Rn. 116; Lutter/Hommelhoff/*Kleindiek*, GmbHG Anh. zu § 6 Rn. 25; Scholz/*Verse*, GmbHG, § 43 Rn. 245; *Jäger*, DStR 1995, 724.

41 Angedeutet in: BGHZ 10, 187, 191, 194; 36, 142, 143; ausdrücklich dann: BGHZ 78, 82, 85; 79, 38, 41; 89, 48, 51 f.; BGH, NJW 1989, 2683; BGH, NJW-RR 1992, 800, 801; BGH, NJW 1995, 2850; BGH, NJW 2010, 2343, 2344.

42 BAG, NZA 1999, 839, 839; BAG, NJW 2006, 1899, 1900.

43 So die (wohl) herrschende Meinung in der Literatur: *Altmeppen*, GmbHG § 6 Rn. 46; Noack/Servatius/Haas/*Beurskens*, GmbHG § 6 Rn. 53; Scholz/*Hohenstatt*, GmbHG § 35 Rn. 251; MHLS/*Lenz*, GmbHG § 35 Rn. 118; MüKoGmbHG/*W. Goette*, § 6 Rn. 78; Lutter/Hommelhoff/*Kleindiek*, GmbHG Anh. zu § 6 Rn. 1; MüKoGmbHG/*Stephan/*

die Regelungen und Wirkungen der beiden Verhältnisse getrennt voneinander zu beachten und zu bewerten und haben grundsätzlich keinen Einfluss auf das jeweils andere Rechtsverhältnis. Anerkannt ist dennoch, dass beide sonst selbstständigen Verhältnisse in einem Gegenseitigkeitsverhältnis miteinander verbunden sein können. Dieses Gegenseitigkeitsverhältnis besteht vor allem bei der Bestellung und Abbestellung des Geschäftsführers, der bei der Bestellung zugleich auch ein Interesse daran hat, einen Anstellungsvertrag abzuschließen, sowie ein Interesse an der Kündigung im Fall des Widerrufes bzw. Abbestellung aus dem Organverhältnis.[44] Des Weiteren wird auch die Möglichkeit der schuldrechtlichen Koppelung beider Verhältnisse durch sogenannte Koppelungsklauseln für zulässig erachtet, mit denen die Abberufung aus dem organschaftlichen Verhältnis mit dem Ausspruch einer Kündigung des Anstellungsverhältnisses verknüpft werden kann.[45] Ungeachtet dieser Ausnahmen zum Trennungsprinzip sollen die beiden Rechtsverhältnisse auch vorliegend grundsätzlich getrennt betrachtet werden. Sollte es sodann dennoch zu Überschneidungen der beiden Sphären kommen, sind diese an der jeweiligen Stelle der Arbeit zu erörtern.[46]

Tieves, § 35 Rn. 39; MHdB GesR III/*Diekmann*, § 43 Rn. 1; *Hueck*, FS Hilger/Stumpf, 1983, 366; *Röder/Lingemann*, DB 1993, 1341, 1344; *Hümmerich*, NJW 1995, 1177; *Kothe-Heggemann/Dahlbender*, GmbHR 1996, 650, 651; *Bauer/Gragert*, ZIP 1997, 2177; *Goette*, DStR 1998, 938; *Reiserer/Peters*, DB 2008, 167; *Reinfelder*, RdA 2016, 87, 91; *v. Westphalen*, NZG 2020, 321; sowie in der arbeitsrechtlichen Literatur: ErfK/*Preis*, BGB § 611a Rn. 88; Staudinger/*Latzel*, BGB § 611 Rn. 404.

44 BGHZ 79, 38, 41; Scholz/*Hohenstatt*, GmbHG § 35 Rn. 252; v. Westphalen/Thüsing/*Thüsing* VertrR/AGB-Klauselwerke, Geschäftsführerverträge Rn. 6; dazu auch BGH, GmbHR 2008, 1316.

45 Vgl. Scholz/*U.H. Schneider/S.H. Schneider*, GmbHG§ 38 Rn. 36; Noack/Servatius/Haas/*Beurskens*, GmbHG § 38 Rn. 96; weitergehend zu Koppelungsklauseln: *Werner*, NZA 2015, 1234; *v. Westphalen*, NZG 2020, 321.

46 Der von *Baums* vertretenen Einheitstheorie als Gegenentwurf zum Trennungsprinzip, siehe *Baums*, Geschäftsleitervertrag, S. 3 ff.; *Reuter*, FS Zöllner I, 1998, 487 ff., ist nicht zu folgen, ausführlich dazu *Mildenberger*, Der Geschäftsführervertrag, S. 7 ff. Die Einheitstheorie ist mit der gesetzlichen Regelung und den Wertungen des § 38 Abs. 1 GmbHG unvereinbar und demnach abzulehnen, vgl. Scholz/*U.H. Schneider/S.H. Schneider*, GmbHG§ 38 Rn. 36; Noack/Servatius/Haas/*Beurskens*, GmbHG § 38 Rn. 96; weitergehend zu Koppelungsklauseln: *Werner*, NZA 2015, 1234; *v. Westphalen*, NZG 2020, 321.

C. Die Rechtsnatur des Anstellungsverhältnisses des Geschäftsführers

Seit langer Zeit ist die rechtliche Einordnung des Anstellungsverhältnisses des Geschäftsführers als Arbeits- oder Dienstvertrag umstritten. Die Frage der Arbeitnehmereigenschaft des Geschäftsführers kann eine weisende Funktion für die Frage, ob dem im gewissen Maße schutzbedürftigen Geschäftsführer ein arbeitsrechtlicher Schutz durch die direkte oder analoge Anwendung bestimmter arbeits- sowie sozialrechtlicher Schutzvorschriften, wie zum Beispiel auch die der §§ 74 ff. HGB, zukommen soll. Demgemäß stellt eine mögliche Arbeitnehmereigenschaft die erste zu diskutierende Weichenstellung für die sach- und systemgerechte rechtliche Behandlung nachvertraglicher Wettbewerbsverbote mit Geschäftsführern dar.

I. Rechtsprechung des BGH und BAG

Nach der ständigen Rechtsprechung des BGH und der ihr zustimmenden gesellschaftsrechtlichen Literatur[47] ist der Geschäftsführer strikt durch ein freies Dienstverhältnis im Sinne eines auf „Geschäftsbesorgung durch Ausübung des Geschäftsführeramtes gerichtete[n]" Vertrages[48] mit der Gesellschaft vertraglich verbunden ist.[49] Dies sei zwingende Folge der Stellung als (Vertretungs-)Organ

---

47 *Altmeppen*, GmbHG § 6 Rn. 78; Noack/Servatius/Haas/*Beurskens*, GmbHG § 6 Rn. 54; Bartl/Bartl/Beine/Koch/ Schlarb/Schmitt/*Schmitt*, GmbH-Recht, § 35 Rn. 117; BeckOK GmbHG/ *Wisskirchen/Kuhn/Hesser*, § 6 Rn. 68; HCL/*Paefgen*, GmbHG § 35 Rn. 236; HK-GmbHG/*Lücke/Simon*, § 35 Rn. 49; Henssler/Strohn GesR/*Oetker*, GmbHG § 35 Rn. 103; Lutter/Hommelhoff/Kleindiek, GmbHG Anh. zu § 6 Rn. 2; MHLS/*Tebben*, GmbHG § 6 Rn. 122; Rowedder/Pentz/*Baukelmann*, GmbHG § 35 Rn. 83; *Wicke*, GmbHG Anh. § 6 Rn. 4; ErfK/*Preis*, BGB § 611a Rn. 88; MHdB GesR III/*Diekmann*, § 43 Rn. 1; MAH GmbHR/*Hürten*, § 9 Rn. 1; *Fleck*, FS Hilger/Stumpf, 1983, 197, 208; *Hueck*, FS Hilger/Stumpf, 1983, 365, 379; *Hoffmann/Liebs*, Der GmbH-Geschäftsführer, Rn. 2051; *Jaeger*, Der Anstellungsvertrag des GmbH-Geschäftsführers, S. 41; *Reiserer*, DB 1994, 1822; *Hümmerich*, NJW 1995, 1177, 1178; *Kothe-Heggemann/Dahlbender*, GmbHR 1996, 650, 651; *Bauer/Gragert*, ZIP 1997, 2177, 2178; *Jaeger*, NZA 1998, 961, 963; *Nägele*, BB 2001, 305, 306; *Holthausen/Steinkraus*, NZA-RR 2002, 281, 282; *Stück*, GmbHR 2006, 1009, 1012; *Bauer/Arnold*, DB 2008, 350, 351; *Freckmann*, DStR 2008, 52, 53; *Graef/Heilemann*, GmbHR 2015, 225, 229.

48 BGH, NZG 2000, 654, 655; BGH, NJW 2010, 2343, 2343.

49 BGHZ 49, 30, 31; 79, 291, 292; 91, 1, 3; 91, 217, 219; BGH, DB 1990, 676; BGH, NJW 2000, 1864, 1865; BGH, NJW-RR 2007, 1632, 1633; BGH, NZG 2010, 827.

der Gesellschaft sowie der Wahrnehmung der organschaftlichen Aufgaben.[50] Weiterhin nehme der Geschäftsführer die Arbeitgeberfunktionen wahr, infolgedessen er die Stellung des übergeordneten Prinzipals innehat, welches durch das ihm gegenüber den untergeordneten Arbeitnehmern zustehende Weisungsrecht ausgedrückt wird. Dazu tritt die im Außenverhältnis bestehende Vertretungsmacht, nach der er die Stellung als Repräsentant der Gesellschaft einnimmt.[51] Zwar obliege der Gesellschafterversammlung und somit den Gesellschaftern ein umfassendes Weisungsrecht gegenüber dem Geschäftsführer, dieses entspringt jedoch allein der gesellschaftsrechtlichen Sphäre und ist damit alleiniger Ausdruck der gesellschaftsrechtlichen Kompetenzverteilung innerhalb der Gesellschaft. Ein das Organmitglied treffendes arbeitsbegleitendes Weisungs- und Direktionsrecht könne folglich nicht bestehen.[52]

In einem „kaum verständlichem Gegensatz"[53] zur BGH-Rechtsprechung, wie einige vor allem gesellschaftsrechtliche Autoren dies formulierten, nimmt das BAG in ständiger Rechtsprechung an, dass es sich beim Anstellungsverhältnis des Geschäftsführers grundsätzlich um einen freien Dienstvertrag handelt.[54] Gleichwohl wendet das BAG ein „Regel-Ausnahme-Prinzip" an, nach dem das Anstellungsverhältnis des Geschäftsführers eben nur regelmäßig einen freien Dienstvertrag darstellen wird. Entsprechend erkennt das BAG die Ausnahme an, dass es sich beim Anstellungsvertrag unter Berücksichtigung des jeweiligen Einzelfalls sowie aller spezifischen Umstände und Besonderheiten auch um einen Arbeitsvertrag handeln kann.[55] Als wesentlichstes Abgrenzungskriterium wendet das BAG die persönliche Abhängigkeit im Sinne des § 611a Abs. 1 BGB an. So liegt die persönliche Abhängigkeit bei demjenigen vor, der sich auf der

---

50 BGHZ 10, 187, 191 12, 1, 8 36, 142, 143 49, 30, 31; 79, 291, 293 f.; 91, 1, 3; BGH, NJW 1978, 1435, 1437; BGH, NJW-RR 2002, 173; BGH, NJW-RR 2007, 1632, 1633; BGH, NJW 2010, 2343; vgl. auch die instanzgerichtliche Rechtsprechung OLG Frankfurt a.M., NZA-RR 2000, 385, 386; OLG Hamm, GmbHR 2007, 820.

51 BGHZ 12, 1, 8; 36, 142, 143; 49, 30, 31; 91, 1, 3; BGH, NJW 1978, 1435, 1437; BGH, NJW-RR 2002, 173; BGH, NJW-RR 2007, 1632, 1633; so auch OLG Hamm, ZIP 1987, 121, 122.

52 BGHZ 12, 1, 8; BGH, NJW-RR 2007, 1632, 1633.

53 Baumbach/Hueck/*Zöllner*/*Noack*, 18. Aufl. 2006, GmbHG § 35 Rn. 175.

54 BAG, NZA 1986, 792, 793; BAG, ZIP 1994, 1044, 1045; BAG, NZA 1999, 839; BAG, NJW 1999, 3731, 3732; BAG, NJW 2003, 3290, 3291; BAG, NJW 2006, 1899, 1900; BAG, NZA 2012, 731; BAG, NJW 2015, 508, 509; so auch instanzliche Gerichte wie LAG Berlin, GmbHR 1998, 886, 888.

55 BAG, NZA 1999, 839; BAG, NJW 1999, 3731, 3732; BAG, NJW 2015, 508, 509.

Grundlage des privatrechtlichen Vertrages zur Erbringung von Leistungen in weisungsgebundener und fremdbestimmter Arbeit in persönlicher Abhängigkeit verpflichtet habe. Maßgeblich ist damit die persönliche Abhängigkeit des Beschäftigten, die zugleich im Wesentlichen an ein arbeitsrechtliches Weisungsrecht gebunden ist. Dementsprechend müsse auch der Geschäftsführer einem arbeitsrechtlich geprägten Weisungsrecht unterliegen, innerhalb dessen es vor allem um die Weisungsgebundenheit hinsichtlich örtlichen oder zeitlichen Vorgaben sowie bezüglich der Art und Weise seiner Tätigkeitsausübung geht. Die Betrachtung der arbeitsrechtlichen Weisungen findet dabei unter Beachtung der jeweiligen Art und Besonderheit der ausgeübten Tätigkeit statt.[56] Demnach ist auch nach Ansicht des BAG das bestehende gesellschaftsrechtliche Weisungsrecht nach § 37 Abs. 1 GmbHG grundsätzlich unbeachtlich für das Vorliegen eines arbeitsrechtlichen Weisungsrechts, was zudem auch der Berücksichtigung des Trennungsprinzips entspricht. Folglich dürfen die gesellschaftsrechtlichen und organschaftlichen Umstände zutreffenderweise keinen (unmittelbaren) Einfluss auf die rechtliche Einordnung des Anstellungsverhältnisses des Geschäftsführers haben. In extremen Ausnahmefällen sei es gleichwohl denkbar, dass auch das gesellschaftsrechtliche Weisungsrecht infolge der tatsächlichen Ausübung derartige Formen annehme, dass ein Arbeitnehmerstatus begründet wird.[57] Kommt es somit zuvörderst darauf an, ob ein arbeitsrechtliches Weisungsrecht im Sinne der persönlichen Abhängigkeit sowie nach § 611a Abs. 1 BGB vorliegt, können die angesprochenen Ausnahmen vor allem an diesem Kriterium begründet werden.[58]

II. Der Arbeitnehmerbegriff nach § 611a Abs. 1 BGB

Ausgangspunkt der rechtlichen Qualifizierung als Arbeitnehmer stellt im Allgemeinen der Arbeitnehmerbegriff dar, der seit dem Inkrafttreten am 01.04.2017 nunmehr legal im § 611a Abs. 1 BGB normiert ist. Demnach soll derjenige Arbeitnehmer sein, der aufgrund eines privatrechtlichen Vertrages einem anderen zur Leistung weisungsgebundener, fremdbestimmter Arbeit in persönlicher Abhängigkeit verpflichtet ist.[59] Dabei stellt diese Kodifizierung auch keine Neuerung der Rechtslage dar, sondern sollte allein die höchstrichterliche Rechtsprechung

---

56 BAG, NZA-RR 2007, 424, 425; BAG, NZA-RR 2010, 172, 173; BAG, NZA 2012, 731; BAG, NJW 2015, 508, 509.

57 BAG, NJW 2006, 1899, 1900; BAG, NJW 2020, 2824, 2826.

58 BAG, BB 1999, 1276.

59 Vgl. § 611a Abs. 1 BGB; MüKoBGB/*Spinner*, § 611a Rn. 88; RegE BT-Drs. 18/9232 S. 31.

sowie die schon bestehende Rechtslage zum allgemeinen Arbeitnehmerbegriff einfangen und wiedergeben. Zudem soll der Arbeitnehmerbegriff sodann allenfalls dort keine finden, wo „andere Rechtsvorschriften eine abweichende Definition des Arbeitnehmers, des Arbeitsvertrages oder des Arbeitsverhältnisses vorsehen"[60]. Aber gerade das Gesellschaftsrecht enthält jedoch keine entsprechende abweichende Regelung.[61] Folglich hat sich die Beurteilung des rechtlichen Charakters des Anstellungsverhältnisses des Geschäftsführers, nicht nur in Anbetracht der erfolgten Kodifizierung des § 611a Abs. 1 BGB, an den allgemeinen Voraussetzungen des Arbeitnehmerbegriffs zu richten und eben nicht anhand einer typologischen Einordnung der wahrgenommenen Tätigkeiten.[62] Folglich ist demzufolge auch die Rechtsprechung des BGH entsprechend kritisch zu bewerten..

Maßgeblich für die fragliche Arbeitnehmereigenschaft ist somit, ob der Geschäftsführer ausgehend von der genannten Legaldefinition des § 611a Abs. 1 BGB[63] persönlich abhängig ist. Die persönliche Abhängigkeit wiederum bestimmt sich anhand der Kriterien der Weisungsgebundenheit und Fremdbestimmtheit,[64] wobei zur rechtlichen Würdigung dieser Kriterien zu beachten ist, dass nach § 611a Abs. 1 S. 4 und 5 BGB letztlich eine Gesamtwürdigung aller Umstände des Einzelfalls sowie die jeweilige Eigenart der Tätigkeit maßgeblich sein soll. Insofern soll gerade die wichtige wertende Gesamtbetrachtung die Möglichkeit bieten, Besonderheiten der jeweiligen Branchen und Bereiche sowie „Spezifika auf Grund grundrechtlich geschützter Werte" einzubeziehen und zu berücksichtigen.[65]

Die Weisungsgebundenheit stellt sodann das zentrale Merkmal der persönlichen Abhängigkeit und damit des Arbeitnehmerbegriffs dar. Bei dieser geht es im Grunde darum, ob der Beschäftigte unselbstständig in der Festlegung der Modalitäten der Leistungserbringung ist und knüpft damit maßgeblich

60 Siehe BT-Drs. 18/9232 S. 31.

61 Siehe dazu *Wank/Maties*, NZA 2007, 353, 354, die zutreffenderweise darauf hingewiesen haben, dass das GmbHG keine entsprechende Vorschrift enthält und schon vor Erlass des § 611 BGB die allgemeine Abgrenzung unter Bezugnahme des § 84 Abs. 1 HGB hätte erfolgen müssen.

62 Vgl. BeckOGK/*Maties*, BGB § 611 Rn. 170.

63 ErfK/*Preis*, BGB § 611a Rn. 8.

64 ErfK/*Preis*, BGB § 611a Rn. 32; Staudinger/*Richardi/Fischinger*, BGB § 611a Rn. 35; *Wank*, AuR 2017, 140, 143; *Preis*, NZA 2018, 817, 819.

65 Siehe RegE BT-Drs. 18/9232 S. 32.

an die Bestimmung des § 106 GewO an.[66] Abgegrenzt wird die unselbstständige Tätigkeit damit von der sonstigen selbstständigen Tätigkeit, die durch die Norm des § 84 Abs. 1 S. 2 HGB definiert wird. Dabei wohnt der Norm des § 84 Abs. 1 S. 2 HGB insoweit insgesamt ebenfalls eine allgemeine gesetzgeberische Wertung für die Beurteilung der Arbeitnehmereigenschaft inne und ist damit nach wie vor auch für die Abgrenzung des Arbeits- vom Dienstverhältnis von Bedeutung.[67] Die Weisungsgebundenheit richtet sich im Grundsatz also danach, ob zeitliche, örtliche und inhaltliche (bzw. fachliche) Weisungen und Vorgaben durch den Dienstnehmer erteilt werden, wobei es unschädlich ist, wenn einzelne Merkmale kaum oder gar nicht vorliegen.[68] Entsprechend wurde im Fall von Rundfunk- und Fernsehmitarbeitern, die aufgrund der kreativen und gestalterischen Eigenart der Tätigkeit keinen örtlichen und zeitlichen Vorgaben unterlagen, dennoch die persönliche Abhängigkeit im Sinne des § 611a Abs. 1 BGB bejaht. Nach der Rechtsprechung des BAG müssen sodann jedoch andere Merkmale in den Vordergrund treten, wobei das BAG die Anforderungen an die dann stärker hinzutretenden weiteren Merkmale nicht weiter spezifizierte.[69] Sind einzelne Merkmale zudem deutlich ausgeprägt, kann diesen Ausprägungen starke Indizwirkung zukommen. In diesem Sinne wird die Arbeitnehmereigenschaft größtenteils schon dann verneint, wenn schon eine gänzlich freie Einteilung der Arbeitszeit durch den Beschäftigten erfolgen kann.[70] Im Gegenzug wurde die Arbeitnehmereigenschaft bejaht, wenn vom Beschäftigten eine ständige Dienstbereitschaft verlangt wird.[71]

---

66 ErfK/*Preis*, BGB § 611a Rn. 33; MüKoBGB/*Spinner*, § 611a Rn. 931; BeckOK ArbR/*Joussen*, BGB § 611a Rn. 15; *Preis*/*Wieg*, AuR 2016, 313.

67 HWK/*Thüsing*, BGB § 611a Rn. 47 f.; ErfK/*Preis*, BGB § 611a Rn. 34; Jauernig/*Mansel*, BGB § 611a Rn. 3; MüKoBGB/*Spinner*, § 611a Rn. 91; *Richardi*, NZA 2018, 974, 975.

68 Siehe dazu BAG, AP BGB § 611 Abhängigkeit Nr. 26; AP BGB § 611 Abhängigkeit Nr. 74; für die Inanspruchnahme der Tätigkeit innerhalb eines zeitlichen Rahmens siehe BAG, AP BGB § 611 Abhängigkeit Nr. 73; HWK/*Thüsing*, BGB § 611a BGB Rn. 50; Staudinger/*Richardi*/*Fischinger*, BGB § 611a Rn. 49.

69 Siehe dazu BAG, AP BGB § 611 Abhängigkeit Nr. 26; AP BGB § 611 Abhängigkeit Nr. 74; für die Inanspruchnahme der Tätigkeit innerhalb eines zeitlichen Rahmens siehe BAG, AP BGB § 611 Abhängigkeit Nr. 73; HWK/*Thüsing*, BGB § 611a BGB Rn. 50; Staudinger/*Richardi*/*Fischinger*, BGB § 611a Rn. 49.

70 Siehe dazu BAG, AP BGB § 611 Abhängigkeit Nr. 24; BAG, AP BGB § 611 Lehrer, Dozenten Nr. 13; BAG, AP BGB § 611 Abhängigkeit Nr. 38; AP BGB § 611 Abhängigkeit Nr. 53; BAG, AP BGB § 611 Zeitungsausträger Nr. 4; *Richardi*, NZA 2018, 974, 975.

71 BAG, AP BGB § 611 Abhängigkeit Nr. 35; AP BGB § 611 Arbeitnehmerähnlichkeit Nr. 16; Staudinger/*Richardi*/*Fischinger*, BGB § 611a Rn. 48. Eingehender zur örtlichen

Neben zeitlichen und örtlichen Vorgaben zur Leistungserbringung kann hinsichtlich des Geschäftsführers besonders das inhaltliche bzw. fachliche Weisungsrecht von Bedeutung sein. Dies insbesondere ausgehend davon, dass es sich auch bei der Geschäftsführertätigkeit um eine im gewissen Maße spezialisierte Tätigkeit handelt. Gerade bei Diensten höherer Art, die von entsprechend hochqualifizierten und spezialisierten Beschäftigten ausgeübt werden, kann beispielsweise das fachliche Weisungsrecht gänzlich entfallen, ohne dass damit auch eine Arbeitnehmereigenschaft unmittelbar entfällt. Das fachliche Weisungsrecht im arbeitsrechtlichen Sinne muss zudem ein gewisses Maß an Erheblichkeit und Intensität aufweisen und in Abgrenzung zu fachlichen Weisungen, die auch der Dienstverpflichtete oder der Verpflichtete aus einem Werkvertrag bei Erbringung der Leistung unterliegen kann,[72] arbeitsbegleitend und verfahrensorientiert wirken. Demnach müssen diese Weisungen entscheidend über das Maß hinausgehen, welches beispielsweise die Weisungen enthalten, die nur einen bestimmten Rahmen für die Leistungserbringung vorgeben. Es ist vielmehr erforderlich, dass die Weisung die konkrete Art der Leistungserbringung zum Inhalt hat, diese im Wesentlichen bestimmt und demnach verfahrensorientierte und arbeitsbezogene Weisungen vorliegen.[73] Bei Diensten höherer Art kann das Vorliegen von fachlichen Weisungen aufgrund der hohen Spezialisierung und infolge der Eigenart der Tätigkeit gleichwohl vollkommen entfallen, obgleich eine persönliche Abhängigkeit weiter vorliegen wird.[74] Wird von einem rechtlich möglichen fachlichen Weisungsrecht kein Gebrauch gemacht, entfällt damit nicht die Weisungsgebundenheit im Sinne des § 611a Abs. 1 BGB, dies vor allem dann nicht, wenn auf die fachgerechte Erbringung der Leistung vertraut wird

---

Weisungsgebundenheit siehe HWK/*Thüsing*, BGB § 611a Rn. 52; BeckOGK/*Maties*, BGB § 611a Rn. 110 ff.; *Wank*, AuR 2017, 140, 147. Insgesamt wird der örtlichen Weisungsgebundenheit vorliegend keine besondere Gewichtung zukommen, sodass dieses Merkmal allenfalls im Zusammenwirken mit anderen Indizien und Merkmalen eine entscheidungserhebliche Bedeutung erlangen wird, vgl. BAG, NZA-RR 2016, 344, 347; Jauernig/*Mansel*, BGB § 611a Rn. 4; ähnlich BeckOGK/*Maties*, BGB § 611a Rn. 112; für den Bereich des E-Sports *Francken/Nothelfer/Schlotthauer*, NZA 2019, 865, 869.

72 So MüKoBGB/*Spinner*, § 611a Rn. 93; *Hromadka*, NZA 2018, 1583, 1585; zum Weisungsrecht eines Dienstgebers BAG, NZA 2017, 525, 527.

73 Vgl. BAG, NZA 1992, 835, 836; BAG, NZA-RR 2007, 424, 426; BAG, NZA 2021, 552, 556; HWK/*Thüsing*, BGB § 611a Rn. 52; Staudinger/*Richardi/Fischinger*, BGB § 611a Rn. 44; ErfK/*Preis*, BGB § 611a Rn. 39; BeckOK BGB/*Baumgärtner*, § 611a Rn. 15.

74 Vgl. BAG, NJW 1961, 2085; ErfK/*Preis*, BGB § 611a Rn. 39, 65; HWK/*Thüsing*, BGB § 611a Rn. 49; Schaub ArbR-HdB/*Vogelsang*, § 8 Rn. 23.

oder eine fachliche Weisung infolge der Spezifikationen und Besonderheiten faktisch unmöglich ist.[75]

Neben der Weisungsgebundenheit normiert der § 611a Abs. 1 BGB des Weiteren die Fremdbestimmtheit als weiteres Merkmal der persönlichen Abhängigkeit. Unter der Fremdbestimmtheit ist allgemein die Eingliederung in das fremde Arbeitsgefüge in Form der organisatorischen Einbindung in die Betriebsstätte des Arbeitgebers zu verstehen.[76] Die Fremdbestimmtheit hat trotz der eingeständigen Normierung als Kriterium der persönlichen Abhängigkeit im § 611a Abs. 1 BGB keine besondere eigenständige Bedeutung, da die Schnittmenge mit dem vorrangigen Merkmal der Weisungsgebundenheit evident ist. So wird sich die Eingliederung in eine fremde Arbeitsorganisation insbesondere darin zeigen, dass der Beschäftigte einem umfassenden Weisungsrecht des Arbeitgebers unterliegt.[77] Insoweit ist davon auszugehen, dass der Geschäftsführer grundsätzlich die Organisationskompetenz der Arbeitsprozesse sowie der betrieblichen Struktur innehat und damit nicht selbst dermaßen in eine fremde Arbeitsstruktur eingegliedert ist,[78] um durch die Annahme einer arbeitsorganisatorischen Eingliederung eine persönliche Abhängigkeit zu begründen. Auch die nur gelegentliche Angewiesenheit der Zusammenarbeit mit anderen Mitarbeitern ist nicht ausreichend für eine solche Annahme.[79] Die Weisungsgebundenheit stellt folglich das maßgebliche Kriterium der persönlichen Abhängigkeit dar, sodass der Fremdbestimmtheit vor allem im vorliegenden Fall keine eigenständige Bedeutung beizumessen ist.[80]

Als weiteres Kriterium der persönlichen Abhängigkeit könnte noch die Fremdnützigkeit der Tätigkeit ins Gewicht fallen, die vorliegt, wenn die Beschäftigten ihre „Arbeitskraft nicht – wie ein Unternehmer – nach selbstgesetzten Zielen unter eigener Verantwortung und mit eigenem Risiko am Markt verwerten können, sondern daß sie darauf angewiesen sind, ihre Arbeitsleistung fremdnützig“[81]

---

75 Siehe ErfK/*Preis*, BGB § 611a Rn. 39; *Hromadka*, NZA 1997, 569, 576.

76 ErfK/*Preis*, BGB § 611a Rn. 41; *Wank*, AuR 2017, 140, 143.

77 So auch *Lücke*, NJOZ 2009, 3469, 3475.

78 *Fleck*, FS Hilger/Stumpf, 1983, 197, 204; *Hueck*, FS Hilger/Stumpf, 1983, 365, 378; MüKoBGB/*Spinner*, § 611a Rn. 96.

79 So BAG, NZA 1991, 933, 934; MüKoBGB/*Spinner*, § 611a Rn. 96.

80 BAG, NZA 1995, 622, 633; BeckOK ArbR/*Joussen*, BGB § 611a Rn. 25; ErfK/*Preis*, BGB § 611a Rn. 33; Erman/*Edenfeld*, BGB § 611 Rn. 63; Jauernig/*Mansel*, BGB § 611a Rn. 4; *Hromadka*, NZA 2018, 1583, 1585.

81 BAG, AP BGB § 611 Abhängigkeit Nr. 16; BAG, AP BGB § 611 Abhängigkeit Nr. 20; BAG, AP BGB § 611 Abhängigkeit Nr. 26; HWK/*Thüsing*, § 611a BGB, Rn. 56.

dem Arbeitgeber zur Verfügung zu stellen. In der früheren Rechtsprechung des BAG wurde zur Beurteilung der Arbeitnehmereigenschaft ebenfalls auch auf das Unternehmerrisiko abgestellt.[82] Früher war auch die Möglichkeit, frei über die eigene Arbeitskraft zu disponieren, für die persönliche Abhängigkeit ausschlaggebend.[83] Der BAG hat sich nunmehr von dem Kriterium der Fremdnützigkeit der Tätigkeit in der dargestellten Form distanziert.[84] Dies wohl auch zu Recht, da auch der Dienstleistungsverpflichtende die (unternehmerische) Verwertung seiner Dienstleistung grundsätzlich allein dem Empfänger der Dienstleistung überlässt[85] und die Verwendung dieses Kriteriums in der früheren Gewichtung als nicht mehr sachgerecht erschien. Die Kriterien, ob die gesamte Arbeitskraft zur Verfügung gestellt wird,[86] ein eigenes Unternehmerrisiko besteht[87] oder ein eigenes weiteres Auftreten am Markt vorliegt[88], entfalten heutzutage allenfalls indizielle und mittelbare Wirkung innerhalb der wertenden Gesamtbetrachtung und sind damit vorliegend unbeachtlich.[89]

Das Kriterium der Fremdnützigkeit spiegelt sich gleichwohl im Rahmen der Berücksichtigung der gesellschaftsrechtlichen Beteiligung des Gesellschafter-Geschäftsführers wieder. Da der Gesellschafterversammlung die Kompetenz zur Weisung gegenüber dem Geschäftsführer sowie die Annexkompetenz zum Abschluss des Anstellungsverhältnisses aus § 46 Nr. 5 GmbHG zukommt, können der beherrschende Gesellschafter-Geschäftsführer sowie auch der Minderheitsgesellschafter-Geschäftsführer mit Sperrminorität grundsätzlich nicht solchen Weisungen unterliegen, die die persönliche Abhängigkeit begründen. So haben diese maßgeblichen Einfluss auf die letztentscheidende Leitungsmacht und somit sowohl in gesellschaftsrechtlicher wie anstellungsvertraglicher

82 So in Fällen zu Rundfunk- und Fernsehmitarbeitern, siehe BAG, AP BGB § 611 Abhängigkeit Nr. 26.
83 BAG, AP BGB § 611 Abhängigkeit Nr. 16; AP BGB § 611 Abhängigkeit Nr. 20.
84 Vgl. BAG AP BGB § 611 Abhängigkeit Nr. 73; AP BGB § 611 Abhängigkeit Nr. 74.
85 HWK/*Thüsing*, BGB § 611a Rn. 56.
86 So BAG, AP BGB § 611 Abhängigkeit Nr. 111, da die Nutzung der Arbeitskraft in Rahmen anderer gewerblicher und beruflicher Aktivitäten für die Selbstständigkeit spricht. Siehe auch BAG, AP BGB § 611 Abhängigkeit Nr. 124, wonach das Fehlen der Arbeitsverpflichtung ebenfalls gegen die Arbeitnehmereigenschaft spricht; Bauer/Lingemann/Diller/Haußmann/*Lingemann*, Kap. 9 Rn. 9.
87 BAG, AP BGB § 611 Abhängigkeit Nr. 126; oder auch BSG, NZA 1991, 907, 908; BFH, NZA-RR 2015, 592, 593.
88 BAG, AP BGB § 611 Abhängigkeit Nr. 131.
89 Bauer/Lingemann/Diller/Haußmann/*Lingemann*, Kap. 9 Rn. 9.

Hinsicht auf die Entscheidung über das „Ob“ und „Wie“ der Weisungen. In diesem Sinne wird die arbeitsrechtliche Weisungsgebundenheit und damit persönliche Abhängigkeit allenfalls für den Fremdgeschäftsführer oder den Minderheitsgesellschafter-Geschäftsführer ohne Sperrminorität möglich sein, was insoweit auch der sozialrechtlichen und -gerichtlichen Beurteilung der abhängigen Beschäftigung hinsichtlich Geschäftsführer entspricht.[90]

III. Eigene Wertung

Unter Beachtung des allgemeinen Arbeitnehmerbegriffs ist die Ansicht des BAG, der sich auch eine Minderheit der gesellschaftsrechtlichen Literatur sowie die arbeitsrechtliche Literatur[91] dem Grunde nach anschließt, vorzugswürdig. Die Rechtsprechung des BGH hat in ihrer Klarheit und Eindeutigkeit zwar zugegebenermaßen das Argument der Rechtssicherheit für sich.[92] Dies ändert jedoch nichts daran, dass es ausschließlich auf die allgemeinen Abgrenzungskriterien des § 611a Abs. 1 BGB ankommen muss.

Somit kommt es allein auf das Vorliegen arbeitsrechtlicher Weisungen zur Begründung der persönlichen Abhängigkeit an, wobei unter Beachtung des Trennungsprinzips die gesellschaftsrechtliche Weisungsunterworfenheit nach § 37 Abs. 1 GmbHG richtigerweise – wie dies auch der BGH erwähnt – nicht maßgeblich ist. So ist das gesellschaftsrechtliche Weisungsrecht nach § 37 Abs. 1 GmbHG als gesetzlicher Ausdruck des Unter- und Überordnungsverhältnisses der Organe der GmbH zu verstehen, welches grundsätzlich allein unternehmerische Entscheidungen und Weisungen sowie die unternehmerische

---

90 *Altmeppen*, GmbHG § 6 Rn. 80 mwN.

91 Siehe HWK/*Thüsing*, BGB § 611a Rn. 105; ErfK/*Preis*, BGB § 611a Rn. 88; Jauernig/*Mansel*, BGB vor § 611 Rn. 18; Erman/*Edenfeld*, BGB § 611 BGB Rn. 151; MüKoBGB/*Spinner*, § 611 Rn. 39; Staudinger/*Latzel*, BGB § 611 Rn. 404; BeckOGK/*Maties*, BGB § 611 Rn. 180; Bauer/Lingemann/Diller/Haußmann/*Lingemann*, Kap. 4 Rn. 6, 8, 17; Küttner/*Kania*, Personalbuch, Geschäftsführer Rn. 6; MAH ArbR/*Reiserer*/*Lachmann*, § 6 Rn. 83; Schaub ArbR-HdB/*Vogelsang*, § 14 Rn. 2; *Wank*, FS Wiedemann, 2002, 587, 588; *Reiserer*, DB 1994, 1822; *Bauer*/*Gragert*, ZIP 1997, 2177; *Kamanabrou*, DB 2002, 146, 147; *Schrader*/*Schubert*, DB 2005, 1457, 1460; *dies.*, BB 2007, 1617, 1619; *Lücke*, NJOZ 2009, 3469, 3472; *Schulze*/*Hintzen*, ArbRAktuell 2012, 263, 265; *Preis*/*Sagan*, ZGR 2013, 26, 27 ff.; v. *Steinau-Steinrück*, NJW-Spezial 2015, 498, 499; *Reinfelder*, RdA 2016, 87, 90; *Boemke*, RdA 2018, 1; *Zaumseil*, NZA 2020, 1448, 1450.

92 So auch *Bauer*/*Arnold*, DB 2008, 350, 351; *Lücke*, NJOZ 2009, 3469, 3472.

Ausrichtung der Gesellschaft zum Gegenstand hat.[93] Das Weisungsrecht nach § 37 Abs. 1 GmbHG ist grundsätzlich allein der gesellschaftsrechtlichen und organschaftlichen Sphäre zuzuordnen, sodass diese unternehmerischen Weisungen richtigerweise grundsätzlich keinerlei Bedeutung für ein notwendiges arbeitsrechtliches Weisungsrecht haben und dementsprechend einen anderen rechtlichen Charakter als arbeitsrechtliche Weisungen aufweisen.[94]

Folglich müssen gegenüber dem Geschäftsführer arbeitsbegleitende und verfahrensorientierte Weisungen im arbeitsrechtlichen Sinne vorliegen, auf Grundlage dessen die konkreten Modalitäten der Leistungserbringung – wie Inhalt, Art und Weise der Tätigkeit, Zeit, Dauer, Ort und sonstige Modalitäten – bestimmt werden können. Ob eine solche Weisung hinsichtlich der konkreten Modalitäten der Leistungserbringung vorliegt, muss dann unter Berücksichtigung der Eigenart der jeweiligen Tätigkeit sowie der wertenden Gesamtbetrachtung aller Umstände beurteilt werden. Demnach werden die unternehmerischen Weisungen zutreffenderweise unmittelbar keine Auswirkungen auf die arbeitsrechtliche Sphäre haben. Gleichwohl können unter Beachtung der tatsächlichen Durchführung des Vertrages Weisungen vorliegen, die eine Qualifizierung als Arbeitnehmer rechtfertigen, obgleich dies – wie das BAG es schon betont – eine Ausnahme darstellen wird.[95] Diesbezüglich ist jedoch zu diskutieren, ob unternehmerische Weisungen nicht dennoch mittelbar arbeitsrechtlich wirken können. Insoweit ist zu bedenken, dass es der Gesellschafterversammlung üblicherweise möglich sein wird, nicht nur gesellschaftsrechtlich, sondern auch anstellungsvertraglich Weisungen zu erteilen.[96] Wird von dem Weisungsrecht nun Gebrauch gemacht,

---

93 BGHZ 12, 1, 8; BGH, NJW-RR 2007, 1632, 1633; MHLS/*Tebben*, GmbHG § 6 Rn. 124; Scholz/*Hohenstatt*, GmbHG § 35 Rn. 262; *Hueck*, FS Hilger/Stumpf, 1983, 366, 379; *Konzen*, NJW 1989, 2977, 2978; *Hümmerich*, NJW 1995, 1177, 1178; *Nägele*, BB 2001, 305, 306.

94 So auch BAG, NJW 1999, 3731, 3732; Scholz/*Hohenstatt*, GmbHG § 35 Rn. 264; *Hueck*, FS Hilger/Stumpf, 1983, 366, 376; *Henssler*, RdA 1992, 289, 293; *Konzen*, NJW 1989, 2977, 2978; *Boemke*, ZfA 1998, 209, 213.

95 Vgl. BAG, NJW 2019, 1627, 1629 f.

96 So wird man annehmen können, dass der Gesellschafterversammlung bzw. den Gesellschaftern infolge der innergesellschaftlichen Vertretungsmacht, siehe dazu MHLS/*Römermann*, GmbHG § 46 Rn. 248; Noack/Servatius/Haas/*Noack*, GmbHG § 46 Rn. 36, sowie der generell bestehenden Allzuständigkeit der Gesellschafterversammlung, vgl. Noack/Servatius/Haas/*Noack*, GmbHG § 46 Rn. 91; MHLS/*Römermann*, GmbHG § 46 Rn. 4; Henssler/Strohn GesR/*Mollenkopf*, GmbHG § 45 Rn. 5; Lutter/Hommelhoff/*Bayer*, GmbHG § 46 Rn. 1, grundsätzlich auch ein prinzipielles Direktionsbefugnis über die Tätigkeitsausübung des Geschäftsführers im

wird es in der Praxis kaum rechtssicher möglich sein, jedwede Weisung eindeutig der unternehmerischen oder anstellungsvertraglichen Sphäre zuzuordnen. Entscheidend kann es damit letzten Endes nur auf die faktisch feststellbare Wirkung der Weisungen ankommen, nicht auf einen vorher festgelegten rechtlichen Charakter. In diesem Sinne darf es nicht zur unangemessenen, überambitionierten sowie realitätsfernen Anwendung des Trennungsprinzips kommen.[97] Betrachtet man sodann den infolge eines umfangreich in Anspruch genommenen Weisungsrechts zum reinen Exekutivorgan[98] herabgestuften Geschäftsführer,[99] liegt es nahe, dass dem Geschäftsführer neben dem unentziehbaren Bereich der gesetzlichen Mindestpflichten im Einzelfall kaum einmal mehr als der Kernbereich seiner Handlungsbefugnisse verbleibt und er somit unternehmerischen und gesellschaftsrechtlichen Weisungen unterliegt, die zugleich auch die Art und Weise seiner Tätigkeitsausübung in tatsächlicher Hinsicht betreffen und beeinflussen.[100]

Wird eine klare Trennung der Weisungssphären also nicht durchweg sauber möglich sein, müssen alle Weisungen hinsichtlich der einzelfallbezogenen tatsächlichen Wirkung sowie des Grades der Intensität beachtet werden. Folglich können auch grundsätzlich der unternehmerischen Sphäre entspringende Weisungen derart stark arbeitsbegleitende Vorgaben enthalten, deren damit

---

arbeitsrechtlichen Sinne zustehen wird, so auch *Namendorf*, Der arbeitsrechtliche Status von GmbH-Geschäftsführern, S. 88.

97 So auch *Diller*, Gesellschafter und Gesellschaftsorgane als Arbeitnehmer, S. 134 f.; *Henssler*, RdA 1992, 289, 294; *Annuß*, ZinsO 2001, 344, 346; *Wank/Maties*, NZA 2007, 353, 354.

98 Oder auch „Vertretermarionette“ nach *Namendorf*, Der arbeitsrechtliche Status von GmbH-Geschäftsführern, S. 88.

99 Ob eine solche Herabstufung zulässig ist, ist umstritten. Dieser Meinungsstreit soll vorliegend nicht dargestellt werden, da dies den Rahmen dieser Arbeit sprengen würde. Siehe für die Zulässigkeit: OLG Brandenburg, BeckRS 1996, 09393 Rn. 19 ff.; Noack/Servatius/Haas/*Beurskens*, GmbHG § 37 Rn. 32; *Altmeppen*, GmbHG § 37 Rn. 4; Scholz/*U.H. Schneider/S.H. Schneider*, § 37 Rn. 86; MüKoGmbHG/*Stephan/Tieves*, § 37 Rn. 68; BeckOK GmbHG/*Wisskirchen/Kuhn/Hesser*, § 37 Rn. 31; *Konzen*, NJW 1989, 2977, 2979; *Mennicke*, NZG 2000, 622; zumindest kritisch und eine Satzungsbestimmung fordernd Lutter/Hommelhoff/*Kleindiek*, GmbHG § 37 Rn. 18a; MHLS/*Lenz*, GmbHG § 37 Rn. 10, 18; für einen Kernbereich weisungsfreier Geschäftsführungsaufgaben *Zöllner*, ZGR 1977, 319, 325; *Hommelhoff*, ZGR 1978, 119, 127; *Gieseke*, GmbHR 1996, 486, 492.

100 Dazu *Hueck*, FS Hilger/Stumpf, 1983, 366, 377; *Namendorf*, Der arbeitsrechtliche Status von GmbH-Geschäftsführern, S. 88; *Köhl*, DB 1996, 2597, 2602.

einhergehende arbeitsrechtliche Wirkung ebenfalls beachtet werden muss. Dieser Herangehensweise könnte zwar wieder das Trennungsprinzip entgegenstehen, gleichwohl darf dieses Prinzip, wie *Diller* schon beschrieben hat, nicht in allen Fällen überstrapaziert werden. Vor allem in der Praxis werden Weisungen auf beiden Sphärenebenen relevante Wirkung entfalten.[101] So kann das Trennungsprinzip beispielsweise auch nicht einerseits dafür herangezogen werden, eine Einheit der Bestellung und Anstellung vorauszusetzen, aufgrund dessen das Organverhältnis den Vorrang vor dem Anstellungsverhältnis erhält und anderseits im Rahmen von gesellschaftsrechtlichen Weisungen der Gesellschafter eine klare Trennung zwischen dem organschaftlichen und anstellungsvertraglichen Bereich vorzunehmen, sodass diese ausnahmslos nur der organschaftlichen Sphäre zugerechnet werden sollen.[102] Benötig wird vielmehr eine gewisse einzelfallbezogene Flexibilität, die richtigerweise auf ein Mindestmaß begrenzt sein muss, gleichwohl aber zur Lösung der einzelnen und äußerst seltenen Ausnahmefälle den gewissen Spielraum zur interessengerechten Beurteilung zulässt. Für die grundsätzlich notwendige Beachtung sowie einzelfallabhängige erforderliche flexible Anwendung des Trennungsprinzips und die sachgerechte Berücksichtigung der gesellschaftsrechtlichen und organschaftlichen Besonderheiten bietet vor allem die wertende Gesamtbetrachtung gemäß § 611a Abs. 1 S. 4 und 5 BGB ein geeignetes Einfallstor[103] zur Erfassung der tatsächlich entfaltenden Bindungswirkung der Weisungen.[104] Im Ergebnis wird das Trennungsprinzip und

---

101 *Diller*, Gesellschafter und Gesellschaftsorgane als Arbeitnehmer, S. 134 ff.; so auch *Gissel*, Arbeitnehmerschutz für den GmbH-Geschäftsführer, S. 11; *Brachert*, Organmitgliedschaft und Arbeitnehmerstatus, S. 141 ff., der insoweit auch von einer „Doppelnatur" spricht.

102 *Diller*, Gesellschafter und Gesellschaftsorgane als Arbeitnehmer, S. 135 f. mit Verweis auf *Hueck*, FS Hilger/Stumpf, 1983, 365, 375 f.

103 BAG, NJW 1999, 3731, 3732; Jauernig/*Mansel*, BGB § 611a Rn. 6; *Köhl*, DB 1996, 2597, 2602; *Lücke*, NJOZ 2009, 3469, 3471; *Hromadka*, NZA 2018, 1583, 1586; a.A. *Fleck*, FS Hilger/Stumpf, 1983, 197, 209; *Bauer/Arnold*, DB 2008, 350, 351.

104 So schon *Groß*, Das Anstellungsverhältnis des GmbH-Geschäftsführers im Zivil-, Arbeits-, Sozialversicherungs- und Steuerrecht, S. 228; Jauernig/*Mansel*, BGB § 611a Rn. 5; idS. könnte auch die Regierungsbegründung zur Einführung des § 611a Abs. 1 BGB, RegE BT-Drs. 18/9232 S. 32, verstanden werden, „wonach die Abgrenzung des Arbeitsverhältnisses von anderen Vertragsverhältnissen im Wege einer Gesamtbetrachtung vorzunehmen ist. Durch eine solche wertende Gesamtbetrachtung kann den Besonderheiten des Einzelfalls Rechnung getragen werden. Hierbei sind auch solche Besonderheiten oder Eigenarten einer Tätigkeit zu berücksichtigen, die sich etwa in Branchen und Bereichen ergeben, die Spezifika auf

die damit einhergehende Differenzierung zwischen den unternehmerischen und arbeitsrechtlichen Weisungen grundsätzlich vorrangig zu beachten sein und zu sachgerechten Ergebnissen führen.[105] Allein das Vorliegen eines Ausnahmefalls kann die einzelfallgerechte Anwendung veranlassen, womit eine sachgerechte Beurteilung der Arbeitnehmereigenschaft möglich sein, die auch nicht zur befürchteten Rechtsunsicherheit[106] führen wird.

Für die vorrangige Anwendung des § 611a Abs. 1 BGB sprechen zudem auch gewichtige Gründe der Rechtssicherheit sowie das Rechtsstaatsprinzip nach Art. 20 Abs. 1, 28 Abs. 1 GG. Ist der Rechtsanwender zwar nicht zwingenderweise ausschließlich an das geschriebene Recht gebunden, soll gleichwohl vorrangig auf Grundlage der Gesetze Recht gesprochen werden.[107] Diesen Vorgaben entsprechend bietet der § 611a Abs. 1 BGB, wie vormals auch schon der § 84 Abs. 1 S. 2 HGB, eine allgemein anwendbare gesetzliche Grundlage zur Abgrenzung und Beurteilung der Arbeitnehmereigenschaft, womit es ein Abstellen auf die der BGH-Rechtsprechung zugrunde liegende Kasuistik nicht bedarf.[108]

Liegt nach dem bereits Gesagten ein die persönliche Abhängigkeit begründendes arbeitsrechtliches Weisungsrecht gegenüber dem Geschäftsführer vor, stehen der Qualifizierung als Arbeitnehmer zudem – wie dies der BGH anführt – weder der Umfang der Vertretungsbefugnis im Innenverhältnis noch die Organstellung und die Übernahme der organschaftlichen Funktionen entgegen, da gerade diese Aufgaben unter Beachtung des Trennungsprinzips lediglich das Außenverhältnis der Gesellschaft zu Dritten betreffen und damit keine Schlüsse auf den rechtlichen Charakter des Anstellungsverhältnisses zulassen.[109]

Grund grundrechtlich geschützter Werte aufweisen (wie zum Beispiel auf Grund der Rundfunk-, Presse- oder Kunstfreiheit)." Eine ablehnende Ansicht vertritt *Heyll*, Die Anwendung von Arbeitsrecht auf Organmitglieder, S. 53 f., der im Ergebnis die strikte und ausnahmslose Anwendung des Trennungsprinzips vornehmen möchte.

105 Die Unterscheidung des Charakters des Weisungsrechts ist dem deutschen Recht nicht fremd, siehe am Beispiel des Datenschutzbeauftragten dazu *Kort*, NZG 2013, 601, 603.

106 *Fleck*, FS Hilger/Stumpf, 1983, 197, 209; *Bauer/Arnold*, DB 2008, 350, 351.

107 Dazu *Bitter/Rauhut*, JuS 2009, 289, 290, 292; siehe auch Dürig/Herzog/Scholz/*Grzeszick*, GG Art. 20 Rn. 61; Dreier/*Schulze-Fielitz*, GG Art. 92 Rn. 38 ff., dazu später ausführlicher im Rahmen der richterlichen Rechtsfortbildung.

108 Siehe BeckOGK/*Maties*, BGB § 611 Rn. 170, nach dem die Kasuistik allenfalls als „Richtschnur" dienen kann.

109 BAG, AP BGB § 611 Direktionsrecht Nr. 56; *Stöhr*, RdA 2021, 104, 105 f.; *Boemke*, RdA 2018, 1, 2 f.

In diesem Sinne hat das BAG richtigerweise für den Fall der Unter- und Überordnungskompetenz innerhalb einer Mehrpersonen-Geschäftsführung die Arbeitnehmereigenschaft von untergeordnete (Mit-)Geschäftsführer angenommen, bei denen es eben möglich ist, dass diese arbeitsrechtlichen Weisungen des übergeordneten (Mit-)Geschäftsführers unterliegen können, ohne dass der untergeordnete (Mit-)Geschäftsführer in der Wahrnehmung seiner organschaftlichen Pflichten und Funktionen gestört werde.[110] Selbiges gilt auch für einen stellvertretenden Geschäftsführer, sofern ein arbeitsrechtlich wirkendes Weisungsrecht vorliegt.[111]

IV. Ergebnis und Ausblick

Die methodisch und dogmatisch saubere rechtliche Beurteilung der Arbeitnehmereigenschaft des Geschäftsführers hat anhand des allgemeinen Arbeitnehmerbegriffs zu erfolgen, wobei hinsichtlich des Geschäftsführers eine persönliche Abhängigkeit aufgrund fehlender arbeitsrechtlicher Weisungsgebundenheit regelmäßig nicht vorliegen wird. Allein in extremen Ausnahmefällen kann es dennoch sein, dass auch der Geschäftsführer einer arbeitsrechtlichen Weisungsunterworfenheit unterliegt. Bei sachgerechter Anwendung des Trennungsprinzips wird es nötig sein, eine einzelfallbezogene Unterscheidung der Wirkungen der Weisungen zur Bestimmung des Grades der persönlichen Abhängigkeit vorzunehmen.

Ist der Geschäftsführer also „in der Regel" kein Arbeitnehmer, ist dennoch zu beachten, dass sich ein Geschäftsführer aufgrund seiner Geschäftsführertätigkeit in einer Situation befinden kann, die ihn im Vergleich zu den sonstigen Arbeitnehmern ähnlich schutzbedürftig erscheinen lässt. Allerdings ist nicht die Frage der rechtlichen Einordnung des Anstellungsverhältnisses, sondern vielmehr die Frage, welche Schutzvorschriften des Arbeitsrechts auf den Geschäftsführer entsprechend Anwendung finden können,[112] zuvörderst von zentraler Bedeutung.

---

110 BAG, NJW 1999, 3731, 3732; Schaub ArbR-HdB/*Vogelsang*, § 14 Rn. 3; *Boemke*, RdA 2018, 1, 3.

111 MHLS/*Terlau*, GmbHG § 44 Rn. 5; Noack/Servatius/Haas/*Beurskens*, GmbHG § 44 Rn. 9.

112 Vgl. *Preis/Sagan*, ZGR 2013, 26, 28 f.; idS. auch schon *Altmeppen*, GmbHG § 6 Rn. 81; Noack/Servatius/Haas/*Beurskens*, GmbHG § 37 Rn. 102; *Hueck*, FS Hilger/Stumpf, 1983, 365, 380; *ders.*, ZfA 1985, 25, 26 f.; *Fleck*, FS Hilger/Stumpf, 1983, 197 ff.; *Hessler*, RdA 1992, 289, 290; *Goette*, FS Wiedemann, 2002, 873, 879.

Diesbezüglich ist auch in der Rechtsprechung grundsätzlich anerkannt,[113] dass dem Geschäftsführer aufgrund einer einzelfallabhängigen Schutzbedürftigkeit ein arbeitsrechtlicher Schutz zukommen kann.[114] Kommt eine direkte Anwendbarkeit arbeitsrechtlicher Schutzvorschriften zugunsten Geschäftsführer also in der Regel nicht in Betracht, ist gleichwohl die analoge Anwendung arbeitsrechtlicher Schutzvorschriften – wie der §§ 74 ff. HGB – zu diskutieren.

---

113 BGH, NJW 1953, 1465, 1466 f.; BGH, NJW 1981, 1270, 1271; BGH, NJW 1984, 2528, 2528 f.; BGH, NJW 1987, 2073, 2074.

114 *Altmeppen*, GmbHG § 6 Rn. 81; Noack/Servatius/Haas/*Beurskens*, GmbHG § 37 Rn. 102; Lutter/Hommelhoff/*Kleindiek*, GmbHG Anh. zu § 6 Rn. 3b; Rowedder/Pentz/*Baukelmann*, GmbHG § 35 Rn. 83; Scholz/*Hohenstatt*, GmbHG § 35 Rn. 267, 277; MHdB GesR III/*Diekmann*, § 43 Rn. 8; Schaub ArbR-HdB/*Vogelsang*, § 14 Rn. 5; *Wimmer*, DStR 1997, 247; *Goette*, DStR 1998, 1137; *Oberrath*, MDR 1999, 134, 135; *Boemke*, RdA 2018, 1, 2; *Stöhr*, RdA 2021, 104, 107 f.

§ 3 Beurteilungsmaßstab nachvertraglicher Wettbewerbsverbote mit Geschäftsführern

A. Rechtsprechung des BGH

I. Unanwendbarkeit der §§ 74 ff. HGB

Nach der ständigen Rechtsprechung des BGH[115] und dem sich dieser Rechtsprechung anschließenden Teil der Literatur[116] ist weder die direkte noch die analoge Anwendung der Vorschriften der §§ 74 ff. HGB zugunsten des Geschäftsführers geboten. Der Geschäftsführer sei als Organ der Gesellschaft nicht mit dem Handlungsgehilfen im Sinne der §§ 74 ff. HGB vergleichbar.[117] Sind die Vorschriften der §§ 74 ff. HGB auch auf alle übrigen Arbeitnehmer und auch freiberuflich tätig Angestellte entsprechend anwendbar, sofern bei diesen eine gleiche bzw. vergleichbare Schutzbedürftigkeit besteht, ist die entsprechende Anwendung bei

115 Vgl. BGH, DB 1965, 468; BGHZ 91, 1, 3; BGH, NJW 1992, 1892 f.; BGH, NJW 2002, 1875, 1876; BGH, NJW-RR 2008, 1421, 1422; BGH, NZG 2008, 753.

116 Siehe *Altmeppen*, GmbHG § 6 Rn. 92; Noack/Servatius/Haas/*Beurskens*, GmbHG § 37 Rn. 116; BeckOK GmbHG/*Wisskirchen*/*Kuhn*/*Hesser*, § 6 Rn. 95; HCL/*Paefgen*, § 35 Rn. 490; Henssler/Strohn GesR/*Oetker*, GmbHG § 35 Rn. 28; MüKoGmbHG/*Jaeger*/*Steinbrück*, § 35 Rn. 368; MHLS/*Ziemons*, GmbHG § 43 Rn. 277; Lutter/Hommelhoff/*Kleindiek*, GmbHG, Anh. zu § 6 Rn. 25; Scholz/*Verse*, GmbHG § 43 Rn. 246; Hopt/*Roth*, HGB § 74 Rn. 3; EBJS/*Boecken*/*Rudkowski*, HGB § 74 Rn. 8; ErfK/*Oetker*, HGB § 74 Rn. 5; MüKoHGB/*Thüsing*, § 74 Rn. 9; Landmann/Rohmer GewO/*Gotthardt*, § 110 Rn. 15; BeckOGK/*Fehrenbach*, BGB § 307 Wettbewerbsverbotsklausel Rn. 236; Schaub ArbR-HdB/*Vogelsang*, § 55 Rn. 13; MüKoBGB/*Spinner*, § 611 Rn. 42; MAH GmbHR/*Hürten*, § 9 Rn. 45; MHdB ArbR/*Nebendahl*, § 140 Rn. 6; MAH ArbR/*Moll*, § 80 Rn. 62; *Fleischer*, Vorstandsrecht, § 4 Rn. 109; *Bauer*/*Diller*, BB 1995, 1134; *Jäger*, DStR 1995, 724, 725; *Bauer*/*Diller*, GmbHR 1999, 885, 886; *Heidenhain*, NZG 2002, 605, 606; *Thüsing*, NZG 2004, 9; *Kort*, ZIP 2008, 717, 718; *Menke*, NJW 2009, 636 f.; *Gehle*, DB 2010, 1981; *van Kann*/*Keiluweit*, BB 2010, 2050, 2051; *Müller*, GmbHR 2014, 964; *Weitnauer*/*Grob*, GWR 2014, 185, 189; *Kielkowski*, NZG 2015, 900; *Seel*, NWB 2018, 953; *Niklas*, ArbRAktuell 2019, 459; *Gravenhorst*, DB 2019, 1572 ff.

117 So BGH, DB 1965, 468; BGHZ 91, 1, 3; BGH, NJW 1992, 1892 f.

möglicherweise gleichfalls schutzbedürftigen Organmitgliedern der Kapitalgesellschaften gleichwohl strikt abzulehnen.[118]

Begründet wird diese generelle Ablehnung damit, dass der Geschäftsführer im größeren Maße die Gesellschaft als solches im Wettbewerb sowie im Geschäftsverkehr repräsentiere und sich damit auch die Beziehungen der Kunden und Geschäftspartner der Gesellschaft vielmehr auf die Person des Geschäftsführers konzentrieren würden. Dies obgleich der Geschäftsführer ansonsten ebenfalls „in einem Anstellungsverhältnis, das ihn wie den Arbeitnehmer verpflichtet, seine Arbeitskraft hauptberuflich zur Verfügung zu stellen", vertraglich mit der Gesellschaft verbunden ist.[119] Infolge seiner besonderen Stellung sei es dem Geschäftsführer demnach um einiges einfacher möglich in den alten Kunden- und Geschäftspartnerkreis der Gesellschaft einzuwirken sowie innerhalb seiner Konkurrenztätigkeit neu zu binden und die Kontakte zu seinem Vorteil zu nutzen. Diesen Umständen folge grundsätzlich eine höhere Gefahr, zulasten der Gesellschaft einen Schaden infolge der späteren Konkurrenztätigkeit zu erleiden. Diese generell angenommene Gefahr würde in einem solchen Ausmaß nicht bei einem Arbeitnehmer, sei er auch in leitender Position angestellt, bestehen.[120] Weiterhin wird als Argument angeführt, dass durch die speziellen Strafvorschriften des § 85 GmbHG und § 404 AktG der gesetzgeberische Wille zum Ausdruck komme, dass die Organmitglieder der Kapitalgesellschaften anders behandelt werden sollen als sonstige Arbeitnehmer.[121] Zusammenfassend wird auch die Unvereinbarkeit einer analogen Anwendung der §§ 74 ff. HGB, ähnlich der Argumentation des BGH zur Beurteilung der Rechtsnatur des Anstellungsverhältnis, primär mit der besonderen Stellung als Organ und Repräsentant der Gesellschaft sowie den damit übernommenen speziellen Funktionen und Tätigkeiten begründet. Vorrangig zu beachten sei damit also die Funktionsfähigkeit der Gesellschaft und ihrer Organe, sodass der persönliche Status des Geschäftsführers sowie seine soziale und/oder arbeitsrechtliche Schutzbedürftigkeit dahinter zurücktreten müssen.[122]

---

118 Siehe BGHZ 91, 1, 3; BeckOGK/*Fehrenbach*, BGB § 307 Wettbewerbsverbotsklausel Rn. 240; Landmann/Rohmer GewO/*Gotthardt*, § 110 Rn. 15; MHLS/*Ziemons*, GmbHG § 43 Rn. 276; BeckOK GmbHG/*Wisskirchen*/*Kuhn*/*Hesser*, § 6 Rn. 95.

119 BGHZ 91, 1, 4 f.

120 BGHZ 91, 1, 4 f.

121 BGHZ 91, 1, 5 f.; MüKoGmbHG/*Jaeger*/*Steinbrück*, § 35 Rn. 368; *Bauer*/*Diller*, Wettbewerbsverbote, § 24 Rn. 1035; *Thüsing*, NZG 2004, 9 f.

122 HCL/*Paefgen*, § 35 Rn. 503; *Goette*, FS Wiedemann, 2002, 873, 885.

In einer Entscheidung des BGH[123] aus dem Jahr 1992 wurde explizit die Frage der analogen Anwendung des § 75a HGB behandelt. Der § 75a HGB betrifft die Frage des einseitigen Verzichtsrechts der Gesellschaft hinsichtlich des nachvertraglichen Wettbewerbsverbotes. Der Senat erklärte in seiner Entscheidung abweichend von der Leitsatzentscheidung aus dem Jahr 1984, dass die §§ 74 ff. HGB nicht „generell unanwendbar"[124] seien. Bei der Frage der Anwendbarkeit gehe es vielmehr darum, der Gesellschaft einen hinreichenden Schutz vor der Ausnutzung der erworbenen Kenntnisse und Beziehungen durch den ausgeschiedenen Geschäftsführer zu bieten, ohne dass die übrigen sozialen Schutzvorschriften der §§ 74 ff. HGB, die auf den Handlungsgehilfen bzw. Arbeitnehmer zugeschnitten sind, zulasten der Gesellschaft bindend sind.[125] Eine Ausweitung auf das Verhältnis des Geschäftsführers im Allgemeinen sei gleichwohl nicht geboten. Eine analoge bzw. entsprechende Anwendung der Normen der §§ 74 ff. HGB finde somit letztendlich nur partiell zum Schutz der Interessen der Gesellschaft statt.[126] Neben dieser partiellen gesellschaftsbegünstigenden analogen Anwendung komme eine weitergehende analoge Anwendung nicht in Betracht.

II. Anwendung des § 138 BGB in Verbindung mit Art. 12 Abs. 1, 2 Abs. 2 GG und unter Heranziehung der allgemeinen Rechtsgrundsätze der §§ 74 ff. HGB

Die Beurteilung der Wirksamkeit nachvertraglicher Wettbewerbsverbote mit Geschäftsführern erfolgt somit nicht anhand der Vorgaben der §§ 74 ff. HGB in direkter oder analoger Anwendung, sondern am Maßstab des § 138 BGB, bei dem die Rechtsgedanken der Vorschriften der §§ 74 ff. HGB „durch die Hintertür"[127] gleichwohl Anwendung finden sollen. Als Maßstab gelten somit die verfassungsrechtlich geschützten Freiheitsrechte der allgemeinen Handlungsfreiheit nach Art. 2 Abs. 1 GG und der Berufsfreiheit nach Art. 12 Abs. 1 GG[128]

123 BGH, NJW 1992, 1892.

124 BGH, NJW 1992, 1892, 1893.

125 BGHZ 91, 1, 5; BGH, NJW-RR 1990, 1312; BGH, NJW 1992, 1892, 1893.

126 BGH, NJW 1992, 1892, 1893; MüKoGmbHG/*Jaeger*/*Steinbrück*, § 35 Rn. 370; Lutter/Hommelhoff/*Kleindiek*, GmbHG Anh. zu § 6 Rn. 25; Bauer/*Diller*, BB 1995, 1134, 1135; *Kamanabrou*, ZGR 2002, 898, 903; *Thüsing*, NZG 2004, 9, 9 f.; *Gravenhorst*, DB 2019, 1572, 1573.

127 *Menke*, NJW 2009, 636, 637.

128 BGH, DB 1965, 468; BGHZ 91, 1, 5; OLG Düsseldorf, NZG 1999, 405; *Altmeppen*, GmbHG § 6 Rn. 92; Lutter/Hommelhoff/*Kleindiek*, GmbHG Anh. zu § 6 Rn. 25;

sowie das Recht der Gesellschaft am eingerichteten und ausgeübten Gewerbebetrieb im Sinne des Art. 12 Abs. 1 GG und Art. 14 Abs. 1 GG.[129] Nach Aussage der Rechtsprechung sind grundsätzlich „strenge[re] Anforderungen“[130] aufgestellt worden. Die instanzgerichtliche Rechtsprechung folgt im Grundsatz strikt der Rechtsprechung des BGH.[131] Vereinzelt zog die instanzgerichtliche Rechtsprechung noch die Vorschrift des § 242 BGB zum § 138 BGB als Wirksamkeitsmaßstab heran, dies allerdings ohne die allgemeinen Wertungen und den Kerngehalt der Prüfung der Rechtsprechung des BGH anzutasten.[132]

1. *Inhaltliche Grenzen im Anwendungsbereich des § 138 BGB*

Im Rahmen des § 138 BGB wird das nachvertragliche Wettbewerbsverbot einer zweistufigen Prüfung unterzogen, die auf der ersten Stufe das Vorliegen eines berechtigten Interesses der Gesellschaft zur Vereinbarung eines nachvertraglichen Wettbewerbsverbotes voraussetzt, welches das berufliche Fortkommen des Geschäftsführers auf der zweiten Stufe in örtlicher, zeitlicher sowie gegenständlicher Weise nicht unangemessen beeinträchtigen darf[133]. Beide Stufen unterliegen bei der Beurteilung der Wirksamkeit des nachvertraglichen Wettbewerbsverbotes der Gesamtbetrachtung,[134] dies entspricht demgemäß im Grundsatz dem in § 74a Abs. 1 S. 1 und 2 HGB normierten Prüfungsmaßstab.

Scholz/*Verse*, GmbHG § 43 Rn. 246; BeckOK GeschGehG/*Fuhlrott*, § 1 Rn. 42; *Kamanabrou*, ZGR 2002, 898, 899; *Menke*, NJW 2009, 636, 637; *Müller*, GmbHR 2014, 964.

129 Siehe Noack/Servatius/Haas/*Beurskens*, GmbHG § 37 Rn. 117. Neben der Nichtigkeit nach § 138 BGB kommt zudem auch ein Verstoß gegen § 1 GWB bzw. Art. 101 AEUV in Betracht. Diesbezüglich sind nur spürbare Wettbewerbsbeschränkungen von § 1 GWB erfasst. Die Voraussetzungen eines solchen Verstoßes werden zumeist nicht vorliegen. Eine eingehende Darstellung soll hier nicht erfolgen. Siehe dazu ausführlicher *Kirchhoff*, FS Heidel, 2021, 249.

130 BGH, DB 1965, 468; BGHZ 91, 1, 5; MAH ArbR/*Reinfeld*, § 32 Rn. 7.

131 Vgl. OLG Düsseldorf, NJW-RR 1994, 35, 36; OLG Oldenburg, NZG 2000, 1038, 1039; OLG Celle, NZG 2001, 131, 132; OLG Nürnberg, GmbHR 2010, 141, 142 f.; OLG Hamm, GmbHR 2017, 245, 246; OLG München, NZA-RR 2019, 82, 83; zur analogen Anwendung zugunsten der Gesellschaft OLG Köln, NZG 2000, 740, 741.

132 So OLG Düsseldorf, NJW-RR 1994, 35, 36.

133 BGHZ 91, 1, 5; BGH, NJW 2002, 1875, 1876; MüKoGmbHG/*Jaeger*/*Steinbrück*, § 35 Rn. 368; *Wicke*, GmbHG § 13 Rn. 22; *Bauer*/*Diller*, GmbHR 1999, 885, 886.

134 BGHZ 91, 1, 5; OLG Nürnberg, GmbHR 2010, 141, 142; Noack/Servatius/Haas/*Beurskens*, GmbHG § 37 Rn. 117; *Thüsing* NZG 2004, 9, 10.

Somit müssen zunächst berechtigte Schutzinteressen der Gesellschaft bestehen, die zuvörderst den Schutz von Geschäfts- und Betriebsgeheimnissen sowie empfindlicher und wettbewerbserheblicher Informationen betreffen,[135] über die der Geschäftsführer aufgrund seiner Position Kenntnis erlangen konnte.[136] Ein solches Schutzinteresse soll vor allem schon hinsichtlich der potenziellen Gefahr einer illoyalen Verwertung der Arbeitserfolge durch die mögliche Aufnahme einer Konkurrenztätigkeit bestehen.[137] Maßgeblich für das Vorliegen eines Schutzinteresses ist letzten Endes gleichwohl, ob der Geschäftsführer infolge seiner Position und Tätigkeit auch tatsächlich in der Lage war, schützenswerte sowie wettbewerbserhebliche Verbindungen, Kenntnisse und Informationen zu erlangen, die eine echte Konkurrenzsituation nach dem Ausscheiden aus der Gesellschaft auslösen können.[138] Entsprechend wird ein dauerhaftes sowie allumfassendes nachvertragliches Wettbewerbsverbot, welches den Geschäftsführern vollständig für eine spätere Konkurrenztätigkeit sperrt, den ehemaligen Beschäftigten grundsätzlich derart unangemessen beeinträchtigen, dass es diesbezüglich schon anfänglich an einem berechtigten Interesse fehlen wird.[139] Gleichwohl wird die einzelfallbezogene Betrachtung durchaus weitreichende Verbote ermöglichen, dies vor allem bei den Geschäftsführern, die einen tatsächlichen Einblick und Einfluss in empfindliche Bereiche wie die der Forschung, Entwicklung oder Technik hatten, und die berechtigten Schutzinteressen der Gesellschaft hinsichtlich eines effektiven nachvertraglichen Schutzes inhaltlich

135 *Bauer/Diller*, GmbHR 1999, 885, 888; MüKoGmbHG/*Jaeger/Steinbrück*, § 35 Rn. 372; MHLS/*Lieder*, GmbHG § 43 Rn. 281.

136 BGHZ 91, 1, 7; OLG Nürnberg, GmbHR 2010, 141, 142 f.; HCL/*Paefgen*, GmbHG § 35 Rn. 494; *Lammel/Martens/Bieniek*, GmbH-Stpr 2020, 329 ff.

137 Siehe BGHZ 91, 1, 6 f.; BGH, NJW 1986, 2944, 2945; BGH, NJW-RR 1989, 800, 801; BGH, NJW 2015, 1012, 1013; OLG Düsseldorf, GmbHR 1999, 120, 121; HCL/*Paefgen*, GmbHG § 35 Rn. 492; BeckOK BGB/*Wendtland*, § 138 Rn. 77; BeckOGK/*Fehrenbach*, BGB § 307 Wettbewerbsverbotsklausel Rn. 198.

138 OLG Düsseldorf, GmbHR 1999, 120, 121; MHLS/*Ziemons*, GmbHG § 43 Rn. 281; *U. H. Schneider*, GmbHR 1993, 10, 18.

139 Vgl. BGHZ 91, 1, 7; OLG Düsseldorf, GmbHR 1999, 120, 121; OLG München, NZA-RR 2019, 82, 83; Noack/Servatius/Haas//*Beurskens*, GmbHG § 37 Rn. 118; MüKoGmbHG/*Jaeger/Steinbrück*, § 35 Rn. 372; BeckOK GmbHG/*Wisskirchen/Kuhn/Hesser*, § 6 Rn. 98; HCL/*Paefgen*, GmbHG § 35 Rn. 494; *Jäger*, DStR 1995, 724, 726; *Niklas*, ArbRAktuell 2019, 459 f.

weitreichende Erweiterungen und Spezifikationen bezüglich der Nutzung dieser spezifischen Kenntnisse erlauben.[140]

a. Gegenständliche Grenzen

Von den berechtigten Interessen der Gesellschaft müssen sodann auch die festgelegten gegenständlichen Beschränkungen umfasst sein. Die gegenständlichen Grenzen richten sich vor allem am faktischen Unternehmensgegenstand, sodass nicht auf den satzungsmäßig festgelegten Unternehmensgegenstand abgestellt wird. Die zulässige gegenständliche Grenze muss sodann auch unmittelbar mit der tatsächlichen Tätigkeit des Geschäftsführers im Unternehmen im Zusammenhang stehen,[141] wobei sich die Grenze sodann auch auf die bislang allein geplanten Tätigkeiten der Gesellschaft erstrecken kann.[142] Reine Vorbereitungshandlungen[143] sowie rein kapitalistische Gesellschaftsbeteiligungen, ohne die Möglichkeit der unternehmerischen Einflussnahme,[144] werden wohl nicht erfasst.

Ausgehend von der BGH-Rechtsprechung können die typischen Klauseltypen nachvertraglicher Wettbewerbsverbote insbesondere hinsichtlich der gegenständlichen Grenze differenziert werden. So unterschied eben auch der BGH bei Wettbewerbsverbotsklauseln zwischen den reinen Kunden- und Mandantenschutzklauseln und weitreichenderen Tätigkeitsverbotsklauseln, die in den zugrunde liegenden Entscheidungen im Sinne einer äußerlichen bzw. objektiven Teilbarkeit nach § 139 BGB sprachlich voneinander getrennt werden konnten und entsprechend getrennt voneinander geprüft wurden.[145] In diesem Sinne

140 Vgl. OLG Celle, NZG 2001, 131, 132; MüKoGmbHG/*Jaeger*/*Steinbrück*, GmbHG § 35 Rn. 372; *Heller*, GmbHR 2000, 371, 372.

141 MüKoGmbHG/*Jaeger*/*Steinbrück*, § 35 Rn. 377, MHLS/*Ziemons*, GmbHG § 43 Rn. 284; *Jäger*, DStR 1995, 724, 727.

142 So zumindest MHLS/*Ziemons*, GmbHG § 43 Rn. 284.

143 OLG Oldenburg, NZG 2000, 1038, 1039; Noack/Servatius/Haas/*Beurskens*, GmbHG § 37 Rn. 119; BeckOK GmbHG/*Wisskirchen*/*Kuhn*/*Hesser*, § 6 Rn. 99; *van Kann*/*Keiluweit*, BB 2010, 2050, 2052. Als Vorbereitungshandlungen können beispielsweise die Gründung oder Einrichtung einer eigenen oder fremden Gesellschaft genannt werden.

144 Siehe OLG Hamm, GmbHR 2017, 245, 246; Baumbach/Hueck/*Zöllner*/*Noack*, 21. Aufl. 2017, GmbHG § 35 Rn. 199; *Müller*, FS Grunewald, 2021, 811, 819; anders aber Noack/Servatius/Haas/*Beurskens*, GmbHG § 37 Rn. 119.

145 BGH, NJW 1968, 1717; BGHZ 91, 1, 6 f. Siehe auch *Kamanabrou*, ZGR 2002, 898, 914 f.

können sowohl die gegenständlichen Grenzen als auch einige andere Zulässigkeitsvoraussetzungen getrennt hinsichtlich der jeweiligen Klauseltypen betrachtet werden, sodass im Folgenden an gegebener Stelle zwischen den Kunden- und Mandantenschutzklauseln (im Folgenden Kundenschutzklauseln) und umfassenderen Konkurrenzschutz- und Tätigkeitsverbotsklauseln (im Folgenden Tätigkeitsverbotsklauseln oder Tätigkeitsverbote) unterschieden werden soll.

So wird der Geschäftsführer bei reinen Kundenschutzklauseln nur hinsichtlich des weiteren Kontaktes zu Kunden und Mandanten des ehemaligen Unternehmens gesperrt. Folglich werden solche Klauseln grundsätzlich von einem berechtigten Interesse der Gesellschaft gedeckt sein.[146] Sie stellen typischerweise weniger eingriffsintensive Verbote dar, sodass dementsprechend auch die Hürden der Rechtfertigung niedriger liegen.[147] Demnach hielt der BGH eine Kundenschutzklausel für zulässig, die sich auf alle bestehenden Mandanten und Kunden der Gesellschaft erstreckte, selbst auf die, mit denen der Geschäftsführer tatsächlich nicht im Kontakt stand.[148] In einem späteren gleichgelagerten Fall wurde die Frage offengelassen, ob der Geschäftsführer letztlich tatsächlich im Kontakt zu den vom Verbot umfassten Mandanten und Kunden gestanden haben musste oder nicht.[149] Gleichwohl wird man der Gesellschaft je nach Lage des Einzelfalls und unter Beachtung der tatsächlich erlangten Kenntnisse durchaus ein schutzwürdiges und berechtigtes Interesse dahingehend zusprechen können, dass sämtliche Kunden und Mandanten vom Verbot zulässigerweise erfasst werden sollen.[150] Nicht mehr von den berechtigten Interessen umfasst werden wohl die Kundenschutzklauseln sein, die sich auf Kunden erstrecken, die noch in der Akquisitionsphase stecken,[151] oder Kunden, die schon seit einiger Zeit keinen geschäftlichen Kontakt mehr zur Gesellschaft pflegen.[152]

---

146 OLG Hamm, ZIP 1988, 1254, 1255; MHLS/*Lieder*, GmbHG § 43 Rn. 281; BeckOGK/*Fehrenbach*, BGB § 307 Wettbewerbsverbotsklausel Rn. 200; *Jäger*, DStR 1995, 724, 726; *Kielkowski*, NZG 2015, 900, 901.

147 Scholz/*Verse*, GmbHG, § 43 Rn. 248; HCL/*Paefgen*, GmbHG § 35 Rn. 499.

148 BGHZ 91, 1, 5; *Bauer/Diller*, Wettbewerbsverbote, § 24 Rn. 1051.

149 BGH, GmbHR 1991, 15 ff.

150 Vgl. *Bauer/Diller*, Wettbewerbsverbote, § 24 Rn. 1051; *Thüsing*, NZG 2004, 9, 10.

151 OLG Köln, NZG 2001, 165, 167; *Bauer/Diller*, Wettbewerbsverbote, § 24 Rn. 1051; BeckOGK/*Fehrenbach*, BGB § 307 Wettbewerbsverbotsklausel Rn. 200.

152 So BGH, NJW 1991, 699, 700; OLG Köln, NZG 2001, 165, 167. Von den berechtigten Interessen zulässigerweise umfasst werden grundsätzlich allein die Kunden, die in den vergangenen zwei bis drei Jahren in geschäftlicher Beziehung mit der Gesellschaft standen oder noch stehen. Siehe dazu BeckOGK/*Fehrenbach*, BGB § 307

Bei Tätigkeitsverboten war zunächst unklar, ob diese überhaupt zulässig sein können. Infolge der unklaren Formulierung des BGH wurde in der instanzgerichtlichen Rechtsprechung sowie in der Literatur zunächst der Eindruck erweckt, dass vollumfängliche Tätigkeitsverbote grundsätzlich für unzulässig erachtet werden sollen.[153] Die Frage der Zulässigkeit solcher Tätigkeitsverbote richtet sich jedoch nach der vorzunehmenden Interessenabwägung unter Beachtung der berechtigten Interessen der Gesellschaft und der geschäftsführerseitigen Interessen hinsichtlich des möglichst unbeschränkten beruflichen Fortkommens. Demnach werden umfangreiche Tätigkeitsverbote zulässig sein, sofern diese das notwendige sowie interessengerechte (einzige) Instrument zur Wahrung der schutzwürdigen Interessen der Gesellschaft darstellen. Richtet sich die zulässige gegenständliche Reichweite des Verbotes also auch nach den tatsächlich erlangten Kenntnissen, wird ein gegenständlich weitreichendes Verbot vor allem bei der Erlangung empfindlicher und schützenswerter Kenntnisse aus den Bereichen der Technik, Forschung und Entwicklung möglich sein.[154]

b. Örtliche Grenzen

Richten sich die inhaltlichen Grenzen vor allem nach der Reichweite des berechtigten Interesses der Gesellschaft, wird sich auch die zulässige örtliche Grenze des Verbotes an diesen messen lassen müssen. Folglich werden Klauseln, die keine ausdrückliche örtliche Beschränkung enthalten, als weltweit beschränkende Klauseln ausgelegt, wobei die weltweite örtliche Beschränkung grundsätzlich nicht mehr von den berechtigten Interessen der Gesellschaft gedeckt sein

---

Wettbewerbsverbotsklausel Rn. 200; *Bauer/Diller*, Wettbewerbsverbote, § 24 Rn. 1050; *van Kann/Keiluweit*, BB 2010, 2050, 2052.

153 BGHZ 91, 1, 7; OLG Düsseldorf, GmbHR 1993, 581, 582; OLG Düsseldorf, GmbHR 1999, 120, 122; *Bauer/Diller*, Wettbewerbsverbote, § 24 Rn. 1054. Siehe diesbezüglich auch die instanzgerichtliche Rechtsprechung OLG Hamm, ZIP 1988, 1254, 1256; OLG Düsseldorf, GmbHR 1993, 581, 582; OLG Düsseldorf, GmbHR 1999, 120, 122; OLG Düsseldorf, NZG 2000, 737, 738; Heller, GmbHR 2000, 371, 372; Manger, GmbHR 2001, 89, 91; *Kamanabrou*, ZGR 2002, 898, 900; *Kielkowski*, NZG 2015, 900.

154 Vgl. *Krahforst*, Nachvertragliche Wettbewerbsverbote für GmbH-Geschäftsführer, S. 338; Scholz/*Verse*, GmbHG § 43 Rn. 248; MüKoGmbHG/*Jaeger/Steinbrück*, GmbHG § 35 Rn. 372; MüKoAktG/*Spindler*, § 88 Rn. 50; Oppenländer/*Trölitzsch* GmbH-GF-HdB, § 14 Rn. 21; *Müller*, FS Grunewald, 2021, 811, 818; *Heller*, GmbHR 2000, 371, 372; *Thüsing*, NZG 2004, 9, 10; *Kamanabrou*, ZGR 2002, 898, 901; *Bauer/v. Medem*, GWR 2011, 435, 437; *Weitnauer/Grob* GWR 2014, 185, 190; *Kielkowski*, NZG 2015, 900; *Brechtel/Kehrel*, GmbHR 2021, 240, 242.

wird. Dies gilt insoweit selbst für weltweit agierende Unternehmen, da es auch bei diesen örtliche Bereiche geben wird, die nicht ihre örtlichen Haupttätigkeitsbereiche darstellen und in denen dem Unternehmen durch die Aufnahme einer Konkurrenztätigkeit keine besonderen Gefahren drohen.[155] Demgemäß wird es notwendig sein, ausdrücklich vertraglich einzelne räumliche Bereiche, vor allem die den regionalen Schwerpunkt der Geschäftstätigkeit ausmachen, in die Abrede aufzunehmen.[156]

c. *Zeitliche Grenzen*

In zeitlicher Hinsicht wird eine an der Regelung des § 74a Abs. 1 S. 3 HGB orientierte Zwei-Jahres-Grenze die Zulässigkeit der Abrede indizieren.[157] Zeitlich darüberhinausgehende Verbote werden unter Beachtung der einzelfallabhängig zu beurteilenden Reichweite des berechtigten Interesses der Gesellschaft durchaus für zulässig erachtet. Diesbezüglich wird die oberste zeitliche Grenze bei drei bis fünf Jahren gesehen, sodass zeitlich weitergehende Abreden nicht mehr begründbar sein werden oder eine wohl nicht mehr zu leistende Argumentation benötigen.[158]

---

155 BeckOK GmbHG/*Wisskirchen/Kuhn/Hesser*, § 6 Rn. 100; MüKoGmbHG/*Jaeger/Steinbrück*, § 35 Rn. 378; MHLS/*Ziemons*, GmbHG § 43 Rn. 285; v. Westphalen/Thüsing/*Thüsing* VertrR/AGB-Klauselwerke, Geschäftsführerverträge Rn. 211; *Jäger* DStR 1995, 724, 726; *Bauer/Diller*, GmbHR 1999, 885, 889; *Heller*, GmbHR 2000, 371, 372; *Thüsing*, NZG 2004, 9, 10 f.; *van Kann*/Keiluweit, BB 2010, 2050, 2051; *Weitnauer/Grob*, GWR 2014, 185, 190.

156 MHLS/*Ziemons*, GmbHG § 43 Rn. 285; KK-AktG/*Mertens/Cahn*, § 88 Rn. 35; *Heller*, GmbHR 2000, 371, 372.

157 OLG Brandenburg, BeckRS 2020, 40116; OLG Nürnberg, GmbHR 2010, 141, 142; Noack/Servatius/Haas/*Beurskens*, GmbHG § 37 Rn. 120; HCL/*Paefgen*, GmbHG § 35 Rn. 497; MüKoGmbHG/*Jaeger/Steinbrück*, § 35 Rn. 374; Lutter/Hommelhoff/*Kleindiek*, GmbHG Anh. zu § 6 Rn. 25; MHLS/*Ziemons*, GmbHG § 43 Rn. 283; KK-AktG/*Mertens/Cahn*, § 88 Rn. 35; Jauernig/*Mansel*, BGB § 138 Rn. 12; Reichert GmbH & Co. KG/*Brechtel*, § 16 Rn. 111; *Müller*, FS Grunewald, 2021, 811, 817; *Schnelle*, GmbHR 2000, 599, 601; *Thüsing*; NZG 2004, 9, 11; *Bauer/v. Medem*, GWR 2011, 435, 437.

158 Vgl. dazu Noack/Servatius/Haas/*Beurskens*, GmbHG § 37 Rn. 120; HCL/*Paefgen*, GmbHG § 35 Rn. 497; *Wicke*, GmbHG § 13 Rn. 22b; *Müller*, FS Grunewald, 2021, 811, 817; *Bauer/Diller*, GmbHR 1999, 885, 889; *Thüsing*; NZG 2004, 9, 11; *Bergwitz*, GmbHR 2006, 1129, 1131; *Kielkowski*, NZG 2015, 900.

d. *Wettbewerbsverbot im Konzernkontext*

Bei den beiden vorgenannten Klauseltypen richtet sich die Bewertung und Bemessung der zulässigen gegenständlichen Grenzen grundsätzlich allein nach den Tätigkeitsfeldern der Gesellschaft, bei der der Geschäftsführer konkret tätig war. Anders kann die Bewertung allerdings beim Vorliegen eines Konzernsachverhalts ausfallen, sodass in solchen Fällen auch die Ausweitung des nachvertraglichen Wettbewerbsverbotes auf die im Konzern befindlichen Unternehmen zulässig sein kann,[159] vor allem um „Umgehungsmöglichkeiten“[160] auszuschließen. Ein solches Verbot kann jedoch nicht grundsätzlich auf alle Tochtergesellschaften ausgedehnt werden, sodass vorausgesetzt wird, dass der Geschäftsführer der Obergesellschaft tatsächlich Einfluss auf die Leitung sowie Zugang zu den Informationen über Tätigkeiten der Tochtergesellschaften hatte.[161] Fehlt es an einem Zugang oder Einfluss, werden entsprechende Verbote unangemessen sein. Die Ausdehnung des nachvertraglichen Wettbewerbsverbotes auf die Tätigkeitsbereiche der Mutter- oder Schwestergesellschaft wird mit dem berechtigten Interesse der Gesellschaft nur dann vereinbar sein, wenn der Geschäftsführer der abhängigen Gesellschaft über einen tatsächlichen Zugang zu empfindlichen Informationen der Mutter- und Schwestergesellschaften verfügte oder diese im selben Tätigkeitsbereich tätig waren, was wohl eine extreme Ausnahme sein wird.[162]

e. *Karenzentschädigung*

Die Zusage einer Karenzentschädigung ist nach der Rechtsprechung des BGH sowie der Instanzgerichte grundsätzlich nicht erforderlich und stellt demnach keine Wirksamkeitsvoraussetzung des nachvertraglichen Wettbewerbsverbotes dar.[163] Wurde eine Karenzentschädigung gleichwohl zugesagt, stellt diese

---

159 Noack/Servatius/Haas/*Beurskens*, GmbHG § 37 Rn. 119; BeckOGK/*Fehrenbach*, BGB § 307 Wettbewerbsverbotsklausel Rn. 200.

160 *Bauer/Diller*, GmbHR 1999, 885, 889.

161 So auch Noack/Servatius/Haas/*Beurskens*, GmbHG § 37 Rn. 119; HCL/*Paefgen* § 35 Rn. 499; BeckOK GmbHG/*Wisskirchen/Kuhn/Hesser*, GmbHG § 6 Rn. 99; MHLS/*Ziemons*, GmbHG § 43 Rn. 284; *Schneider*, GmbHR 1993, 10, 18; a.A. *Altmeppen*, GmbHG § 6 Rn. 93; *Bauer/Diller*, GmbHR 1999, 885, 889.

162 So *Schneider*, GmbHR 1993, 10, 18; *Korkmaz*, NJOZ 2014, 481, 482; BeckOGK/*Fleischer*, AktG § 88 Rn. 44; in der Regel für unzulässig haltend KK-AktG/*Mertens/Cahn*, § 88 Rn. 35.

163 BGHZ, 91, 1, 4 f.; BGH, NJW 1992, 1892, 1893; BGH, NJW 2002, 1875, 1876; BGH, NJW-RR 2008, 1421, 1422; BGH, NZG 2008, 753; OLG München, NZA-RR 2019,

ein beachtliches abwägungserhebliches Kriterium im Rahmen der vorzunehmenden Interessenabwägung dar.[164] Auch bei der Frage der Notwendigkeit der Karenzentschädigung kann grundsätzlich zwischen Kundenschutzklauseln und vollumfänglichen Tätigkeitsverboten unterschieden werden. Aufgrund der typischerweise geringeren Eingriffsintensität wird es bei Kundenschutzklauseln grundsätzlich nicht notwendig sein eine Karenzentschädigung zuzusagen, sodass das berufliche Fortkommen des Geschäftsführers auch ohne die Zusage der Karenzentschädigung generell nicht unangemessen beeinträchtigt wird. Ob die Kundenschutzklausel indes doch der Karenzentschädigung bedarf, ist eine Frage der einzelfallabhängigen Gesamtbetrachtung und Interessenabwägung unter Berücksichtigung der Grenzen des § 138 BGB.[165]

Tätigkeitsverbote hingegen werden die Berufsausübung typischerweise weitreichender verbieten und verhindern, sodass angenommen wird, dass diese der Zusage einer Karenzentschädigung bedürfen,[166] sodass das berufliche Fortkommen des Geschäftsführers bei einem Tätigkeitsverbot grundsätzlich in sittenwidriger Weise unangemessen erschwert.[167] Allein die zulässige entschädigungslose Vereinbarung eines Tätigkeitsverbotes für zeitlich äußerst kurze Verbote kann angedacht wird.[168]

Ob die zugesagte Karenzentschädigung sodann auch ihrer Höhe nach den Zulässigkeitsanforderungen entspricht, richtet sich immer nach den Umständen des Einzelfalls in Verbindung mit den vereinbarten zeitlich, örtlichen und

---

82, 83; HCL/*Paefgen*, GmbHG § 35 Rn. 503; *Wicke*, GmbHG § 13 Rn. 22c; Centrale/*Reufels*, GmbH-Handbuch, Anstellungsverhältnis des Geschäftsführers, Rn. 2484.

164 MüKoGmbHG/*Jaeger*/*Steinbrück*, § 35 Rn. 379; Hachenburg/*Stein*, GmbHG, § 35 Rn. 317.

165 Vgl. Noack/Servatius/Haas/*Beurskens*, GmbHG § 37 Rn. 121; BeckOK GmbHG/*Wisskirchen*/*Kuhn*/*Hesser*, § 6 Rn. 104; MüKoGmbHG/*Jaeger*/*Steinbrück*, § 35 Rn. 379; MHLS/*Ziemons*, GmbHG § 43 Rn. 286; MHdB GesR III/*Diekmann*, § 43 Rn. 77; *Bauer*/*Diller*, GmbHR 1999, 885, 890; *Heller*, GmbHR 2000, 371, 373; *Menke*, NJW 2009, 636, 637; *Weitnauer*/*Grob*, GWR 2014, 185, 190 f.

166 BGH, BeckRS 1986, 31366531; BeckOK GmbHG/*Wisskirchen*/*Kuhn*/*Hesser*, § 6 Rn. 104; MüKoGmbHG/*Jaeger*/*Steinbrück*, § 35 Rn. 379; MHLS/*Ziemons*, GmbHG § 43 Rn. 286; KK-AktG/*Mertens*/*Cahn*, § 88 Rn. 35; MHdB GesR III/*Diekmann*, § 43 Rn. 77; *Bauer*/*Diller*, BB 1995, 1134, 1136; *dies.*, GmbHR 1999, 885, 890; *Schnelle*, GmbHR 2000, 599, 601.

167 Lutter/Hommelhoff/*Kleindiek*, GmbHG Anh. zu § 6 Rn. 25; *Bauer*/*Diller*, GmbHR 1999, 885, 891; *Schnelle*, GmbHR 2000, 599, 601; *Menke*, NJW 2009, 636, 637; *Weitnauer*/*Grob*, GWR 2014, 185, 191.

168 OLG Hamm, ZIP 1988, 1254, 1256; *Bauer*/*Diller*, BB 1995, 1134, 1136.

räumlichen Grenzen. In diesem Sinne ist zumindest die Orientierung am Maßstab des § 74 Abs. 2 HGB zu empfehlen.[169] So wird die Zulässigkeit der Abrede unter der Zugrundelegung des Rechtsgedankens des § 74 Abs. 2 HGB dann indiziert, wenn die Höhe von 50 % der zuletzt erhaltenen Bezüge erreicht wird.[170] Die Maßstäbe des § 74 Abs. 2 HGB enthalten gleichwohl keine verbindlichen Vorgaben bezüglich nachvertraglicher Wettbewerbsverbote mit Geschäftsführern, sodass die Vereinbarung über die Höhe der Karenzentschädigung im freien Ermessen der Vertragsparteien steht. Folglich kann auch die vom § 74 Abs. 2 HGB vorgesehene 50%-Marke unterschritten werden,[171] wobei der Umstand der gänzlich frei vereinbarten Karenzentschädigungshöhe die Gefahr birgt, dass die sodann gewählte Karenzentschädigungshöhe im Zusammenspiel mit den berechtigten Interessen sowie den örtlichen, zeitlichen und gegenständlichen Grenzen dennoch zur Unwirksamkeit des Wettbewerbsverbotes führt.[172] Indes stellt auch das Erreichen der 50%-Grenze kein verbindliches Indiz der Wirksamkeit dar, sodass vor allem weitreichende Verbote zumeist der Überschreitung der 50%-Marke bedürfen, um nicht dem Verdikt der Sittenwidrigkeit zu unterfallen.[173]

---

169 BeckOK GmbHG/*Wisskirchen*/*Kuhn*/*Hesser*, GmbHG § 6 Rn. 104; MüKoGmbHG/*Jaeger*/*Steinbrück*, § 35 Rn. 380; MHLS/*Ziemons*, GmbHG § 43 Rn. 286; Scholz/*Verse*, GmbHG, § 43 Rn. 250; Bauer/*Diller*, BB 1995, 1134, 1136; *Heller*, GmbHR 2000, 371, 373; *Thüsing*, NZG 2004, 9, 12; für analoge Anwendung Noack/Servatius/Haas/*Beurskens*, GmbHG § 37 Rn. 121; a.A. HCL/*Paefgen*, GmbHG § 35 Rn. 503.

170 MüKoGmbHG/*Jaeger*/*Steinbrück*, GmbHG § 35 Rn. 380; *Brechtel*/*Kehrel*, GmbHR 2021, 240, 242; a.A. *Bauer*/*Diller*, GmbHR 1999, 885, 891.

171 HCL/*Paefgen*, GmbHG § 35 Rn. 497; MHLS/*Ziemons*, GmbHG § 43 Rn. 286; iE. auch MüKoGmbHG/*Jaeger*/*Steinbrück*, § 35 Rn. 380;

172 BeckOK GmbHG/*Wisskirchen*/*Kuhn*/*Hesser*, § 6 Rn. 104; MüKoGmbHG/*Jaeger*/*Steinbrück*, GmbHG § 35 Rn. 380; Centrale/*Reufels*, GmbH-Handbuch, Anstellungsverhältnis des Geschäftsführers Rn. 2484; *Thüsing*, NZG 2004, 9, 12.

173 MüKoGmbHG/*Jaeger*/*Steinbrück*, GmbHG § 35 Rn. 380; MAH/*Hürten*, GmbHR, § 9 Rn. 46; *Bauer*/*Diller*, Wettbewerbsverbote, § 24 Rn. 1077. Ergänzend ist zu beachten, dass in der Klausel anzugeben ist, wie die Höhe der Entschädigung berechnet wird. Formulierungen, die eine „marktgerechte", „faire" oder „angemessene" Entschädigung vorsehen, reichen nicht aus, da diese nicht offenkundig zeigen, welche Entschädigung der Geschäftsführer nach dem Ausscheiden erhalten soll, dazu *Bauer*/*Diller*, GmbHR 1999, 885, 891.

f. Anrechnung anderweitigen Erwerbs

Wurde eine Karenzentschädigung zugesagt, findet gegenüber Geschäftsführern keine dem Regelungsgehalt des § 74c HGB entsprechende automatische Anrechnung anderweitigen Erwerbs statt, obgleich der § 74c HGB seinem ersten Anschein nach zuvörderst den berechtigten Interessen der Gesellschaft dient, sodass die analoge Anwendung im Wege der vorgenommenen partiellen analogen Anwendung der gesellschaftsbegünstigenden Vorschriften der §§ 74 ff. HGB naheliegt.[174] Die Unanwendbarkeit des § 74c Abs. 1 HGB wird jedoch damit argumentiert, dass diese Regelung vorrangig dem Schutz der Handlungsgehilfen dient und somit grundsätzlich nicht auf Organmitglieder von Kapitalgesellschaften übertragen werden kann. Des Weiteren wirke der § 74c Abs. 1 HGB eben nur seinem ersten Anschein nach gesellschaftsbegünstigend. Zu beachten sei vielmehr aber, dass der § 74c Abs. 1 HGB in zwingender Konnexität mit der Karenzentschädigungspflicht nach § 74 Abs. 2 HGB steht. Da eine Karenzentschädigungspflicht gegenüber dem Geschäftsführer im Sinne des § 74 Abs. 2 HGB nach Ansicht des BGH weder besteht noch erwünscht ist, ist auch die analoge Anwendung des § 74c Abs. 1 HGB abzulehnen.[175] Eine Anrechnung anderweitigen Erwerbs kann folglich nur vertraglich vereinbart werden, beispielsweise durch eine ausdrückliche vertraglichen Abrede oder einen vertraglichen Verweis auf die Anwendbarkeit des § 74c HGB.[176] Aufgrund der widersprüchlichen partiellen Anwendung der gesellschaftsbegünstigenden Vorschriften der §§ 74 ff. HGB und der dennoch erfolgten Ablehnung der Anwendung des § 74c HGB durch den BGH erfuhr diese berechtigterweise Kritik durch die Literatur. Folglich spricht sich eine Vielzahl von Vertretern der Literatur für die analoge Anwendung des § 74c Abs. 1 HGB aus.[177]

---

174 Centrale/*Reufels*, GmbH-Handbuch, Anstellungsverhältnis des Geschäftsführers, Rn. 2493; *Jäger*, DStR 1995, 724, 729; *Bauer/Diller*, BB 1995, 1134, 1137; *Bauer/v. Medem*, GWR 2011, 435, 437; *Kielkowski*, NZG 2015, 900, 901.

175 Vgl. BGH, NJW-RR 2008, 1421, 1422; HCL/*Paefgen*, GmbHG § 35 Rn. 505.

176 BGH, NJW-RR 2008, 1421, 1422; Scholz/*Verse*, GmbHG § 43 Rn. 250; HCL/*Paefgen*, GmbHG § 35 Rn. 505: KK-AktG/*Mertens/Cahn*, § 88 Rn. 39; *Thüsing*, NZG 2004, 9, 12; *Kielkowski*, NZG 2015, 900, 901.

177 MüKoGmbHG/*Jaeger/Steinbrück*, § 35 Rn. 382; BeckOGK/Fleischer, AktG § 88 Rn. 47; v. Westphalen/Thüsing/ *Thüsing* VertrR/AGB-Klauselwerke, Geschäftsführerverträge Rn. 216; *Hoffmann-Becking*, FS Quack, 1991, 273, 279; *Bauer/Diller*, Wettbewerbsverbote; § 24 Rn. 1086; *Jäger* DStR 1995, 724, 729; *Bauer/Diller*, BB 1995, 1134, 1137; *Wimmer*, DStR 1997, 247, 250; *Kukat*, BB 2001, 951, 952 f.; *Thüsing*, NZG 2004, 9, 12; *Kielkowski*, NZG 2015, 900, 901.

g. Verzicht der Gesellschaft nach § 75a HGB analog

Trotz der grundsätzlichen Ablehnung der umfassenden analogen Anwendung der §§ 74 ff. HGB hält der BGH einige Vorschriften der §§ 74 ff. HGB überdies für „nicht generell unanwendbar“[178]. Demnach ist die partielle analoge Anwendung der §§ 74 ff. HGB dann zu bedenken, wenn diese besonders den Gesellschaftsinteressen dienlich ist.[179] Ganz in diesem Sinne wird auch der § 75a HGB von der Rechtsprechung analog angewandt.[180] Dem § 75a HGB nach kann der Arbeitgeber vor Beendigung des Anstellungsverhältnisses durch schriftliche Erklärung einseitig auf das vereinbarte nachvertragliche Wettbewerbsverbot verzichten, womit dem Arbeitgeber die Option gewährt wird, das zumeist bei der Anstellung verabredete nachvertragliche Wettbewerbsverbot zu überdenken und die noch vorliegende Notwendigkeit eines Tätigkeitsverbotes neu abzuwägen und zu überdenken. Je nach Einzelfall hat sich die Lage des Arbeitgebers oder des Arbeitnehmers im Vergleich zum Anstellungszeitpunkt derart geändert, dass ein nachvertragliches Wettbewerbsverbot weder durch ein berechtigtes Interesse geboten erscheint noch aus finanzieller Sicht die vorzugswürdige Variante darstellt.[181] Folge des wirksamen Verzichtes durch die Gesellschaft wäre, dass eine Karenzentschädigung für die Frist von einem Jahr an den ehemaligen Arbeitnehmer zu zahlen ist, sowie die sofortige Befreiung des ehemaligen Arbeitnehmers von den auferlegten Wettbewerbsenthaltungen.[182] Beginn

178 BGH, NJW 1992, 1892, 1893.

179 BGH, NJW-RR 1990, 1312, 1313; BGH, NJW 1992, 1892, 1893; sich dieser Ansicht anschließend auch die Instanzgerichte OLG Hamm, GmbHR 1991, 367; LG Frankfurt, GmbHR 1994, 803, 804.

180 Zustimmend *Goette*, FS Wiedemann, 2002, 873, 877; *Bauer/Diller*, Wettbewerbsverbote, § 24 Rn. 1090; *dies.*, GmbHR 1999, 885, 893; *Jäger*, DStR 1995, 724, 726; *Brechtel/Kehrel*, GmbHR 2021, 240, 243; a.A. MüKoGmbHG/*Jaeger/Steinbrück*, § 35 Rn. 387; BeckOGK/*Fehrenbach*, BGB § 307 Wettbewerbsverbotsklausel Rn. 251, bezüglich der Rechtsprechung des BGH zur analogen Anwendung des § 75a HGB.

181 BAG, NZA 2003, 100, 102; ErfK/*Oetker*, HGB § 75a Rn. 1; EBJS/*Boecken/Rudkowski*, HGB § 75a Rn. 1; Oetker/*Kotzian-Marggraf*, HGB § 75a Rn. 1.

182 BAG, NJW 1978, 1023, 1024; BAG, NZA 2005, 411, 413; Hopt/*Roth*, HGB § 75a Rn. 1; EBJS/*Boecken/Rudkowski*, HGB § 75a Rn. 14; *Bauer/Diller*, Wettbewerbsverbote, § 24 Rn. 1090; *B. Gaul*, DB 1995, 874, 875. Einer Annahme durch den Arbeitnehmer bedarf der Verzicht nicht, dazu Hopt/*Roth*, HGB § 75a Rn. 1; MüKoHGB/*Thüsing*, HGB § 75a Rn. 1; Oetker/*Kotzian-Marggraf*, HGB § 75a Rn. 2. Des Weiteren ist nur der gesamte Verzicht bezüglich aller Abreden des nachvertraglichen Wettbewerbsverbotes im Sinne eines „Alles-oder-Nichts-Prinzips“ möglich, vgl. BeckOK HGB/*Wetzel*, § 75a Rn. 3; EBJS/*Boecken/Rudkowski*, HGB § 75a Rn. 15; MüKoHGB/*Thüsing*, § 75a Rn. 2;

der Frist zur Zahlung der Karenzentschädigung ist der Zeitpunkt der Erklärung des Verzichtes und nicht die Beendigung des Anstellungsverhältnisses.[183]

Für Unsicherheiten sorgte allerdings die Entscheidung des BGH aus dem Jahr 2002.[184] In dieser Entscheidung ging es um einen Geschäftsführer, der bei Erklärung des Verzichtes durch die Gesellschaft bereits mehr als ein Jahr freigestellt war. Zwei Wochen vor dem endgültigen Ende des Anstellungsvertrages erklärte die Gesellschaft den Verzicht auf das nachvertragliche Wettbewerbsverbot mit Wirkung zum Vertragsende, obgleich es an einer ausdrücklichen Klausel hinsichtlich des einseitigen Verzichtsrechts fehlte. Zur Beurteilung der Wirksamkeit des Verzichtes wendete der BGH jedoch nicht den § 75a HGB an, sondern verwies vorrangig auf die Treuwidrigkeit des Verzichtes. Die Treuwidrigkeit wurde damit begründet, dass sich der Geschäftsführer während seiner Freistellung darauf eingestellt hatte, nach Vertragsende die vereinbarte Karenzentschädigung zu erhalten und sein Leben damit zu bestreiten. In die Abwägung der Wirksamkeit eines einseitigen Verzichtes durch die Gesellschaft seien demnach neben den berechtigten Interessen der Gesellschaft auch die berechtigten Interessen des Geschäftsführers mit einzubeziehen. So vor allem die schützenswerte Dispositionsfreiheit des Geschäftsführers, die sodann durch den verspäteten Verzicht unangemessen tangiert wurde. Demnach hätte die Gesellschaft den Verzicht vielmehr schon mit der Kündigung und der damit beginnenden Freistellung erklären müssen. Nur so wäre die Dispositionsfreiheit des Geschäftsführers angemessen berücksichtigt worden, womit sich dieser dann auch ausreichend auf die Folgen des Verzichtes hätte einrichten können.[185]

Dieses „rätselhafte"[186] Urteil stand damit grundsätzlich nicht im Einklang mit der vorherigen Rechtsprechung des BGH und erfuhr starke Kritik in der Literatur. Demnach wurde moniert, dass diese Rechtsprechung unvorhersehbare Folgen für die Rechtsunterworfenen habe und sich die Vertragsparteien nunmehr auch mit der „rechtsgestaltenden Phantasie des BGH"[187] auseinanderzusetzen haben.[188] *Bauer/Diller* erklären sich diese Rechtsprechung damit, dass der BGH

Oetker/*Kotzian-Marggraf*, HGB § 75a Rn. 2; *Bauer/Diller*, Wettbewerbsverbote, § 14 Rn. 586.

183 LAG Berlin-Brandenburg, BeckRS 2016, 115376 Rn. 9; EBJS/*Boecken/Rudkowski*, HGB § 75a Rn. 14; Oetker/*Kotzian-Marggraf*, HGB § 75a Rn. 4.

184 BGH, NJW 2002, 1875.

185 BGH, NJW 2002, 1875 f.

186 *Bauer/Diller*, Wettbewerbsverbote, § 24 Rn. 1091.

187 *Heidenhain*, NZG 2002, 605.

188 *Bauer/Diller*, Wettbewerbsverbote, § 24 Rn. 1091; *Bergwitz*, GmbHR 2007, 523, 525.

wohl ein völlig anderes Verständnis von der Rechtsnatur des nachvertraglichen Wettbewerbsverbotes als das der arbeitsgerichtlichen Rechtsprechung haben muss. Die Arbeitsgerichte sehen das nachvertragliche Wettbewerbsverbot als einen gegenseitigen Vertrag im Sinne der §§ 320 ff. BGB an, der somit eigenständige Rechte und Pflichten statuiert.[189] Das nachvertragliche Wettbewerbsverbot sei für den Arbeitnehmer zwar zunächst einmal grundsätzlich belastend, gleichwohl sei es aber nicht selten der Fall, dass der Arbeitnehmer die Karenzentschädigungsleistung für vorteilhaft erachtet und entsprechend auch an der Durchführung der Wettbewerbsverbotsabrede festhalten möchte. Demgegenüber habe der BGH vermutlich die Auffassung, dass das nachvertragliche Wettbewerbsverbot eine Nebenabrede des Anstellungsvertrages darstelle, die allein einseitig zulasten des Organmitglieds gehe. Diese Ansicht vermag möglicherweise in den Fällen richtig zu sein, in denen keine Entschädigungszahlung vereinbart wurde. In den Fällen, in denen eine Karenzentschädigung versprochen wurde, wird es zumeist anders aussehen. Dort sind sodann auch die finanziellen Interessen des Geschäftsführers zu berücksichtigen, die dann unangemessen tangiert sein können, wenn dieser mit dem Erhalt der Karenzentschädigung gerechnet und seinen weiteren beruflichen Werdegang daran ausgerichtet hat.[190]

Führte die BGH-Entscheidung aus dem Jahr 2002 zu beachtlichen Unsicherheiten, wird es bei der Beurteilung der Wirksamkeit des einseitigen Verzichtes letztlich auf die einzelfallbezogene Abwägung der gegenseitigen Interessen ankommen, bei der sodann auch die Auswirkungen des Verzichtes auf die Karenzentschädigungszusagen sowie die Dispositionsfreiheit des Geschäftsführers zu berücksichtigen sind.[191] In diese Richtung gingen auch die instanzgerichtlichen Entscheidungen.[192] Im Ergebnis ist davon auszugehen, dass der Verzicht bei fehlender vertraglich vereinbarter Verzichtsmöglichkeit in entsprechender Anwendung des § 75a HGB mit der Kündigung oder zumindest vor Beendigung des Anstellungsverhältnisses erfolgen muss.[193] Ohne die ausdrückliche vertragliche

---

189 *Bauer/Diller*, Wettbewerbsverbote, § 3 Rn. 51, § 24 Rn. 1091; dazu auch BAG, NZA 2005, 411, 412; BAG, AP HGB § 74 Nr. 87; BAG, AP HGB § 74 Nr. 89; MüKoHGB/*Thüsing*, HGB § 74 Rn. 15; ErfK/*Oetker*, HGB § 74 Rn. 23.

190 *Bauer/Diller*, Wettbewerbsverbote, § 24 Rn. 1091.

191 So *Goette*, FS Wiedemann, 2002, 873, 884 f.

192 Vgl. OLG Köln, NZG 2000, 740 f.; OLG München, GmbHR 2010, 1031, 1032; *Bauer/Diller*, Wettbewerbsverbote, § 24 Rn. 1091.

193 BGH, NJW 1992, 1892; OLG Hamm, GmbHR 1991, 367, 367; LG Frankfurt, GmbHR 1994, 803, 804; Oppenländer/Trölitzsch/*Baumann* GmbH-GF-HdB, § 14 Rn. 27;

Abrede wird es möglich sein, einen Verzicht nach Beendigung des Anstellungsverhältnisses zu erklären.[194] Folge eines wirksamen Verzichtes ist wohl grundsätzlich ebenfalls auch das Entfallen der Karenzentschädigungspflicht nach der einzuhaltenden Jahresfrist im Sinne des § 75a HGB analog,[195] wobei auch die oben dargestellten Billigkeitserwägungen maßgeblich sein werden.

Sofern ausdrückliche vertragliche Verzichtsklauseln vorliegen, soll wohl selbst ein Verzicht nach Beendigung des Anstellungsverhältnisses möglich sein.[196] Allgemein werden vertraglich vereinbarte Verzichtsklauseln ebenfalls am Maßstab des § 138 BGB zu messen sein. So kann die Unbilligkeit der Klausel durch die isolierte Betrachtung der Klausel oder durch eine Gesamtbetrachtung mit den übrigen Abreden und den daraus resultierenden Rechten und Pflichten des Geschäftsführers erfolgen.[197] Entscheidend wird letztlich sein, dass dem Geschäftsführer für eine ausreichende und angemessene Dauer die Karenzentschädigung zu zahlen ist,[198] sodass nach der Rechtsprechung der Instanzgerichte vertraglich vereinbarte Fristen zur Zahlung einer Karenzentschädigung nach Erklärung des Verzichtes wirksam waren, die eine Dauer von drei[199] oder sechs[200] Monaten vorsahen. Insgesamt wird eine Orientierung der angemessenen Dispositionsfrist an den vertraglich vereinbarten Kündigungsfristen als sinnvollste Lösung betrachtet,[201] wobei auch der Zeitpunkt der Ausübung der

---

a.A. nur mit ausdrücklicher vertraglicher Abrede MüKoGmbHG/*Jaeger*/*Steinbrück*, GmbHG § 35 Rn. 387.

194 OLG Düsseldorf, BB 1996, 2377 ff.; OLG Koblenz, NZG 2000, 653, 654; *Thüsing*, NZG 2004, 9, 11; *Bergwitz*, GmbHR 2007, 523, 525, a.A. *Brechtel*/*Kehrel*, GmbHR 2021, 240, 244.

195 So Noack/Servatius/Haas/*Beurskens*, GmbHG § 37 Rn. 122; HCL/*Paefgen*, GmbHG § 35 Rn. 509; *Goette*, FS Wiedemann, 2002, 873, 884 f.; *Jäger*, DStR 1995, 724, 729; offengelassen durch BGH, NJW 1992, 1892.

196 OLG Koblenz, NZG 2000, 653, 654; *Bauer*/*Diller*, GmbHR 1999, 885, 893.

197 So *Bauer*/*Diller*, Wettbewerbsverbote, § 24 Rn. 1092; *Menke*, NJW 2009, 636, 639.

198 Lutter/Hommelhoff/*Kleindiek*, GmbHG Anh. zu § 6 Rn. 25a; *Bauer*/*Diller*, Wettbewerbsverbote, § 24 Rn. 1093; *dies.*, GmbHR 1999, 885, 893; *Bergwitz*, GmbHR 2007, 523, 525 f.

199 OLG Düsseldorf, NJW-RR 1997, 164, 166.

200 OLG München, BeckRS 2011, 29808.

201 In diesem Sinne OLG München, GmbHR 2010, 1031, 1032; MüKoGmbHG/*Jaeger*/*Steinbrück*, § 35 Rn. 388; *Wicke*, GmbHG § 13 Rn. 22c; *Jäger*, DStR 1995, 724, 729; *Bergwitz*, GmbHR 2007, 523, 527; *Kielkowski*, NZG 2015, 900, 902; *Brechtel*/*Kehrel*, GmbHR 2021, 240, 243; iE. auch *Altmeppen*, GmbHG § 6 Rn. 95; a.A. MHLS/*Ziemons*, GmbHG § 43 Rn. 289; KK-AktG/*Mertens*/*Cahn*, § 88 Rn. 41, die eine Ankündigungsfrist von drei Monaten für ausreichend erachten.

vereinbarten Verzichtsmöglichkeit Einfluss auf die Angemessenheit der Dispositionsfrist haben wird.[202]

h. Lossagung vom Wettbewerbsverbot gemäß § 75 HGB

Neben dem einseitigen Verzicht ist noch die Möglichkeit der Lossagung vom Wettbewerbsverbot im Sinne des § 75 HGB zu diskutieren. Der § 75 HGB normiert grundsätzlich ein Lossagungsrecht des Arbeitnehmers (vgl. § 75 Abs. 1 HGB) sowie ein Lossagungsrecht des Arbeitgebers (vgl. § 75 Abs. 1, 3 HGB) für den Fall, dass die jeweils andere Partei einen Grund zur außerordentlichen Kündigung des Arbeitsverhältnisses hervorgerufen hat.[203] Ergänzend zu den beiden Varianten normiert der § 75 Abs. 2 HGB ein Wahlrecht des Arbeitnehmers zur Lossagung im Fall der arbeitgeberseitigen ordentlichen oder außerordentlichen Kündigung.[204] Den Varianten der Abs. 1 und 2 liegt der allgemeine Gedanke zugrunde, dass es dem Angestellten nicht zugemutet werden kann, das nachvertragliche Wettbewerbsverbot gegen sich in der Weise gelten lassen zu müssen, dass seine allgemeine Handlungs- und Berufsfreiheit Beschränkungen erfährt, wenn ein Grund zur außerordentlichen Kündigung vorlag.[205] Dem Abs. 3 nach würde der Arbeitnehmer bei der Lossagung durch den Arbeitgeber weiterhin an das nachvertragliche Wettbewerbsverbot und dessen Beschränkungen gebunden sein, obgleich die Karenzentschädigungspflicht des Arbeitgebers entfallen würde. Die Rechtsfolge des § 75 Abs. 3 HGB wurde vom BAG im Jahre 1977[206] aufgrund des Verstoßes gegen das Gleichbehandlungsgebot des Art. 3 Abs. 1 GG im Verhältnis zu den Rechtsfolgen des Lossagungsrechts des § 75 Abs. 1 HGB für verfassungswidrig gehalten und nicht mehr angewandt.[207] Ein Lossagungsrecht des Arbeitnehmers besteht dennoch. Die entstandene Lücke wird durch

---

202 So auch HCL/*Paefgen*, GmbHG § 35 Rn. 509; Lutter/Hommelhoff/*Kleindiek*, GmbHG Anh. zu § 6 Rn. 25a; *Goette*, FS Wiedemann, 2002, 873, 884 f.; *Brechtel*/*Kehrel*, GmbHR 2021, 240, 243.

203 MüKoHGB/*Thüsing*, HGB § 75 Rn. 1.

204 EBJS/*Boecken*/*Rudkowski*, HGB § 75 Rn. 1.

205 OLG Celle, AP HGB § 161 Nr. 4; EBJS/*Boecken*/*Rudkowski*, HGB § 75 Rn. 1.

206 BAG, NJW 1977, 1357.

207 BAG, NJW 1977, 1357, 1358; BAG, NZA 1999, 37; BeckOGK/*Ittmann*, HGB § 75 Rn. 30; Hopt/*Roth*, HGB § 75 Rn. 2; zur Begründung der Verfassungsmäßigkeit und zum Recht der Verfassungswidrigkeitsfeststellung des BAG siehe EBJS/*Boecken*/*Rudkowski*, HGB § 75 Rn. 19 f.

die analoge Anwendung des § 75 Abs. 1 HGB geschlossen.[208] Formelle Voraussetzungen des § 75 Abs. 1 HGB sind die einzuhaltende Schriftform[209] sowie die einzuhaltende Monatsfrist zur Erklärung der Lossagung, die mit Zugang der Kündigung beginnt.[210]

Nach überwiegender Auffassung ist der Grundgedanke des § 75 HGB auch auf das nachvertragliche Wettbewerbsverbot von Organmitgliedern zu übertragen und anzuwenden. Dies gelte vor allem für die Regelung des § 75 Abs. 1 HGB.[211] Das Lossagungsrecht enthalte einen allgemeinen Rechtsgedanken, der auch bei der rechtlichen Beurteilung nach § 138 BGB zu beachten ist. Somit findet eine analoge Anwendung auch zugunsten des Organmitglieds statt, obwohl die Norm nicht nur dem Schutz der Interessen der Gesellschaft dient.[212] Der Grundgedanke, der dem § 75 Abs. 1 HGB zugrunde liegt, soll gleichwohl auch entsprechend zugunsten der Gesellschaft gelten. Demnach soll das Lossagungsrecht des § 75 Abs. 1 HGB im Wege der entsprechenden Anwendung auch zugunsten der Gesellschaft gelten.[213] Entsprechendes gilt sodann auch gegenüber Organmitgliedern.[214] Eine dem § 75 Abs. 3 HGB entsprechende vertragliche Abrede ist bei Arbeitnehmern konsequenterweise unwirksam und unzulässig.[215] Eine entsprechende Klausel wurde dagegen gegenüber Organmitgliedern für zulässig erachtet,[216] gerade da auch bei einer hypothetischen Unwirksamkeit der Klausel keine verbindliche Karenzentschädigungspflicht bestehe.[217] Ob sich infolge der Schuldrechtsreform von 2002 durch die Einführung des § 314 BGB etwas an der Anwendbarkeit des § 75 Abs. 1 HGB geändert hat, wird vor allem in

208 BAG, NJW 1977, 1357, 1359; BAG, NJW 1987, 2768; BAG, NZA 2015, 1253, 1254; EBJS/*Boecken*/*Rudkowski*, HGB § 75 Rn. 2; MüKoHGB/*Thüsing*, § 75 Rn. 18.

209 MüKoHGB/*Thüsing*, § 75 Rn. 9; Oetker/*Kotzian-Marggraf*, HGB § 75 Rn. 4; ErfK/*Oetker*, HGB § 75 Rn. 3.

210 MüKoHGB/*Thüsing*, § 75 Rn. 10 f.; Oetker/*Kotzian-Marggraf*, HGB § 75 Rn. 5.

211 OLG Celle, AP HGB § 161 Nr. 4; KK-AktG/*Mertens*/*Cahn*, § 88 Rn. 40; *Bauer*, DB 1992, 1413, 1418; *Thüsing*, NZG 2004, 9, 13.

212 So *Thüsing*, NZG 2004, 9, 13.

213 *Bauer*, DB 1992, 1413, 1418; *Bergwitz*, GmbHR 2007, 523, 528.

214 *Bauer*/*Diller*, Wettbewerbsverbote, § 24 Rn. 1097; *Bergwitz*, GmbHR 2007, 523, 528; vgl. auch MüKoHGB/*Thüsing*, HGB § 75 Rn. 18; EBJS/*Boecken*/*Rudkowski*, HGB § 75 Rn. 16.

215 BAG, AP HGB § 75 Nr. 11; BeckOGK/*Ittmann*, HGB § 75 Rn. 30; ErfK/*Oetker*, HGB § 75 Rn. 2.

216 So OLG Köln, DB 2008, 1791, 1792; Revision ohne Erfolg BGH, NZG 2008, 753.

217 BGH, NZG 2008, 753; *Bauer*/*Diller*, Wettbewerbsverbote, § 24 Rn. 1097.

der Literatur diskutiert.[218] Diese Diskussion wird zu einem späteren Zeitpunkt dieser Arbeit vertiefter dargestellt. Der § 75 Abs. 2 HGB ist nach zutreffender Auffassung gegenüber Geschäftsführern nicht anwendbar.[219]

i. Bedingte Wettbewerbsverbote

Ein bedingtes Wettbewerbsverbot liegt vor, sofern das Verbot nach dem Ausscheiden des Geschäftsführers erst dann Geltung entfaltet, wenn weitere Ereignisse hinzutreten.[220] Denkbar sind solche Bedingungen jedoch gerade in der Gestalt, dass das Wettbewerbsverbot und die Karenzentschädigungszusage erst in Kraft treten sollen, wenn die Gesellschaft im Rahmen eines allgemeinen Zustimmungsvorbehalts oder eines Zustimmungsvorbehalts hinsichtlich bestimmter Konkurrenzunternehmen die Zustimmung der Aufnahme einer Tätigkeit versagt.[221] Eine solche Bedingung kann den ausgeschiedenen Geschäftsführer grundsätzlich erst einmal im Unklaren darüber lassen, ob ein nachvertragliches Wettbewerbsverbot nach dem Ausscheiden aus der Gesellschaft überhaupt besteht. Dies birgt vor allem die Gefahr, dass der Geschäftsführer in seinem beruflichen Fortkommen in unzulässigem Maße beschränkt wird.[222] Liegt keine Karenzentschädigungszusage vor, wird ein bedingtes nachvertragliches Wettbewerbsverbot mit Organmitgliedern grundsätzlich für zulässig erachtet.[223] Folglich

---

218 Für die vorrangige Anwendbarkeit des § 314 BGB Bauer/*Diller*, Wettbewerbsverbote, § 24 Rn. 1098; *Bauer/Diller/Krets*, DB 2003, 2687, 2688 Fn. 10; dagegen der wohl überwiegende Teil, siehe MHLS/*Ziemons*, GmbHG § 43 Rn. 288; MüKoGmbHG/*Jaeger/Steinbrück*, GmbHG § 35 Rn. 389; Scholz/*Verse*, GmbHG § 43 Rn. 253; Lutter/Hommelhoff/*Kleindiek*, GmbHG Anh. zu § 6 Rn. 25a; KK-AktG/*Mertens/Cahn*, § 88 Rn. 40; *Thüsing*, NZG 2004, 9, 13; *Bergwitz*, GmbHR 2007, 523, 525.

219 *Bauer/Diller*, Wettbewerbsverbote, § 24 Rn. 1103. Begründet wird dies vor allem mit der Inkompatibilität mit dem Charakter des Anstellungsverhältnisses in Verbindung mit dem Sinn und Zweck nachvertraglicher Wettbewerbsverbote.

220 Jauernig/*Mansel*, BGB § 158; HK-BGB/*Dörner*, § 158 Rn. 1; *Heller*, GmbHR 2000, 371, 373.

221 MHLS/*Ziemons*, GmbHG § 43 Rn. 290; KK-AktG/*Mertens/Cahn*, § 88 Rn. 42; MüKoAktG/*Spindler*, § 88 Rn. 56.

222 MüKoGmbHG/*Jaeger/Steinbrück*, GmbHG § 35 Rn. 388.

223 Für Vorstandmitglieder einer AG aufgrund der geringeren Schutzbedürftigkeit KK-AktG/Mertens/Cahn, § 88 Rn. 42; MüKoAktG/*Spindler*, § 88 Rn. 56; BeckOGK/*Fleischer*, AktG § 88 Rn. 48; auch für den GmbH-Geschäftsführer Thüsing, NZG 2004, 9, 11; zweifelnd Scholz/*Verse*, GmbHG § 43 Rn. 25; Übertragbarkeit und Beachtung bejahend MüKoGmbHG/*Jaeger/Steinbrück*, GmbHG § 35 Rn. 388; *Hoffmann-Becking*,

werden bedingte Kundenschutzklauseln grundsätzlich möglich sein, sofern die Bedingung bis zur Kündigung oder der endgültigen rechtlichen Beendigung des Arbeitsverhältnisses eingetreten ist bzw. in Anspruch genommen wurde.[224] Für die Fälle der zugesagten Karenzentschädigung wird indes der Grundgedanke der arbeitsrechtlichen Rechtsprechung zu übertragen sein,[225] sodass die jeweiligen Klauseln sodann unter Beachtung der Grenzen des § 138 BGB und Art. 12 Abs. 1 GG zumeist unzulässig sein werden.[226]

2. *Rechtsfolge von Mängeln nach Maßgabe des § 138 BGB*

Kommt es zur Überschreitung der rechtlichen Grenzen eines nachvertraglichen Wettbewerbsverbotes, folgt dem Sittenwidrigkeitsverdikt des § 138 BGB die Nichtigkeit der gesamten Abrede. Fehlt das berechtigte Interesse der Gesellschaft von Anfang an, folgt daraus umgehend die Nichtigkeit des nachvertraglichen Wettbewerbsverbotes ohne die Möglichkeit der Aufrechterhaltung in Form der Umdeutung, Teilnichtigkeit oder geltungserhaltenden Reduktion. Dies auch ohne Rücksicht darauf, ob eine Karenzentschädigungspflicht versprochen wurde oder nicht.[227] Liegt alleinig ein unangemessenes zeitliches Übermaß vor, hält der BGH die geltungserhaltende Reduktion im Wege der Teilnichtigkeit nach § 139 BGB für möglich.[228] Ausgenommen des alleinigen zeitlichen Übermaßes

---

FS Quack, 1991, S. 273, 280; *Bauer*, DB 1992, 1413, 1418; *Bauer/Diller*, BB 1995, 1134, 1139.

224 *Bauer/Diller*, GmbHR 1999, 885, 894; *Heller*, GmbHR 2000, 371, 373.

225 So MüKoGmbHG/*Jaeger/Steinbrück*, § 35 Rn. 388; *Bauer/Diller*, BB 1995, 1134, 1139; *dies.*, GmbHR 1999, 885, 894. Siehe zur BAG-Rechtsprechung ausführlich *Bauer/Diller*, DB 1997, 94; *dies.*, Wettbewerbsverbote, § 10 Rn. 484 ff.

226 Ein sehr kurzfristiges Recht aus einem bedingten Wettbewerbsverbot wird zumeist das berufliche Fortkommen des Geschäftsführers unbillig und unangemessen erschweren und somit unwirksam sein, siehe dazu MüKoGmbHG/*Jaeger/Steinbrück*, § 35 Rn. 388; Scholz/*Verse*, GmbHG, § 43 Rn. 251; *Hoffmann-Becking*, FS Quack, 1991, S. 273, 280.

227 BGHZ 91, 1, 6; BGH, NJW-RR 1989, 800, 801; OLG Düsseldorf, DB 1990, 1960; OLG Düsseldorf, GmbHR 1993, 581, 582; OLG Nürnberg, GmbHR 2010, 141, 142 f.; *Altmeppen*, GmbHG § 6 Rn. 93; HCL/*Paefgen*, GmbHG § 35 Rn. 495, 512; MüKoGmbHG/*Jaeger/Steinbrück*, § 35 Rn. 371, 383; MHLS/*Ziemons*, GmbHG § 43 Rn. 278; Lutter/Hommelhoff/*Kleindiek*, GmbHG Anh. Zu § 6 Rn. 25; Scholz/*Verse* GmbHG, § 43 Rn. 247; *Bauer/Diller*, Wettbewerbsverbote, § 24 Rn. 1047; *dies.*, GmbHR 1999, 885, 888; *Jäger*, DStR 1995, 724, 726; *Thüsing*, NZG 2004, 9, 10.

228 BGH, NJW 1991, 699, 700; BGH, NJW 1997, 3089; BGH, NJW 2000, 2584, 2585; Altmeppen, GmbHG § 6 Rn. 98; Hachenburg/*Stein*, GmbHG, § 35 Rn. 316; Erman/*Arnold*, BGB, § 139 Rn. 20; MüKoBGB/*Armbrüster*, § 138 Rn. 79; Hölters/Weber/

folgt den anderweitigen alleinigen sowie kumulativen Überschreitungen die Gesamtnichtigkeit des Wettbewerbsverbotes, ohne irgendeine Möglichkeit der Aufrechterhaltung der Abrede.[229]

Ebenfalls zur Nichtigkeit führt eine Vereinbarung, bei der eine zu gering bemessene Karenzentschädigung versprochen wurde – sofern nach dem oben Gesagten eine „Art" Pflicht zur Karenzentschädigung bestand – oder gar keine Karenzentschädigung verabredet wurde.[230] Dies jedoch nicht im Sinne der anfänglichen Wirksamkeitsvoraussetzung nach § 74 Abs. 2 HGB, sondern als Folge der Interessenabwägung und der grundsätzlich feststellbaren unbilligen Erschwerung des beruflichen Fortkommens des Geschäftsführers infolge des Fehlens eines finanziellen Ausgleichs.[231] Der Unanwendbarkeit der §§ 74 ff. HGB folgt zudem, dass dem Geschäftsführer auch kein Wahlrecht im Sinne des § 74 Abs. 2 HGB zusteht.[232] Und auch eine nachträgliche Zusage der Gesellschaft, eine angemessene Karenzentschädigung zu zahlen, hat keine heilende Wirkung und mag die Unwirksamkeit nicht abzuwenden.[233]

Demnach folgt der Überschreitung der inhaltlichen Grenzen grundsätzlich die Gesamtnichtigkeit. Anderes gilt freilich nur, wenn vertraglich ausdrücklich auf die Geltung der §§ 74 ff. HGB verwiesen wurde.[234] Sodann wäre auch eine in § 74a Abs. 1 S. 1 und 2 HGB gesetzlich angeordnete geltungserhaltende

---

Weber, AktG § 88 Rn. 26; MüKoAktG/*Spindler*, § 88 Rn. 50; *Heller*, GmbHR 2000, 371, 373; *van Kann/Keiluweit*, BB 2010, 2050, 2053; *Bauer/v. Medem*, GWR 2011, 435, 437.

229 BGH, NJW 1997, 3089 f.; BGH, NJW 2005, 3061, 3062; OLG Hamm, ZIP 1988, 1254, 1256 f.; OLG Düsseldorf, GmbHR 1999, 120, 122; MHLS/*Ziemons*, GmbHG § 43 Rn. 287; Scholz/*Verse* GmbHG, § 43 Rn. 252; *Kanzleiter*, DNotZ 1989, 195, 198; *Manger*, GmbHR 2001, 89, 91; *Gehle*, DB 2010, 1981, 1981; *van Kann/Keiluweit*, BB 2010, 2050, 2053; *Bauer/v. Medem*, GWR 2011, 435, 437; *Wirbelauer*, MDR 2018, 61, 66.

230 Lutter/Hommelhoff/*Kleindiek*, GmbHG Anh. zu § 6 Rn. 25; MüKoGmbHG/*Jaeger/Steinbrück*, § 35 Rn. 379, 386; MAH GmbHR/*Hürten*, § 9 Rn. 46; *Bauer/Diller*, BB 1995, 1134, 1137; *dies.*, GmbHR 1999, 885, 892; *Schnelle*, GmbHR 2000, 599, 601.

231 BGH, NZG 2008, 753; MHLS/*Ziemons*, GmbHG § 43 Rn. 286; MüKoGmbHG/*Jaeger/Steinbrück*, § 35 Rn. 386; *Bauer/Diller*, GmbHR 1999, 885, 890 ff.; *Schnelle*, GmbHR 2000, 599, 601; Müller, GmbHR 2014, 964, 967.

232 BGH, NZG 2008, 753; MüKoGmbHG/*Jaeger/Steinbrück*, § 35 Rn. 386; *Bauer/Diller*, GmbHR 1999, 885, 892; *Müller*, GmbHR 2014, 964, 967.

233 *Bauer/Diller*, GmbHR 1999, 885, 892.

234 Lutter/Hommelhoff/*Kleindiek*, GmbHG Anh. zu § 6 Rn. 25; *Bauer/Diller*, Wettbewerbsverbote, § 24 Rn. 1084.

Reduktion möglich.[235] Im Rahmen der vertraglichen Verweisung auf die Vorschriften der §§ 74 ff. HGB ist jedoch darauf zu achten, ob vollumfänglich alle oder nur vereinzelt einzelne Normen in die vertragliche Geltung aufgenommen wurden und welche Wirkung die Verweisung auf bestimmte Normen für die Anwendbarkeit anderer Normen der §§ 74 ff. HGB haben soll.[236]

Ob eine geltungserhaltende Reduktion daneben durch eine salvatorische Klausel innerhalb der vertraglichen Abrede über das nachvertragliche Wettbewerbsverbot möglich ist, wird in der Rechtsprechung und Literatur nicht einheitlich beantwortet. So sah beispielsweise das OLG Köln eine salvatorische Klausel zur geltungserhaltenden Reduktion als zulässig an.[237] Sprechen zwar zunächst gute Gründe für die Zulässigkeit solcher Klauseln,[238] werden salvatorische Klauseln wohl letzten Endes zutreffenderweise nur die Beweislast verschieben. Die Rechtsfolgen, die durch das Gesetz definiert werden, können dadurch aber nicht geändert werden, sodass die Zulässigkeit der geltungserhaltenden Reduktion infolge einer salvatorischen Klausel die Nichtigkeitsfolge des § 138 BGB unerwünschterweise konterkarieren würde. Folglich werden entsprechende salvatorische Klauseln vornehmlich als unzulässig anzusehen sein.[239] Des Weiteren ist darauf hinzuweisen, dass auch eine Umdeutung im Sinne des § 140 BGB vorliegend nicht in Betracht kommt.[240]

---

235 Zu § 74a HGB siehe BeckOK HGB/*Wetzel*, § 74a Rn. 1.

236 Dazu eingehend *Bauer/Diller*, Wettbewerbsverbote, § 24 Rn. 1039 ff.

237 OLG Köln BeckRS 2000, 30470688.

238 So wird angeführt, dass eine solche Möglichkeit im § 74a Abs. 1 HGB für den Arbeitnehmer gesetzlich geregelt ist und auf Grundlage, dass eine solche Möglichkeit auch oder gerade dem Interesse der Gesellschaft dient, auch der Rechtsprechung des BGH folgen würde. Ebenfalls würde der Parteienwille entsprechend berücksichtigt werden, sodass die Aufnahme einer salvatorischen Klausel in die vertragliche Abrede teilweise empfohlen wird. Siehe dazu v. Westphalen/Thüsing/*Thüsing* VertrR/AGB-Klauselwerke, Geschäftsführerverträge Rn. 223; *Bauer/Diller*, Wettbewerbsverbote, § 24 Rn. 1070; *Heller*, GmbHR 2000, 371, 373; *van Kann/Keiluweit*, BB 2010, 2050, 2053.

239 MüKoAktG/*Spindler*, § 88 Rn. 50; *Gitter*, NZG 2001, 165, 169; *Thüsing*, NZG 2004, 9, 14; *Gehle*, DB 2010, 1981, 1982.

240 OLG Düsseldorf, GmbHR 1999, 120, 121; OLG Hamm, GmbHR 1988, 344, 346; MHLS/*Ziemons*, GmbHG § 43 Rn. 287; BeckOGK/*Jakl*, BGB § 138 Rn. 650; Erman/*Schmidt-Räntsch*, BGB § 138 Rn. 24, allgemein für die Nichtigkeit nach § 138 BGB. Dies gilt vor allem für sehr allgemein gehaltene salvatorische Klauseln oder Klauseln, die allein eine allgemeingültige Bezugnahme des § 74a HGB enthalten.

III. Anwendbarkeit des AGB-Rechts

Können nachvertragliche Wettbewerbsverbote auch in AGB enthalten sein, findet gleichwohl grundsätzlich keine AGB-Kontrolle statt. Dies auch dann nicht, wenn die Geschäftsführer zumeist als Verbraucher im Sinne des § 13 BGB einzustufen sind[241] und die in den AGB enthaltenen Wettbewerbsverbote im Grundsatz dem Kontrollregime der §§ 305 ff. HGB unterfallen würden.[242] Da es sich bei der inhaltlichen Reichweite sowie der Frage der Notwendigkeit der Karenzentschädigungszusage um Hauptleistungspflichten handelt, werden diese keiner AGB-Prüfung zugänglich sein.[243] Folglich ist die AGB-rechtliche Prüfung auf das Überraschungsverbot nach § 305c Abs. 1 BGB, die Unklarheitenregel nach § 305c Abs. 2 BGB sowie das Transparenzgebot nach § 307 Abs. 1 S. 2 BGB begrenzt.[244] Des Weiteren findet auch keine AGB-Kontrolle der Nebenabreden statt. Diesbezüglich fehlt es am gesetzlichen Vorbild im Sinne des

---

241 Siehe BGHZ 133, 71, 77; BGH, 1443, 1444; BGH, NJW 2000, 3133, 3135; BGH, NJW 2006, 431, 432; BGH, NJW-RR 2007, 1673, 1675; BGH, NJW-RR 2012, 166, 167; so auch die arbeitsrechtliche Rechtsprechung BAG, NZA 2010, 939, 940; OLG Stuttgart, BeckRS 2010, 13000; OLG Karlsruhe, NZG 2017, 226, 227; a.A. OLG Hamburg, BeckRS 1999, 05591 Rn. 3; OLG Düsseldorf BeckRS 2007, 15426. So stellt die Geschäftsführertätigkeit weder eine gewerbliche noch selbstständige, sondern eine angestellte berufliche Tätigkeit dar, vgl. BeckOK BGB/*Martens*, § 13 Rn. 47; MüKoGmbHG/*Jaeger/Steinbrück*, § 35 Rn. 273; Scholz/*Hohenstatt*, GmbHG § 35 Rn. 340; Lutter/Hommelhoff/*Kleindiek*, GmbHG Anh. zu § 6 Rn. 2; *Hümmerich*, NZA 2006, 709, 710; *Wank/Maties*, NZA 2007, 353, 354; *Stagat*, NZA-RR 2011, 617, 620 f.; *Boemke*, RdA 2018, 1, 12 f.

242 Vgl. *Müller*, FS Grunewald, 2021, 811, 821; siehe auch MüKoBGB/*Basedow*, § 310 Rn. 98; *Bauer/Diller*, Wettbewerbsverbote, § 24 Rn. 1044. Diesbezüglich greift auch die Bereichsausnahme des § 310 Abs. 4 BGB nicht, da es sich vorliegend auch nicht um gesellschaftsrechtliche und/oder mitgliedschaftlich geprägte Verträge mit Organisationscharakter handelt, vgl. MüKoBGB/*Basedow*, § 310 Rn. 123; BeckOK BGB/*Becker*, § 310 Rn. 32; Scholz/*Hohenstatt*, GmbHG § 35 Rn. 340; Preis/*Stoffels*, Der Arbeitsvertrag, Nachvertragliches Wettbewerbsverbot, Rn. 56; *Bauer/Diller*, Wettbewerbsverbote, § 24 Rn. 1044; *Khanian*, GmbHR 2011, 116.

243 So *Krahforst*, Nachvertragliche Wettbewerbsverbote für GmbH-Geschäftsführer, S. 263 f.; BeckOGK/*Fehrenbach*, BGB § 307 Wettbewerbsverbotsklausel Rn. 193; *Müller*, FS Grunewald, 2021, 811, 821; *Bauer/Diller*, Wettbewerbsverbote, § 24 Rn. 1045.

244 BeckOGK/*Fehrenbach*, BGB § 307 Wettbewerbsverbotsklausel Rn. 193; *Bauer/Diller*, Wettbewerbsverbote, § 24 Rn. 1045; *Straube*, BB 2013, 117; *Lembke*, BB 2020, 52, 59.

§ 307 Abs. 3 BGB, sodass eine entsprechende Abweichung von einer gesetzlichen Regelung nicht überprüfbar ist.[245]

B. Verfassungsrechtliche Grundwertungen der Vertragsparteien

Bei der vom BGH vorgenommenen Billigkeits- und Sittenwidrigkeitsprüfung des § 138 Abs. 1 BGB geht es zuvörderst um den Ausgleich der berechtigten Interessen. Im Anwendungsbereich des § 138 Abs. 1 BGB und dem der §§ 74 ff. HGB stehen sich grundsätzlich die gleichen gegenseitigen und konkurrierenden Grundrechtspositionen der beteiligten Vertragsparteien gegenüber. Der Gesellschaft sowie dem Arbeitgeber geht es vorrangig um den effektiven Schutz ihrer Geschäfts- und Betriebsgeheimnisse, der Kunden- und Geschäftskontakte sowie ihrer Arbeitserfolge und ihres „Know-hows".[246] Aufseiten des Arbeitnehmers wie des Geschäftsführers geht es um das freie berufliche Fortkommen, welches durch die vertraglich auferlegten Wettbewerbsbeschränkungen nicht unbillig und unangemessen beeinträchtigt werden darf.[247] Innerhalb der zivilrechtlichen Interessenabwägung der rechtlichen Beurteilung nachvertraglicher Wettbewerbsverbote mit Geschäftsführern geht es damit vorrangig um den Ausgleich der verfassungsrechtlich geschützten Freiheitsrechte des ehemaligen Beschäftigten in Form der Berufsfreiheit nach Art. 12 Abs. 1 GG sowie der allgemeinen Handlungsfreiheit nach Art. 2 Abs. 1 GG[248] und der Rechte der

---

245 *Krahforst*, Nachvertragliche Wettbewerbsverbote für GmbH-Geschäftsführer, S. 264; *Bauer/Diller*, Wettbewerbsverbote, § 24 Rn. 1045; a.A. BeckOGK/*Fehrenbach*, BGB § 307 Wettbewerbsverbotsklausel Rn. 130 ff.; *Straube*, BB 2013, 117, die zumindest die AGB-Kontrolle von Vertragsstrafenregelungen vorsehen. Noch weitergehender wohl *Müller*, FS Grunewald, 2021, 811, 822; *Lembke*, BB 2020, 52, 59 ff., auch für Regelungen hinsichtlich der Kündigung sowie des Verzichtes.

246 Dazu EBJS/*Boecken/Rudkowski*, HGB § 74a Rn. 6 ff.; Oetker/*Kotzian-Marggraf*, HGB § 74a Rn. 3; MüKoHGB/*Thüsing*, § 74a Rn. 3; MüKoGmbHG/*Jaeger/Steinbrück*, § 35 Rn. 371 f.; MHLS/*Ziemons*, GmbHG § 43 Rn. 281; Scholz/*Verse*, GmbHG § 43 Rn. 246.

247 BeckOGK/*Ittmann*, HGB § 74a Rn. 10; Oetker/*Kotzian-Marggraf*, HGB § 74 Rn. 1 f.; EBJS/*Boecken/Rudkowski*, HGB § 74 Rn. 1; MüKoHGB/*Thüsing*, § 74a Rn. 9 ff.; EBJS/*Boecken/Rudkowski*, HGB § 74a Rn. 11; Noack/Servatius/Haas/*Beurskens*, GmbHG § 37 Rn. 117; MHLS/*Ziemons*, GmbHG § 43 Rn. 278; Lutter/Hommelhoff/*Kleindiek*, GmbHG Anh. zu § 6 Rn. 25; Scholz/*Verse*, GmbHG § 43 Rn. 246.

248 BGH, DB 1965, 468; BGHZ 91, 1, 5; OLG Düsseldorf, NZG 1999, 405; *Altmeppen*, GmbHG § 6 Rn. 92; Lutter/Hommelhoff/*Kleindiek*, GmbHG Anh. zu § 6 Rn. 25; Scholz/*Verse*, GmbHG § 43 Rn. 246; BeckOK GeschGehG/*Fuhlrott*, § 1 Rn. 42;

Gesellschaft am eingerichteten und ausgeübten Gewerbebetrieb im Sinne der Art. 12 Abs. 1, 14 Abs. 1 GG.[249]

I. Verfassungsrechtlich geschützte Interessen des Geschäftsführers

So müssen sich die berechtigten Interessen der Gesellschaft und die vereinbarten Wettbewerbsbeschränkungen im Wesentlichen an der Berufsfreiheit nach Art. 12 Abs. 1 GG sowie der allgemeinen Handlungsfreiheit nach Art. 2 Abs. 1 GG des Geschäftsführers messen. Damit sind vorrangig der allgemeine Schutz des beruflichen Fortkommens sowie der Schutz der freien wirtschaftlichen Betätigung durch die Aufnahme einer erwerbswirtschaftlichen Tätigkeit zu beachten.[250] Das berufliche Fortkommen des Geschäftsführers wird primär durch die verfassungsrechtlich gewährte Berufsfreiheit nach Art. 12 Abs. 1 GG geschützt, die zuvörderst die Berufswahl- und Berufsausübungsfreiheit erfasst. Geschützt wird also zunächst einmal die Freiheit der Auswahl und Ausübung einer erwerbswirtschaftlichen Tätigkeit im Sinne eines Teilhaberechts am freien (wirtschaftlichen) Wettbewerb.[251] Neben dem grundsätzlichen Schutz der Berufswahl- und Berufsausübungsfreiheit kommt dem Art. 12 Abs. 1 GG auch besondere marktwirtschaftliche und sozioökonomische Bedeutung zu, infolgedessen dem Art. 12 Abs. 1 GG über seine generelle Funktion hinaus eine Schutzfunktion der allgemeinen wirtschaftlichen Betätigungs- und Aktivitätsfreiheit zukommt. Hinsichtlich des Geschäftsführers wird vor allem die freie Wahl und Gestaltung der Art und Weise der weiteren beruflichen Tätigkeit geschützt,[252]

Kamanabrou, ZGR 2002, 898, 899; *Menke*, NJW 2009, 636, 637; *Müller*, GmbHR 2014, 964.

249 Siehe Noack/Servatius/Haas/*Beurskens*, GmbHG § 37 Rn. 117; Staub/*Weber*, HGB Vor § 74 Rn. 3; Sachs/*Wendt*, GG Art. 14 Rn. 47 ff.; Dürig/Herzog/Scholz/*Papier*/*Shirvani*, GG Art. 14 Rn. 200 ff.; Jarass/Pieroth/*Jarass*, GG Art. 14 Rn. 6 ff.; zum Verhältnis von Art. 12 Abs. 1 und Art. 14 Abs. 1 GG siehe Dürig/Herzog/Scholz/*Scholz*, GG Art. 12 Rn. 130 ff.; Jarass/Pieroth/*Jarass*, GG Art. 12 Rn. 3.

250 BGH, DB 1965, 468; BGHZ 91, 1, 5; OLG Düsseldorf, NZG 1999, 405; OLG Celle, GmbHR 2005, 541, 542; *Altmeppen*, GmbHG § 6 Rn. 92; Lutter/Hommelhoff/*Kleindiek*, GmbHG Anh. zu § 6 Rn. 25; Scholz/*Verse*, GmbHG § 43 Rn. 246; BeckOK GeschGehG/*Fuhlrott*, § 1 Rn. 42; *Kamanabrou*, ZGR 2002, 898, 899; *Menke*, NJW 2009, 636, 637; *Müller*, GmbHR 2014, 964.

251 ErfK/*Schmidt*, GG Art. 12 Rn. 9; BeckOK GG/*Ruffert*, Art. 12 Rn. 47; Dreier/*Wieland*, GG Art. 12 Rn. 48.

252 BVerfGE 50, 290, 363; Jarass/Pieroth/*Jarass*, GG Art. 12 Rn. 10.

womit es um die grundlegende und grundsätzliche Sicherung der existenziellen Grundlage der Lebensführung als Ausfluss der vorangegangenen sowie der weiteren erwerbswirtschaftlichen Tätigkeit geht.

Gleichwohl schützt die Berufswahl- und Berufsausübungsfreiheit nicht nur den Erwerb finanzieller Mittel. Geschützt wird vielmehr die freie selbstständige Betätigung und Verwertung des Könnens und Wissens als wesentlicher Ausdruck der Persönlichkeit des Beschäftigten.[253] Wird das Recht auf freie Entfaltung der Persönlichkeit grundsätzlich durch den Art. 2 Abs. 1 GG geschützt, tritt dieser verfassungsrechtliche Persönlichkeitsschutz nach Art. 2 Abs. 1 GG im beruflichen, unternehmerischen und arbeitsrechtlichen Kontext jedoch hinter dem Spezialgrundrecht aus Art. 12 Abs. 1 GG zurück.[254] So geht es bei der freien Wahl der Erwerbstätigkeit darum, dass sich der Einzelne „einer Tätigkeit widme[n kann], die für ihn Lebensaufgabe und Lebensgrundlage ist und durch die er zugleich seinen Beitrag zur gesellschaftlichen Gesamtleistung erbringt“[255]. Diese Persönlichkeitsbindung entfaltet seine Geltung für alle sozialen Schichten, womit der erwerbswirtschaftlichen Tätigkeit als „Beruf“ für jedermann der gleiche Wert sowie die gleiche Würde zuzusprechen sind.[256] Durch diese besondere Persönlichkeitsbindung erlangt das Schutzgut der Sicherung der Grundlage der Lebensführung als Ausfluss der erwerbswirtschaftlichen Tätigkeit ebenfalls an Bedeutung. Der besondere berufliche Persönlichkeitsbezug ist für den einzelnen Grundrechtsträger demnach ein elementares und wesentliches Schutzgut der freien Ausübung der beruflichen Freiheit. Über den Art. 12 Abs. 1 GG als Spezialgrundrecht der freien Persönlichkeitsentfaltung im beruflichen Kontext wird des Weiteren auch die berufsbezogene Privatautonomie umfasst. Damit wird vor allem auch die arbeits- und berufsrechtliche Vertragsfreiheit in den Schutzbereich des Art. 12 Abs. 1 GG mit einbezogen.[257] Kann sich der Geschäftsführer nach dem Ausscheiden aus der Gesellschaft infolge der nachvertraglichen Beschränkungen nicht gänzlich frei entfalten, müssen sich diese Beschränkungen also an den wirtschaftlichen und persönlichkeitsbildenden Schutzaspekten der Berufsfreiheit messen. Ebenfalls umfasst vom Schutz des Art. 12 Abs. 1 GG

---

253 So auch *Achterberg*, JZ 1975, 713, 716.

254 Dürig/Herzog/Scholz/*Scholz*, GG Art. 12 Rn. 122 f.

255 BVerfGE 7, 377, 397; 50, 290, 362; idS. auch BVerfGE 110, 226, 251.

256 BVerfGE 7, 377, 397; Dreier/*Wieland*, GG Art. 12 Rn. 21; Dürig/Herzog/Scholz/*Scholz*, GG Art. 12 Rn. 44.

257 BeckOK GG/*Ruffert*, GG Art. 12 Rn. 159; Dürig/Herzog/Scholz/*Scholz*, GG Art. 12 Rn. 58.

sind im Bereich der nachvertraglichen Wettbewerbsverbote noch die berufliche Dispositionsfreiheit sowie Vertragsfreiheit.[258]

II. Verfassungsrechtlich geschützte Interessen der Gesellschaft

Aufseiten der Gesellschaft sind primär die anzuerkennenden Interessen des effektiven Schutzes ihrer wirtschaftlichen und unternehmerischen Freiheiten, ihrer Betriebs- und Geschäftsgeheimnisse, ihrer Geschäftsverbindungen sowie sonstiger einschlägiger Eigentumsrechte zu berücksichtigen.[259] Damit geht es insbesondere um den Schutz vor der illoyalen Verwertung ihrer Arbeitserfolge durch die Aufnahme einer potenziell schädigenden Konkurrenztätigkeit des ehemaligen Geschäftsführers.[260] So besteht das Schutzbedürfnis und -interesse der Gesellschaft vor allem hinsichtlich des präventiven Abwendens wirtschaftlicher Nachteile, der Sicherung des weiteren Erwerbs aufgrund erarbeiteter Erfolge durch eigene Forschung und/oder Entwicklung sowie der generellen Gewährleistung der allgemeinen privatautonomen Entfaltung.

1. Verfassungsrechtlicher Schutz nach Art. 12 Abs. 1 GG

Vorrangigen Schutz erhalten die Interessen der Gesellschaft durch die Berufsfreiheit nach Art. 12 Abs. 1 GG in Verbindung mit Art. 19 Abs. 3 GG.[261] Da der Art. 12 Abs. 1 GG vor allem auch die allgemeine wirtschaftliche Betätigung und Aktivität schützt, stellt dieser auch das maßgebliche Grundrecht für die unternehmerische Freiheit, speziell auch für die Kapitalgesellschaften, dar.[262] Der GmbH als Gesellschaft können vornehmlich die Unternehmerfreiheiten als

---

258 Vgl. dazu auch BGH, BeckRS 1978, 31114162; HCL/*Paefgen*, GmbHG § 35 Rn. 500; *Bauer/Diller*, Wettbewerbsverbote, § 24 Rn. 1067; *Manger*, GmbHR 2001, 89, 91; *van Kann/Keiluweit*, BB 2010, 2050, 2053; dazu auch *Fleck*, FS Hilger/Stumpf, 1983, 197, 205.

259 OLG Düsseldorf, GmbHR 1999, 120, 121; OLG Celle, NZG 2001, 131, 132; MHLS/*Ziemons*, GmbHG § 43 Rn. 28; Scholz/*Verse*, GmbHG § 43 Rn. 248; *Jäger*, DStR 1995, 724, 726; *Bauer/Diller*, GmbHR 1999, 885, 888; *Schnelle*, GmbHR 2000, 599, 601; *Wirbelauer*, MDR 2018, 61, 66.

260 BGHZ 91, 1, 6 f.; BGH, NJW 1986, 2944, 2945; BGH, NJW-RR 1989, 800, 801; BGH, NJW 2015, 1012, 1013; OLG Düsseldorf, GmbHR 1999, 120, 121; HCL/*Paefgen*, GmbHG § 35 Rn. 492; BeckOK BGB/*Wendtland*, § 138 Rn. 77; BeckOGK/*Fehrenbach*, BGB § 307 Wettbewerbsverbotsklausel Rn. 198; *Achterberg*, JZ 1975, 713, 719.

261 BVerfGE 50, 290, 363.

262 *Papier*, VVDStRL 35 (1977), 55, 99; *Wiebe*, Unternehmerfreiheit versus Verbraucherschutz?!, S. 93; *Hoffmann*, BB 1995, 53.

besondere Ausprägungen der Berufsfreiheit zugesprochen werden. Die Unternehmerfreiheiten umschreiben gleichwohl keinen eigenständigen exklusiven materiellen Gehalt des Art. 12 Abs. 1 GG, sondern stellen im Wesentlichen das unternehmerische Recht im Rahmen der gewährten Berufsfreiheit dar.[263] Den Unternehmerfreiheiten werden des Weiteren einige unternehmerische Unteraspekte zugeordnet, von denen im Bereich nachvertraglicher Wettbewerbsverbote zuvörderst die unternehmerische Organisationsfreiheit, die berufliche Dispositionsfreiheit, das Recht zur freien Vertragsgestaltung, die allgemeine Wettbewerbsfreiheit sowie der Schutz der wirtschaftlichen Verwertungsmöglichkeit beruflicher Arbeitserfolge zu beachten sind.[264]

In diesem Sinne schützt die unternehmerische Organisationsfreiheit die Freiheit der Bildung und Zusammensetzung der Organe der Gesellschaften,[265] womit vorliegend das Recht der Gesellschafterversammlung der GmbH bezüglich der Bestellungs- und Abberufungskompetenz verfassungsrechtlich untermauert wird. Zur unternehmerischen Organisationsfreiheit kann darüber hinaus noch die Eigenüberwachung der innerbetrieblichen Prozesse gezählt werden.[266] Folglich könnten auch die Wahrung und der Schutz der Betriebs- und Geschäftsgeheimnisse als Teil der Organisationsfreiheit angesehen werden.[267] Daran anknüpfend schützt die berufliche und unternehmerische Dispositionsfreiheit die wirtschaftliche Planungsfreiheit der Gesellschaften auch hinsichtlich der Personalpolitik und des freien Einsatzes der Betriebsmittel.[268]

Einen Schutz der freien Vertragsgestaltung im beruflichen Kontext erfährt die Gesellschaft, wie der Geschäftsführer, ebenfalls auch über das Grundrecht des

263 v. Mangoldt/Klein/Starck/*Manssen*, GG Art. 12 Rn. 69; v. Münch/Kunig/*Kämmerer*, GG Art. 12 Rn. 39; Jarass/Pieroth/*Jarass*, GG Art. 12 Rn. 10; Dreier/*Wieland*, GG Art. 12 Rn. 53.

264 Dazu eingehend *Ossenbühl*, AöR 115 (1990), 1, 16 ff.; bezüglich der Unternehmerfreiheiten Sachs/*Mann*, GG Art. 12 Rn. 79 mwN.; v. Mangoldt/Klein/Starck/*Manssen*, GG Art. 12 Rn. 69 ff.

265 *Ossenbühl*, AöR 115 (1990), 1, 17 f.; *Schnapp*, NZS 2002, 449, 453; v. Mangoldt/Klein/Starck/*Manssen*, GG Art. 12 Rn. 69.

266 *Wiebe*, Unternehmerfreiheit versus Verbraucherschutz?!, S. 96; *Hufen*, ZLR 1993, 233, 237; a.A. *Steiner*, DVBl 1987, 1133, 1136 f.

267 BVerfGE 115, 205, 230; *Kloepfer*/*Greve*, NVwZ 2011, 577, 578; *Wiebe*, Unternehmerfreiheit versus Verbraucherschutz?!, S. 96; dem Schutz des Art. 14 GG zuordnend *Ossenbühl*, AöR 115 (1990), 1, 29.

268 Vgl. BVerfGE 77, 308, am Beispiel des Arbeitnehmerweiterbildungsurlaubes.

Art. 12 Abs. 1 GG.[269] Zu dieser privatautonomen Vertragsfreiheit gehören auch die eigenständige vertragliche Vereinbarung und Festlegung der gegenläufigen Interessen sowie die selbstständige Bestimmung des angemessenen Ausgleichs der vertraglichen Rechte und Pflichten durch die beteiligten Vertragsparteien.[270] Der Vertragsfreiheit kommt demnach auch maßgeblich Bedeutung zur Verwirklichung der Organisationsfreiheit, zur Verwertung der Arbeitserfolge sowie zu deren Schutz durch die Vereinbarung eines nachvertraglichen Wettbewerbsverbotes zu.

Dem Schutz des Art. 12 Abs. 1 GG wird auch der verfassungsrechtliche Schutz der allgemeinen Wettbewerbsfreiheit zugeordnet. Die Gewährleistung des freien Wettbewerbs unter den als Anbieter und Nachfrager auf dem Markt auftretenden Unternehmen stellt ein wesentliches Grundprinzip unserer wirtschaftlichen Verfassung dar.[271] Dabei kommen dem Staat zunächst in zweierlei Hinsicht Schutzpflichten zu: Zum einen muss der faire Wettbewerb zwischen den Marktteilnehmern gewährleistet werden. Andererseits kann es zum Wohle des Gemeinschaftsinteresses geboten sein, dem Wettbewerb in bestimmten Bereichen Beschränkungen aufzuerlegen oder ihn gänzlich zu unterbinden.[272] Nach Ansicht des BGH besteht aufgrund der vormaligen besonderen Stellung und der potenziellen illoyalen Ausnutzung der Arbeitserfolge der Gesellschaft durch die Aufnahme einer Konkurrenztätigkeit des Geschäftsführers eine erhöhte Gefahr nachteiliger Folgen für den erwerbswirtschaftlichen Wettbewerb der Gesellschaft. Um den gesellschaftsseitigen sowie wettbewerblichen Schutzbedürfnissen und -interessen gerecht zu werden, wird auch die Vereinbarung nachvertraglicher Wettbewerbsverbote vom Schutzbereich der beruflichen Wettbewerbsfreiheit umfasst sein. Auch wenn die Wettbewerbsfreiheit zwar keinen generellen Schutz vor Konkurrenz sowie hinsichtlich etwaiger Gewinnerwartungen gewährt,[273] wird man den ungestörten kommunikativen Kontakt mit den Kunden gleichwohl dem Schutzbereich der Wettbewerbsfreiheit zurechnen.[274] Daneben kommt der Gesellschaft ein weiterer verfassungsrechtlicher Schutz aus

---

269 Dazu BVerfGE 68, 193, 223 f.; 77, 84, 118; 117, 163, 181; 128, 157, 176; 134, 204, 222 f.; v. Münch/Kunig/*Kämmerer*, GG Art. 12 Rn. 76; *Ossenbühl*, AöR 115 (1990), 1, 25.

270 BVerfGE 81, 242, 254; BeckOGK/*Jakl*, BGB § 138 Rn. 66.

271 BVerfGE 32, 311, 317; 46, 120, 137; 105, 252, 265; v. Münch/Kunig/*Kämmerer*, GG Art. 12 Rn. 76.

272 *Ossenbühl*, AöR 115 (1990), 1, 22 f.

273 BVerfGE 24, 236, 251; 34, 252, 256; 105, 252, 265; Dreier/*Wieland*, GG Art. 12 Rn. 70; *Hoffmann*, BB 1995, 53, 54.

274 *Wiebe*, Unternehmerfreiheit versus Verbraucherschutz?!, S. 100.

Art. 12 Abs. 1 GG bezüglich der grundsätzlichen wirtschaftlichen Verwertung der Arbeitserfolge zu, die vor allem in Verbindung mit der gewährleisteten Vertrags- und Wettbewerbsfreiheit realisiert werden kann. Dieser Schutz hat damit grundlegende Bedeutung für die generelle Erwerbstätigkeit der Gesellschaft und bestimmt das wettbewerbliche und unternehmerische Auftreten am Markt.[275] Damit dient die berufliche und wirtschaftliche Betätigung insbesondere der Existenzsicherung der Gesellschaft und steht folgerichtig im Zentrum der allgemeinen beruflichen und unternehmerischen Betätigungsfreiheit.[276]

2. *Verfassungsrechtlicher Schutz nach Art. 14 Abs. 1 GG*

Neben dem verfassungsrechtlichen Schutz des Art. 12 Abs. 1 GG kann der Gesellschaft des Weiteren noch ein Schutz nach Art. 14 Abs. 1 GG zukommen, auch wenn dieser im Allgemeinen keinen Vermögens- oder Erwerbsschutz bietet. Dieser allgemeinen Schutzausnahme nach kann als etablierte Abgrenzungsregel zwischen „de[m] Erwerb" als Schutzbereich des Art. 12 Abs. 1 GG und dem Schutz „[des] Erworbene[n]" differenziert werden.[277] Da das Vermögen als solches also keinen Schutz durch den Art. 14 Abs. 1 GG erfährt, zielt dieser vorrangig auf den Schutz der einzelnen (geld- und/oder vermögenswerten) Sach- und Rechtsgüter ab.[278] Einen speziellen Schutz bietet Art. 14 Abs. 1 GG damit insbesondere hinsichtlich der Urheberrechte und der damit verbundenen wirtschaftlichen Verwertung[279] sowie der Patentrechte, die zwar selbst noch kein ausschließliches Recht des Erfinders beinhalten, wohl aber schon gewisse Schutzansprüche entstehen lassen.[280] Des Weiteren werden dem Schutzbereich des Art. 14 Abs. 1 GG beispielsweise noch das Recht am Warenzeichen, das Ausstattungsrecht, das Sortenschutzrecht und der Schutz der Internet-Domain des Unternehmens zugerechnet.[281]

---

275 BVerfGE 97, 228, 252; v. Mangoldt/Klein/Starck/*Manssen*, GG Art. 12 Rn. 69; *Wiebe*, Unternehmerfreiheit versus Verbraucherschutz?!, S. 98.

276 BVerfGE 97, 228, 253.

277 BVerfGE 30, 292, 334 f.; *Axer*, FS Isensee, 2002, 121, 122; *Zimmermann*, NVwZ 2008, 705, 710.

278 BVerfGE 95, 267, 300; BeckOK GG/*Axer*, GG Art. 14 Rn. 55.

279 BVerfGE 31, 229, 238 f.; 81, 208, 214; 97, 228, 264; 129, 78, 101; BeckOK GG/Axer, Art. 14 Rn. 50.

280 BVerfGE 36, 281, 290; *Stjerna*, GRUR 2007, 17, 18.

281 BeckOK GG/Axer, Art. 14 Rn. 50 mwN.; dazu insgesamt auch Dürig/Herzog/Scholz/*Papier/Shirvani*, GG Art. 14 Rn. 314 ff.; zur Internet-Domain *Krebs/Becker*, JZ 2009, 932 ff.

Einen Schutz von Betriebs- und Geschäftsgeheimnissen sowie des Kunden- und Lieferantenstamms im Sinne des „Erworbenen“ nach Art. 14 Abs. 1 GG bietet die Eigentumsfreiheit indes nicht. Zwar wird eine allgemeingültige Zuordnung der einzelnen Betriebs- und Geschäftsgeheimnisse als Schutzgut des Art. 12 Abs. 1 GG oder Art. 14 Abs. 1 GG nicht möglich sein du hat vielmehr einzelfallabhängig zu erfolgen.[282] Gleichwohl entspricht es der Rechtsprechung des BVerfG, dass die bestehenden Geschäftsverbindungen, der erworbene Kundenstamm sowie die Marktstellung des Unternehmens zuvörderst dem Bereich der bloßen Umsatz- und Gewinnchancen im Sinne des „Erwerbs“ zugerechnet werden und somit nicht dem Schutzbereich des Art. 14 Abs. 1 GG unterfallen.[283] Die Betriebs- und Geschäftsgeheimnisse werden also im Grundsatz vielmehr die erwerbswirtschaftliche Wettbewerbsstellung sowie die wettbewerblichen Beziehungen des Unternehmens betreffen. So tangiert eine Offenlegung von Betriebs- und Geschäftsgeheimnissen vornehmlich den weiteren Erwerb und die Teilhabe am Wettbewerb, nicht aber das bereits Erworbene. Demnach werden die Betriebs- und Geschäftsgeheimnisse vor allem ein Schutzgut der Berufsfreiheit nach Art. 12 Abs. 1 GG darstellen.[284]

Daran anknüpfend wird auch der „blanke“ Datenbesitz kein die verfassungsrechtliche Eigentumsqualität erfüllendes (Daten-)Eigentum darstellen,[285] sodass insgesamt die besseren Gründe dafür sprechen, dass die Betriebs- und Geschäftsgeheimnisse sowie Kunden- und Geschäftsbeziehungen vorrangig dem verfassungsrechtlichen Schutz nach Art. 12 Abs. 1 GG unterfallen, da diese insbesondere die allgemeine Wettbewerbsfreiheit des Unternehmens schützt.[286]

---

282 In Anbetracht der einzelfallabhängigen Beurteilung besteht die Möglichkeit, dass einzelne Aspekte der Betriebs- und Geschäftsgeheimnisse durch die inhaltliche Bestimmbarkeit und die ausschließliche Zuordnung zu einer (juristischen) Person als vermögenswertes Objekt die Voraussetzungen und Merkmale des Eigentumsbegriffes erfüllen, vgl. BeckOK GG/*Axer*, Art. 14 Rn. 50 mwN.

283 BVerfGE 77, 84, 118; so auch BVerfGE 65, 196, 209.

284 BVerfGE 115, 205, 229 f.; 128, 1, 56; 137, 185, 255 f.; v. Mangoldt/Klein/Starck/*Manssen*, GG Art. 12 Rn. 69; Jarass/Pieroth/*Jarass*, GG Art. 12 Rn. 10a.

285 Dazu ausführlich *Michl*, NJW 2019, 2729 ff.

286 In diesem Sinne BVerfGE 115, 205, 225; so auch BeckOK GG/*Axer*, Art. 14 Rn. 68; Dreier/*Wieland*, GG Art. 14 Rn. 61; *Wolff*, NJW 1997, 98, 99 ff.; *Zimmermann*, NVwZ 2008, 705, 710; a.A. Dürig/Herzog/Scholz/*Papier*/*Shirvani*, GG Art. 14 Rn. 204.

III. Zwischenergebnis

Die berechtigten Interessen der Gesellschaft sowie die beruflichen Interessen des Geschäftsführers hinsichtlich der Vereinbarung und des Bestehens eines nachvertraglichen Wettbewerbsverbotes unterfallen primär dem Schutzbereich des Art. 12 Abs. 1 GG (in Verbindung mit Art. 2 Abs. 1 GG). Bei nachvertraglichen Wettbewerbsverboten geht es im Ergebnis nicht allein um eine zivilrechtliche Interessenabwägung, sondern auch um die Kollision der konkurrierenden Grundrechtspositionen. So geht es bei der vorliegenden Problematik nachvertraglicher Wettbewerbsverbote mit Geschäftsführern also um den gerechten und angemessenen Ausgleich der beruflichen Schutzinteressen beider Vertragsparteien. Dienen die dargestellten verfassungsrechtlich geschützten Interessen der Vertragsparteien vor allem zunächst dem Überblick über die beachtlichen Individualrechtsgüter im Bereich nachvertraglicher Wettbewerbsverbote, müssen diese sowohl bei der Konkretisierung des § 138 Abs. 1 BGB als auch bei der möglichen analogen Anwendung oder der Übertragung der Rechtsgedanken der §§ 74 ff. HGB beachtet werden. So geht es bei der Frage des sachgerechtesten Lösungswegs der vorliegenden Problematik auch immer um die Beachtung der Prämisse und Zielvorgabe des ausgewogenen und angemessenen Ausgleichs der widerstreitenden und konkurrierenden Grundrechtspositionen.[287]

C. Kritik- und Problempunkte hinsichtlich der Rechtsprechungspraxis

I. Überblick über die bestehende Kritik

Das „case law"[288] des BGH zu nachvertraglichen Wettbewerbsverboten mit Geschäftsführern unter Anwendung des § 138 BGB führt zu einiger Kritik in der Literatur. Wie schon eingangs dargestellt, ergibt die Rechtsprechung des BGH zu nachvertraglichen Wettbewerbsverboten mit Geschäftsführern ein durchaus „diffuses Bild"[289], nach dem sich zwar „eigene Grenzen entwickelt [haben], die in vielen Punkten [jedoch] noch nicht präzise gezogen sind"[290].

---

287 Vgl. dazu BVerfGE 81, 242, 255 f.

288 Vgl. *Thüsing*, NZG 2004, 9.

289 *Heidenhain*, NZG 2002, 605; Baumbach/Hueck/*Zöllner*/*Noack*, 18. Aufl. 2006, GmbHG § 35 Rn. 198.

290 *Thüsing*, NZG 2004, 9; vgl. auch *Krahforst*, Nachvertragliche Wettbewerbsverbote für GmbH-Geschäftsführer, S. 28.

Als erste „fundamentale Schwäche“[291] der BGH-Rechtsprechung im Rahmen der Konkretisierung des § 138 Abs. 1 BGB ist der gewählte maßgebliche Beurteilungszeitpunkt der Sittenwidrigkeitsprüfung zu nennen. Sowohl nach Ansicht der herrschenden Literatur[292] als grundsätzlich auch nach Ansicht des BGH[293] stellt allein der Zeitpunkt der Vornahme des Rechtsgeschäftes den maßgeblichen Beurteilungszeitpunkt der Sittenwidrigkeitsprüfung nach § 138 Abs. 1 BGB dar. Diesem Grundsatz folgt vor allem, dass die Gültigkeit eines Rechtsgeschäftes, welches im Zeitpunkt der Vornahme nicht dem Sittenwidrigkeitsverdikt unterliegt und allein aufgrund der geänderten tatsächlichen Umstände oder des Wandels der Weltanschauung zum Zeitpunkt seines Vollzuges bzw. der Erfüllung als sittenwidrig zu bewerten wäre, grundsätzlich nicht durch den § 138 BGB tangiert wird.[294] Weicht der BGH bei nachvertraglichen Wettbewerbsverboten als „unausgesprochen“[295] von seinem eigenen grundsätzlichen Systemverständnis ab,[296] können richtigerweise systematische sowie methodische Bedenken hinsichtlich dieser Rechtsprechungspraxis erhoben werden.

---

291 *Bauer/Diller*, Wettbewerbsverbote, § 24 Rn. 1049.

292 BeckOK BGB/*Wendtland*, § 138 Rn. 26; Erman/*Schmidt-Räntsch*, BGB § 138 Rn. 24; HK-BGB/*Dörner*, § 138 Rn. 5; Jauernig/*Mansel*, BGB § 138 Rn. 3; MüKoBGB/*Armbrüster*, § 138 Rn. 257; Staudinger/*Sack/Fischinger*, BGB § 138 Rn. 131; Spindler/Schuster/*Müller*, BGB § 138 Rn. 17; *Bunte*, NJW 1983, 2674, 2675; *Medicus*, NJW 1995, 2577, 2579; *Schmoeckel*, AcP 1997, 1, 79.

293 Ständige Rechtsprechung seit BGHZ 7, 111, 114; 100, 353, 359; 120, 272, 276; 138, 291, 300; 205, 117, 143; 210, 30, 42; BGH, WM 1962, 13 Rn. 37; BGH, DB 1977, 1410 Rn. 10; BGH, ZIP 2020, 1715, 1718. Eine Ausnahme wird nur für die letztwillige Verfügung, auf die vorliegend nicht weiter eingegangen werden soll, angenommen. Siehe dazu BeckOK BGB/*Wendtland*, § 138 Rn. 28; MüKoBGB/*Armbrüster*, § 138 Rn. 258, mit jeweils weiteren Nachweisen.

294 MüKoBGB/*Armbrüster*, § 138 Rn. 260; Erman/*Schmidt-Räntsch*, BGB § 138 Rn. 34; Staudinger/*Sack/Fischinger*, BGB § 138 Rn. 135 mwN.; *Ulmer/Schäfer*, ZGR 1995, 134, 139 f.

295 *Bauer/Diller*, Wettbewerbsverbote, § 24 Rn. 1049.

296 Demgemäß zieht der BGH dogmatisch unsauber die tatsächlichen Umstände zum Zeitpunkt des Ausscheidens aus der Organstellung und der Beendigung des Anstellungsverhältnisses heran, vgl. *Bauer/Diller*, Wettbewerbsverbote, § 24 Rn. 1049; *Kielkowski*, NZG 2015, 900, 903. Unter Beachtung der Grundsätze der Sittenwidrigkeitsprüfung nach § 138 BGB wäre der maßgebliche Zeitpunkt vielmehr der Zeitpunkt der Vereinbarung des nachvertraglichen Wettbewerbsverbotes, der wiederum regelmäßig weit vor dem Zeitpunkt des Ausscheidens liegen wird. Vgl. *Bauer/Diller*, Wettbewerbsverbote, § 24 Rn. 1049; *Müller*, GmbHR 2014, 964, 965.

In diesem Sinne wird das Abweichen vom Grundprinzip der Sittenwidrigkeitsprüfung teilweise damit begründet, dass der Übertragung des allgemeinen Rechtsgedankens des § 74a Abs. 1 S. 1 und 2 HGB und der somit vorzunehmenden Interessenabwägung auch die Verlagerung des Beurteilungszeitpunktes auf den Zeitpunkt des Ausscheidens des Geschäftsführers folgen muss.[297] Diese Verlagerung sei zugleich auch aus verfassungsrechtlichen Gründen geboten.[298] Beachtet man insofern aber die allgemeinen Regeln und Prinzipien des Vertragsrechts, wird es durchaus fraglich sein, ob insbesondere ein unausgesprochenes Abweichen vom Grundprinzip der Sittenwidrigkeitsprüfung angemessen erscheint, wenn zugleich anderweitige geeignete zivilrechtliche Mittel und Instrumente zur Verfügung stehen könnten.[299] So fußt auch das Vertrauen auf die gegenseitige Vertragstreue allein auf dem Willen der Vertragsparteien im Zeitpunkt der Festlegung des Vertragsinhaltes.[300]

Dabei ist zudem zu beachten, dass dieses Abweichen von einem Grundprinzip der Sittenwidrigkeitsprüfung nicht nur an sich dogmatisch heikel ist, sondern auch die fehlende Begründung des methodischen Vorgehens bedenklich erscheint. Selbst wenn die Verlagerung des Beurteilungszeitpunktes letztlich die sach- und systemgerechteste Lösung darstelle, kann dies nicht zur Zulässigkeit methodischer Beliebigkeit führen. Eine solche Rechtsprechungspraxis würde sodann zum unerwünschten Abbau der angestrebten Rechtssicherheit führen,

---

297 Dazu *Krahforst*, Nachvertragliche Wettbewerbsverbote für GmbH-Geschäftsführer, S. 343 f.

298 *Krahforst*, Nachvertragliche Wettbewerbsverbote für GmbH-Geschäftsführer, S. 344. Diese Thematik und Argumentation wird im späteren Verlauf der Arbeit eingehender besprochen.

299 Vgl. *Medicus*, NJW 1995, 2577, 2578 ff.; siehe auch *Weidelener*, Der richterliche Vertragsschutz, S. 246 f.; *Bunte*, NJW 1987, 927; *Hensen*, NJW 1987, 362. So soll es beispielsweise dem grundsätzlichen Verständnis der Systematik des § 138 BGB als Inhaltskontrolle zum Zeitpunkt des Vertragsschlusses eher entsprechen, eine Wirksamkeitskontrolle mit der möglichen anschließenden Ausübungskontrolle bei Erfüllung des Vertrages im Sinne des § 242 BGB in Anlehnung an die Sittenwidrigkeitsprüfung gesellschaftsrechtlicher Abfindungsklauseln vorzusehen. Vgl. HCL/*Paefgen*, GmbHG § 35 Rn. 500, 513; zur Rechtsprechung bezüglich gesellschaftsrechtlicher Abfindungsklauseln siehe BGHZ 123, 281, 284; 126, 226, 233, 241; 144, 365, 368 f. Siehe zur Ausübungskontrolle Staudinger/*Sack*/*Fischinger*, BGB § 138 Rn. 131; iE. so auch BeckOK BGB/*Wendtland*, § 138 Rn. 26; *Weidelener*, Der richterliche Vertragsschutz, S. 247; *Schmoeckel*, AcP (197) 1997, 1, 23 f.; *Fischinger*, JZ 2012, 546, 548.

300 So auch *Schmoeckel*, AcP (197) 1997, 1, 22.

was wiederum zu einer unglaubwürdigen Dogmatik beiträgt.[301] So ist die Rechtsprechung dazu angehalten, nicht allein vom Ergebnis aus zu argumentieren. Auch das richtige Ergebnis der Rechtsprechung darf nicht durch das Anführen unbeachtlicher und methodisch unsauberer Kriterien begründet werden, da dies vor allem zu einer bedenklichen Erweiterung der Normsetzungsmacht und des Eigenwertungsspielraums der Gerichte führen könnte. Im Folgenden würde eine solche Rechtsprechungspraxis sodann zum unerwünschten Abbau der angestrebten Rechtssicherheit und zu einer unglaubwürdigen Dogmatik führen.[302]

Dieselben methodischen Bedenken könnten zugleich auch hinsichtlich der vom BGH vorgenommenen analogen Anwendung des § 75a HGB angeführt werden. So fehle es der richterlichen Rechtsfortbildung des BGH schon an der notwendigen Einsehbarkeit sowie inhaltlichen Klarheit und Voraussehbarkeit. Es werde nicht eindeutig klar, „weshalb die Voraussetzungen und Rechtsfolgen eines Verzichts bei § 75a HGB und der ‚entsprechenden Anwendung' dieser Vorschrift voneinander grundsätzlich abweichen sollen."[303] Nicht nur dass die analoge Anwendung hinsichtlich ihrer methodischen Voraussetzungen nicht sauber dargelegt wird, erinnert diese entsprechende Anwendung des § 75a HGB eher der Übertragung der allgemeinen Rechtsgedanken des § 75a HGB, bei der nicht auch unbedingt die Rechtsfolge mitzuübertragen ist.[304]

Daran anknüpfend kann auch die stringente Ablehnung der Gewährung einer umfassenderen Möglichkeit der geltungserhaltenden Reduktion kritisiert werden. Eine geltungserhaltende Reduktion kommt allenfalls für das alleinige zeitliche Übermaß über die Regelung der Teilnichtigkeit nach § 139 BGB in Betracht. In diesem Sinne steht die Rechtsfolge der Gesamtnichtigkeit der Abrede ohne die grundsätzliche Möglichkeit der geltungserhaltenden Reduktion zunächst im Einklang mit der Zweckbestimmung des § 138 BGB. So ist die Nichtigkeit des gesamten Rechtsgeschäftes generell als das zwingende Ergebnis des Sittenwidrigkeitsverdiktes zu bewerten, wodurch zugleich auch die beabsichtigten Straf- und Abschreckungszwecke erfüllt werden sollen.[305] Diese Annahme geht

---

301 Vgl. *Rüthers*, JZ 2006, 53, 54; *Würdinger*, AcP 206 (2006), 946, 976 f.

302 Vgl. *Rüthers*, JZ 2006, 53, 54; *Würdinger*, AcP 206 (2006), 946, 976 f.

303 *Heidenhain*, NZG 2002, 605.

304 Siehe dazu allgemein *Reimer*, Juristische Methodenlehre, Rn. 510, 596 f.; *Looschelders/Roth*, Juristische Methodik, S. 312 f.; dazu auch *Bydlinski*, Juristische Methodenlehre, S. 485 ff.; *Beaucamp*, DÖV 2013, 41, 42.

305 Dazu BeckOGK/*Jakl*, BGB § 138 Rn. 650; Erman/*Schmidt-Räntsch*, BGB § 138 Rn. 29; MüKoBGB/*Armbrüster*, § 138 Rn. 282; Spindler/Schuster/*Müller*, BGB § 138 Rn. 18.

zutreffenderweise damit einher, dass die Sittenwidrigkeitsprüfung des § 138 BGB grundsätzlich eine auf den „Extremfall“[306] zugeschnittene Prüfung darstellt, die allein die „äußer[e] Grenz[e] der herrschenden Rechts- oder Sozialmoral“[307] für die extremen Verstöße umfassen soll.

Die Rechtsprechung zu Konkurrenzschutzklauseln und nachvertraglichen Wettbewerbsverboten entfernte sich indes von der ursprünglichen Zweckbestimmung des Maßstabes der guten Sitten nach § 138 BGB. Kam es sodann zur Einführung einer niedrigeren Interventionsschwelle im Sinne der strengeren Erforderlichkeits- und Angemessenheitskontrolle,[308] könnte dies zum Wandel des Begriffs der Sittenwidrigkeit und zu einer Relativierung der grundsätzlich auf den Extremfall zugeschnittenen Norm geführt haben.[309] Infolge dieser Relativierung könnte man es für geboten halten, auch auf der Rechtsfolgenseite eine Anpassung vorzunehmen und differenziertere Rechtsfolgen vorzusehen.[310] Demgemäß kann die Ablehnung einer umfassenderen Möglichkeit der geltungserhaltenden Reduktion grundsätzlich als ein Hauptproblem der BGH-Rechtsprechung angesehen werden, welches vor allem unter der Maßgabe des BGH, insbesondere die Interessen der Gesellschaft besonders zu berücksichtigten, besprochen werden muss.[311] Diesbezüglich könnte vor allem die Beachtung der gesetzgeberischen Wertungen des § 74a Abs. 1 S. 1 und 2 HGB Abhilfe schaffen, der die Möglichkeit zur geltungserhaltenden Reduktion infolge einer expliziten gesetzlichen Anordnung vorsieht.[312]

In diesem Kontext ist die Rechtsfolge der Gesamtnichtigkeit nachvertraglicher Wettbewerbsabreden auch aus verfassungsrechtlicher Sicht zu betrachten.[313]

---

306 *Canaris*, AcP 184 (1984), 201, 235.

307 *Dauner-Lieb*, AcP 201 (2002), 295, 325; dazu auch BeckOGK/*Jakl*, BGB § 138 Rn. 26; *Fastrich*, Richterliche Inhaltskontrolle im Privatrecht, S. 20.

308 *Canaris*, AcP 184 (1984), 201, 241; *ders.*, JuS 1989, 161, 164; allgemein dazu auch *Damm*, JZ 1986, 913, 917 ff., der kritisiert, dass im Laufe der Zeit im Wege des § 138 BGB eine große Vielfalt divergierender Konflikte behandelt wurde, denen jedoch allen mit der „undifferenzierten Rechtsfolge [der] Totalnichtigkeit“ begegnet wurde; ähnlich auch *Honsell*, JA 1986, 573, 576.

309 Vgl. *Honsell*, JA 1986, 573, 576; *Damm*, JZ 1986, 913, 918.

310 Vgl. dazu *Canaris*, FS Steindorff, 1990, 519, 538; *Honsell*, JA 1986, 573, 576; ebenso *Damm*, JZ 1986, 913, 917 f.; *Traub*, WRP 1994, 802, 805.

311 IdS. auch so *Canaris*, FS Steindorff, 1990, 519, 538; *ders.*, AcP, 184 (1984), 201, 240 ff.; *ders.*, JuS 1989, 161, 164; siehe auch *Bauer/Diller*, Wettbewerbsverbote, § 8 Rn. 333, § 24 Rn. 1049; *Thüsing*, NZG 2004, 9, 13.

312 Vgl. Hopt/*Roth*, HGB § 74a Rn. 3; ErfK/*Oetker*, HGB § 74a Rn. 5.

313 Noack/Servatius/Haas/*Beurskens*, GmbHG § 37 Rn. 117.

Folglich muss die gesamte Wirksamkeitsprüfung nachvertraglicher Wettbewerbsabrede auch im Lichte der einschlägigen verfassungsrechtlichen Interessen sowie der praktischen Konkordanz beurteilt werden. Sodass es möglich erscheint, dass verfassungsrechtlich ein Bedürfnis besteht auch im Verhältnis Geschäftsführer und Gesellschaft die Möglichkeit zur geltungserhaltenden Reduktion zuzulassen, welche gerade in der Literatur schon öfters gefordert bzw. angenommen wird.[314]

Des Weiteren wird auch die ungerechtfertigte Besserstellung des Geschäftsführers gegenüber Arbeitnehmern bemängelt, die zugleich einen Verstoß gegen das Gleichbehandlungsgebot nach Art. 3 Abs. 1 GG darstellen könnte. Gemäß Art. 3 Abs. 1 GG sollen gleichen Sachverhalte auch gleichbehandelt werden, sofern eine Ungleichbehandlung nicht sachlich rechtfertigt ist.[315] Die Unanwendbarkeit der Arbeitnehmerschutzvorschriften der §§ 74 ff. HGB auf Organmitglieder wird vor allem auf die exponierte Stellung des Geschäftsführers als leitungsbefugtes Organ gestützt, der auch grundsätzlich eine erhöhte Schädigungsgefahr wegen einer späteren Konkurrenztätigkeit folgen soll. Des Weiteren führt der BGH an, dass die Berücksichtigung der besonderen Interessen der Gesellschaft dazu führe, dass der persönliche Status des Geschäftsführers sowie eine mögliche sozial- und arbeitsrechtliche Schutzbedürftigkeit hinter diesen zurücktreten müssten.[316] Die daraus erwachsenden, vom BGH aufgestellten „strengeren" Anforderungen führen sodann dazu, dass der Geschäftsführer bei jeglicher Überschreitung inhaltlicher Art, mit Ausnahme alleiniger zeitlicher, komplett frei von den nachvertraglichen Wettbewerbsbeschränkungen wird. Die Arbeitnehmer bleiben infolge der gesetzlich angeordneten geltungserhaltenden Reduktion nach Maßgabe des § 74a Abs. 1 S. 1 und 2 HGB gleichwohl im noch zulässigen Maß an die Wettbewerbsbeschränkungen gebunden. Diesem Umstand könnte eine ungerechtfertigte Besserstellung des Geschäftsführers

---

314 Noack/Servatius/Haas/*Beurskens*, § 37 Rn. 117; MüKoGmbHG/*Jaeger*/*Steinbrück*, § 35 Rn. 385; Scholz/*Verse*, GmbHG§ 43 Rn. 252; MAH GmbHR/*Terlau*/*Hürten* § 9 Rn. 35; *Jaeger*, Der Anstellungsvertrag des GmbH-Geschäftsführers, S. 159; *Krahforst*, Nachvertragliche Wettbewerbsverbote für GmbH-Geschäftsführer, S. 352 ff.; *Bauer*, FS Schwerdtner, 2003, 441, 448; *Bauer*/*Diller*, GmbHR 1999, 885, 890; *Thüsing*, NZG 2004, 9, 13; zumindest bei quantitativer inhaltlicher Überschreitungen Lutter/Hommelhoff/*Kleindiek*, GmbHG Anh. zu § 6 Rn. 25; zur Rückführung eines inhaltlich zu weit gefassten Tätigkeitsverbotes auf die Kundenschutzklausel siehe *Manger*, GmbHR 2001, 89, 92.

315 BeckOK GG/*Kischel*, Art. 3 Rn. 14; Dreier/*Heun*, GG Art. 3 Rn. 20.

316 HCL/*Paefgen*, § 35 Rn. 503; *Goette*, FS Wiedemann, 2002, 873, 885.

entspringen, wobei diesbezüglich sodann wieder die Frage in den Vordergrund rückt, ob nicht ein anderes Mittel der richterlichen Rechtsfortbildung die „methodenehrlichere" Variante darstellt[317] und zum erwünschten Abbau der bestehenden Wertungswidersprüche führt.[318]

Eine ähnliche ungerechtfertigte Besserstellung könnte auch infolge der Unanwendbarkeit des § 74c HGB vorliegen, der nach Ansicht des BGH grundsätzlich nicht zur Anwendung kommen. Folglich kommt es auch nicht zur unmittelbaren Anrechnung anderweitiger Verdienste, obgleich das Problem der „Übersicherung"[319] auch gegenüber Geschäftsführern auftreten wird.[320]

Neben den verfassungsrechtlichen Bedenken bezüglich der fehlenden Möglichkeit zur geltungserhaltenden Reduktion könnte die Rechtsprechung des BGH auch eine möglicherweise bestehende verfassungsrechtliche Gebotenheit der Karenzentschädigungszusage verkennen. In diesem Sinne wird der Grundsatz der bezahlten Karenz nach § 74 Abs. 2 HGB teilweise als „gesetzgeberisches Kernstück"[321] der §§ 74 ff. HGB angesehen. Fehlt eine Karenzentschädigungszusage gegenüber Arbeitnehmern, ist die gesamte Abrede von Anfang an nichtig. Wird die gesetzliche Mindesthöhe nicht erreicht, ist von der Unverbindlichkeit auszugehen, dessen Folge die Eröffnung eines Wahlrechts des Arbeitnehmers ist.[322] Angesichts der Übertragung der allgemeinen Rechtsgedanken der §§ 74 ff. HGB auf nachvertragliche Wettbewerbsverbote mit Geschäftsführern stellt sich also die Frage, ob nicht auch das „Kernstück" dieser Regelungen zu übertragen ist. Beachtlich ist somit die Annahme der Rechtsprechung und Literatur, dass bei der Vereinbarung eines nachvertraglichen Wettbewerbsverbotes, welches inhaltlich über eine reine Kunden- oder Mandantenschutzklausel hinausgeht, eine „Art" Karenzentschädigungspflicht schon jetzt angenommen

317 *Canaris*, JuS 1989, 161, 164.

318 Vgl. *Canaris*, FS Steindorff, 1990, 519, 538; *ders.*, AcP, 184 (1984), 201, 240 ff.

319 Vgl. EBJS/*Boecken/Rudkowski*, HGB § 74c Rn. 2; MüKoHGB/*Thüsing*, § 74c Rn. 2.

320 Siehe dazu v. Westphalen/Thüsing/*Thüsing* VertrR/AGB-Klauselwerke, Geschäftsführerverträge Rn. 216; *Bauer/Diller*, Wettbewerbsverbote, § 24 Rn. 1086; *Kielkowski*, NZG 2015, 900, 901.

321 *Reinfeld*, Das nachvertragliche Wettbewerbsverbot im Arbeits- und Wirtschaftsrecht, S. 121; *Bengelsdorf*, DB 1985, 1585.

322 BeckOK HGB/*Wetzel*, § 74 Rn. 39 ff.; ErfK/*Oetker*, HGB § 74 Rn. 18 f.

wird.[323] Neben den Argumenten der Vermeidung von Wertungswidersprüchen könnten somit auch verfassungsrechtliche Wertungen und Interessen anzuführen sein.

Zuletzt soll zudem noch darauf hingewiesen werden, dass die Rechtsprechungspraxis des BGH oft als undurchsichtig empfunden wird. Infolge der schon dargestellten Probleme wird die rechtssichere Vereinbarung kaum für möglich gehalten.[324] Diese Verunsicherung führt vor allem dazu, dass sich viele Unternehmen und Gesellschaften freiwillig vertraglich den Regelungen der §§ 74 ff. HGB unterwerfen oder bei der Uneindeutigkeit einzelner Rechtsfragen zumindest eine ausdrückliche vertragliche Verweisung einzelner Normen vorsehen.[325] Damit scheint die Orientierung an den Regelungen sowie den darin zum Ausdruck kommenden Wertungen der §§ 74 ff. HGB als der „sicherste Weg", um überhaupt rechtssichere nachvertragliche Wettbewerbsverbote zu vereinbaren.[326] Natürlich begründen die von der Kautelarpraxis geäußerten Unsicherheiten allein nicht die sofortige Abkehr von der jetzigen Rechtsprechungspraxis, die dennoch das bisherige Bild von der durchaus kritisch zu beachtenden Rechtsprechung kompletieren.[327]

II. Fazit

Abschließend ist festzuhalten, dass die Rechtsprechung des BGH einige Angriffspunkte bietet und vor allem die Frage hinsichtlich einer anderweitigen sach- und gesetzesnäheren sowie systemkonformeren Lösung aufwirft. So zeigt die dargestellte Kritik insbesondere auch die Vielschichtigkeit der Kritik- und Problempunkte, die folglich zumeist nicht nur aus verfassungsrechtlicher, sondern

---

323 BGH, BeckRS 1986, 31366531; BeckOK GmbHG/*Wisskirchen*/*Kuhn*/*Hesser*, § 6 Rn. 104; MüKoGmbHG/*Jaeger*/*Steinbrück*, § 35 Rn. 379; MHLS/*Ziemons*, GmbHG § 43 Rn. 286; KK-AktG/*Mertens*/*Cahn*, § 88 Rn. 35; MHdB GesR III/*Diekmann*, § 43 Rn. 77; *Bauer*/*Diller*, BB 1995, 1134, 1136; *dies.*, GmbHR 1999, 885, 890; *Schnelle*, GmbHR 2000, 599, 601.

324 BeckOGK/*Ittmann*, HGB § 74 Rn. 9.2; *Bauer*/*Diller*, Wettbewerbsverbote, § 24 Rn. 1037; *Heidenhain* NZG 2002, 605.

325 *Bauer*/*Diller*, GmbHR 1999, 885, 891 f.; *Menke*, NJW 2009, 636, 637; *Weitnauer*/*Grob*, GWR 2014, 185, 189.

326 *van Kann*/*Keiluweit* BB 2010, 2050, 2053.

327 Ebenso *Canaris*, FS Steindorff, 1990, 519, 538; *ders.*, AcP 184 (1984), 201, 241; *ders.*, JuS 1989, 161, 164, der letztendlich eine analoge Anwendung des § 74a Abs. 1 S. 1 und 2 HGB vorsieht, die vor allem zur Vermeidung von Wertungswidersprüchen sowie unbilligen Ergebnissen beitragen würde.

zugleich auch aus dogmatischer, methodischer sowie zivilrechtlicher Sicht zu diskutieren sind.

Demgemäß ist die Frage aufzuwerfen, ob die Konkretisierung des § 138 BGB unter Beachtung der maßgeblichen Wertungen und Voraussetzungen hinsichtlich der angemessenen rechtlichen Behandlung hinter vorrangig anwendbare Formen der richterlichen Rechtsfortbildung zurück zu treten hat.[328] Im Rahmen dieser Arbeit sollen daher die sach- und systemgerechte Konkretisierung des § 138 BGB diskutiert und dargestellt, anderseits aber auch die gegebenenfalls mögliche analoge Anwendung der §§ 74 ff. HGB als Gesamtregelungskomplex oder nur einzelner Regelungen geprüft werden.

---

328 So auch *Kamanabrou*, AcP 202 (2002), 662, 687, zur Zweckmäßigkeit *Brugger*, AöR 119 (1997), 1, 6 ff.; siehe auch *Wank*, ZGR 1988, 314, 336, der auf die Verfassungswidrigkeit aufgrund falscher methodischer Lösungen hinweist.

§ 4 Grundlagen der richterlichen Vertragskontrolle und Rechtsfortbildung

A. Die richterliche Vertragskontrolle

Bei der rechtlichen Prüfung von nachvertraglichen Wettbewerbsverboten handelt es sich grundsätzlich um eine vertragliche Inhaltskontrolle, ungeachtet, ob diese anhand der §§ 74 ff. HGB oder im Wege der Sittenwidrigkeitsprüfung nach § 138 BGB erfolgt. Um die Sachgerechtigkeit der vorgenommenen Inhaltskontrolle beurteilen zu können, stellt sich vorweg schon die generelle Frage der richterlichen Befugnis zur inhaltlichen Kontrolle einer vertraglichen Abrede – dies sodann auch in Anbetracht der generell fehlenden spezialgesetzlichen Regelung sowie des Rückgriffs auf das „grob[e] Geschütz des § 138 BGB“[329]. Neben den zu beachtenden verfassungsrechtlichen Individualschutzgütern der beteiligten Vertragsparteien können auch weitere verfassungs- sowie zivilrechtliche Wertungen, gesetzliche Grundentscheidungen sowie anderweitig einzubeziehende Wertungen die Frage der Sachgerechtigkeit der Rechtsprechung und möglicherweise bestehenden sachgerechteren Lösungsansätze wesentlich beeinflussen. In diesem Sinne sollen im ersten Schritt die verfassungs- sowie zivilrechtlichen Vorgaben und Voraussetzungen an die richterliche Befugnis zur vertraglichen Inhaltskontrolle erörtert werden.

I. Verfassungsrechtliche Vorgaben an die zivilrechtliche Inhaltskontrolle

Die verfassungsrechtliche Zulässigkeit sowie Gebotenheit der der richterlichen Inhaltskontrolle, zur Berücksichtigung der individuell verfassungsrechtlich gewährten Freiheitsrechte sowie als Ausdruck der staatlichen Schutzgebotsfunktion, im Wege der Anwendung der zivilrechtlichen Generalklauseln, wurde vom BVerfG entwickelt.[330] Ausgehend von der Handelsvertreter-[331] sowie Bürgschafts-Entscheidung[332] des BVerfG besteht eine eingriffsbegründende

329 So *Preis*, Grundfragen der Vertragsgestaltung im Arbeitsrecht, S. 176.
330 BVerfGE 39, 1 ff.
331 BVerfGE 81, 242.
332 BVerfGE 89, 214.

staatliche Schutzpflicht in die zivilrechtliche Vertragspraxis dort, wo es von vornherein an einem „annähernden Kräftegleichgewicht" der beteiligten Vertragsparteien fehlt. So betonte das BVerfG, dass der Ausgangspunkt des Vertragsrechts sowie der freien Vertragsgestaltung im Wesentlichen das Prinzip der Selbstbestimmung sei, welches als Funktionsbedingung der verfassungsrechtlich geschützten Privatautonomie anzusehen ist.[333] Diesem Prinzip folgend sind staatliche Eingriffe in die Privatautonomie dort entbehrlich, wo die vertraglichen Verhandlungen und Abreden der beteiligten Vertragsparteien einen verbindlichen Ausdruck der freien Selbstbestimmung darstellen. Fehlt es jedoch an dem „annähernden Kräftegleichgewicht", wird es grundsätzlich auch an der beiderseitigen freien Selbstbestimmung fehlen. Folglich kann der angemessene und sachgerechte Ausgleich der gegenseitigen Interessen mit den Mitteln des Vertragsrechts nicht mehr gewährleistet werden, sodass sich die eigentliche Selbstbestimmung des einen Vertragsteils durch das „stark[e] Übergewicht" des anderen Vertragsteils in eine Fremdbestimmung umwandelt und eine sogenannte gestörte Vertragsparität vorliegt.[334] Liegt eine solche gestörte Vertragsparität vor, folgt dem Gebot der Verwirklichung der verfassungsrechtlich gewährleisteten Privatautonomie (Art. 2 Abs. 1 GG und Art. 12 Abs. 1 GG) sowie des verfassungsrechtlich normierten Sozialstaatsprinzips (Art. 20 Abs. 1 GG und Art. 28 Abs. 1 GG) die Notwendigkeit des staatlichen Eingriffs in Form der richterlichen Inhaltskontrolle.[335]

Obliegt es zunächst dem Gesetzgeber, in den verfassungsrechtlich relevanten Lebensbereichen institutionelle Voraussetzungen dafür zu schaffen, dass es sowohl einen anfänglichen als auch nachträglichen Schutz vor Eingriffen Dritter infolge des Vorliegens gestörter Vertragsparitäten gibt. Dies gilt insbesondere im Bereich des Arbeits- und Berufslebens, der bestenfalls so ausgestaltet ist, dass der Schutz der beruflichen Existenz bzw. Existenzgrundlage von Anfang an ermöglicht wird und von vornherein eine Sicherung vor den ungerechtfertigten Eingriffen Dritter besteht.[336]

Fehlt es sodann an spezialgesetzlichen Vorschriften durch den Gesetzgeber, da dieser davon abgesehen hat, für „bestimmte Lebensbereiche oder für spezielle Vertragsformen" ein eigenes Vertragsrecht zu normieren, bedeutet dies

333 BVerfGE 81, 242, 255; 114, 73, 89; BVerfG, NJW 2007, 286, 287 BVerfG, NJW 2011, 1339, 1440; *Wendland*, Vertragsfreiheit und Vertragsgerechtigkeit, S. 379 mwN.

334 Vgl. BVerfGE 81, 242, 254 f.

335 BVerfGE 81, 242, 255; 89, 214, 232.

336 Siehe Stern/Sachs/Dietlein/*Dietlein*, StaatsR IV/1, S. 1910 f.

gleichwohl nicht, dass die Vertragspraxis und -freiheit in diesen ungeregelten Bereichen gänzlich frei und unbegrenzt walten könne. In diesen ungeregelten Bereichen können zutreffenderweise die zivilrechtlichen Generalklauseln, so insbesondere die §§ 138, 242, 315 BGB, ihrer lückenfüllenden Funktion entsprechend und unter Beachtung des Untermaßverbotes eingreifen und angewendet werden.[337]

Wann eine eingriffsbegründende gestörte Vertragsparität vorliegt, wird nach Maßgabe des BVerfG grundsätzlich typisierend erfasst.[338] So weist das BVerfG innerhalb der Handelsvertreter-Entscheidung zunächst auf die „im allgemeinen schwächere Stellung der Handelsvertreter" hin, die vor allem auf einer typisierenden wirtschaftlichen Unterlegenheit und Abhängigkeit beruhe.[339] Hinsichtlich dieser typisierenden strukturellen Unterlegenheit sei es die Aufgabe des staatlichen Eingriffes, das Recht bezüglich nachvertraglicher Wettbewerbsverbote gesetzlich so zu regeln, dass aufseiten des Unternehmers ein ausreichender Spielraum zur Wahrung seiner Interessen verbleibe und auf der anderen Seite die strukturelle Verhandlungsschwäche des Handelsvertreters ausgeglichen werde. So dürfen „weder Freiheitsbeschränkung noch Freiheitsschutz [...] in einer solchen Wechselbeziehung unverhältnismäßig sein".[340] Diese Zielvorgabe gilt sogleich nicht nur für das Recht bezüglich nachvertraglicher Wettbewerbsverbote bei Handelsvertretern, sondern allgemein. Eine entsprechende Kompensation der gestörten Vertragsparität müsse sodann anhand des allgemeinen geschriebenen Zivilrechts erfolgen.[341]

Im Anwendungsbereich der zivilrechtlichen Generalklauseln wird sich die Beurteilung des Vorliegens einer gestörten Vertragsparität nicht allgemein festlegen lassen, sondern wird sich immer auf den jeweiligen Vertrag bzw. Vertragstyp beziehen müssen. Folglich geht es darum, dass der eine Vertragsteil in einer bestimmten Vertragssituation typischerweise nicht in der Lage war, seine Interessen einzubringen und durchzusetzen.[342] In diesem Sinne ist auch der Verweis des BVerfG auf die BGH-Rechtsprechung zu Wettbewerbsklauseln zu deuten. So folgt der Bezugnahme der BGH-Entscheidung vom 26.03.1984[343] nicht die

337 Vgl. BVerfGE 81, 242, 255 f.; 89, 214, 232 f.

338 Vgl. BVerfGE 81, 242, 254; *Wendland*, Vertragsfreiheit und Vertragsgerechtigkeit, S. 381.

339 BVerfGE 81, 242, 256 f.; siehe auch Begr. RegE, BT-Drs. 1/3856, S. 10 ff.

340 BVerfGE 81, 242, 261.

341 BVerfGE 89, 214, 232 f.

342 Vgl. *Münch*, KritV 2005, 208, 214.

343 BVerfGE 81, 242, 255 f.

generelle Billigung der einfachgesetzlichen rechtlichen Beurteilungsmethodik nachvertraglicher Wettbewerbsverbote mit Organmitgliedern, sondern vielmehr allein die Anerkennung, dass eine typisierende strukturelle Unterlegenheit im Sinne der gestörten Vertragsparität auch im Fall von nachvertraglichen Wettbewerbsverboten mit Geschäftsführern vorliegen kann, sofern der vertraglichen Gestaltung die einseitige unangemessene Benachteiligung des einen Vertragsteils folgt. Somit bestimmt sich das Vorliegen der gestörten Vertragsparität anhand der spezifischen vertraglichen Verhandlungssituation sowie der infolge der Vereinbarung auferlegten einseitig unangemessenen sowie belastenden Benachteiligungen.[344] Wurde auf das Kriterium der einseitigen unangemessenen Belastung als Indiz der gestörten Vertragsparität in den Folgeentscheidungen des BVerfG zumeist verzichtet, wird man der „materiellen Angemessenheit des Vertragsinhalts als Indiz für eine die tatsächliche Selbstbestimmung der schwächeren Partei beeinträchtigende Ungleichgewichtslage“ nicht gänzlich die Bedeutung absprechen können.[345] Vor allem für die vorliegende Problematik wird dieses Kriterium noch weiterhin von wesentlicher Bedeutung sein.

II. Zivilrechtlicher Ausgangspunkt: das Vertragskonzept unserer Zivilrechtsordnung

In Übereinstimmung mit der verfassungsrechtlichen Betrachtung stellt die freie Selbstbestimmung auch aus zivilrechtlicher Sicht den maßgeblichen Ausgangspunkt dar. Ausgehend vom jeher vorliegenden und im Grundsatz immer noch bestehenden liberalen Vertragskonzept unserer Zivilrechtsordnung[346] sowie

---

344 Vgl. BeckOGK/*Jakl*, BGB § 138 Rn. 67; so auch *Krahforst*, Nachvertragliche Wettbewerbsverbote für GmbH-Geschäftsführer, S. 240.

345 Vgl. *Wendland*, Vertragsfreiheit und Vertragsgerechtigkeit, S. 401 f., der vor allem auf die Entscheidungen BVerfGE 103, 89, 105 und BVerfG, NJW 2001, 2248 hinweist, dazu Fn. 199.

346 Vgl. *H. Köhler*, BGB AT, § 3 Rn. 9 f.; MüKoBGB/*Säcker*, Einl. Rn. 36 ff.; Staudinger/*Honsell*, Einl. BGB vor § 1 Rn. 41 f., 65 ff. Trotz der seit Erlass des BGB aufdrängenden sozialen Fragen und der damit einhergehenden Beschränkungen des liberalen Grundkonzeptes blieb es bei dem liberalen Grundverständnis des Vertragsrechts. So gingen unsere Zivilrechtsordnung sowie auch unser zivilrechtliches Vertragskonzept historisch vom „Leitbild des vernünftigen, selbstverantwortlichen und urteilsfähigen Rechtsgenossen“, der seine Interessen am besten wahrnehmen könne, und somit von den Leitgedanken der Freiheit und Gleichheit aus. Siehe dazu *Wieacker*, Privatrechtsgeschichte der Neuzeit, S. 482; MüKoBGB/*Säcker*, Einl. Rn. 35; *H. Köhler*, BGB AT, § 3 Rn. 8.

unter Beachtung der wesentlichen Grundprinzipien der Willensfreiheit[347] und der Privatautonomie kommt es nur dann zur uneingeschränkten Wahrnehmung der materiellen Vertragsfreiheit,[348] wenn sich der Einzelne entsprechend dem „Prinzip der Selbstgestaltung der Rechtsverhältnisse durch den einzelnen nach seinem Willen“[349], in freier Selbstbestimmung konsensual mit einem anderen vertraglich binden und die Rechtsverhältnisse bestimmen kann.[350] In diesem Sinne nahm schon der historische Gesetzgeber an, dass es „die Rechtsordnung [...] nicht gestatten [kann], daß die freie Selbstbestimmung auf rechtsgeschäftlichem Gebiete in widerrechtlicher Weise beeinträchtigt wird“[351]. Folglich geht es zutreffenderweise vorrangig darum, dass „den Einzelnen die Regelung der Rechtsverhältnisse in beiderseitiger Selbstbestimmung, d. h. durch Vertrag, überlassen ist, [...] [unter der Voraussetzung], daß die Einzelnen sich mit der Macht zur Selbstbestimmung gegenüberstehen und nicht durch die Macht des einen statt der beiderseitigen Selbstbestimmung eine einseitige Fremdbestimmung eintritt.“[352] Entsprechend seien Zwang und Privatautonomie grundsätzlich nicht vereinbar, gleichwohl sei es „aber das ewige Dilemma der Privatautonomie, daß sie immer wieder durch ungleiche Machtverteilung in Frage gestellt ist“.[353] Dementsprechend folgt der Beeinträchtigung der freien Selbstbestimmung die Notwendigkeit des staatlichen Eingriffs zum Ausgleich der sodann vorliegenden Fremdbestimmung.

347 Vgl. *Neuner*, Allgemeiner Teil des Bürgerlichen Rechts, § 10 Rn. 11; *Möllers*, Juristische Methodenlehre, § 9 Rn. 29; dazu auch Motive zu dem Entwurf eines Bürgerlichen Gesetzbuches, Band I (später Motive I), S. 126: „Rechtsgeschäfte im Sinne des Entwurfs ist eine Privatwillenserklärung, gerichtet auf die Hervorbringung eines rechtlichen Erfolges, der nach der Rechtsordnung deswegen eintritt, weil er gewollt ist“.

348 So stellt die Vertragsfreiheit die wohl bedeutsamste Ausprägung der Privatautonomie im Vertragskontext dar, MüKoBGB/*Busche*, vor § 145 Rn. 2; *Möllers*, Juristische Methodenlehre, § 9 Rn. 29; *Neuner*, Allgemeiner Teil des Bürgerlichen Rechts, § 10 Rn. 33 ff. Siehe dazu ausführlicher *Wendland*, Vertragsfreiheit und Vertragsgerechtigkeit, S. 96 ff.; *Heinrich*, Formale Freiheit und materiale Gerechtigkeit, S. 53 f.; dazu auch *Wieacker*, Privatrechtsgeschichte der Neuzeit, 165 ff., 478 ff.

349 *Flume*, BGB AT II, § 1 S. 1; idS. auch BVerfGE 89, 214, 231.

350 *Larenz*, Schuldrecht AT, § 4 S. 40 f.; *Looschelders*, Schuldrecht AT, § 3 Rn. 2.

351 Motive zu dem Entwurfe eines Bürgerlichen Gesetzbuches, Band I, S. 204.

352 *Flume*, FS 100 DJT, Bd. 1, 1960, 135, 141.

353 *Flume*, FS 100 DJT, Bd. 1, 1960, 135, 141; dazu auch *Möllers*, Juristische Methodenlehre, § 9 Rn. 43 ff.

Liegt die beiderseitige freie Selbstbestimmung vor, soll dies die „Richtigkeitsgewähr“ des Vertrages indizieren,[354] obgleich dieser Ansicht nur bedingt zugestimmt werden kann und sie zu Recht kritisiert wird.[355] Da es letztlich richtigerweise keine objektive Richtigkeit der Verträge geben kann, ist den in beiderseitiger freier Selbstbestimmung vereinbarten Verträgen vielmehr allein eine Richtigkeitschance zuzusprechen.[356] So wird die beste Chance der „Richtigkeit“ darin liegen, dass die beteiligten Vertragsparteien basierend auf der ihnen gewährten Vertragsfreiheit und unter Einhaltung der zwingenden gesetzlichen Vorgaben das subjektiv „Richtige“ festlegen.[357] Geht es demgemäß nicht darum das objektiv, gesellschaftlich oder wirtschaftlich vernünftigste Vertragsresultats, sondern das subjektiv und sich in den äußeren Schranken des Gesetzes befindende „richtige“ Resultat zu finden, wird gleichwohl auch dort die subjektive „Richtigkeit“ gestört, wo „durch die Macht des einen statt der beiderseitigen Selbstbestimmung eine einseitige Fremdbestimmung eintritt“[358]. Demzufolge stellt die Selbstbestimmung als zwingender Ausdruck des freien Willens eine zwingende Voraussetzung für die „Richtigkeit“ im Sinne der Vertragsgerechtigkeit dar. In Übereinstimmung mit dem BVerfG ist die beiderseitige freie Selbstbestimmung als notwendige Gültigkeits- sowie Funktionsvoraussetzung der Verträge bzw. der Vertragsfreiheit zu betrachten.[359] Hat es der Gesetzgeber sodann versäumt, von vornherein institutionelle Voraussetzungen zu schaffen, ist es die Aufgabe des Richters dort einzugreifen, wo die freie Selbstbestimmung gestört ist, demnach in diesen Fällen auch aus zivilrechtlicher Sicht die Befugnis

---

354 *Schmidt-Rimpler*, AcP 147 (19941), 130, 132 ff., 152 ff.; idS. auch *Lieb*, AcP 178 (1978), 196, 206.

355 Dazu ausführlich *Fastrich*, Richterliche Inhaltskontrolle im Privatrecht, S. 52 ff.; auch schon *Flume*, FS 100 DJT, Bd. 1, 1960, 135, 142 f.; *Canaris*, Die Bedeutung der iustitia distributiva im deutschen Vertragsrecht, S. 49; *Möllers*, Juristische Methodenlehre, § 9 Rn. 43. So wies *Fastrich* zutreffend darauf hin, dass *Schmidt-Rimpler* die „Richtigkeitsgewähr“ der vertraglichen Vereinbarung selbst für begrenzt hält und dort eingeschritten werden müsse, wo der Vertrag von vornherein keine „Richtigkeitsgewähr“ beinhalten könne. Dies sodann „bewußt [… durch] hoheitlich[e] Gestaltung“. Siehe dazu eingehender *Fastrich*, Richterliche Inhaltskontrolle im Privatrecht, S. 52; *Schmidt-Rimpler*, AcP 147 (1941), 130, 157, 165 ff., 169 f.

356 So *Canaris*, Die Bedeutung der iustitia distributiva im deutschen Vertragsrecht, S. 49; *Fastrich*, Richterliche Inhaltskontrolle im Privatrecht, S. 52.

357 MüKoBGB/*Säcker*, Einl. Rn. 40.

358 *Flume*, FS 100 DJT, Bd. 1, 1960, 135, 141.

359 Vgl. MüKoBGB/*Säcker*, Einl. Rn. 40; BVerfGE 81, 242, 254 f.

zur richterlichen Inhaltskontrolle unter Anwendung der zivilrechtlichen Generalklauseln besteht.[360]

Fehlt es also an der „Richtigkeit" der Verträge, ist auch die Vertragsgerechtigkeit in Form der austeilenden (*iustitia distributiva*) und ausgleichenden Gerechtigkeit (*iustitia commutativa*)[361] tangiert.[362] So kann auch das Äquivalenzprinzip, als Teil der *iustitia commutativa*, tangiert sein, welches grundsätzlich dem Ausgleich der ungleichen Kräfteverhältnisse dient und ebenfalls der Prämisse der beiderseitigen selbstbestimmten Wahrnehmung der Vertragsfreiheit unterliegt. Das Äquivalenzprinzip und -verhältnis stellt indes richtigerweise kein ausreichendes alleiniges Kontrollinstrument der vertraglichen Abrede dar, welches gleichwohl im Wege der Interaktion sowie der gegenseitigen Konkretisierung mit den anderen Rechtsprinzipien für die Vertragskontrolle von Bedeutung sein wird.[363] Vor allem bei Austauschverträgen zielt das Äquivalenzprinzip auf die Gleichwertigkeit der beiden synallagmatisch verknüpften Leistungen ab. Fehlt es an dieser Gleichwertigkeit, reicht dies gleichwohl nicht umgehend zur Annahme einer gestörten Vertragsparität. So wird die inäquivalente und damit nachteilige

---

360 Vgl. MüKoBGB/*Säcker*, Einl. Rn. 38 ff.; MüKoBGB/*Busche*, vor § 145 Rn. 3; *Ritgen*, JZ 2002, 114.

361 Zur Vertragsgerechtigkeit ausführlich *Wendland*, Vertragsfreiheit und Vertragsgerechtigkeit, S. 105 ff., vor allem hinsichtlich der historischen Herleitung und der einzelnen Ausprägungen dieses Prinzips; dazu auch Heinrich, Formale Freiheit und materiale Gerechtigkeit, S. 361 ff.; *v. Hoyningen-Huene*, Die Billigkeit im Arbeitsrecht, S. 17 ff.; zur ausführlichen Auseinandersetzung mit der Tauschgerechtigkeit (*iustitia commutativa)* siehe *Wendland*, Mediation und Zivilprozess, S. 263 ff.; *ders*., Vertragsfreiheit und Vertragsgerechtigkeit, S. 105 ff. mit einer ausführlichen Auseinandersetzung mit dem allgemeinen Thema der Vertragsgerechtigkeit; ebsnso *Arnold*, Vertrag und Verteilung, S. 211 ff.; *Eichenhofer*, JZ 2005, 209 ff.

362 In Übereinstimmung mit den Ausführungen des BVerfG ist die *iustitia distributiva* folglich dort einschlägig, wo der Staat in die Vertragsverhältnisse eingreift, so vor allem bei der Inhaltskontrolle von Verträgen in Fällen der gestörten Vertragsparität. Demnach greift die *iustitia distributiva* auch in die ausgleichende Gerechtigkeit ein, bei der es vor allem um die Herstellung eines Gleichgewichtes zwischen Personen auf gleicher Ebene und um die Bewertung der Austauschgerechtigkeit der Leistungen, so vor allem bei gegenseitigen Verträgen, geht. Siehe dazu *v. Hoyningen-Huene*, Die Billigkeit im Arbeitsrecht, S. 18; *Schmidt-Rimpler*, AcP 147 (1941), 130, 156 ff.; *Arnold*, Vertrag und Verteilung, S. 221 f.

363 *Heinrich*, Formale Freiheit und materiale Gerechtigkeit, S. 364; zum Zusammenspiel der Prinzipien siehe *Canaris*, Systemdenken und Systembegriff in der Jurisprudenz, S. 86 ff.

Vertragsgestaltung vielmehr erst im Zusammenspiel und im Sinne einer kausalen Verknüpfung mit weiteren beachtlichen Umständen die Überlegenheit des einen Vertragsteils indizieren können,[364] da dem Vertrag in solchen Fällen auch eine Ausgleichsfunktion immanent ist, sodass die Austauschgerechtigkeit als Ergänzung zum privatautonomen Bindungsprinzip herangezogen wird.[365] So befasste sich der BGH in den Fällen der Inhaltssittenwidrigkeit damit, ob zwischen der Leistung und Gegenleistung ein „auffällige[s]“[366] oder „besonders grobe[s]“[367] Missverhältnis bestand, sodass teilweise davon gesprochen wird, dass die Vertragsgerechtigkeit vor allem im Lichte der Äquivalenz der Leistungen zu sehen sei.[368] In diesem Sinne wird eine „zureichende“ Äquivalenz dann anzunehmen sein, wenn die vertragliche Gestaltung eine zumindest einigermaßen gerechte und ausgewogene Zuweisung und Verteilung der wirtschaftlichen Werte der jeweiligen Leistungen im gegenseitigen Austauschverhältnis enthält.[369]

Zudem sind aus verfassungsrechtlicher Sicht als weitere wesentliche Grundwertungen zum einen zunächst die verfassungsrechtlichen Individualschutzgüter, die im Wege der mittelbaren Drittwirkung der Grundrechte[370] oder über ihren Charakter als allgemeines Rechtsprinzip vor allem auch bei der Anwendung im Rahmen der „wertausfüllungsfähigen und wertausfüllungsbedürftigen Begriffe und Generalklauseln“[371] der §§ 74 ff. HGB[372] oder des § 138 BGB beachtet werden müssen, zu berücksichtigen. Zum anderen ist mit Blick auf die vorliegende Problematik und die bestehende grundrechtliche Relevanz auch der Verhältnismäßigkeitsgrundsatz zu beachten.[373] So muss es sowohl bei der Wahl

---

364 Vgl. *Heinrich*, Formale Freiheit und materiale Gerechtigkeit, S. 364 f.

365 *Canaris*, Die Bedeutung der iustitia distributiva im deutschen Vertragsrecht, S. 51 ff.; *Weidelener*, Der richterliche Vertragsschutz, S. 205.

366 Siehe BGHZ 104, 102, 105; BGH, NJW 2012, 1570 Rn. 8 f.

367 Vgl. BGHZ 160, 8, 16 f.

368 Dazu MüKoBGB/*Säcker*, Einl. Rn. 41; *Möllers*, Juristische Methodenlehre, § 8 Rn. 41, § 9 Rn. 35.

369 So *Bydlinski*, AcP 180 (1980), 1, 8.

370 Zum „Einfallstor“ der verfassungsrechtlichen Wertungen in das Privatrecht siehe BVerfGE 7, 198, 205 f.; 81, 242, 256; 89, 214, 229; MüKoBGB/*Armbrüster*, § 138 Rn. 32.

371 BVerfGE 7, 198, 204; *Germelmann*, NZA 1997, 236, 237.

372 Siehe dazu BeckOGK/*Ittmann*, HGB § 74a Rn. 2; auch EBJS/*Boecken*/*Rudkowski*, HGB § 74a Rn. 1.

373 Siehe zum Streit der unmittelbaren zivilrechtlichen Wirkung und Anwendung des Verhältnismäßigkeitsgrundsatzes *Medicus*, AcP 192 (1992), 35, 37, 39; *Preis*, FS Dieterich, 1999, 429, 433 f., 435, 438; *Möllers*, Juristische Methodenlehre, § 10 Rn. 93 f. Zur Sicht des BGH siehe BGHZ 100, 60, 64; auf den Grundsatz der Verhältnismäßigkeit

des geeigneten zivilrechtlichen Mittels als auch bei der Interessenabwägung vorrangig um die verhältnismäßige Abwägung der betroffenen Rechtsprinzipien sowie -güter gehen.[374]

Neben den allgemeinen verfassungsrechtlichen Wertungen sind zudem noch die zivilrechtlichen Prinzipien des Grundsatzes *pacta sund servanda* sowie des auch vom BVerfG explizit angesprochenen Grundsatzes von Treu und Glauben zu beachten. So bildet der Grundsatz *pacta sund servanda* in gewisser Weise das Gegenstück der Vertragsfreiheit und drückt die Vertragsbindung oder Vertragstreue aus.[375] Die Vertragsbindung stellt ein wesentliches Element einer funktionierenden, maßgeblich auf der Privatautonomie beruhenden Vertragsrechtsordnung dar; die freie Selbstverantwortung, also die Bindung an das rechtlich Erklärte, stellt demnach die zwingende Kehrseite der Selbstbestimmung dar.[376] Dazu tritt der Grundsatz der Vertragserhaltung, der die

---

bezugnehmend auch BGHZ 109, 306, 312; *Möllers*, Juristische Methodenlehre, § 10 Rn. 93; *Neuner*, NJW 2000, 1822, 1824. Siehe auch BAG, AP GG Art. 9 Arbeitskampf Nr. 64. Zudem folge der Bindung der zivilrechtlichen Rechtsprechung an die verfassungsgemäße Ordnung nach Art. 1 Abs. 3 GG die unmittelbare Beachtung des Grundsatzes der Verhältnismäßigkeit, so *Hanau*, Der Grundsatz der Verhältnismäßigkeit als Schranke privater Gestaltungsmacht, S. 121 ff.; *Stürner*, Der Grundsatz der Verhältnismäßigkeit im Schuldvertragsrecht, S. 442; MüKoBGB/*Säcker*, Einl. Rn. 71; für den nichtrechtsgeschäftlichen Bereich *Neuner*, NJW 2000, 1822, 1824.

374 Vgl. dazu eingehender *Preis*, FS Dieterich, 1999, 429, 447 ff, vor allem dazu, dass der Verhältnismäßigkeitsgrundsatz grundsätzlich nicht unmittelbar zur Anwendung kommen und allenfalls eine subalterne Rolle einnehmen wird.

375 Staudinger/*Olzen*, BGB Einl. zu §§ 241 ff. Rn. 65; *Möllers*, Juristische Methodenlehre, § 9 Rn. 31; *Stürner*, Der Grundsatz der Verhältnismäßigkeit im Schuldvertragsrecht, S. 5; *Bydlinski*, AcP 180 (1980), 1, 8. So wird dieser Grundsatz in der Zivilrechtsordnung generell vorausgesetzt und hat bislang keinen ausdrücklichen gesetzlichen Ausdruck gefunden, obgleich seither schon einige Normen – vornehmlich im BGB – auf dem Grundsatz *pacta sund servanda* aufbauen. In diesem Sinne normiert der § 145 BGB, dass derjenige, der ein Vertragsangebot erklärt, an seinen „Antrage gebunden" ist, sodass der Willenserklärung und der späteren Annahme ein bindender Vertrag folgt. Dazu *Weller*, Die Vertragstreue, S. 41, *Möllers*, Juristische Methodenlehre, § 9 Rn. 32 mwN.

376 Siehe dazu *Weller*, Die Vertragstreue, S. 41, 156 ff., 274 ff.; *Larenz*, Richtiges Recht, S. 57; *Unberath*, Die Vertragsverletzung, S. 46 ff.; *Remien*, Zwingendes Vertragsrecht, S. 311 ff.; *Bydlinski*, Privatautonomie und objektive Grundlagen des verpflichtenden Rechtsgeschäftes, S. 109 ff.; *Bruns*, JZ 2007, 385, 386; siehe dazu allgemein auch *Neuner*, Allgemeiner Teil des Bürgerlichen Rechts, § 10 Rn. 15 ff., 23; *Bydlinski*, System und Prinzipien des Privatrechts, S. 154; *Mankowski*, AcP 211 (2011), 153, 173 ff.

Vertragsanpassung vorsehen kann. Konterkariert die Anpassung des Vertrages zunächst den Grundsatz der Vertragsbindung hinsichtlich der Bindung an den vormals selbstbestimmt festgelegten Vertragsinhalt, kann die Erhaltung des Vertrags unter angepassten angemessenen Bedingungen den schonendsten Eingriff in das Vertragsverhältnis und in die Vertragsfreiheit sowie die unter der Beachtung der wesentlichen Wertungen unserer (Zivil-)Rechtsordnung gleichwohl die vorzugswürdigste Lösung darstellen.[377]

Zuletzt ist der dem ganzen Vertragsrecht obliegende Grundsatz von Treu und Glauben, der in der heutigen Zivilrechtsordnung ein zwingendes „rechtsethisches Prinzip" darstellt[378] und vor allem den Verkehrs- und Vertrauensschutz sowie die „billige" Rücksichtnahme der schutzwürdigen Interessen der jeweils anderen Vertragspartei hervorhebt,[379] zu berücksichtigen. Im Rahmen der vertraglichen Inhaltskontrolle kommt dem Grundsatz von Treu und Glauben zudem eine äußerst wichtige Rolle bei der Beachtung und Abwägung der gegenseitigen Interessen zu, dies dann vor allem im Zusammenwirken mit den weiteren verfassungs- und zivilrechtlichen Wertungen, Interessen und Rechtsprinzipien. Soll auf das allgemeine Rechtsprinzip des Grundsatzes von Treu und Glauben nur als „Ultima Ratio" rekurriert werden, genießen vor allem die spezialgesetzlichen Ausprägungen des Grundsatzes einen Anwendungsvorrang. Stellt

377 Dazu *Stürner*, Der Grundsatz der Verhältnismäßigkeit im Schuldvertragsrecht, S. 10 f. mwN.; allgemein siehe *Lorenz*, FS Wolfsteiner, 2007, S. 121, 122, 135 f.; *H. Köhler*, FS 50 Jahre BGH, Bd. I, 2000, 295, 307; *Unberath*, Die Vertragsverletzung, S. 243 ff., der die Aufrechterhaltung der Verträge nicht speziell durch den Grundsatz der Vertragsbindung rechtfertigt. Als Beispiel kann dafür der Wegfall der Geschäftsgrundlage, der zunächst auf den § 242 BGB gestützt wurde und eine eigene Kodifikation im § 313 BGB fand, genannt werden. Siehe dazu MüKoBGB/*Säcker*, Einl. Rn. 43; MüKoBGB/*Finkenauer*, § 313 Rn. 2; *Möllers*, Juristische Methodenlehre, § 9 Rn. 37 ff., 55 ff.

378 Vgl. BVerfGE 89, 214, 232; BeckOGK/*Kähler*, BGB § 242 Rn. 124 ff.; *Looschelder*, Schuldrecht AT, § 4 Rn. 5 f.; *Brox/Walker*, Allgemeines Schuldrecht, § 7 Rn. 1; *Larenz*, Methodenlehre der Rechtswissenschaft, S. 421 ff.; Jauernig/*Mansel*, BGB § 242 Rn. 2; zur Abdingbarkeit siehe Staudinger/*Looschelders/Olzen*, BGB § 242 Rn. 107 ff. Zum Ursprung im römischen Recht und zurückgehend auf die *bona fides* vgl. Staudinger/*Looschelders/Olzen*, BGB § 242 Rn. 7 ff.; BeckOGK/*Kähler*, BGB § 242 Rn. 5 ff.; *Medicus/Lorenz*, SchuldR AT, § 14 Rn. 1.

379 MüKoBGB/*Säcker*, Einl. Rn. 45; MüKoBGB/*Schubert*, § 242 Rn. 8; *Neuner*, Allgemeiner Teil des Bürgerlichen Rechts, § 10 Rn. 81 ff., der das Prinzip des Vertrauensschutzes als ein eigenständiges übergeordnetes Prinzip ansieht, dazu auch ausführlich schon *Canaris*, FS 50 Jahre BGH, Bd. I, 2000, 129 ff.

diesbezüglich die Norm des § 242 BGB als gesetzlicher Ausdruck des Grundsatzes von Treu und Glauben den bedeutsamsten Ausgangspunkt der richterlichen Rechtsfortbildung und Einzelfallgerechtigkeit dar,[380] sind vorliegend insbesondere die Regelungen der §§ 74 ff. HGB von Bedeutung, die möglicherweise ebenfalls spezialgesetzliche Ausprägungen des Grundsatzes von Treu und Glauben beinhalten könnten.

III. Umfang der zivilrechtlichen Inhaltskontrolle

Ausgehend von der Entscheidung des BVerfG umfasst der Begriff der „richterlichen Inhaltskontrolle" die allgemeine Vertragskontrolle[381] im Sinne der Pflicht eines jeden Gerichtes im Wege der Inhaltskontrolle einzuschreiten, wenn eine evidente typisierte Ungleichgewichtslage sowie eine unangemessene einseitige Belastung zulasten einer Vertragspartei vorliegen, sodass sich aus verfassungsrechtlicher Sicht bloß die Frage stellt, ob der Vertrag einer Korrektur bedarf oder überhaupt noch Bestand haben soll.[382] So ging es gerade bei der BVerfG-Entscheidung um die Hauptleistungspflicht der zugrunde liegenden vertraglichen Abrede.[383] Demnach versteht das BVerfG unter dem Begriff der

380 MüKoBGB/*Schubert*, § 242 Rn. 22 ff.; BeckOGK/*Kähler*, BGB § 242 Rn. 94 ff.; *Brox/Walker*, Allgemeines Schuldrecht, § 7 Rn. 3 f.; dazu auch Staudinger/*Looschelders/Olzen*, BGB § 242 Rn. 146 ff., die auf die Einbeziehung verfassungsrechtlicher und einfachgesetzlicher Wertungen hinweisen.

381 So auch *Honsell*, NJW 1994, 565, 566.

382 So *Hergenröder*, DZWir 1994, 485, 490, idS. auch *Groeschke*, BB 1994, 725, 726.

383 Hier kann auch die von *Dauner-Lieb* geäußerte Kritik an der engen Inhaltskontrolle hinsichtlich der richterlichen Inhaltskontrolle von Eheverträgen erwähnt werden. So führte sie richtigerweise an, dass das Instrument der allgemeinen Inhaltskontrolle von AGB und der an dieser angelehnten richterlichen Inhaltskontrolle seiner Struktur her auf „einseitig vorformulierte, allgemeine Regelungen zugeschnitten" sei, sodass der individualvertraglich geprägte Ehevertrag dazu gerade nicht passe und sich des Weiteren vor allem auf die Überprüfung von Nebenabreden beziehe. Bei Eheverträgen aber gehe es eben nicht nur um Nebenabreden, sondern vor allem um die Überprüfung „familien-rechtliche[r] essentilia". Siehe *Dauner-Lieb*, AcP 201 (2001), 295, 326. Diese Kritik kann vorliegend auch auf nachvertragliche Wettbewerbsverbote übertragen werden, da sich die Wirksamkeitsprüfung nach dem hiesigen Verständnis ebenfalls mit den vertraglichen Hauptleistungspflichten befasst. Darüber hinaus wurde auch der Beurteilungszeitpunkt der engen Inhaltskontrolle, aber auch der der Sittenwidrigkeitsprüfung nach § 138 BGB kritisiert und für unsachgerecht befunden, *Dauner-Lieb*, AcP 201 (2001), 295, 326. Sich dieser Kritik im Grundsatz anschließend *Mayer-Maly*, AcP 194 (1994), 105, 159, der eine spezialgesetzliche Grundlage als vorrangiges Instrument

„richterlichen Inhaltskontrolle" vor allem eine allgemeine Vertragskontrolle, die nicht nur die Inhaltskontrollen am Maßstab der §§ 8 ff. AGBG, §§ 307 ff. BGB oder des § 242 BGB, sondern vielmehr auch die der §§ 134, 138, 315, 612a BGB und die wettbewerbliche Missbrauchskontrolle nach Art. 102 AEUV, §§ 18 ff. GWB sowie die weiteren Vorschriften des zwingenden Rechts, die zur Begrenzung des Vertragsinhalts führen, umfasst.[384] Folglich beschreibt die Inhaltskontrolle im weiteren Sinne die allgemeinen zivilrechtlichen Grenzen der Privatautonomie.[385] Eine wie von *Fastrich* und *Preis* angeführte enge Inhaltskontrolle im Sinne einer Angemessenheitskontrolle, die sich vor allem am Maßstab von Treu und Glauben orientieren soll und an der Terminologie der Inhaltskontrolle Allgemeiner Geschäftsbedingungen angelehnt ist,[386] soll trotz der durchaus missverständlichen Ausführungen des BVerfG hingegen nicht erfolgen.

In diesem Sinne ist zunächst festzuhalten, dass es grundsätzlich keine verfassungsrechtlichen Bedenken bezüglich der Anwendung des § 138 BGB als Mittel der richterlichen Inhaltskontrolle gibt, sodass auch die Sittenwidrigkeitsprüfung

---

zum § 138 BGB fordert, um die zukünftigen Probleme sachgerecht bewältigen zu können; so auch *Knütel*, ZIP 1991, 493, 497, der darauf hinweist, dass der „Tatbestand nahezu durchweg nur bei einer nachträglichen Betrachtung aufgefüllt werden kann, während eine ex ante vorgenommene, also am Zeitpunkt des Vertragsabschlusses orientierte Betrachtung geboten ist".

384 *Fastrich*, Richterliche Inhaltskontrolle im Privatrecht, S. 5; Preis, Grundfragen der Vertragsgestaltung im Arbeitsrecht, S. 147; dazu auch MüKoBGB/*Busche*, vor § 145 Rn. 24 ff. Dies auch ungeachtet etwaiger Versuche die enthaltenen Instrumente zu systematisieren. So wird teilweise versucht, die einzelnen Instrumente innerhalb dieses weiten Begriffsverständnisses zu differenzieren bzw. voneinander abzugrenzen. Geht es bei der Inhaltskontrolle im weiteren Sinne um die Prüfung der Grenzen der Vertragsfreiheit, wird teilweise von der Wirksamkeitskontrolle nach §§ 134, 138 BGB gesprochen, vgl. dazu *Wiedemann*, FS Kummer, 1980, 175, 179. Andere differenzieren zwischen der allgemeinen (§§ 134, 138 BGB) und der speziellen (§§ 8 ff. AGBG, §§ 307 ff. BGB und § 242 BGB) Rechtskontrolle, siehe *Lieb*, AcP 178 (1978), 196, 208 ff.; *Hönn*, JZ 1983, 677, 680 f.; *Habersack*, AcP 189 (1989), 403, 412. Zum Teil wird auch die Ausübungskontrolle als mitumfasst angesehen, vgl. *Fastrich*, Richterliche Inhaltskontrolle im Privatrecht, S. 5; *Becker*, Der unfaire Vertrag, S. 5 Fn. 7; *Hüffer*, ZHR 151 (1987), 396, 407.

385 *Fastrich*, Richterliche Inhaltskontrolle im Privatrecht, S. 5.

386 *Fastrich*, Richterliche Inhaltskontrolle im Privatrecht, S. 6; *Hergenröder*, DZWir 1994, 495, 490; *Stresow*, Die richterliche Inhaltskontrolle von Eheverträgen, S. 117. So wird der Begriff der „Inhaltskontrolle" auch in den amtlichen Überschriften des früheren § 8 AGBG sowie im heutigen § 307 BGB verwendet.

des § 138 BGB eine geeignete normative Grundlage zur Behandlung und Korrektur von Fällen der gestörten Vertragsparität darstellt. Gleichwohl ist die Frage der sach- und systemgerechten Anwendung und Wahl der zivilrechtlichen Instrumente der richterlichen Inhaltskontrolle keine verfassungsrechtliche, sondern zuvörderst eine spezifische „Frage des einfachen Rechts" und somit der Zivilrechtswissenschaft sowie des zivilrechtlichen Rechtsanwenders. Ungeachtet der noch zu behandelnden zivilrechtlichen Frage- und Problemstellungen bestehen bezüglich der generellen Anwendung des § 138 BGB hinsichtlich der rechtlichen Beurteilung nachvertraglicher Wettbewerbsverbote zunächst keine grundsätzlichen verfassungsrechtlichen Bedenken.[387] Zu beachten ist gleichwohl das vom BVerfG ausdrücklich betonte Rechtsprinzip von Treu und Glauben, welches eine im Vergleich zum § 138 BGB differenziertere Rechtsfolge zur Lösung der Fälle gestörter Vertragsparität ermöglichen soll. Folglich muss diese Möglichkeit der Gewährung einer differenzierten Rechtsfolge im Wege der richterlichen Rechtsfortbildung durch Modifizierung bzw. Konkretisierung des § 138 BGB beachtet und besprochen werden. In diesem Sinne ist ebenfalls wieder auf die mögliche Leitbildfunktion der §§ 74 ff. HGB hinzuweisen, die gleichfalls speziellere Ausprägungen des Grundsatzes von Treu und Glauben darstellen und somit die Konkretisierung des § 138 BGB wesentlich beeinflussen könnten.

Wann also das eingriffsbegründende Maß im Sinne des § 138 BGB hinsichtlich nachvertraglicher Wettbewerbsverbote mit Geschäftsführern erreicht ist, wird sich vor allem am Begriff der „guten Sitten" und der sodann stattfindenden sachgerechten Konkretisierung orientieren müssen, dies sodann unter Beachtung etwaiger wesentlicher Wertungen der §§ 74 ff. HGB. Dieser Fragestellung wird zu einem späteren Zeitpunkt dieser Arbeit nachgegangen.

IV. Zwischenergebnis

Gegen die generelle Anwendung der Generalklausel des § 138 Abs. 1 BGB als zivilrechtliches Mittel der verfassungsrechtlich gebotenen richterlichen Inhaltskontrolle von Verträgen bestehen grundsätzlich keine Einwände. Vor allem in Fällen der gestörten Vertragsparität betonte das BVerfG die zentrale Bedeutung der zivilrechtlichen Generalklauseln zur angemessenen Behandlung und Korrektur dieser Rechtsverhältnisse. Die Frage der sach- und systemgerechten Konkretisierung des § 138 BGB richtet sich im vorliegenden Fall zuvörderst an

---

387 So auch *Krahforst*, Nachvertragliche Wettbewerbsverbote für GmbH-Geschäftsführer, S. 229; siehe auch BGHZ 125, 206, 210; dazu kritisch *Adomeit*, NJW 1994, 2467 ff.; *Loritz*, DNotZ 1994, 543.

den zivilrechtlichen sowie methodischen Vorgaben der Konkretisierung, wobei die Grenzen des verfassungsrechtlich weit gewährten „Spielraums" der Anwendung der zivilrechtlichen Mittel und Instrumentarien allenfalls dann erreicht sei, wenn „das Problem gestörter Vertragsparität gar nicht gesehen oder seine Lösung mit untauglichen Mitteln versucht wird".[388]

Aufbauend und anknüpfend an die grundsätzlichen verfassungsrechtlichen Vorgaben sowie die allgemeinen Prinzipien des Vertragsrechts soll die richterliche Inhaltskontrolle von Verträgen der Sicherstellung, Bewahrung und Gewährung der Selbstbestimmung und -verantwortung der beteiligten Vertragsparteien dienen. Im Rahmen der Inhaltskontrolle treten nicht nur die Privatautonomie und der Persönlichkeitsschutz sowie die privatautonom gewährte Vertragsfreiheit und der Schutz des Schwächeren in Kollision, sondern auch die Einzelfallgerechtigkeit und Rechtssicherheit stehen sich kollidierend gegenüber.[389] Der Feststellung einer gestörten Vertragsparität folgt sodann die richterliche Kontrolle. Folglich kann es notwendig sein, die institutionellen Voraussetzungen dafür zu schaffen, innerhalb dessen die Vertragsparteien frei vertragliche Vereinbarungen treffen können, bei denen sie gleichwohl durch eben diese institutionellen Vorgaben zunächst auch beschränkt werden. So steht die richterliche Kontrolle der Verträge nicht im Gegensatz zur freien Wahrnehmung der Vertragsfreiheiten. Nur durch den Schutz des Schwächeren kann es zur bestmöglichen Entfaltung der Vertragsfreiheiten kommen, sodass die staatliche Intervention ein notwendiges Mittel zur optimalen Entfaltung und Geltung der Vertragsfreiheit darstellen wird. Dienen diese grundsätzlich beschränkenden Vorgaben der Sicherung der beiderseitigen Selbstbestimmung, wird damit auch die gerechte sowie möglichst freie Wahrnehmung der Vertragsfreiheiten bewirkt.[390] Demnach ist es auch die Aufgabe der richterlichen Rechtsfortbildung im Wege der Inhaltskontrolle die institutionellen Voraussetzungen und Vorgaben für den möglichst gerechten Ausgleich der beiderseitigen Interessen und Rechte aufzustellen.

Darüber hinaus sind auch die weiteren wesentlichen Prinzipien unserer Zivilrechtsordnung sowie unseres Vertragsrechts zu beachten. Nicht nur die Betonung des BVerfG, sondern auch die Rechtsprechung zu den §§ 74 ff. HGB legt nahe, dass vor allem der Grundsatz von Treu und Glauben maßgeblichen

388 Vgl. BVerfGE 89, 214, 234.

389 Vgl. *Kreft*, WM 1992, 1425; *Honsell*, JuS 1993, 817; *Fuchs-Wissemann*, WiB 1994, 426, 427.

390 *Wiedemann*, JZ 1990, 691, 695; *Hillgruber*, AcP 191 (1991), 69, 76; *Vykydal*, JA 1996, 81; *Wellenhofer-Klein*, ZIP 1997, 774, 781.

Einfluss auf die angemessene Inhaltskontrolle haben wird, gerade innerhalb der gesetzlich ungeregelten Bereiche des Vertragsrechts. In diesem Sinne ist zu einem späteren Zeitpunkt dieser Arbeit zu untersuchen, inwiefern der Maßstab der guten Sitten des § 138 BGB durch das Heranziehen der wesentlichen Wertungen der §§ 74 ff. HGB eine sachgerechte und angemessene Konkretisierung erfährt, die sodann zugleich die eingriffsbegründenden zivilrechtlichen Voraussetzungen darstellen.

B. Allgemeines zur richterlichen Rechtsfortbildung

Nachdem die grundsätzlichen Vorgaben und Voraussetzungen der richterlichen Befugnis und der Wahl der zivilrechtlichen Mittel dargestellt worden sind, soll im Weiteren noch auf die allgemeinen Vorgaben der richterlichen Rechtsfortbildung eingegangen werden. Dies vor allem in Anbetracht der später zu diskutierenden Möglichkeit der analogen Anwendung der §§ 74 ff. HGB sowie der Frage der richterlichen Rechtsfortbildung in Form der Konkretisierung des § 138 BGB in Verbindung mit der Heranziehung der allgemeinen Rechtsgrundsätze der §§ 74 ff. HGB. Folglich sollen zunächst die generellen Vorgaben der Notwendigkeit und Zulässigkeit der richterlichen Rechtsfortbildung betrachtet werden.

I. Notwendigkeit und Zulässigkeit

Die Notwendigkeit der richterlichen Rechtsfortbildung folgt der Bindung der Richter und Gerichte an Gesetz und Recht (Art. 20 Abs. 3, 92, 97 Abs. 1 GG)[391] in Verbindung und im Zusammenwirken mit der verfassungsrechtlich gewährten und dem Rechtsstaatsprinzip folgenden Justizgewährungspflicht bzw. dem allgemeinen Gebot des effektiven Rechtsschutzes (Art. 2 Abs . 1, 20 Abs. 3 GG).[392] Dem Richter ist es nicht gestattet Urteile und Entscheidungen allein aufgrund der Tatsache zu unterlassen, dass explizit anwendbare Normen fehlen. Die generelle Gestaltungsmacht zur Schaffung gesetzlicher Normen obliegt dem Gesetzgeber, der sodann die Gebundenheit des Rechtsanwenders aus Art. 20 Abs. 3 und 97 GG folgt.[393] Der Art. 20 Abs. 3 GG stellt

---

391 Dürig/Herzog/Scholz/*Hillgruber*, GG Art. 97 Rn. 25 ff.; v. Münch/Kunig/*Meyer*, GG Art. 97 Rn. 21 ff.

392 BVerfGE 54, 277, 292; *Rüthers/Fischer/Birk*, Rechtstheorie, § 23 Rn. 823; *Kirchhof*, NJW 1986, 2275, 2280; *Durner*, JA 2008, 7, 8; *Bruns*, JZ 2014, 162; *Drechsler*, ZJS 2015, 344, 346; *Meier/Jochem*, JuS 2016, 392.

393 *Rüthers/Fischer/Birk*, Rechtstheorie, § 3 Rn. 78; *Meier/Jochem*, JuS 2016, 392.

sodann die zentrale Norm für die Zulässigkeit der richterlichen Rechtsfortbildung, demnach dem Richter die grundsätzliche Aufgabe der „schöpferischen Rechtsfindung" zukommen kann. Der Richter ist zwar insbesondere an das Gesetz gebunden, gleichwohl besteht die vorrangige Bindung eben an Recht und Gesetz (Art. 20 Abs. 3 GG), wobei das Recht weiter verstanden werden muss als das Gesetz.[394] So beschreibt das Recht vielmehr das überpositive Recht, sodass allgemeine Prinzipien, Gerechtigkeitsanforderungen sowie die verfassungsrechtlichen Wertungen korrigierend auf das geschriebene Gesetz einwirken können.[395] Infolge der Lücken im unvollkommenen geschriebenen Recht ist der Richter vielmehr dazu befugt, diese im Wege „der praktischen Vernunft" und nach der „Gerechtigkeitsvorstellung der Gesellschaft" sowie unter Heranziehung der verfassungsrechtlichen Wertungen und den der geschriebenen Rechtsordnung immanenten verfassungsrechtlichen Vorstellungen zu schließen.[396] Daneben kann die richterliche Rechtsfortbildung verfassungsrechtlich auch auf das Gewaltenteilungsprinzip nach Art. 20 Abs. 2 S. 2 GG gestützt werden.[397] Dies vor allem im Rahmen der durch das Gewaltenteilungsprinzip festgelegten sachgerechten Aufgaben- und Funktionsordnung.[398]. Der Richter ist also zuvörderst an die Anwendung des geschriebenen Rechts gebunden. Diese Bindung endet jedoch dort, wo dies den höherrangigen Rechten und Wertungen widersprechen und womit sich zugleich eine gesetzliche Lücke innerhalb der Einheit der Rechtsordnung ergeben würde.[399] Erst wenn der Weg der Anwendung des geschriebenen Rechts erschöpft ist, darf der Richter zur Schließung dieser gesetzgeberischen Lücken und unter Beachtung der gesetzlichen Regelungen sowie verfassungsrechtlichen Vorgaben rechtsfortbildend tätig werden.[400] Dabei

---

394 *Möllers*, Juristische Methodenlehre, § 1 Rn. 50; *Hillgruber*, JZ 1996, 118, 121; *Drechsler*, ZJS 2015, 344, 345.

395 *Möllers*, Juristische Methodenlehre, § 1 Rn. 50; *Wank*, Grenzen richterlicher Rechtsfortbildung, S. 89 f.; *Drechsler*, ZJS 2015, 344, 345 f.

396 BVerfGE 34, 269, 286 ff.; so auch BVerfGE 49, 304, 318; 65, 182, 190 f.; 71, 354, 362; 74, 129, 152; so auch MüKoBGB/*Säcker*, Einl. Rn. 155; *Weidelener*, Der richterliche Vertragsschutz, S. 82 f.; *Wiedemann*, NJW 2014, 2407, 2408.

397 Vgl. dazu BVerfGE 84, 212, 226 f.; dazu *Richardi*, JZ 1992, 27, 29; *Drechsler*, ZJS 2015, 344, 345; a.A. wohl *Hillgruber*, JZ 1996, 118, 122.

398 Siehe v. Mangoldt/Klein/Starck/*Classen*, GG Art. 97 Rn. 14; *Wank*, Grenzen richterlicher Rechtsfortbildung, S. 115 ff.; *ders.*, ZGR 1988, 314, 331; *Drechsler*, ZJS 2015, 344, 345; idS. auch Dürig/Herzog/Scholz/*Jachmann-Michel*, GG Art. 95 Rn. 13.

399 So Dreier/*Schulze-Fielitz*, GG Art. 20 (Rechtsstaat) Rn. 102.

400 BVerfGE 34, 269, 286 ff.; BeckOK GG/*Huster*/*Rux*, Art. 20 Rn. 171; *Sachs*, JuS 2015, 859, 860 f.; Meier/*Jochem*, JuS 2016, 392, 396.

wird der Spielraum der richterlichen Rechtsfortbildung mit dem zunehmenden zeitlichen Abstand zum Erlass einer Norm entscheidend größer sein.[401] Folglich sind die wesentlichste Voraussetzung jedweder richterlichen Rechtsfortbildung das Vorliegen und die Feststellung einer Lücke im Gesetz.[402]

Aus zivilrechtlicher Sicht wurde die richterliche Rechtsfortbildung als selbstverständlicher und vorausgesetzter Teil des Rechts angesehen,[403] wobei die Kodifikation der Generalklauseln der §§ 138, 242 BGB zum Teil als Ausdruck der Zulässigkeit der richterlichen Rechtsfortbildung angesehen wird. Zudem wird die Rechtsfortbildung als Teil der zivilrechtlichen Tätigkeit zum Beispiel im § 132 Abs. 4 GVG erwähnt.[404] Ungeachtet dieser Erwähnungen richtet sich die zivilrechtliche Legitimation und Zulässigkeit im Ergebnis an den oben genannten verfassungsrechtlichen Vorgaben.[405]

II. Mittel der richterlichen Rechtsfortbildung

Hängt die Zulässigkeit der richterlichen Rechtsfortbildung im Wesentlichen von der Feststellung einer gesetzlichen Lücke ab, bereitet oft schon der Begriff der richterlichen Rechtsfortbildung selbst einige Schwierigkeiten. Einher geht dies mit der weiteren Frage, wo die Auslegung des geschriebenen Rechts endet und die richterliche Rechtsfortbildung beginnt. Diesbezüglich sollen vor allem die Analogie, die teleologische Reduktion sowie die Konkretisierung von zivilrechtlichen Generalklauseln betrachtet werden. Des Weiteren sollen sodann auch der Begriff und die Funktionen der allgemeinen Rechtsprinzipien des „inneren Systems“ unserer Rechtsordnung erörtert werden.

---

401 BVerfGE 34, 269, 288 f.; 96, 375, 394; 98, 49, 59 f.; Dreier/*Schulze-Fielitz*, GG Art. 20 (Rechtsstaat) Rn. 102; *Rüthers*, JZ 2006, 53, 59; *Bitter/Rauhut*, JuS 2009, 289, 298.

402 *Bydlinski*, Juristische Methodenlehre und Rechtsbegriffe, S. 472; *Larenz*, Methodenlehre der Rechtswissenschaft, S. 401 ff.; *Rüthers/Fischer/Birk*, Rechtstheorie, § 23 Rn. 889; *Schwacke*, Juristische Methodik, S. 130 ff.; *Meier/Jochem*, JuS 2016, 392, 393.

403 Vgl. § 1 erster Entwurf zum BGB, abgedruckt bei *Schubert*, Die Vorlagen der Redaktoren für die erste Kommission zur Ausarbeitung des Entwurfs eines Bürgerlichen Gesetzbuches, Allgemeiner Teil, S. 98 f. Vgl. auch Art. 1 des schweizerischen ZGB oder § 7 des österreichischen ABGB, vgl. *Bydlinski*, Juristische Methodenlehre und Rechtsbegriffe, S. 482 mit weiteren Beispielen; ebenfalls *Weidelener*, Der richterliche Vertragsschutz, S. 80.

404 So auch z. B. in §543 Abs. 2 S. 1 Nr. 2 Alt. 1 ZPO; siehe *Drechsler*, ZJS 2015, 344, 346; MüKoZPO/*Krüger*, § 543 Rn. 11; Musielak/Voit/*Ball*, ZPO § 543 Rn. 7.

405 Zutreffend so *Weidelener*, Der richterliche Vertragsschutz, S. 81.

1. Allgemeines

Die Rechtsfortbildung kann nach der Kategorisierung von *Larenz* und *Canaris*[406] in die Formen der gesetzesimmanente Rechtsfortbildung *intra legem*,[407] der gesetzesübersteigende Rechtsfortbildung *praeter legem*[408] und in die gesetzesübersteigende Rechtsfortbildung *contra legem*[409] eingeteilt werden, wobei die richterliche Rechtsfortbildung im Allgemeinen dort beginnen soll, wo die Auslegung des Gesetzes im engeren Sinne aufhört. Demnach sei der Übergang

---

406 *Larenz*, Methodenlehre der Rechtswissenschaft, S. 366 ff.; *Larenz/Canaris*, Methodenlehre der Rechtswissenschaft, S. 187 f.

407 Bei der es darum geht, dass das Recht über die Wortlautgrenze des Gesetzes hinaus, aber innerhalb des Rahmens des ursprünglichen gesetzlichen Plans sowie innerhalb der eigenen Teleologie des Gesetzes fortgebildet wird. Siehe *Larenz*, Methodenlehre der Rechtswissenschaft, S. 366, 370 ff., 426; *Larenz/Canaris*, Methodenlehre der Rechtswissenschaft, S. 191; *Möllers*, Juristische Methodenlehre, § 13 Rn. 14; *Reimer*, Juristische Methodenlehre, Rn. 554; kritisch dazu *Meier/Jochem*, JuS 2016, 392, 394.

408 Die an die übergeordneten allgemeinen zivil- oder verfassungsrechtlichen Rechtsprinzipien anknüpft, womit folglich der Wortlaut des Gesetzes und damit auch der ursprüngliche Plan des Gesetzgebers verlassen wird, wonach die Anknüpfung an die wesentlichen Wertungen und Prinzipien unserer gesamten Rechtsordnung gefordert wird. Sie findet damit zwar *extra legem*, aber immer noch *intra ius* statt. Zur Begründung der gesetzesübersteigenden Rechtsfortbildung *praeter legem* kommen nach *Larenz* vor allem Bedürfnisse des Rechtsverkehrs, die Praktikabilität der Rechtsnormen, die Natur der Sache, die rechtsethischen Prinzipien der Rechtsordnung sowie der Gleichheitsgrundsatz in Betracht. Dies korrespondiert insoweit auch mit der Auffassung des BVerfG hinsichtlich der Notwendigkeit, sich von den Grenzen des Wortsinns eines Gesetzes zu lösen, und der Aufgabe das unvollkommene geschriebene Recht im Wege der „der praktischen Vernunft" und nach den „Gerechtigkeitsvorstellung der Gesellschaft" sowie unter Beachtung der verfassungsrechtlichen Wertungen und der der geschriebenen Rechtsordnung immanenten verfassungsrechtlichen Vorstellungen zu schließen. Vgl. *Larenz*, Methodenlehre der Rechtswissenschaft, S. 366, 413 ff., 426 ff.; *Larenz/Canaris*, Methodenlehre der Rechtswissenschaft, S. 232 f.; *Möllers*, Juristische Methodenlehre, § 13 Rn. 15; Reimer, Juristische Methodenlehre, Rn. 555 f.; *Drechsler*, ZJS 2015, 344.

409 Die allenfalls dann legitim sei, wenn die Untätigkeit des Gesetzgebers einen „echte[n] Rechtsnotstand" auslöst, *Larenz*, Methodenlehre der Rechtswissenschaft, S. 367, 427 f.; eingehender auch noch *Neuner*, Die Rechtsfindung contra legem, S. 148 ff.; *Möllers*, Juristische Methodenlehre, § 13 Rn. 18. Diese Zulässigkeit dieser From der Rechtsfortbildung zurecht kritisch sehend, *Möllers*, Juristische Methodenlehre, § 13 Rn. 20 ff.; *Wank*, Juristische Methodenlehre, § 15 Rn. 48; *Schwacke*, Juristische Methodik, S. 123; *Kuhn*, JuS 2016, 104, *Meier/Jochem*, JuS 2016, 392, 393.

zwischen der Auslegung und der Rechtsfortbildung fließend, vor allem da beide Methoden ihrem Grunde nach nicht wesensverschieden seien, sondern „voneinander verschiedene Stufen desselben gedanklichen Verfahrens“ darstellen sollen.[410]

Gleichwohl wird die Unterscheidung zwischen der Auslegung und Rechtsfortbildung notwendig sein. Eine solche Notwendigkeit der Differenzierung der beiden Methoden kann schon der Verfassung entnommen werden. So untersagt der Art. 103 Abs. 2 GG die (strafrechtliche) richterliche Rechtsfortbildung zulasten des Täters und differenziert damit strikt zwischen erlaubter Auslegung und verbotener Rechtsfortbildung.[411] In diesem Sinne kann auch die Bindung der Rechtsprechung an Recht und Gesetz nach Art. 20 Abs. 3 GG verstanden werden, der eine Differenzierung der Gesetzesbindung und der Bindung an das Recht vorsieht. Die Auslegung stellt in diesem Sinne die vorrangige Gesetzesbindung dar. Liegt sodann ein gesetzlich nicht geregelter Fall oder ein mit dem geschriebenen Recht nicht unmittelbar lösbares Problem vor, so folgt vor allem der Bindung an das Recht die Befugnis und Aufgabe innerhalb der rechtlichen Wertungen eine der Wertungseinheit entsprechende Lösung zu finden.[412]

Nach der wohl herrschenden Ansicht[413] erfolgt die Abgrenzung der Auslegung von der Rechtsfortbildung anhand der Grenze des Wortlauts bzw. der Grenze des noch möglichen Wortsinns des Gesetzes. Demnach setzt der weiteste nach dem Sprachgebrauch mögliche Wortsinn des Gesetzes die Grenze für die Interpretation im Wege der Auslegung und statuiert den Beginn der richterlichen Rechtsfortbildung, sodass bei der Überschreitung des noch möglichen Wortsinns nicht mehr von der „Ausdeutung“, sondern von einer „Umdeutung“ des Gesetzes gesprochen werden muss. Der Wortsinn bzw. Wortlaut des Gesetzes stellt damit nicht nur die Grenze, sondern zugleich auch den Ausgangspunkt der Auslegung dar.[414]

---

410 *Merz*, AcP 163 (1964), 305, 331 f.; *Larenz*, Methodenlehre der Rechtswissenschaft, S. 366; *Larenz/Canaris*, Methodenlehre der Rechtswissenschaft, S. 187; dazu kritisch *Rüthers/Fischer/Birk*, Rechtstheorie, § 23 Rn. 831.

411 *Möllers*, Juristische Methodenlehre, § 13 Rn. 21; *Meier/Jocham*, JuS 2016, 392, 393.

412 Dies obgleich eben in der Methodenlehre insgesamt von der vorrangigen Gesetzesbindung des Richters ausgegangen wird, vgl. *Hillgruber*, JZ 2008, 745, 746; *Meier/Jocham*, JuS 2016, 392, 393.

413 Die Wortsinngrenze als herrschende Meinung bezeichnend *Möllers*, Juristische Methodenlehre, § 4 Rn. 36; *Wank*, Juristische Methodenlehre, § 15 Rn. 1 ff., 12 ff.

414 *Larenz*, Methodenlehre der Rechtswissenschaft, S. 320 ff.; *Bydlinski*, Juristische Methodenlehre und Rechtsbegriffe, S. 467 ff.; *Canaris*, Die Feststellung von Lücken im

Eine entgegenstehende Ansicht bestreitet vor allem die Praktikabilität der Wortlaut- bzw. Wortsinngrenze als maßgebliches Abgrenzungskriterium. Dies insbesondere gestützt auf den Umstand, dass die sprachlich-semantische Grenze und Wortbedeutung des Gesetzes sowie seiner enthaltenen Begriffe kaum ausreichend genau bestimmt werden könne.[415] Besser geeignet sei demnach die Grenzziehung durch den Sinn des Gesetzes. So entspreche der Sinn des Gesetzes dem gesetzgeberischen Regelungsgehalt der Norm unter der Prämisse der Verfolgung des festgelegten gesetzgeberischen Regelungsziels. In diesem Sinne geschehe auch die Herleitung der festgeschriebenen Rechtsfolgen im Wege der historischen, systematischen wie teleologischen Auslegung, sodass nicht schon der Wortlaut die Auslegung begrenzt, sofern das gefundene Ergebnis auch der gesetzgeberischen Interessenbewertung und -entscheidung entspricht.[416] Gleichwohl wird auch dieser Ansatz einen weiten Spielraum des Rechtsanwenders im Umgang mit dem gesetzgeberischen Willen und den gesetzgeberischen Wertentscheidungen bieten, womit auch der Gesetzessinn als Abgrenzungskriterium kaum eine klare Trennung und Differenzierung ermöglichen wird.[417]

Wohnen beiden Ansichten gewisse Unschärfen und Unklarheiten inne, wird es vielmehr darum gehen müssen, die Variante zu wählen, die „dem Recht und den Aufgaben der Jurisprudenz besser entspricht"[418]. Demgemäß stellt die Wortsinngrenze die vorzugswürdige Variante dar, für die vor allem rechtsstaatliche sowie demokratische Gründe sprechen. Ist es also die primäre Aufgabe des demokratisch legitimierten Gesetzgebers, das gesellschaftliche Leben durch die Gesetze zu gestalten,[419] die ihrer Ausgestaltung nach die Rechte und Pflichten der Rechtsunterworfenen möglichst genau beschreiben sollen,[420] ist

---

Gesetz, S. 19 ff.; *Meier-Hayoz*, Der Richter als Gesetzgeber, S. 42; *Schwacke*, Juristische Methodik, S. 121; *Zippelius*, Juristische Methodenlehre, § 9 S. 39; *Wiedemann*, NJW 2014, 2407, 2409; *Herresthal*, JuS 2014, 289, 292; *Meier/Jocham*, JuS 2016, 392, 393.

415 So zum Beispiel *Wank*, Juristische Methodenlehre, § 15 Rn. 15 ff.; *Pötters/Christensen*, JZ 2011, 387, 389 ff.

416 *Wank*, Juristische Methodenlehre, § 15 Rn. 15; *Reimer*, Juristische Methodenlehre, Rn. 553; *Kamanabrou*, AcP 202 (2002), 662, 679.

417 Dazu *Fischer*, Topoi verdeckter Rechtsfortbildungen im Zivilrecht, S. 40, der insgesamt eine ausführliche Auseinandersetzung mit den verschiedenen Ansätzen der Differenzierung zwischen Auslegung und Rechtsfortbildung führt, siehe dazu S. 38 ff.

418 *Bydlinski*, Juristische Methodenlehre und Rechtsbegriffe, S. 469.

419 *Rüthers/Fischer/Birk*, Rechtstheorie, § 3 Rn. 78.

420 Dreier/*Schulze-Fielitz*, GG Art. 20 (Rechtsstaat) Rn. 129; v. Mangoldt/Klein/Starck/*Sommermann*, GG Art. 20 Rn. 289.

vor allem der Wortlaut von maßgeblicher Bedeutung. So ist insbesondere die Wortlautgrenze als Ausfluss des Bestimmtheitsgebotes zu verstehen, nach dem der Gesetzgeber die Norm so zu formulieren hat, dass der Rechtsunterworfene „die Rechtslage so konkret erkennen kann, daß er sein Verhalten danach auszurichten vermag (vgl. BVerfGE 45, 400 [420]; 58, 257 [278]; 62, 169 [183]). [...] [Gleichwohl bedeutet die möglichst eindeutige Formulierung nicht, dass] überhaupt keine Auslegungsprobleme [aufgeworfen werden]. Dem Bestimmtheitserfordernis ist vielmehr genügt, wenn diese mit herkömmlichen juristischen Methoden bewältigt werden können (vgl. BVerfGE 17, 67 [82]).“[421] Die verbleibende Interpretationsbedürftigkeit der Norm bedeutet freilich nicht, dass diese zu unbestimmt sei. Gerade in Anbetracht der Komplexität und Dynamik der zu regelnden Sachverhalte müssen die Normen eine gewisse Abstraktheit aufweisen und können nicht immer auf eine möglichst einfache Formulierung oder die möglichst einfachsten Begrifflichkeiten reduziert werden, sodass der Gesetzgeber damit auch dazu befugt ist, sich unbestimmter Rechtsbegriffe und Generalklauseln zu bedienen.[422] Gleichwohl wird man davon ausgehen müssen, dass der Rechtsunterworfene, insbesondere der juristische Laie, den Inhalt der Norm allein anknüpfend an den am weitesten noch möglichen Wortsinn begreifen kann. Folglich kann der Inhalt der Norm nicht über das maximal vorstellbare Verständnis des Wortlauts hinaus ausgelegt werden. Geht der gefundene Inhalt der Norm sodann über dieses maximal vorstellbare Verständnis hinaus, bedarf dies einer speziellen Rechtfertigung gegenüber dem Rechtsunterworfenen. Damit löst vor allem das Überschreiten der Grenze des Wortlauts der Norm die strengeren Voraussetzungen der richterlichen Rechtsfortbildung aus.[423] Trotz der anzuerkennenden Unsicherheiten wird die Grenze des noch möglichen Wortsinns wohl eher der erstrebenswerten Rechtssicherheit im Sinne der Rechtsklarheit gerecht. So wird vor allem der Gesetzestext ohne das Hinzuziehen weiterer Materialien auffindbar sowie auswertbar sein und lässt seiner Formulierung nach zumindest im Ansatz die rechtlich relevanten, wenn auch nur entfernter unterfallenden Fallgestaltungen erkennen.[424] Daher soll die vorliegende

---

421 BVerfGE 83, 130, 145; 84, 133, 149; 103, 332, 384; 117, 71, 111; 128, 282, 317; 134, 33, 81 f.; 134, 141, 184 f.

422 Vgl. Dreier/*Schulze-Fielitz*, GG Art. 20 (Rechtsstaat) Rn. 129 ff.; v. Mangoldt/Klein/Starck/*Sommermann*, GG Art. 20 Rn. 289 mwN.

423 Vgl. *Meier/Jocham*, JuS 2016, 392, 393 mwN.

424 *Bydlinski*, Juristische Methodenlehre und Rechtsbegriffe, S. 470, der sich auf den S. 467 ff. mit der Wortsinngrenze und anderen Ansichten auseinandersetzt.

Unterscheidung zwischen der Auslegung und Rechtsfortbildung anhand der von der herrschenden Meinung herangezogenen Wortsinntheorie erfolgen.[425]

Das wohl bedeutsamste Instrument der richterlichen Rechtsfortbildung[426] zur Füllung gesetzlicher Lücken[427] stellt die Analogie dar, bei der es um die Korrektur eines zu engen Wortlauts eines Rechtssatzes entsprechend den wesentlichen Wertungen der *ratio legis* geht.[428] So soll die Rechtsnorm durch die Analogiebildung bei Beachtung des gesetzgeberischen Plans und Willens auf einen gleich gelagerte ungeregelten Fall erstreckt werden, womit es vor allem auch um die Wahrung des Gleichbehandlungsgebotes des Art. 3 Abs. 1 GG geht.[429]

Daneben stellt die teleologische Reduktion die einfachste Form der richterlichen Rechtsfortbildung dar, bei der es primär wieder um die Vermeidung von Wertungswidersprüchen geht.[430] Die teleologische Reduktion baut maßgeblich auf die fehlende Vergleichbarkeit auf. So handelt es sich im Grundsatz um einen Umkehrschluss (*argumentum e contrario*), nachdem der betrachtete Sachverhalt bei Beachtung des Wortlauts der Norm zunächst zutreffend behandelt werden könnte, der Normzweck gleichwohl teleologisch nicht passt. Damit wird eine

---

425 *Bydlinski*, Juristische Methodenlehre und Rechtsbegriffe, S. 467 ff.; *Canaris*, Die Feststellung von Lücken im Gesetz, S. 19 ff.; *Larenz*, Methodenlehre der Rechtswissenschaft, S. 320 ff.; *Heck*, AcP 112 (1914), 1 ff.

426 So *Rüthers/Fischer/Birk* Rechtstheorie, § 23 Rn. 889; *Schwacke*, Juristische Methodik, S. 130; *Schneider*, JA 2008, 174, 175; *Meier/Jochem*, JuS 2016, 392, 394. Siehe bezüglich der weiteren Differenzierung innerhalb der Analogiebildung *Bydlinski*, Juristische Methodenlehre und Rechtsbegriffe, S. 477; *Rüthers/Fischer/Birk*, Rechtstheorie, § 23 Rn. 891; *Wank*, Auslegung von Gesetzen, S. 88. Zur Rechtsanalogie, bei der ein Rechtsprinzip, welches mehreren Einzelnormen entnommen wird, auf einen „ähnlichen" Fall übertragen wird, siehe *Bydlinski*, Juristische Methodenlehre und Rechtsbegriffe, S. 478; *Rüthers/Fischer/Birk*, Rechtstheorie, § 23 Rn. 892; *Wank*, Auslegung von Gesetzen, S. 90. Zu den Unterfällen siehe mit Beispielen *Rüthers/Fischer/Birk*, Rechtstheorie, § 23 Rn. 897 f.; auch *Bydlinski*, Juristische Methodenlehre und Rechtsbegriffe, S. 477 ff.; *Wank*, Auslegung von Gesetzen, S. 90 f.

427 *Bydlinski*, Juristische Methodenlehre und Rechtsbegriffe, S. 472; *Larenz*, Methodenlehre der Rechtswissenschaft, S. 398 ff.; *Rüthers/Fischer/Birk*, Rechtstheorie, § 23 Rn. 889; *Schwacke*, Juristische Methodik, S. 130 ff.; *Meier/Jochem*, JuS 2016, 392, 393.

428 Vgl. *Möllers*, Juristische Methodenlehre, § 6 Rn. 112.

429 *Canaris*, Die Feststellung von Lücken im Gesetz, S. 71 f.; *Larenz*, Methodenlehre der Rechtswissenschaft, S. 382; *Looschelders/Roth*, Juristische Methodik, S. 304 f.; *Meier/Jochem*, JuS 2016, 392, 394.

430 *Möllers*, Juristische Methodenlehre, § 6 Rn. 92; *Wank*, Juristische Methodenlehre, § 15 Rn. 132 ff.

Ausnahme begründet, wonach der zu weite Wortlaut der Norm eben nicht auf den vorliegenden Sachverhalt erstreckt werden soll,[431] wobei Maßstab dieser teleologischen Betrachtung wieder die gesetzgeberischen Wertungen sowie allgemeinen Rechtsprinzipien sind.[432]

Gerade im Rahmen der Frage der möglichen Anwendung der §§ 74 ff. HGB auf Geschäftsführer, wird der Bereich der richterlichen Rechtsfortbildung erreicht. Folglich sind bei der späteren Diskussion der möglichen (analogen) Anwendung der §§ 74 ff. HGB die Voraussetzungen der Zulässigkeit der richterlichen Rechtsfortbildung zu beachten, sodass es insbesondere auf die gesetzliche Lücke sowie die vergleichbare Interessenlage des geregelten und ungeregelten Sachverhalts des spezifischen Einzelfalls ankommen wird.[433]

2. Konkretisierung: noch Auslegung oder schon Rechtsfortbildung?

Im Gegensatz zur Analogie und teleologischen Reduktion ist es jedoch fraglich, ob es sich bei der Konkretisierung des § 138 BGB noch um Gesetzesauslegung handelt oder schon eine Form der richterlichen Rechtsfortbildung vorliegt. So bieten Generalklauseln wie der § 138 Abs. 1 BGB im Wege der mittelbaren Drittwirkung der Grundrechte grundsätzlich ein „Einfallstor" verfassungsrechtlicher Wertungen in das Privatrecht.[434] Aufgrund der mittelbaren Drittwirkung der Grundrechte[435] fließen somit die verfassungsrechtlichen Wertungen und Interessen der widerstreitenden Vertragsparteien im Rahmen der „wertausfüllungsfähigen und wertausfüllungsbedürftigen Begriffe und Generalklauseln"[436] in die

431 Dazu *Canaris*, Die Feststellung der Lücke im Gesetz, S. 45, 82; *Larenz*, Methodenlehre der Rechtswissenschaft, S. 392; *Möllers*, Juristische Methodenlehre, § 6 Rn. 92 f.; *Wank*, Juristische Methodenlehre, § 15 Rn. 132 ff.; ebenso *Bydlinski*, Juristische Methodenlehre und Rechtsbegriffe, S. 476 f.; *Rüthers/Fischer/Birk*, Rechtstheorie, § 23 Rn. 899; *Wank*, Auslegung von Gesetzen, S. 91.

432 Vgl. dazu auch *Larenz*, Methodenlehre der Rechtswissenschaft, S. 392, der dies am Beispiel des Insichgeschäfts nach § 181 BGB und der dort vorgenommenen teleologischen Reduktion im Fall der Schenkung eines gesetzlichen Vertreters an den zu vertretenden Geschäftsunfähigen darstellt.

433 *Larenz*, Methodenlehre der Rechtswissenschaft, S. 426.

434 Vgl. BVerfGE 7, 198, 205 f.; 81, 242, 256; 89, 214, 229; MüKoBGB/*Armbrüster*, § 138 Rn. 32.

435 BVerfGE 7, 198, 203 ff., seit der sogenannten Lüth-Entscheidung des BVerfG ist die Ausstrahlwirkung der Grundrechte und ihrer Schutzbereiche auf alle Gebiete des Rechts anerkannt; dazu auch *Germelmann*, NZA 1997, 236, 237.

436 BVerfGE 7, 198, 204; *Germelmann*, NZA 1997, 236, 237.

zivilrechtliche Beurteilung und Entscheidungsfindung ein. Damit übernehmen Generalklauseln eine wichtige Funktion innerhalb unserer Rechtsordnung. Wertausfüllungsfähige und wertausfüllungsbedürftige Begriffe und Generalklauseln dienen dem Gesetzgeber oft dazu, um der schier unendlichen Zahl neuer, vielfältiger und grundsätzlich regelungsbedürftiger Sachverhalte normativ zu begegnen. Dies vor allem, da es unmöglich ist, für jeden einzelnen Sachverhalt eine eigene spezifische gesetzliche Regelung zu erlassen.[437] Damit wird den Generalklauseln vor allem auch eine „Entwicklungsfunktion"[438] zugesprochen, nach der die Entwicklungen der gesellschaftlichen Wert- und Sozialvorstellungen sowie aufkommende neue Sachverhalte aufgefangen werden sollen. Es soll dem Richter selbst überlassen werden, die unbestimmten Begriffe auszufüllen, wodurch diesbezüglich von „ein[em] Stück offengelassene[r] Gesetzgebung"[439] gesprochen wird.[440] Die „Entwicklungsfunktion" ermöglicht demnach auch das grundsätzliche Tätigwerden in Form der richterlichen Rechtsfortbildung.[441] Im engen Zusammenhang mit der Ermächtigung zur Möglichkeit der richterlichen Rechtsfortbildung steht auch die „Verweisungsfunktion" der Generalklauseln. Im Wege der „Verweisungsfunktion" sollen außerrechtliche Wertungen[442] und vor allem die allgemeinen Prinzipien unserer Rechtsordnung zur Konkretisierung der Generalklauseln einbezogen werden. Und auch aus einfachgesetzlichen Vorschriften und Regelungskomplexen gewonnene allgemeine Grund- bzw. Rechtsgedanken unserer Rechtsordnung sowie Grundprinzipien des jeweiligen Regelungsbereichs sollen dann zur Konkretisierung sowie als

---

437 *Rüthers/Fischer/Birk*, Rechtstheorie, § 23 Rn. 836.

438 So *Deutsch*, JZ 1963, 385, 389, im Rahmen der Generalklausel des § 826 BGB.

439 *Hedemann*, Die Flucht in die Generalklauseln, S. 58; darauf beziehend auch *Heldrich*, AcP 186 (1986), 74, 97; als „Delegationsnormen" bezeichnend *Heck*, Grundriß des Schuldrechts, S. 11 ff.

440 *Bydlinski*, Juristische Methodenlehre und Rechtsbegriffe, S. 584; *Canaris*, Die Feststellung von Lücken im Gesetz, S. 27; *Rüthers/Fischer/Birk*, Rechtstheorie, § 23 Rn. 836; MüKoBGB/*Armbrüster*, § 138 Rn. 3; Staudinger/*Fischinger*, BGB § 138 Rn. 69; *Dück*, ZfPW 2018, 76, 77.

441 *Bydlinski*, Juristische Methodenlehre und Rechtsbegriffe, S. 584, der sich auf *Deutsch*, JZ 1963, 385 bezieht; MüKoBGB/*Armbrüster*, § 138 Rn. 3, der dies als „Transformationsfunktion" beschreibt; dazu ausführlich *Teubner*, Standards und Direktiven in Generalklauseln, 1971, S, 65 ff.; ebenso Staudinger/*Fischinger*, BGB § 138 Rn. 60; Möllers, Juristische Methodenlehre, § 7 Rn. 10, der dies als „Rechtsfortbildungs- und Flexibilitätsfunktion" bezeichnet; ähnlich *Ohly*, AcP 201 (2001), 1, 6 f.

442 Siehe dazu Staudinger/*Looschelders*/*Olzen*, BGB § 242 Rn. 150.

wertender Maßstab der Anwendung der Generalklauseln herangezogen werden. Dasselbe gilt für das abdingbare Recht, dem gleichwohl eine Leitbildfunktion für den jeweiligen Regelungsbereich zukommt und das als Ausdruck einer gewissen gesetzgeberischen Werteentscheidung anzusehen ist.

Die Wertungen einfachgesetzlicher Regelungen stellen dementsprechend häufig selbst einen konkretisierten Ausdruck eines allgemeinen Rechtsprinzips dar, der somit eine wertegebundene Richtung für die Konkretisierung der Generalklauseln vorgibt.[443] Wird der Richter innerhalb der Konkretisierung der Generalklauseln also auch dazu ermächtigt, in richterlicher Rechtsfortbildung tätig zu werden, stellt die generelle Anwendung von Generalklauseln und unbestimmten Rechtsbegriffen zunächst wohl noch eher Auslegung dar,[444] wenn auch bei der Konkretisierung von Generalklauseln richtigerweise grundsätzlich nicht mehr von der klassischen Auslegung gesprochen werden kann.[445]

Die Grenze der Auslegung könnte vorliegend dennoch schon infolge des ausdrücklichen Hinweisens auf die Heranziehung der allgemeinen Rechtsgrundsätze der §§ 74 ff. HGB und der Annahme der Bildung einer neuen Fallgruppe als rechtsfortbildende Tätigkeit erreicht sein.[446] Ungeachtet der Frage, ob überhaupt eine neue Fallgruppe gebildet wurde, sowie unabhängig von der Frage, ob man die Abgrenzung zwischen der Auslegung und Rechtsfortbildung an der Wortsinn- oder Gesetzessinntheorie vornimmt, wird bei der vorliegenden Konkretisierung des § 138 Abs. 1 BGB, die geprägt ist durch die ausdrückliche Einbeziehung der allgemeinen Rechtsgedanken der §§ 74 ff. HGB sowie die wertende Einbeziehung der grundrechtlich geschützten Interessen beider

443 Vgl. *Bydlinski*, Juristische Methodenlehre und Rechtsbegriffe, S. 583; *Möllers*, Juristische Methodenlehre, § 7 Rn. 12; Staudinger/*Looschelders*/*Olzen*, BGB § 242 Rn. 148 ff.; MüKoBGB/*Schubert*, § 242 Rn. 48 ff.; BeckOGK/*Jakl*, BGB § 138 Rn. 81 ff.; BeckOK BGB/*Wendtland*, § 138 Rn. 18; HK-BGB/*Dörner*, § 138 Rn. 1; Staudinger/*Fischinger*, § 138 Rn. 100 ff.; MüKoBGB/*Armbrüster*, § 138 Rn. 21 ff.; *Meyer-Cording*, JZ 1964, 273 ff.; *Lindacher*, AcP 173 (1973), 124 ff.; *Sack*, WRP 1985, 1, 4 ff.; *Mayer-Maly*, AcP 194 (1994), 105 ff.; *Ohly*, AcP 201 (2001), 1, 7.

444 IdS. wohl die überwiegende Ansicht in der Literatur, siehe *Bydlinski*, Juristische Methodenlehre und Rechtsbegriffe, S. 482 ff.; *Canaris*, Die Feststellung von Lücken im Gesetz, S. 17 f., 26 ff.; *Zippelius*, Juristische Methodenlehre, § 12 S. 61 f.; *Möllers*, Juristische Methodenlehre, § 7 Rn. 2, § 13 Rn. 22 f.; wohl auch Reimer, Juristische Methodenlehre, Rn. 475 ff., der die Konkretisierung als eigenständiges Kapitel behandelt und diese eben nicht zur Rechtsfortbildung zugehörend behandelt.

445 *Möllers*, Juristische Methodenlehre, § 7 Rn. 6.

446 IdS. *Möllers*, Juristische Methodenlehre, § 13 Rn. 22a mwN.

Vertragsparteien, von der richterlichen Rechtsfortbildung auszugehen sein. Natürlich wird es aufgrund der sprachlich-semantischen Schwierigkeit schwerlich möglich sein, bei Generalklauseln den noch möglichen Wortsinn und den Umfang des Begriffskerns überhaupt zu bestimmen. Auch könnte man mit guten Gründen annehmen, dass die vor allem verfassungsrechtlich aufgeladene nachträgliche Inhaltskontrolle der vereinbarten nachvertraglichen Wettbewerbsabrede als verfassungskonforme Auslegung der Tatbestandsmerkmale der guten Sitten verstanden wird, demnach keine richterliche Rechtsfortbildung vorliegen würde.[447] Gleichwohl findet vorliegend nicht nur eine verfassungskonforme Auslegung der Tatbestandsmerkmale der guten Sitten statt, sondern die Fortbildung des Tatbestandes des § 138 BGB „unter Heranziehung der in den §§ 74 ff. HGB zum Ausdruck gekommenen Rechtsgrundsätze", die sowohl im juristisch-sprachlichen Sinn als auch unter Beachtung der inhaltlichen gesetzlichen Wertungen die Grenze der einfachen Konkretisierung der Sittenwidrigkeitsklausel des § 138 BGB überschreitet.[448] Zwar ist jede Konkretisierung der Generalklausel und so vor allem auch die der Generalklauseln der „guten Sitten" dadurch geprägt, dass mit den Wertungen des geschriebenen Rechts und den Wertungen der allgemeinen sowie spezifischen Rechtsordnung gearbeitet wird,[449] doch muss der Richter bei der hier vorliegenden Konkretisierung des § 138 BGB eigene Wertungen zur Ausfüllung des Begriffs der „guten Sitten" treffen, die eben nicht mehr stringent vom Gesetz abgeleitet werden können.[450] So kommt es vorliegend infolge „der Heranziehung der in den §§ 74 ff. HGB zum Ausdruck gekommenen Rechtsgrundsätze" zur Herabsetzung der Interventionsschwelle des Maßstabes der „guten Sitten" des § 138 BGB, der seiner ursprünglichen Kodifikation nach vor allem einen auf den Extremfall zugeschnittenen Maßstab darstellte. Folglich wurde im Wege der richterlichen Rechtsschöpfung eine neue Grundlage für die rechtliche Beurteilung nachvertraglicher Wettbewerbsverbote geschaffen, die gesetzgeberische Wertungen vorwegnimmt und

---

447 So *Bruns*, JZ 2014, 162, 167 mwN., der auf die Rechtsprechung des BVerfG bezüglich Bürgschaften naher Familienangehöriger und notarieller Eheverträge hinweist.

448 Siehe ähnlich zur Rechtsprechung des BAG *Canaris*, SAE 1971, 111; *Preis*, Grundfragen der Vertragsgestaltung im Arbeitsrecht, S. 211; so auch für die BGH-Rechtsprechung gegenüber Geschäftsführern MüKoGmbHG/*Jaeger*/*Steinbrück*, § 35 Rn. 370.

449 Siehe *Möllers*, Juristische Methodenlehre, § 14 Rn. 57; *Bydlinski*, Juristische Methodenlehre und Rechtsbegriffe, S. 495 f.

450 Vgl. *Canaris*, Systemdenken und Systembegriff in der Jurisprudenz, S. 82; *Larenz*, Methodenlehre der Rechtswissenschaft, S. 288 ff.; siehe auch *Fallmann*, Sekundäre Lücken im Recht, S. 43.

somit aufgrund des Heranziehens der Rechtsgrundsätze als richterliche Rechtsfortbildung verstanden werden muss.[451]

Stellt die Konkretisierung des § 138 BGB unter Heranziehung der allgemeinen Rechtsgedanken der §§ 74 ff. HGB vorliegend also eine Form der richterlichen Rechtsfortbildung dar, ist zunächst zu beachten, dass diese zwar grundsätzlich noch gewisse Anhaltspunkte im Gesetz finden wird, zumeist aber über diese hinausgeht und so hinter einer möglichen gesetzesnäheren analogen Anwendung zurücktreten könnte.[452] Sowohl die Analogiebildung als auch die Konkretisierung der Generalklausel des § 138 BGB bedienen sich grundsätzlich auch der gleichen methodischen Instrumente, sodass es nur konsequent und richtig erscheint, an die Konkretisierung der Generalklauseln im Wege der richterlichen Rechtsschöpfung auch dieselben methodischen Anforderungen zu stellen, wie sie auch für jede andere Form der richterlichen Rechtsfortbildung gestellt werden.[453]

Wird der Richter im Rahmen der Anwendung der zivilrechtlichen Generalklausel des § 138 BGB also dazu ermächtigt, richterlich rechtsfortbildend tätig zu werden, sind dieser rechtsfortbildenden Normkonkretisierung ebenfalls gewisse Grenzen gesetzt. Die rechtsfortbildende Konkretisierung des § 138 BGB muss sich grundsätzlich systematisch in das Regelungskonzept der sachlichen, logischen und teleologischen Prinzipien und Regelungen, die im Zusammenhang zum Sachverhalt der vorliegenden Normkonkretisierung stehen, einfügen. Damit hat die vorgenommene Konkretisierung einem „systematische[n] Test“[454] standzuhalten. Demnach muss sich die Konkretisierung widerspruchslos in die bestehende Rechts- und Regelungsordnung einflechten und darf nicht im Widerspruch zu den wesentlichen und maßgebenden verfassungsrechtlichen sowie allgemeinen gesetzlich verankerten Interessenbewertungen und Rechtsprinzipien

451 *Canaris*, AcP 184 (1984), 201, 241; ebenso *ders.*, FS Steindorff, 1990, 519, 538; die Entfaltung von Rechtsgrundsätzen als richterliche Rechtsfortbildung ansehend *Engisch*, Einführung in das juristische Denken, S. 144. Dem strengeren Maßstab folgend wird die Wettbewerbsabrede als zulässig und dementsprechend sittenkonform erachtet, „wenn sie dem Schutze eines berechtigten Interesses des Gesellschaftsunternehmens dien[t] und nach Ort, Zeit und Gegenstand die Berufsausübung und wirtschaftliche Betätigung des Geschäftsführers nicht unbillig erschwer[t]“, vgl. BGHZ 91, 1, 5.

452 Vgl. *Larenz*, Methodenlehre der Rechtswissenschaft, S. 413 ff., 426; *Möllers*, Juristische Methodenlehre, § 13 Rn. 15.

453 *Bydlinski*, FS Wieacker, 1990, 189, 213 f., 215; so auch *Fallmann*, Sekundäre Lücken im Recht, S. 46.

454 *Bydlinski*, Juristische Methodenlehre und Rechtsbegriffe, S. 584.

stehen.[455] In diesem Sinne kann vorliegend schon einmal auf die bestehenden Probleme des Kriteriums der Planwidrigkeit der gesetzlichen Lücke im Anwendungsbereich von Generalklauseln hingewiesen werden – vor allem hinsichtlich der Fälle, in denen das Gesetz dem Richter sodann keine unmittelbaren Vorgaben macht und somit die gesetzgeberische Macht und Kompetenz dem Richter überlässt. Nimmt man sodann keine „Lücke“ infolge der grundsätzlichen Anwendbarkeit der Generalklausel an, ist konsequenterweise dennoch von der Rechtsschöpfung in Form der richterlichen Rechtsfortbildung auszugehen,[456] die sodann auch weiterhin in wertungsmäßiger Konkurrenz zu den anderen Mitteln der richterlichen Rechtsfortbildung stehen wird.

3. Rechtsprinzipien und das „innere System“ unserer Rechtsordnung

Ausgangspunkt der später zu diskutierenden sach- und systemgerechten Konkretisierung des § 138 BGB bilden vor allem die allgemeinen Rechtsprinzipien unserer Rechtsordnung. Folglich ist es notwendig die Funktionen der allgemeinen Rechtsprinzipien innerhalb unserer Rechtsordnung sowie im Weiteren die Herleitung eben dieser darzustellen.

a. Funktion und Charakter der Rechtsprinzipien und des „inneren Systems“

Die allgemeinen Rechtsprinzipien unserer Rechtsordnung stellen Optimierungsgebote dar[457] und sind als „leitende Gedanken einer (möglichen oder bestehenden) rechtlichen Regelung, die selbst noch keine der ‚Anwendung‘ fähigen Regeln sind, aber in solche umgesetzt werden können“, zu verstehen.[458] Sie sind ihrem gedanklichen Sinngehalt und Inhalt nach „materiale Prinzipien“, die einen „rechtssatzförmigen Charakter“ entbehren und die Richtung und den

---

455 Dazu *Bydlinski*, Juristische Methodenlehre und Rechtsbegriffe, S. 584; *Flume*, BGB AT II, § 18 S. 366; *Rieble/Picker*, ZfA 2014, 153, 184.

456 *Hedemann*, Die Flucht in die Generalklauseln, S. 58; *Larenz*, Methodenlehre der Rechtswissenschaft, S. 288 ff.; *Canaris*, Systemdenken und Systembegriff in der Jurisprudenz, S. 82; *Rüthers/Fischer/Birk*, Rechtstheorie, § 23 Rn. 835; *Fallmann*, Sekundäre Lücken im Recht, S. 43; *Bydlinski*, FS Wieacker, 1990, 189, 199; eingehender dazu später.

457 *Alexy*, Theorie der Grundrechte, S. 75 ff.; ders., ARSP Beiheft 25 (1985), 13, 20.

458 *Larenz*, Richtiges Recht, S. 23; idS. auch *Larenz*, Methodenlehre der Rechtswissenschaft, S. 474; *Canaris*, Systemdenken und Systembegriff in der Jurisprudenz, S. 57.

Weg zur Findung von Regeln, Entscheidungen und Lösungen vorgeben.[459] Die Rechtsprinzipien intendieren ihrem Charakter nach keine eigenständige verbindliche Entscheidung und finden demnach keine unmittelbare Anwendung, da sie selbst keinen bestimmten oder eindeutig bestimmbaren Handlungsauftrag enthalten.[460] In Anbetracht ihrer Funktion als Optimierungsgebote sowie unter Beachtung der in ihnen enthaltenen Wertungen und des jeweiligen Grades ihrer Erfüllung sollen die Wertungen der Rechtsprinzipien mit in die Entscheidungsfindung einfließen und damit auch der Deutung des positiven Rechts dienen.[461]

Die Rechtsprinzipien bestehen auf verschiedenen Ebenen innerhalb des „inneren Systems" unserer Rechtsordnung.[462] Sie stellen dabei auf ihrer Ebene jeweils dem geltenden Recht innewohnende „Grundwertungen"[463] dar, wobei die zwingend auftretende Kollision der Rechtsprinzipien nicht zur Unwirksamkeit bestimmter Prinzipien führt. Durch diese Kollision wird vielmehr die Frage der wertenden einzelfallbezogenen Abwägung, die sodann den Vorrang einzelner Prinzipien bestimmt, beantwortet.[464] Erst im Wege der Kollision und der wechselseitigen Beeinflussung der übergeordneten Rechtsprinzipien sowie des Zusammenspiels der einzelnen Ebenen erhalten die ansonsten äußerst abstrakten Prinzipien ihren wahren Sinngehalt. Die sich jeweils gegenseitig erhellenden und konkretisierenden Rechtsprinzipien bilden somit das „innere System" unserer Rechtsordnung.[465]

Das „innere System" unserer Rechtsordnung beschreibt somit zuvörderst die teleologische Stimmigkeit sowie wertegebundene Einheit der Rechtsordnung mit dem primären Ziel, die Widerspruchsfreiheit der enthaltenen Rechtssätze und Wertungen herzustellen. Damit geht es um eine wertungsmäßige

---

459 *Larenz*, Richtiges Recht, S. 23; *ders.*, Methodenlehre der Rechtswissenschaft, S. 421; idS. auch *Dworkin*, Bürgerrechte ernstgenommen, S. 91.

460 *Alexy*, Theorie der Grundrechte, S. 75 ff.; *ders.*, ARSP Beiheft 25 (1985), 13, 20.

461 *Larenz*, Richtiges Recht, S. 24, welches er als „positive Funktion" der Rechtsprinzipien beschreibt.

462 Vgl. *Bydlinski*, System und Prinzipien des Privatrechts, S. 25 ff.

463 *Canaris*, Systemdenken und Systembegriff in der Jurisprudenz, S. 46.

464 *Alexy*, Rechtssystem und praktische Vernunft, Rechtstheorie 18 (1987), 405, 415; *Bydlinski*, System und Prinzipien des Privatrechts, S. 25 ff.; *Canaris*, Systemdenken und Systembegriff in der Jurisprudenz, S. 52 f.; *Larenz*, Methodenlehre der Rechtswissenschaft, S. 475 ff.; *Rüthers/Fischer/Birk*, Rechtstheorie, § 22 Rn. 758.

465 *Larenz*, Methodenlehre der Rechtswissenschaft, 1991, S. 475 f.; *Canaris*, Systemdenken und Systembegriff in der Jurisprudenz, S. 55 ff. mwN.; *Rüthers/Fischer/Birk*, Rechtstheorie, § 4 Rn. 142 ff.

Folgerichtigkeit sowie die innere Konsistenz der enthaltenen Wertungen, die dazu führen soll, dass Gleiches gleich und Ungleiches ungleich behandelt wird.[466] Die Grundlage des „inneren Systems“ bilden die Wertungen, die in verbindlicher Weise auch im Gesetz positiviert sind.[467] Jeder Rechtssatz kann als „Elementarteilchen“[468] einer im Gesamtzusammenhang stehenden einheitlichen und geplanten Rechtsordnung verstanden werden, gemessen an den in ihr enthaltenen wesentlichen Wertungen. Dabei stellt das „innere System“ ein „offenes“, zugleich aber im Grunde unbewegliches System dar. Die „Offenheit“ des Systems ergebe sich schon „aus dem Wesen des Gegenstandes der Jurisprudenz, nämlich aus dem Wesen des positiven Rechts als einer im Prozeß der Geschichte stehenden und sich daher wandelnden Erscheinung“[469], womit es der Möglichkeit offensteht, sich an die Entwicklungen und Wandlungen der Zeit anzupassen. Dies sowohl auf der Ebene des positiven Rechts als auch auf den dahinterstehenden Ebenen der allgemeinen Rechtsprinzipien und Wertungen.[470] Unterliegen die betrachtenden Rechtsnormen dem historischen und sozialkulturellen Wandel, soll primär auf den übergreifenden verfassungsrechtlichen Wertungsplan der Rechtsordnung als Bezugspunkt der Übertragung der allgemeinen Rechtsgedanken und -prinzipien sowie auf die allgemeinen Rechtsprinzipien unserer Zivilrechtsordnung abgestellt werden. Die Anpassung an den Wandel der Zeit bedeutet ebenfalls nicht, dass neue oder andere Rechtsprinzipien gänzlich frisch entstehen. Zumeist werden sich die neu gefundenen Wertungen aus den schon bestehenden Rechtsprinzipien ableiten lassen. Die „neuen“ Wertungen und Prinzipien, die sich als systemtragende oder -modifizierende Faktoren durchgesetzt haben, werden dann zumeist den „alten“ Rechtsprinzipien von Anfang an (mit-)enthalten gewesen sein, sodass sich allein der Bezugspunkt und der „Stand des ‚allgemeinen Rechtsbewußtseins‘“[471] geändert haben wird. In diesem Sinne von Bedeutung ist auch die Änderung der Bewertung und Beurteilung

---

466 *Canaris*, Systemdenken und Systembegriff in der Jurisprudenz, S. 46 ff.; *Möllers*, Juristische Methodenlehre, § 4 Rn. 109.

467 *Ballerstedt*, FS Flume, 1978, 257; siehe auch *Höpfner*, Die systemkonforme Auslegung, S. 87.

468 *Rüthers/Fischer/Birk*, Rechtstheorie, § 4 Rn. 143.

469 *Canaris*, Systemdenken und Systembegriff in der Jurisprudenz, S. 64.

470 *Rüthers/Fischer/Birk*, Rechtstheorie, § 4 Rn. 145 f.; *Bydlinski*, System und Prinzipien des Privatrechts, S. 21 f.; *Canaris*, Systemdenken und Systembegriff in der Jurisprudenz, S. 61 ff.; *Larenz*, Methodenlehre der Rechtswissenschaft, S. 486 ff.; *Schillig*, Konkretisierungskompetenz, S. 278 f.

471 *Canaris*, Systemdenken und Systembegriff in der Jurisprudenz, S. 71.

des Zusammenspiels oder der Reichweite bestimmter Prinzipien aufgrund von Gesetzesänderungen, aber auch aufgrund neuer Erkenntnisse der Rechtsprechung und Rechtslehre.[472] Insgesamt unterliegt das durch die Rechtsprinzipien geprägte „innere System" seinem Wesen nach einem „nicht zu vollendende[n] Prozeß"[473].

Am besten zum Ausdruck kommen die maßgeblichen Wertungen durch die allgemeinen Rechtsprinzipien unserer Rechtsordnung, sodass das „innere System" als „eine axiologische oder teleologische Ordnung allgemeiner Rechtsprinzipien" verstanden wird.[474] Um die normativen inhaltlichen Zusammenhänge der Rechtsordnung richtig erfassen zu können, muss die Ebene des geschriebenen Rechts verlassen werden. Erst in der Zusammenschau des normativen Fundaments der geschriebenen Regelungen kann der dahinterstehende Wertungsplan zutreffend begriffen und auf das „stabile Elemen[t] [der] wirksamen Rechtsprinzipien" zurückgeführt werden. Somit bilden die allgemeinen Rechtsprinzipien aller Ebenen die grundlegenden Elemente des „inneren Systems".[475] Das „äußere System", welches allein der klaren sowie übersichtlichen Darstellung und Gliederung des Rechtsstoffes dient[476] und womit es vor allem um die formale Strukturierung der Gesamtheit der gesetzlichen Regelungen und deren „Sichtbarmachung"[477] geht, ist indes aufgrund des Fehlens einer Aussage über den innerlichen Sinnzusammenhang und der damit fehlenden teleologischen Erkenntnisse nicht zu beachten.[478]

---

472 *Larenz*, Methodenlehre der Rechtswissenschaft, S. 486.

473 *Canaris*, Systemdenken und Systembegriff in der Jurisprudenz, S. 65.

474 *Canaris*, Systemdenken und Systembegriff in der Jurisprudenz, S. 18, 46 f.; zustimmend *Bydlinski*, System und Prinzipien des Privatrechts, S. 37, 50; idS. auch *Rüthers/Fischer/Birk*, Rechtstheorie, § 4 Rn. 143 f.; *Möllers*, Juristische Methodenlehre, § 4 Rn. 109. Nach dem hiesigen Verständnis wird von einem teleologischen System ausgegangen, dazu später mehr.

475 *Canaris*, Systemdenken und Systembegriff in der Jurisprudenz, S. 46 ff.; *Bydlinski*, System und Prinzipien des Privatrechts, S. 25 ff., 37 f.; *Esser*, Grundsatz und Norm in der richterlichen Fortbildung des Privatrechts, S. 7, so auch *Hönn*, Kompensation gestörter Vertragsparität, S. 63; ausführlicher dazu *Höpfner*, Die systemkonforme Auslegung, S. 3 ff., 86 ff.

476 *Canaris*, Systemdenken und Systembegriff in der Jurisprudenz, S. 19; *Höpfner*, Die systemkonforme Auslegung, S. 73.

477 *Heck*, Begriffsbildung und Interessenjurisprudenz, S. 143.

478 *Canaris*, Systemdenken und Systembegriff in der Jurisprudenz, S. 19; *Höpfner*, Die systemkonforme Auslegung, S. 74; auch *Möllers*, Juristische Methodenlehre, § 4 Rn. 109.

Folglich erlangen die Rechtsprinzipien als wesentliche Elemente des „inneren Systems" insbesondere als Konkretisierungshilfe an Bedeutung und sollen damit der Erleichterung der Entscheidungsfindung dienen. So steuern sie ihrer potenziell innewohnenden Überzeugungskraft und Evidenz nach tragfähige Argumente zur Lösungsfindung bei,[479] die die möglichst einheitliche und harmonische Anwendung der einschlägigen Rechtsnormen sowie der darin enthaltenen allgemeinen Rechtsgedanken durch die Rechtsanwender im Wege einer interpretatorischen Leistung ermöglichen. Folglich sollen die einschlägigen Normen und Rechtsgedanken im Lichte der maßgebenden Wertungen der Verfassung sowie der anderweitigen allgemeinen Rechtsprinzipien ausgelegt und angewendet werden.[480] Sollen die Rechtsprinzipien als Ausdruck eines einheitlichen Wertungsplans des Gesetzgebers betrachtet werden, kann gleichwohl nicht durchweg von einem solchen einheitlichen Wertungsplan des Gesetzgebers ausgegangen werden. So wird sich die Gesetzgebung tatsächlich oft als lückenhaft und widersprüchlich erweisen, wobei sich dies an der jeweiligen Regelungsdichte des betreffenden Rechtsgebiets zu messen hat. Diese Lückenhaftigkeit und Widersprüchlichkeit sind dann durch die Abwägung kollidierenden Prinzipien aufzulösen,[481] bei der auch die historischen und zeitlichen Umstände des gesetzgeberischen Wertungsplans zu beachten sind.

Trotz der „Offenheit", welche die Möglichkeit beschreibt, neue Systemelemente aufzunehmen und veraltete abzulegen, wird das „innere System" zumindest in der Weise feststehend bzw. unbeweglich sein, als Prinzipien durch den

---

479 Siehe dazu *Canaris*, Systemdenken und Systembegriff in der Jurisprudenz, S. 45; Larenz, Methodenlehre der Rechtswissenschaft, S. 474.

480 Vgl. *Rüthers/Fischer/Birk*, Rechtstheorie, § 4 Rn. 147.

481 Der Begriff des „Widerspruchs" erweckt den Eindruck, dass ein Bruch in den Wertungen bestehe. Damit liege also etwas vor, was „eigentlich nicht sein sollte und daher nach Möglichkeit beseitigt werden muß", vgl. *Canaris*, Systemdenken und Systembegriff in der Jurisprudenz, S. 115; siehe auch *Höpfner*, Die systemkonforme Auslegung, S. 15 f. mwN. Ein wahrer Widerspruch liegt jedoch erst dann vor, wenn dieser auch nicht durch die Abwägung der kollidierenden Prinzipien beseitigt werden kann, so *Canaris*, Systemdenken und Systembegriff in der Jurisprudenz, S. 123 f.; siehe auch *Höpfner*, Die systemkonforme Auslegung, S. 16. So wird im Weiteren noch zwischen technischen Widersprüchen sowie Norm-, Wertungs-, teleologischen und Prinzipienwidersprüchen unterschieden, wobei es sich nach dem vorliegenden Verständnis nur bei Prinzipienwidersprüchen um beachtliche „Widersprüche" handelt, siehe dazu im Allgemeinen *Engisch*, Die Einheit der Rechtsordnung, S. 11 ff.; *Canaris*, Systemdenken und Systembegriff in der Jurisprudenz, S. 112 ff.; siehe auch *Höpfner*, Die systemkonforme Auslegung, S. 115 ff.

Gesetzgeber schon zu einer eingehenden Regelung konkretisiert wurden. Liegt sodann eine unmittelbar anwendbare Norm vor, wird diese in gewisser Weise ein Leitbild für die Reichweite des Zusammenspiels der Prinzipien festschreiben. Auch wenn die einzelnen Tatbestandsvoraussetzungen weiterhin auslegungsbedürftig sind, folgt diesem Umstand jedoch nicht, dass der Rechtsanwender frei in der Wahl der Rechtsfolge sei. Durch die tatbestandliche Auslegung und Subsumtion entscheidet sich das Vorliegen der festgeschriebenen Tatbestandsvoraussetzungen der Norm, mit der die Erkenntnis einhergeht, ob die Rechtsfolge auszusprechen ist oder nicht.[482] In diesem Sinne gibt es auch Rechtsprinzipien unseres Systems, die einen klar umgrenzten Anwendungsbereich besitzen, in denen sie nicht durch andere „Elemente" ersetzt werden können.[483] Ausgenommen werden können allein die Systemteile, die keinen fest bestimmbaren oder einen zumindest aufgelockerten Tatbestand enthalten. Dies ist zum Beispiel bei den zahlreichen Generalklauseln der Fall, bei denen die einzelnen bestimmten relevanten Gesichtspunkte ihrer Zahl und Stärke nach abzuwägen sind.

Das „bewegliche System", welches fälschlich teilweise mit der „Offenheit" gleichgesetzt wird,[484] geht im Grundsatz auf *Wilburg* zurück, der dieses anhand der tatbestandlichen Voraussetzungen des Schadensrechts entwickelte. Demnach entsteht das „bewegliche System" durch das Zusammenspiel mehrerer „Element[e]", die induktiv aus dem Recht, dem Richterrecht, der juristischen Literatur und der Rechtsvergleichung hergeleitet werden. Die einzelnen Elemente des Systems stellen dabei keine „absolute[n], starre[n] Größen" dar, sondern funktionieren erst in der „Gesamtwirkung ihres variablen Spiels" über die Rechtsfolge und bedingen so die Entscheidung des Falles.[485] Im hiesigen Kontext ist das „bewegliche System"– wie es auch der BGH ansprach – allein im Rahmen der Konkretisierung der Konkretisierung ((double?)) des § 138 BGB von Bedeutung, da es sich dort dann „insoweit um ein ‚Zusammenspiel beweglicher Elemente'" handelt.[486]

---

482 *Larenz*, Methodenlehre der Rechtswissenschaft, 1991, S. 479; auch *Canaris*, Systemdenken und Systembegriff in der Jurisprudenz, S. 77 ff.

483 *Canaris*, Systemdenken und Systembegriff in der Jurisprudenz, S. 78.

484 So zum Beispiel *Pawlowski*, Methodenlehre für Juristen, Rn. 230 ff.; *Zippelius*, NJW 1967, 2229, 2231; *Larenz*, JuS 1965, 373, 379; *Engisch*, StudGen 1957, 173, 188; vgl. *Höpfner*, Die systemkonforme Auslegung, S. 137 f.

485 *Wilburg*, Entwicklung eines beweglichen Systems im bürgerlichen Recht, S. 13; siehe dazu auch *Wilburg*, Die Elemente des Schadensrecht, S. 101 f.; *ders.*, AcP 163 (1964), 346, 356.

486 Siehe BGH, NJOZ 2013, 260, 261; *Möllers*, Juristische Methodenlehre, § 8 Rn. 8, 19.

Zusammenfassend ist das uns vorliegende „innere System" also als ein durch die allgemeinen Rechtsprinzipien wertgebundenes System zu begreifen, welches der Herstellung einer wertungsmäßigen Einheit und Folgerichtigkeit der Rechtssätze und Entscheidungen dienen soll. Ausgehend von einem teleologischen System stehen die den Rechtsprinzipien enthaltenen maßgeblichen Wertungen im Vordergrund, die notwendigerweise abstrakt sind und sich durch die wechselseitige Kollision im zu entscheidenden Fall weiter konkretisiert. Darüber hinaus erfahren die allgemeinen Rechtsprinzipien im Wege der gesetzgeberischen Entscheidung in den geschriebenen Rechtssätzen zum Teil weitere beachtliche Konkretisierungen, die je nach Sachnähe und Relevanz zum zu entscheidenden Fall eine gewichtige wertgetragene Richt- bzw. Leitlinie vorgeben.

b. Herleitung der Rechtsprinzipien

Neben der allgemeinen Funktion der Rechtsprinzipien, ist es weiterhin fraglich, wie die Herleitung der eben dieser methodisch erfolgt. Zur methodischen Feststellung allgemeiner Rechtsprinzipien kann dabei grundsätzlich zwischen zwei Wegen differenziert werden: Zum einen können allgemeine Rechtsprinzipien aus dem positiven Recht, zum anderen sollen sie von einem antipositivistischen Ausgangspunkt aus hergeleitet werden können.

Als erste Möglichkeit ist die Ableitung aus dem positiven Recht zu nennen, wobei ein Rechtsprinzip aus einem einzigen Rechtssatz des positiven Rechts unmittelbar induktiv abgeleitet werden kann, sofern der Rechtssatz dem übergeordneten Rechtsprinzip ausdrücklich nachempfunden ist. Als Beispiel hierfür kann der Grundsatz von Treu und Glauben in seiner zivilrechtlichen Kodifikation in § 242 BGB genannt werden, der zugleich keinen eindeutigen Tatbestand aufweist, unter dem ein Sachverhalt unmittelbar subsumiert werden kann, und der vor allem der Ermöglichung der richterlichen Rechtsfortbildung und der Berücksichtigung der „Einzelfallgerechtigkeit" dient.[487] Auch die geschriebenen Grundrechte können als normierte allgemeine Prinzipien unserer Rechtsordnung angeführt werden, die ihrem Gehalt nach entsprechende verfassungsrechtliche Wertungen zum Ausdruck bringen.[488]

Des Weiteren kann dem positiven Recht ein allgemeines Rechtsprinzip entnommen werden, wenn mehreren Regelungen ein gemeinsamer leitender Grundgedanke obliegt, der im Wege einer „Gesamtanalogie" den Regelungen

---

487 So früher schon MükoBGB/*Roth*, 5. Auflage 2007, § 242 Rn. 2, 21 ff.; *Möllers*, Juristische Methodenlehre, § 7 Rn. 9 ff.; *Höpfner*, Die systemkonforme Auslegung, S. 92.

488 Siehe insgesamt dazu *Möllers*, Juristische Methodenlehre, § 9 Rn. 19.

entnommen werden kann.[489] Daneben ist es zudem auch möglich, schon dem einzelnen Rechtssatz ein allgemeines Rechtsprinzip zu entnehmen, sofern die einzelne Regelung über die grundsätzliche Zweckbestimmung (*ratio legis*) hinaus eine wesentliche verallgemeinerungsfähige Wertung enthält, nach der anzunehmen ist, dass die enthaltene Wertung auch in weiteren Fällen zur systemgerechten Auslegung anderer Rechtssätze oder zur Offenlegung und Auflösung etwaiger Wertungswidersprüche sowie zur Schließung bestehender gesetzlicher Lücken dienen soll.[490] In diesem Zusammenhang ist ebenfalls zu beachten, dass einige wesentliche allgemeine Rechtsprinzipien als unserer Rechtsordnung allgegenwärtig obliegend vorausgesetzt werden, aufgrund dessen diese häufig keine ausdrückliche Nennung oder Ausprägung innerhalb der Kodifikation neuer Rechtssätze erhalten haben. Dies gilt insbesondere für einige dem Bürgerlichen Gesetzbuch und der gesamten Zivilrechtsordnung zugrunde liegenden allgemeinen Rechtsprinzipien, wobei als Beispiele die Privatautonomie und die ihr entspringende Vertragsfreiheit, die Vertragsbindung bzw. -treue als Ausdruck des Grundsatzes *pacta sund servanda* oder das Abstraktionsprinzip genannt werden können.[491]

Im Grundsatz erfolgt die Bestimmung eines einschlägigen Rechtsprinzips also durch die induktive Herleitung vom Besonderen auf das Allgemeine.[492] Die induktive Herleitung allgemeiner Rechtsprinzipien aus dem positiven Recht ist folglich auch mit dem Gesetzespositivismus in Einklang zu bringen. Die Rechtsordnung wird, und dies lässt sich auch aus positivistischer Sicht nicht bestreiten, von bestimmten Leitgedanken getragen.[493] Diese können auf das geschriebene positive Recht zurückgeführt werden, womit auch eine dem Grundsatz der Gesetzesbindung entsprechende Rückführbarkeit auf den Gesetzgeber und den gesetzgeberischen Willen erfolgen kann. Wegen dieser Rückführbarkeit wohnt

489 *Canaris*, Die Feststellung von Lücken im Gesetz, S. 98 f.; *Larenz*, Methodenlehre der Rechtswissenschaft, S. 474; *Schwacke*, Juristische Methodik, S. 138.

490 *Larenz*, Methodenlehre der Rechtswissenschaft, S. 475 ff.; *Rüthers/Fischer/Birk*, Rechtstheorie, § 4 Rn. 144a; ähnlich auch *Möllers*, Juristische Methodenlehre, § 9 Rn. 20.

491 Vgl. *Möllers*, Juristische Methodenlehre, § 9 Rn. 21.

492 *Canaris*, Die Feststellung von Lücken im Gesetz, S. 98; *Möllers*, Juristische Methodenlehre, § 9 Rn. 18, 21.

493 Dazu *Neuner*, Die Rechtsfindung contra legem, S. 107 f.; *Höpfner*, Die systemkonforme Auslegung, S. 92.

den aus dem positiven Recht abgeleiteten Rechtsprinzipien demnach auch eine gewisse abgeleitete gesetzgeberische Autorität inne.[494]

Daneben wird noch die Herleitung allgemeiner Rechtsprinzipien von einem antipositivistischen Ausgangspunkt aus diskutier, die gleichwohl im Ergebnis abzulehnen ist. So sollen allgemeine Rechtsprinzipien etwas schon aus „der Rechtsidee", „der Natur der Sache" oder „der Gerechtigkeit" abgeleitet werden,[495] wobei es letztendlich auf die entscheidende Überzeugungskraft durch den Sinnbezug auf eine übergeordnete „Rechtsidee" oder aus „der Natur der Sache" ankomme.[496] Gleichwohl besteht hier die Gefahr, dass diese als Scheinargumente zur Umgehung des ausdrücklichen geschriebenen Rechts benutzt werden könnten.[497] Deutlich wird diese Gefahr der Herleitung aus „der Rechtsidee" oder „der Natur der Sache" am Beispiel von *Larenz*. So sieht er die Forderung, Gleichartiges gleich zu behandeln, „ohne [dies nach dem] Ansehen der Person" zu richten, als „Rechtsgedanken von überzeitlicher Gültigkeit" an[498]. Insofern weist *Höpfner* richterweise darauf hin, dass derselbe Autor im Jahre 1935 noch den § 1 BGB, der die Rechtsfähigkeit eines jeden Menschen betrifft, wie folgt ändern wollte: „Rechtsgenosse ist nur, wer Volksgenosse ist; Volksgenosse ist, wer deutschen Blutes ist."[499] An diesem Beispiel wird deutlich, dass der jeweilige Rechtsanwender beim Abstellen auf die „Rechtsidee" oder die „Gerechtigkeit" allein seine eigene Rechtsidee und Gerechtigkeit meint und den Begriffen damit das entnimmt, was er selbst in diese vorher hineingedacht hat. In diesem Sinne werden vor allem die Rechtsprinzipien, die im Gesetz unmittelbar oder zumindest mittelbar enthalten sind, vorrangig Beachtung finden.[500]

---

494 *Rüthers/Fischer/Birk*, Rechtstheorie, § 4 Rn. 144a; *Höpfner*, Die systemkonforme Auslegung, S. 94 f.

495 *Canaris*, Systemdenken und Systembegriff in der Jurisprudenz, S. 70; *ders.*, Die Feststellung von Lücken im Gesetz, S. 95 ff., 125 ff.; *Larenz*, Methodenlehre der Rechtswissenschaft, S. 474; *ders.*, Richtiges Recht, S. 42 *Höpfner*, Die systemkonforme Auslegung, S. 93 mwN.

496 *Larenz*, Methodenlehre der Rechtswissenschaft, S. 474.

497 Dazu vertiefend *Rüthers/Fischer/Birk*, Rechtstheorie, § 22 Rn. 756c, § 23 Rn. 913 ff.; auch *Höpfner*, Die systemkonforme Auslegung, S. 95 f.

498 *Larenz*, Methodenlehre der Rechtswissenschaft, S. 487.

499 *Larenz*, Rechtsperson und subjektives Recht, S. 21; siehe auch *Höpfner*, Die systemkonforme Auslegung, S. 93 f.

500 Siehe *Neuner*, Die Rechtsfindung contra legem, S. 108. Die allein aus „der Rechtsidee" abgeleiteten Prinzipien werden richtigerweise keinen Bestandteil des „inneren Systems" darstellen, siehe dazu *Höpfner*, Die systemkonforme Auslegung, S. 92 ff.;

Damit kann festgehalten werden, dass sowohl die Herleitung und Ableitung allgemeiner Rechtsprinzipien aus den Rechtssätzen als auch die Bestimmung der maßgeblichen *ratio legis* eines Rechtssatzes demselben methodischen Verfahren folgt. Bei beiden geht es zunächst um das induktive Herausdestillieren der grundlegenden Wertungen des Rechtssatzes im systematischen und wertungsmäßigen Gesamtzusammenhang der Rechtsordnung sowie des spezifischen Rechtsgebietes mit dem Ziel der Herstellung einer rechtlichen Wertungseinheit. Folglich müssen sowohl bei der Bestimmung der allgemeinen Rechtsgedanken eines Rechtssatzes als auch bei der Feststellung der *ratio legis*, die sodann für die Feststellung der analogiebegründenden Vergleichbarkeit zweier annähernd gleicher Fälle maßgeblich ist, die in den gesetzlichen Regelungen und Rechtssätzen enthaltenen wesentlichen und verallgemeinerungsfähigen Wertungen herausgearbeitet werden.[501] Auch bei der Analogiebildung findet die Bestimmung der wesentlichen Zwecke und Wertungen der möglicherweise analog anzuwendenden Rechtssätze induktiv statt. So werden die *ratio legis* bzw. die *rationes legis* der Rechtssätze grundsätzlich ebenfalls einen Ausdruck dahinterstehender allgemeiner Rechtsgrundsätze unserer Rechtsordnung widerspiegeln.[502] Damit werden die verallgemeinerungsfähigen Wertungen, die aus den Rechtssätzen induktiv gewonnen werden können, sowohl Ausgangspunkt der Frage der sach- und systemgerechten Konkretisierung des § 138 BGB unter Heranziehung der allgemeinen Rechtsgedanken der §§ 74 ff. HGB als auch der Frage der möglichen analogen Anwendung der §§ 74 ff. HGB sein.

Folglich stellt die *ratio legis* eines Rechtssatzes den wesentlichen Ausgangspunkt der Herleitung allgemeiner Rechtsgedanken sowie der verallgemeinerungsfähigen Wertungen dar, womit man sich im Grundsatz vor allem auf die Suche nach dem Sinn und Zweck des Gesetzes als Teil einer gerechten und zweckmäßigen Rechtsordnung begibt. So drückt der Gesetzgeber innerhalb der Rechtssätze und Normen seinen gesetzgeberischen Willen entsprechend aus, wie bestimmte Lebensbereiche geregelt, welche Rechtsgüter geschützt oder Interessen berücksichtigt werden sollen.[503] Damit liegt es im gesetzgeberischen Ermessen, welche

---

Rüthers/Fischer/Birk, Rechtstheorie, § 4 Rn. 144a; a.A. *Larenz*, Methodenlehre der Rechtswissenschaft, S. 479 f., 481 f.

501 *Larenz*, Methodenlehre der Rechtswissenschaft, S. 382; *Bydlinski*, Juristische Methodenlehre, S. 475 ff.; *Möllers*, Juristische Methodenlehre, § 6 Rn. 14, ähnlich auch Staudinger/*Honsell*, Einl. BGB vor § 1 Rn. 143 bezüglich der Vornahme der logisch-systematischen Auslegung im wertenden Gesamtzusammenhang der Rechtssätze.

502 Vgl. *Reimer*, Juristische Methodenlehre, Rn. 577 f.

503 Vgl. *Rüthers/Fischer/Birk*, Rechtstheorie, § 4 Rn. 136; *Möllers*, Juristische Methodenlehre, § 5 Rn. 2, 11; Staudinger/*Honsell*, Einl. BGB vor § 1 Rn. 148.

Zwecke angestrebt und welche juristischen Mittel zur Erreichung des gesetzten Zwecks unter Maßgabe der Geeignetheit und Angemessenheit eingesetzt werden sollen. Jedem Rechtssatz wohnen damit eine gesetzgeberische „Interessenbewertung" sowie ein gesetzgeberisches „Werturteil" inne.[504] Zudem muss auch die teleologische Mehrdimensionalität des Rechtssatzes erkannt und berücksichtigt werden, da der Rechtssatz zumeist nicht bloß einem einzigen Zweck dienen wird. Durch die Interessenabwägung des Gesetzgebers werden häufig mehrere Zwecke bzw. ein mehrschichtiger Zweck durch die Verknüpfung des normgemäßen Tatbestandes und der normierten Rechtsfolge bestimmt, sodass der Rechtssatz sowohl „nähere und entferntere [als auch] niedere und höhere Zwecke" verfolgen kann.[505] Des Weiteren kann der verfolgte Zweck auch „innerhalb wie außerhalb" des Rechtssatzes liegen.[506] In diesem Sinne ist die teleologische Mehrdimensionalität der Rechtssätze maßgeblich zu beachten, sodass zuvörderst vor allem allein die wertungsmäßig wesentlichen Zweckbestimmungen zu beachten und herauszuarbeiten sind.

Zur Ermittlung des Normzwecks kommen die allgemeinen Auslegungsmethoden zur Anwendung,[507] wobei es nach der hier vertretenen Ansicht sodann grundlegend um die Ermittlung des Sinns und Zwecks des Rechtssatzes zum Zeitpunkt der Gesetzesanwendung gehen soll. Im Vordergrund steht damit die Zweckbestimmung der Norm im zeitlichen Wandel der Verhältnisse und im Lichte der gewandelten Normsituation, also im Sinne des objektivierten Willens des Gesetzgebers.[508] Ausgangspunkt der Auslegung der Rechtssätze und der

---

504 *Rüthers/Fischer/Birk*, Rechtstheorie, § 4 Rn. 136; *Möllers*, Juristische Methodenlehre, § 5 Rn. 11; *Reimer*, Juristische Methodenlehre, Rn. 364.

505 *Engisch*, Einführung in das juristische Denken, S. 118; *Rüthers/Fischer/Birk*, Rechtstheorie, § 4 Rn. 136; *Reimer*, Juristische Methodenlehre, Rn. 365.

506 *Engisch*, Einführung in das juristische Denken, S. 118.

507 Allgemeiner vierstufiger Methodenkanon der grammatischen, systematischen, historischen und teleologischen Auslegung ausgehend von *Savigny*, System des heutigen Römischen Rechts, Bd. I, 212 ff.; grundsätzlich übernommen, aber mit leichter begrifflicher Differenz MüKoBGB/*Säcker*, Einl. Rn. 138 ff.; Staudinger/*Honsell*, Einl. BGB vor § 1 Rn. 138 ff.; *Neuner*, Allgemeiner Teil des Bürgerlichen Rechts, § 10 Rn. 11; idS. auch BGH, NJW 2012, 377; anders *Rüthers/Fischer/Birk*, Rechtstheorie, § 22 Rn. 725, der den Gesetzeszweck, also die teleologische Sinnermittlung des Gesetzes, als das Auslegungsziel im Wege der wörtlichen, systematischen und historischen Auslegung sieht.

508 Staudinger/*Honsell*, Einl. BGB vor § 1 Rn. 137; *Larenz*, Methodenlehre der Rechtswissenschaft, S. 318; *Möllers*, Juristische Methodenlehre, § 6 Rn. 79; das BVerfG geht grundsätzlich von einer „objektiven" Auslegungsmethodik aus, siehe dazu BVerfGE 11, 126, 130; BGHZ, 85, 64, 67 f.; BGH, NJW 2012, 376, 377; a.A. *Rüthers*, JZ 2006, 53,

Bestimmung der wesentlichen Zweckbestimmung wird der historische Wille des Gesetzgebers sein, der sodann in den weiteren Schritten der systematischen und teleologischen Auslegung mit dem objektivierten Normverständnis der Gegenwart abgeglichen und modifiziert werden muss.[509]

C. Lückenfeststellung

I. Ausgangslage

Ausgangspunkt jeglicher richterlichen Rechtsfortbildung ist das Vorliegen einer gesetzlichen Lücke. Im Grundsatz herrscht Einigkeit darüber, dass eine gesetzliche Lücke vorliegen muss, nicht jedoch hinsichtlich der einheitlichen Begrifflichkeit und Definition der gesetzlichen Lücke. So erfuhr der Lückenbegriff im Laufe der Jahrzehnte zahlreiche Definitions- und Bestimmungsversuche.[510] Der mannigfaltigen Diskussion bezüglich der richtigen und zweckdienlichsten Begriffsbestimmung der Lücken im Gesetz kann im Rahmen dieser Arbeit nicht nachgegangen werden, sodass vorliegend auf den Lückenbegriff der Rechtsprechung abgestellt werden soll. Nach dem Verständnis der Rechtsprechung wird die Feststellung einer planwidrigen Regelungslücke benötigt, die sodann durch das gewählte Mittel der richterlichen Rechtsfortbildung geschlossen werden kann.[511] Folglich muss eine ausfüllungsbedürftige Lücke vorliegen, die am Maßstab der gesamten geltenden Rechtsordnung sowie unter Beachtung der Regelungsabsicht des Gesetzgebers die „planwidrige Unvollständigkeit" des Gesetzes

---

60. So soll auch der umfangreiche Streit über die vorzugswürdige „subjektive" oder „objektive" Auslegungsmethodik vorliegend unbeachtet bleiben. Siehe diesbezüglich *Reimer*, Juristische Methodenlehre, Rn 246 ff.; *Rüthers/Fischer/Birk*, Rechtstheorie, § 22 Rn. 796 ff. Eine Entscheidung für die „subjektive" oder „objektive" Auslegungsmethodik soll vorliegend nicht erfolgen, sodass es vorliegend zur Anwendung der vermittelnden, auch Vereinigungstheorie genannt, kommen soll.

509 IdS. auch *Bitter/Rauhut*, JuS 2009, 289, 292. Vorliegend soll der Wille des (historischen) Gesetzgebers im Sinne der „subjektiven" Auslegung weiterhin von Bedeutung bleiben.

510 *Rüthers/Fischer/Birk*, Rechtstheorie, § 23 Rn. 832; übersichtlich dazu *Canaris*, Die Feststellung von Lücken im Gesetz, S. 19 ff.; siehe zur historischen Entwicklung des Lückenbegriffs auch *Fallmann*, Sekundäre Lücken im Recht, S. 34 ff.

511 Vgl. BAG, NZA 2003, 552, 554, am Beispiel der analogen Anwendung des § 613a BGB, bei der die Schließung der Lücke durch die Übertragung der Rechtsfolgen und des Tatbestandes auf den gesetzlich nicht geregelten Fall, unter Beachtung des allgemeinen Gleichheitssatzes (Art. 3 Abs. 1 GG), erfolgen kann.

ergibt.[512] Neben den zahlreichen Versuchen der Bestimmung des Lückenbegriffs gab es auch zahlreiche Versuche der Systematisierung der Lückenfeststellung.[513] Zur verständlichen Bearbeitung und Feststellung einer gesetzlichen Lücke wird vorliegend auf die „herkömmlichen“[514] Kriterien abgestellt. Zur Orientierung und Systematisierung sollen daher die Begriffspaare der „verdeckten und offenen“, „anfänglichen und nachträglichen“ sowie „bewussten und unbewussten“ Lücke verwendet werden.[515]

Maßgeblich für die Feststellung der Lücke ist vor allem auch die Beachtung der Rechtsanwendungsgleichheit nach Art. 3 Abs. 1 GG, nach der es zur Feststellung der Lücke auf die teleologische Ähnlichkeit der zugrunde liegenden Interessenlage ankommen soll.[516] Neben der Wahrung der Rechtsanwendungsgleichheit und des allgemeinen Gleichheitssatzes geht es vorrangig um die vom Richter vorzunehmende Güterabwägung der kollidierenden verfassungsrechtlich geschützten Rechtsgüter des Einzelfalls. Bezweckt werden soll vor allem die Wahrung und Realisierung der allgemeinen Rechts- und Wertvorstellungen der gesamten Rechtsgemeinschaft, insbesondere zur Herstellung oder Erhaltung der Wertungseinheit des prinzipiengetragenen „inneren Systems“ unserer Rechtsordnung.[517] Diese Maßstäbe und Vorgaben sind nicht nur bei der Feststellung der Lücke, sondern auch bei der Beurteilung der bisherigen Rechtsprechung und der verwendeten Methodik sowie bei der Erörterung weiterer Ansätze zur Lösung der vorliegenden Problematik maßgeblich.

---

512 Vgl. BAG, AP BGB § 611 Arbeitnehmerähnlichkeit Nr. 15; *Canaris*, Die Feststellung von Lücken im Gesetz, S. 39; *Bydlinski*, Juristische Methodenlehre und Rechtsbegriffe, S. 473; *Larenz*, Methodenlehre der Rechtswissenschaft, S. 373; *Larenz/Canaris*, Methodenlehre der Rechtswissenschaft, S. 194; *Rüthers/Fischer/Birk*, Rechtstheorie, § 23 Rn. 832; *Bialluch*, Ausstrahlwirkungen im Unternehmensrecht, S. 193.

513 Vgl. *Rüthers/Fischer/Birk*, Rechtstheorie, § 23 Rn. 841, *Wank*, Juristische Methodenlehre, S. 359 f.

514 *Canaris*, Die Feststellung von Lücken im Gesetz, S. 134.

515 Dazu *Rüthers/Fischer/Birk*, Rechtstheorie, § 23 Rn. 842 ff.; *Larenz/Canaris*, Methodenlehre der Rechtswissenschaft, S. 197 ff.; *Wank*, Die Auslegung von Gesetzen, S. 84 ff.; *Meier/Jochem*, JuS 2016, 392, 393 ff. Die einzelnen Begriffspaare werden im Späteren eingehender beschrieben.

516 So schon BVerfGE 71, 354, 362; dazu auch *Bydlinski*, Juristische Methodenlehre und Rechtsbegriffe, S. 475 f.; *Larenz/Canaris*, Methodenlehre der Rechtswissenschaft, S. 202.

517 So *Larenz/Canaris*, Methodenlehre der Rechtswissenschaft, S. 223 f., 231; *Rüthers/Fischer/Birk*, Rechtstheorie, § 25 Rn. 993.

Unter Beachtung der maßgeblichen Voraussetzungen wird es zumeist zur Überschneidung der Denkschritte der Lückenfeststellung und -schließung kommen. Bei der teleologischen Ermittlung der Lücke kommt es zumeist zur Herausarbeitung des Sinns und Zwecks einer bestimmten vermissten gesetzlichen Regelung im Wege der induktiven Herleitung verallgemeinerungsfähiger Wertungen des schon bestehenden geschriebenen Rechts, die in Verbindung mit dem Gleichheitssatz zum einen der Feststellung einer gesetzlichen Lücke als zumeist auch der Schließung der festgestellten Lücke dienen wird. Folglich wird es kaum möglich sein, beide Denkschritte im vorliegenden Fall klar zu trennen.[518]

II. Gesetzliche Lücke im Bereich nachvertraglicher Wettbewerbsverbote mit Geschäftsführern

Um die Notwendigkeit und Zulässigkeit der richterlichen Rechtsfortbildung, wie beispielsweise die Diskussion einer möglichen analogen Anwendung der §§ 74 ff. HGB, zu bejahen, muss also zunächst eine planwidrige gesetzliche Lücke im Bereich nachvertraglicher Wettbewerbsverbote mit Geschäftsführern vorliegen und festgestellt werden.

1. Rechtsprechung des BGH und BAG

a. Rechtsprechung des BGH

Mit der Lückenhaftigkeit des geschriebenen Rechts setzt sich der BGH, ausgehend von seiner Leitsatzentscheidung vom 26.03.1984,[519] nicht auseinander. Geäußert wurde sich allein zur Ablehnung der analogen Anwendung der §§ 74 ff. HGB zugunsten Organmitgliedern und Geschäftsführern.[520] Begründet wurde die Ablehnung vor allem damit, dass die Vorschriften der §§ 74 ff. HGB speziell auf den Handlungsgehilfen zugeschnitten seien. Zudem seien die Sachverhalte, die den Geschäftsführer betreffen, infolge seiner besonderen Stellung als leitungsbefugtes Organ der Gesellschaft nicht vergleichbar.[521] Hatte der BGH eigens anerkannt, dass Geschäftsführer und insbesondere Fremdgeschäftsführer

518 *Bydlinski*, Juristische Methodenlehre und Rechtsbegriffe, S. 474; *Canaris*, Die Feststellung von Lücken im Gesetz, S. 71, 129 ff.; *Larenz*, Methodenlehre der Rechtswissenschaft, S. 382.

519 BGHZ 91, 1, 3.

520 Vgl. dazu auch BGH, DB 1965, 468; BGHZ 91, 1, 3; BGH, NJW 1992, 1892 f.; BGH, NJW 2002, 1875, 1876; BGH, NJW-RR 2008, 1421, 1422; BGH, NZG 2008, 753.

521 So BGH, DB 1965, 468; BGHZ 91, 1, 3; BGH, NJW 1992, 1892 f.

vergleichbar zu Arbeitnehmern ähnlich wirtschaftlich abhängig sein können, wurde sich mit einer analogiebegründenden vergleichbaren Schutzbedürftigkeit nicht beschäftigt. So seien die Regelungen der §§ 74 ff. HGB auf die leitungsbefugten Organe der Kapitalgesellschaften nicht zu übertragen.[522]

b. Rechtsprechung des BAG

Schon vor dem dritten Gesetz zur Änderung der Gewerbeordnung und sonstiger gewerberechtlicher Vorschriften vom 24.08.2002,[523] welches die Änderung des § 110 GewO enthielt und die Ausdehnung des persönlichen Anwendungsbereichs auf alle Arbeitsverhältnisse normierte, hat das BAG in seiner Rechtsprechung seit dem 16.05.1969[524] der Vorgängervorschrift des § 110 GewO, dem § 133f GewO a.F.,[525] schon keine Bedeutung mehr zugemessen und den persönlichen Anwendungsbereich der §§ 74 ff. HGB auf alle Arbeitsverhältnisse erstreckt. Dies folgte der Ansicht, dass allen Arbeitnehmern die gleiche Schutzbedürftigkeit wie kaufmännischen Angestellten zukomme. Mit der gleichen Begründung wurde sodann auch die analoge Anwendung der §§ 74 ff. HGB zugunsten ähnlich wirtschaftlich abhängiger und sozial schutzbedürftiger Heimarbeiter und arbeitnehmerähnlicher Personen vorgenommen.[526] Die Feststellung der gesetzlichen Lücke wurde mit der generellen Lückenhaftigkeit der §§ 74 ff. HGB begründet. Bei Erlass der Regelungen im Jahre 1914 betraf diese nur die kaufmännischen Angestellten und Handlungslehrlinge. Damals war es jedoch üblich, Regelungen zunächst allein für kaufmännische Angestellte zu erlassen, sodass die Regelungen „nach einer gewissen Zeit der Erprobung“ auf andere Gruppen ausgeweitet, geändert oder spezielle Regelungen erlassen werden sollten. Des Weiteren gab es schon seit dem Jahr 1907 Bestrebungen, gewerbliche oder technische Angestellte mit in den Regelungsbereich der §§ 74 ff. HGB aufzunehmen. Diese Bestrebungen schafften es letztendlich jedoch nicht in das 1914 erlassene Gesetz. Die damalige Annahme, dass eine gesetzliche Regelung betreffend nachvertragliche Wettbewerbsverbote vorrangig allein für

522 Siehe BGHZ 91, 1, 3.

523 BGBl., 2002 I, S. 3412.

524 BAG, NJW 1970, 443; nachfolgend siehe BAG, NJW 1970, 626; BAG, AP HGB § 74 Nr. 26; BAG, AP BGB § 611 Konkurrenzklausel Nr. 26; BAG, AP BGB § 611 Konkurrenzklausel Nr. 27.

525 Aufgehoben, siehe BGBl., 2002 I, S. 3412, 3415.

526 Dazu BAG, NZA 1997, 1284, für freie Mitarbeiter; OLG Dresden, BeckRS 2011, 27497, für einen freiberuflichen Programmierer; MüKoHGB/*Thüsing*, § 74 Rn. 8; Oetker/*Kotzian-Marggraf*, HGB § 74 Rn. 10.

kaufmännische Angestellte von Bedeutung sei, habe sich dann in den folgenden Jahrzehnten nach Erlass der gesetzlichen Regelung als fehlerhaft erwiesen, mit der Folge, dass sich ein Bedürfnis hinsichtlich einer anwendbaren Regelung für weitere Arbeitnehmergruppen ergab.[527] So sei im Laufe der Zeit vor allem die Differenzierung der Arbeitnehmergruppen in technische, kaufmännische oder sonstige Arbeitnehmer in den Hintergrund getreten. Des Weiteren sei insbesondere primär die fachliche Qualifikation des Angestellten für die Abrede eines Wettbewerbsverbotes von Bedeutung, vielmehr als irgendeine Angehörigkeit zu einer speziellen Arbeitnehmergruppe. Weiterhin haben sich auch die beruflichen Differenzen, die Unterschiede bezüglich der sozialen Schutzbedürftigkeit sowie die allgemeine berufliche Lage so sehr verändert, dass eine allgemeine Angleichung der einzelnen Arbeitnehmergruppen stattfand. Das geschriebene Recht jedoch sei diesen tatsächlichen Änderungen und Entwicklung nicht gefolgt, sodass ein entsprechender Schutz, der alle Arbeitnehmergruppen erfasse, nicht gegeben war. Demnach sei eine planwidrige Regelungslücke entstanden. Diese „nachträglich entstandene offene Regelungslücke“ sei nicht durch die Anwendung des § 138 BGB zu schließen, sondern allein im Wege der analogen Anwendung der §§ 74 ff. HGB.[528]

Weiterhin beachtlich an der BAG-Rechtsprechung ist auch, dass im gleichen Zuge die Ablehnung der Anwendung des § 138 BGB betont wurde. So regele der § 138 BGB zuvörderst allein die Fälle, in denen die Parteien im Rechtsverkehr nicht einmal mehr das erforderliche ethische Mindestmaß eingehalten haben. Demnach müsse es vermieden werden, dass diese moralische Wertung auf Fälle erweitert wird, in denen den Parteien subjektiv kein Vorwurf gemacht werden kann. Begegnet man solchen Fällen allerdings mit der Anwendung des § 138 BGB, wonach jedwede objektive – wenn auch geringfügige – Überschreitung als Verletzung des moralischen Mindestmaßes beurteilt werde, würde „sich der Laie und auch der juristisch Gebildete oft moralisch zu Unrecht getadelt [fühlen]“[529]. Diese „Erweiterung der individualistischen Mißbilligung des § 138 BGB zum wirtschaftlichen Standard“[530] sollte verhindert werden, insbesondere in den Fällen, in denen es „konstruktiv möglich [sei]“ die unbestimmten Nichtigkeitsgründe des § 138 BGB durch gesetzlich speziell geregelte Nichtigkeitsgründe wie

527 BAG, NJW 1970, 626, 628.

528 BAG, NJW 1970, 626, 629; anders wohl *Canaris*, SAE 1971, 111 f.; darauf beziehend auch *Larenz*, Methodenlehre der Rechtswissenschaft, S. 380 f.

529 BAG, NJW 1970, 626, 628.

530 BAG, NJW 1970, 626, 628; mit Verweis auf *Wieacker*, JZ 1967, 716.

die der §§ 74 Abs. 2, 74a Abs. 2 HGB, zu ersetzen.[531] Hervorzuheben ist somit die Erkenntnis, dass der § 138 BGB vom BAG nicht mehr als tauglicher Beurteilungsmaßstab für die Wirksamkeitsprüfung von nachvertraglichen Wettbewerbsverboten mit Arbeitnehmern und Angestellten gesehen wurde. Vor allem sollte die „Erweiterung der individualistischen Mißbilligung des § 138 BGB zum wirtschaftlichen Standard" vermieden werden, da nicht jedwede unbillige Erschwerung die Anwendbarkeit des § 138 BGB begründen könne.[532]

2. Bestimmung und Feststellung der gesetzlichen Lücke

Geht der BGH in keiner Weise auf das mögliche Bestehen einer gesetzlichen Lücke ein, ist vorliegend zu diskutieren, ob bei nachvertraglichen Wettbewerbsverboten mit Geschäftsführern nicht dennoch eine gesetzliche Lücke festzustellen ist. Die vorliegende Bestimmung und Feststellung einer möglichen gesetzlichen Lücke soll anhand der oben dargestellten Systematisierung und Begriffspaare erfolgen.

a. „Offene" und „verdeckte" Lücke

„Offen" ist eine Lücke, wenn das geschriebene Recht für einen bestimmten Sachverhalt keine auf sie anwendbare Regelung enthält, obwohl die gesetzliche Wertung und Teleologie eine solche Regelung erfordert.[533] Von einer „verdeckten" Lücke spricht man, wenn grundsätzlich eine gesetzliche Regelung für den Sachverhalt vorliegt, die aber entgegen dem Telos der Norm die für den Sachverhalt relevanten Besonderheiten außer Acht lässt. Es fehlt somit eine entsprechende Ausnahmevorschrift, womit eine solche Lücke als „verdeckt" bezeichnet wird, da für die Fälle auf den ersten Blick es eben nicht an einer anwendbaren Regelung fehlt.[534] In Anbetracht dieser Definitionen kommt vorliegend allein eine „offene" Lücke in Betracht. Das geschriebene Recht enthält keine speziell anwendbare Regelung zur Behandlung von nachvertraglichen Wettbewerbsverboten mit

531 BAG, NJW 1970, 626, 628.

532 *Wieacker*, JZ 1967, 716; *Buchner*, Anm. zu BAG, AP HGB § 74 Nr. 26; idS. auch BeckOK BGB/*Wendtland*, § 138 Rn. 18.1, wonach nicht jede moralisch bedenkliche Situation zur Sittenwidrigkeit führt.

533 *Canaris*, Die Feststellung von Lücken im Gesetz, S. 136 f.; *Larenz/Canaris*, Methodenlehre der Rechtswissenschaft, S. 198; *Rüthers/Fischer/Birk*, Rechtstheorie, § 23 Rn. 847; *Wank*, Auslegung von Gesetzen, S. 85.

534 *Larenz/Canaris*, Methodenlehre der Rechtswissenschaft, S. 198; *Rüthers/Fischer/Birk*, Rechtstheorie, § 23 Rn. 848.

Geschäftsführern, obwohl eine solche Regelung den wesentlichen Wertungen nach erforderlich sein könnte.[535]

b. „Anfängliche" und „nachträgliche" Lücke

In zeitlicher Hinsicht kann zunächst zwischen der „anfänglichen" und „nachträglichen" Lücke differenziert werden. „Anfänglich" bestehen Lücken dadurch, dass der Gesetzgeber bei der Regelung des Regelungsbereichs bestimmte Sachverhalte und Fälle übersehen oder verkannt hatte. Weiterhin kann auch bewusst von einer speziellen Regelung abgesehen worden sein, da ein Regelungssystem, in dem sich diese einfügen könnte, fehlte oder die Entscheidung solcher Fälle absichtlich der Rechtsprechung und Wissenschaft überlassen werden sollte.[536] „Nachträgliche" Lücken entstehen zumeist durch die tatsächlichen Veränderungen seit dem Erlass- und Anwendungszeitpunkt einer Regelung, die vorwiegend technischer oder ökonomischer Natur sind. Infolge der Veränderungen und Entwicklungen liegt sodann keine ausreichende Regelung mehr vor, um den entstehenden oder auch bestehenden Sachverhalten angemessen zu begegnen.[537] Fraglich ist also, ob vorliegend eine „anfängliche" oder „nachträgliche" Lückenhaftigkeit besteht.

aa. „Anfängliche" Lücke

Damit ist zunächst zu klären, ob die Regelungen der §§ 74 ff. HGB aus dem Jahre 1914 eine anfängliche gesetzliche Lücke bezüglich Geschäftsführern enthielten. Die historische Betrachtung der Regelungen nachvertraglicher Wettbewerbsverbote des HGB beginnt mit dem im Jahre 1895 erlassenen § 73 Abs. 1 HGB.[538] Weiter kodifiziert wurden nachvertragliche Wettbewerbsverbote mit Handlungsgehilfen durch einen neuen Entwurf eines HGB und der Einführung der §§ 74, 75 HGB durch den Erlass des zum 01.01.1900 in Kraft getretenen neuen

535 Vgl. *Canaris*, Die Feststellung von Lücken im Gesetz, S. 136 f.; *Larenz/Canaris*, Methodenlehre der Rechtswissenschaft, S. 198; *Rüthers/Fischer/Birk*, Rechtstheorie, § 23 Rn. 847; *Wank*, Auslegung von Gesetzen, S. 85.

536 *Rüthers/Fischer/Birk*, Rechtstheorie, § 23 Rn. 859 f.; *Canaris*, Die Feststellung von Lücken im Gesetz, S. 135.

537 *Rüthers/Fischer/Birk*, Rechtstheorie, § 23 Rn. 861; *Canaris*, Die Feststellung von Lücken im Gesetz, S. 135.

538 Vgl. Entwurf eines Handelsgesetzbuches, Reichstagsprotokolle, 9. Legislaturperiode, 1895/97, 14, Anlage Nr. 632, S. 3059.

HGB.[539] Die §§ 74, 75 HGB allerdings traten gemäß Art. 1 Abs. 2 EGHGB schon zum 01.01.1898 in Kraft.[540] So wurde auch der § 133f GewO zum 01.01.1900 eingeführt und normierte die rechtliche Beurteilung nachvertraglicher Wettbewerbsverbote für technische Angestellte.[541] Die letzte Kodifizierung bzw. Modifizierung der §§ 74 ff. HGB erfolgte durch das Gesetz vom 10.06.1914,[542] die in dieser Form größtenteils auch heute noch gelten.

Wie es schon das BAG[543] erwähnte, waren die Gesetzesentwürfe vor dem Erlass im Jahre 1914 umstritten.[544] In Anbetracht der historischen Entwicklung der §§ 74 ff. HGB seit Erlass dieser HGB-Vorschriften und unter Berücksichtigung der Rechtsprechung des BAG seit dem 13.09.1969[545] bestand für nichtkaufmännische Angestellte eine nachträgliche (offene) Lücke. Unerheblich ist die Annahme des BAG, dass die Regelungen der §§ 74 ff. HGB schon anfänglich lückenhaft gewesen seien.[546] Von Bedeutung ist jedoch die Frage, ob auch eine anfängliche Lücke bezüglich Geschäftsführern besteht. Innerhalb der Berichte des historischen Gesetzgebers bezüglich der §§ 74 ff. HGB sowie des § 133f GewO beschränkten sich Diskussionen grundsätzlich nur auf Handlungsgehilfen und technische Angestellte. Folglich wurden in den Berichten ausschließlich diese Arbeitnehmergruppen behandelt. Die Einbeziehung oder bewusste Aussparung der Organe der Kapitalgesellschaften und insbesondere des Geschäftsführers wurde innerhalb der Berichte und Entwürfe nicht behandelt.[547] Auszugehen ist vielmehr davon, dass der historische Gesetzgeber im Rahmen der §§ 74 ff. HGB

---

539 RGBl., 1897, S. 219, 235; vgl. *Krahforst*, Nachvertragliche Wettbewerbsverbote für GmbH-Geschäftsführer, S. 169.

540 RGBl., 1897, S. 437.

541 RGBl., 1897, S. 437, 439.

542 RGBl., 1914, S. 209 f.

543 BAG, NJW 1970, 626, 628 f.

544 Zu der historischen Entwicklung der §§ 74 ff. HGB ausführlich *Krahforst*, Nachvertragliche Wettbewerbsverbote für GmbH-Geschäftsführer, S. 169 ff.; allgemein zur historischen Entwicklung von Wettbewerbsverboten in Deutschland Brendel, Nachvertragliche grenzüberschreitende Wettbewerbsverbote, S. 9 ff.

545 BAG, NJW 1970, 626, 628 f.

546 BAG, NJW 1970, 626, 628; *Krahforst*, Nachvertragliche Wettbewerbsverbote für GmbH-Geschäftsführer, S. 173, mit Kritik an der Begründung des BAG.

547 Vgl. Denkschrift zum Entwurf eines Handelsgesetzbuches und eines Einführungsgesetzes, Reichstagsprotokolle, 9. Legislaturperiode, 1895/97, 14, Anhang zur Anlage Nr. 632, S. 3173; Begründung des Gesetzesentwurfs zur Änderung des Handelsgesetzbuches, Reichstagsprotokolle, 13. Legislaturperiode, 1912/14, 18, Anlage Nr. 575, S. 725 ff.

zunächst allein Regelungen bezüglich Handlungsgehilfen treffen wollte und andere Personengruppen gar nicht im Blick hatte. Obgleich sowohl dem historischen Gesetzgeber als auch der damaligen Literatur, in der auch schon damals die Ablehnung der Anwendbarkeit der §§ 74 ff. HGB mangels Vergleichbarkeit mit Handlungsgehilfen besprochen wurde,[548] der Sachverhalt bekannt war, dass auch mit Geschäftsführern nachvertragliche Wettbewerbsverbote vereinbart werden würden und eine entsprechende gesetzliche Regelung im GmbHG fehlte, erfolgte keine Auseinandersetzung mit dieser Problematik. Auch die Regierungsbegründung bezüglich des dritten Gesetzes zur Änderung der Gewerbeordnung und sonstiger gewerberechtlicher Vorschriften vom 17.04.2002 nach,[549] die vor allem die Erneuerung des § 110 GewO und die damit einhergehende Streichung des § 133f GewO a.F. vorsah, beinhaltete allein die Erläuterung, dass bloß die seit 1969 bestehende Rechtsprechung des BAG aufgefangen und aus Gründen der Klarstellung kodifiziert werden sollte. Eine anfängliche Lückenhaftigkeit ist damit vorliegend nicht festzustellen.

bb. „Nachträgliche" Lücke

In Betracht kommt somit allein eine nachträgliche Lücke. „Nachträgliche" Lücken entstehen vorwiegend durch tatsächliche Veränderungen technischer oder ökonomischer Natur. Infolge der Veränderungen und Entwicklungen ist sodann keine Regelung mehr vorhanden, mit der den entstehenden oder auch schon bestehenden ungeregelten Sachverhalten ausreichend und angemessen begegnet werden kann.[550] Wie dargestellt war es der Literatur und dem Gesetzgeber – das kann zumindest unterstellt werden – bekannt, dass nachvertragliche Wettbewerbsverbote auch mit Geschäftsführern vereinbart werden. In Anlehnung an die BAG-Begründung vom 13.09.1969[551] könnte vorliegend ebenfalls eine nachträgliche offene Lücke aufgrund der Entwicklungen seit Erlass der §§ 74 ff. HGB und der zwischenzeitlichen Kodifizierungen des GmbHG entstanden sein. Für eine solche Entwicklung spricht insbesondere die allgemeine Tendenz der BGH-Rechtsprechung zur Ausdehnung der (analogen) Anwendung arbeitsrechtlicher Schutzvorschriften und einer möglichen gesetzspezifischen

---

548 *Staub*, GmbHG, 1. Auflage, § 35 Anm. 50; *Staub*, HGB, 8. Auflage, § 236 Anm. 12; *Krahforst*, Nachvertragliche Wettbewerbsverbote für GmbH-Geschäftsführer, S. 173 f.

549 Siehe Begr. RegE, BT-Drs. 14/8796, S. 26.

550 *Rüthers/Fischer/Birk*, Rechtstheorie, § 23 Rn. 861; *Canaris*, Die Feststellung von Lücken im Gesetz, S. 135.

551 BAG, NJW 1970, 626, 628 f.

Einordnung als arbeitnehmerähnliche Person – vorliegend vor allem auch in Anbetracht einer möglichen allgemeinen Vermehrung der Vereinbarung nachvertraglicher Wettbewerbsverbote mit Geschäftsführern und Organmitgliedern.[552] Ob letztendlich eine nachträgliche Lücke festzustellen ist, misst sich sodann an der mit Arbeitnehmern möglichen vergleichbaren Interessenlage und Schutzbedürftigkeit im Sinne der wesentlichen und wertungsmäßigen Ähnlichkeit (*argumentum a simile*). Wie eingangs schon angemerkt, wird es vorliegend zur Überschneidung der notwendigen Denkschritte der Lückenfeststellung und der Lückenschließung kommen, dies vor allem hinsichtlich der analogen Anwendung der §§ 74 ff. HGB. Aber auch bezüglich der Besprechung und Untersuchung der sach- und systemgerechten Konkretisierung des § 138 BGB unter Heranziehung der allgemeinen Rechtsgedanken der §§ 74 ff. HGB könnte eine von der Rechtsprechung des BGH divergierende induktive Herleitung der beachtlichen Rechtsgedanken ein anderes Ergebnis vorgeben und insofern auch der Feststellung der Lücke dienen.

cc. Zwischenergebnis

Angelehnt an die Begründung des BAG wird vorliegend zunächst die Feststellung einer möglichen nachträglichen (offenen) Lücke unterstellt. Die letztendliche Feststellung der Lückenhaftigkeit kann im Falle der fraglichen analogen Anwendung der §§ 74 ff. HGB erst nach der Darstellung und Diskussion der weiteren Voraussetzungen der Analogie erfolgen.[553]

c. „Bewusste“ und „unbewusste“ Lücke

Als weiterer Schritt ist noch festzustellen, ob es sich vorliegend, ausgehend von der wertenden Betrachtung des gesetzgeberischen Plans und Willens, um eine bewusste oder unbewusste Unvollständigkeit des geschriebenen Rechts handelt.

---

552 Dafür spricht, dass nach Ermittlung der *Kienbaum*-Vergütungsberatung aus dem Jahre 1995 selbst bei kleineren GmbHs mit 35 % der Geschäftsführern ein nachvertragliches Wettbewerbsverbot vereinbart wurde; dazu und zu weiteren Erhebungen siehe *Bauer/Diller*, Wettbewerbsverbote, § 1 Rn. 5. Neuere Daten liegen leider nicht vor. Vorliegend wird vermutet, dass vor allem in Anbetracht der technischen Entwicklungen und Spezialisierungen der Branchen ein mindestens gleichbleibender oder sogar höherer Prozentsatz vorliegen wird. Bei größeren GmbHs womöglich sogar ein höherer Prozentsatz.

553 So auch *Krahforst*, Nachvertragliche Wettbewerbsverbote für GmbH-Geschäftsführer, S. 175.

Um eine „bewusste“ Lücke handelt es sich im Allgemeinen, wenn der Gesetzgeber die Regelung des Falles der Rechtsprechung und Wissenschaft überlassen wollte.[554] Eine „unbewusste“ Lücke liegt hingegen vor, wenn der Gesetzgeber den sonstigen Zwecksetzungen der Normen entsprechend die Regelungsbedürftigkeit eines Falles verkannt hat und infolgedessen eine ausdrückliche notwendige Regelung fehlt.[555] Des Weiteren kann das Gesetz auch dann bewusst lückenhaft sein, wenn „der zu entscheidende Fall von keiner Norm ihrem Regelungsplan nach erfaßt wird (Lücken *praeter legem*)“[556]. Vor allem anhand der Begriffe der „bewussten“ und „unbewussten“ Lücke wird die Frage der Planwidrigkeit der gesetzlichen Lücke behandelt.[557] Zu untersuchen ist somit, ob der (historische) Gesetzgeber vom Standpunkt der gesamten Rechtsordnung[558] aus „bewusst“ die Regelung und Behandlung der vorliegenden rechtlich relevanten Fälle der Rechtsprechung und Wissenschaft überlassen wollte oder „unbewusst“ die Regelungsbedürftigkeit verkannte.[559] Eine bewusste Lücke ist darüber hinaus auch möglich, wenn der Gesetzgeber die Schaffung einer gewissen Rechtsfolge oder eines gewissen Rechtsinstitutes bewusst nicht zulassen wollte. In diesen Fällen spricht man von einem beredten Schweigen des Gesetzgebers.[560]

aa. Beredtes Schweigen des Gesetzgebers

Als erste Möglichkeit der Feststellung einer geplanten und damit bewussten Lücke ist das Vorliegen eines beredten Schweigens des Gesetzgebers zu besprechen. So besteht die Möglichkeit, dass sich der Gesetzgeber bewusst gegen eine explizite gesetzliche Regelung zur Behandlung der vorliegenden Sachverhalte entschieden hat, sodass sowohl die Planwidrigkeit der Lücke als auch die Zulässigkeit der richterlichen Rechtsfortbildung zu verneinen ist. Vielmehr würden

---

554 *Larenz/Canaris*, Methodenlehre der Rechtswissenschaft, S. 199; *Rüthers/Fischer/Birk*, Rechtstheorie, § 23 Rn. 851.

555 *Larenz/Canaris*, Methodenlehre der Rechtswissenschaft, S. 200; *Rüthers/Fischer/Birk*, Rechtstheorie, § 23 Rn. 852.

556 *Rehbinder*, Einführung in die Rechtswissenschaft, S. 82; siehe auch *Möllers*, Juristische Methodenlehre, § 6 Rn. 64.

557 *Canaris*, Die Feststellung von Lücken im Gesetz, S. 134.

558 *Canaris*, Die Feststellung von Lücken im Gesetz, S. 134.

559 *Larenz/Canaris*, Methodenlehre der Rechtswissenschaft, S. 199 f.; *Rüthers/Fischer/Birk*, Rechtstheorie, § 23 Rn. 851 f.

560 Dazu *Möllers*, Juristische Methodenlehre, § 6 Rn. 64; der auf *Rehbinder*, Einführung in die Rechtswissenschaft, S. 83 verweist, der das beredte Schweigen auch als „qualifiziertes Schweigen [und] sog. unechte Lücke“ bezeichnet.

die Gerichte in diesen Fällen gegen den Willen des Gesetzgebers sowie die Wertungen des Gesetzes verstoßen, sofern sie dennoch rechtsfortbildend tätig werden würden.[561] Ob nun ein beredtes Schweigen des Gesetzgebers vorliegt, ist maßgeblich anhand des Willens des (historischen) Gesetzgebers, ausgehend vom Standpunkt der gesamten Rechtsordnung aus zu beurteilen.[562] Hier muss darauf geschaut werden, ob „bewusst" von einer expliziten gesetzlichen Regelung der vorliegenden Fälle abgesehen wurde.[563] Die Annahme eines beredten Schweigens allein aufgrund der Umstände, dass zum Zeitpunkt des Erlasses einer im Sachzusammenhang stehenden Gesetzesnovelle die Problematik bekannt war und eine explizite Regelung unterlassen wurde, hat hingegen wenig Überzeugungskraft. Liegt allein nur ein Schweigen (sogenanntes *argumentum ex silentio*) vor, kann aus diesem Nichts nicht die bewusste Nichtregelung eines rechtlich relevanten Sachverhalts gefolgert werden.[564] Zudem stellen Gesetzesnovellen oft Flickenwerke dar, die nicht den Anspruch haben, für jeden denkbaren und regelungsbedürftigen Sachverhalt eine explizite gesetzliche Regelung zu kodifizieren. Vielmehr kann von einer bewussten Nichtregelung im Sinne eines beredten Schweigens allein nur dann ausgegangen werden, wenn innerhalb der Materialien des (historischen) Gesetzgebers bezüglich geplanter Gesetzesnovellen, die im Sachzusammenhang mit nachvertraglichen Wettbewerbsverboten mit Geschäftsführern stehen, auch wirklich eine Auseinandersetzung mit der relevante Thematik stattfand bzw. entsprechende Äußerungen innerhalb der Materialien darauf schließen lassen, dass bewusst von einer Regelung abgesehen wurde.[565] Somit sind im Folgenden die gesetzgeberischen Initiativen des (historischen) Gesetzgebers bezüglich der im Sachzusammenhang stehenden Novellierungen in den Blick zu nehmen, demnach die Materialien zu den Novellierungen der §§ 74 ff. HGB und des § 110 GewO (sowie § 133f GewO a.F.), den Regelungen und Novellierungen der §§ 86, 90a HGB betreffend

---

561 Dazu *Bydlinski*, Juristische Methodenlehre und Rechtsbegriffe, S. 475; *Rüthers/Fischer/Birk*, Rechtstheorie, § 23 Rn. 838; *Möllers*, Juristische Methodenlehre, § 6 Rn. 64; *Schwacke*, Juristische Methodik, S. 126; so auch BVerfGE 35, 263, 280.

562 *Canaris*, Die Feststellung von Lücken im Gesetz, S. 134.

563 *Larenz/Canaris*, Methodenlehre der Rechtswissenschaft, S. 199 f.; *Rüthers/Fischer/Birk*, Rechtstheorie, § 23 Rn. 851 f.

564 *Möllers*, Juristische Methodenlehre, § 5 Rn. 45.

565 *Wank*, Juristische Methodenlehre, S. 362; *Möllers*, Juristische Methodenlehre, § 5 Rn. 45, § 6 Rn. 67; dafür auch *Beaucamp/Beaucamp*, Methoden und Technik der Rechtsanwendung, S. 93, die von einer „klare[n] Entscheidung" sprechen; so auch *Krahforst*, Nachvertragliche Wettbewerbsverbote für GmbH-Geschäftsführer, S. 181.

Wettbewerbsverboten mit Handelsvertretern, den gesetzgeberischen Initiativen bezüglich Wettbewerbsverboten gegenüber AG-Vorständen sowie GmbH-Geschäftsführern, den allgemeinen gesetzgeberischen Initiativen bezüglich des GmbH-Geschäftsführers sowie die Regelung des § 83 HGB betrachtet werden sollen.

(1) §§ 74 ff. HGB und § 110 GewO

Wie bereits dargestellt haben sich die Gesetzesinitiativen und Novellierungen betreffend den heutigen §§ 74 ff. HGB und den § 110 GewO nicht mit nachvertraglichen Wettbewerbsverboten mit Geschäftsführern – weder positiver noch negativer Art – auseinandergesetzt.[566] Wurden die §§ 74 ff. HGB seit 1914 kaum novelliert, dienten die vorgenommenen Änderungen sowie Aufhebungen allein der Klarstellung sowie Anpassung an die bestehende Rechtslage.[567] Die nur marginalen Änderungen innerhalb des Regelungsbereichs der §§ 74 ff. HGB begründen nicht die Annahme der bewussten und geplanten Lückenhaftigkeit sowie die Anerkennung der Rechtsprechungspraxis anhand des § 138 BGB bezüglich Geschäftsführern.[568]

(2) §§ 86 und 90a HGB

Das Recht des Handelsvertreters wurde mit dem Gesetz zur Änderung des Handelsgesetzbuches (Recht des Handelsvertreters) vom 06.08.1953[569] in den §§ 84 ff. HGB umfassend geregelt. Das HGB in seiner vorherigen Fassung vom

---

566 Vgl. Denkschrift zum Entwurf eines Handelsgesetzbuches und eines Einführungsgesetzes, Reichstagsprotokolle, 9. Legislaturperiode, 1895/97, 14, Anhang zur Anlage Nr. 632, S. 3173; Begründung des Gesetzesentwurfs zur Änderung des Handelsgesetzbuches, Reichstagsprotokolle, 13. Legislaturperiode, 1912/14, 18, Anlage Nr. 575, S. 725 ff.; zum heutigen § 110 GewO Begr. RegE, BT-Drs. 14/8796, S. 26.

567 Änderungen wurden durch den Art. 24 des Gesetzes zur Einführung des Euro im Sozial- und Arbeitsrecht sowie zur Änderung anderer Vorschriften (4. Euro-Einführungsgesetzes) vom 21.12.2000 vorgenommen (Änderung des § 74a Abs. 2 HGB und Aufhebung des § 75b HGB), vgl. BGBl., 2000 I, S. 1983, 2010. Nichtaufgehoben wurde der durch das BAG für verfassungswidrig erklärte § 75 Abs. 3 HGB vgl. BAG, NJW 1977, 1357, 1358; BAG, NZA 1999, 37; BeckOGK/*Ittmann*, HGB § 75 Rn. 30; zur Begründung der Verfassungsmäßigkeit und zum Recht der Verfassungswidrigkeitsfeststellung des BAG siehe EBJS/*Boecken*/*Rudkowski*, HGB § 75 Rn. 19 f.

568 So auch *Krahforst*, Nachvertragliche Wettbewerbsverbote für GmbH-Geschäftsführer, S. 182.

569 BGBl., 1953 I, S. 771.

10.05.1897[570] enthielt nur 9 Vorschriften, die das Verhältnis des „Handelsagenten" zu seinem „Geschäftsherrn" regelte, von denen heutzutage keine mehr in ihrer anfänglichen Fassung besteht.[571] Auch die weiteren Änderungen der §§ 84 ff. HGB dienten vor allem allein der Anpassung an die bestehende Rechtslage sowie die europarechtlichen Vorgaben.[572] So beschäftigte sich der (historische) Gesetzgeber auch im Wege der Einführung der §§ 86, 90a HGB nicht allgemein mit der Thematik von Wettbewerbsabreden. Demnach beinhalten auch die Materialien zur Kodifikation des nachvertraglichen Wettbewerbsverbotes mit Handelsvertretern keinerlei Aussagen bezüglich einer bewussten Entscheidung zur Nichtregelung hinsichtlich anderer Personengruppen,[573] sodass auch in Anbetracht der Materialien zum Recht des Handelsvertreters kein beredtes Schweigen des Gesetzgebers zu nachvertraglichen Wettbewerbsverboten mit Geschäftsführern vorliegt.[574]

---

570 RGBl., 1897, S. 237 f.

571 Guter Überblick über die Änderungen, EBJS/*Löwisch*, HGB Vor §§ 84–92c Rn. 2.

572 Vgl. dazu BGBl., 1989 I, S. 1910 bezüglich der Änderungen durch das Durchführungsgesetz zur Umsetzung der EG-Richtlinie zur Koordination des Rechts der Handelsvertreter vom 23.10.1989 (Veränderungen der §§ 86, 86a, 87, 87a, 89b, 90a, 92c HGB), siehe Begr. RegE, BT-Drs. 11/3077, S. 10. Vgl. auch EBJS/*Löwisch*, HGB § 90a Rn. 1, hinsichtlich der Änderungen zur Umsetzung der Vorgaben des Art. 20 Abs. 2 lit. b der EG-Richtlinie zur Koordination des Rechts der Handelsvertreter (Klarstellung dienende Änderung des § 84 Abs. 4 HGB sowie des § 90a Abs. 2 und 3 HGB zur Anpassung an die herrschende Rechtslage nach der Entscheidung des BVerfG, v. 07.02.1990 - 1 BvR 26/84, BVerfGE 81, 242), durch das Handelsrechtsreformgesetz (HRefG) vom 22.06.1998, vgl. BGBl., 1998 I, S. 1474; Begr. BR-Drs. 340/97, S. 43 f. Weitere Modifikationen durch das Gesetz zur Modernisierung des Schuldrechts vom 09.12.2004 und das Gesetz zur Neuregelung der Rechtsverhältnisse bei Schuldverschreibungen aus Gesamtemissionen und zur verbesserten Durchsetzbarkeit von Ansprüchen von Anlegern aus Falschberatung vom 31.07.2009, vgl. BGBl., 2004 I, S. 3214; BGBl., 2009 I, S. 2512, 2519. Siehe auch BGBl., 1998 I, S. 1474; Begr. BR-Drs. 340/97, S. 43 f. hinsichtlich der Änderungen durch das Handelsrechtsreformgesetz (HRefG) vom 22.06.1998 mit Anpassung an die Rechtslage und der Wahrung der Verfassungskonformität der Vorschrift des § 90a HGB infolge der Entscheidung des BVerfG, v. 07.02.1990 - 1 BvR 26/84, BVerfGE 81, 242.

573 Wie oben schon, siehe *Wank*, Juristische Methodenlehre, S. 362; *Möllers*, Juristische Methodenlehre, § 5 Rn. 45, § 6 Rn. 67; dafür auch *Beaucamp/Beaucamp*, Methoden und Technik der Rechtsanwendung, S. 93, die von einer „klare[n] Entscheidung" sprechen.

574 So auch *Krahforst*, Nachvertragliche Wettbewerbsverbote für GmbH-Geschäftsführer, S. 188.

(3) Gesetzgeberische Initiativen bezüglich Wettbewerbsverboten mit AG-Vorstandsmitgliedern

Für Vorstandsmitglieder enthält das AktG im heutigen § 88 ein ausdrückliches gesetzliches Wettbewerbsverbot für die Zeit ihrer organschaftlichen Tätigkeit,[575] demnach dem Vorstandsmitglied werdas Betreiben eines Handelsgewerbes (§ 88 Abs. 1 S. 1 Fall 1 AktG), das Geschäftemachen im Geschäftszweig der Gesellschaft (§ 88 Abs. 1 S. 1 Fall 2 AktG) und die Tätigkeit als Vorstandsmitglied, Geschäftsführer oder persönlich haftender Gesellschafter einer anderen Handelsgesellschaft (§ 88 Abs. 1 S. 2 AktG), verboten wird.[576] Der heutige § 88 AktG geht auf den § 79 AktG von 1937 zurück,[577] der wiederum aus den Art. 232, 196a ADHGB der Aktienrechtsnovelle von 1884[578] entsprungen ist. Durch das Aktiengesetz von 1965[579] wurde die Vorgängerregelung des § 79 AktG 1937 im § 88 AktG neugefasst.[580] Der Entwurf eines Aktiengesetzes vom 13.06.1960[581] sah ebenfalls schon eine Neufassung der Regelung des § 79 AktG 1937 durch eine Neuregelung im § 85 RegE vor.[582] Eine Änderung des § 88 Abs. 3 AktG sah der Entwurf eines Gesetzes zur Anpassung von Verjährungsvorschriften an das Gesetz zur Modernisierung des Schuldrechts vom 24.08.2004 vor.[583] In all diesen Änderungsentwürfen und späteren Novellierungen wurde eine gesetzliche Regelung nachvertraglicher Wettbewerbsverbote für Vorstandsmitglieder weder besprochen noch angedacht, obwohl das Vorliegen solcher nachvertraglicher Wettbewerbsverbote und die Frage der Nichtanwendung der §§ 74 ff. HGB schon zumindest seit dem Jahr 1961 bekannt waren.[584]

---

575 BeckOGK/*Fleischer*, AktG § 88 Rn. 1.

576 BeckOGK/*Fleischer*, AktG § 88 Rn. 1; Hüffer/Koch/*Koch*, AktG § 88 Rn. 1; MüKo-AktG/*Spindler*, § 88 Rn. 1.

577 Siehe *Kropff*, Aktiengesetz, S. 112.

578 Vgl. RGBl., 1884, S. 123, 141, 160.

579 BGBl., 1965 I, S. 1089.

580 Vgl. *Kropff*, Aktiengesetz, S. 112; so auch BeckOGK/*Fleischer*, AktG § 88 Rn. 3.

581 Siehe BT-Drs. III/1915.

582 Vgl. BT-Drs. III/1915, S. 127; so auch dann die Begründung zum Aktiengesetz von 1965, siehe *Kropff*, Aktiengesetz, S. 112. Hingewiesen wurde vor allem aber auf die grundsätzliche Übernahme des geltenden Rechts (§ 79 AktG 1937) sowie den Umstand, dass diese Regelung vor allem den §§ 60, 61 HGB nachgebildet sei.

583 Siehe BT-Drs. 15/3653, S. 7.

584 Vgl. dazu GroßKommAktG, 1961, § 79 Anm. 10; Baumbach/*A. Hueck*/*G. Hueck*, 1961, § 79 Anm. 1; später auch GroßKommAktG/*Meyer-Landrut*, 1973, § 88 Anm. 10.

Aufgrund der gesetzgeberischen Nichtregelung von nachvertraglichen Wettbewerbsverboten mit Vorstandsmitgliedern ist nicht ohne Weiteres davon auszugehen, dass diese Nichtbeachtung des als bekannt zu unterstellenden Sachverhalts eine „klare Entscheidung“[585] des Gesetzgebers im Sinne eines beredtes Schweigens „negativer Art“ darstellt.[586] Folglich kann auch nicht von einer impliziten Nichtregelung ausgegangen werden.[587] Ob eine implizite Nichtregelung vorliegt, bestimmt sich sodann an den allgemeinen Auslegungsmethoden und in Abgrenzung zu den rechtspolitischen Fehlern des Gesetzes unter Berücksichtigung der immanenten Teleologie, der allgemeinen Rechtsgedanken sowie der objektiven Regelungsabsichten.[588] Aber selbst die (implizite bzw. bewusste) Nichtbeachtung ungeregelter Sachverhalte kann sich im Laufe der Zeit zu einer „Anschauungslücke“ wandeln,[589] demnach der Übergang der bewussten zur unbewussten Nichtregelung fließend ist.[590] Unter Beachtung des Flickenwerkcharakters der Gesetzesnovellen kann nicht jede verstrichene Novellierungsmöglichkeit als Erneuerung der bewussten Nichtregelung gesehen werden.[591] Folglich besteht vielmehr noch Raum zur Annahme, dass unter Beachtung der gesamten Regelungsabsicht des Gesetzgebers sowie der immanenten Teleologie des Gesetzes eine unzureichende[592] oder unterlassene[593] Regelung im Sinne einer unbewussten Lücke entstanden sein könnte.[594]

---

585 *Beaucamp/Beaucamp*, Methoden und Technik der Rechtsanwendung, S. 93, idS. auch *Wank*, Juristische Methodenlehre, S. 362.

586 So aber *Krahforst*, Nachvertragliche Wettbewerbsverbote für GmbH-Geschäftsführer, S. 185; dazu allgemein *Dück*, ZfPW 2018, 76, 89, auch Canaris, Die Feststellung von Lücken im Gesetz, S. 39 ff.; *Meier-Hayoz*, Der Richter als Gesetzgeber, S. 70.

587 So *Reimer*, Juristische Methodenlehre, Rn. 573.

588 *Larenz*, Methodenlehre der Rechtswissenschaft, S. 374; *Canaris*, Die Feststellung von Lücken im Gesetz, S. 39 f.

589 *Heck*, AcP 112 (1914), 1, 173; so auch *Rüthers/Fischer/Birk*, Rechtstheorie, § 23 Rn. 871; dazu später mehr.

590 IdS. Dück, ZfPW 2018, 76, 89.

591 Siehe *Wank*, Juristische Methodenlehre, S. 362; Anders zur vorliegenden Problematik aber *Krahforst*, Nachvertragliche Wettbewerbsverbote für GmbH-Geschäftsführer, S. 185, die als letzte Möglichkeit die Änderung des § 88 AktG im Wege des Entwurfs des Gesetzes zur Anpassung von Verjährungsvorschriften an das Gesetz zur Modernisierung des Schuldrechts vom 24.08.2004 (BT-Drs. 15/3653, S. 7) sieht.

592 Vgl. *Braun*, Deduktion und Invention, S. 138.

593 Dazu *Meier-Hayoz*, JZ 1981, 417, 422 f.

594 *Dück*, ZfPW 2018, 76, 88.

(4) *Gesetzgeberische Initiativen bezüglich Wettbewerbsverboten mit Geschäftsführern der GmbH*

Des Weiteren sind auch die gesetzgeberischen Initiativen bezüglich des Geschäftsführers in den Blick zu nehmen. In der heutigen Fassung des GmbHG ist kein gesetzliches Wettbewerbsverbot kodifiziert. Ein Regierungsentwurf vom 31.01.1972 enthielt in § 71 RegE 1972 erstmals eine Regelung für ein Wettbewerbsverbot des Geschäftsführers für die Dauer seiner Organstellung.[595] Der § 71 RegE 1972 wurde in der folgenden Legislaturperiode wort- und inhaltsgleich in einem weiteren Regierungsentwurf vom 26.02.1973 übernommen.[596] So enthielt der § 71 RegE eine ausdrücklich an die §§ 112, 113 HGB und § 88 AktG angelehnte Regelung, für ein gesetzliches Wettbewerbsverbot während der Organstellung. In diesem Sinne wurde der Inhalt und Umfang des Wettbewerbsverbotes des § 88 AktG in den § 71 Abs. 1 S. 1 und 2 RegE übernommen. Abweichungen im Wortlaut und Inhalt wurden mit den Unterschieden des Aktienrechts zum GmbH-Recht begründet.[597] Der § 71 RegE 1972/73 wurde letztlich jedoch nie erlassen. Eine nächste beachtenswerte Novelle des GmbH-Gesetzes erfolgte im Jahre 1980,[598] die im Wesentlichen auf den Regierungsentwurf aus dem Jahre 1977 beruhte, in dem ein Wettbewerbsverbot für die Dauer der Organstellung jedoch keine Rolle mehr spielte.[599] Einzig durch die Novelle von 1980 miteingeführt wurde § 85 GmbHG (§ 86 im Regierungsentwurf von 1977), der eine Schweigepflicht des Geschäftsführers bezüglich der Wahrung von Betriebs- und Geschäftsgeheimnissen normiert und einen Verstoß unter Freiheitsstrafe stellt[600] und im Wesentlichen der schon bestehenden Regelung des § 404 AktG entsprach.[601] Der Gesetzgeber hat sich dennoch nur sehr spärlich mit Wettbewerbsverboten gegenüber Geschäftsführern befasst. Zwar könnte man dem Gesetzgeber zunächst unterstellen, dass er sich im Kontext der Normierung des § 85 GmbHG wohl auch im Allgemeinen mit der Problematik des Schutzes von Betriebs- und Geschäftsgeheimnissen sowie Wettbewerbsverboten im weiteren Sinne befasst haben wird und die Annahme naheliegt, dass

595 BT-Drs. 6/3088, S. 20.
596 BT-Drs. 7/253, S. 20.
597 Vgl. BT-Drs. 6/3088, S. 124; BT-Drs. 7/253, S. 124.
598 BGBl., 1980 I, S. 836.
599 Vgl. BT-Drs. 8/1347.
600 Siehe BGBl., 1980 I, S. 836, 840.
601 So BT-Drs. 8/1347, S. 56, mit der Ausnahme des Abs. 3 aufgrund der Unterschiede des Aktienrechts zum GmbH-Recht.

sich der Gesetzgeber im gewissen Maße auch bewusst gegen eine gesetzliche Regelung entschieden hat. So kann auch der BGH verstanden werden, der den § 85 GmbHG als ein zeitlich unbeschränktes Wettbewerbsverbot ansah.[602]

Der Normierung des § 85 GmbHG kann gleichwohl kein beredtes Schweigen entnommen werden. So stellt § 85 GmbHG primär eine strafrechtlich geprägte Vorschrift dar, die der Gesellschaft allein einen Schutz „vor unredlichen Eingriffen in Wirtschaftsgeheimnisse" bieten soll.[603] Nicht behandelt wird damit die Frage nach der Zulässigkeit der Beschränkungen einer anderweitigen Konkurrenztätigkeit nach dem Ausscheiden aus der Gesellschaft sowie der Beendigung des Anstellungsverhältnisses. Folglich schließt die Einführung des § 85 GmbHG die Planwidrigkeit nicht aus.[604] Zur Zeit der GmbHG-Novelle war die Problematik der nachvertraglichen Wettbewerbsverbote ebenfalls schon bekannt, gleichwohl befassten sich die Materialien nicht mit dieser Problematik, sodass auch diesem Schweigen keine „klare Entscheidung"[605] der bewussten Nichtregelung zu entnehmen ist.

(5) Allgemeine gesetzgeberische Initiativen bezüglich Geschäftsführern der GmbH

In Anlehnung an die BAG-Entscheidung vom 08.05.2007[606] müssen zudem auch die sonstigen gesetzgeberischen Maßnahmen betrachtet werden, die im Sachkontext mit der vorliegenden Thematik stehen. So könnte die Betrachtung anderweitiger erlassener gesetzlicher Regelungen sowie der dazugehörenden Materialien die Annahme eines beredten Schweigens sowie die bewusste Entscheidung zur Nichtregelung nahelegen. Entsprechend lehnte das BAG beispielsweise die analoge Anwendbarkeit des § 622 Abs. 2 BGB auf das Rechtsverhältnis einer arbeitnehmerähnlichen Person mit der Begründung ab, dass

---

602 Vgl. BGHZ 91, 1, 5 f.; siehe auch *Gravenhorst*, Nachvertragliche Wettbewerbsverbote mit GmbH-Geschäftsführern, S. 113 f.; *Krahforst*, Nachvertragliche Wettbewerbsverbote für GmbH-Geschäftsführer, S. 190.

603 BeckOK GmbHG/*Müller*, § 85 Rn. 1 f.; MHLS/*Dannecker*, GmbHG § 85 Rn. 1 f.; Noack/Servatius/Haas/Beurskens, GmbHG § 85 Rn. 1; so auch *Gravenhorst*, Nachvertragliche Wettbewerbsverbote mit GmbH-Geschäftsführern, S. 114.

604 *Gravenhorst*, Nachvertragliche Wettbewerbsverbote mit GmbH-Geschäftsführern, S. 114; a.A. *Krahforst*, Nachvertragliche Wettbewerbsverbote für GmbH-Geschäftsführer, S. 190.

605 *Beaucamp/Beaucamp*, Methoden und Technik der Rechtsanwendung, S. 93; idS. auch *Wank*, Juristische Methodenlehre, S. 362.

606 BAG, AP BGB § 611 Arbeitnehmerähnlichkeit Nr. 15.

eine planwidrige gesetzliche Lücke unter Beachtung der sonstigen gesetzgeberischen Maßnahmen nicht mehr gegeben sei. Demnach erhielten die sonstigen gesetzgeberischen Maßnahmen eine Reihe von Vorschriften zur Gleichstellung von Arbeitnehmern und arbeitnehmerähnlichen Personen, wobei eine solche Gleichstellung im Bereich der Kündigungsfristen, mit Ausnahme des § 621 BGB, hingegen unterblieb. Folglich wurde darin eine bewusste Entscheidung der Nichtregelung bzw. Nichtgleichstellung gesehen.[607]

Betrachtet man nun etwaige sonstige Gesetzesnovellierungen sowie die jeweils dazugehörenden Materialien, enthalten diese ebenfalls keinerlei Aussage hinsichtlich der bewussten Nichtregelung nachvertraglicher Wettbewerbsverbote. Handelt es sich bei der Feststellung der Planwidrigkeit einer gesetzlichen Lücke um eine wertende Gesamtbetrachtung der Rechtssätze sowie der gesamten Rechtsordnung, könnte man der umfassenden Nichtbeachtung allenfalls dahingehend eine Aussage entnehmen, dass das Auffinden einer angemessenen Entscheidungsgrundlage des Einzelfalls allgemein zunächst der Rechtsprechung und Wissenschaft überlassen wurde.[608] Dies bedeutet freilich nicht, dass damit auch schon die Billigung der bestehenden Rechtsprechungspraxis sowie eine Anerkennung der Anwendung des § 138 BGB einhergehen. Unter Beachtung der gesamten Regelungsabsichten des Gesetzgebers, der immanenten Teleologie des Gesetzes sowie der allgemeinen Rechtsprinzipien und Wertungen unseres „inneren Systems" liegen vorliegend weiterhin keine „klare Entscheidung" sowie ein beredtes Schweigen hinsichtlich der bewussten Nichtregelung vor.

(6) Zwischenergebnis

Ein beredtes Schweigen im Sinne einer bewussten und „klaren" Entscheidung des Gesetzgebers besteht unter Beachtung der relevanten gesetzgeberischen Initiativen nicht. Die Planwidrigkeit ist somit zunächst weiterhin zu unterstellen. Ob dem Schweigen zugleich doch auch eine Anerkennung und Billigung der BGH-Rechtsprechungspraxis folgt, wird im späteren Verlauf der Arbeit noch einmal ausführlicher erörtert.

---

607 BAG, AP BGB § 611 Arbeitnehmerähnlichkeit Nr. 15; *Krahforst*, Nachvertragliche Wettbewerbsverbote für GmbH-Geschäftsführer, S. 191.

608 IdS. *Krahforst*, Nachvertragliche Wettbewerbsverbote für GmbH-Geschäftsführer, S. 191.

bb. Geplante Lücke aufgrund des § 83 HGB

Des Weiteren soll noch kurz der § 83 HGB betrachtet werden. Dem Regelungsgehalt des § 83 HGB nach sollen die Regelungen der §§ 59-83 HGB allein für Handlungsgehilfen gelten. Demnach könnte der gesetzgeberische Wille dahingehend bestehen, dass sich die Anwendung der Regelung der §§ 59-83 HGB auf andere Personengruppen grundsätzlich verbietet.[609] Einer solchen Überlegung kann heutzutage allerdings nicht einmal mehr nur im Ansatz entsprochen werden. Vor allem infolge der Einfügung des § 110 S. 2 GewO wurde dem § 83 HGB und seiner ausschließenden und beschränkenden Wirkung die Grundlage entzogen. Für die Bedeutungslosigkeit der Vorschrift spricht ferner, insbesondere auch hinsichtlich Geschäftsführern, dass der § 83 HGB in den neuen Bundesländern schon nicht mehr in Kraft getreten ist.[610] Demnach liegt vielmehr eine bewusste Entscheidung des Gesetzgebers bezüglich der Unbeachtlichkeit und Bedeutungslosigkeit des § 83 HGB vor.

cc. Fehlende Planwidrigkeit infolge der Billigung der Rechtsprechung oder der Anwendbarkeit des § 138 BGB

Liegt ein beredtes Schweigen hinsichtlich der relevanten Gesetzesnovellierungen nicht vor, soll zunächst erörtert werden, ob hinsichtlich nachvertraglicher Wettbewerbsverbote mit Geschäftsführern eine planwidrigkeitsausschließende Billigung der Rechtsprechung besteht. Zudem könnte auch schon die Möglichkeit der grundsätzlichen Anwendbarkeit der Generalklausel des § 138 BGB der Feststellung einer planwidrigen Gesetzeslücke entgegenstehen.

(1) Billigung der Rechtsprechung

Zu fragen ist danach, ob es im Wege des Schweigens des Gesetzgebers zur Billigung der seit der Leitsatzentscheidung des BGH bestehenden Rechtsprechungspraxis gekommen sein könnte. Fraglich ist demnach, inwiefern dem Schweigen sowie dem legislativen Untätigbleiben des Gesetzgebers eine Anerkennung und Billigung der Rechtsprechungspraxis zu entnehmen ist. Das Schweigen des Gesetzgebers wird richtigerweise nicht immer als ein *„nullum"* zu werten sein – gerade eben in den Fällen, in denen der Gesetzgeber bewusst davon

---

609 IdS. noch *Meilicke*, DB 1970, 396; allgemein zum § 83 HGB siehe BeckOGK/*Ittmann*, HGB § 83 Rn. 1 ff.

610 Vgl. BeckOGK/*Ittmann*, HGB § 83 Rn. 3; EBJS/*Boecken*/*Rudkowski*, HGB § 83 Rn. 3; MüKoHGB/*Thüsing*, § 83 Rn. 1. Dies nach Anlage I des Einigungsvertragsgesetzes vom 31.08.1990, B. Kap. III, BGBl., 1990 II, S. 959.

abgesehen hat, konkrete Gesetzgebungsvorschläge aufzunehmen und umzusetzen.[611] Zugleich kann aber auch das jahrelange Schweigen des Gesetzgebers hinsichtlich einer mehrjährigen ständigen Rechtsprechungspraxis als eine Billigung der richterlichen Rechtsfortbildung der Gerichte gewertet werden. Solche Fälle des Schweigens des Gesetzgebers stellen vor allem die gängigen Fälle des gesetzesvertretenden Richterrechts dar, bei denen der Richter in Ermangelung einer gesetzlichen Regelung dazu gezwungen wird, im Wege der Entwicklung neuer richterlicher Prinzipien und Rechtsinstitute einen Lebensbereich gänzlich neu zu regeln. Das klassische Beispiel für das gesetzesvertretende Richterrecht ist das Arbeitskampfrecht, welches grundsätzlich allein auf der Rechtsprechung des BAG aufbaut.[612] Für eine Billigung sprechen in diesen Fällen sodann vor allem die Aspekte der Rechtssicherheit und des Vertrauenstatbestandes, wobei es hier insbesondere um die Einheitlichkeit und Stabilität der Rechtsprechung sowie den subjektivierten Aspekt der Rechtssicherheit in Form des Vertrauensschutzes des Rechtsunterworfenen geht.[613] In diesem Sinne kann die Einbeziehung des vorhandenen Richterrechts, also die Bindung an das eigene Präjudiz, einen wichtigen Aspekt des Vertrauenstatbestandes darstellen. Und auch vorliegend hielt sich der BGH bei der rechtlichen Beurteilung im Wege der Konkretisierung grundsätzlich an seine eigenen Präjudizien.[614] Folglich wirkte die Entscheidung des Einzelfalls mittelbar über diesen einzelnen zu entscheidenden Fall hinaus.[615] Ob sich aus dem Präjudiz sodann ein Vertrauenstatbestand ergibt, kann nicht einheitlich und allgemein beantwortet werden, sondern hängt von mehreren Aspekten ab.[616] Allgemein begründet die höchstrichterliche Rechtsprechung zunächst einmal einen stärkeren Vertrauenstatbestand – vor allem die, die unangefochten und seit länger Zeit besteht.[617] Unterliegt die Rechtsprechung jedoch schon seither der Kritik aus dem Schrifttum oder von anderen Gerichten, wird

611 *Möllers*, Juristische Methodenlehre, § 13 Rn. 40.

612 *Ossenbühl*, HStR V, § 100 Rn. 53; *Rüthers/Fischer/Birk*, Rechtstheorie, § 6 Rn. 249 ff.; *Möllers*, Juristische Methodenlehre, § 13 Rn. 41; siehe zum Persönlichkeitsrecht auch RegE, BT-Drs. 14/7752, S. 25; für das Gesellschaftsrecht siehe die Macrotron-Entscheidung BGHZ 153, 47.

613 Siehe dazu *Martens*, JZ 2011, 348, 354 f.; *Klein*, JZ 2018, 64, 66 ff.

614 Dazu *Haberstumpf*, Die Formel vom Anstandsgefühl aller billig und gerecht Denkenden, S. 45, 47, 49 f.

615 *Larenz*, Methodenlehre der Rechtswissenschaft, S. 429.

616 Zu den einzelnen möglichen Aspekten siehe *Langenbucher*, JZ 2003, 1132.

617 Vgl. *Neuner*, Allgemeiner Teil des Bürgerlichen Rechts, § 4 Rn. 14.

diese Rechtsprechung indes zutreffenderweise kein übermäßiges schützenswertes Vertrauen begründen können.[618]

Daran anknüpfend kann vorliegend auf die in der Literatur und Kautelarpraxis bestehende Kritik sowie die bestehenden Unsicherheiten infolge der bisherigen BGH-Rechtsprechung und der daraus hervorgehenden Vorgaben geblickt werden. Dementsprechend habe sich die BGH-Rechtsprechung im Laufe der Jahre infolge der Einzelfallrechtsprechung im Sinne eines *case law* entwickelt.[619] Zudem wird die Rechtsprechung oft als undurchsichtig empfunden und ergebe zumeist ein „diffuses Bild“[620]. Demgemäß haben sich zwar „eigene Grenzen entwickelt, die in vielen Punkten [gleichwohl] noch nicht präzise gezogen sind“[621]. Folglich sei es allgemein kaum möglich anhand der BGH-Vorgaben überhaupt ein rechtssicheres nachvertragliches Wettbewerbsverbot zu vereinbaren.[622] So führt die Verunsicherung sogleich dazu, dass sich eine Vielzahl der Unternehmen freiwillig vertraglich dem Regelungssystem der §§ 74 ff. HGB unterwirft.[623] Demnach wird die (freiwillige) Orientierung an den Regelungen der §§ 74 ff. HGB somit oftmals als der „sicherste Weg“ angesehen, um überhaupt ein im gewissen Maße rechtssicheres sowie vorhersehbares nachvertragliches Wettbewerbsverbot zu vereinbaren.[624] Dazu tritt der Umstand, dass es bei vielen beachtlichen Problemen der höchstrichterlichen Klärung fehlt. Dies liegt vor allem daran, dass über nachvertragliche Wettbewerbsverbote mit Organmitgliedern oftmals allein im einstweiligen Verfügungsverfahren gestritten wird, sodass diese Fälle erst gar nicht zum BGH gelangen, da im einstweiligen Rechtsschutz keine Revision stattfindet. Folglich ist die Praxis häufig auf die Rechtsprechung der Landes- sowie Oberlandesgerichte angewiesen, die sodann durchaus uneinheitlich sei.[625] Knüpft der Vertrauenstatbestand hinsichtlich der bisherigen

---

618 Vgl. BVerfGE 84, 212, 227 f.; 122, 248, 277; *Klein*, JZ 2018, 64, 67 f.

619 *Thüsing*, NZG 2004, 9.

620 *Heidenhain*, NZG 2002, 605; Baumbach/Hueck/*Zöllner*/*Noack*, 18. Aufl. 2006, GmbHG § 35 Rn. 198.

621 *Thüsing*, NZG 2004, 9; vgl. auch *Krahforst*, Nachvertragliche Wettbewerbsverbote für GmbH-Geschäftsführer, S. 28.

622 BeckOGK/*Ittmann*, HGB § 74 Rn. 9.2; *Bauer*/*Diller*, Wettbewerbsverbote, § 24 Rn. 1037; *Heidenhain* NZG 2002, 605.

623 *Bauer*/*Diller*, GmbHR 1999, 885, 891 f.; *Menke*, NJW 2009, 636, 637; *Weitnauer*/*Grob*, GWR 2014, 185, 189. Dies entweder vollständig oder infolge der Uneindeutigkeit der Rechtslage zumindest die ausdrückliche vertragliche Verweisung auf einzelne Normen der §§ 74 ff. HGB vorsehen.

624 *van Kann*/*Keiluweit* BB 2010, 2050, 2053.

625 Siehe dazu *Diller*, FD-ArbR 2008, 263932.

Rechtsprechung im Allgemeinen sodann an die jeweiligen Schutzwürdigkeiten der Parteien an, die zudem in Kollision zur materiellen Gerechtigkeit stehen, können diese unter Beachtung der bestehenden Unsicherheiten im vorliegenden Fall von vornherein schon nicht allzu hoch angesetzt werden.[626]

Des Weiteren ist es nicht das Präjudiz, das den Rechtsanwender bindet, sondern allenfalls die spezifische Auslegung, Normkonkretisierung oder Rechtsfortbildung. Die vorherige Entscheidung darf nicht „blind" übernommen werden, sodass der Richter den jeweiligen Einzelfall vielmehr anhand seiner eigenen Überzeugung sowie des geltenden Rechts erneut zu entscheiden hat.[627] Präjudizien können allenfalls zur Orientierung oder als Richtlinie dienen, wodurch die einzelfallabhängige Beurteilung hingegen keinesfalls entfallen darf.[628] So kann dem Präjudiz damit kein eigenständiger Rechtsquellencharakter, höchstens der Charakter der „Rechtserkenntnisquelle"[629], zugesprochen werden, welche sodann eine „Vermutung der Richtigkeit" in sich tragen kann.[630] Die mit der Bindungen an die Präjudizien einhergehenden Aspekte der Rechtssicherheit und des Vertrauensschutzes müssen sich demnach flexibel an die entstehenden Wertungswidersprüche und Erwartungsenttäuschungen anpassen.[631] Möchte man sodann von den Präjudizien abweichen, kann eine „Legitimation durch Begründung"[632] im Sinne gewichtiger Bedenken gefordert werden. Ein Abweichen ist aber dann unumgänglich, wenn sich die weitere Übernahme des Präjudizes im zu entscheidenden Fall aufgrund rechtlicher, sozialer oder wirtschaftlicher Veränderungen nicht zu rechtfertigend im Gegensatz zu nun bestehenden allgemeinen Rechtsüberzeugungen stellen würde. Das Abweichen vom vorhandenen Richterrecht muss dann „jedenfalls durch den Gewinn an Wertungsharmonie und Erwartungskonformität in der gegenwärtigen Rechtsordnung mindestens deutlich kompensiert" werden.[633] Eine fortlaufende und aktuelle Anpassung der

---

626 Vgl. *Langenbucher*, JZ 2003, 1132, 1136 f.

627 *Larenz*, Methodenlehre der Rechtswissenschaft, S. 430.

628 *Bydlinski*, Juristische Methodenlehre und Rechtsbegriffe, S. 513.

629 *Larenz*, Methodenlehre der Rechtswissenschaft, S. 432; *Mayer-Maly*, AcP 194 (1994), 105, 135.

630 Staudinger/*Fischinger*, BGB § 138 Rn. 109; *Larenz*, Methodenlehre der Rechtswissenschaft, S. 431; *Sack*, WRP 1985, 1, 8.

631 *Bydlinski*, Juristische Methodenlehre und Rechtsbegriffe, S. 580 f.; vgl. zum Vertrauensschutz und zur Rechtssicherheit *Larenz/Canaris*, Methodenlehre der Rechtswissenschaft, S. 259; *Ohly*, AcP 201 (2001), 1, 30.

632 *Alexy*, Theorie der juristischen Argumentation, S. 339.

633 *Bydlinski*, Juristische Methodenlehre und Rechtsbegriffe, S. 581; *Röthel*, Normkonkretisierung im Privatrecht, S. 100.

Normkonkretisierung muss gerade in den sich ständig entwickelnden Bereichen erfolgen, die maßgeblich durch den Wandel sozialer und wirtschaftlicher Umstände und Ansichten beeinflusst sind. Demzufolge muss grundsätzlich die Rechtsprechung den Vorrang vor etwaigen Vertrauensschutzaspekten sowie einer eventuellen Präjudizienbindung erhalten, die eine gerechtere und rechtmäßigere Entscheidung bewirkt.[634] Eine besondere oder gewichtige Rolle wird dem Vertrauensschutz sowie der Rechtssicherheit im Wege der Präjudizienbindung vorliegend also nicht zukommen.

Überdies kann im Anschluss auch die Praktikabilität der Rechtsprechung bezweifelt werden. So dient die Präjudizienkette der Herausarbeitung und -bildung der wesentlichen Voraussetzungen zur Anwendung und Konkretisierung der Generalklauseln.[635] Wie schon dargestellt scheinen diese herausgearbeiteten Kriterien der Rechtsprechung nicht dazu geeignet die Rechtssicherheit im Wesentlichen zu erhöhen. Anzudenken wäre demnach, ob nicht gerade die analoge Anwendung des Gesamtregelungskomplexes der §§ 74 ff. HGB oder die analoge Anwendung einzelner Regelungen der §§ 74 ff. HGB ein Mehr an Rechtssicherheit sowie Praktikabilität bewirken würden. Dies könnte zudem auch für eine sach- und systemgerechtere Konkretisierung des § 138 BGB gelten. Folglich könnten andere Wege der sach- und systemgerechten Begegnung nachvertraglicher Wettbewerbsverbote mit Geschäftsführern unter Beachtung der beiderseitigen verfassungsrechtlichen Interessen sowie der allgemeinen Wertungen unserer Rechtsordnung vorrangig anwendbare Lösungsvarianten darstellen. Entsprechend diesen Überlegungen wird eine Präjudizienbindung vorliegend nicht anzunehmen sein, sofern die später zu prüfenden möglichen Lösungsvarianten vorzugswürdige Instrumente zur angemessenen Begegnung der vorliegenden Problematik darstellen.[636]

Liegen eine umstrittene Rechtsfrage sowie eine ebenfalls langjährig kritisierte Rechtsprechungspraxis vor, wird ein Schweigen des Gesetzgebers eher einem „*nullum*" entsprechen, als dass diesem Schweigen eine besondere Bedeutung

---

634 Dreier/*Schulze-Fielitz*, GG Art. 20 (Rechtsstaat) Rn. 177; Sachs/*Sachs*, GG Art. 20 Rn. 143; *Möllers*, Juristische Methodenlehre, § 3 Rn. 33; *Röthel*, Normkonkretisierung im Privatrecht, S. 102.

635 Vgl. *Möllers*, Juristische Methodenlehre, § 13 Rn. 63.

636 So kann auch Noack/Servatius/Haas/*Beurskens*, GmbHG § 37 Rn. 117, verstanden werden, der die Gesamtnichtigkeit als einzige Rechtsfolge ablehnt und aus verfassungsrechtlichen Gründen die Möglichkeit zur geltungserhaltenden Reduktion im Sinne des § 74a Abs. 1 HGB für geboten hält. Zu Praktikabilitätserwägungen der Rechtsfortbildung siehe *Möllers*, Juristische Methodenlehre, § 13 Rn. 64.

beizumessen ist. Zumindest für den vorliegenden Fall kann das (ausdrückliche) Schweigen des Gesetzgebers als „*nullum*" gedeutet werden, sodass sich „aus diesem Umstand weder ohne Weiteres darauf schließen [lässt], er akzeptiere eine bestimmte beziehungsweise die gerade aktuelle Normanwendungspraxis [...], noch kann gar daraus gefolgert werden, er habe unter Verzicht auf sein Gestaltungsprimat [...] eine Lösung des Sachverhaltes der Rechtsprechung überantwortet."[637] In diesem Sinne ist auch die Akzeptanz der Rechtsprechung insgesamt zu bezweifeln. Eine Billigung der Rechtsprechung liegt somit nicht vor.

(2) Gesetzeslücke im Sinne einer bewussten Delegationslücke

Ist die Billigung der Rechtsprechung letztlich nicht anzunehmen, ist weiterhin zu fragen, ob die Generalklauseln selbst gesetzliche Lücken darstellen oder ob die mögliche Anwendbarkeit einer Generalklausel der Annahme der planwidrigen Lückenhaftigkeit von vornherein entgegensteht. In diesem Sinne nimmt die wohl herrschende Meinung in der Literatur an, dass im Anwendungsbereich der Generalklauseln selbst keine Gesetzeslücke mehr vorliege. Angeführt wird vor allem, dass die Generalklauseln das Entstehen bestimmter gesetzlicher Lücken von vornherein unterbinden, sodass diesen damit eine vorrangige lückenfüllende bzw. -schließende oder -verhindernde Funktion zukomme. Der lückenfüllenden Funktion folgend sei der Rechtsanwender dazu legitimiert, die Lücken im Wege der Konkretisierung der Generalklauseln, gemessen am Maßstab der wesentlichen Wertvorstellung der Rechtsgemeinschaft, zu schließen.[638] Demnach könne im Anwendungsbereich der Generalklauseln nicht von der Planwidrigkeit einer gegebenenfalls bestehenden Lücke gesprochen werden. Im Sinne der lückenfüllenden Funktion sowie unter Beachtung der der gesamten Rechtsordnung immanenten Teleologie und des gesamten gesetzgeberischen Plans komme den Generalklauseln die wichtige Aufgabe zu, ungeregelte Sachverhalte unter Berücksichtigung der einzelfallbezogenen Besonderheiten und Umstände sowie der Einbeziehung sozialer und moralischer Wertungen rechtlich zu begegnen.[639]

---

637 Vgl. Sondervotum des Richters *Voßkuhle*, der Richterin *Osterloh* und des Richters *Di Fabio* zum Beschluss des Zweiten Senats vom 15. Januar 2009 - 2 BvR 2044/07 - BVerfGE 122, 248, 282 ff., vormals schon BVerfG 78, 20, 24 f.; siehe auch *Möllers*, Juristische Methodenlehre, § 13 Rn. 39.

638 MüKoBGB/*Armbrüster*, § 138 Rn. 3; Staudinger/*Fischinger*, BGB § 138 Rn. 69.

639 *Canaris*, Die Feststellung von Lücken im Gesetz, S. 28 f.; *Hedemann*, Die Flucht in die Generalklauseln, S. 58; idS. auch MüKoBGB/*Armbrüster*, § 138 Rn. 3; Staudinger/*Fischinger*, BGB § 138 Rn. 69; *Ohly*, AcP 201 (2001), 1, 7.

Folglich sei auch die tatbestandliche Abstraktheit und Unbestimmtheit der Rechtsbegriffe und Generalklauseln notwendig und gewollt.[640] So komme dem Rechtsanwender im Rahmen der Anwendung der Generalklausel zwar ein äußerst unbestimmter und weiter Entscheidungsspielraum zu, was eine gewisse „planmäßig[e] Auflockerung der gesetzlichen Bindung" bedeutet. Gleichwohl besteht jedoch weiterhin eine gesetzliche Anbindung, die insoweit „immer noch gewisse Richtlinien und Grenzen vorzeichne[n]"[641] soll. Daher fehle es im Bereich gesetzlich ungeregelter Sachverhalte allein an einer spezialgesetzlichen Wertung, ohne dass jedoch von einer bestehenden gesetzlichen Lücke auszugehen sei.[642] In den Fällen nachträglicher technischer, ökonomischer, gesellschaftlicher oder sozialer Entwicklungen entstehen somit keine gesetzlichen Lücken, sondern allenfalls nur nachträgliche Wertungswidersprüche, denen gleichwohl nicht mit Hilfe „gesetzesübersteigende[r]" richterlicher Rechtsfortbildung im Wege der Analogiebildung begegnet werden solle. So sei es weiterhin die vorrangige Aufgabe des Gesetzgebers und nicht die des Richters, solchen aufkommenden Wertungswidersprüchen entgegenzuwirken.[643] Liegt damit eine gesetzliche Regelung in Form der Generalklausel vor, liegt im Anwendungsbereich eben dieser keine Planwidrigkeit im Sinne der Unvollständigkeit des Gesetzes vor.[644] Im Anwendungsbereich der Generalklauseln soll es sich grundsätzlich um „geplante" bzw. „bewusste" Delegationslücken handeln mit der Folge, dass der Rechtsanwender die rechtliche Begegnung der ungeregelten Sachverhalte im Wege der Konkretisierung der Generalklauseln vorzunehmen hat, bei der ihm

---

640 *Canaris*, Die Feststellung von Lücken im Gesetz, S. 28.

641 So *Engisch*, Einführung in das juristische Denken, S. 197 f.; ähnlich auch *Esser*, Grundsatz und Norm in der richterlichen Fortbildung des Privatrechts, S. 51 f.

642 *Canaris*, Die Feststellung von Lücken im Gesetz, S. 28; so auch *Engisch*, Einführung in das juristische Denken, S. 198 f., der von einer „rechtspolitischen", „kritischen" oder „unechten" Lücke spricht, die zwar aus Sicht des „künftigen besseren Rechts" eine Lücke darstelle, nicht aber im Rahmen des geltenden Rechts.

643 *Larenz*, Methodenlehre der Rechtswissenschaft, S. 380 f.

644 So würde in diesen Fällen „gesetzesübersteigende" Rechtsfortbildung vorliegen, die nur dann geboten und zulässig sei, wenn ein extremer Ausnahmefall im Sinne eines „echte[n] Rechtsnotstand[s]" infolge des dauerhaften Untätigbleibens des Gesetzgebers vorliege, vgl. *Larenz*, Methodenlehre der Rechtswissenschaft, S. 427; zu anderen (möglichen) Gründen des extremen Ausnahmefalls siehe *Neuner*, Die Rechtsfindung contra legem, S. 148 ff.

insofern ein erweiterter Bewertungsspielraum zur Einbeziehung einschlägiger rechtlicher, moralischer sowie sozialer Wertungen gewährt wird.[645]

Andere Vertreter der Literatur sind gleichwohl der Auffassung, dass Generalklauseln selbst weiterhin gesetzliche Lücken darstellen werden. Zwar dienen sie ihren Funktionen nach eben auch der Lückenfüllung, gleichwohl werden mit ihrer Hilfe zunächst erst einmal bestehende gesetzliche Lücken festgestellt. Im Anwendungsbereich der Generalklauseln bestehe zunächst trotz der grundsätzlichen Anwendbarkeit weiterhin die Lückenhaftigkeit des Gesetzes.[646] In diesem Sinne komme vor allem auch dem § 138 BGB erst einmal eine Auffangfunktion zu,[647] der insoweit auch unbeabsichtigte, unbedachte sowie regelungsbedürftige Fälle auffangen und einer möglichst gerechten Entscheidung zuführen soll. In diesem Zusammenhang von entscheidender Bedeutung seien sodann insbesondere die gesetzgeberischen Wertungen und das Vorliegen vergleichbarer gesetzlicher Tatbestände. Infolge der gesetzgeberischen Wertungen des § 74 Abs. 3 HGB, der die vorrangige Anwendung der §§ 74 ff. HGB gegenüber dem § 138 BGB normiert, sei es aufgrund der Vergleichbarkeit des geregelten und ungeregelten Sachverhalts geboten, eine ähnliche präzise Regelung anzuwenden. In diesem Sinne könne der § 138 BGB die bestehende gesetzliche Lücke nicht von vornherein schließen.[648] Eine solche Beurteilung entspreche des Weiteren auch der nach *Larenz* in den Blick zu nehmenden „immanenten Teleologie" des Gesetzes, nach der insbesondere auch die allgemeinen Wertungsfragen, ausdrücklich auch der allgemeine Gleichheitssatz zur Lückenfeststellung, mit einzubeziehen sind.[649] Darüber hinaus darf der Begriff der „Lücke" nicht dahingehend gedeutet werden, dass eine anwendbare gesetzliche Regelung gänzlich fehle, sondern dass eine Lücke auch dann bestehen kann, wenn das Ergebnis der grundsätzlich anwendbaren gesetzlichen Regelung, gemessen am Maßstab

645 So *Canaris*, Die Feststellung von Lücken im Gesetz, S. 28; *Larenz*, Methodenlehre der Rechtswissenschaft, S. 372 Fn. 13; *Engisch*, Einführung in das juristische Denken, S. 181.

646 So *Rüthers/Fischer/Birk*, Rechtstheorie, § 23 Rn. 837.

647 Vgl. NK-BGB/*Looschelders*, § 138 Rn. 1; *Beaucamp/Beaucamp*, Methoden und Technik der Rechtsanwendung, S. 73; *Schwacke*, Juristische Methodik, S. 114; *Gravenhorst*, Nachvertragliche Wettbewerbsverbote mit GmbH-Geschäftsführern, S. 107.

648 *Gravenhorst*, Nachvertragliche Wettbewerbsverbote mit GmbH-Geschäftsführern, S. 106 f.

649 *Larenz*, Methodenlehre der Rechtswissenschaft, S. 374 f.

der Regelungsabsicht des Gesetzgebers und unter Betrachtung der Wertungen und Prinzipien der gesamten Rechtsordnung, hinter den Erwartungen zurückbleibt.[650]

Anknüpfend an diese Ansicht ist die Geeignetheit des Abgrenzungskriteriums der „Planwidrigkeit" der gesetzlichen Lücke im Bereich der Generalklauseln und unbestimmten Rechtsbegriffe schon allgemein anzuzweifeln. Insbesondere im Anwendungsbereich der Generalklauseln wird der Richter häufig als Ersatzgesetzgeber tätig. Dies vor allem infolge dessen, dass die Generalklauseln keinerlei oder zumindest keinerlei feste Vorgaben für die rechtliche Beurteilung bereithalten.[651] Der Richter wird vielmehr dazu ermächtigt, eigene Wertungen zur Ausfüllung des unbestimmten Regelungsgehaltes der Generalklausel zu treffen.[652] Dem Richter wird damit ein Stück gesetzgeberische Macht übertragen,[653] mit der Folge, dass die angewendeten Entscheidungsmaßstäbe nicht mehr unmittelbar vom Gesetz und Gesetzgeber abgeleitet werden können, sondern vor allem vom Rechtsanwender selbst stammen.[654] Ist der Richter bei der Verwendung der Generalklausel demnach dazu gezwungen, infolge der eigenen Wertungen den Maßstab zur rechtlichen Behandlung des vorliegenden Falles inhaltlich auszufüllen, ist in diesen Fällen ebenfalls von der richterlichen Rechtsfortbildung zu sprechen. Dies insbesondere in den Fällen, in denen die Lösung der zu entscheidenden Rechtsprobleme eben nicht im Wege der Auslegung der anzuwendenden Norm geschehen kann. Folglich wird die Generalklausel in diesen Fällen nicht mehr als eine „Blankettnorm" darstellen, die nur durch die Eigenwertungen der Richter inhaltlich bestimmt werden kann.[655] Somit wird die maßgebliche Grundlage der Konkretisierung der Generalklauseln zumeist keine (objektive) zu unterstellende gemeinsame Wissensgrundlage darstellen, sodass die

---

650 *Larenz*, Methodenlehre der Rechtswissenschaft, S. 375.

651 *Hedemann*, Die Flucht in die Generalklauseln, S. 58; *Rüthers/Fischer/Birk*, Rechtstheorie, § 23 Rn. 835.

652 *Larenz*, Methodenlehre der Rechtswissenschaft, S. 288 ff.; *Canaris*, Systemdenken und Systembegriff in der Jurisprudenz, S. 82.

653 *Hedemann*, Die Flucht in die Generalklauseln, S. 58; *Fallmann*, Sekundäre Lücken im Recht, S. 43; *Bydlinski*, FS Wieacker, 1990, 189, 199.

654 *Rüthers*, Die unbegrenzte Auslegung, S. 460; *Fallmann*, Sekundäre Lücken im Recht, S. 43.

655 Vgl. *Fallmann*, Sekundäre Lücken im Recht, S. 46; siehe dazu auch *Larenz*, Methodenlehre der Rechtswissenschaft, S. 288 ff.; *Canaris*, Systemdenken und Systembegriff in der Jurisprudenz, S. 82; *Rüthers/Fischer/Birk*, Rechtstheorie, § 23 Rn. 835; *Hedemann*, Die Flucht in die Generalklauseln, S. 58.

gefundene Entscheidung der Gerichte im Ergebnis allein die rechtspolitischen Vorstellungen der Gerichte widerspiegeln wird.[656] Um die inhaltlichen Vorgaben herauszufiltern, wird sodann zumeist auf die gleichen methodischen Mittel und Instrumente zurückgegriffen, die auch bei der Analogie zum Einsatz kommen. Demnach ist es nur konsequent, auch die gleichen methodischen Anforderungen an die Anwendung und Konkretisierung der Generalklausel zu stellen.[657] Führte die Anwendung der Generalklauseln zwar auch zur Entwicklung einer Reihe neuer Rechtsfiguren, zeigt die historische Betrachtung der Rechtsprechung indes auch, dass die Generalklauseln zuvörderst der Feststellung etwaiger gesetzlicher Lücken dienen.[658]

In diesem Sinne könnte mit dem § 138 BGB zwar eine grundsätzlich anwendbare gesetzliche Regelung vorliegen, die unter Beachtung der allgemeinen Rechtsprinzipien und Wertungen, vor allem unter Beachtung der Leitbildfunktion einfachgesetzlicher Vorschriften, im vorliegenden Fall jedoch nicht den Ansprüchen an die Herstellung der Wertungseinheit und Folgerichtigkeit der Gesetze sowie der Rechtsprechung gerecht wird, infolge dessen die analoge Anwendung als vorrangige Lösung im Vergleich zur bisherigen Konkretisierung des § 138 BGB in Betracht kommt.[659]

Zudem wäre auch mit der Annahme, dass es infolge der Anwendbarkeit des § 138 BGB und ausgehend von der BGH-Entscheidung aus dem Jahr 1984 schon zur Schließung der Lücke kam, nicht letztentscheidend die Planwidrigkeit der Lücke abzulehnen. Würde man insofern zunächst eine bewusste Delegationslücke annehmen, könnte sich im Laufe der Jahre gleichwohl eine

656 Vgl. *Larenz*, Methodenlehre der Rechtswissenschaft, S. 288 ff.; *Canaris*, Systemdenken und Systembegriff in der Jurisprudenz, S. 82; *Rüthers/Fischer/Birk*, Rechtstheorie, § 23 Rn. 835; *Hedemann*, Die Flucht in die Generalklauseln, S. 58; *Fallmann*, Sekundäre Lücken im Recht, S. 43 ff.

657 *Bydlinski*, FS Wieacker, 1990, 189, 213, 215 f.; *Fallmann*, Sekundäre Lücken im Recht, S. 46

658 Vgl. *Rüthers/Fischer/Birk*, Rechtstheorie, § 23 Rn. 837, mit Beispielen anhand des § 242 BGB; dazu auch MüKoBGB/*Schubert*, § 242 Rn. 2 ff.

659 Ähnlich auch *Kamanabrou*, AcP 202 (2002), 662, 684 ff., nach der „Rechtsfortbildung in Form der Ausdehnung des Anwendungsbereichs einer Generalklausel [...] deshalb erst in Betracht gezogen werden [darf], wenn feststeht, daß eine Lösung des Falles durch Lückenfüllung nicht möglich ist“ und „die Ausdehnung einer Generalklausel [... ist] nachrangig [...], wenn eine gesetzesnähere Rechtsfortbildung (Lückenfüllung) möglich ist“.

„Anschauungslücken“ ergeben haben.[660] So könnte der Gesetzgeber davon ausgehen, die angemessene Lösung des ungeregelter Sachverhalts durch die Delegation herbeizuführen, obgleich sich nachträglich herausstellt, dass infolge der unzureichenden[661] oder unterlassenen[662] Regelung eine unbewusste Lücke entstanden ist.[663] Somit liegt die unbewusste Delegationslücke, die begrifflich zutreffend zunächst ein „Paradoxon“ darstellt,[664] dann vor, wenn der Gesetzgeber entsprechend der allgemeinen Definition der „unbewussten“ Lücke die Regelungsbedürftigkeit eines Falles verkannt oder irrtümlich als geregelt angesehen hat.[665] Ob eine solche „Anschauungslücke“ vorliegt beurteilt sich letztlich wieder an den der gesamten Rechtsordnung innewohnenden Wertvorstellungen[666], der immanente Teleologie des Gesetzes sowie den allgemeinen Rechtssätzen und Rechtsprinzipien.[667] Folglich wird sich die Feststellung der Planwidrigkeit der Lücke letzten Endes wieder maßgeblich an einer möglichen Vergleichbarkeit der Interessen- und Wertungslage orientieren, sodass es auch wieder zur denklogischen Überschneidung der Lückenfeststellung und -schließung kommt.[668]

Diese allgemeinen Überlegungen sind auch auf den Bereich der Generalklauseln zu übertragen. Folglich ist danach zu fragen, ob die Anwendung der „Regelnorm“[669] des § 138 BGB überhaupt noch im Plan des Gesetzgebers liegt. Beachtet

---

660 *Heck*, AcP 112 (1914), 1, 173; so auch *Rüthers/Fischer/Birk*, Rechtstheorie, § 23 Rn. 871.

661 Vgl. *Braun*, Deduktion und Invention, S. 138.

662 Dazu *Meier-Hayoz*, JZ 1981, 417, 422 f.

663 *Dück*, ZfPW 2018, 76, 88.

664 *Dück*, ZfPW 2018, 76, 87.

665 *Larenz/Canaris*, Methodenlehre der Rechtswissenschaft, S. 200; *Rüthers/Fischer/Birk*, Rechtstheorie, § 23 Rn. 852.

666 So *Rüthers/Fischer/Birk*, Rechtstheorie, § 23 Rn. 871.

667 *Larenz*, Methodenlehre der Rechtswissenschaft, S. 374 f. Würde ein Fall der verfassungskonformen Rechtsfortbildung vorliegen, wäre zu beachten, dass die Ziele und Absichten des einfachen Gesetzgebers keine primäre Rolle mehr spielen und allein der Verfassung und den darin enthaltenen Wertungen der Vorrang eingeräumt werden müsste. Siehe dazu BVerfGE 99, 216, 243 f., m. Anm. *Sacksofsky*, NJW 2000, 1896, 1899; BVerfGE 121, 317, 376; *Meier/Jochem*, JuS 2016, 392, 396.

668 *Bydlinski*, Juristische Methodenlehre und Rechtsbegriffe, S. 474; *Canaris*, Die Feststellung von Lücken im Gesetz, S. 71; *Larenz*, Methodenlehre der Rechtswissenschaft, S. 382.

669 *Engisch*, Einführung in das juristische Denken, S. 200, der die sachgerechte Norm als „Ausnahmenorm“ bezeichnet. Als diese Ausnahmenorm bzw. -normen könnte man sodann die §§ 74 ff. HGB ansehen, die vor allem im § 74a HGB eine Konkretisierung

man sodann die schon dargestellte Kritik an der bisherigen Rechtsprechungspraxis sowie die methodischen Probleme hinsichtlich der konkreten Anwendung des § 138 BGB, erscheint es möglich, dass die generelle und ausnahmslose rechtliche Wirksamkeitsprüfung nachvertraglicher Wettbewerbsverbote anhand des § 138 BGB in der vom BGH vorgenommenen Art und Weise nicht im Einklang mit den gesetzgeberischen Wertungen, dem gesetzgeberischen Plan, den allgemeinen Wertungen und Rechtsprinzipien sowie dem speziell zu beachtenden allgemeinen Gleichbehandlungsgebot steht.[670] Hier ist auf die bereits dargestellten Kritikpunkte zur BGH-Rechtsprechung bezüglich nachvertraglicher Wettbewerbsverbote mit Geschäftsführern zu verweisen.[671] Zudem ist auch die Frage einer „methodenehrlicheren" Variante zu stellen, die an der bisherigen Rechtsprechungspraxis zweifeln lässt.[672]

Ob im Anwendungsbereich der Generalklauseln eine planwidrige gesetzliche Lücke vorliegt, wird letztlich eine wertende Frage des Einzelfalls sein. Die Lösung ansonsten ungeregelter Fälle kann zwar zutreffenderweise mit der Anwendung einer Generalklausel erreicht werden, sodass in diesen Fällen eine bewusste Lückenhaftigkeit des geschriebenen Rechts anzunehmen ist, die eben nicht zur Feststellung einer ungeplanten Unvollständigkeit der Rechtsordnung führt.[673] Gleichwohl wird es letztlich vielmehr darauf ankommen, ob die Generalklausel im jeweiligen Fall mehr als nur eine „Blankettnorm" darstellt. Folglich ist vor allem die Frage entscheidend, wie groß der Anteil der richterlichen Eigenwertung im vorliegenden Fall wirklich ist.[674] Insbesondere die Einbeziehung der allgemeinen Rechtsgedanken der §§ 74 ff. HGB und die damit folgende Herabsetzung der Interventionsschwelle als Modifizierung des Maßstabes der guten Sitten lassen die ausreichende gesetzliche Anbindung bezweifeln. Sollen die

der allgemeinen Vorschrift des § 138 BGB enthalten, siehe EBJS/*Boecken*/*Rudkowski*, HGB § 74a Rn. 1 f.

670 Vgl. *Engisch*, Einführung in das juristische Denken, S. 199 f.; siehe auch *Canaris*, Die Feststellung von Lücken im Gesetz, S. 161 ff.

671 Siehe zudem MüKoGmbHG/*Jaeger*/*Steinbrück*, § 35 Rn. 385; ein gleichgelagertes Problem besteht auch hinsichtlich der Anrechnung anderweitigen Erwerbs nach § 74c Abs. 1 HGB, dazu v. Westphalen/Thüsing/*Thüsing* VertrR/AGB-Klauselwerke, Geschäftsführerverträge Rn. 216; *Bauer*/*Diller*, Wettbewerbsverbote, § 24 Rn. 1086; *Kielkowski*, NZG 2015, 900, 901.

672 Siehe dazu beispielsweise *Canaris*, JuS 1989, 161, 164.

673 Vgl. *Canaris*, Die Feststellung von Lücken im Gesetz, S. 28; *R. Weber*, AcP 192 (1992), 516, 528.

674 Vgl. *Fallmann*, Sekundäre Lücken im Recht, S. 46.

Generalklauseln und so auch der § 138 BGB insoweit zumindest „immer noch gewisse Richtlinien und Grenzen vorzeichne[n]“[675], ist das vom BGH praktizierte Herabsetzen der Interventionsschwelle[676] von der ursprünglichen Konzeption des § 138 BGB wohl ebenfalls schon der richterlichen Rechtsfortbildung zuzurechnen. Demnach könnte zudem auch die Abkehr von einigen möglicherweise verbindlichen Grundprinzipien der Anwendung und Konkretisierung des § 138 BGB[677] eine juristische Neubewertung der Behandlung nachvertraglicher Wettbewerbsverbote mit Geschäftsführern erforderlich machen.[678] Ausgehend vom zuvor Gesagten, wird man im vorliegenden Fall eine planwidrige Unvollständigkeit des positiven Rechts, gemessen am noch möglichen Wortsinn sowie am Regelungsgehalt des Gesetzes, annehmen können.[679]

(3) Zwischenergebnis zur Planwidrigkeit der gesetzlichen Lücke

Eine Billigung der Rechtsprechung ist nicht anzunehmen, sodass insofern auch kein beachtlicher Vertrauenstatbestand begründet wurde. Des Weiteren ist nicht entscheidend, dass mit dem § 138 BGB überhaupt eine anwendbare Norm existiert, sondern die wertegebundene und teleologische Betrachtung der Planwidrigkeit des positiven Rechts. Nach der hier vertretenen Ansicht ist eine planwidrige gesetzliche Lücke zu unterstellen, da sich Planwidrigkeit letztlich nur durch die wertende Betrachtung der noch zu prüfenden möglichen zivilrechtlichen Mitteln bezüglich einer vorrangigen sach- und systemgerechteren Lösung im Vergleich zur bisherigen Konkretisierung des § 138 BGB feststellen lässt.[680]

---

675 *Engisch*, Einführung in das juristische Denken, S. 197 f.

676 Vgl. dazu *Canaris*, AcP 184 (1984), 201, 241; *ders.*, JuS 1989, 161, 164.

677 Als Beispiel kann hier die Abkehr vom maßgeblichen Beurteilungszeitpunkt, also dem Zeitpunkt der Vornahme des Rechtsgeschäftes, genannt werden. Des Weiteren ist im späteren Verlauf der Arbeit noch die Methodenehrlichkeit der Herabsetzung des Maßstabes der guten Sitten und deren Auswirkungen auf die Frage der differenzierten Rechtsfolge zu diskutieren, die ebenfalls den fraglichen Bereich beachtlicher (verbindlicher) Grundprinzipien der Sittenwidrigkeitsprüfung betreffen könnten.

678 IdS. auch *Bitter/Rauhut*, JuS 2009, 289, 298.

679 *Canaris*, Die Feststellung von Lücken im Gesetz, S. 39; siehe auch *ders.*, JuS 1989, 161, 165, der zutreffend darauf hinweist, dass der § 138 BGB seiner grundsätzlichen Konzeption entsprechend grundsätzlich für „Extremfäll[e]“ im Sinne des Übermaßverbotes zugeschnitten sei. Dazu auch BeckOGK/*Jakl*, BGB § 138 Rn. 70.

680 IdS. ist auch *Möllers*, Juristische Methodenlehre, § 6 Rn. 110 zu verstehen, der darauf hinweist, dass die Prüfung der Planwidrigkeit der Lücke an das Ende der Prüfung der analogen Anwendbarkeit gesetzt werden kann, bei der es eben um die „wertende Gesamtbetrachtung der Rechtsnorm und […] der gesamten Rechtsordnung“ gehe.

III. Zwischenergebnis

Vorliegend ist die nachträgliche, offene, unbewusste und somit planwidrige Lücke zu unterstellen. Eine Lücke als Grundvoraussetzung der richterlichen Rechtsfortbildung liegt sowohl für die mögliche analoge Anwendung des Gesamtregelungskomplexes als auch für eine fragliche analoge Anwendung einzelner Regelungen der §§ 74 ff. HGB vor. Wird zudem auch die vorliegende Konkretisierung des § 138 BGB nach der hier vertretenen Ansicht als richterliche Rechtsfortbildung angesehen, ist auch diesbezüglich die planwidrige Lückenhaftigkeit zu fordern, die ebenfalls unterstellt wird.

D. Ergebnis und Relevanz für den weiteren Fortgang der Arbeit

Aus verfassungsrechtlicher Sicht besteht eine gerichtliche Pflicht zur zivilrechtlichen Kontrolle der vertraglichen Verbindung, sofern „eine typisierte Fallgestaltung [vorliegt], die eine strukturelle Unterlegenheit des einen Vertragsteils erkennen läßt, und [...] die Folgen des Vertrages für den unterlegenen Vertragsteil ungewöhnlich belastend [sind]", womit der verfassungsrechtlichen Gewährleistung der Privatautonomie und des Sozialstaatsprinzips die Notwendigkeit der zivilrechtlichen Korrektur folgt.[681] Die Vertragsfreiheit kommt allein beim Vorliegen der freien Selbstbestimmung vollends zur Geltung. Liegt sodann eine Umkehr der Selbst- in eine Fremdbestimmung vor, ist auch das Vorliegen einer gestörten Vertragsparität anzunehmen.[682] Auch bei nachvertraglichen Wettbewerbsverboten kann unter Beachtung der fallbezogenen Umstände eine gestörte Vertragsparität bestehen, die sodann eine gerichtliche Pflicht zur zivilrechtlichen Vertragskontrolle auslöst. Der vom BVerfG verwendete Begriff der richterlichen Inhaltskontrolle entspricht letztlich der allgemeinen Vertragskontrolle, die die allgemeine Pflicht jedes (zivilrechtlichen) Gerichtes beschreibt, im Wege der Inhaltskontrolle einzuschreiten, wenn eine evidente typisierte Ungleichgewichtslage sowie eine unangemessene einseitige Belastung zulasten einer Vertragspartei vorliegen, sodass sich aus verfassungsrechtlicher Sicht allein die Frage stellt, ob der Vertrag einer Korrektur bedarf oder überhaupt noch Bestand haben soll.[683]

---

681 BVerfGE 89, 214, 232 f.

682 Siehe BVerfGE 81, 242, 254 f.; *Münch*, KritV 2005, 208, 214.

683 So *Hergenröder*, DZWir 1994, 485, 490, idS. auch *Groeschke*, BB 1994, 725, 726.

An den verfassungsrechtlichen Vorgaben knüpft auch die zivilrechtliche Sicht an. So bewegt sich die richterliche Vertragskontrolle, dem liberalen Grundverständnis geschuldet, zwischen der größtmöglichen Gewährung der Vertragsfreiheit im Zusammenspiel mit dem notwendigen Maß der Vertragsgerechtigkeit. Dazu treten die weiteren beachtlichen Prinzipien der Zivilrechtsordnung, die sich in der Kollision und Abwägung gegenseitig ergänzen, konkretisieren und beschränken und so allgemein das Vertragsrecht prägen. Die zivilrechtlichen Eingriffsvoraussetzungen der Vertragskontrolle werden sodann vertragsbezogen festgestellt. Ab wann die zivilrechtliche Eingriffsschwelle erreicht ist, richtet sich folglich an den tatbestandlichen Voraussetzungen des gewählten zivilrechtlichen Mittels.

Zur angemessenen Begegnung einer gestörten Vertragsparität beim nachvertraglichen Wettbewerbsverbot mit Geschäftsführern kann es die Aufgabe des Richters sein, im Wege der richterlichen Rechtfortbildung die institutionellen Vorgaben dafür zu schaffen, dass der Vertragsschluss in beiderseitiger Selbstbestimmung sowie der größtmöglichen Wahrnehmung der Vertragsfreiheiten ermöglicht wird. Folglich kann die Vorgabe zunächst auch beschränkender institutioneller Voraussetzungen im Ergebnis der möglichst freien Wahrnehmung der Vertragsfreiheiten dienlich sein, mehr als ein gänzlich ungeregelter Bereich, bei dem sodann jedwede korrekturbedürftige Überschreitung des rechtlich erlaubten mit den „groben Geschütz des § 138 BGB“[684] begegnet wird. In diesem Sinne stellt der § 138 BGB de lege lata zuvörderst einen Minimalschutz für die verfassungsrechtlich geschützten Interessen, hier vor allem der Freiheit der Berufsausübung, dar. Geht es letzten Endes um die effektivste Gewährung sowie den schonendsten Ausgleich der beiderseitigen geschützten verfassungsrechtlichen Interessen, könnten anderweitige Lösungswege sowie die Übertragung etwaiger rechtlicher Vorgaben nicht nur effektiver die Schutzaspekte verwirklichen, sondern auch einen angemesseneren Ausgleich der Interessen und Rechte bezwecken. Diesbezüglich werden vor allem die schon vorliegenden gesetzgeberischen Wertungen der §§ 74 ff. HGB sowie die allgemeinen verfassungs- sowie zivilrechtlichen Rechtsprinzipien von Bedeutung sein.

Ausgehend von einem teleologischen „inneren System“ unserer (Zivil-) Rechtsordnung und der Zielvorgabe der größtmöglichen Widerspruchsfreiheit sowie Folgerichtigkeit der Rechtssätze und Fallentscheidungen müssen dafür insbesondere die allgemeinen Rechtsprinzipien sowie die ihnen innewohnenden wesentlichen verallgemeinerungsfähigen Wertungen beachtet werden. Die

684 *Preis*, Grundfragen der Vertragsgestaltung im Arbeitsrecht, S. 176.

vorliegend vorgenommene Herleitung solcher allgemeiner Rechtsprinzipien erfolgt vorrangig im induktiven Verfahren, ausgehend von der *ratio legis* bzw. den *rationes legis* der Rechtssätze des positiven geschriebenen Rechts.[685] Das „innere System" ist des Weiteren durch die „Offenheit" des Systems geprägt, die die Anpassung an den Wandel der Zeit und die damit einhergehenden veränderten gesellschaftlichen Sozial- und Moralvorstellungen ermöglicht. Das prinzipiengeprägte „innere System" an sich stellt trotz der grundsätzlichen „Offenheit" ein unbewegliches dar, welches vor allem dann unbeweglich und feststehend ist, wenn Prinzipien durch den Gesetzgeber schon zu einer eingehenden Regelung konkretisiert wurden und damit eine unmittelbar anwendbare Norm vorliegt, die somit ein Leitbild für die Reichweite des Zusammenspiels der Prinzipien festschreibt.

Sowohl die Frage der analogen Anwendung der §§ 74 ff. HGB – hinsichtlich des Gesamtregelungskomplexes oder auch einzelner Regelungen – als auch die sach- und systemgerechte Konkretisierung des § 138 BGB unter Heranziehung der allgemeinen Rechtsgedanken der §§ 74 ff. HGB stellen im Grundsatz richterliche Rechtsfortbildung dar. Folglich geht es insgesamt um die sachgerechte Entscheidungsfindung der Gerichte im Einzelfall und den allgemeinen verfassungsrechtlichen Auftrag zur Wahrung einer einheitlichen Rechtsprechung.[686] Die vorrangige Bindung an der Anwendung des geschriebenen Rechts endet dort, wo dies den höherrangigen Rechten und Wertungen widersprechen würde. Folglich würde sich damit eine gesetzliche Lücke innerhalb der Einheit der Rechtsordnung ergeben.[687] Diesbezüglich ist die notwendige planwidrige gesetzliche Lücke zu unterstellen.

Die wesentliche Erkenntnis der vorstehenden Ausführungen ist also, dass sowohl die Beurteilung der möglichen analogen Anwendung der §§ 74 ff. HGB als auch der system- und sachgerechten Anwendung und Konkretisierung des § 138 BGB, ausgehend von der *ratio legis* der Rechtssätze des geschriebenen Rechts und der daran anschließenden induktiven Herleitung der enthaltenen allgemeinen Rechtsprinzipien und Wertungen, eine an den der Rechtsordnung, Zivilrechtsordnung und des Vertragsrechts allgemein enthaltenen und obliegenden Rechtsprinzipien gebundene und orientierte Prüfung darzustellen hat.[688]

685 *Canaris*, Systemdenken und Systembegriff in der Jurisprudenz, S. 46.

686 *Wank*, Grenzen richterlicher Rechtsfortbildung, S. 115 ff.; Drechsler, ZJS 2015, 344, 345; idS. auch Dürig/Herzog/Scholz/*Jachmann-Michel*, GG Art. 95 Rn. 13.

687 So Dreier/*Schulze-Fielitz*, GG Art. 20 (Rechtsstaat) Rn. 102.

688 IdS. auch schon *Wank*, FS Wiedemann, 2002, 587, 613, der auf die Wesentlichkeit der enthaltenen Wertungen der §§ 74 ff. HGB hinweist, die im Rahmen des § 138 BGB

In diesem Sinne ermöglichen vor allem die verfassungsrechtlich normierten Wertungen sowie die einfachgesetzlich fixierten gesetzgeberischen Wertentscheidungen die wertegebundene Entscheidungsfindung und -lösung.[689] Von wesentlicher Bedeutung wird vorliegend somit vor allem der Regelungskomplex der §§ 74 ff. HGB sein, dem als sachnaher gesetzlicher Regelungskomplex eine wichtige Leit- bzw. Vorbildfunktion für die Behandlung nachvertraglicher Wettbewerbsverbote mit Geschäftsführern zukommen wird und der damit zugleich auch maßgeblich die sach- sowie systemkonforme Anwendung, Konkretisierung und Inhaltskontrolle beeinflussen wird.[690]

Daran anknüpfend soll im Folgenden zunächst die Prüfung der möglichen analogen Anwendung des Gesamtregelungskomplexes der §§ 74 ff. HGB vorgenommen werden, die sich vorrangig an den herauszuarbeitenden wesentlichen Wertungen und Zweckbestimmungen der §§ 74 ff. HGB richtet. Hier ist insbesondere die Frage der spezifischen Anforderungen und Voraussetzungen der analogen Anwendbarkeit arbeitsrechtlicher Schutzvorschriften nach Maßgabe der BGH-Rechtsprechung zu klären. Demnach soll es zu keiner allgemeinen induktiven Herleitung aller dem Regelungskomplex enthaltenen Wertungen und Prinzipien kommen, sodass es allein um die Herleitung und Bestimmung der maßgeblichen analogiebegründenden Voraussetzungen und Wertungen bezüglich der arbeitsrechtlichen Schutzvorschriften geht.

In der darauffolgenden Frage der system- und sachgerechten Konkretisierung des § 138 BGB wird eine den jeweiligen Prüfungspunkt betreffende Herleitung und Herausarbeitung der wesentlichen allgemeinen Wertungen und Rechtsprinzipien der §§ 74 ff. HGB erfolgen. Die sodann gefundenen verallgemeinerungsfähigen Wertungen der §§ 74 ff. HGB dienen auch der Beantwortung der Frage der möglichen analogen Anwendung einzelner Regelungen der §§ 74 ff. HGB. Dies sodann auch losgelöst vom ansonsten bestehenden arbeitnehmerschützenden Charakter des Gesamtregelungskomplexes der §§ 74 ff. HGB.

---

oder der „noch einfacher[en]“ direkten oder analogen Anwendung zwingend berücksichtigt werden müssen.

689 Vgl. auch *Boemke*, NZA 1993, 532, 533 f., für die arbeitsrechtlichen Grenzen der Privatautonomie.

690 IdS. auch *Weidelener*, Der richterliche Vertragsschutz, S. 235 ff.

Zweiter Teil: Die analoge Anwendung der §§ 74 ff. HGB

§ 1 Vergleichbarkeit der Interessenlagen

A. Ausgangslage

In seiner Leitsatzentscheidung vom 26.03.1984 lehnte der BGH die analoge Anwendung des Regelungskomplexes der §§ 74 ff. HGB zugunsten eines Geschäftsführers ab, was mit der besonderen Stellung als leitungsbefugtes Organ und der damit wahrgenommenen Funktionen und Aufgaben begründet wurde. Auch eine vom BGH eigens angesprochene mögliche wirtschaftliche Abhängigkeit des Geschäftsführers führe nicht zur Übertragung der §§ 74 ff. HGB.[691] In der Folgeentscheidung des BGH aus dem Jahr 1992[692] erwähnte dieser gleichwohl, dass die §§ 74 ff. HGB nicht „generell unanwendbar“[693] seien. So könne eine partielle analoge Anwendung der Regelungen der §§ 74 ff. HGB stattfinden, die allein dem Schutz der Interessen der Gesellschaft diene.[694] Ansonsten blieb der BGH bei seiner grundsätzlichen Ansicht der Unanwendbarkeit der §§ 74 ff. HGB. Dieser Ansicht schließt sich auch ein beachtlicher Teil der Literatur an.[695] Der andere Teil der Literatur spricht sich indes für die

---

691 Vgl. BGHZ 91, 1, 3 ff.

692 BGH, NJW 1992, 1892.

693 BGH, NJW 1992, 1892, 1893.

694 MüKoGmbHG/*Jaeger*/*Steinbrück*, § 35 Rn. 370; Lutter/Hommelhoff/*Kleindiek*, GmbHG Anh. zu § 6 Rn. 25; *Bauer*/*Diller*, BB 1995, 1134, 1135; *Kamanabrou*, ZGR 2002, 898, 903; *Thüsing*, NZG 2004, 9 f.; *Gravenhorst*, DB 2019, 1572, 1573.

695 *Altmeppen*, GmbHG § 6 Rn. 92; Noack/Servatius/Haas/*Beurskens*, GmbHG § 37 Rn. 116; BeckOK GmbHG/*Wisskirchen*/*Kuhn*/*Hesser*, § 6 Rn. 95; HCL/Paefgen, § 35 Rn. 490.; Henssler/Strohn GesR/*Oetker*, GmbHG § 35 Rn. 28; MüKoGmbHG/*Jaeger*/*Steinbrück*, § 35 Rn. 368; MHLS/*Ziemons*, GmbHG § 43 Rn. 277; Lutter/Hommelhoff/*Kleindiek*, GmbHG, Anh. zu § 6 Rn. 25; Scholz/*Verse*, GmbHG § 43 Rn. 246; Hopt/*Roth*, HGB § 74 Rn. 3; EBJS/*Boecken*/*Rudkowski*, HGB § 74 Rn. 8; ErfK/*Oetker*, HGB § 74 Rn. 5; MüKoHGB/*Thüsing*, § 74 Rn. 9; Landmann/Rohmer GewO/*Gotthardt*, § 110 Rn. 15; BeckOGK/*Fehrenbach*, BGB § 307 Wettbewerbsverbotsklausel Rn. 236; Schaub ArbR-HdB/*Vogelsang*, § 55 Rn. 13; MüKoBGB/*Spinner*, § 611 Rn. 42; MAH GmbHR/*Hürten*, § 9 Rn. 45; MHdB ArbR/*Nebendahl*, § 140 Rn. 6; MAH ArbR/*Moll*, § 80 Rn. 62; *Fleischer*, Vorstandsrecht, § 4 Rn. 109; *Bauer*/*Diller*, BB 1995, 1134; *Jäger*, DStR 1995, 724, 725; *Bauer*/*Diller*, GmbHR 1999, 885, 886; *Heidenhain*, NZG 2002, 605, 606; *Thüsing*, NZG 2004, 9; *Kort*, ZIP 2008, 717, 718; *Menke*, NJW 2009, 636 f.; *Gehle*, DB 2010, 1981; *van Kann*/*Keiluweit*, BB 2010, 2050, 2051; *Müller*, GmbHR 2014, 964; *Weitnauer*/*Grob*, GWR 2014, 185, 189; *Kielkowski*, NZG 2015, 900; *Seel*, NWB 2018, 953; *Niklas*, ArbRAktuell 2019, 459; *Gravenhorst*, DB 2019, 1572 ff.

analoge Anwendung der §§ 74 ff. HGB zugunsten der Geschäftsführer aus.[696] Dies gleichwohl im divergierenden Umfang und an unterschiedliche Voraussetzungen knüpfend. Zumeist wird die analoge Anwendung jedoch insbesondere zugunsten der wirtschaftlich abhängigen und sozial schutzbedürftigen Geschäftsführer befürwortet, wobei sich die befürwortende Literatur allerdings bei der Frage, woraus sich die besondere Schutzbedürftigkeit ergeben soll, uneinig ist. Teilweise wird aber auch eine analoge Anwendung einzelner Regelungen der §§ 74 ff. HGB für alle Geschäftsführer oder für alle nachvertraglichen Wettbewerbsverbote befürwortet.[697]

Ausgangspunkt der zu diskutierenden analogen Anwendung ist sodann, ob die im Rechtssatz niedergelegten wesentlichen Wertungen auf einen ungeregelten Fall erstreckt werden können, da dem ungeregelten Fall eine gleich gelagerte Interessenlage zugrunde liegt. Damit geht es nicht um eine echte Gleichheit im Sinne der Identität, sondern einer Ähnlichkeit der Fälle (*argumentum a*

---

696 Vgl. Staub/*Weber*, HGB Vor § 74 Rn. 22; Heymann/*Henssler*/*Michel*, HGB Vor § 74 Rn. 17; MüKoGmbHG/*Jaeger*/*Steinbrück*, § 35 Rn. 369 f.; *Fleck*, FS Hilger/Stumpf, 1983, 197, 205, 209 f.; *Wank*, FS Wiedemann, 2002, 587, 606; *Bauer*/*Diller*, Wettbewerbsverbote, § 24 Rn. 1038; *Gissel*, Arbeitnehmerschutz für den GmbH-Geschäftsführer, S. 136 ff.; *Gravenhorst*, Nachvertragliche Wettbewerbsverbote mit GmbH-Geschäftsführern, S. 66 ff.; *D. Gaul*, GmbHR 1991, 144, 147; *Henssler*, RdA 1992, 289, 294; *Boemke*, ZfA 1998, 209, 233 f.; *Lembke*, NZA-RR 2019, 65, 68; *M. Köhler*, EWiR 2019, 461, 462; *Dzida*/*Lang*, ArbRB 2019, 189; auch *Kamanabrou*, ZGR 2002, 898, 907 ff., die aber entgegen der Ansicht des BGH die Arbeitnehmereigenschaft von Geschäftsführern nicht generell ablehnt und für diese die analoge Anwendung zulässt, nicht aber für selbstständige Geschäftsführer; nur den § 74a HGB analog anwendend siehe *Canaris*, FS Steindorff, 1990, 519, 538; *ders.*, AcP, 184 (1984), 201, 240 ff.; *ders.*, JuS 1989, 161, 164; *Bauer*/*Diller* BB 1995, 1134, 1135; *Thüsing*, NZG 2004, 9, 13; *van Kann*/*Keiluweit*, BB 2010, 2050, 2053; *Kielkowski*, NZG 2015, 900, 903; idS. auch *Manger*, GmbHR 2001, 89, 91; *Gravenhorst*, DB 2019, 1572, 1573; Noack/Servatius/Haas/*Beurskens*, GmbHG § 37 Rn. 117 aber auch § 74 Abs. 2 HGB sowie § 75a HGB; und instanzgerichtliche Rechtsprechung OLG Stuttgart, BeckRS 1979, 31365983; OLG Celle, AP HGB § 161 Nr. 4, zumindest den § 75 Abs. 1 HGB; LG Köln, AP GmbHG § 37 Nr. 2; die Analogiefähigkeit aufgrund Arbeitnehmerähnlichkeit oder sonstiger sozialer Schutzbedürftigkeit anerkennend OLG Hamm, ZIP 1988, 1254, 1255.

697 So vor allem *Canaris*, FS Steindorff, 1990, 519, 538; *ders.*, AcP, 184 (1984), 201, 240 ff.; *ders.*, JuS 1989, 161, 164. Der Frage der Übertragung einzelner verallgemeinerungsfähiger Rechtsgedanken sowie der analogen Anwendung einzelner Regelungen der §§ 74 ff. HGB wird zu einem späteren Zeitpunkt dieser Arbeit detaillierter nachgegangen.

simile).[698] Diese Ähnlichkeit lässt sich allein an niedergelegten Wertungen, ausgehend von der *ratio legis*, des Rechtssatzes ableiten, wobei unter Beachtung der teleologischen Mehrdimensionalität im Wesentlichen auf die analogiebegründenden und wesentlichen Wertungen abgestellt werden muss.[699] Wie bereits dargestellt ist die planwidrige gesetzliche Lücke als Grundvoraussetzung jedweder Form der richterlichen Rechtsfortbildung vorliegend zunächst zu unterstellen. Im Falle der vorliegend zu diskutierenden analogen Anwendung der §§ 74 ff. HGB ist die Frage der Planwidrigkeit der gesetzlichen Lücke anhand der wertgebundenen Vergleichbarkeitsprüfung der Interessenlagen zu erörtern. Liegt eine wesentliche Vergleichbarkeit der Interessenlage vor, die sodann auch eine analoge Anwendung der §§ 74 ff. HGB ermöglicht, müsste auch die Planwidrigkeit der gesetzlichen Lücke bejaht werden.

Ausgangspunkt der Vergleichbarkeitsprüfung ist der allgemeine Gleichheitssatz des Art. 3 Abs. 1 GG. der gebietet, dass wesentlich Gleiches gleich und wesentlich Ungleiches entsprechend der jeweiligen Eigenart ungleich zu behandeln ist.[700] Der Begriff der Interessenlage darf aber nicht missverstanden werden. So kommt es nicht auf die einseitigen Interessen der betroffenen Rechtssubjekte an, sondern auf die maßgebliche gesetzliche Wertungsgleichheit, in die gleichwohl kodifizierte subjektive Interessen der Parteien mit einbezogen werden können.[701] Fraglich ist demnach, welche Kriterien maßgeblich für die Vergleichbarkeit der Interessenlagen im Rahmen der §§ 74 ff. HGB heranzuziehen sind. Vorliegend soll zunächst die Frage der analogen Anwendung des gesamten Regelungskomplexes der §§ 74 ff. HGB behandelt werden. Kann man die einzelnen Normen der §§ 74 ff. HGB wohl zutreffenderweise in Normen mit unternehmensbegünstigenden, arbeitnehmerschützenden und/oder neutralen Regelungsgehalt

---

698 Siehe *Möllers*, Juristische Methodenlehre, § 6 Rn. 113.

699 *Bydlinski*, Juristische Methodenlehre und Rechtsbegriffe, S. 475 ff.; *Möllers*, Juristische Methodenlehre, § 6 Rn. 113 f., 170; zur teleologischen Mehrdimensionalität siehe *Engisch*, Einführung in das juristische Denken, S. 118; *Rüthers/Fischer/Birk*, Rechtstheorie, § 4 Rn. 136; *Reimer*, Juristische Methodenlehre, Rn. 365 ff.

700 Vgl. BVerfGE 90, 145, 195 f.; *Stöhr*, RdA 2021, 104, 108.

701 *Canaris*, Die Feststellung von Lücken im Gesetz, S. 71; *Larenz/Canaris*, Methodenlehre der Rechtswissenschaft, S. 202; *Schwacke*, Juristische Methodik, S. 130 f.; *Bydlinski*, Juristische Methodenlehre und Rechtsbegriffe, S. 475 f.; *Möllers*, Juristische Methodenlehre, § 6 Rn. 114; *Regenfus*, JA 2009, 579, 580; *Würdinger*, JuS 2007, 15, 16; *Meier/Jocham*, JuS 2016, 392, 397 f.

einordnen,[702] wird der gesamte Regelungskomplex der §§ 74 ff. HGB grundsätzlich als Arbeitnehmerschutzvorschrift einzuordnen sein.

B. Meinungsstand zur Vergleichbarkeit der Interessenlage

I. Meinungsstand zur Bestimmung der Vergleichbarkeit der Interessenlage bei §§ 74 ff. HGB

Eine einheitliche Festlegung der Kriterien in der Rechtsprechung und Literatur ist hinsichtlich der analogen Anwendung arbeitsrechtlicher Schutzvorschriften zugunsten des Geschäftsführers bislang nicht ersichtlich.

1. Meinungsstand der Rechtsprechung und der sich anschließenden Literatur

Der BGH hat in seiner Leitsatzentscheidung vom 26.03.1984 die analoge Anwendung des gesamten Regelungskomplexes der §§ 74 ff. HGB bei nachvertraglichen Wettbewerbsverboten mit Geschäftsführern abgelehnt. Die Ablehnung der analogen Anwendung folge vor allem der besonderen Stellung des Geschäftsführers als leitungsbefugtes Organ der Gesellschaft. Dieser organschaftlichen Stellung, der Wahrnehmung der Arbeitgeberfunktion sowie der dem Geschäftsführer zukommenden unternehmerischen Freiheit folge generell eine erhöhte Gefahr der Schädigung zulasten der Gesellschaft infolge einer späteren Konkurrenztätigkeit. Des Weiteren sei zwar eine wirtschaftliche Abhängigkeit vergleichbar mit einem leitenden Angestellten denkbar, jedoch seien die auf den Handlungsgehilfen zugeschnittenen Regelungen der §§ 74 ff. HGB nicht auf den Geschäftsführer und Organmitglieder der Kapitalgesellschaften zu übertragen.[703] Teile der Literatur schließen sich dieser Argumentation an, vor allem für die Vorschriften, die im Speziellen auf die soziale Schutzbedürftigkeit der Arbeitnehmer zugeschnitten sind.[704]

---

702 So *Gerigk*, Nachvertragliche Wettbewerbsverbote mit Organmitgliedern, S. 137 ff.

703 Vgl. BGHZ 91, 1, 3 ff.

704 *Altmeppen*, GmbHG § 6 Rn. 92; Noack/Servatius/Haas/*Beurskens*, GmbHG § 37 Rn. 116; BeckOK GmbHG/*Wisskirchen/Kuhn/Hesser*, § 6 Rn. 95; HCL/*Paefgen*, § 35 Rn. 490; Henssler/Strohn GesR/*Oetker*, GmbHG § 35 Rn. 28; MüKoGmbHG/*Jaeger/Steinbrück*, § 35 Rn. 368; MHLS/*Ziemons*, GmbHG § 43 Rn. 277; Lutter/Hommelhoff/*Kleindiek*, GmbHG, Anh. zu § 6 Rn. 25; Scholz/*Verse*, GmbHG § 43 Rn. 246; Hopt/*Roth*, HGB § 74 Rn. 3; EBJS/*Boecken/Rudkowski*, HGB § 74 Rn. 8; ErfK/*Oetker*, HGB § 74 Rn. 5; MüKoHGB/*Thüsing*, § 74 Rn. 9; Landmann/Rohmer GewO/*Gotthardt*, § 110 Rn. 15; BeckOGK/*Fehrenbach*, BGB § 307 Wettbewerbsverbotsklausel Rn. 236;

2. *Meinungsstand des anderen Teils der Literatur*

Der andere Teil der Literatur hingegen zieht die analoge Anwendung der §§ 74 ff. HGB betreffend nachvertragliche Wettbewerbsverbote mit Geschäftsführern grundsätzlich in Betracht,[705] dies vor allem bei Bejahung einer vergleichbaren Schutzbedürftigkeit des Geschäftsführers. Uneinig ist sich die befürwortende Literatur allerdings hinsichtlich des Umstandes, aus dem sich die besondere Schutzbedürftigkeit des Geschäftsführers im Einzelnen ergeben soll.

a. *Arbeitnehmerähnliche Geschäftsführer*

Ein Teil der befürwortenden Literatur stellt maßgeblich auf die wirtschaftliche Abhängigkeit und die damit einhergehende soziale Schutzbedürftigkeit des Geschäftsführers ab. Damit soll eine analoge Anwendung der §§ 74 ff. HGB vor allem zugunsten des arbeitnehmerähnlichen Geschäftsführers stattfinden.[706]

NK-BGB/*Looschelders*, § 138 Rn. 348; Schaub ArbR-HdB/Vogelsang, § 55 Rn. 13; MüKoBGB/*Spinner*, § 611 Rn. 42; MAH GmbHR/*Hürten*, § 9 Rn. 45; MHdB ArbR/*Nebendahl*, § 140 Rn. 6; MAH ArbR/*Moll*, § 80 Rn. 62; *Fleischer*, Vorstandsrecht, § 4 Rn. 109; *Bauer/Diller*, BB 1995, 1134; *Jäger*, DStR 1995, 724, 725; *Bauer/Diller*, GmbHR 1999, 885, 886; *Heidenhain*, NZG 2002, 605, 606; *Thüsing*, NZG 2004, 9; *Kort*, ZIP 2008, 717, 718; *Menke*, NJW 2009, 636 f.; *Gehle*, DB 2010, 1981; van *Kann/Keiluweit*, BB 2010, 2050, 2051; *Müller*, GmbHR 2014, 964; *Weitnauer/Grob*, GWR 2014, 185, 189; *Kielkowski*, NZG 2015, 900; *Seel*, NWB 2018, 953; *Niklas*, ArbRAktuell 2019, 459; *Gravenhorst*, DB 2019, 1572 ff.

705 Vgl. Staub/*Weber*, HGB Vor § 74 Rn. 22; Heymann/*Henssler/Michel*, HGB Vor § 74 Rn. 17; MüKoGmbHG/*Jaeger/Steinbrück*, § 35 Rn. 369 f.; *Fleck*, FS Hilger/Stumpf, 1983, 197, 205, 209 f.; *Wank*, FS Wiedemann, 2002, 587, 606; *Bauer/Diller*, Wettbewerbsverbote, § 24 Rn. 1038; *Gissel*, Arbeitnehmerschutz für den GmbH-Geschäftsführer, S. 136 ff.; *Gravenhorst*, Nachvertragliche Wettbewerbsverbote mit GmbH-Geschäftsführern, S. 66 ff.; *D. Gaul*, GmbHR 1991, 144, 147; *Henssler*, RdA 1992, 289, 294; *Boemke*, ZfA 1998, 209, 233 f.; *Lembke*, NZA-RR 2019, 65, 68; *ders.*, BB 2020, 52, 59; *M. Köhler*, EWiR 2019, 461, 462; *Dzida/Lang*, ArbRB 2019, 189; auch *Kamanabrou* ZGR 2002, 898, 907 ff., die aber entgegen der Ansicht des BGH die Arbeitnehmereigenschaft von Geschäftsführern nicht generell ablehnt und für diese die analoge Anwendung zulässt, nicht aber für selbstständige Geschäftsführer; die Analogiefähigkeit aufgrund Arbeitnehmerähnlichkeit oder sonstiger sozialer Schutzbedürftigkeit anerkennend OLG Hamm, ZIP 1988, 1254, 1255.

706 Staub/*Weber*, HGB Vor § 74 Rn. 22; MüKoGmbHG/*Jaeger/Steinbrück*, § 35 Rn. 369 f.; *Fleck*, FS Hilger/Stumpf, 1983, 197, 205, 209 f.; *Wank*, FS Wiedemann, 2002, 587, 606; *Bauer/Diller*, Wettbewerbsverbote, § 24 Rn. 1038; *Gissel*, Arbeitnehmerschutz für den GmbH-Geschäftsführer, S. 136 ff.; *Gravenhorst*, Nachvertragliche Wettbewerbsverbote mit GmbH-Geschäftsführern, S. 66 ff.; *Henssler*, RdA 1992, 289, 294; *Lembke*,

Zur Begründung ihres Ansatzes verweist diese Literaturansicht auf die allgemeine BGH-Rechtsprechung zur Anwendung arbeitsrechtlicher Schutzvorschriften zugunsten von Organmitgliedern. Demnach seien arbeitsrechtliche Vorschriften auf Organmitglieder anwendbar, sofern das Anstellungsverhältnis eine solche Anwendung gebietet, die Organstellung eine solche im Gegenzug nicht verbietet.[707] In diesem Sinne bestehe nach dem Ausscheiden des Organs aus der Gesellschaft eben keine Organstellung mehr, die einer analogen Anwendung entgegenstehen könnte. Und auch die Argumentation einer erhöhten Schädigungsgefahr sei mehr als fragwürdig. Ferner tangiere die analoge Anwendung der §§ 74 ff. HGB nicht die effektive Durchsetzbarkeit der Geheimhaltungs- und Konkurrenzschutzinteressen des Unternehmens, sondern bewirke vor allem einen weitergehenden Sozialschutz zugunsten des Geschäftsführers.[708]

In diesem Zusammenhang stellen andere wiederum stärker auf die wirtschaftliche Abhängigkeit ab. Im Rahmen seiner Tätigkeit stellt der Geschäftsführer, vergleichbar zu sonstigen Arbeitnehmern, ebenfalls seine gesamte Arbeitskraft über einen längeren Zeitraum allein der Gesellschaft zur Verfügung. Demnach sei der Geschäftsführer, so insbesondere die Fremdgeschäftsführer, grundsätzlich ebenfalls auf die ihm zufließende Vergütung aus seiner Geschäftsführertätigkeit zur Sicherung seines Lebensunterhaltes sowie seiner Existenzgrundlage angewiesen. So diene die Anwendung arbeitsrechtlicher Schutzvorschriften vorwiegend dem Ausgleich der wirtschaftlichen Abhängigkeit zur Wahrung der Existenzsicherung, aus der sodann auch die soziale Schutzbedürftigkeit entspringe.[709] Eine daneben bestehende Gesellschafterstellung wirke sich allenfalls dann analogiefeindlich aus, wenn nachteilige Wirkungen aufgrund der Gesellschafterstellung

---

NZA-RR 2019, 65, 68; *ders.*, BB 2020, 52, 59; dieser Ansicht zumindest zustimmend *Bauer/Diller* BB 1995, 1134, 1135; *M. Köhler*, EWiR 2019, 461, 462; *Dzida/Lang*, ArbRB 2019, 189; OLG Hamm, ZIP 1988, 1254, 1255.

707 Vgl. BGHZ 49, 30; *Bauer*, FS Schwerdtner, 2003, 441, 442; *Bauer/Diller*, Wettbewerbsverbote, § 24 Rn. 1038; *dies.*, BB 1995, 1134, 1135; *dies.*, GmbHR 1999, 885, 886; *Bellstedt*, GmbHR 1976, 236, 239.

708 *Bauer*, FS Schwerdtner, 2003, 441, 442; *Bauer/Diller*, Wettbewerbsverbote, § 24 Rn. 1038; *dies.*, BB 1995, 1134, 1135; *dies.*, GmbHR 1999, 885, 886; so auch gerade bezüglich der ähnlichen Gefahr für die Gesellschaft bei anderen Angestelltengruppen *D. Gaul*, GmbHR 1991, 144, 147; *Henssler*, RdA, 289, 294 f.

709 So *Henssler*, RdA 1992, 289, 294 ff.; *Boemke*, ZfA 1998, 209, 234; *Lembke*, NZA-RR 2019, 65, 68; *M. Köhler*, EWiR 2019, 461, 462; zustimmend bezüglich des arbeitnehmerähnlichen Geschäftsführers Rowedder/Pentz/*Baukelmann*, GmbHG § 35 Rn. 113; wohl auch *Dzida/Lang*, ArbRB 2019, 189.

anderweitig ausgeglichen werden. Bei Geschäftsführern, die keinen oder keinen ausreichenden Einfluss auf die internen Geschicke der Gesellschaft haben – so vor allem Fremdgeschäftsführer und Minderheitsgesellschafter-Geschäftsführer ohne Sperrminorität – und die somit keinen weiteren hinzukommenden Schutz aufgrund einer Gesellschafterstellung erlangen, sei von der grundsätzlichen Bejahung der analogen Anwendung arbeitsrechtlicher Schutznormen unter Beachtung der maßgebenden *ratio legis* der Norm auszugehen.[710] Im Kern wird also auf die wirtschaftliche Abhängigkeit und die daraus resultierende soziale Schutzbedürftigkeit abgestellt, sodass die grundsätzliche analoge Anwendung insbesondere für Fremdgeschäftsführer sowie Minderheitsgesellschafter-Geschäftsführer ohne Sperrminorität möglich sei.

b. *Maßgeblichkeit der Gesellschafterstellung und Beteiligungsverhältnisse*

Andere Vertreter wollen die analoge Anwendung der §§ 74 ff. HGB allein anhand der gesellschaftsrechtlichen Beteiligung des Geschäftsführer bestimmen. Der Schutzzweck der §§ 74 ff. HGB soll bei Gesellschafter-Geschäftsführern nicht greifen können. Dieser werde auch als Geschäftsführer aufgrund seiner Gesellschafterstellung selbstständig und nicht, wie dies die §§ 74 ff. HGB erfordern, fremdnützig tätig. Aufgrund dieser selbstständigen Tätigkeit im Rahmen seiner Stellung als Gesellschafter und Geschäftsführer könne er die vertraglichen Abreden bezüglich nachvertraglicher Wettbewerbsbeschränkung infolge der Geschäftsführertätigkeit eigenverantwortlich (mit-)treffen. In diesen Fällen stelle die rechtliche Beurteilung anhand des § 138 BGB den interessengerechten Weg dar.[711] Gerade aber dem Geschäftsführer, der selbst keine Beteiligung an der Gesellschaft hält, sei nach dem Gesamtbild seiner Tätigkeit eine soziale Schutzbedürftigkeit zuzusprechen. Daraus folge ebenfalls die Einordnung als arbeitnehmerähnliche Person, der sodann auch die analoge Anwendung der §§ 74 ff. HGB folgen soll.[712]

Daneben wird die soziale Schutzbedürftigkeit teilweise zumindest pauschal für Gesellschafter-Geschäftsführer abgelehnt, die über mindestens 50 % Beteiligung an der Gesellschaft verfügen. Abgestellt wird vor allem auf die Vergleichbarkeit

---

710 *Henssler*, RdA 1992, 289, 295.

711 So Staub/*Weber*, HGB Vor § 74 Rn. 21.

712 Staub/*Weber*, HGB Vor § 74 Rn. 22; Heymann/*Henssler*/*Michel*, HGB Vor § 74 Rn. 17; so auch *Wertheimer*, Nachvertragliche Wettbewerbsverbote bei Anstellungsverhältnissen, S. 140 f., der Geschäftsführer meint, die weder vermögens- noch einflussmäßig an der Gesellschaft wesentlich beteiligt sind.

zu leitenden Angestellten, aus der die Anwendung der arbeitsrechtlichen Normen, die auf leitende Angestellte Anwendung finden, auch immer für Geschäftsführer in Betracht zu ziehen sei.[713] Es bestehen damit keine nachvollziehbaren Interessen der Gesellschaft, den Geschäftsführer anders zu behandeln als die Mitarbeiter der zweiten Führungsebene. Das Interesse, die zukünftige Konkurrenztätigkeit des früheren abhängigen Beschäftigten zu unterbinden, geht mit der Fürsorge einher, für die wirtschaftliche Sicherheit des ausgeschiedenen Beschäftigten zu sorgen. Eine solche Fürsorgepflicht gelte gegenüber den normalen Arbeitnehmern, den leitenden Angestellten sowie auch gegenüber den Organmitgliedern.[714]

Somit führe auch die Betrachtung der gesellschaftsrechtlichen Stellung dazu, dass die Möglichkeit der analogen Anwendung der §§ 74 ff. HGB grundsätzlich dem Fremdgeschäftsführer und sogar dem Minderheitsgesellschafter-Geschäftsführer ohne Sperrminorität offenstehen. Maßgeblich seien somit der Vergleich zu leitenden Angestellten und die daraus resultierende vergleichbare Schutzbedürftigkeit.

c. *Anwendung auf alle Geschäftsführer*

Des Weiteren befürworten einige Vertreter die analoge Anwendung der §§ 74 ff. HGB auf alle Geschäftsführer, ohne die differenzierende Betrachtung der Beteiligungsverhältnisse oder anderweitiger Umstände. Vorgenommen wird auch hier der Vergleich zu sonstigen ausgeschiedenen Arbeitnehmern. Infolge der nachvertraglichen Wettbewerbsabrede wird der Arbeitnehmer darin beschränkt, seine beruflichen Fähigkeiten und Eigenschaften gewinnbringend einzusetzen. Die Beschränkungen werden durch die arbeitgeberseitige Pflicht zur Zahlung einer Karenzentschädigung ausgeglichen. Diese grundsätzliche Situation stelle sich insoweit beim Geschäftsführer nicht anders dar, sodass eine vollumfängliche Gleichbehandlung allein schon aufgrund des Art. 3 GG geboten sei. Die Ungleichbehandlung der Personengruppen sei nur dann mit den Maßstäben des Art. 3 GG vereinbar, wenn die Ungleichbehandlung gerade auf der wesentlichen Unterschiedlichkeit der Fälle beruht. Bei nachvertraglichen Wettbewerbsabreden seien die Situationen im Lichte des Art. 12 GG und Art. 3 GG jedoch als wesentlich gleich zu werten. So beinhalte der Regelungskomplex der §§ 74 ff. HGB wesentliche und allgemeine, für alle nachvertraglichen

713 *Gissel*, Arbeitnehmerschutz für den GmbH-Geschäftsführer, S. 126.

714 So *Brachert*, Organmitgliedschaft und Arbeitnehmerstatus, 1991, S. 119, 218; *Gissel*, Arbeitnehmerschutz für den GmbH-Geschäftsführer, S. 137.

Wettbewerbsverbote zur Geltung kommende übergeordnete, insbesondere am Maßstab des Art. 12 Abs. 1 GG ausgerichtete Rechtsgedanken und -prinzipien, wonach die vollumfängliche analoge Anwendung der §§ 74 ff. HGB für alle Geschäftsführer folgerichtig geboten sei.[715]

d. Stellungnahme

Im Ergebnis stellt die befürwortende Literatur vorwiegend auf eine Vergleichbarkeit mit sonstigen Arbeitnehmern aufgrund einer vergleichbaren wirtschaftlichen Abhängigkeit und der daraus resultierenden sozialen Schutzbedürftigkeit ab. Auch die Ansicht, die eine analoge Anwendbarkeit der §§ 74 ff. HGB zunächst im Wesentlichen anhand der jeweiligen Gesellschaftsbeteiligung des Geschäftsführers vornimmt, rekurriert letzten Endes ebenfalls auf die wirtschaftliche Abhängigkeit und soziale Schutzbedürftigkeit der Geschäftsführer und somit vor allem derjenigen, die sodann keine maßgebliche Beteiligung an der Gesellschaft halten. Demnach soll die analoge Anwendbarkeit denen pauschal verwehrt werden, die mehr als 50 % am Kapital halten oder ihrer vermögens- oder einflussmäßigen Beteiligung entsprechend nicht der Fürsorgepflicht bezüglich ihrer wirtschaftlichen Sicherheit bedürfen. Folglich komme der arbeitsrechtliche Schutz vor allem für den Fremdgeschäftsführer und Minderheitsgesellschafter-Geschäftsführer ohne Sperrminorität in Betracht. Im Kern handelt es sich also ebenfalls um die Geschäftsführer, die im Wesentlichen wirtschaftlich abhängig sind oder waren. Auch im Sinne der ersten Ansicht wird die wirtschaftliche Abhängigkeit typisierend betrachtet, sodass diese vor allem beim Fremdgeschäftsführer und Minderheitsgesellschafter-Geschäftsführer ohne Sperrminorität vorliegen werde.

Der Ansicht, die die analoge Anwendung der §§ 74 ff. HGB auf alle Geschäftsführer ohne eine Differenzierung anhand der Beteiligungsverhältnisse oder des Grades der wirtschaftlichen Abhängigkeit vornehmen will, kann nicht zugestimmt werden. Zwar mag es richtig sein, dass die Rechtsgedanken des Regelungskomplexes der §§ 74 ff. HGB allgemeingültige Maßstäbe im Sinne der Art. 3 Abs. 1 GG und Art. 12 Abs. 1 GG darstellen. Dennoch ist eine Ungleichbehandlung auch im Lichte des Art. 12 Abs. 1 GG dann gerechtfertigt, wenn die Ungleichbehandlung insbesondere auf dem Merkmal der Unterschiedlichkeit beruht. Folgt dem Fehlen der persönlichen Abhängigkeit die generelle Ablehnung der Arbeitnehmereigenschaft, vermag nur die wirtschaftliche Abhängigkeit

715 *D. Gaul*, GmbHR 1991, 144, 147 f., 151; *Gravenhorst*, Nachvertragliche Wettbewerbsverbote mit GmbH-Geschäftsführern, S. 77 f., 128.

die sachgerechte Differenzierung der einzelnen Geschäftsführertypen sowie die Unterschiedlichkeit oder wertungsmäßige Vergleichbarkeit zu anderen Arbeitnehmern zu begründen. Demnach kommt eine analoge Anwendung der §§ 74 ff. HGB richtigerweise nicht für alle Geschäftsführertypen in Betracht. Zuzustimmen ist dieser Ansicht aber vor allem hinsichtlich der Anerkennung, dass dem Regelungskomplex der §§ 74 ff. HGB verallgemeinerungsfähige Maßstäbe und Wertungen entnommen werden können, die allgemeingültige Aussagen enthalten und eben nicht auf einen speziellen Arbeitnehmerschutz abstellen. Diese Regelungen sind vor allem bei der sach- und systemgerechten Konkretisierung des § 138 BGB sowie der Frage der analogen Anwendung einzelner Regelungen der §§ 74 ff. HGB detailliert zu betrachten.

Insgesamt überzeugen vornehmlich die Ansichten, deren analogiebegründende Kerngedanken sich auf die Bestimmung der wirtschaftlichen Abhängigkeit und der daraus resultierenden sozialen Schutzbedürftigkeit beziehen. Die vergleichbare wirtschaftliche Abhängigkeit und die soziale Schutzbedürftigkeit könnten sodann auch die Gleichbehandlung im Sinne des Art. 3 Abs. 1 GG rechtfertigen. Richtigerweise ist dabei zu beachten, dass die Sicherung der ungestörten Ausübung und Funktion des Organverhältnisses die zu beachtende Grenze der Möglichkeit der analogen Anwendung darstellt.[716]

II. Allgemeine Kriterien hinsichtlich der analogen Anwendung arbeitsrechtlicher Schutzvorschriften

Neben den allgemeinen Ansichten zur möglichen analogen Anwendbarkeit der §§ 74 ff. HGB innerhalb der Rechtsprechung und Literatur sowie den nach der jeweiligen Ansicht maßgeblichen analogiebegründenden Kriterien soll noch ein kurzer Blick auf die allgemeinen Voraussetzungen der Rechtsprechung und Literatur hinsichtlich der (analogen) Anwendung arbeitsrechtlicher Schutzvorschriften zugunsten von Geschäftsführern geworfen werden.

Der BGH befasste sich schon mit einer Vielzahl von Fällen, in denen er darüber zu entscheiden hatte, ob und inwiefern eine Arbeitnehmerschutzvorschrift zugunsten des Geschäftsführers Anwendung finden soll.[717] Eine einheitliche

716 Vgl. BGHZ 49, 30; *Bauer*, FS Schwerdtner, 2003, 441, 442; *Bauer/Diller*, Wettbewerbsverbote, § 24 Rn. 1038; *dies.*, BB 1995, 1134, 1135; *dies.*, GmbHR 1999, 885, 886; *Bellstedt*, GmbHR 1976, 236, 239; dazu später ausführlicher.

717 Siehe dazu ausführlich *Gissel*, Arbeitnehmerschutz für den GmbH-Geschäftsführer, S. 13 ff.; auch *Groß*, Das Anstellungsverhältnis des GmbH-Geschäftsführers im Zivil-, Arbeits-, Sozialversicherungs- und Steuerrecht, S. 135 ff.; *Heyll*, Die Anwendung von

und anerkannte Leitlinie zur (entsprechenden) Anwendung arbeitsrechtlicher Schutzvorschriften wurde bisher weder in der Rechtsprechung noch in der Literatur entwickelt.[718] Neben den ausdrücklich gesetzlich normierten Vorschriften, die die Anwendung auf Organmitglieder und Geschäftsführer ausnehmen, so zum Beispiel § 5 Abs. 2 Nr. 1 BetrVG, § 14 Abs. 1 Nr. 1 KSchG oder im Allgemeinen das ArbnErfG, das ArbZG, das AÜG, dass BEEG, das BurlG, das EFZG, das TzBfG, das SGB IX sowie das MiLoG,[719] ist somit fraglich, auf welche Kriterien maßgeblich abzustellen ist, um die Anwendbarkeit arbeitsrechtlicher Schutzvorschriften zu begründen. Obendrein ist die Rechtsprechung des BGH teilweise von sehr unterschiedlichen Begründungsansätzen geprägt.[720] In der grundsätzlichen Übereinstimmung mit der Literatur kann als oberste Prämisse zumindest auf die vorrangige Beachtung des jeweiligen Schutzzwecks der anzuwendenden Norm abgestellt werden. Die Beurteilung der Frage, ob sich der Geschäftsführer in einer vergleichbaren Position und Lage wie ein abhängiger Arbeitnehmer befindet, erfolgt nicht anhand genereller und allgemeingültiger Kriterien. Es findet eine an dem jeweiligen Schutzgedanken ausgerichtete einzelfallbezogene Prüfung der jeweiligen Anwendbarkeit statt.[721] Zurückgegriffen werden kann demnach grundsätzlich auf ein zweistufiges Beurteilungssystem. Auf der ersten Stufe muss eine nach der wesentlichen und zu beachtenden *ratio legis* der arbeitsrechtlichen Norm vergleichbare schützenswerte Lage bestehen. Besteht eine solche vergleichbare Lage, ist allerdings nicht unmittelbar von der Bejahung der analogen Anwendbarkeit auszugehen. Vielmehr muss auf der zweiten Stufe die Vereinbarkeit mit der Organstellung und den Organfunktionen geprüft werden, wobei es um die Sicherstellung der ungestörten Funktion der Organverhältnisse

---

Arbeitsrecht auf Organmitglieder, S. 146 ff.; *Kuhn*, Abgestuftes Arbeitsrecht am Beispiel des abhängigen GmbH-Geschäftsführers, S. 101 ff.; *Krahforst*, Nachvertragliche Wettbewerbsverbote für GmbH-Geschäftsführer, S. 195 ff.

718 HWK/*Thüsing*, BGB § 611a Rn. 107; *Preis*/*Sagan* ZGR 2013, 26, 30 f.

719 Vgl. *Altmeppen*, GmbHG § 6 Rn. 82, 83; Noack/Servatius/Haas/*Beurskens*, GmbHG § 37 Rn. 107; *Goette*, DStR 1998, 1137; *Oberrath*, MDR 1999, 134, 135; *Nägele*, BB 2001, 305; *Krämer*, NotBZ 2004, 81, 82; *Diller*, ZIP 2007, 201; *Freckmann*, DStR 2008, 52, 56.

720 So *Gissel*, Arbeitnehmerschutz für den GmbH-Geschäftsführer, S. 29, vgl. dazu auch die Übersicht zur Rechtsprechung des BGH, S. 13 ff.

721 IdS. auch Noack/Servatius/Haas/*Beurskens*, GmbHG § 37 Rn. 110; HCL/*Paefgen*, GmbHG § 35 Rn. 253; Lutter/Hommelhoff/*Kleindiek*, GmbHG Anh. zu § 6 Rn. 3b; MHLS/*Tebben*, GmbHG § 6 Rn. 126; Scholz/*Hohenstatt*, GmbHG § 35 Rn. 267; *Fleck*, FS Hilger/Stumpf, 1983, 197, 208 f.; *Boemke*, ZfA 1998, 209, 218.

geht.[722] Zusammengefasst werden kann das zweistufige System also damit, dass eine analoge Anwendung dann in Betracht kommt, „soweit dies das Anstellungsverhältnis erfordert und seine Organstellung dies nicht verbietet“[723].

Anknüpfungspunkt ist also zunächst vorrangig das Anstellungsverhältnis des Organmitglieds. Allein infolge des Anstellungsvertrages wird sich der Geschäftsführer in eine wirtschaftliche Abhängigkeit begeben. Folglich geht es darum, dass der Geschäftsführer wie ein Arbeitnehmer seine Arbeitskraft der Gesellschaft hauptberuflich zur Verfügung stellt und die daraus erwarteten und gewährten Verdienste maßgeblich die Grundlage seines Lebensunterhaltes darstellen werden.[724] Sinn und Zweck der Analogiebildung zugunsten des Organmitglieds ist also die Gewährung eines arbeitsrechtlichen Mindestschutzes, den der schuldrechtliche Vertrag zwischen dem Organ und der Gesellschaft ansonsten nicht bieten kann.[725] Grundlegende Bedeutung wird dies zutreffenderweise vor allem für den Fremdgeschäftsführer[726] und Minderheitsgesellschafter-Geschäftsführer ohne Sperrminorität[727] haben, bei denen eine wirtschaftliche Abhängigkeit infolge einer typisierenden Betrachtung zumeist vorliegen wird, sofern aus der Gesellschafterstellung – dies gleichwohl nur im Falle der Minderheitsbeteiligung ohne maßgeblichen Einfluss oder Sperrminorität – kein anderweitiger und ausreichender Schutz erwächst.[728] Festgehalten werden kann demnach, dass die wirtschaftliche Abhängigkeit in Verbindung mit der daraus folgenden vergleichbaren sozialen Schutzbedürftigkeit das maßgebliche Kriterium der

---

722 *Goette*, FS Wiedemann, 2002, 873, 886 f.; *Fleck*, FS Hilger/Stumpf, 1983, 197, 209 f.; *Martens*, FS Hilger/Stumpf, 1983; 437, 450; *Wank*, FS Wiedemann, 2002, 587, 597 f.; *Reichold/Heinrich*, FS Westermann, 2008, 1315, 1317 f.; Lutter/Hommelhoff/*Kleindiek*, GmbHG Anh. zu § 6 Rn. 3b; *Krahforst*, Nachvertragliche Wettbewerbsverbote für GmbH-Geschäftsführer, S. 206 f.; siehe auch BGHZ, 10, 187, 192; 49, 30, 32.

723 Vgl. BGHZ 49, 30, 32.

724 Vgl. BGHZ, 10, 187, 192; 79, 291, 293; 91, 217, 220; HWK/*Thüsing*, BGB § 611a Rn. 107; Lutter/Hommelhoff/*Kleindiek*, GmbHG Anh. zu § 6 Rn. 3b; MHLS/*Tebben*, GmbHG § 6 Rn. 126; MüKoGmbHG/*Jaeger/Steinbrück*, § 35 Rn. 410; *Gissel*, Arbeitnehmerschutz für den GmbH-Geschäftsführer, S. 30; *Fleck*, FS Hilger/Stumpf, 1983, 197, 205; *ders.*, WM 1985, 677; *Boemke*, ZfA 1998, 209, 217; *ders.*, RdA 2018, 1, 2; *Stöhr*, RdA 2021, 104, 108.

725 *Henssler*, RdA 1992, 289, 294.

726 Vgl. BGH, NJW 1981, 1270, 1271; BGH, NJW 1984, 2528, 2529.

727 Vgl. BGH, NJW 1984, 2528, 2529.

728 *Hueck*, ZfA 1985, 25, 32 f.; Hachenburg/*Mertens*, GmbHG, § 35 Rn. 138; *Henssler*, RdA 1992, 289, 295; *Reiserer*, DB 1994, 1822-1826; *Freckmann*, DStR 2008, 52, 56; idS auch Scholz/*Hohenstatt*, GmbHG § 35 Rn. 267.

Vergleichbarkeit der Interessenlage des Geschäftsführers mit sonstigen ebenfalls wirtschaftlich abhängigen Arbeitnehmern darstellen wird. Die generelle Einordnung des Geschäftsführers als Arbeitnehmer scheitert vor allem an der fehlenden persönlichen Abhängigkeit. Stehen jedoch die wirtschaftliche Abhängigkeit sowie die Minimalsicherung der wirtschaftlichen Existenz im Vordergrund, muss eine analoge Anwendung der arbeitsrechtlichen Schutzvorschrift grundsätzlich in Betracht gezogen werden.[729]

III. Zwischenergebnis

Als maßgebliche Kriterien zur Beurteilung der Vergleichbarkeit der Interessenlage im Rahmen der möglichen analogen Anwendung der §§ 74 ff. HGB sind also folgende Kriterien und Voraussetzungen maßgeblich: Auf der ersten Stufe ist die Vergleichbarkeit der Situation und der Interessenlage zwischen Arbeitnehmern und Geschäftsführern anhand der wesentlichen *ratio legis* und der in ihnen enthaltenen wesentlichen Schutz- und Zweckbestimmungen der §§ 74 ff. HGB zu beurteilen. Als maßgebliches Kriterium der Differenzierung und Vergleichbarkeit sind die wirtschaftliche Abhängigkeit sowie die daraus resultierende vergleichbare soziale Schutzbedürftigkeit im Sinne der allgemeinen Definitionen zur arbeitnehmerähnlichen Person heranzuziehen. Diese Beurteilung findet gleichwohl unabhängig von der Frage statt, ob Geschäftsführer generell als arbeitnehmerähnliche Personen im Sinne der Legaldefinition des § 12a Abs. 1 Nr. 1 TVG einzuordnen und zu behandeln sind. Vorliegend soll es nur um die einzelfallbezogene Prüfung der wirtschaftlichen Abhängigkeit und sozialen Schutzbedürftigkeit im Bereich der §§ 74 ff. HGB gehen. Auf der zweiten Stufe erfolgt sodann die Prüfung der Vereinbarkeit der möglichen analogen Anwendung der §§ 74 ff. HGB mit der ungestörten Ausübung und Funktion der Organverhältnisse sowie beachtlichen vorrangigen organschaftlichen und gesellschaftsrechtlichen Interessen.

---

729 Vgl. zu § 622 BGB: BGHZ 79, 291, 293; 91, 217, 220; 112, 103, 115; BGH, NJW 1981, 2748, 2749; BGH, vNJW 1989, 2683, 2684; zu § 630 BGB: BGHZ 49, 30, 31 f.; zum BetrAVG: BGHZ 77, 94; 77, 233; BGH, NJW-RR 2000, 1275, 1277; BGH, DStR 2000, 1783, 1784; zu §§ 850 ff. ZPO: BGH, NJW 1978, 756; BGH, NJW 1981, 2465, 2466; so auch HWK/*Thüsing*, BGB § 611a Rn. 107; Lutter/Hommelhoff/*Kleindiek*, GmbHG Anh. zu § 6 Rn. 3b; *Fleck*, FS Hilger/Stumpf, 1983, 197, 210.

C. Vergleichbarkeit der wirtschaftlichen Abhängigkeit und sozialen Schutzbedürftigkeit

Um die Vergleichbarkeit des Geschäftsführers mit sonstigen Arbeitnehmern zu bestimmen, müssen im ersten Schritt zunächst die Begrifflichkeiten der wirtschaftlichen Abhängigkeit und sozialen Schutzbedürftigkeit definiert werden. In einem zweiten Schritt sollen sodann die wesentlichen Leitgedanken, Rechtsprinzipien, Wertungen und die allgemeinen Schutzzwecke der §§ 74 ff. HGB herausgebildet werden, anhand derer im letzten Schritt die vorliegende Vergleichbarkeit im Rahmen der §§ 74 ff. HGB beurteilt werden kann.

I. Allgemeine Begriffsbestimmung

Ansatzpunkt der allgemeinen Begriffsbestimmung der wirtschaftlichen Abhängigkeit und sozialen Schutzbedürftigkeit sind die Definitionen der Rechtsprechung und Literatur hinsichtlich der arbeitnehmerähnlichen Personen, wobei sich zur vorliegenden Konkretisierung der wohl allgemeinsten Definition der arbeitnehmerähnlichen Person gemäß § 12a Abs. 1 TVG bedient werden kann. Zwar enthalten auch andere Normen mit leichten sprachlichen Differenzen Definitionen hinsichtlich arbeitnehmerähnlicher Personen, so beispielsweise der § 2 S. 2 BurlG, der Personen Arbeitnehmern gleichsetzt, „die wegen ihrer wirtschaftlichen Unselbstständigkeit“ als arbeitnehmerähnliche Personen anzusehen sind. Gleichwohl wird zur detaillierten Begriffsbestimmung primär auf die Definition des § 12a Abs. 1 TVG abgestellt, die sodann auch über das Tarifrecht hinaus Anwendung findet.[730] Dies richtigerweise im Sinne einer Gesamtanalogie und unter Beachtung der teleologischen Mehrdimensionalität der Rechtsnorm, demnach die dem Tarifvertragsrecht speziell zuzuordnenden und nicht verallgemeinerungsfähigen Voraussetzungen des § 12 Abs. 1 TVG unbeachtlich bleiben müssen.

Unter Beachtung der verallgemeinerungsfähigen Komponenten des § 12 Abs. 1 TVG kennzeichnet sich die wirtschaftliche Abhängigkeit im Allgemeinen

730 HWK/*Thüsing*, BGB § 611 Rn. 127; so auch in der Rechtsprechung LAG Saarbrücken, BGB § 611 Abhängigkeit Nr. 7; BAG, AP BGB § 611 Abhängigkeit Nr. 14; BAG, NZA 1997, 1126; BAG, NZA 1999, 1175: BAG, NZA 2000, 1359, 1360; BAG, AP BGB § 611 Arbeitnehmerähnlichkeit Nr. 12; BAG, NJOZ 2006, 3821, 3822; BAG, NZA 2007, 699, 700; BAG, AP ArbGG 1979 § 5 Nr. 68. So enthalten beispielsweise auch § 5 Abs. 1 S. 2 ArbGG sowie § 2 S. 2 BurlG Definitionen zu arbeitnehmerähnlichen Personen.

dadurch, dass die Verwertung der Arbeitskraft des Beschäftigten für die Rechnung eines Auftraggebers, der das Unternehmerrisiko trägt, erfolgt und die daraus fließende Vergütung die wirtschaftliche Existenzgrundlage des Beschäftigten bildet, womit dieser grundsätzlich vom Fortbestand des Beschäftigungsverhältnisses abhängig ist.[731] Die soziale Schutzbedürftigkeit entspringt der (möglicherweise) vorher festgestellten wirtschaftlichen Abhängigkeit des Beschäftigten und ist dann anzunehmen, wenn „unter Berücksichtigung der gesamten Umstände des Einzelfalls und der Verkehrsanschauung das Maß der Abhängigkeit einen solchen Grad erreicht, wie er im Allgemeinen nur in einem Arbeitsverhältnis vorkommt, und die geleisteten Dienste nach ihrer sozialen Typik mit denen eines Arbeitnehmers vergleichbar sind"[732]. Nach § 12 Abs. 1 Nr. 1 TVG ist zudem von maßgeblicher Bedeutung, ob der Beschäftigte die geschuldete Leistung persönlich und im Wesentlichen ohne Mitarbeit von eigenen Beschäftigten erbringt. Hier schließt das Tarifvertragsrecht infolge der Gegnerfreiheit der Koalition aus, dass eine arbeitnehmerähnliche Person zudem wesentliche Arbeitgeberfunktion wahrnimmt. Dieser Aspekt ist gleichwohl als nicht verallgemeinerungsfähige bzw. spezielle tarifvertragliche Wertung auf den hiesigen Fall nicht zu übertragen. Als weitere Kriterien können daneben noch die Art und Dauer der Tätigkeit, die unternehmerischen Chancen des Beschäftigten, die Anzahl der Auftraggeber sowie die Verdienstmöglichkeiten, die der Markt für die bestimmte Tätigkeit bietet, mit einbezogen werden.[733]

In Bezug auf den Geschäftsführer und seine Vergütung ist demnach auch die Frage aufzuwerfen, ob und wie die Höhe der Vergütung oder gar das persönliche Gesamtvermögen mit in die Beurteilung der Arbeitnehmerähnlichkeit einfließen soll oder muss. Das BAG stellt zur Bestimmung der wirtschaftlichen Abhängigkeit grundsätzlich allein darauf ab, ob der Beschäftigte auf die Verwertung

731 Vgl. BAG, NZA 1999, 1175; BAG, NZA 2000, 1359, 1360; HWK/*Thüsing*, BGB § 611 Rn. 126; MüKoBGB/*Spinner*, § 611a Rn. 132; ErfK/*Koch*, ArbGG § 5 Rn. 5; Schaub ArbR-HdB/*Vogelsang*, § 10 Rn. 3; *Schubert*, Der Schutz der arbeitnehmerähnlichen Person, S. 51 f.; *Lunk*, FS Moll, 2019, 451, 455; *v. Hase/Lembke*, BB 1997, 1096; *Hromadka*, NZA 1997, 1249, 1253; *Boemke*, RdA 2018, 1, 4.

732 So BAG, AP TVG § 12a Nr. 1; BAG, NZA 2000, 1359, 1360; BAG, NJOZ 2006, 3821, 3822; BAG, NZA 2019, 490, 494 f.; LAG Köln, NZA-RR 2000, 19, 21 f.; BGH, NJW-RR 2003, 277, 280 f.; HWK/*Thüsing*, BGB § 611 Rn. 127; MüKoBGB/*Spinner*, § 611a Rn. 131; Schaub ArbR-HdB/*Vogelsang*, § 10 Rn. 3; *Lunk*, FS Moll, 2019, 451, 457; *v. Hase/Lembke*, BB 1997, 1095, 1096; *Boemke*, RdA 2018, 1, 4.

733 Vgl. Erman/*Edenfeld*, BGB § 611 Rn. 137; *Hromadka*, NZA 1997, 1249, 1253; *Boemke*, ZfA 1998, 209, 219; *ders.*, RdA 2018, 1, 4.

seiner Arbeitskraft und die Einkünfte aus der Tätigkeit für den Vertragspartner zur Sicherung seiner Existenzgrundlage angewiesen ist.[734] Teilweise hatte sich jedoch auch das BAG innerhalb der wirtschaftlichen Abhängigkeit mit der Höhe der Vergütung beschäftigt.[735] Und auch die Rechtsprechung der arbeitsrechtlichen Instanzgerichte verwertete das Kriterium der Höhe der Vergütung uneinheitlich.[736] Bei welchem Merkmal die Höhe der Vergütung Berücksichtigung finden soll, ist darüber hinaus grundsätzlich unbeachtlich. Die vorrangige Frage ist damit allein, ob und in welcher Gewichtung dieses Kriterium überhaupt in die Bewertung der Arbeitnehmerähnlichkeit miteinfließen soll, da es letztendlich ohne Bedeutung ist, ob die beachtliche Höhe der Vergütung die wirtschaftliche Abhängigkeit oder die soziale Schutzbedürftigkeit negiert.

Für die Beachtlichkeit und Einbeziehung der Höhe der Vergütung spricht zunächst der Gedanke, dass der arbeitsrechtliche Schutz den arbeitnehmerähnlichen Personen nur dann zukommen soll, wenn diese keine anderweitige – auch finanzielle – Minimalsicherung erhalten. War die Vergütung des Beschäftigten jedoch derart hoch, dass dieser für die Risiken der beruflichen Tätigkeit und die damit verbundenen Einkommensverluste selbst vorsorgen konnte, soll es nicht noch in der Pflicht des Auftraggebers liegen, für diesen Beschäftigten vorzusorgen.[737] Als Indiz für die Relevanz der Höhe der Vergütung für die Einordnung als arbeitnehmerähnliche Person wird beispielsweise die Norm des § 5 Abs. 3 S. 1 ArbGG genannt, der eine Vergütungsgrenze für Handelsvertreter vorsieht.[738] Die Grenze des § 5 Abs. 3 S. 1 ArbGG kann gleichwohl richtigerweise nicht als allgemeine Grenze verstanden werden. Einer Ansicht nach soll es vielmehr darauf ankommen, dass die Vergütung so hoch war, dass es dem Beschäftigten möglich war bzw. ist, für Krankheit, Alter, Invalidität und für die Zeiten einer möglichen Arbeitslosigkeit vorzusorgen. So soll zur Festlegung, ob eine entsprechend hohe arbeitnehmerähnlichkeitsausschließende Vergütung vorlag, auf das Entgelt vergleichbarer Angestellter geschaut werden. Des Weiteren sollen die sozial- und arbeitsrechtlichen Leistungen, die der Arbeitgeber

---

734 Vgl. BAG, NZA 2011, 309, 310; BAG, NZA 2019, 490, 494.

735 So BAG, AP BGB § 611 Arbeitnehmerähnlichkeit Nr. 12; BAG, NJOZ 2006, 3821, 3822 f.

736 Vgl. dazu LAG Hamm, BeckRS 2018, 11518 Rn. 52; LAG Baden-Württemberg, NZA-RR 2018, 624, 626; ArbG Nürnberg, BeckRS 2016, 118097 Rn. 10; *Lunk*, FS Moll, 2019, 451, 455.

737 So *Schubert*, Der Schutz der arbeitnehmerähnlichen Person, S. 49 f.

738 *Schubert*, Der Schutz der arbeitnehmerähnlichen Person, S. 50; *v. Olenhusen*, ZUM 1991, 557, 559; *Willemsen/Müntefering*, NZA 2008, 193, 199.

für die sonstigen Angestellten übernimmt, hinzugerechnet werden. Das Ergebnis dieser Rechnung ergebe eine Vergütungshöhe, die es einem Selbstständigen ermöglicht für sich selbst vorzusorgen.[739] Mit der gleichen Begründung sei auch das gesamte Vermögen eines Beschäftigten unter Berücksichtigung aller Vermögenseinkünfte und Rücklagen mit einzubeziehen.[740]

Andere hingegen sprechen sich zumindest für eine gewisse feste Höchstgrenze der Vergütung einer arbeitnehmerähnlichen Person aus. So beispielsweise *Hromadka*[741] sowie auch *Willemsen/Müntefering*[742]. Und auch *Lunk*[743] möchte die Höhe der Vergütung mit in die Beurteilung der Arbeitnehmerähnlichkeit einbeziehen, lehnt jedoch die Beurteilung anhand fester Grenzen ab. Er unterscheidet vielmehr danach, ob die Einkünfte aus dem Vertragsverhältnis zur eigenen Existenzsicherung ausreichen. So möchte er den urteilenden Gerichten einen Beurteilungsspielraum zusprechen, innerhalb dessen das Gericht alle maßgeblichen wirtschaftlichen Kriterien mit einbeziehen soll. Folglich seien in die Bewertung alle aus dem Einsatz der Arbeitskraft entspringenden Einkünfte wie Renten- und Pensionszusagen, aber auch längere Kündigungsfristen, Haftungsvereinbarungen und Abfindungszusagen mit einzubeziehen, da nur unter Heranziehung aller wirtschaftlichen Kriterien die wirtschaftliche Abhängigkeit bestimmt werden könne.[744] In Anbetracht dessen, dass die Vergütung von Geschäftsführern im Vergleich zu leitenden Angestellten (leitenden Führungskräften) sowohl bei kleineren als auch größeren Gesellschaften bei der Grundvergütung mindestens den Faktor 1,6 bis zu 2,4 und bei der Gesamtdirektvergütung mindestens 1,8 bis 2,9 erreicht, könnte die Annahme einer wirtschaftlichen Abhängigkeit unter Einbeziehung der Vergütungshöhe zumindest fraglich sein.[745]

---

739 Vgl. *Schubert*, Der Schutz der arbeitnehmerähnlichen Person, S. 50, die die Höhe der Vergütung innerhalb der sozialen Schutzbedürftigkeit einbezieht.

740 Siehe *Schubert*, Der Schutz der arbeitnehmerähnlichen Person, S. 51.

741 *Hromadka*, NZA 1997, 1249, 1254; *ders.*, NZA 2007, 838, 841; siehe auch *Lunk*, FS Moll, 2019, 451, 456.

742 *Willemsen/Müntefering*, NZA 2008, 193, 199.

743 *Lunk*, FS Moll, 2019, 451, 456.

744 *Lunk*, FS Moll, 2019, 451, 456, der die Höhe der Vergütung innerhalb der wirtschaftlichen Abhängigkeit mit einbeziehen möchte.

745 Dazu *Kienbaum*, Vergütungsreport Geschäftsführer 2021, S. 108, wonach die Grundvergütung und Gesamtdirektvergütung der Geschäftsführer und leitender Führungskräfte (Leiter genannt), unterteilt nach der jeweiligen Funktionsgruppe, die die Gesellschaftsgröße anhand der Anzahl der gesamten Beschäftigten beschreibt, gegenübergestellt wird und anhand eines Faktors in Relation gesetzt wird. Als Beispiel soll hier die Gesamtvergütung bei der Funktionsgruppe von 50 Beschäftigten

Eine generelle Einbeziehung der Vergütungshöhe ist gleichwohl abzulehnen. So kann eingewendet werden, dass die Höhe der Vergütung eben Folge dessen sei, dass der Beschäftigte alle Sozialversicherungskosten selbst tragen müsse. Diese seien im Verhältnis zu den gesetzlichen Sicherungssystemen auch erheblich kostenintensiver.[746] Des Weiteren drücke die Höhe der Vergütung die besondere Kompetenz und Qualifikation aus, die zumeist mit einer entsprechenden gesteigerten Komplexität der Tätigkeit einhergehe. So werde zum Beispiel auch dem leitenden Angestellten als „besserverdienendem" Arbeitnehmer nicht der soziale Schutz abgesprochen, nur weil er aufgrund seiner besonderen Qualifikation und/oder der Übernahme besonderer Verantwortung mehr verdient als sonstige Arbeitnehmer. Demnach spiele die Höhe der Vergütung auch keine Rolle für die Bewertung der sozialen Typik der geleisteten Dienste. Zu erwägen sei die Höhe der Vergütung allenfalls, wenn sie im Vergleich zu entsprechenden Arbeitnehmern evident höher sei.[747]

Letztlich wird es aber kaum möglich sein wird, eine verallgemeinerungsfähige und auf alle arbeitsrechtlichen Schutznormen übertragbare Höchst- oder Bewertungsgrenze zu bestimmen. Folglich würde eine allgemeingültige Vergütungsgrenze nicht zur sachgerechten Beurteilung der Arbeitnehmerähnlichkeit beitragen. Interessengerecht erscheint allenfalls die Einbeziehung der Vergütungshöhe innerhalb einer wertenden Gesamtbetrachtung aller wirtschaftlich erheblichen Kriterien und unter Berücksichtigung des Schutzzwecks der infrage stehenden anzuwendenden Norm.[748] Sollen in die wertende Gesamtbetrachtung sodann alle wirtschaftlich erheblichen Kriterien und Umstände mit einbezogen werden, somit also auch alle Vorsorgeleistungen und Schutzbestimmungen mit wirtschaftlicher Bedeutung, die den sonstigen vergleichbaren Arbeitnehmern

---

genannt werden, nach der die Geschäftsführer 140 (in Tsd. €) und die Leiter 90 (in Tsd. €) erhalten. Dies Bedeutet in Relation also einen Faktor von 1,6. Die Funktionsgruppen sind vorliegend in bis 50, 50-100, 100-250, 250-500, 500-1000, 1000-2000, 2000-5000 und über 5000 Beschäftigte eingeteilt. Die Funktionsgruppen, so beispielsweise die Klaasse 500 bis 1000 umfasst damit Unternehmen die 501 Mitarbeiter oder mehr, jedoch nicht mehr als 1000 Mitarbeiter beschäftigen, siehe dazu *Kienbaum*, Vergütungsreport Geschäftsführer 2021, S. 103.

746 Vgl. *v. Hase/Lemke*, BB 1997, 1095, 1096; dazu schon *v. Hoyningen-Huene*, BB 1987, 1730 ff.; *v. Einem*, BB 1994, 60 f.

747 So *v. Hase/Lembke*, BB 1997, 1095, 1096; im Ergebnis auch *Wank*, Arbeitnehmer und Selbständige, S. 241. Hinzuweisen ist wieder auf die bestehende Unbestimmtheit des Kriteriums der „evident höheren" Vergütung.

748 IdS auch *Lunk*, FS Moll, 2019, 451, 456; *Willemsen/Müntefering*, NZA 2008, 193, 199.

zukommen, wird eine Festlegung einer Vergütungsobergrenze im Einzelfall ebenfalls kaum möglich sein. Fraglich ist schon, ob man den wirtschaftlichen Wert aller arbeits- und sozialrechtlichen Schutzbestimmungen überhaupt vertretbar bestimmen kann. Auch bei der Einbeziehung aller wirtschaftlichen Umstände wie Renten- und Pensionszusagen, aber auch den zu beachtenden längeren Kündigungsfristen, Haftungsvereinbarungen und Abfindungszusagen[749] wird eine vertretbare geldwerte Bezifferung der einzelnen Aspekte kaum möglich bzw. in der gerichtlichen Praxis kaum umsetzbar sein. Vor allem müssten sodann alle einzelfallbezogenen Aspekte wie die Branche, in der der Auftraggeber und der Beschäftigte tätig sind, die spezifische Stellung des Beschäftigten, alle vergleichbaren Arbeitnehmer und alle wirtschaftlich bedeutsamen Leistungen, die diesen zukommen, sowie alle Risikoaspekte, die im Zusammenhang mit der Tätigkeit stehen, einbezogen, bewertet und in einer Gesamtabwägung und -betrachtung beurteilt werden.[750] Dies wird je nach Tätigkeit, Branche und den jeweiligen Besonderheiten der Gesellschaft sowie den besonderen Umständen des Einzelfalls indes nicht praktikabel umsetzbar sein.

Folglich wird man die Höhe der Vergütung allenfalls unter Beachtung des Wirkungsbereichs des Telos und der *ratio legis* der anzuwendenden Norm berücksichtigen. Demnach erscheint es richtig, die Höhe der Vergütung mit in die Beurteilung einzubeziehen und die Einordnung als arbeitnehmerähnliche Person infolge der festgestellten Höhe abzulehnen, wenn die anzuwendende Norm eine gesetzlich normierte Höchstgrenze enthält oder die *ratio legis* der Norm maßgeblich auf eine Höchstgrenze der Vergütungshöhe abstellt. Daher kann der arbeitsrechtliche Schutz zutreffenderweise öfters mal dort versagt werden, wo Einkünfte erzielt wurden, wie sie allein für Geschäftsführer oder Vorstandsmitglieder typisch sind.[751] So war dies beispielsweise im Rahmen des § 12a TVG der Fall, wobei das BAG dort für die Beurteilung der Arbeitnehmerähnlichkeit auch maßgeblich auf die Organstellung und die damit einhergehende Wahrnehmung der Arbeitgeberfunktion abstellte.[752] Selbst das BAG hat die Höhe der Vergütung aber in den Fällen für unbeachtlich gehalten, in denen die vorliegende Höhe der Vergütung einen Ausgleich für den – im Vergleich zu anderen Angestellten – erhöhten Zeitaufwand oder anderweitige wirtschaftliche Risiken erfolgen sollte.[753] *Schubert*, die die grundsätzliche Berücksichtigung der

---

749 Wie dies *Lunk*, FS Moll, 2019, 451, 456, fordert.
750 IdS. auch *v. Hase/Lembke*, BB 1997, 1095, 1096.
751 Dazu MüKoBGB/*Spinner*, § 611a Rn. 131; MAH UrhR/*Herms*, § 34 Rn. 44.
752 Vgl. BAG, AP TVG § 12a Nr. 1.
753 So BGH, NZA 1999, 53, 56; MüKoBGB/*Spinner*, § 611a Rn. 131.

Einkommenshöhe fordert,[754] stellt selbst auf das Merkmal der „wesentlichen" Überschreitung einer vorher festgelegten Grenze ab, die durch die Vergütungshöhe der vergleichbaren Arbeitnehmer zu bestimmen ist. Erst bei einer „wesentlichen" Überschreitung soll eine soziale Schutzbedürftigkeit entfallen.[755] Fraglich ist gleichwohl, wo die Grenze der „wesentlichen" Überschreitung liegen soll und inwiefern eine vertretbare Bezifferung und Bewertung aller wirtschaftlich maßgeblichen Vorsorgeleistungen, die vergleichbaren Arbeitnehmern zukommen, erfolgen kann.

Im Ergebnis wird die Höhe der Vergütung also allein im Kontext der anzuwendenden Norm von Bedeutung sein und dies auch nur, wenn diese eine bestimmte Vergütungsgrenze enthält oder der Schutzzweck der Norm auf eine gewisse Vergütungshöhe rekurriert. Das Gesamtvermögen wird richtigerweise nicht in die Beurteilung miteinbezogen.[756] Folglich wird die Höhe der Vergütung vorliegend nur dann von Bedeutung sein, wenn die §§ 74 ff. HGB ihrer *ratio legis* bzw. *rationes legis* nach eine Vergütungshöhe bzw. -grenze erwähnen oder bestimmen.

Die Bestimmung der wesentlichen *ratio legis* der §§ 74 ff. HGB wird im Späteren noch eingehender behandelt, jedoch soll die Frage der Einbeziehung der Vergütungshöhe vorliegend schon einmal beantwortet werden. Eine Vergütungsgrenze enthalten die §§ 74 ff. HGB nicht. Allein § 75b HGB sah eine Hochbesoldetenklausel vor, die vom BAG im Jahre 1969 für verfassungswidrig erklärt wurde.[757] So enthielt der § 75b S. 1 HGB zunächst die Regelung, dass die Verbindlichkeit des nachvertraglichen Wettbewerbsverbotes nicht von der verpflichtenden Zusage einer Karenzentschädigung nach § 74 Abs. 2 HGB abhing, sofern der ehemalige Angestellte zur Gruppe der „Hochbesoldeten" gehörte. Zu den „Hochbesoldeten" gehörte man nach Maßgabe des § 75b S. 2 HGB, wenn die einem zustehenden vertragsmäßigen Leistungen den Betrag von mehr als 8.000

754 Vgl. *Schubert*, Der Schutz der arbeitnehmerähnlichen Person, S. 49 ff.

755 *Schubert*, Der Schutz der arbeitnehmerähnlichen Person, S. 50 a.E., Gleiches für die Höhe des Gesamtvermögens im Sinne eines „großzügigen Maßstabs", der anzulegen sei, und „Evidenz", siehe S. 51.

756 Vgl. *Lunk*, FS Moll, 2019, 451, 457, so folge dies auch schon den allgemein zu berücksichtigenden Wertungen der § 12a Abs. 1 TVG und § 615 BGB; siehe dazu auch ErfK/*Preis*, BGB § 615 Rn. 91; MHdB ArbR/*Tillmanns*, § 76 Rn. 67; a.A. grundsätzlich *Schubert*, Der Schutz der arbeitnehmerähnlichen Person, S. 51, gleichwohl sie selbst einen „großzügigen Maßstab" zur Beurteilung des Vermögens ansetzen will und das Gesamtvermögen „evident" zur eigenen Vorsorge ausreichen muss.

757 BAG, NJW 1970, 723.

Mark für das Jahr überstiegen. Die Verfassungswidrigkeit des § 75b S. 2 HGB wurde vor allem damit begründet, dass sich eine Differenzierung von „Hochbesoldeten" und „Normalbesoldeten" nach Art. 3 Abs. 1 GG sachlich nicht mehr rechtfertigen lasse. Auch biete diese Vorschrift keine hinreichende Klarheit darüber, welche Entgeltgrenzen im Einzelnen zu berücksichtigen seien, und verstoße somit ebenfalls gegen die Anforderungen der Rechtsstaatlichkeit.[758] Der § 75b HGB wurde sodann durch Art. 24 des Gesetzes zur Einführung des Euro im Sozial- und Arbeitsrecht sowie zur Änderung anderer Vorschriften (4. Euro-Einführungsgesetz) vom 21.12.2000 aufgehoben.[759] Dass die Vergütungshöhe vom Gesetzgeber nicht angepasst und letztendlich gänzlich gestrichen wurde, zeigt, dass die Höhe der Vergütung für die Anwendung der §§ 74 ff. HGB allgemein keine Bedeutung hat und somit im Kontext der möglichen analogen Anwendung der §§ 74 ff. HGB für die Frage der wirtschaftlichen Abhängigkeit oder sozialen Schutzbedürftigkeit ebenfalls unbeachtlich ist.[760]

Eine weitere beachtliche Frage hinsichtlich des Geschäftsführers ist, ob erfolgsbasierte Tantiemen die Bejahung einer wirtschaftlichen Abhängigkeit tangieren bzw. negieren könnten. Der dahinterstehende Grundgedanke ist der, dass die Verwertung der Arbeitskraft im Rahmen der Geschäftsführertätigkeit bei maßgeblicher Beteiligung am Gewinn der Gesellschaft nicht mehr allein auf und für Rechnung der Gesellschaft erfolgt. Der Geschäftsführer würde sodann auch auf eigene Rechnung tätig. So bilden die Tantiemen zwar grundsätzlich nur einen kleinen Teil der Vergütung, jedoch spreche die Zahlung einer solchen erfolgsabhängigen Vergütung dafür, dass der Geschäftsführer selbst unternehmerisch tätig werde. Zumindest solle die Erheblichkeit bzw. Maßgeblichkeit der Tantieme schon bei 10 % des monatlichen Grundgehalts erreicht werden, mit der Folge, dass sodann eine wirtschaftliche Eigenständigkeit als Gegensatz zur wirtschaftlichen Abhängigkeit anzunehmen wäre.

Dieser Ansicht ist zunächst darin zuzustimmen, dass die erfolgsbasierte Vergütung die eigene unternehmerische Tätigkeit und das Nutzen der Chancen und Risiken des Marktes indiziert und somit gegen eine wirtschaftliche Abhängigkeit sprechen könnte.[761] Gewinnabhängige Tantiemen sind jedoch im Grundsatz als „normaler" Teil der Gesamtvergütung einzustufen. Dafür spricht auch, dass diese – zumindest beim Fremdgeschäftsführer – steuerlich wie die Festvergütung

758 BAG, NJW 1970, 723, 724 f.

759 Siehe BGBl., 2000 I, S. 1983, 2010.

760 So auch BeckOGK/*Fehrenbach*, BGB § 307 Wettbewerbsverbotsklausel Rn. 241.

761 So *Stöhr*, GmbHR 2020, 411, 414.

als Einkünfte aus nichtselbstständiger Tätigkeit im Sinne des § 19 Abs. 1 EStG behandelt werden. Tantiemen als erfolgsabhängige Leistungen knüpfen grundsätzlich allein an das Ergebnis der Gesellschaft an. Insofern geht es nicht um eine eigenständige Leistungsbeurteilung des Geschäftsführers. Natürlich bieten Tantiemen einen weiteren Anreiz, das Bestmögliche für die Gesellschaft herauszuholen, mit der Folge auch für sich selbst einen wirtschaftlichen Vorteil bzw. Mehrwert zu erarbeiten. Gleichwohl bilden vor allem schon die organschaftliche Stellung und die daraus folgenden organschaftlichen Treuepflichten den Hauptansatzpunkt dafür, dass der Geschäftsführer das bestmögliche Ergebnis für die Gesellschaft und die Gesellschafter erbringen muss, dies vor allem unter Einsatz seiner gesamten Arbeitskraft.

Darüber hinaus ist es heutzutage ebenfalls schon üblich, dass selbst Arbeitnehmer in nichtleitenden Positionen am Erfolg des Unternehmens in Form von gewinnabhängigen Vergütungsbestandteilen partizipieren.[762] Tantiemen werden also auch mit sonstigen Arbeitnehmern und vor allem auch mit leitenden Angestellten vereinbart. Bei Arbeitnehmern werden die vereinbarten Tantiemen als Teil des Arbeitsentgelts im Austausch für die geleisteten Dienste angesehen.[763] Dies sollte grundsätzlich auch für Geschäftsführer gelten. Insbesondere ist die Grenze von 10 % der monatlichen Gesamtvergütung nicht als Abgrenzungskriterium geeignet. Geht man davon aus, dass der übliche Anteil der variablen Vergütung 20-30 % der Gesamtvergütung beträgt,[764] ist es sinnig, von der unternehmerischen Tätigkeit nur bei einer wesentlichen Überschreitung der 30%-Grenze auszugehen.

Des Weiteren besteht auch hier das Problem der Bestimmung der „üblichen" Ausgestaltung. In höheren Einkommensklassen kann eine höhere prozentuale Festlegung der variablen Vergütung „üblich" sein.[765] Demnach kann auch das Kriterium der wesentlichen Überschreitung der 30%-Grenze bezweifelt werden. Ausgehend davon, dass das Festgehalt auch heute noch grundsätzlich die

762 *Wank*, FS Wiedemann, 2002, 587, 596; zur erfolgsbezogenen Vergütung bei Arbeitnehmern siehe *B. Schwab*, NZA-RR 2009, 1 ff.; zur Üblichkeit solcher Zahlungen für leitende Angestellte *Brachert*, Organmitgliedschaft und Arbeitnehmerstatus, S. 156.

763 Schaub ArbR-HdB/*Vogelsang*, § 76 Rn. 1; ErfK/*Preis*, BGB § 611a Rn. 494, 527.

764 So *Tänzer*, GmbHR 2005, 1256, 1258.

765 Vgl. zum üblichen Anteil der Tantiemen an der Gesamtvergütung BeckOK GmbHG/*Wisskirchen*/*Kuhn*/*Hesser*, § 6 Rn. 114; eingehender *Tänzer*, GmbHR 2005, 1256, 1258, nach dem in höheren Einkommensklassen auch höhere prozentuale Anteile „üblich" sind.

maßgebliche Grundlage der Vergütung darstellt,[766] wird die Gesellschaft grundsätzlich allein das unternehmerische Risiko tragen. Insoweit hat sie auch für den persönlichen und wirtschaftlichen Existenzschutz des Geschäftsführers zu sorgen, der damit grundsätzlich allein vom wirtschaftlichen Erfolg des Unternehmens abhängig ist, so wie es auch die anderen Arbeitnehmer sind.[767]

Folglich werden auch die erfolgsabhängigen Vergütungsbestandteile grundsätzlich nicht zur Beurteilung der wirtschaftlichen Abhängigkeit mit herangezogen. Vielmehr werden der Fremdgeschäftsführer sowie der Gesellschafter-Geschäftsführer ohne maßgeblichen unternehmerischen Einfluss – damit meist der Minderheitsgesellschafter-Geschäftsführer ohne Sperrminorität – vorwiegend fremdnützig für die Gesellschaft tätig. Selbst bei Erhalt erfolgsabhängiger Tantiemen werden die Chancen und Risiken des Marktes vor allem von den Gesellschaftern bzw. der Gesellschaft getragen, die sich dafür der Verwertung der Arbeitskraft des Geschäftsführers bedienen.[768] Das Überschreiten der 30%-Grenze kann unter Beachtung aller wesentlichen Umstände des Einzelfalls in gewisser Weise indizielle Wirkung für eine eigene unternehmerische Tätigkeit des Geschäftsführers vorgeben, wobei auch diese prozentuale Grenze nicht als allgemeingültige Grenze verstanden werden kann. Nimmt man dennoch eine beachtliche Überschreitung der „üblichen" Grenze an, könnte diese vor allem im Zusammenhang mit den anderen einzubeziehenden Kriterien – je nach Ansicht – zur Ablehnung der wirtschaftlichen Abhängigkeit oder der sozialen Schutzbedürftigkeit führen.

Für den Geschäftsführer als arbeitnehmerähnliche Person bedeutet dies also, dass es vorrangig auf die *ratio legis* und das Telos der anzuwendenden Norm ankommt.[769] So müssen die wesentlichen und relevanten Leitgedanken und -prinzipien der arbeitsrechtlichen Schutzvorschriften herausgearbeitet werden, anhand derer sich die maßgeblichen Kriterien zur Beurteilung der wirtschaftlichen Abhängigkeit sowie der sozialen Schutzbedürftigkeit ergeben. Die Höhe

---

766 Dazu Scholz/*Hohenstatt*, GmbHG § 35 Rn. 378; Lutter/Hommelhoff/*Kleindiek*, GmbHG Anh. zu § 6 Rn. 30, 32; Rowedder/Pentz/*Baukelmann*, GmbHG § 35 Rn. 91.

767 So schon *Brachert*, Organmitgliedschaft und Arbeitnehmerstatus, S. 161 f.; auch *Henssler*, RdA 1992, 289, 291, der Organmitglieder aus dem Schutz des Arbeitsrechts ausnehmen möchte, wenn durch gewinnabhängige Tantiemenzahlungen größeren Umfangs unmittelbar am Erfolg einer Unternehmensentscheidung partizipiert wird.

768 *Brachert*, Organmitgliedschaft und Arbeitnehmerstatus, S. 156.

769 Für die Maßgeblichkeit der Rechtsgedanken und -prinzipen der anzuwendenden Norm: Erman/*Edenfeld*, BGB § 611 Rn. 143; *Reinecke*, ZIP 1998, 581, 588; *Willemsen/Müntefering*, NZA 2008, 193, 199.

der Vergütung kann nur dann zur Ablehnung der wirtschaftlichen Abhängigkeit und/oder sozialen Schutzbedürftigkeit führen, wenn die anzuwendende Norm auf eine bestimmte Vergütungshöhe in relevanter Weise Bezug nimmt sowie eine entsprechende evident überdurchschnittlich hohe Vergütung vorliegt. Gleiches gilt auch für vereinbarte erfolgsabhängige Tantiemen, sofern eine evident hervorstechende Überschreitung des „gewöhnlichen" Anteils im Verhältnis zur Festvergütung vorliegt. Folglich wird zur Bestimmung der wirtschaftlichen Abhängigkeit in Übereinstimmung mit der Rechtsprechung des BAG und des BGH grundsätzlich allein darauf abgestellt, ob der Beschäftigte auf die fremdnützige Verwertung seiner Arbeitskraft sowie die daraus fließenden Einkünfte zur Sicherung seiner Existenzgrundlage angewiesen ist bzw. war.[770] Die soziale Schutzbedürftigkeit liegt dann vor, wenn „unter Berücksichtigung der gesamten Umstände des Einzelfalls und der Verkehrsanschauung das Maß der Abhängigkeit einen solchen Grad erreicht, wie er im Allgemeinen nur in einem Arbeitsverhältnis vorkommt, und die geleisteten Dienste nach ihrer sozialen Typik mit denen eines Arbeitnehmers vergleichbar sind"[771]. Die einzelnen maßgeblich mit einzubeziehenden Kriterien ergeben sich sodann aus den herauszuarbeitenden Leitgedanken sowie Schutz- und Zweckbestimmungen der anzuwendenden Normen – hier der §§ 74 ff. HGB.

II. Die *ratio legis* der §§ 74 ff. HGB

Die konkrete Vergleichbarkeit der Interessenlage richtet sich damit insbesondere an den Normzweck (*ratio legis*) des Regelungskomplexes der §§ 74 ff. HGB, sodass anhand der herauszuarbeitenden *ratio legis* die Beurteilung der wirtschaftlichen Abhängigkeit und vergleichbaren sozialen Schutzbedürftigkeit erfolgen kann. Betrachtet werden sollen demnach zunächst die Rechtsprechungen des BGH und BAG hinsichtlich dessen, ob und inwiefern sich beide Gerichte mit den wesentlichen Normzwecken der §§ 74 ff. HGB auseinandergesetzt haben. Unter

---

770 Vgl. BAG, NZA 2011, 309, 310; BAG, NZA 2019, 490, 494; der BGH stützt sich auf die Rechtsprechung des BAG zur Beurteilung der Arbeitnehmerähnlichkeit, siehe BGH, NJW 2003, 1864, 1865.

771 So BAG, AP TVG § 12a Nr. 1; BAG, NZA 2000, 1359, 1360; BAG, NJOZ 2006, 3821, 3822; BAG, NZA 2019, 490, 494 f.; LAG Köln, NZA-RR 2000, 19, 21 f.; BGH, NJW-RR 2003, 277, 280 f.; HWK/*Thüsing*, BGB § 611 Rn. 127; MüKoBGB/*Spinner*, § 611a Rn. 131; Staudinger/*Richardi*/*Fischinger*, BGB § 611a Rn. 244; Schaub ArbR-HdB/*Vogelsang*, § 10 Rn. 3; *Lunk*, FS Moll, 2019, 451, 457; *v. Hase*/*Lembke*, BB 1997, 1095, 1096; *Boemke*, RdA 2018, 1, 4.

Beachtung der sodann gefundenen Erkenntnisse soll die eigene Bestimmung der wesentlichen analogiebegründenden Wertungen der §§ 74 ff. HGB, ausgehend von der *ratio legis*, erfolgen.

1. Auseinandersetzung des BGH mit der ratio legis der §§ 74 ff. HGB

Der BGH lehnte in seiner Leitsatzentscheidung vom 26.03.1984[772] die analoge Anwendbarkeit der §§ 74 ff. HGB generell ab. Demnach äußerte sich der BGH in seiner Leitsatzentscheidung zunächst hinsichtlich des in § 74 Abs. 2 HGB normierten Grundsatzes der bezahlten Karenz. Die Karenzentschädigungspflicht nach § 74 Abs. 2 HGB sei allein das (gesetzgeberische) Ergebnis der grundsätzlichen „Abwägung zwischen den berechtigten geschäftlichen Interessen des Arbeitgebers, daß die in seinem Betrieb erlangten Kenntnisse und geschäftlichen Beziehungen nicht zu seinem Schaden ausgenutzt werden, und dem berechtigten Interesse des Arbeitnehmers, nach Beendigung des Dienstverhältnisses seine Arbeitskraft frei nutzen zu können und in der Freiheit seiner Betätigung nicht beschränkt zu werden."[773] Dieser Grundsatz sei jedoch nicht auf Organmitglieder und damit auch nicht auf Geschäftsführer übertragbar. Der BGH selbst wies im Folgenden darauf hin, dass der maßgebliche (Schutz-)Gedanke des Grundsatzes der bezahlten Karenz die wirtschaftliche Abhängigkeit des Karenzentschädigungsempfängers sei. Eine solche wirtschaftliche Abhängigkeit könne auch bei Organmitgliedern und vor allem Fremdgeschäftsführern vorliegen. Gleichwohl sei nicht allein die vorliegende wirtschaftliche Abhängigkeit für die analoge Anwendbarkeit des § 74 Abs. 2 HGB oder die seiner allgemeinen Grundsätze maßgeblich. Vielmehr seien die vormalige Stellung des Geschäftsführers sowie die damit einhergehenden Wirkungsmöglichkeiten von wesentlicher Bedeutung. Die Abwägung zwischen der wirtschaftlichen Abhängigkeit und sozialen Schutzbedürftigkeit der Organmitglieder und dem vom BGH als höher erachteten Schutzinteresse und -bedürfnis der Gesellschaft, das der erhöhten Schädigungsgefahr infolge einer späteren Konkurrenztätigkeit des ausgeschiedenen Geschäftsführers in Verbindung mit den vormals übernommenen organschaftlichen Aufgaben, Pflichten und Funktionen folgt, ergab die Ablehnung der analogen Anwendung der §§ 74 ff. HGB.[774] Somit stehen der analogen Anwendung der §§ 74 ff. HGB gewichtige Gründe entgegen, die vor allem der

772 BGHZ 91, 1.
773 Vgl. BGHZ 91, 1, 4.
774 Siehe BGHZ 91, 1, 4 f.

Sphäre der vormaligen Organstellung und der vormals übernommenen organschaftlichen Funktionen, Pflichten und Aufgaben entspringen.[775]

Im Ergebnis setzt sich der BGH in seiner Leitsatzentscheidung nicht mit der ersten Stufe der hier vorgenommenen Vergleichbarkeitsprüfung auseinander und behandelt damit nicht die Frage, ob eine wirtschaftliche Abhängigkeit und soziale Schutzbedürftigkeit im Lichte der maßgeblichen Grundwertungen und *ratio legis* der arbeitnehmerschützenden Vorschriften der §§ 74 ff. HGB vorliegen könnte. Für die Feststellung der Vergleichbarkeit der Interessenlage spielt die Organstellung, mit Ausnahme einiger Aspekte im Rahmen der vergleichbaren sozialen Typik, keine Rolle. Die vom BGH genannten Gründe müssen in der später zu beleuchtenden Prüfung der Vereinbarkeit mit der ungestörten Funktion des Organverhältnisses eingehender behandelt werden.

2. Ansicht des BAG zur grundsätzlichen ratio legis der §§ 74 ff. HGB

Der Rechtsprechung des BAG nach[776] ist eine Grundwertung des Regelungskomplexes der §§ 74 ff. HGB die grundsätzliche Anerkennung eines berechtigten (Schutz-)Interesses des Arbeitgebers, sich durch ein Wettbewerbsverbot vor einer schädigenden Konkurrenztätigkeit des ehemaligen Arbeitnehmers und den damit für den Bestand seines Unternehmens verbundenen wirtschaftlichen Nachteilen zu schützen. Seine Grenze findet das berechtigte Interesse des Arbeitgebers in der nach Art. 12 Abs. 1 GG verfassungsrechtlich gewährleisteten, der Selbstbestimmung des Arbeitnehmers Rechnung tragenden Freiheit des Arbeitnehmers. Die Freiheit des Arbeitnehmers, also die Freiheit über sein berufliches Fortkommen nach Beendigung des Anstellungsverhältnisses selbst bestimmen zu können, wozu vor allem auch die freie Arbeitsplatzwahl gehöre, ist den Interessen des Arbeitgebers als grundsätzlich übergeordnet anzusehen.[777] Leitgedanke der §§ 74 ff. HGB sei es also, dass sich der Arbeitgeber

775 Vgl. BGHZ 91, 1, 3 ff.; *Goette*, FS Wiedemann, 2002, 873, 886 f.; *Fleck*, FS Hilger/Stumpf, 1983, 197, 209 f.; *Martens*, FS Hilger/Stumpf, 1983; 437, 450; *Wank*, FS Wiedemann, 2002, 587, 597 f.; *Reichold/Heinrich*, FS Westermann, 2008, 1315, 1317 f.; Lutter/Hommelhoff/*Kleindiek*, GmbHG Anh. zu § 6 Rn. 3b; *Krahforst*, Nachvertragliche Wettbewerbsverbote für GmbH-Geschäftsführer, S. 206 f.; zudem auch BGHZ, 10, 187, 192; 49, 30, 32.

776 Zu einem späteren Zeitpunkt erfolgt eine genauere Auseinandersetzung mit den vom BAG, später dann analogiebegründenden Ausführungen zu den in den §§ 74 ff. HGB allgemein enthaltenen Wertungen.

777 So BAG, NZA 1994, 502, 504; mit Bezug auf BGH, NJW 1984, 116, 117.

in gewissen – durch die §§ 74 ff. HGB normierten – Grenzen schützen darf, die damit einhergehenden Einschränkungen dürfen sodann aber nicht zur unangemessenen Beschränkung der Berufsausübungsfreiheit zulasten des Arbeitnehmers führen.[778] Daneben geht es vor allem um den Ausgleich der wirtschaftlichen Folgen der Beschränkungen der Berufsausübungsfreiheit. Demgemäß enthalten die §§ 74 ff. HGB in § 74 Abs. 2 HGB den Grundgedanken des Grundsatzes der bezahlten Karenz.[779] In Anbetracht der BAG-Rechtsprechung zur analogen Anwendung der §§ 74 ff. HGB auf alle Arbeitnehmer betonte das BAG insbesondere, dass vor allem die fachliche Qualifikation des Angestellten unabhängig von der Angehörigkeit zu einer speziellen Arbeitnehmergruppe von wesentlicher Bedeutung für die Abrede eines Wettbewerbsverbotes sei. Der *ratio legis* entspreche es damit, dass es nicht auf die Stellung des Beschäftigten an sich ankommen soll.[780]

3. *Die ratio legis der §§ 74 ff. HGB nach eigener Ansicht*

Die *ratio legis* der Norm offenbart dem Rechtsanwender und -unterworfenen die mit der Norm verfolgten Zwecke und Ziele sowie den gesetzgeberischen Willen, wie bestimmte Lebensbereiche geregelt, welche Rechtsgüter geschützt oder Interessen berücksichtigt werden sollen.[781] Folglich sind den Normen eine gesetzgeberische „Interessenbewertung" und ein gesetzgeberisches „Werturteil" immanent.[782] Im Wesentlichen ist auf die *ratio legis* der Rechtssätze als Quelle der Zulässigkeit der Analogiebildung abzustellen, um so die Frage zu beantworten, ob der geregelte und ungeregelte Sachverhalt „wertungsgleich" ist, dem sogleich auch die Gleichbehandlung folgt. Die Frage der maßgeblichen Wertungen bestimmt sich anhand der *ratio legis* bzw. *rationes legis* der Rechtssätze, die gleichwohl Ausdruck der dahinterstehenden allgemeinen Rechtsprinzipien unserer Rechtsordnung sind.[783]

---

778 Hopt/*Roth*, HGB § 74 Rn. 3; BeckOGK/*Ittmann*, HGB § 74 Rn. 2; Staub/*Weber*, HGB Vor § 74 Rn. 2; MüKoHGB/*Thüsing*, § 74 Rn. 2, 5.

779 Röhricht/Graf von Westphalen/Haas/*Wagner*/*Vogt*, HGB § 74 Rn. 1; Heymann/*Henssler*/*Michel*, HGB Vor §§ 74-75f Rn. 4.

780 BAG, NJW 1970, 626, 629; anders wohl *Canaris*, SAE 1971, 111 f.; darauf beziehend auch *Larenz*, Methodenlehre der Rechtswissenschaft, S. 380 f.

781 *Rüthers*/*Fischer*/*Birk*, Rechtstheorie, § 4 Rn. 136; *Möllers*, Juristische Methodenlehre, § 5 Rn. 2, 11; Staudinger/*Honsell*, Einl. BGB vor § 1 Rn. 148.

782 *Rüthers*/*Fischer*/*Birk*, Rechtstheorie, § 4 Rn. 136; *Möllers*, Juristische Methodenlehre, § 5 Rn. 11; *Reimer*, Juristische Methodenlehre, Rn. 364.

783 Vgl. *Reimer*, Juristische Methodenlehre, Rn. 577.

Die Ermittlung des Normzwecks hat vorliegend anhand der allgemeinen Auslegungsmethoden zu erfolgen. Demnach geht es vor allem um die grammatikalische, systematische, historische und teleologische Auslegung im Wege der objektivierten Gesetzesauslegung zum Zeitpunkt der Gesetzesanwendung.[784] Ausgangspunkt der Auslegung der Rechtssätze und der Bestimmung der wesentlichen Zweckbestimmung wird weiterhin die historische Betrachtung des gesetzgeberischen Willens sein. Daran schließt sich sodann die systematische und teleologische Auslegung unter Maßgabe des objektivierten Normverständnisses an, die unter Beachtung und Ergänzung der gefundenen wesentlichen Erkenntnisse der historischen Auslegung die maßgeblichen Auslegungsergebnisse zur Bestimmung der wesentlichen Wertungen und Zweckbestimmungen ermöglicht.[785]

Des Weiteren ist die Beachtung der teleologischen Mehrdimensionalität des Rechtssatzes von maßgeblicher Bedeutung. So sollen die *ratio legis* der §§ 74 ff. HGB sowie die darin enthaltenen Wertungen nicht allgemein herausgearbeitet werden, sondern zuvörderst hinsichtlich der analogiebegründenden Vorgaben bezüglich arbeitnehmerschützender Vorschriften sowie zur Feststellung einer wirtschaftlichen Abhängigkeit sowie sozialen Schutzbedürftigkeit. Die Herausarbeitung allgemeingültiger und verallgemeinerungsfähiger Wertungen der §§ 74 ff. HGB soll vorliegend nicht erfolgen, da dies erst im Rahmen der später zu besprechenden sach- und systemgerechten Konkretisierung zu erörtern ist.

a. Die Bestimmung der ratio legis der §§ 74 ff. HGB

Begonnen werden soll somit mit der historischen Auslegung und der Ermittlung der Zweckbestimmung des historischen Gesetzgebers. Die größtenteils heute noch geltenden §§ 74 ff. HGB wurden durch das Gesetz zur Änderung der §§ 74, 75 und des 76 Abs. 1 des Handelsgesetzbuches vom 10.06.1914 letztmalig modifiziert bzw. eingeführt.[786] In der Gesetzesbegründung[787] ging es dem historischen Gesetzgeber vor allem darum, den Missbrauch, der mit der

---

784 Damit grundsätzlich der „objektiven" Auslegungsmethodik entsprechend, siehe dazu BVerfGE 11, 126, 130; BGHZ, 85, 64, 67 f.; BGH, NJW 2012, 376, 377.

785 IdS. auch *Bitter/Rauhut*, JuS 2009, 289, 292. Der Wortlaut ist vorliegend weniger von Bedeutung, da die Analogiebildung nur dann in Betracht kommt, wenn der Wortlaut der Norm den fraglichen Sachverhalt eben nicht mehr erfasst, vgl. *Luther*, JURA 2013, 449, 451 f.

786 RGBl., 1914, S. 209 f.

787 Reichstagsprotokolle, 13. Legislaturperiode, 1912/14, 18, Anlage Nr. 575, S. 725 ff.

Vereinbarung von Konkurrenzklauseln einherging und die vielfach überzogene Fortkommenserschwerung des Gehilfen zur Folge hatte, zu beseitigen. Hauptzweck des Regelungskomplexes der §§ 74 ff. HGB war der generelle Schutz des typischerweise unterlegenen Handlungsgehilfen. Zu diesem Zweck wurde erstmalig auch die Karenzentschädigungspflicht des heutigen § 74 Abs. 2 HGB normiert. Der historische Gesetzgeber sprach von einem „Grundsatz", nach dem die Wettbewerbsabrede nur verbindlich sei, wenn sich der Prinzipal verpflichtet, eine Entschädigung für die Zeit der Beschränkungen zu zahlen.

Des Weiteren erwähnte der historische Gesetzgeber, dass es kaum möglich sei, die Fälle der Wettbewerbsabreden gesetzlich überhaupt befriedigend auszugestalten und zu lösen. Die normierten Voraussetzungen der Zulässigkeit der Wettbewerbsabrede sollten gleichwohl „organisch" dazu führen, dass der Prinzipal nur dann eine Wettbewerbsabrede vereinbart, wenn ein „wirtschaftlich erhebliches und schutzbedürftiges Interesse dafür vorliegt". Als Maßstab der berechtigten Interessen soll der Prinzipal das Opfer heranziehen, welches durch die verpflichtende Gewährung einer Entschädigung entsteht. Der Grundsatz der bezahlten Karenz war somit ein wesentlicher Teil zur Verfolgung des generellen Schutzzwecks zugunsten der Handlungsgehilfen sowie des Zwecks, dass Wettbewerbsabreden nur dann vereinbart werden sollen, wenn die vorliegenden Schutzinteressen und -bedürfnisse des Prinzipals trotz der zwingend zu gewährenden finanziellen Entschädigung die Vereinbarung eines Wettbewerbsverbotes als wirtschaftlich und wettbewerblich sinnvoll erscheinen lassen. Darüber hinaus sei die zwingende Gewährung einer Karenzentschädigung nicht nur geeignet, den genannten Zweck zu erreichen, sondern vor allem auch „sachlich gerechtfertigt und entspricht der Billigkeit". Insbesondere in Anbetracht des Umstandes, dass der Handlungsgehilfe aufgrund der Wettbewerbsabrede dazu verpflichtet ist, gewisse Arten seiner gewerblichen Tätigkeit zu unterlassen, sei es „nur angemessen", dass der Prinzipal auch eine Gegenleistung zu erbringen habe, die nicht schon im bezahlten Entgelt während der Dauer des Dienstverhältnisses bestand.[788]

Als weiterer Zweck des Grundsatzes der bezahlten Karenz wurde die Funktion des Ausgleichs der auferlegten Nachteile, also für die auferlegten Beschränkungen der freien Verwertung der Arbeitskraft des Handlungsgehilfen, genannt. Die Festlegung der angemessenen Höhe der Entschädigung sollte sich grundsätzlich an der auferlegten Dauer und der damit einhergehenden Schwere der Wettbewerbsbeschränkungen messen. So sah die Begründung des Entwurfes

788 Vgl. Reichstagsprotokolle, 13. Legislaturperiode, 1912/14, 18, Anlage Nr. 575, S. 725 ff.

noch vor, dass sich die Höhe abgestuft an der Dauer der Abrede messen könne. Man ging somit von Wettbewerbsabreden aus, die ein, zwei oder drei Jahre andauern. In diesem Sinne legte der Entwurf die angemessene Höhe für die Dauer von einem Jahr auf 1/4, für die Dauer von zwei Jahren auf 1/3 und für die Dauer von drei Jahren auf 1/2 der vorherigen vertragsmäßigen Vergütung fest.[789] Im letztendlich erlassenen Gesetz wurden eine feste zeitliche Grenze von zwei Jahren sowie eine feste Entschädigungshöhe von mindestens 1/2 der vorherigen vertragsmäßigen Vergütung normiert.[790] Das Stufenmodell des Entwurfes verfolgte den Zweck, auch kurzzeitig andauernde Wettbewerbsverbote möglich zu machen. Durch die schließlich normierte feste zeitliche Zulässigkeitsgrenze sowie die streng festgelegte Höhe der Karenzentschädigung wird dem historischen Gesetzgeber der Wille zu entnehmen sein, dass vorrangig die existenzielle Sicherung des Handlungsgehilfen durch die Gewährung einer Mindestentschädigung bezweckt werden sollte. Darüber hinaus nannte der Entwurf den Grundsatz des heutigen § 74a Abs. 1 HGB als weiteren wesentlichen Grundsatz für den Regelungskomplex der §§ 74 ff. HGB, der die Abwägung und den gerechten sowie billigen Ausgleich der berechtigten Interessen des Prinzipals und des Handlungsgehilfen normiert. Ausgangspunkt für die Beurteilung der Billigkeit und Angemessenheit der Beschränkungen seien das „Ob" und die Reichweite des berechtigten Interesses des Prinzipals. Und auch die gewährte Karenzentschädigung sei bei der Abwägung mit zu berücksichtigen.[791]

Insgesamt wurden dem Entwurf und dem Willen des historischen Gesetzgebers entsprechend mehrere wesentliche Zwecke verfolgt (teleologische Mehrdimensionalität). Zum Ersten ging es um den Schutz des Handlungsgehilfen, da sich die vorherige Handhabung der Vereinbarung von Wettbewerbsabreden oft als missbräuchlich darstellte. Darüber hinaus sollte dem Prinzipal die Möglichkeit gewährt werden, sich vor einer Konkurrenztätigkeit und einer damit einhergehenden „unlauteren Verwertung von Kenntnissen und Beziehungen" zu schützen. Gleichwohl durfte das berufliche Fortkommen des Handlungsgehilfen nicht unbillig und angemessen erschwert werden, sodass der verfolgte Schutzzweck zugunsten des Prinzipals in einen gerechten und angemessenen Ausgleich mit dem verfolgten Schutzzweck zugunsten des Handlungsgehilfen gebracht werden müsse. Der möglichst befriedigende Interessenausgleich misst sich folglich am Vorliegen und an der Reichweite des berechtigten Interesses

789 Reichstagsprotokolle, 13. Legislaturperiode, 1912/14, 18, Anlage Nr. 575, S. 728.
790 Vgl. RGBl., 1914, S. 209 f.
791 Reichstagsprotokolle, 13. Legislaturperiode, 1912/14, 18, Anlage Nr. 575, S. 728 f.

des Prinzipals in Verbindung mit den vereinbarten örtlichen, zeitlichen und gegenständlichen Beschränkungen sowie unter Einbeziehung der gewährten Karenzentschädigung und in der Abwägung mit der Schwere der auferlegten Beschränkungen. Als weiterer Zweck ist dem Entwurf die Abschreckungsfunktion der Karenzentschädigung zu entnehmen. So soll die gesetzlich zwingende Karenzentschädigung den Prinzipal davon abhalten, ungeachtet der wirtschaftlichen und wettbewerblichen Notwendigkeit Wettbewerbsverbote zu vereinbaren. Darüber hinaus bezweckt die Karenzentschädigung einen wichtigen Nachteilsausgleich für die Erschwerung des beruflichen Werdegangs des Handlungsgehilfen und sollte des Weiteren der Sicherung der Existenz dienen.[792] Ungeachtet der jeweils einzelnen Regelungen und der darin (weiteren) speziell verwirklichten Regelungsabsichten ist noch zu erwähnen, dass der erlassene § 75d HGB den zwingenden Charakter der §§ 74 ff. HGB normierte, womit nachteilige Abweichungen von den gesetzlichen Vorgaben zulasten des Handlungsgehilfen nicht möglich sein sollten. Insbesondere enthält § 75d S. 2 HGB den Regelungsgehalt, dass das gesetzlich vorgeschriebene Mindestmaß der Karenzentschädigungshöhe zwingend ist. Neben dem Umstand, dass die Normierung und Formulierung des § 75d HGB die Bedeutung der Karenzentschädigungshöhe nochmals hervorhob, wird auch die gesetzgeberische Absicht deutlich, dass der Regelungskomplex der §§ 74 ff. HGB ein Regelungssystem bildet, welches grundsätzlich nur als gesamtes arbeitnehmerschützend bzw. zum Schutze des Handlungsgehilfen wirkt.[793]

Ebenfalls zum 01.01.1900 wurde § 133f GewO a.F. eingeführt,[794] der durch das dritte Gesetz zur Änderung der Gewerbeordnung und sonstiger gewerberechtlicher Vorschriften vom 17.04.2002 durch § 110 GewO ersetzt wurde.[795] Eine neuere Erläuterung bezüglich der Zweckbestimmung fand vonseiten des Gesetzgebers nicht mehr statt. Vielmehr hatte die Einführung des § 110 GewO und die damit einhergehende Streichung des § 133f GewO a.F. allein den Hintergrund, die damalige Rechtsprechung des BAG, nach der der persönliche Anwendungsbereich der §§ 74 ff. HGB auf alle Arbeitnehmer ausgeweitet wurde, einzufangen und aus Gründen der Klarstellung zu kodifizieren. Folglich bleibt es im Sinne

792 Reichstagsprotokolle, 13. Legislaturperiode, 1912/14, 18, Anlage Nr. 575, S. 727 ff.
793 Vgl. Reichstagsprotokolle, 13. Legislaturperiode, 1912/14, 18, Anlage Nr. 575, S. 732; RGBl., 1914, S. 212.
794 RGBl., 1897, S. 437, 439.
795 Begr. RegE, BT-Drs. 14/8796, S. 26.

der historischen (entstehungszeitlichen) Auslegung bei den Zweckbestimmungen des historischen Gesetzgebers von 1914.

Als nächster Schritt der Bestimmung der *ratio legis* der §§ 74 ff. HGB ist auf die Systematik bzw. systematische Auslegung zurückzugreifen. Bei der systematischen Betrachtung der vorliegenden Rechtssätze geht es um den Gesamtzusammenhang und das Verhältnis zu den anderen Normen im Sinne eines Bedeutungszusammenhangs. So geht es sowohl um die grundsätzliche Stellung der Rechtssätze im Aufbau und in der Gliederung der Teilrechtsordnung als auch um die systematische Stellung innerhalb der gesamten Rechtsordnung.[796] Als Grundprämisse der systematischen Auslegung gilt die Vorstellung vom einheitlichen System der Rechtsordnung. Die Vorstellung des einheitlichen Systems unserer Rechtsordnung beruht wiederum selbst darauf, dass ihr ein widerspruchsfreies Normgefüge zugrunde liegt, und ist somit vom allgemeinen Gedanken der Einheit der Rechtsordnung getragen. Die Idee der systematischen Auslegung knüpft maßgeblich an die Gesamtheit der Wertungen und Prinzipien der Rechtssätze an. Die Kohärenz der Rechtssätze und der ihnen immanenten Sinngehalte stellen die wesentlichen systematischen Wertungen dar, die im Wege der systematischen Auslegung herausdestilliert werden sollen.[797]

Auch bei der systematischen Auslegung wird grundsätzlich zunächst zwischen dem „äußeren" und „inneren System" unterschieden werden. Die äußere Systematik knüpft vor allem an den Aufbau, die Gliederung und die (amtlichen) Überschriften der Rechtssätze an.[798] Gibt die äußere Stellung der Rechtssätze zwar oft genug Anhaltspunkte für die Auslegung der Rechtssätze, wird die maßgebliche systematische Bedeutung eben allein durch den Gesamtzusammenhang der Sinngehalte der Rechtssätze untereinander, mit der die Erfüllung der bestimmten Zwecke bewirkt werden soll, deutlich. Folglich wird sich die systematische Auslegung kaum von der teleologischen trennen lassen, da beide auf die den Rechtssätzen immanenten Rechtsgedanken und -prinzipien abstellen, mit denen sodann eine Wertungseinheit der Rechtsordnung gebildet werden soll. Im

---

796 Staudinger/*Honsell*, Einl. BGB vor § 1 Rn. 143; *Reimer*, Juristische Methodenlehre, Rn. 311 f.; *Rüthers/Fischer/Birk*, Rechtstheorie, § 22 Rn. 745; *Möllers*, Juristische Methodenlehre, § 4 Rn. 92; *Neuner*, Allgemeiner Teil des Bürgerlichen Rechts, § 4 Rn. 36; *Bitter/Rauhut*, JuS 2009, 289, 293.

797 MüKoBGB/*Säcker*, Einl. Rn. 142; Staudinger/*Honsell*, Einl. BGB vor § 1 Rn. 143; *Canaris*, Systemdenken und Systembegriff in der Jurisprudenz, S. 88 f.; *Rüthers/Fischer/Birk*, Rechtstheorie, § 22 Rn. 744; *Wank*, Die Auslegung von Gesetzen, S. 57.

798 Dazu *Rüthers/Fischer/Birk*, Rechtstheorie, § 22 Rn. 745; *Wank*, Die Auslegung von Gesetzen, S. 57.

Wesentlichen kommt es also auf die „Argumentation aus dem inneren System" der Rechtssätze an.[799] Von weiterer wesentlicher Bedeutung ist vorliegend also der systematische Regelungszusammenhang der einzelnen Regelungen, Tatbestände und Rechtsfolgen innerhalb der Systematik der §§ 74 ff. HGB.[800]

Die §§ 74 ff. HGB sind im sechsten Abschnitt des HGB mit der Überschrift „Handlungsgehilfen und Handlungslehrlinge" normiert. Wie die historische Auslegung schon zeigte, stellen die §§ 74 ff. HGB originäre Schutzvorschriften zugunsten des Handlungsgehilfen dar. Im Laufe des zeitlichen und gesellschaftlichen Wandels haben sich die §§ 74 ff. HGB, bedingt vor allem durch die Rechtsprechung des BAG und Einführung des § 110 GewO, zu allgemeinen Arbeitnehmer-Schutzvorschriften gewandelt.[801] Die geringe Aussagekraft der systematischen Auslegung hinsichtlich der äußeren Systematik wird daran deutlich, dass die gesamten §§ 59 bis 83 HGB ein Ausdruck der Zersplitterung des Arbeitsrechts sind.[802] Die §§ 59 bis 83 HGB stellten ihrer ursprünglichen Systematik nach ein kaufmännisches Sonderarbeitsrecht dar, welches nun allgemein auf Arbeitnehmer angewendet wird. Bemängelt wird, dass die Regelungen der §§ 59 bis 83 HGB heutzutage veraltet seien. Des Weiteren sei der Zersplitterung der arbeitsrechtlichen Regelungen auch durch die Überführung in ein allgemeines Arbeitsvertragsgesetz zu begegnen.[803] Demnach muss es bei der systematischen Auslegung vielmehr um die innere Systematik der Rechtsordnung, aber vor allem auch um die innere Systematik der §§ 74 ff. HGB selbst gehen. Abzustellen ist damit auf die Wertungen und die Wertungseinheit der Rechtssätze im inneren System. Hier ist eine Trennung zwischen der systematischen und teleologischen Auslegung indes nicht möglich.

Der Regelungskomplex der §§ 74 ff. HGB normiert den Interessenausgleich zwischen den Interessen des Arbeitgebers und denen des ausgeschiedenen Arbeitnehmers. Folglich geht es den Ausführungen des historischen

---

799 *Canaris*, Systemdenken und Systembegriff in der Jurisprudenz, S. 90 f.; *Engisch*, Einführung in das juristische Denken, S. 117; *ders.*, Die Einheit der Rechtsordnung, S. 67 ff.; idS. auch *Bydlinski*, Juristische Methodenlehre und Rechtsbegriffe, S. 443, der sodann die systematische Auslegung anhand „äußerlich-vordergründige[r] Schlüsse aus dem expliziten Inhalt anderer Normen" versteht und von der teleologischen Auslegung und den teleologischen Aspekten der systematischen Auslegung trennt.

800 Staudinger/*Honsell*, Einl. BGB vor § 1 Rn. 143; *Möllers*, Juristische Methodenlehre, § 4 Rn. 118.

801 Vgl. EBJS/*Boecken*/*Rudkowski*, HGB § 74 Rn. 2.

802 So Heymann/*Henssler*/*Markworth*, HGB vor § 59 Rn. 20.

803 Hopt/*Roth*, HGB § 59 Rn. 1; Heymann/*Henssler*/*Markworth*, HGB Vor § 59 Rn. 21.

Gesetzgebers entsprechend um das Arbeitgeberinteresse, sich vor einer schädigenden Konkurrenztätigkeit des ausgeschiedenen Arbeitnehmers zu schützen, um so wirtschaftliche und wettbewerbliche Nachteile für den Bestand des Unternehmens abzuwehren. Aufseiten des Arbeitnehmers geht es um den Schutz seiner freien beruflichen Betätigung und der Verwertung seiner erlangten beruflichen Kenntnisse und Erfahrungen.[804] Die Notwendigkeit der verfassungskonformen Auslegung ist der Axiologie des Stufenbaus und der Systematik der Rechtsordnung geschuldet, demnach die Auslegung des Rechtssatzes anhand der übergeordneten Rechtsquellen erfolgen muss.[805] In diesem Sinne verkörpern die §§ 74 ff. HGB auch die Wahrung und Verwirklichung verfassungsrechtlicher Interessen und Schutzgüter. Die beiderseitig gewährten Interessen sind ihrerseits jeweils verfassungsrechtlich geschützt. Folglich stellen die gesetzlich zwingenden Vorgaben der §§ 74 ff. HGB eine Freiheitsbeschränkung der nach Art. 12 Abs. 1, 14 Abs. 1 GG verfassungsrechtlich geschützten Interessen des Arbeitgebers dar, die mit der Gewährleistung des beruflichen Selbstbestimmungsrechts des Arbeitnehmers nach § 12 Abs. 1 GG im Wege der Abwägung in einen gerechten Ausgleich gebracht werden müssen. Der damit erreichte Schutz der verfassungsrechtlich gewährleisteten beruflichen Selbstbestimmung des Arbeitnehmers stellt grundsätzlich einen verfassungsrechtlich gerechtfertigten Eingriff in die Rechte und Interessen des Arbeitgebers dar.[806] Systematisch gesehen bauen die Normen untereinander auf sich auf. Wie die historische Auslegung schon zeigte, sichert § 75d HGB die vertragliche Unveränderbarkeit des Regelungskomplexes zugunsten des Arbeitnehmers ab.[807] In diesem Sinne stellen die §§ 74 ff. HGB ein wertungsmäßiges Gesamtkonstrukt dar, welches auch teleologisch zusammen betrachtet werden kann.

In § 74a Abs. 1 S. 1 und 2 HGB ist die gesetzlich vorgeschriebene Interessenabwägung normiert, bei der die berechtigten Interessen des Arbeitgebers unter Einbeziehung der örtlichen, zeitlichen und gegenständlichen Beschränkungen sowie der gewährten Karenzentschädigung mit der Schwere der Beschränkungen für das berufliche Fortkommen des Arbeitnehmers abgewogen werden. Diese

---

804 BAG, NZA 1994, 502, 504; BGH, AP HGB § 75f Nr. 2; EBJS/*Boecken/Rudkowski*, HGB § 74 Rn. 1; *Gamillscheg*, RdA 1975, 13, 15 f.

805 MüKoBGB/*Säcker*, Einl. Rn. 143; *Rüthers/Fischer/Birk*, Rechtstheorie, § 22 Rn. 763.

806 BAG, 1994, 502, 505, wonach die §§ 74 ff. HGB eine „verfassungsrechtlich unbedenkliche Inhalts- und Schrankenbestimmung i.S. des Art. 14 I 2 GG dar[stellen]"; EBJS/*Boecken/Rudkowski*, HGB § 74 Rn. 1; Heymann/*Henssler/Michel*, HGB vor §§ 74-75f Rn. 3; MüKoHGB/*Thüsing*, § 74 Rn. 5.

807 So Oetker/*Kotzian-Marggraf*, HGB § 74 Rn. 4.

Abwägung und das Abwägungsergebnis stehen folglich im maßgeblichen Zusammenhang mit dem Grundsatz der bezahlten Karenz nach §§ 74 Abs. 2 HGB. Gleich der historischen Zweckbestimmung des Gesetzgebers soll dem Arbeitgeber grundsätzlich die Möglichkeit gewährt werden, sich seinen verfassungsrechtlichen Schutzinteressen entsprechend und den tatsächlichen Umständen geschuldet umfassend durch die Vereinbarung eines nachvertraglichen Wettbewerbsverbotes zu schützen und so seinen unternehmerischen Bestand, seine unternehmerischen Erfolge, Kenntnisse und Geheimnisse sowie seine unternehmerischen Beziehungen zu bewahren. Unter der zwingenden Vorgabe der Zusage einer Karenzentschädigung, die eine grundsätzliche Wirksamkeitsvoraussetzung der Abrede darstellt, wird der verfassungskonforme Interessenausgleich bezweckt. Die Karenzentschädigung ist gleichsam Ergebnis der Abwägung der widerstreitenden Interessen und soll eine Gegenleistung des Arbeitgebers dafür darstellen, dass sich der Arbeitnehmer vom konkurrierenden Wettbewerb enthält. Des Weiteren ist auch die Nachteilsausgleichs- sowie Existenzsicherungsfunktion zu berücksichtigen. Der aus der vorangegangenen Tätigkeit erarbeitete Lebensstandard des Arbeitnehmers stellt ebenfalls die wirtschaftliche Existenzgrundlage dar. Mit der Karenzentschädigung soll diese gesichert werden. Zudem sollen die erwerbswirtschaftlichen Nachteile der Wettbewerbsbeschränkung und -enthaltung ausgeglichen bzw. abgemildert werden.[808] Stellt man weiter auch auf den allgemeinen Grundgedanken arbeitsrechtlicher Schutzvorschriften ab, der zwar zunächst im Schutz der strukturell unterlegenen Vertragspartei zu sehen ist, ist daneben noch der Grundgedanke bzw. der grundlegende Schutzgedanke des arbeitsrechtlichen Schutzes zu beachten, der vor allem im Schutz des Verlustes der freien wirtschaftlichen Dispositionsmöglichkeit und der Angewiesenheit auf das Fortbestehen des Anstellungsverhältnisses als Existenzgrundlage und zur Sicherung des Lebensunterhalts zu sehen ist.[809] Enthält sich der Arbeitnehmer infolge der Wettbewerbsabrede also auch den Chancen der freien erwerbswirtschaftlichen Tätigkeit, bestehen ein beachtliches Interesse sowie eine

808 BAG, NJW 1990, 1870; EBJS/*Boecken*/*Rudkowski*, HGB § 74 Rn. 41; Staub/*Weber*, HGB § 74 Rn. 33; MüKoHGB/*Thüsing*, § 74 Rn. 41; Oetker/*Kotzian-Marggraf*, HGB § 74 Rn. 1.

809 Vgl. *Wiedemann*, Das Arbeitsverhältnis als Austausch- und Gemeinschaftsverhältnis, 1966, 13 ff.; BeckOGK/*Maties*, BGB § 611a Rn. 203; idS. auch noch MüKoBGB/*Spinner*, § 611a Rn. 368; ErfK/*Preis*, BGB § 611a Rn. 8, mit weiteren Schutzzwecken des Arbeits- und Sozialversicherungsrechts.

wesentliche Angewiesenheit, seine freie wirtschaftliche Dispositionsmöglichkeit durch eine ausgleichende Karenzentschädigung zu erhalten.

Beides wiederum hat maßgeblichen Einfluss auf die Rechtsfolge der (Un-) Verbindlichkeit der Wettbewerbsabrede. Fehlt die Karenzentschädigungszusage völlig, ist die Wettbewerbsabrede gänzlich nichtig. Wird entgegen dem Wortlaut des § 74 Abs. 2 HGB eine ungenügende Karenzentschädigung zugesagt, ist die Abrede lediglich unverbindlich und löst ein Wahlrecht des Arbeitnehmers aus, bei dem er entscheiden kann, ob er sich an das Wettbewerbsverbot gebunden fühlt und die ungenügende Karenzentschädigung erhält oder er die Unverbindlichkeit der Abrede geltend macht.[810] Ergibt die Abwägung des § 74a Abs. 1 HGB die unbillige Erschwerung des beruflichen Fortkommens des Arbeitnehmers, so ist die Abrede hinsichtlich des Teils unverbindlich, der nicht mehr von den berechtigten Interessen des Arbeitgebers gedeckt ist. Damit handelt es sich um eine gesetzlich angeordnete geltungserhaltende Reduktion im Sinne einer Teilverbindlichkeit.[811] Stellt man also insbesondere auf den Sinnzusammenhang zwischen dem Tatbestand und der Rechtsfolge ab,[812] werden weitere wesentliche Zwecke deutlich. Fehlt die Zusage einer Karenzentschädigung, folgt die Gesamtnichtigkeit der Abrede. Diese Rechtsfolge hebt wieder die Wesentlichkeit sowie die maßgeblichen Schutzzwecke hinsichtlich des Nachteilsausgleichs, der Existenzsicherung und der Abschreckung der Karenzentschädigung hervor. Das Wahlrecht bei Vorliegen einer ungenügend zugesagten Karenzentschädigung überlässt es dem Arbeitnehmer dem Selbstbestimmungsrecht entsprechend, ob die zu niedrig zugesagte Karenzentschädigung dennoch zur Sicherung seiner Existenz ausreicht und als Ausgleich der auferlegten Beschränkung genügt. Auch die durch § 74a Abs. 1 HGB angeordnete geltungserhaltende Reduktion verfolgt wesentliche Zwecke der §§ 74 ff. HGB. Einerseits wird deutlich, dass dem Arbeitgeber grundsätzlich und sofern ein berechtigtes Interesse überhaupt besteht, ein effektiver Schutz vor einer nachvertraglichen Konkurrenztätigkeit gewährt und in den Fällen der inhaltlichen Überschreitung auf das noch zulässige Maß aufrechterhalten werden soll. Auf der anderen Seite berücksichtigt die Rechtsfolge der partiellen Unverbindlichkeit die verfassungsrechtlich geschützten Interessen des Arbeitnehmers. Nicht jedweder Überschreitung inhaltlicher Art folgt die

---

810 EBJS/*Boecken*/*Rudkowski*, HGB § 74 Rn. 50 ff.; MüKoHGB/*Thüsing*, § 74 Rn. 49 ff.

811 Dazu MüKoHGB/*Thüsing*, § 74a Rn. 20; ErfK/*Oetker*, HGB § 74a Rn. 5; BeckOGK/*Ittmann*, HGB § 74a Rn. 23; BeckOK HGB/*Wetzel*, § 74a Rn. 1.

812 Siehe *Reimer*, Juristische Methodenlehre, Rn. 365 ff.; *Wank*, Juristische Methodenlehre, § 11 Rn. 16 ff.; *ders.*, Die Auslegung von Gesetzen, S. 72.

Gesamtnichtigkeit der Abrede. Vielmehr wird das Ziel der Aufrechterhaltung des Vertrages verfolgt, sodass die Abrede unter Maßgabe der gesetzlichen zwingenden Vorgaben und unter Berücksichtigung wesentlicher verfassungs- und zivilrechtlicher Wertungen grundsätzlich aufrechterhalten wird. Dies entspricht auch der in verfassungskonformer Weise ausreichenden und angemessenen Berücksichtigung der beiderseitigen Interessen. Dementsprechend ist von einer wesentlichen gesetzgeberischen und gesetzlichen Wertung auszugehen, nach der das Aufrechterhalten der Wettbewerbsabrede im gebotenen sowie zulässigen Maße und im ausgewogenen Verhältnis der beiderseitigen Interessen als das gerechte und ausgewogene Ergebnis der gesetzgeberischen Interessenbewertung betrachtet wird.

Des Weiteren ist hier zu beachten, dass § 74a Abs. 1 HGB einen einfachgesetzlichen Maßstab zur Konkretisierung des § 138 BGB darstellt[813] und im Sinne des wesentlichen Sinnzusammenhangs der Tatbestandsvoraussetzungen mit den gesetzlich angeordneten Rechtsfolgen der Normen eine maßgebliche (gesetzgeberische) Wertung dahingehend vornimmt, dass inhaltliche Überschreitungen der örtlichen, zeitlichen oder gegenständlichen Grenzen der Wettbewerbsabrede beim generellen Vorliegen eines berechtigten Interesses des Arbeitgebers nicht grundsätzlich dem Verdikt der Sittenwidrigkeit unterliegen sollen. Sowohl der Tatbestand als auch die Rechtsfolge der §§ 74 ff. HGB beinhalten damit wesentliche Wertungsentscheidungen des Gesetzgebers zur Beschränkung und zum Ausgleich der Vertragsfreiheit sowie der Vertragsgerechtigkeit unter Beachtung des Rechtsprinzips *pacta sund servanda* in seiner maßgeblichen Ausprägung des Grundsatzes der Vertragserhaltung.

In diesem Zusammenhang muss auch der maßgebliche Beurteilungszeitpunkt der §§ 74 ff. HGB gesehen werden. Als maßgeblicher Zeitpunkt der rechtlichen Beurteilung der Unverbindlichkeit der Abrede wird der Zeitpunkt der Rechtswirkung der Abrede, damit also der Zeitpunkt des Ausscheidens des Arbeitnehmers und die Beendigung des Anstellungsverhältnisses, betrachtet. Um das Schutzziel der §§ 74 ff. HGB erreichen zu können, muss das berechtigte Interesse des Arbeitgebers noch zum Zeitpunkt der Rechtswirkung des Verbotes bestehen.[814] Auch der Beurteilungszeitpunkt des § 74a Abs. 1 HGB steht seinem Sinn und Zweck nach in zwingender Konnexität zur angeordneten Rechtsfolge. Als

813 Vgl. EBJS/*Boecken*/*Rudkowski*, HGB § 74a Rn. 1.

814 So auch *Kamanabrou*, ZfA 2018, 92, 104; dazu ebenfalls Oetker/*Kotzian-Marggraf*, HGB § 74a Rn. 5; MüKoHGB/*Thüsing*, § 74a Rn. 4; EBJS/*Boecken*/*Rudkowski*, HGB § 74a Rn. 4.

Ausgleich zwischen den potenziell nicht vorhersehbaren dynamischen Änderungen des berechtigten Umfanges eines Verbotes und dem vorher festgelegten Umfang zum Zeitpunkt der Abrede sowie zur Wahrung des Schutzzwecks und der Gewährung eines (berechtigten) nachvertraglichen Wettbewerbsverbotes bzw. -schutzes wird der Beurteilungszeitpunkt allein im verbindlichen Zusammenhang mit der Möglichkeit der geltungserhaltenden Reduktion zu sehen sein.[815]

Dieser dargestellte Sinnzusammenhang der Tatbestandsvoraussetzungen mit den gesetzlich angeordneten Rechtsfolgen, hier also die partielle Unverbindlichkeit, das Wahlrecht des Arbeitnehmers sowie die Nichtigkeit infolge der gänzlich fehlenden Karenzentschädigungszusage, stellt einen wesentlichen beachtlichen Aspekt des Regelungskomplexes der §§ 74 ff. HGB sowie einen maßgeblichen Ausdruck der gesetzgeberischen Interessenbewertung und Werteentscheidungen dar. In diesem Sinne ist die gesetzgeberische Interessenbewertung hinsichtlich der ausgewogenen und gerechten Abwägung der verfassungsrechtlich geschützten und betroffenen Rechtsgüter und Interessen der Vertragsparteien im originären Anwendungsbereich der §§ 74 ff. HGB, maßgeblich von dem Zusammenspiel der genannten Tatbestandvoraussetzungen und Rechtsfolgen geprägt.

Eine weitere allgemeine Zielsetzung der Auslegung der Rechtssätze sowie auch der folgenorientierten Auslegung ist, was der Begrifflichkeit schon entnommen werden kann, die Betrachtung der Folgen der Auslegung als Korrektur- und Kontrollinstrument. In diesem Sinne soll die richterliche Entscheidung innerhalb ihrer Auslegung der Rechtssätze auch eine Folgenprognose, Folgenbewertung sowie eine Folgenberücksichtigung im engeren Sinne bzw. eine folgenorientierte Steuerung vornehmen.[816] Geht es damit auch bei der folgenorientierten Auslegung darum, im Sinne der Analyse der gesetzgeberischen Zwecke und der Wirkzusammenhänge der Regelungen zur Verwirklichung der wesentlichen Wertungen und Zwecke des Rechts zu gelangen, so werden auch die angeordneten Rechtsfolgen in die Abwägung und Auslegung erheblich mit einfließen.[817]

---

815 Dazu BeckOGK/*Ittmann*, HGB § 74a Rn. 3; allgemein EBJS/*Boecken*/*Rudkowski*, HGB § 74a Rn. 15; MüKoHGB/*Thüsing*, § 74a Rn. 4; *Kamanabrou*, ZfA 2018, 92, 104

816 So *Möllers*, Juristische Methodenlehre, § 5 Rn. 56; unter Verweis auf *Sambuc*, Folgenerwägung im Richterrecht; Deckert, Folgenorientierung in der Rechtsanwendung; auch dazu MüKoBGB/*Schubert*, § 242 Rn. 33; allgemein zu Aspekten der folgenorientierten Auslegung siehe *Möllers*, Juristische Methodenlehre, § 5 Rn. 56 ff.; auch *Stellhorn*, ZJS 2014, 467 ff.

817 Siehe *Rüthers*/*Fischer*/*Birk*, Rechtstheorie, § 7 Rn. 293 ff.; *Möllers*, Juristische Methodenlehre, § 5 Rn. 56 f.

Dies gilt sodann vor allem für die ausdrücklich gesetzlich normierten Rechtsfolgen.[818] Demnach dienen die normierten Rechtsfolgen der §§ 74 ff. HGB primär der Ermöglichung praktikabler Ergebnisse. Folglich soll nicht bei jedweder nicht mehr durch das berechtigte Interesse gedeckten Überschreitung der rechtlich zulässigen Beschränkungen das Wettbewerbsverbot in Gänze der Nichtigkeit bzw. Unverbindlichkeit unterfallen, sondern unter Berücksichtigung der beiderseitigen Gewährung der Ausübung der jeweilig anzuerkennenden Rechtspositionen sowie der jeweilig anerkennenswerten Interessen im zulässigen Maße aufrechterhalten werden.[819]

Beachtlich ist also, dass die §§ 74 ff. HGB eine Vielzahl allgemeiner Wertungen enthalten, die nicht speziell auf den Schutz bestimmter Personengruppen abzielen. Einzig die spezifischen Einzelausformungen einiger Regelungen enthalten spezifische arbeitnehmerschützende Ausformungen. So wird man zum Beispiel die Zwei-Jahres-Grenze des § 74a Abs. 1 S. 3 HGB, die Schriftform- und Aushändigungserfordernisse des § 74 Abs. 1 HGB sowie die Regelungen der §§ 74b und 75c bis 75f HGB als spezielle arbeitnehmerschützende Regelungen ansehen müssen.

Demnach möchte das Schriftformerfordernis des § 74 Abs. 1 HGB zunächst die allgemeinen Schutzzwecke des Formerfordernisses wie die Warn-, Klarstellungs- sowie Beweisfunktion verwirklichen,[820] sodass vorliegend zutreffenderweise die Warnfunktion hervorzuheben ist.[821] Die Formerfordernisse des § 74 Abs. 1 HGB sollen zuvörderst dem Übereilungsschutz sowie der Rechtsklarheit dienen und bezwecken in diesem Sinne primär einen speziellen Schutz des Arbeitnehmers. Dies vor allem hinsichtlich dessen, dass er von den vereinbarten Bestimmungen Kenntnis erlangt und sich daran im Weiteren orientieren kann.[822] Der § 74a Abs. 1 S. 3 HGB verkörpert zutreffenderweise einen

---

818 So *Raisch*, Juristische Methoden, S. 186.

819 *Möllers*, Juristische Methodenlehre, § 5 Rn. 85.

820 Dazu BeckOGK/*Hecht*, BGB § 125 Rn. 7 ff.; MüKoBGB/*Einsele*, § 125 Rn. 8 ff. wie hier auch *Gerigk*, Nachvertragliche Wettbewerbsverbote mit Organmitgliedern, S. 174.

821 So Schaub ArbR-HdB/*Vogelsang*, § 55 Rn. 36; *Buchner*, Wettbewerbsverbote während und nach Beendigung des Arbeitsverhältnisses, S. 113; *Gerigk*, Nachvertragliche Wettbewerbsverbote mit Organmitgliedern, S. 174.

822 Dazu BAG, AP HGB § 74 Nr. 31; Heymann/*Henssler*/*Michel*, HGB § 74 Rn. 24; Schaub ArbR-HdB/*Vogelsang*, § 55 Rn. 36; siehe auch schon die Begründung des Gesetzesentwurfs zur Änderung des Handelsgesetzbuches, Reichstagsprotokolle, 13. Legislaturperiode, 1912/14, 18, Anlage Nr. 575, S. 728. So sollen Formvorschriften im Allgemeinen der in der Regel unerfahrenen Vertragspartei, wie dem in der

allgemeinen Rechtsgrundsatz für arbeitsrechtliche Wettbewerbsverbote hinsichtlich der zeitlichen Beschränkbarkeit in Anbetracht einer unangemessenen Erschwerung des beruflichen Fortkommens und ist demgemäß als spezifische arbeitnehmerschützende Ausprägung anzusehen.[823] Ebenso dient die Berechnungsregelung des § 74b HGB primär als Kontrollmaßstab der Verbindlichkeit der Berechnung als spezifische Schutzregel der Arbeitnehmer.[824] Und auch die Normen der §§ 75d, 75f HGB stellen ihrem Regelungsgehalt entsprechend primär arbeitnehmerschützende Regelungen dar, die vor allem zum Schutze der strukturell unterlegenen Vertragspartei der Arbeitnehmer normiert wurden. Sie dienen grundsätzlich nur der Sicherung der Schutzzwecke sowie der gesetzlichen Vorgaben der §§ 74 ff. HGB hinsichtlich der strukturell unterlegenen Arbeitnehmer und enthalten insofern keine darüberhinausgehenden allgemeinen Wertungen.[825] Möchte man nun den Gesamtregelungskomplex der §§ 74 ff. HGB im Sinne des arbeitnehmerschützenden Gesamtcharakters analog anwenden, ist gleichwohl der § 75d HGB von wesentlicher Bedeutung. So normiert § 75d HGB den zwingenden Charakter der §§ 74 ff. HGB, womit die vertragliche Abweichung von den gesetzlichen Vorgaben zum Nachteil des Arbeitnehmers nicht möglich ist. Demnach sichert vor allem der § 75d HGB den Mindestschutz der Arbeitnehmer bzw. Arbeitnehmerähnlichen ab.[826] Kann man den Geschäftsführer – hier Fremdgeschäftsführer und Minderheitsgesellschafter-Geschäftsführer ohne Sperrminorität – typisierend als vergleichbar schutzbedürftig wie Arbeitnehmer einstufen, ist auch der gesamte Schutzkomplex der §§ 74 ff. HGB anzuwenden. Damit soll gesichert werden, dass der dem Gesamtregelungskomplex der §§ 74 ff. HGB obliegende und intendierte Schutzzweck nicht „ins Leere laufen“[827] wird. Geht es nun vorliegend um die Frage der analogen Anwendung arbeitsrechtlicher Schutzvorschriften und wird die Arbeitnehmerähnlichkeit typisierend für bestimmte Geschäftsführertypen bejaht, würde diesen gegenüber

---

Regel strukturell unterlegenen Arbeitnehmer, die „sinnvolle und verantwortungsbewusste Ausübung seiner Privatautonomie“ ermöglichen, siehe BeckOGK/Hecht, BGB § 125 Rn. 6.

823 BAGE 19, 152.

824 Vgl. BeckOGK/*Ittmann*, HGB § 74b Rn. 1; MüKoHGB/*Thüsing*, § 74b Rn. 17; Heymann/*Henssler*/*Michel*, HGB § 74b Rn. 6; *Hunold*, NZA-RR 2013, 174, 176 f.

825 Ebenso *Gerigk*, Nachvertragliche Wettbewerbsverbote mit Organmitgliedern, S. 176, der somit auch die Übertragbarkeit der Normen ablehnt.

826 Vgl. EBJS/*Boecken*/*Rudkowski*, HGB § 75d Rn. 1; Oetker/*Kotzian-Marggraf*, HGB § 75d Rn. 1.

827 MüKoHGB/*Thüsing*, § 75d Rn. 1; Oetker/*Kotzian-Marggraf*, HGB § 75d Rn. 1.

die Herausnahme einzelner Vorschriften gegen die vorliegend zu beachtenden arbeitnehmerschützenden Zweck- und Schutzbestimmungen sowie die vorgenommenen gesetzgeberischen Interessenbewertungen sprechen und die Balance des arbeitnehmer- bzw. arbeitnehmerähnlichschützenden Regelungssystems stören.[828] Aussagen oder Modifikationen hinsichtlich der Prüfung der wirtschaftlichen Abhängigkeit und vergleichbaren sozialen Schutzbedürftigkeit sind den als arbeitnehmerschützenden Ausprägungen der §§ 74 ff. HGB indes ebenfalls nicht zu entnehmen.

b. Ergebnis zur wesentlichen ratio legis der §§ 74 ff. HGB hinsichtlich der Analogiebildung

Insgesamt müssen die §§ 74 ff. HGB als einheitliches Regelungssystem im Sinne des Arbeitnehmerschutzes verstanden werden, welches gleichwohl mehrere wesentliche Zwecke und Leitgedanken enthält. Die Zwecke und Leitgedanken werden vor allem durch die Zusammenhänge und das Zusammenwirken der Regelungen erreicht, sodass erst dieses Zusammenspiel die gesetzgeberischen Werteentscheidungen, Interessenbewertungen sowie wesentlichen Zweckbestimmungen zum Ausdruck bringt. Allen voran geht es grundsätzlich um den gerechten Ausgleich der beiderseitigen verfassungsrechtlich geschützten Interessen. Dazu tritt der Grundsatz der bezahlten Karenz, der maßgeblich dem wirtschaftlichen Ausgleich hinsichtlich der nachvertraglichen Beschränkungen der freien Erwerbstätigkeit Rechnung trägt. Darüber hinaus dient der Grundsatz der bezahlten Karenz der Abschreckungsfunktion, wie dies auch schon der historische Gesetzgeber vorsah, aber vor allem in Verbindung mit dem Grundgedanken des arbeitsrechtlichen Schutzes, der Sicherung der Existenzgrundlage und des Lebensstandards des ausgeschiedenen Arbeitnehmers. Und auch die gesetzlich angeordneten Rechtsfolgen dienen zunächst zur Herstellung eines gerechten Ausgleichs der beiderseitig anzuerkennenden Interessen unter der Zielvorgabe der möglichen (partiellen) Aufrechterhaltung der Abrede. In diesem Zusammenhang und zur Verwirklichung dieses Zwecks ist vor allem auch der Beurteilungszeitpunkt zu sehen.

Im Allgemeinen geht es einem wesentlichen Grundgedanken des arbeitsrechtlichen Schutzes entsprechend um die Sicherung der Existenzgrundlage

828 Vgl. dazu auch KK-AktG/*Mertens*/*Cahn*, § 88 Rn. 37; MHLS/*Ziemons*, GmbHG § 43 Rn. 277, kritisch bezüglich der teilanalogen Anwendung der Vorschriften, die die Gesellschaft einseitig begünstigen; idS. kann auch BGH, NZG 2008, 664 verstanden werden, da sich die einzelnen Normen untereinander bedingen.

sowie des erarbeiteten Lebensstandards. Im Sinne der Vergleichbarkeit der Interessenlagen und der zunächst vergleichbaren wirtschaftlichen Abhängigkeit zur analogen Anwendung der §§ 74 ff. HGB stehen also die wirtschaftliche und berufliche Sicherung der Existenzgrundlage, die freie Verwertung der Arbeitskraft sowie die erwerbswirtschaftliche Dispositionsfreiheit des ehemaligen Beschäftigten im Fokus. Hinsichtlich der Vergleichbarkeit der sozialen Typik der Beschäftigungen enthalten die Zweckbestimmungen keine wesentlichen Vorgaben. Als einzige Vorgabe könnte entnommen werden, dass durch die vormalige Tätigkeit vergleichbar der Typik der Tätigkeit der Arbeitnehmer potenziell schädigende Kenntnisse und Erfahrungen erlangt werden konnten, die ein berechtigtes Schutzinteresse und -bedürfnis der Gesellschaft begründen. In Übereinstimmung mit der Abschreckungsfunktion der Karenzentschädigung, der BAG-Rechtsprechung sowie dem Umstand, dass die *ratio legis* der §§ 74 ff. HGB ansonsten keine Vorgaben enthält, ist allein die fachliche Qualifikation des ehemaligen Beschäftigten Anknüpfungspunkt der Abrede eines Wettbewerbsverbotes, ungeachtet der Angehörigkeit zu einer speziellen Arbeitnehmer- oder Beschäftigtengruppe.[829]

4. *Zwischenergebnis*

Ist hinsichtlich der wirtschaftlichen Abhängigkeit und der daraus folgenden sozialen Schutzbedürftigkeit letztendlich auf die den einzelnen arbeitsrechtlichen Schutzvorschriften immanenten spezifischen Schutzzwecke abzustellen, so spielt im Rahmen des Regelungskomplexes der §§ 74 ff. HGB allein der Schutz der wirtschaftlichen Existenzgrundlage sowie der beruflichen Betätigungsfreiheit als maßgebliche Grund- und Leitgedanken bezüglich der analogen Anwendung der Regelungen eine Rolle. Eine wesentliche Modifikation oder bedeutsame Ergänzung der Definitionen der wirtschaftlichen Abhängigkeit und sozialen Schutzbedürftigkeit erfolgt vorliegend also nicht. Hingewiesen werden soll desgleichen darauf, dass vorliegend die Voraussetzungen der analogen Anwendung des Gesamtregelungskomplexes als arbeitnehmerschützender Regelungskomplex geprüft werden. Ausgehend von den primär arbeitnehmerschützenden Regelungen und der Absicherung des Gesamtregelungskomplexes durch § 75d HGB sind nicht unbedingt die einzelnen wesentlichen Wertungen als arbeitnehmerschützend einzuordnen, zumindest ist aber die analoge Anwendung des

829 BAG, NJW 1970, 626, 629; anders wohl *Canaris*, SAE 1971, 111 f.; darauf beziehend auch *Larenz*, Methodenlehre der Rechtswissenschaft, S. 380 f.

Gesamtregelungskomplexes als Einbeziehung in den arbeitsrechtlichen Schutz zu verstehen. Enthält die *ratio legis* der §§ 74 ff. HGB insoweit keine besonderen Vorgaben bezüglich der Feststellung der wirtschaftlichen Abhängigkeit und sozialen Schutzbedürftigkeit von Geschäftsführern, ist gleichwohl klar geworden, dass der Bejahung der Arbeitnehmerähnlichkeit konsequenterweise die analoge Anwendung des Gesamtregelungskomplexes folgen muss. Eine nach *Wertheimer* der Arbeitnehmerähnlichkeit folgende partielle Anwendung der aus seiner Sicht wesentlichsten Vorschriften der §§ 74 ff. HGB wäre vorliegend abzulehnen.[830]

Des Weiteren soll im Späteren noch die Möglichkeit der isolierten analogen Anwendung einzelner Regelungen der §§ 74 ff. HGB besprochen werden, bei der es sodann nicht um das Vorliegen der Voraussetzungen der Vergleichbarkeitsprüfung arbeitsrechtlicher Schutzvorschriften geht, sondern um die spezifischen allgemeinen Voraussetzungen der jeweils betrachteten Regelung.

III. Vergleichbarkeitsprüfung

Nach der Herausarbeitung der Leitgedanken der §§ 74 ff. HGB kann nun die konkrete Beurteilung der Vergleichbarkeit der Interessenlage der Geschäftsführer erfolgen. Maßgeblich sind somit die wirtschaftliche Abhängigkeit und die soziale Schutzbedürftigkeit im Lichte der Leitgedanken der §§ 74 ff. HGB zu prüfen.

1. Wirtschaftliche Abhängigkeit der Geschäftsführer

Die wirtschaftliche Abhängigkeit bestimmt sich also danach, ob die Verwertung der Arbeitskraft des Beschäftigten für die Rechnung eines Auftraggebers, der zugleich das Unternehmerrisiko trägt, erfolgt und die daraus fließende Vergütung die wirtschaftliche Existenzgrundlage des Beschäftigten bildet.[831] Für das nachvertragliche Wettbewerbsverbot von Geschäftsführern und im Lichte der

---

830 Siehe *Wertheimer*, Nachvertragliche Wettbewerbsverbote bei Anstellungsverhältnissen, S. 140, der die analoge Anwendung für wirtschaftlich abhängige und sozialschutzbedürftige Organmitglieder auf ein „Drei-Säulen-Prinzip" beschränken möchte. Zur analogen Anwendung sollen demnach die §§ 74 Abs. 2, 74a Abs. 1 HGB kommen.

831 Vgl. BAG, NZA 1999, 1175; BAG, NZA 2000, 1359, 1360; HWK/*Thüsing*, BGB § 611 Rn. 126; MüKoBGB/*Spinner*, § 611a Rn. 132; ErfK/*Koch*, ArbGG § 5 Rn. 5; Schaub ArbR-HdB/*Vogelsang*, § 10 Rn. 3; *Schubert*, Der Schutz der arbeitnehmerähnlichen Person, S. 51 f.; *Lunk*, FS Moll, 2019, 451, 455; *v. Hase*/*Lembke*, BB 1997, 1096; *Hromadka*, NZA 1997, 1249, 1253; *Boemke*, RdA 2018, 1, 4.

Leitgedanken der §§ 74 ff. HGB könnte sich zunächst eine Eingrenzung hinsichtlich der Geschäftsführertypen, für die die wirtschaftliche Abhängigkeit überhaupt in Betracht kommt, ergeben. Folglich könnte die wirtschaftliche Abhängigkeit im Sinne der genannten Definition entfallen, wenn der Geschäftsführer das Unternehmerrisiko der Gesellschaft mitträgt. Ein unternehmerisches Risiko würde sodann vor allem dem Gesellschafter-Geschäftsführer mit beherrschender Stellung sowie dem Alleingesellschafter-Geschäftsführer der Einmann-GmbH zukommen.[832] So unterscheidet auch die Rechtsprechung des BGH im Rahmen des § 17 Abs. 1 S. 2 BetrAVG zwischen wirtschaftlich abhängigen und damit arbeitnehmerähnlichen Geschäftsführern und selbstständigen unternehmerischen Geschäftsführern. Auf Letztere findet das BetrAVG dann keine Anwendung.[833] Ähnliches gilt für die Anwendbarkeit sozialversicherungsrechtlicher Normen nach § 7 Abs. 1 SGB IV, wonach die Anwendbarkeit nur für abhängig-beschäftigte Geschäftsführer bejaht wird, sodass unternehmerische Geschäftsführer völlig aus dem Anwendungsbereich ausgenommen werden.[834]

Richtigerweise werden die Gesellschafterstellung und die Höhe der Beteiligung an der Gesellschaft allein weder zur Ablehnung noch zur Bejahung der wirtschaftlichen Abhängigkeit führen. Das Beteiligungsverhältnis des Gesellschafter-Geschäftsführers stellt gleichwohl ein gewichtiges Indiz gegen die wirtschaftliche Abhängigkeit bzw. für wirtschaftliche Eigenständigkeit dar und wird somit der Systematisierung im Sinne eines Anhaltspunktes bzw. Ansatzpunktes einer denkbaren Anwendbarkeit einzelner arbeits- oder sozialrechtlicher Schutzvorschriften dienen. Maßgeblich wird es gleichwohl auf den spezifischen Einzelfall unter Berücksichtigung der Gesamtumstände ankommen. Danach kann der erste Anschein trügen, der allein aufgrund der Beteiligungsverhältnisse erweckt wird. Entscheidend ist also die tatsächliche unternehmerische Einflussnahme des Geschäftsführers.[835]

---

832 IdS. *Wank/Maties*, NZA 2007, 353, 354; *Wank*, RdA 2011, 178, 179; *ders.*, RdA 2019, 312, 313; *Schmitt-Rolfes*, NZA-Beilage 2014, 37, 42.

833 Vgl. BGHZ 77, 233, 242 f.; 108, 330; ausführlicher dazu *Altmeppen*, GmbHG § 6 Rn. 108; Scholz/*Hohenstatt*, GmbHG § 35 Rn. 405 ff.

834 BSG, BeckRS 1982, 30709061; BSG, NZA 2006, 396, 397; BSG, BeckRS 2015, 73497 Rn. 26; BSG, DStR 2016, 1275, 1278; *Altmeppen*, GmbHG § 6 Rn. 124 ff.; Scholz/*Hohenstatt*, GmbHG § 35 Rn. 545 ff.; *Fabritius/Markgraf*, NZS 2016, 808, 810, *Boemke*, RdA 2018, 1, 3.

835 So auch *Krahforst*, Nachvertragliche Wettbewerbsverbote für GmbH-Geschäftsführer, S. 35 ff.; *Boemke*, RdA 2018, 1, 4 f.

Typisierend betrachtet wird der Fremdgeschäftsführer, wie auch der Minderheitsgesellschafter-Geschäftsführer ohne Sperrminorität – vorbehaltlich einzelfallabhängiger Ausnahmen und Besonderheiten –, keinen so erheblichen und starken unternehmerischen Einfluss nehmen können, der die wirtschaftliche Abhängigkeit negieren würde.[836] Je nach *ratio legis* der Norm würde sodann auch eine Anwendbarkeit für den beherrschenden Gesellschafter-Geschäftsführer oder Minderheitsgesellschafter-Geschäftsführer mit Sperrminorität in Betracht kommen.[837] Auch die §§ 74 ff. HGB geben ihrer *ratio legis* nach keine Vorgaben hinsichtlich der Berücksichtigung etwaiger Gesellschafterstellungen bzw. des Ausmaßes der gesellschaftsrechtlichen Einflussmöglichkeiten, vor allem nicht hinsichtlich der Modifikation der generellen Definition der wirtschaftlichen Abhängigkeit.

Gleichwohl wird der Fokus der analogen Anwendbarkeit der §§ 74 ff. HGB vorliegend auf dem Fremdgeschäftsführer und Minderheitsgesellschafter-Geschäftsführer ohne Sperrminorität liegen. Dies folgt neben der grundsätzlich vorliegenden unternehmerischen Einflussnahme(-möglichkeit) des beherrschenden Gesellschafter-Geschäftsführers oder Minderheitsgesellschafter-Geschäftsführers mit Sperrminorität auch der Überlegung, dass den Gesellschaftern als oberstem Organ der GmbH die Kompetenz zur Anstellung und Aushandlung der Vertragsmodalitäten zukommt. Haben die Gesellschafter-Geschäftsführer, die über einen wesentlichen unternehmerischen Einfluss innerhalb der Gesellschaft verfügen, die Möglichkeit, das nachvertragliche Wettbewerbsverbot sowie die darin enthaltenen Beschränkungen mitzubeeinflussen, muss diesen kein besonderer Schutz hinsichtlich einer solchen Vereinbarung gewährt werden. Folglich ist die Annahme einer schützenswerten wirtschaftlichen Abhängigkeit typisierend betrachtet nur für solche Geschäftsführer in Erwägung zu ziehen, die nicht auf beiden Seiten der Vertragsverhandlungen (maßgeblich) beteiligt sind.

Die wirtschaftliche Abhängigkeit ist dennoch grundsätzlich anhand des jeweiligen Einzelfalls zu beurteilen. Die aus der Geschäftsführertätigkeit fließende Vergütung bildet für den Geschäftsführer wohl grundsätzlich die wirtschaftliche

---

836 IdS. auch Scholz/*Hohenstatt*, GmbHG § 35 Rn. 274 f.; *Boemke*, RdA 2018, 1, 4 f.; *Krahforst*, Nachvertragliche Wettbewerbsverbote für GmbH-Geschäftsführer, S. 35 Fn. 16 mwN. hinsichtlich Ausnahmen innerhalb der Rechtsprechung des BGH und BSG.

837 Siehe dazu BGH, NJW 1984, 2528, 2529; Scholz/*Hohenstatt*, GmbHG § 35 Rn. 267; *Boemke*, RdA 2018, 1, 2; ablehnend bei der Frage der Anwendbarkeit des § 622 BGB aber zum Beispiel BGH, NJW 1987, 2073, 2074.

Existenzgrundlage. Folglich ist der Geschäftsführer dazu verpflichtet, seine gesamte Arbeitskraft der Gesellschaft zu widmen. Dies folgt zunächst auch schon seiner organschaftlichen Pflicht, sich loyal und vorbehaltlos für die Gesellschaft einzusetzen, sofern nichts Abweichendes in der Satzung oder dem Anstellungsvertrag geregelt wurde.[838] Die Verwertung der gesamten Arbeitskraft des Geschäftsführers erfolgt des Weiteren für und auf Rechnung der Gesellschaft, die somit das alleinige Unternehmerrisiko trägt, sofern – wie dargestellt – der Geschäftsführer keine eigene unternehmerische Beteiligung an der Gesellschaft hält, keine wesentliche unternehmerische Einflussmöglichkeit besteht oder er aufgrund besonderer Umstände – wie der Höhe und des Anteils der Tantiemen an der Gesamtvergütung von weit mehr als 30 % bzw. der evidenten Abweichung von der „üblichen" Ausgestaltung – anderweitig unternehmerisch auftritt.

Vor allem im nachvertraglichen und nachorganschaftlichen Bereich bieten die §§ 74 ff. HGB einen Schutz für den Verlust der wirtschaftlichen Dispositionsfreiheit aufgrund der Beschränkungen der Berufsausübungs- und Berufswahlfreiheit. Maßgeblich ist also auf die wirtschaftliche Abhängigkeit abzustellen, die daraus folgt, dass der Geschäftsführer sein erlangtes und erlerntes „Know-how" nicht ohne jegliche Beschränkung innerhalb eines anderen Unternehmens oder einer anderen Tätigkeit einbringen kann. Insbesondere Geschäftsführer werden während ihrer meist jahrelangen Tätigkeit in der jeweiligen Branche der Gesellschaft entsprechende Spezialkenntnisse erworben haben. Diese sollen nach dem Ausscheiden aus der Gesellschaft im Rahmen der dann folgenden weiteren Tätigkeiten wieder eingebracht werden. Folglich hat der Geschäftsführer ein besonderes Interesse daran, nach seinem Ausscheiden aus der Gesellschaft in seinem alten Tätigkeitsbereich und/oder seiner alten Branche wieder tätig zu werden. Die nachvertraglichen Wettbewerbsverbote werden sich insbesondere in gegenständlicher Hinsicht auf eben diese gesamten oder spezifisch bestimmbaren Teilbereiche der Branche beziehen, sodass insbesondere auch beim Geschäftsführer ein beschränkender Eingriff und Verlust der freien wirtschaftlichen Dispositionsmöglichkeit und der freien Verwertung seiner Arbeitskraft vorliegen wird.[839] Nimmt man sodann eine notwendige generalisierende und

---

838 Vgl. Noack/Servatius/Haas/*Beurskens*, GmbHG § 37 Rn. 79; BeckOK GmbHG/*Pöschke*, § 43 Rn. 144; HCL/*Paefgen*, GmbHG §43 Rn. 82, § 35 Rn. 481; MüKoGmbHG/*Stephan*/*Tieves*, § 35 Rn. 83; Scholz/*Verse*, GmbHG § 43 Rn. 181; *Fleischer*, WM 2003, 1045, 1050; *ders.*, NJW 2006, 3239, 3241.

839 Vgl. *Gravenhorst*, Nachvertragliche Wettbewerbsverbote mit GmbH-Geschäftsführern, S. 104.

typisierende Betrachtung vor, müssen jedenfalls der Fremdgeschäftsführer und der Minderheitsgesellschafter-Geschäftsführer ohne Sperrminorität als wirtschaftlich abhängig angesehen werden.

2. *Soziale Schutzbedürftigkeit der Geschäftsführer*

Neben der wirtschaftlichen Abhängigkeit muss weiterhin noch eine soziale Schutzbedürftigkeit vorliegen. Diese besteht, wenn „unter Berücksichtigung der gesamten Umstände des Einzelfalls und der Verkehrsanschauung das Maß der Abhängigkeit einen solchen Grad erreicht, wie er im Allgemeinen nur in einem Arbeitsverhältnis vorkommt, und die geleisteten Dienste nach ihrer sozialen Typik mit denen eines Arbeitnehmers vergleichbar sind“[840]. Auch diese allgemeine Definition der sozialen Schutzbedürftigkeit muss wieder im Lichte der herausgearbeiteten Leitgedanken der §§ 74 ff. HGB modifiziert bzw. beurteilt werden.

In Anbetracht der Definition des § 12 Abs. 1 Nr. 1 TVG ist von maßgeblicher Bedeutung, ob der Beschäftigte die geschuldete Leistung persönlich und im Wesentlichen ohne Mitarbeit von eigenen Beschäftigten erbringt.[841] Geschäftsführer werden ihre persönlich geschuldete Leistung im Wesentlichen ohne Mitarbeit eigener Angestellter erbringen. Die Mit- und Zusammenarbeit mit weiteren untergeordneten Angestellten der Gesellschaft zur Erfüllung seiner Geschäftsführertätigkeit ist unschädlich. Vor allem beschäftigt der Geschäftsführer keine Arbeitnehmer im eigenen Namen, wie dies ein Unternehmer macht.[842] Unter Berücksichtigung aller Umstände des Einzelfalls und der jeweiligen Verkehrsanschauung ist der Maßstab des Grades der Abhängigkeit die Vergleichbarkeit mit der sozialen Typik der geleisteten Dienste mit anderen Arbeitnehmern. Diese Vergleichbarkeit richtet sich zunächst am übergeordneten Leitgedanken des Schutzes der wirtschaftlichen Existenzgrundlage infolge

---

840 So BAG, AP TVG § 12a Nr. 1; BAG, NZA 2000, 1359, 1360; BAG, NJOZ 2006, 3821, 3822; BAG, NZA 2019, 490, 494 f.; LAG Köln, NZA-RR 2000, 19, 21 f.; BGH, NJW-RR 2003, 277, 280 f.; HWK/*Thüsing*, BGB § 611a Rn. 127; MüKoBGB/*Spinner*, § 611a Rn. 131; Staudinger/*Richardi*/*Fischinger*, BGB § 611a Rn. 244 Schaub ArbR-HdB/*Vogelsang*, § 10 Rn. 3; *Lunk*, FS Moll, 2019, 451, 457; *v. Hase*/*Lembke*, BB 1997, 1095, 1096; *Boemke*, RdA 2018, 1, 4.

841 Vgl. Erman/*Edenfeld*, BGB § 611 Rn. 137; *Hromadka*, NZA 1997, 1249, 1253; *Boemke*, ZfA 1998, 209, 219; *ders*., RdA 2018, 1, 4.

842 Dazu BGH, NZA 1999, 110, 111 f.; BGH, NZA 2000, 390, 391; MüKoBGB/*Spinner*, § 611a Rn. 131.

des Verlustes der wirtschaftlichen Dispositionsmöglichkeiten. Im Kern geht es damit um die wesentliche Gleichheit im Sinne des Art. 3 Abs. 1 GG im Rahmen des Anwendungsbereichs der §§ 74 ff. HGB.

Zunächst kann die Vergleichbarkeit der Ausgangslage der Abrede eines nachvertraglichen Wettbewerbsverbotes betrachtet werden. Die Ausgangslage im Bereich der nachvertraglichen Wettbewerbsverbote bei Arbeitnehmern und Geschäftsführern ist im Wesentlichen gleich. Beide unterliegen nach dem Ausscheiden aus dem Unternehmen und der Beendigung des Anstellungsverhältnisses keinem gesetzlich angeordneten nachvertraglichen Wettbewerbsverbot. Vielmehr sind beide grundsätzlich frei in der Wahl ihrer weiteren beruflichen Tätigkeit und dürfen – nur begrenzt durch die jeweiligen nachvertraglichen, beim Geschäftsführer auch nachorganschaftlichen Treuepflichten – in Konkurrenz zum ehemaligen Unternehmen treten. Wird der Schutz vor einer potenziell schädigenden Konkurrenztätigkeit durch die nachwirkenden Treuepflichten als nicht ausreichend erachtet, verbleibt allein die Möglichkeit, ausdrücklich ein nachvertragliches Wettbewerbsverbot zu vereinbaren. Nur durch eine solche explizite Vereinbarung kann ein weitergehender Schutz der Gesellschaft erfolgen, der mit den Beeinträchtigungen des beruflichen Fortkommens des ehemaligen Beschäftigten einhergeht. Die berechtigten Interessen am Schutz der Gesellschaft müssen folglich in einen interessengerechten Ausgleich mit den Beschränkungen des ehemaligen Beschäftigten gebracht werden. Beiden Beschäftigtengruppen werden also die freie Wahl der weiteren beruflichen Tätigkeit und der Einsatz des erworbenen, erlernten oder schon bestandenen „Know-hows" erschwert, sodass die Kenntnisse und Erfahrungen nicht ungehindert zur weiteren eigenständigen Sicherung der wirtschaftlichen Existenzgrundlage eingesetzt werden können.[843] Folglich liegt eine vergleichbare Ausgangslage bei nachvertraglichen Wettbewerbsverboten mit Arbeitnehmern und Geschäftsführern vor.

Darüber hinaus hat die Abrede hinsichtlich nachvertraglicher Wettbewerbsverbote die grundsätzlich gleiche beschränkende Wirkung bezüglich der Berufsausübungsfreiheit des ehemaligen Beschäftigten. Sowohl dem Arbeitnehmer als auch dem Geschäftsführer wird die freie Verwertung der Arbeitskraft durch die

---

843 So auch *Lembke*, NZA-RR 2019, 65, 68; zur Ausganglage bei Arbeitnehmern im Rahmen der §§ 74 ff. HGB siehe EBJS/*Boecken*/*Rudkowski*, HGB § 74 Rn. 1, 12; ErfK/*Oetker*, HGB § 74 Rn. 1 f.; Hopt/*Roth*, HGB § 74 Rn. 2; BeckOGK/*Ittmann*, HGB § 74 Rn. 3; MüKoHGB/*Thüsing*, § 74 Rn. 1 f.; zur Ausgangslage beim Geschäftsführer siehe *Altmeppen*, GmbHG § 6 Rn. 91; MüKoGmbHG/*Jaeger*/*Steinbrück*, § 35 Rn. 367; Scholz/*Verse*, GmbHG § 43 Rn. 245; *Bergwitz*, GmbHR 2006, 1129, 1130 f.

Vereinbarung der beruflichen Beschränkungen verwehrt. Diese Beschränkungen sind nur dann gerechtfertigt, sofern ein berechtigtes Interesse des Arbeitgebers/Unternehmens vorliegt. Für Arbeitnehmer und Geschäftsführer wird vorrangig auf die verfassungsrechtlich gewährte Berufsausübungsfreiheit als maßgebliches Interesse abgestellt. An diesem verfassungsrechtlich gewährten Freiheitsrecht müssen sich die berechtigten Interessen des Arbeitgebers/Unternehmens messen lassen. Für den Arbeitnehmer wird die Freiheit, über sein berufliches Fortkommen nach Beendigung des Anstellungsverhältnisses selbst bestimmen zu können, den Interessen des Arbeitgebers als grundsätzlich übergeordnet angesehen.[844] Ob dasselbe für den Geschäftsführer gilt, also ob seine verfassungsrechtlich geschützten beruflichen Interessen ebenfalls als grundsätzlich übergeordnet zu betrachten sind, ist vorliegend unbeachtlich. Innerhalb der Prüfung der Vergleichbarkeit nach Art. 3 Abs. 1 GG geht es nicht um die absolute, sondern vielmehr um eine wesentliche Gleichheit im Sinne der maßgeblichen Ähnlichkeit der Sachverhalte (*argumentum a simile*).[845] Aber insbesondere im Fall des Geschäftsführers kann auch ein gesteigertes Interesse am beruflichen Fortkommen und an seiner beruflichen Selbstbestimmung bestehen. So möchte der Geschäftsführer seine erlangten oder schon vorher bestandenen Spezialkenntnisse, die er infolge seiner meist jahrelangen Tätigkeit bisher allein zugunsten der Gesellschaft innerhalb der jeweils spezifischen Branche eingebracht hatte, nach dem Ausscheiden aus der Gesellschaft weiterhin verwenden bzw. verwerten. In diesem Sinne ist allein die fachliche Qualifikation des ehemaligen Beschäftigten von wesentlicher Bedeutung.[846]

Insgesamt könnte die Vergleichbarkeit der Interessenlage der Beschäftigten im Sinne des Art. 3 Abs. 1 GG vorliegen. Die Ungleichbehandlung der Beschäftigtengruppen sei nur dann mit den Maßstäben des Art. 3 Abs. 1 GG vereinbar, wenn die Ungleichbehandlung gerade auf der Unterschiedlichkeit der Fälle beruht. Die allgemeine Differenzierung und Unterscheidung der Gruppe der Arbeitnehmer von der Gruppe der Geschäftsführer beruht grundsätzlich auf dem Merkmal der persönlichen Abhängigkeit im Sinne des § 611a Abs. 1 BGB. In Anbetracht der „neuen Formel“ des BVerfG ist die Ungleichbehandlung verfassungsrechtlich gerechtfertigt, wenn das wesentliche Differenzierungskriterium einem legitimen Ziel dient und zur Erreichung dieses Ziels geeignet,

---

844 So BAG, NZA 1994, 502, 504; mit Bezug auf BGH, NJW 1984, 116, 117.

845 BVerfGE 90, 145, 195 f.

846 IdS. auch BAG, NJW 1970, 626, 629; anders wohl *Canaris*, SAE 1971, 111 f.; darauf beziehend auch *Larenz*, Methodenlehre der Rechtswissenschaft, S. 380 f.

erforderlich und angemessen ist.[847] So ist die unterschiedliche Behandlung zwischen Arbeitnehmern und Geschäftsführern vor allem dann verfassungsrechtlich gerechtfertigt, wenn die anzuwendende arbeitsrechtliche Schutzvorschrift vorrangig auf das Merkmal der persönlichen Abhängigkeit abstellt. Stellt die anzuwendende Norm, wie hier die Regelungen der §§ 74 ff. HGB, dagegen maßgeblich auf die wirtschaftliche Abhängigkeit ab, ist von einer Einbeziehung wirtschaftlich abhängiger Geschäftsführer auszugehen.[848] Diese wesentliche Gleichheit der wirtschaftlichen Ausgangslage wird auch bei der Pflicht zur Zusage einer Karenzentschädigung deutlich. Bei Arbeitnehmern ist die Karenzentschädigungspflicht zwingende Voraussetzung der Zulässigkeit nachvertraglicher Wettbewerbsabreden. Bei Geschäftsführern wird eine Pflicht zur Zusage einer Karenzentschädigung grundsätzlich nicht angenommen. Wird jedoch eine Wettbewerbsabrede vereinbart, die über eine bloße Kunden- und Mandantenschutzklausel hinausgeht, wird angenommen, dass eine Karenzentschädigung gezahlt werden muss.[849] So wird ebenfalls angenommen, dass nur durch die Verpflichtung zur Zahlung einer Karenzentschädigung ein gerechter Ausgleich der gegenseitigen berechtigten Interessen erfolgt. Fehlt eine solche Zusage, ist von der Unwirksamkeit auszugehen, da insofern das berufliche Fortkommen des Geschäftsführers in sittenwidriger Weise unangemessen erschwert werde.[850] Die Höhe einer solchen Karenzentschädigungszusage orientiert sich auch bei Organmitgliedern an den Regelungen der §§ 74 ff. HGB bzw. des § 74 Abs. 2 HGB, wonach die Entschädigungszusage die Höhe von 50 % der zuletzt erhaltenen Bezüge erreichen muss.[851] Zwar sei auch die Unterschreitung der 50%-Grenze

---

847 BVerfGE 88, 87, 96 f.; Sachs/*Nußberger*, GG Art. 3 Abs. 1 Rn. 13 ff.; v. Mangoldt/Klein/Starck/*Wollenschläger*, GG Art. 3 Rn. 93 ff.; *Stöhr*, RdA 2021, 104, 108.

848 Vgl. *Stöhr*, RdA 2021, 104, 108 f.; so auch *D. Gaul*, GmbHR 1991, 144, 147 f., 151; *Gravenhorst*, Nachvertragliche Wettbewerbsverbote mit GmbH-Geschäftsführern, S. 77 f., 128.

849 BGH, BeckRS 1986, 31366531; BeckOK GmbHG/*Wisskirchen/Kuhn/Hesser*, § 6 Rn. 104; MüKoGmbHG/*Jaeger/Steinbrück*, § 35 Rn. 379; MHLS/*Ziemons*, GmbHG § 43 Rn. 286; KK-AktG/*Mertens*/Cahn, § 88 Rn. 35; MHdB GesR III/*Diekmann*, § 43 Rn. 77; *Bauer/Diller*, BB 1995, 1134, 1136; *dies.*, GmbHR 1999, 885, 890; *Schnelle*, GmbHR 2000, 599, 601.

850 Dazu Lutter/Hommelhoff/*Kleindiek*, GmbHG Anh. § 6 Rn. 25; *Bauer/Diller*, GmbHR 1999, 885, 891; *Schnelle*, GmbHR 2000, 599, 601; *Menke*, NJW 2009, 636, 637; *Weitnauer/Grob*, GWR 2014, 185, 191.

851 MüKoGmbHG/*Jaeger/Steinbrück*, § 35 Rn. 380; *Brechtel/Kehrel*, GmbHR 2021, 240, 242; a.A. *Bauer/Diller*, GmbHR 1999, 885, 891.

möglich,[852] gleichwohl ist grundsätzlich davon auszugehen, dass auch bei nachvertraglichen Wettbewerbsverboten mit Geschäftsführern – vor allem Fremdgeschäftsführern und Minderheitsgesellschafter-Geschäftsführern ohne Sperrminorität – eine Karenzentschädigungszusage die Grenze von 50 % der zuletzt erhaltenden Bezüge erreichen oder sogar überschreiten muss.[853] In diesem Sinne ist ferner darauf hinzuweisen, dass auch der BGH die wesentliche Bedeutung einer zugesagten Karenzentschädigung für die Dispositionsfreiheit des Geschäftsführers betonte, die vor allem zur Sicherung seiner Existenzgrundlage von Belang ist.[854]

Folglich besteht bei wirtschaftlich abhängigen Geschäftsführern eine vergleichbare und damit wesentlich gleiche Interessenlage hinsichtlich des Merkmals der vergleichbaren sozialen Schutzbedürftigkeit. Bei Geschäftsführern und Arbeitnehmern liegt somit eine wesentliche Ähnlichkeit im Sinne des Art. 3 Abs. 1 GG bezüglich der berechtigten Interessen und wirtschaftlichen Folgen des ehemaligen Beschäftigten im Lichte der *ratio legis* der §§ 74 ff. HGB vor, sodass auch eine wesentliche Gleichheit der Sachverhalte vorliegt.

Fraglich ist noch, inwiefern die vormalige besondere Stellung des Geschäftsführers die soziale Schutzbedürftigkeit ausschließen kann. Gerade anhand des Merkmals der vergleichbaren sozialen Typik der geleisteten Dienste könnten entgegenstehende Umstände aufgrund der vormaligen Stellung als leitungsbefugtes Organ der Gesellschaft und der daraus folgenden Wahrnehmung bestimmter Arbeitgeberfunktionen zu beachten sein. Das BAG hatte in seinem Beschluss vom 21.01.2019[855] die Frage der Anwendbarkeit des § 5 ArbGG hinsichtlich einer abberufenen Geschäftsführerin zu klären. Innerhalb dieser Entscheidung wurde auch die Frage der Arbeitnehmereigenschaft einer Geschäftsführerin geklärt. Den nötigen schlüssigen Vortrag bezüglich des Bestehens eines Arbeitsverhältnisses und damit zur Bejahung der Arbeitnehmereigenschaft konnte die Klägerin, da ein „et-et“-Fall vorlag, nicht erbringen.[856] Nach Ablehnung des Arbeitnehmerstatus prüfte das BAG noch die mögliche Einordnung

---

852 HCL/*Paefgen*, GmbHG § 35 Rn. 497; MHLS/*Ziemons*, GmbHG § 43 Rn. 286; iE. auch MüKoGmbHG/*Jaeger*/*Steinbrück*, § 35 Rn. 380.

853 MüKoGmbHG/*Jaeger*/*Steinbrück*, GmbHG § 35 Rn. 380; MAH/*Hürten*, GmbHR, § 9 Rn. 46; *Bauer*/*Diller*, Wettbewerbsverbote, § 24 Rn. 1077.

854 Vgl. BGH, NJW 2002, 1875 f., (zu Recht) kritisch zu dieser Rechtsprechung im Allgemeinen siehe *Bauer*/*Diller*, Wettbewerbsverbote, § 24 Rn. 1091; *Heidenhain*, NZG 2002, 605; *Bergwitz*, GmbHR 2007, 523, 525.

855 BAG, NJW 2019, 1627.

856 So BAG, NJW 2019, 1627, 1629.

als arbeitnehmerähnliche Person nach § 5 Abs. 3 S. 2 ArbGG. Abgestellt wurde zunächst auf die wirtschaftliche Abhängigkeit sowie die soziale Schutzbedürftigkeit. Zwar hielt das BAG die Klägerin für wirtschaftlich abhängig, insbesondere da sie auf die Bezüge, die infolge des Dienstvertrags geleistet wurden, zur Sicherung ihrer Existenzgrundlage angewiesen sei, gleichwohl fehle die vergleichbare soziale Schutzbedürftigkeit im Vergleich zu sonstigen Arbeitnehmern.[857] Gestützt wird das Fehlen der vergleichbaren sozialen Schutzbedürftigkeit mit der Organstellung und den daraus entstandenen Vertretungsbefugnissen sowie der Wahrnehmung von Arbeitgeberfunktionen. Folglich betonte das BAG die Berücksichtigung der besonderen Stellung der Organmitglieder sowie der organschaftlichen Pflichten und Funktionen innerhalb der Vergleichbarkeitsbetrachtung der sozialen Typik der geleisteten Dienste. Geschäftsführer seien damit vielmehr arbeitgeberähnliche Personen.[858] In diesem Sinne kann auch die Leitsatzentscheidung des BGH vom 26.03.1984[859] verstanden werden. Dieser erwähnte zwar ebenfalls, dass Geschäftsführer regelmäßig – vor allem Fremdgeschäftsführer – wirtschaftlich abhängig seien. Jedoch wurde die analoge Anwendbarkeit der §§ 74 ff. HGB bei Geschäftsführern mit dem Abstellen auf die besondere Stellung als leitungsbefugtes Organ der Gesellschaft und den organschaftlichen Funktionen und Pflichten abgelehnt. Der BGH hatte zwar keine ausdrückliche Prüfung des Vorliegens einer arbeitnehmerähnlichen Person vorgenommen und somit nicht auf das Merkmal der sozialen Schutzbedürftigkeit rekurriert, dennoch könnte die Begründung des BGH so verstanden werden.[860] Damit stellt sich die Frage, inwiefern die vormalige Organstellung schon innerhalb der grundsätzlichen Prüfung zur Einordnung als arbeitnehmerähnlichen Person zu berücksichtigen ist.

An der Einbeziehung der vormaligen Organstellung innerhalb der Beurteilung der Arbeitnehmerähnlichkeit kann vor allem kritisiert werden, dass dies wieder zur Missachtung des Trennungsprinzips führt. Im Fall des § 5 ArbGG muss vor allem auf das schuldrechtliche Vertragsverhältnis abgestellt werden. Die Besonderheiten der Organstellung werden daneben schon durch den § 5 Abs. 1 S. 3 ArbGG gesondert berücksichtigt. Insbesondere hat das BAG nur einseitig auf organschaftliche Kriterien abgestellt. Ausgeblendet wurden eben die Kriterien, die viel besser zur Begrifflichkeit der „sozialen Typik“ passen, wie

857 BAG, NJW 2019, 1627, 1630 f.
858 BAG, NJW 2019, 1627, 1631.
859 BGHZ 91, 1.
860 Vgl. BGHZ 91, 1, 3 ff.

die der Organstellung folgende unbeschränkte Haftung nach § 43 GmbHG oder der nicht existente Kündigungsschutz.[861] Werden somit alle organschaftlichen Gesichtspunkte beachtet, also richtigerweise zunächst auch die, die gegen die Arbeitnehmer- und für die Arbeitgeberähnlichkeit sprechen, müssen im Gegenzug aber eben auch die, die für eine besondere soziale Schutzwürdigkeit des wirtschaftlich abhängigen Geschäftsführers sprechen, sowie die unbeschränkte Haftung nach § 43 GmbHG, die fehlenden Kündigungsschutzvorschriften oder auch anderweitige fehlende Sozialleistungen, die sonstigen Arbeitnehmern zukommen, beachtet werden. Folglich wäre die Ablehnung der Arbeitnehmerähnlichkeit nicht unproblematisch allein auf die vormalige Organstellung zu stützen. Insbesondere überzeugt die Beurteilung der vergleichbaren sozialen Typik anhand der Besonderheiten der Organstellung nicht. Stellt man zutreffend auf die Definition des § 12 Abs. 1 Nr. 1 TVG ab, ist vorrangig zu prüfen, ob der Beschäftigte die geschuldete Leistung persönlich und im Wesentlichen ohne Mitarbeit von eigenen Beschäftigten erbringt.[862] So erfüllt auch der Geschäftsführer seine organschaftlichen Aufgaben und Pflichten im Wesentlichen ohne Mitarbeit von eigenen Beschäftigten. Auch verfolgt der Geschäftsführer bei Bejahung der wirtschaftlichen Abhängigkeit keine eigenen unternehmerischen Zwecke.[863] Stellt die anzuwendende Norm maßgeblich auf die Organstellung oder Funktionen des Beschäftigten ab, die dann gegen eine Einordnung als arbeitnehmerähnliche Person im Kontext der maßgeblichen *ratio legis* der Norm im konkreten Fall spricht, ist richtigerweise schon innerhalb der sozialen Schutzbedürftigkeit auf die Besonderheiten der Organstellung und/oder die Wahrnehmung bestimmter Arbeitgeberfunktionen einzugehen. Von Bedeutung sind allerdings primär die *ratio legis* und das Telos der anzuwendenden Schutzvorschrift. Anhand dieser Leitgedanken richten sich die maßgeblichen Kriterien der Beurteilung der vergleichbaren sozialen Schutzbedürftigkeit. Ein generelles (einseitiges) Abstellen auf die Besonderheiten der Organstellung würde grundsätzlich zur Ablehnung der Arbeitnehmerähnlichkeit führen. Stellt die anzuwendende Norm im Wesentlichen allein auf die wirtschaftliche Abhängigkeit ab, ohne Bezug zur Typik und Charakteristik der wahrgenommenen Aufgaben und Funktionen, sind innerhalb der Beurteilung und Einordnung als arbeitnehmerähnliche Person nicht

861 So *Boemke*, ZfA 1998, 209 f.; *Lunk*, NJW 2019, 1565, 1566; *Stöhr*, RdA 2021, 104, 109.

862 Vgl. Erman/*Edenfeld*, BGB § 611 Rn. 137; *Hromadka*, NZA 1997, 1249, 1253; *Boemke*, ZfA 1998, 209, 219; *ders.*, RdA 2018, 1, 4; darauf stellte auch die Vorinstanz des BAG, NJW 2019, 1627 ab, siehe LAG Baden-Württemberg, NZA-RR 2018, 624, 626.

863 *Boemke*, RdA 2018, 1, 4 f.

schon die Besonderheiten der Organstellung zu prüfen.[864] Vielmehr kann hier *Wertheimer* zugestimmt werden, der die besonders hervorgehobene Berücksichtigung der Schutzinteressen und -bedürfnisse der Gesellschaft infolge der Beachtung der vormaligen besonderen Stellung des Geschäftsführers nicht als Rechtfertigung des Abbaus des sozialen Schutzes der wirtschaftlich abhängigen Geschäftsführer sieht, sondern vielmehr als Argument für eine besondere (erhöhte) Gewichtung der berechtigten Interessen der Gesellschaft innerhalb der Interessenabwägung des § 74a Abs. 1 HGB.[865]

Für diese Ansicht spricht ferner die Rechtsprechung des BGH zur grundsätzlichen Anwendung arbeitsrechtlicher Schutzvorschriften. Im vom BGH aufgestellten Grundsatz, nach dem die Anwendung arbeitsrechtlicher Schutzvorschriften vor allem dann in Betracht kommt, „soweit dies das Anstellungsverhältnis erfordert und seine Organstellung dies nicht verbietet“[866], kann das Anstellungsverhältnis als zunächst maßgebliches Rechtsverhältnis der Beurteilung der Arbeitnehmerähnlichkeit verstanden werden. Auf der zweiten Stufe finden dann die Funktionen und Bestimmungen der Organstellung ihre Berücksichtigung, ohne jedoch einen Einfluss auf die Beurteilung der Arbeitnehmerähnlichkeit zu entfalten. Des Weiteren betrifft und regelt die Organstellung primär das Außenverhältnis der Gesellschaft zu Dritten und nicht auch maßgeblich das Innenverhältnis des Geschäftsführers zur Gesellschaft. Das Innenverhältnis wird im Wesentlichen durch das Anstellungsverhältnis geprägt. In diesem Sinne gestalten und prägen es vor allem das Anstellungsverhältnis, die wirtschaftliche Abhängigkeit sowie die soziale Schutzbedürftigkeit des Geschäftsführers und sind somit vorrangiger Anknüpfungspunkt der vorliegenden Prüfung.[867]

Im Rahmen der Betrachtung der Vergleichbarkeit der sozialen Typik unter Einbeziehung der Besonderheiten der Organstellung stellt sich auch die Frage, ob die Ausführungen des BAG an sich schlüssig sind. So unterscheide sich der Geschäftsführer durch „die gesetzlichen und nach außen nicht beschränkbaren Vertretungsbefugnisse […] grundlegend von anderen leitenden oder nicht

864 IdS. auch *Wank*, RdA 2019, 312, 316; *Lunk*, NJW 2019, 1565, 1566; *Stöhr*, RdA 2021, 104, 109.

865 *Wertheimer*, Nachvertragliche Wettbewerbsverbote bei Anstellungsverhältnissen, S. 139 f.

866 BGHZ 49, 30, 32.

867 IdS. auch *Fleck*, FS Hilger/Stumpf, 1983, 197 ff.; *Hueck*, FS Hilger/Stumpf, 1983, 365, 366; *ders.*, ZfA 1985, 25, 31 f.; *Henssler*, RdA 1992, 289, 292 ff.; *Boemke*, ZfA 1998, 209 f.; *ders.*, RdA 2018, 1, 4; *Wank*, RdA 2019, 312, 316; *Lunk*, NJW 2019, 1565, 1566; *Stöhr*, RdA 2021, 104, 109.

leitenden Arbeitnehmern".[868] Wie schon dargestellt nehmen allerdings auch leitende Angestellte innerhalb ihrer zugewiesenen Teilbereiche wesentliche Arbeitgeberfunktionen wahr. Die wahrgenommenen (Teil-)Funktionen des Arbeitgebers unterscheiden sich zumeist wohl kaum bis gar nicht von denen des Geschäftsführers.[869] Dazu kommt, dass die (rechtliche) Herkunft der Befugnisse desjenigen, der die Arbeitgeberfunktionen wahrnimmt, unter Beachtung des Trennungsprinzips generell unbeachtlich ist. Gerade im Rahmen der Anwendung arbeitsrechtlicher Schutzvorschriften geht es darum, bestimmte Personen bzw. Personengruppen mit in den Schutzbereich bestimmter arbeitsrechtlicher Schutznormen einzubeziehen, die anderweitig nicht in den generellen Genuss des arbeitsrechtlichen Schutzes kommen.

Im Sinne der zweistufigen Prüfung zur Vergleichbarkeit der Interessenlage sprechen die besseren Gründe also dafür, die wirtschaftliche Abhängigkeit und soziale Schutzbedürftigkeit allein anhand der allgemeinen Definition hinsichtlich arbeitnehmerähnlicher Personen sowie im Lichte der *ratio legis* und des Telos der anzuwendenden arbeitsrechtlichen Schutzvorschrift, die vorliegend keine wesentlichen Vorgaben enthalten, zu bestimmen und vorzunehmen. Die Organstellung ist folglich zunächst außen vor zu lassen, sofern die anzuwendende arbeitsrechtliche Schutzvorschrift eben nicht ausdrücklich auf diese abstellt. Auf der zweiten Stufe wird sodann allgemein auf die Vereinbarkeit der anzuwendenden Schutzvorschrift mit den Organverhältnissen geschaut, wobei dort dann die Besonderheiten der Organstellung sowie die der weiteren sonstigen organschaftlichen Interessen berücksichtigt werden müssen.

3. *Zwischenergebnis*

Unter Heranziehung der Leitgedanken und der Schutzzwecke der §§ 74 ff. HGB ist im Wesentlichen auf die wirtschaftliche Abhängigkeit abzustellen, die daraus folgt, dass der Geschäftsführer sein erlangtes und erlerntes „Know-how" nicht ohne jegliche Beschränkung innerhalb eines anderen konkurrierenden Unternehmens einbringen kann, sodass der Verlust der freien wirtschaftlichen Dispositionsmöglichkeit infolge der Beschränkung der freien Verwertung der

868 BAG, NJW 2019, 1627, 1631; zustimmend *Mohr/Bourazeri*, NZA 2019, 595, 601.

869 So auch LAG Köln, BeckRS 2013, 73946 Rn. 24; LAG Baden-Württemberg, NZA-RR 2018, 624, 626.

Arbeitskraft vorliegt, womit die Einschränkung der Sicherung der wirtschaftlichen Existenzgrundlage einhergeht.[870]

Des Weiteren erbringt der Geschäftsführer in Anbetracht der maßgeblichen Definition des § 12 Abs. 1 Nr. 1 TVG die geschuldete Leistung im Wesentlichen persönlich und ohne Mitarbeit von eigenen Beschäftigten. Zudem wird er grundsätzlich nicht selbst unternehmerisch tätig. Unter Beachtung der Leitgedanken und des vorrangigen Schutzzwecks der §§ 74 ff. HGB, die die maßgeblichen Kriterien der vergleichbaren sozialen Typik darstellen, ist von der wesentlichen Gleichheit bzw. Ähnlichkeit im Sinne des Art. 3 Abs. 1 GG bezüglich der berechtigten Interessen und der wirtschaftlichen Folgen gegenüber dem ehemaligen Beschäftigten auszugehen. Ferner sind die Besonderheiten der Organstellung bei der Beurteilung der Einordnung des Geschäftsführers als arbeitnehmerähnliche Person nicht mitzuberücksichtigen, da diese für die vorliegende Beurteilung der Arbeitnehmerähnlichkeit unter Beachtung der wesentlichen *ratio legis* der §§ 74 ff. HGB keine Relevanz entfalten. Im Sinne einer typisierenden Betrachtung wird der Fremdgeschäftsführer und Minderheitsgesellschafter-Geschäftsführer ohne Sperrminorität im Kontext der analogen Anwendung der §§ 74 ff. HGB grundsätzlich als wirtschaftlich abhängig sowie sozial schutzbedürftig anzusehen sein, sodass die analoge Anwendung der §§ 74 ff. HGB weiter in Betracht kommt.

Auch hier ist nochmal darauf hinzuweisen, dass vorliegend allein die Vergleichbarkeit der Interessenlage hinsichtlich der möglichen analogen Anwendung des Gesamtregelungskomplexes der §§ 74 ff. HGB bejaht wurde. Dies also allein in Anbetracht der vom BGH und von der Literatur bestehenden Vorgaben bezüglich der analogen Anwendung arbeitsrechtlicher Schutzvorschriften. Gleichwohl ist dieser Prüfung noch keine Aussage dahingehend zu entnehmen, ob die einzelnen Regelungen der §§ 74 ff. HGB verallgemeinerungsfähige Wertungen beinhalten, die eben keinen arbeitnehmerschützenden Charakter aufweisen, sodass eine diesbezügliche isolierte analoge Anwendung in Betracht kommt. Auf diese Frage soll im späteren Verlauf der Arbeit noch eigenständig eingegangen werden.

---

870 Vgl. *Gravenhorst*, Nachvertragliche Wettbewerbsverbote mit GmbH-Geschäftsführern, S. 104.

D. Vereinbarkeit mit der Organstellung und Organverhältnisse

Wird die Arbeitnehmerähnlichkeit auf der ersten Stufe bejaht, ist auf der zweiten Stufe die Vereinbarkeit mit der Organstellung und -funktion zu prüfen. Die Prüfung der Vereinbarkeit mit der Organstellung und -funktion zielt vor allem auf die Sicherung der ungestörten Funktion des Organverhältnisses.[871] Die analoge Anwendbarkeit der arbeitsrechtlichen Schutzvorschrift ist dann zu bejahen, wenn die „Organstellung […] [die Anwendung] nicht verbiete“[872].

I. Reichweite des Vorrangs der Organstellung und Organverhältnisse

Fraglich ist zunächst die Reichweite des Vorrangs der Organstellung, des Organverhältnisses und der damit zu berücksichtigenden organschaftlichen Interessen und Regelungen. Unterschieden werden kann diesbezüglich zunächst zwischen einem weiten und einem engen Verständnis des Umfangs und der Reichweite des Vorrangs gesellschaftsrechtlicher und organschaftlicher Besonderheiten.[873]

1. Weites Verständnis

Einem weiten Verständnis des Vorrangs der Organstellung nach sind das Organverhältnis und die im GmbHG normierten Organrechte und -pflichten des Geschäftsführers nicht nur dann zu beachten, wenn anstellungsvertragliche Regelungen diese unmittelbar betreffen, sondern auch schon dann, wenn diese nur mittelbar und/oder peripher von den anstellungsvertraglichen Regelungen berührt werden. Folglich kommt den organschaftlichen Interessen und Regelungen sowie zwingenden gesellschaftsrechtlichen Normen immer ein Geltungsvorrang vor dem Anstellungsverhältnis zu. Dementsprechend nicht erst dann, wenn anstellungsvertragliche Regelungen den zwingenden Regeln zuwiderlaufen.[874]

---

871 *Goette*, FS Wiedemann, 2002, 873, 886 f.; *Fleck*, FS Hilger/Stumpf, 1983, 197, 209 f.; *Martens*, FS Hilger/Stumpf, 1983; 437, 450; *Wank*, FS Wiedemann, 2002, 587, 597 f.; *Reichold/Heinrich*, FS Westermann, 2008, 1315, 1317 f.; Lutter/Hommelhoff/*Kleindiek*, GmbHG Anh. zu § 6 Rn. 3b; *Krahforst*, Nachvertragliche Wettbewerbsverbote für GmbH-Geschäftsführer, S. 206 f.; siehe auch BGHZ, 10, 187, 192; 49, 30, 32.

872 BGHZ 49, 30, 32.

873 Diese Unterscheidung nimmt auch *Krahforst*, Nachvertragliche Wettbewerbsverbote für GmbH-Geschäftsführer, S. 210 ff. vor.

874 *Krahforst*, Nachvertragliche Wettbewerbsverbote für GmbH-Geschäftsführer, S. 211.

Dafür spreche auch die Rechtsprechung des BGH,[875] der bei der vertraglich vereinbarten Anwendung des KSchG innerhalb des Anstellungsvertrages eines Geschäftsführers entschied, dass der vertragliche Gestaltungsspielraum der Parteien durch die zwingenden Anforderungen der Funktionsfähigkeit des Organverhältnisses sowie durch die zwingenden gesetzlichen und statutarischen Ausformungen begrenzt ist.[876]

Auch in der Literatur wird häufig für einen generellen Anwendungsvorrang des Organverhältnisses plädiert. Das Gesellschaftsrecht allgemein, aber auch die Regelungen aus dem Gesellschaftsvertrag und der Satzungen sollen im Kollisionsfall zwingend den Vorrang vor den jeweils abweichenden anstellungsvertraglichen Regelungen genießen.[877] Für dieses weite Verständnis des Vorrangs des Organverhältnisses spreche insbesondere auch der gesetzgeberische Wille. Das GmbHG enthalte nur Normen, die die gesellschaftsrechtlichen Strukturen und das organschaftliche Kompetenzgefüge regeln sollen. Die anstellungsvertraglichen Vereinbarungen und Gestaltungsmöglichkeiten werden den Vertragsparteien, also der Gesellschaft und dem Geschäftsführer, grundsätzlich frei überlassen. Der Gesetzgeber habe sich damit allein und vorrangig mit der (gesetzlichen) Sicherstellung der Funktionsfähigkeit der Gesellschaft befasst. Diesem Interesse des Gesetzgebers würde es zuwiderlaufen, wenn ein Vorrang nur dann bestehe, wenn die anstellungsvertraglichen Regelungen mit den ausdrücklich gesetzlich normierten Vorgaben des Gesellschaftsrechts kollidieren. Vielmehr sei vollumfänglich auf die Interessen der Gesellschaft, die zum Erhalt ihrer Funktionsfähigkeit beitragen, einzugehen, sodass diesen Interessen ein immerwährender Vorrang einzuräumen ist, der auch zeitlich über die eigentliche Dauer der Organstellung hinausgehe.[878] Dieser Ansicht nach wären alle möglichen Interessen, Regelungen und Vorgaben der organschaftlichen und gesellschaftsrechtlichen Sphäre in die Prüfung der Vereinbarkeit mit der Organstellung und dem Organverhältnis einzubeziehen.

---

875 BGH, NJW 2010, 2343.

876 BGH, NJW 2010, 2343 f.; Lutter/Hommelhoff/*Kleindiek*, GmbHG Anh. zu § 6 Rn. 11; *Krahforst*, Nachvertragliche Wettbewerbsverbote für GmbH-Geschäftsführer, S. 212; *Wank*, FS Wiedemann, 2002, S. 587, 593 f.

877 *Martens*, FS Hilger/Stumpf, 1983, 427, 442 f.; *Goette*, FS Wiedemann, 2002, 873, 881; *Hueck*, ZfA 1985, 25, 33 f.; *Holhfeld*, GmbHR 1987, 255.

878 Vgl. *Krahforst*, Nachvertragliche Wettbewerbsverbote für GmbH-Geschäftsführer, S. 212 f.

2. *Enges Verständnis*

Entgegen diesem weiten Verständnis wird noch ein enges Verständnis des Vorrangs der Organstellung vertreten. Anerkannt wird zunächst ebenfalls, dass das Anstellungsverhältnis durch die zwingenden Bestimmungen des Gesellschaftsrechts geprägt werde. Das Gesellschaftsrecht als Bestandteil der gesamten Rechtsordnung diene damit als Schranke privatautonom vereinbarter Regelungen und somit auch inhaltlicher Vereinbarungen von Dienstverhältnissen.[879] Verstoßen anstellungsvertragliche Regelungen gegen zwingende gesellschaftsrechtliche Vorschriften, folge richtigerweise dem Regelungsgehalt des § 134 BGB entsprechend die Nichtigkeit der Regelung des Anstellungsvertrages. Demnach ist es nicht möglich, dass der Geschäftsführer durch die anstellungsvertraglichen Vereinbarungen von seinen zwingenden gesetzlich normierten Pflichten wie den Buchführungs- und Bilanzierungspflichten gemäß den §§ 41 ff. GmbHG befreit werde.[880] Entsprechendes gilt bei Weisungen der Gesellschafter, die im Widerspruch zu zwingenden gesetzlichen Regelungen des Gesellschaftsrechts stehen, die nicht nur unbeachtlich, sondern ebenfalls nach § 134 BGB nichtig sind. Handelt es sich allerdings um dispositives Gesellschaftsrecht, sind die anstellungsvertraglichen Regelungen ergänzend heranzuziehen.[881] Wo gesetzlich normierte Regelungen des Gesellschaftsrechts vollständig fehlen, sollen die Bestimmungen des Anstellungsverhältnisses das allgemeine Rechtsverhältnis der Gesellschaft und des Geschäftsführers ergänzen. Hinsichtlich der Anwendbarkeit der §§ 74 ff. HGB wird insbesondere darauf hingewiesen, dass eine Organstellung nach Ausscheiden des Geschäftsführers nicht mehr bestehe. Im zeitlichen Anwendungsbereich der §§ 74 ff. HGB seien die Organverhältnisse und die Besonderheiten der Organstellung ohne Bedeutung. In Anbetracht dessen sei auch die BGH-Rechtsprechung zu kritisieren, da diese die Ablehnung der analogen Anwendbarkeit der §§ 74 ff. HGB vor allem darauf stützt, dass die Organstellung die analoge Anwendbarkeit verbiete.[882]

---

879 *Boemke*, ZfA 1998, 209, 215 f.

880 *Boemke*, ZfA 1998, 209, 216; dazu auch Scholz/*Hohenstatt*, GmbHG § 35 Rn. 312; Lutter/Hommelhoff/*Kleindiek*, GmbHG Anh. zu § 6 Rn. 11.

881 *Boemke*, ZfA 1998, 209, 216; Lutter/Hommelhoff/*Kleindiek*, GmbHG Anh. zu § 6 Rn. 11; ausführlich zur Folgepflicht des Geschäftsführers BeckOK GmbHG/*Pöschke*, § 43 Rn. 83 ff.

882 So *Bellstedt*, GmbHR 1976, 236, 238 f.; *Gissel*, Arbeitnehmerschutz für den GmbH-Geschäftsführer, S. 136; *Bauer*, FS Schwerdtner, 2003, 441, 442; *Bauer/Diller*, Wettbewerbsverbote, § 24 Rn. 1038; *dies.*, BB 1995, 1134, 1135; vgl. auch *Krahforst*, Nachvertragliche Wettbewerbsverbote für GmbH-Geschäftsführer, S. 211.

Nach dem engen Verständnis setzen allein die zwingenden gesetzlichen Regelungen des Gesellschaftsrechts den vertraglichen Vereinbarungen eine verbindliche Grenze. Darüber hinaus können die anstellungsvertraglichen Regelungen jedoch ergänzend herangezogen werden. Liegt sodann überhaupt keine Organstellung mehr vor, können wohl auch kaum noch zwingende organschaftliche Regelungen tangiert werden.

3. *Stellungnahme*

Richtigerweise setzen die zwingenden Vorschriften des Gesellschaftsrechts eine absolute Grenze für widersprüchliche und mit den Vorgaben des Gesellschaftsrechts unvereinbare Regelungen des Anstellungsvertrages. Gleichwohl ist von der Ergänzungsfunktion des Anstellungsverhältnisses für die Vereinbarungen und Abreden, für die das Gesetz keine oder keine zwingende Regelung enthält, auszugehen. Richtet sich die Bestimmung der Reichweite des Vorrangs der Organstellung maßgeblich nach dem Schutz und der Sicherung der ungestörten Funktion des Organverhältnisses,[883] dann ist anzunehmen, dass Abreden des Anstellungsvertrages auch die, die ihre Rechtswirkung erst nach Beendigung der Organstellung entfalten, dennoch einen Einfluss auf die Organstellung und Organverhältnisse haben können.[884] Weiterhin darf der Begriff der Organstellung nicht zu eng verstanden werden. Umfasst werden müssen grundsätzlich die organschaftlichen Funktionen und Aufgaben des Geschäftsführers. Denn auch diese organschaftlichen Pflichten und Aufgaben des Geschäftsführers dienen im Allgemeinen der Sicherung der Funktionsfähigkeit der Gesellschaft. Entgegen der engen Ansicht findet die Organstellung als Schlagwort für die Beachtung der berechtigten Interessen und Umstände auch über das Ausscheiden aus der Gesellschaft hinaus Berücksichtigung – somit auch im Rahmen der Anwendbarkeitsprüfung arbeitsrechtlicher Schutzvorschriften.[885]

Gleichwohl ist die Reichweite des Vorrangs der Organstellung – wie die gesamte Prüfung der Anwendbarkeit arbeitsrechtlicher Schutzvorschriften – im

---

883 *Goette*, FS Wiedemann, 2002, 873, 886 f.; *Fleck*, FS Hilger/Stumpf, 1983, 197, 209 f.; *Martens*, FS Hilger/Stumpf, 1983; 437, 450; *Wank*, FS Wiedemann, 2002, 587, 597 f.; *Reichold/Heinrich*, FS Westermann, 2008, 1315, 1317 f.; Lutter/Hommelhoff/*Kleindiek*, GmbHG Anh. zu § 6 Rn. 3b; *Krahforst*, Nachvertragliche Wettbewerbsverbote für GmbH-Geschäftsführer, S. 206 f.; siehe auch BGHZ, 10, 187, 192; 49, 30, 32.

884 Vgl. *Goette*, FS Wiedemann, 2002, 873, 887.

885 So auch *Krahforst*, Nachvertragliche Wettbewerbsverbote für GmbH-Geschäftsführer, S. 213.

Lichte der wesentlichen *ratio legis* der anzuwendenden Regelung zu betrachten. Auf der einen Seite müssen richtigerweise alle Aspekte der Organstellung und der organschaftlichen Interessen der Gesellschaft beachtet werden. Gleichwohl müssen diese ganzen Aspekte auf der anderen Seite auch im Kontext der anzuwendenden Norm auf ihre Plausibilität geprüft und diskutiert werden. Nicht jedweder in der Organstellung liegende Umstand kann die Ablehnung der Anwendbarkeit bestimmter arbeitsrechtlicher Normen begründen, sofern der Umstand keinen hinreichenden Bezug zur anzuwendenden Norm aufweist. Damit ist der engen Ansicht dahingehend zuzustimmen, dass nicht jede Besonderheit der Organstellung bis in den nachvertraglichen Bereich hineinwirkt.

II. Organschaftliche Interessen der Gesellschaft

1. Unvereinbarkeit nach Ansicht des BGH

Innerhalb der BGH-Entscheidung vom 26.03.1984[886] wurde die Anwendbarkeit der §§ 74 ff. HGB trotz der Annahme einer möglichen wirtschaftlichen Abhängigkeit der Geschäftsführer abgelehnt. Begründet wurde dies vor allem mit den Besonderheiten der Organstellung des Geschäftsführers. Der Geschäftsführer trete als leitungs- und vertretungsbefugtes Organ der Gesellschaft für diese im Wettbewerb und Geschäftsverkehr im besonderen Maße als Repräsentant auf. Folglich würden sich auch die Beziehungen und Verbindungen der Kunden und Geschäftspartner der Gesellschaft auf die Person des Geschäftsführers konzentrieren.[887] Diese Konzentrationswirkung führe dazu, dass es ihm viel einfacher möglich sei, im Rahmen einer späteren Konkurrenztätigkeit in den alten Kunden- und Geschäftspartnerkreis der Gesellschaft einzuwirken und dies schädigend zu nutzen. Der vormaligen besonderen Stellung des Geschäftsführers folge nach dem Ausscheiden generell eine erhöhte Schädigungsgefahr zulasten der Gesellschaft, die es so bei sonstigen Angestellten nicht gebe.[888] Somit sei die persönliche und wirtschaftliche Schutzbedürftigkeit des Geschäftsführers der vormaligen Stellung als Organ und Repräsentant der Gesellschaft und den damit einhergegangenen speziellen Funktionen und Tätigkeiten unterzuordnen. Demnach müsse vorrangig allein die Funktionsfähigkeit der Gesellschaft sowie seiner Organe gewahrt werden, mit der Folge, dass der persönliche Status des

---

886 BGHZ 91, 1.
887 BGHZ 91, 1, 3.
888 BGHZ 91, 1, 4 f.

Geschäftsführers sowie seine soziale und arbeitsrechtliche Schutzbedürftigkeit hinter diesen zurücktreten müsse.[889]

Der BGH führt damit im Wesentlichen drei Besonderheiten der Organstellung auf, die seiner Ansicht nach gegen die analoge Anwendbarkeit der §§ 74 ff. HGB sprechen. Der Geschäftsführer habe aufgrund seiner hervorgehobenen Stellung besondere Einblicke in die Gesellschaftsinterna, die sich vor allem auch durch die Konzentrationswirkung außenstehender Dritter auf seine Person zeige. Diesen besonderen Umständen folge eine besondere Schädigungsgefahr für die Gesellschaft. Mit dieser erhöhten Schädigungsgefahr gehe sodann ein besonderes und ebenfalls erhöhtes organschaftliches Interesse der Gesellschaft einher, sich vor einer Konkurrenztätigkeit zu schützen. Um diesen erhöhten Schutzinteressen und -bedürfnissen gerecht zu werden, möchte der BGH einen „strengeren" Maßstab anlegen, als dies durch die Anwendung der §§ 74 ff. HGB möglich sei.[890]

2. *Unvereinbarkeit nach Ansicht eines Teils der Literatur*

Neben dem BGH sprechen sich auch einige Vertreter der Literatur gegen die Anwendbarkeit der §§ 74 ff. HGB infolge der Unvereinbarkeit mit der Organstellung aus. Dem Geschäftsführer komme eine herausgehobene und unternehmensgleiche Stellung zu. Dieser Leitungsmacht folge sodann auch eine besondere Verletzbarkeit und erhöhte Schädigungsgefahr der ehemaligen Anstellungsgesellschaft. So zeige auch der Vergleich zu anderen Angestellten der Gesellschaft, dass vor allem der Geschäftsführertätigkeit eine erhöhte Schädigungsgefahr zukomme. Damit wird in der Literatur zumindest teilweise der Argumentation des BGH gefolgt.[891]

Als zusätzliches Argument wird zugleich noch genannt, dass die analoge Anwendung der §§ 74 ff. HGB mit der Organisationsstruktur der Gesellschaft unvereinbar wäre. Vor allem die analoge Anwendung der Karenzentschädigungspflicht nach § 74 Abs. 2 HGB würde das jederzeitige Widerrufsrecht nach § 38 Abs. 1 GmbHG konterkarieren. Würden sich die Gesellschaften den durchaus hohen Karenzzahlungsverpflichtungen ausgesetzt fühlen, allein nur dem Umstand geschuldet, dass sie von ihrem jederzeitigen Widerrufsrecht nach

---

889 HCL/*Paefgen*, § 35 Rn. 503; *Goette*, FS Wiedemann, 2002, 873, 885.

890 Vgl. BGHZ 91, 1, 5; auch schon BGH, DB 1965, 468.

891 Vgl. MHLS/*Ziemons*, GmbHG § 43 Rn. 277; EBJS/*Boecken*/*Rudkowski*, HGB § 74 Rn. 8; MüKoHGB/*Thüsing*, § 74 Rn. 9; BeckOGK/*Fehrenbach*, BGB § 307 Wettbewerbsverbotsklausel Rn. 242; *Campos Nave*, NJW 2003, 3322, 3323; *Thüsing*, NZG 2004, 9 f.

§ 38 Abs. 1 GmbHG Gebrauch machen, mit dem auch die Beendigung des Anstellungsverhältnisses einhergehe, würden vor allem wirtschaftlich schwache Gesellschaften nicht mehr ohne die Gefahr erheblicher finanzieller Nachteile von ihrem jederzeitigen Widerrufsrecht profitieren. Das jederzeitige Widerrufsrecht würde sodann meist nur noch in theoretischer Natur vorliegen. Die starke finanzielle Belastung für die Gesellschaft infolge der analogen Anwendung der §§ 74 ff. HGB würde somit faktisch in die Kompetenzstruktur der Gesellschaft eingreifen. Diese Besonderheit der Organstellung führe damit zu einem erheblichen Unterschied zwischen den Beschäftigungsverhältnissen der Geschäftsführer zu sonstigen Angestellten. Insbesondere erhalte der Geschäftsführer damit einen Kündigungsschutz, der grundsätzlich eben nicht vorgesehen sei. Demnach müsse die analoge Anwendung der §§ 74 ff. HGB vor allem aufgrund der Unvereinbarkeit mit der Organstellung und den Kompetenz- und Organisationsstrukturen der Gesellschaft abgelehnt werden.[892] Folglich greifen die Vertreter der Literatur, die ebenfalls die Unvereinbarkeit der analogen Anwendung der §§ 74 ff. HGB mit der Organstellung annehmen, zunächst auch die gleichen Argumente des BGH auf. Hinzu tritt jedoch die Begründung des ungerechtfertigten störenden Eingriffes in die Funktion des Organverhältnisses[893] infolge einer faktischen Einschränkung der jederzeitigen Widerrufsmöglichkeit des § 38 Abs. 1 GmbHG.

3. *Vereinbarkeit nach Ansicht des anderen Teils der Literatur*

Ferner sprechen sich auch einige Vertreter der Literatur für die Vereinbarkeit der Organstellung mit der Anwendung der §§ 74 ff. HGB aus. So wird zunächst das Argument bemüht, dass das Organverhältnis im Wirkbereich der §§ 74 ff. HGB schon längst beendet sei und somit keine beschränkende Wirkung mehr entfalten könne.[894] Darüber hinaus sei es auch nicht zu rechtfertigen, dass der besonderen Berücksichtigung der gesteigerten Schutzinteressen der Gesellschaft mit der Ablehnung einer Karenzentschädigungspflicht begegnet werde.

892 Vgl. *Heyll*, Die Anwendung von Arbeitsrecht auf Organmitglieder, S. 255 f.; *Goette*, FS Wiedemann, 2002, 873, 887; vgl. auch *Krahforst*, Nachvertragliche Wettbewerbsverbote für GmbH-Geschäftsführer, S. 216 f.

893 So *Goette*, FS Wiedemann, 2002, 873, 887.

894 So *Bellstedt*, GmbHR 1976, 236, 238 f.; *Gissel*, Arbeitnehmerschutz für den GmbH-Geschäftsführer, S. 136; *Bauer*, FS Schwerdtner, 2003, 441, 442; *Bauer/Diller*, Wettbewerbsverbote, § 24 Rn. 1038; *dies.*, BB 1995, 1134, 1135; vgl. auch *Krahforst*, Nachvertragliche Wettbewerbsverbote für GmbH-Geschäftsführer, S. 211, 214.

Die Karenzentschädigung betreffe die wirtschaftliche und soziale Stellung des Geschäftsführers und habe nichts mit der vormaligen Organstellung zu tun. Auch seien keine qualitativen Unterschiede des Schutzinteresses der Gesellschaft gegenüber dem Geschäftsführer im Vergleich zu leitenden Angestellten zu sehen. Vielmehr gehe es bei nachvertraglichen Wettbewerbsverboten, sei es bei Arbeitnehmern, leitenden Angestellten oder Geschäftsführern, immer um den Schutz spezifischer Kenntnisse, die auf der Vertrautheit mit den Geschäftsabläufen der Gesellschaft beruhen. Vor allem in hochspezialisierten Branchen werden auch sonstige Arbeitnehmer und leitende Angestellte einen solchen qualifizierten Einblick in die Bereiche der Technik, Forschung oder Entwicklung erlangen. Folglich wird nicht nur der Geschäftsführer in den Genuss intimer und empfindlicher Kenntnisse und Informationen kommen, sodass man von einer vergleichbar erhöhten Schädigungsgefahr für die Gesellschaft auch von anderen Angestellten ausgehen müsste.[895] Des Weiteren obliegen der Gesellschaft allgemein auch Fürsorge- und Treuepflichten, aus denen die Sorge für die wirtschaftliche Sicherheit des ausgeschiedenen Beschäftigten entspringe. Dies sodann unabhängig davon, ob dieser Arbeitnehmer oder Organmitglied war.[896]

Demnach sei es nicht nur vom Geschäftsführer abhängig, inwiefern er die Geschäftsführertätigkeiten ausfülle. Dies hänge vielmehr davon ab, wie die Gesellschafter den Anstellungsvertrag und das Anstellungsverhältnis gestaltet haben. Verfüge der Geschäftsführer infolge von Gesellschafterweisungen oder der allgemeinen Ausgestaltung seiner Tätigkeit durch die Gesellschafter nur noch über den unentziehbaren Kern der gesetzlich normierten Mindestpflichten des Geschäftsführeramtes, so werde sich die Repräsentation nach außen nicht mehr oder nicht mehr allein auf ihn konzentrieren. Aber auch in den Fällen, in denen der Geschäftsführer als Zentralgestalt der Gesellschaft auftritt, sei es nicht gerecht, dass die Früchte der Geschäftsführertätigkeit allein der Gesellschaft zugutekommen. Die Vorteile beruhen vorwiegend auf der persönlichen Leistung des Geschäftsführers, sodass es ungerechtfertigt sei, ihm gegenüber die Karenzentschädigungspflicht zu versagen. Infolge der Wettbewerbsbeschränkungen

895 *Brachert*, Organmitgliedschaft und Arbeitnehmerstatus, S. 218; *Gissel*, Arbeitnehmerschutz für den GmbH-Geschäftsführer, S. 136; *Wertheimer*, Nachvertragliche Wettbewerbsverbote bei Anstellungsverhältnissen, S. 139 f.; *Bellstedt*, GmbHR 1976, 236, 238 f.; *D. Gaul*, GmbHR 1991, 144, 147; *Lembke*, NZA-RR 2019, 65, 69; *ders.*, BB 2020, 52, 59.

896 *Brachert*, Organmitgliedschaft und Arbeitnehmerstatus, S. 119, 218; *Gissel*, Arbeitnehmerschutz für den GmbH-Geschäftsführer, S. 137.

kann der Geschäftsführer sein erlangtes und erlerntes „Know-how" nicht ohne jegliche Beschränkung innerhalb eines anderen Unternehmens einbringen. Besonders Geschäftsführer werden während ihrer meist jahrelangen Tätigkeit in der jeweiligen Branche der Gesellschaft entsprechende Spezialkenntnisse erworben haben, die sie auch in ihrer anschließenden beruflichen Tätigkeit einbringen möchten. Damit besteht ein besonderes Interesse des Geschäftsführers, nach dem Ausscheiden aus der Gesellschaft in seinem alten Tätigkeitsbereich und seiner alten Tätigkeitsbranche wieder tätig zu werden. Kann er jedoch nicht im selben Umfang wie vorher tätig werden, sei diese Beschränkung des beruflichen Fortkommens eben durch die Zahlung einer Karenzentschädigung abzugelten.[897]

Daneben verkenne der BGH die Wirkungen und Folgen seiner Rechtsprechung. So wird die Rechtsprechung dem ausgesprochenen Ziel der besonders zu berücksichtigenden organschaftlichen Interessen der Gesellschaft nicht gerecht. Demnach müsste die erhöhte Schädigungsgefahr es doch gebieten, dass die „strengeren" Voraussetzungen der Rechtsprechung nicht nur zulasten der Gesellschaft gehen. Da jedwede Überschreitung der rechtlichen Grenzen zur Gesamtnichtigkeit der Abrede führt, komme es gegenüber dem Geschäftsführer zur ungerechtfertigten Besserstellung im Vergleich zu sonstigen Arbeitnehmern. Trotz der erhöhten Schädigungsgefahr und der damit einhergehenden besonderen Berücksichtigung der Interessen der Gesellschaft an einem effektiven Schutz findet eine geltungserhaltende Reduktion im Sinne des § 74a Abs. 1 S. 1 und 2 HGB nicht statt, wie diese ansonsten bei Abreden mit Arbeitnehmern vorzufinden ist. Folglich können die organschaftlichen Interessen der Gesellschaft effektiver berücksichtigt werden, wenn es zur analogen Anwendung der §§ 74 ff. HGB kommen würde. Dieses diene zum einen der Vermeidung der Besserstellung der Geschäftsführer sowie der Wahrung eines tatsächlichen und effektiven nachvertraglichen Schutzes der Gesellschaft.[898]

---

897 Vgl. *Brachert*, Organmitgliedschaft und Arbeitnehmerstatus, 1991, S. 218; *Groß*, Das Anstellungsverhältnis des GmbH-Geschäftsführers im Zivil-, Arbeits-, Sozialversicherungs- und Steuerrecht, S. 362 f.; *Gravenhorst*, Nachvertragliche Wettbewerbsverbote mit GmbH-Geschäftsführern, S. 104.

898 Vgl. MüKoGmbHG/*Jaeger*/*Steinbrück*, § 35 Rn. 368 ff.; *Thüsing*, NZG 2004, 9, 13; *Kielkowski*, NZG 2015, 900, 903; dazu auch Noack/Servatius/Haas/*Beurskens*, GmbHG § 37 Rn. 117, der ebenfalls die geltungserhaltende Reduktion nach § 74a Abs. 1 HGB aus verfassungsrechtlichen Gründen für geboten hält.

4. *Fazit*

Letztendlich müssen die vom BGH angeführten Besonderheiten der Organstellung, die die Unvereinbarkeit der Anwendung der §§ 74 ff. HGB begründen, diskutiert werden. Insbesondere der Vergleich zu Arbeitnehmern und leitenden Angestellten lässt die Spezialität der Besonderheit der Funktionen, Aufgaben sowie die zu beachtenden Folgen der Wahrnehmung dieser Aufgaben bezweifeln. Des Weiteren müssen auch die organschaftlichen Interessen der Gesellschaft ganzheitlich betrachtet werden. So reicht es nicht, einen erhöhten Schutz anzuerkennen, der infolge der bisherigen Rechtsanwendung gleichwohl nicht gewährt und teilweise ins Gegenteil verkehrt wird.

III. Zu berücksichtigende Besonderheiten der Organstellung und Organverhältnisse

1. *Besonderer Einblick in den Geschäftsablauf und bezüglich empfindlicher Informationen*

Als erstes Argument der Unvereinbarkeit der Organstellung mit der analogen Anwendung der §§ 74 ff. HGB wird die besondere Stellung als leitungsbefugtes Organ der Gesellschaft genannt, aufgrund dessen der Geschäftsführer im besonderen Maße einen Einblick in die Geschäfte und Interna der Gesellschaft erlangen könne. Der Geschäftsführer stellt ein notwendiges Organ der GmbH dar, der im Rahmen seiner Vertretungsmacht nach § 35 GmbHG nach außen sowie seiner Geschäftsführungskompetenz nach innen auftritt und für die Gesellschaft handelt.[899] Neben diesen allgemeinen organschaftlichen Aufgaben und Befugnissen kommt dem Geschäftsführer zudem noch ein unentziehbarer Kern gesetzlich geregelter Pflichten zu, die auch nicht durch Satzungsregelungen oder Weisungen der Gesellschafter beschnitten werden können.[900] So obliegen dem Geschäftsführer zunächst die organschaftlichen Pflichten der ordnungsgemäßen Buchführung nach den §§ 41 ff. GmbHG. Demnach wird dem Geschäftsführer die Verantwortung zugewiesen, für die Erledigung der Buchhaltung der Gesellschaft zu sorgen, die im weiteren Schritt als Ausgangspunkt des Jahresabschlusses nach

---

899 *Altmeppen*, GmbHG § 35 Rn. 7; MüKoGmbHG/*Stephan*/*Tieves*, § 35 Rn. 13, 132; MHLS/*Lenz*, GmbHG § 35 Rn. 8, 35; Noack/Servatius/Haas/*Beurskens*, GmbHG § 35 Rn. 2 ff., 5 ff.

900 *Altmeppen*, GmbHG § 37 Rn. 6; MHLS/*Lenz*, GmbHG § 37 Rn. 10, 16; MüKoGmbHG/*Stephan*/*Tieves*, § 37 Rn. 26 ff.; Lutter/Hommelhoff/*Kleindiek*, GmbHG § 37 Rn. 5.

§ 264 Abs. 2 S. 1 HGB dient.[901] Auch für den Jahresabschluss nach § 264 HGB wird der Geschäftsführer als Verantwortlicher verpflichtet.[902] Des Weiteren obliegt dem Geschäftsführer eine Handvoll von Auskunfts- und Handelsregisterpflichten, so zum Beispiel die Pflicht auf Geschäftsbriefen der Gesellschaft bestimmte Pflichtangaben zu machen (vgl. § 35a GmbHG) oder Änderungen in der Person des Geschäftsführers sowie Änderungen in der Vertretungsbefugnis eines Geschäftsführers zur Eintragung ins Handelsregister anzumelden (vgl. § 39 GmbHG; siehe auch weitere Pflichten nach §§ 65 und 67 GmbHG).[903] Daneben bestehen auch Offenlegungspflichten des Geschäftsführers, beispielsweise dessen Pflicht, den Jahresabschluss beim Betreiber des elektronischen Bundesanzeigers einzureichen und anschließend bekannt zu machen (siehe § 325 Abs. 1, 3 HGB).[904] Zudem treffen den Geschäftsführer allerhand öffentlichrechtliche Pflichten. So müssen vor allem zahlreiche Vorschriften des Bilanz-, Kartell- und Wettbewerbsrechts beachtet werden. Darüber hinaus erhält der Geschäftsführer Anweisungen und Vorgaben aus den Bereichen des Arbeits-, Steuer-, Sozial-, Verwaltungs-, Datenschutz- sowie des Straf- und Ordnungswidrigkeitsrechts.[905] Zur ordnungsgemäßen Wahrnehmung der Geschäftsführungspflichten obliegen dem Geschäftsführer zahlreiche Rechte und Befugnisse, die es ihm zuvörderst ermöglichen sollen jederzeitig über die wirtschaftliche und finanzielle Situation der Gesellschaft informiert zu sein.[906] Daneben umfasst die ordnungsgemäße Geschäftsführung die Führung der laufenden Geschäfte der Gesellschaft, die Besetzung von Führungspositionen, die Delegation einzelner Verantwortlichkeiten auf Angestellte einzelner Teilbereiche, die Organisation der Betriebsabläufe, die Einrichtung von Kontroll- und Überwachungsmechanismen zur Einhaltung gesetzlicher Vorgaben sowie die Erteilung allgemeiner Anordnungen zur Abwicklung von Geschäften oder das Treffen einzelner

901 BeckOK GmbHG/*Deussen*, § 41 Rn. 1 f.

902 BeckOGK/*Fehrenbacher*, HGB § 264 Rn. 8.

903 Für einen Überblick über die gesetzlich geregelten Organpflichten des Geschäftsführers der GmbH siehe MüKoGmbHG/*Fleischer*, § 43 Rn. 23 ff.; Lutter/Hommelhoff/*Kleindiek*, GmbHG § 37 Rn. 5.

904 BeckOK HGB/*Birkholz*, § 325 Rn. 6 ff., 29 f.; MüKoGmbHG/*Fleischer*, § 43 Rn. 24.

905 Dazu auch Noack/Servatius/Haas/*Beurskens*, GmbHG § 43 Rn. 10 ff.; MHLS/*Ziemons*, GmbHG § 43 Rn. 72 f.; MüKoGmbHG/*Fleischer*, § 43 Rn. 30; *Scholz/Verse*, GmbHG § 43 Rn. 106 ff.; MüKoGmbHG/*Stephan/Tieves*, § 37 Rn. 25, jeweils mit weiteren Nachweisen zu den einzelnen Aspekten.

906 BGH, NJW-RR 1995, 669 f.; Noack/Servatius/Haas/*Beurskens*, GmbHG § 37 Rn. 4; MüKoGmbHG/*Stephan/Tieves*, § 37 Rn. 27.

Entscheidungen für bedeutende Angelegenheiten.[907] Zur Wahrnehmung all dieser Aufgaben wird der Geschäftsführer gewiss auch die Befugnis innehaben, auf die nötigen Informationen der einzelnen Teilbereiche des Unternehmens zuzugreifen, diese einzusehen und zu prüfen. Insbesondere auch zur Wahrnehmung etwaiger Überwachungspflichten hinsichtlich der genannten Aufgaben, Pflichten und Unternehmensbereiche darf und muss sich der Geschäftsführer die nötigen Informationen beschaffen können.[908] Damit korrespondiert zweifellos auch die pflichtgemäße Möglichkeit, einen umfassenden Ein- und Überblick über die gesamten wirtschaftlichen, finanziellen und geschäftlichen Daten und Informationen der Gesellschaft zu erhalten. Dazu können je nach Größe und Struktur der Gesellschaft auch spezifische Informationen über die Teilbereiche der Technik, Forschung oder Entwicklung gehören. Die Befugnis zum Erhalt und zur Sichtung all dieser umfassenden Informationen entspringt vor allem der besonderen organschaftlichen Stellung des Geschäftsführers, sodass dieser zweifelsohne auch eine besondere Zugriffsmöglichkeit auf die Gesellschafts- und Unternehmensinterna folgt, wie dies zunächst auch der BGH zutreffend annimmt.[909]

Gleichwohl ist allein aus dieser organschaftlichen Zugriffsmöglichkeit auf die empfindlichen Interna der Gesellschaft noch nichts darüber gesagt, ob die Erlangung empfindlicher Informationen nur dem Geschäftsführer möglich ist. Das Recht der allumfassenden Information über alle Bereiche der Gesellschaft obliegt richtigerweise grundsätzlich nur dem Geschäftsführer. Allerdings werden nicht alle Informationen die Gefahr einer schädigenden Konkurrenztätigkeit mit sich bringen. Vor allem in größeren Gesellschaften wird es generell zur Delegation der Aufgaben innerhalb der Gesellschaft kommen. Zwar können die gesetzlichen Pflichten des Geschäftsführers selbst nicht unmittelbar delegiert werden, obgleich die diesbezüglichen Vorbereitungsmaßnahmen sowie Ausführungshandlungen an unterstellte Angestellte abgeordnet werden können.[910] Folglich kann die dem Geschäftsführer grundsätzlich obliegende Pflicht nach

---

907 Vgl. Noack/Servatius/Haas/*Beurskens*, GmbHG § 37 Rn. 3 f.; MüKoGmbHG/*Stephan*/*Tieves*, § 37 Rn. 12; Lutter/Hommelhoff/*Kleindiek*, GmbHG § 37 Rn. 4; Scholz/*U.H. Schneider*/*S.H. Schneider*, GmbHG § 37 Rn. 12;

908 Ausführlich zu Überwachungspflichten des Geschäftsführers im Einzelnen siehe Scholz/*Verse*, GmbHG § 43 Rn. 119 ff.

909 So auch *Krahforst*, Nachvertragliche Wettbewerbsverbote für GmbH-Geschäftsführer, S. 217 f.

910 Siehe BeckOK GmbHG/*Pöschke*, § 43 Rn. 233; MüKoGmbHG/*Fleischer*, § 43 Rn. 128; Scholz/*Verse*, GmbHG § 43 Rn. 142; *Fleischer*, ZIP 2003, 1, 6.

§ 41 GmbHG auch auf einen geeigneten Angestellten delegiert werden, wobei der Geschäftsführer allein die sorgsame Auswahl des betrauten Angestellten sowie die ständige Überwachung, dass der Angestellte subjektiv wie objektiv in der Lage ist, eine ordnungsgemäße Buchführung zu besorgen, sicherzustellen hat.[911] Damit wird anzunehmen sein, dass dem Geschäftsführer je nach Struktur, Größe und Branche in Verbindung mit der spezifischen Expertise des Geschäftsführers vor allem Auswahl- und Überwachungspflichten zukommen werden. Die Einhaltung der gesetzlichen Pflichten und die Erfüllung der organschaftlichen Aufgaben sind somit nicht zwingend daran gekoppelt, dass der Geschäftsführer speziellere und detailliertere Einblicke in die delegierten Teilbereiche der Gesellschaft erlangen wird als der Angestellte, der mit der Erledigung der Aufgabe direkt und im Detail betraut wurde. Insbesondere in größeren Unternehmen werden häufiger Delegationsketten entstehen. Die Auswahl- und Überwachungspflichten des Geschäftsführers erstecken sich in solchen Fällen zunächst nur auf den unmittelbar unterstellten Angestellten und darauf, ob dieser Angestellte selbst sorgfältig seine Auswahl-, Einweisungs- und Überwachungspflichten bei der Subdelegation erfüllt.[912] In diesem Sinne werden insbesondere auch leitende Angestellte je nach den ihnen zugewiesenen Teilbereichen einen ähnlich umfassenden und im Zweifel detaillierten und spezialisierten Einblick in den wirtschaftlich und unternehmerisch bedeutsamen Teilbereichen erhalten, wie dies beim leitenden Geschäftsführer der Fall ist.

Im Ergebnis ist es zwar nicht abzustreiten, dass dem Geschäftsführer grundsätzlich eine umfassendere Befugnis zur Einsicht aller zur ordnungsgemäßen Geschäftsführung notwendigen Informationen zukommen wird. Dennoch werden einzelne Teilbereiche und -aufgaben nicht allumfänglich vom Geschäftsführer wahrgenommen. Je nach Umständen des Einzelfalls werden in diesen Bereichen häufig besonders qualifizierte und spezialisierte Angestellte im gleichen oder erhöhten Umfang umfassende Kenntnisse und Informationen des speziellen Teilbereichs erlangen. Allein die organschaftliche Stellung und die damit einhergehenden Pflichten und Rechte, die die umfassende Befugnis der Informationserlangung umschließen, kann nicht allein die Unvereinbarkeit der analogen Anwendung der §§ 74 ff. HGB begründen. So könnte man bei einer typisierenden Betrachtung richtigerweise ein erhöhtes Schutzbedürfnis der

---

911 Vgl. Noack/Servatius/Haas/*Kersting*, GmbHG § 41 Rn. 4; MüKoGmbHG/*Fleischer*, § 41 Rn. 13; MHLS/*Ziemons*, GmbHG § 43 Rn. 353.

912 Dazu KG Berlin, NZG 1999, 400; MüKoGmbHG/*Fleischer*, § 43 Rn. 141; Scholz/*Verse*, GmbHG § 43 Rn. 145; *Froesch*, DB 2009, 722, 725.

Gesellschaft annehmen, welches gleichwohl nicht unmittelbar auf der umfassenden Einsichtsbefugnis des Geschäftsführers beruht, sondern sich sodann vielmehr an den spezifisch erlangten Kenntnissen und Informationen richten wird.

2. Repräsentant der Gesellschaft und Wahrnehmung der Arbeitgeberfunktion

Des Weiteren wird die Ablehnung der Anwendung der §§ 74 ff. HGB infolge der Unvereinbarkeit mit der Organstellung zur Sicherung der ungestörten Funktion des Organverhältnisses damit begründet, dass der Geschäftsführer vorrangig als Arbeitgeber auftritt und im besonderen Maße Repräsentant der Gesellschaft nach außen sei. Der Wahrnehmung der Arbeitgeberfunktion sowie dem Darstellen der Repräsentationsfigur der Gesellschaft folge, dass es dem Geschäftsführer um einiges einfacher möglich sei, in den alten Kunden- und Geschäftspartnerkreis der Gesellschaft einzuwirken und diese innerhalb seiner Konkurrenztätigkeit neu zu binden und zu seinem Vorteil zu nutzen. Daraus entstehe dann ebenfalls wieder eine erhöhte Schädigungsgefahr der Gesellschaft, welche in diesem Maße bei leitenden Angestellten nicht bestehe.[913] Damit geht es also nicht nur um die schon dargestellten Rechte und Befugnisse, die zwingend den verbindlichen gesetzlichen Aufgaben und Pflichten folgen, sondern um die zentrale Position als Repräsentant der Gesellschaft im Innen- sowie Außenverhältnis. Diese zentrale Position entspringt grundsätzlich der gesetzlich normierten Vertretungsmacht nach § 35 GmbHG und gehört ebenfalls zu den organschaftlichen Pflichten des Geschäftsführers. Fraglich ist jedoch, ob die Wahrnehmung der Repräsentationsaufgaben und die daraus abgeleiteten Gefahren exklusiv der Organstellung folgen.

Entgegen der Ansicht des BGH ist ein Vergleich zu leitenden Angestellten vorzunehmen. Für die Gruppe der leitenden Angestellten besteht keine allgemeingültige Legaldefinition, gleichwohl kann am ehesten auf die Norm des § 5 Abs. 3 und 4 BetrVG abgestellt werden. Kennzeichnend für die Gruppe der leitenden Angestellten ist die grundsätzliche Vorstellung, die alle gesetzlichen Regelungen vereint, dass der leitende Angestellte ein Arbeitnehmer ist, der für das Unternehmen selbst oder einen (Teil-)Betrieb des Unternehmens und damit innerhalb der Unternehmensstruktur typische Unternehmens- und Arbeitgeberfunktionen in eigener Verantwortung und mit eigenem Entscheidungsspielraum

913 BGHZ 91, 1, 4 f.

wahrnimmt.[914] Wie schon dargestellt, erhält der leitende Angestellte seine Befugnisse zur Wahrnehmung der Arbeitgeberfunktionen anders als der Geschäftsführer nicht organschaftlich, sondern rechtsgeschäftlich und vom Geschäftsführer abgeleitet,[915] dennoch ist die damit einhergehende tatsächliche Funktion als Arbeitgeber gegenüber unterstellten Arbeitnehmern gleich der des Geschäftsführers. Die Arbeitgeberfunktion wird vom leitenden Angestellten vor allem auch gegenüber untergeordneten Arbeitnehmern in der Weise ausgeführt, dass dieser für die Entlassung und Einstellung von Arbeitnehmern zuständig ist (angedeutet in § 14 Abs. 2 KSchG und § 5 Abs. 3 BetrVG).[916] Auch zeigt der Vergleich mit leitenden Angestellten, dass der Argumentation des BGH, der Geschäftsführer repräsentiere die GmbH viel stärker als andere Angestellte,[917] nicht ohne Bedenken zugestimmt werden kann. Gerade in größeren Unternehmen werden leitende Angestellte ebenfalls Teil der Unternehmensleitung sein.[918] Leitende Angestellte nehmen vor allem auch Aufgaben wahr, die für den Bestand und die Entwicklung eines Unternehmens, des Betriebs oder Betriebsteils von wesentlicher Bedeutung sind und damit einen beachtlichen Teilbereich der gesamten unternehmerischen Aufgaben ausmachen können. In Betracht kommen somit insbesondere wirtschaftliche, personelle, organisatorische, kaufmännische oder technische Aufgaben.[919] Folglich wird es vorkommen, dass der leitende Angestellte je nach Aufgabenbereich und Unternehmensgröße ebenfalls als Repräsentant des Unternehmens auftreten wird. So wird der Geschäftsführer aufgrund seiner organschaftlichen Befugnisse und Pflichten im Allgemeinen eine bzw. die Repräsentationsfigur der Gesellschaft sein, gleichwohl können die Repräsentationsfunktionen auch von untergeordneten Angestellten wahrgenommen werden. In diesem Sinne ist die Repräsentationsaufgabe im Innenverhältnis

---

914 So gilt die in § 5 Abs. 3 und 4 BetrVG enthaltene Definition zwar grundsätzlich nur für den gesetzlich festgelegten Anwendungsbereich, gleichwohl lehnt sich die Rechtsprechung innerhalb ihrer Judikate zu anderen gesetzlichen Normen an die Definition des § 5 Abs. 3 und 4 BetrVG an. Vgl. HWK/*Thüsing*, BGB §611a Rn. 123; MüKoBGB/*Spinner*, § 611a Rn. 153; BeckOGK/*Maties*, BGB § 611a Rn. 280; *Hromadka*, BB 1990, 57.

915 Siehe Noack/Servatius/Haas/*Beurskens*, GmbHG § 35 Rn. 26; *Hümmerich*, NJW 1995, 1177, 1178.

916 *Diller*, Gesellschafter und Gesellschaftsorgane als Arbeitnehmer, S. 91; *Wank*/*Maties*, NZA 2007, 353, 354; ASP/*Biebl*, KSchG § 14 Rn. 16; ErfK/*Koch*, BetrVG § 5 Rn. 17.

917 Vgl. BGHZ 91, 1, 4.

918 So Schaub ArbR-HdB/*Vogelsang*, § 13 Rn. 1.

919 ErfK/*Koch*, BetrVG § 5 Rn. 21.

als Arbeitgeberrepräsentant und im Außenverhältnis als Kontaktperson der Kunden und Geschäftspartner nicht eine dem Geschäftsführer exklusiv obliegende Aufgabe. Vielmehr können auch untergeordnete Angestellte die Funktionen ausüben, womit eine Vergleichbarkeit weiterhin gegeben ist. Wie auch das BAG dies schon ansprach, entspricht es dem Schutzzweck nachvertraglicher Wettbewerbsverbote, dass diese an die fachliche Qualifikation des ehemaligen Beschäftigten und die spezifische Gefahr infolge der tatsächlich wahrgenommenen Tätigkeiten anknüpfen.[920] Eine typisierende und generelle Schädigungsgefahr aufgrund einer besonderen Stellung innerhalb der Unternehmensstruktur ist kein tragender Schutzgedanke nachvertraglicher Wettbewerbsverbote. So kann eine besondere Stellung eine ebenfalls damit korrespondierende besondere Schädigungsgefahr zwar indizieren, sie wird jedoch letztendlich nicht allein das berechtigte Schutzinteresse der Gesellschaft begründen, da dies vor allem auf den schützenswerten spezifischen Kenntnissen und Informationen aufbaut.

3. Erhöhte Schädigungsgefahr und besonderes Bedürfnis der Gesellschaft

Der besonderen Stellung des Geschäftsführers und den damit generell angenommenen umfassenden Einblick- und Kenntnisnahmemöglichkeiten hinsichtlich empfindlicher Gesellschaftsinterna folge eine erhöhte Schädigungsgefahr zulasten der Gesellschaft. Diese erhöhte Schädigungsgefahr wiederum ziehe ein besonderes Interesse und Bedürfnis der Gesellschaft hinsichtlich der Vereinbarung eines umfassenden sowie effektiven Kenntnisschutzes in Anbetracht einer folgenden Konkurrenztätigkeit des Geschäftsführers nach sich.[921] Der Geschäftsführer habe aufgrund seiner umfassenden organschaftlichen Aufgaben und Pflichten – wozu im Zweifel auch die Repräsentationsfunktionen gehören – einen umfassenden Zugang zu den Informationen und den gesamten Vorgängen bezüglich der unternehmerischen Tätigkeiten der Gesellschaft. Vor allem hinsichtlich der Kunden- und Geschäftsbeziehungen sowie der Betriebs- und Geschäftsgeheimnisse hat der Geschäftsführer zumindest die Möglichkeit und Befugnis, bei der Wahrnehmung seiner gesetzlichen Pflichten an die empfindlichen Daten und Interna zu gelangen.[922] Zwar seien auch leitende Angestellte über wesentliche Interna informiert, diese Informationen sollen sich allerdings

920 Vgl. BAG, NJW 1970, 626, 629.

921 So *Krahforst*, Nachvertragliche Wettbewerbsverbote für GmbH-Geschäftsführer, S. 218 f.

922 *Krahforst*, Nachvertragliche Wettbewerbsverbote für GmbH-Geschäftsführer, S. 218.

allein auf die ihnen zugewiesenen Teilbereiche beschränken. Weiterhin habe der leitende Angestellte nur dann Einblicks- und Einsichtsrechte, wenn diese anstellungsvertraglich geregelt seien. Fehlt es an einer solchen anstellungsvertraglichen Regelung, so bestehe auch kein Anspruch des leitenden Angestellten auf Einsicht. Des Weiteren sei der leitende Angestellte aufgrund des arbeitsrechtlichen Weisungsrechts letztlich unbeschränkt den Weisungen der arbeitgebenden Gesellschaft unterworfen. Hauptunterschied sei damit das organschaftlich unbeschränkte Recht des Geschäftsführers, auf die Informationen der Gesellschaft zuzugreifen, womit vor allem die Zugangsmöglichkeiten auf die Gesellschaftsinterna als das entscheidende Merkmal anzusehen seien. Beim Geschäftsführer liefen infolge der Ausübung der Arbeitgeberfunktion alle Gesellschaftsinformationen zusammen, sodass sich bei ihm die Informationen und Kenntnisse der einzelnen leitenden Angestellten auf der übergeordneten Leitungsebene bündeln.[923] Infolge des weitreichenden Zugangs des Geschäftsführers zu den Informationen und Interna entstehe die organschaftlich begründete erhöhte Schädigungsgefahr der Gesellschaft, aus der das besondere Interesse und Bedürfnis hervorgeht, dass sich die Gesellschaft selbst und vor allem hinsichtlich ihrer existenziellen Informationen effektiv schützen kann. Diese generell anzunehmende erhöhte Gefahr sei damit nicht mit der von leitenden Angestellten vergleichbar.[924]

Richtigerweise werden dem Geschäftsführer allein aus seiner Stellung und der Wahrnehmung seiner organschaftlichen Aufgaben und Pflichten besondere Zugangsmöglichkeiten und -befugnisse hinsichtlich der Informationen der Gesellschaft zukommen, die prinzipiell eine besondere Gefährdung und damit auch ein besonderes Interesse der Gesellschaft an einem effektiven Kenntnisschutz indizieren. Demnach erscheint ebenfalls die Annahme einleuchtend, dass die gesetzlich normierte Rechtsstellung des Geschäftsführers auch ein weitreichendes Schutzinteresse der Gesellschaft bedingen[925] und entsprechend dem Vorrangsprinzip der organschaftlichen Interessen die Unvereinbarkeit der arbeitsrechtlichen Schutzvorschrift mit der Organstellung und den Organverhältnissen begründen könnte.[926]

---

923 *Krahforst*, Nachvertragliche Wettbewerbsverbote für GmbH-Geschäftsführer, S. 218 f.

924 *Krahforst*, Nachvertragliche Wettbewerbsverbote für GmbH-Geschäftsführer, S. 219.

925 So *Krahforst*, Nachvertragliche Wettbewerbsverbote für GmbH-Geschäftsführer, S. 219 f.

926 IdS. auch *Krahforst*, Nachvertragliche Wettbewerbsverbote für GmbH-Geschäftsführer, S. 220.

Dennoch beruht die Abrede eines nachvertraglichen Wettbewerbsverbotes nicht auf der generalisierenden Betrachtung der Stellung und Position des ehemaligen Beschäftigten. Das berechtigte Interesse des sich Schützenden orientiert sich vielmehr an den konkreten Kenntnissen und Informationen, die der ehemalige Beschäftigte erlangt hat. Damit geht es bei nachvertraglichen Wettbewerbsverboten vor allem darum, dass dem ehemaligen Unternehmen die Möglichkeit eröffnet wird, sich weitgehender zu schützen, als es ihm die sonstigen gesetzlichen Regelungen ermöglichen. Der ehemalige Beschäftigte, sei es der „normale" Arbeitnehmer oder auch das Organmitglied, möchte seine erlangten oder schon vorher bestandenen (Spezial-)Kenntnisse, die er infolge seiner bisherigen Tätigkeit allein zugunsten der Anstellungsgesellschaft eingebracht hatte, nach seinem Ausscheiden aus der Gesellschaft weiterhin beruflich und erwerbswirtschaftlich nutzen. In diesem Sinne ist eben allein die fachliche Qualifikation des ehemaligen Beschäftigten von wesentlicher Bedeutung.[927] Insbesondere auch mit dem Blick auf die zulässigen gegenständlichen und örtlichen Grenzen nachvertraglicher Wettbewerbsverbote wird deutlich, dass das berechtigte Interesse der Gesellschaft sowie das besondere Bedürfnis am Kenntnisschutz nur in Bezug auf die konkret ausgeübte Tätigkeit des ehemaligen Beschäftigten bestehen. Die gegenständliche Beschränkung des nachvertraglichen Wettbewerbsverbotes muss sich auf den konkreten Tätigkeitsbereich beziehen. Vorausgesetzt wird vor allem, dass ein unmittelbarer Zusammenhang zwischen der vertraglich verbotenen geschäftlichen Konkurrenztätigkeit und den erworbenen Kenntnissen während der Organstellung bzw. der Beschäftigung besteht. So wird es häufig darum gehen, Beschränkungen bezüglich der Verwertung des erlangten „Knowhows" des Geschäftsführers zu vereinbaren.[928] Folglich werden letzten Endes allein die tatsächlich erlangten speziellen branchen- und tätigkeitsspezifischen Kenntnisse und Informationen von Bedeutung sein und das Schutzbedürfnis der Gesellschaft begründen können, sodass es nicht um die der Organstellung potenziell folgenden Informationen gehen wird. Träger solcher branchen- und tätigkeitsspezifischen Kenntnisse und Informationen werden sodann nicht nur exklusiv die Geschäftsführer sein. Leitende Angestellte sowie auch nichtleitende

---

927 IdS. auch BAG, NJW 1970, 626, 629; anders wohl *Canaris*, SAE 1971, 111 f.; darauf beziehend auch *Larenz*, Methodenlehre der Rechtswissenschaft, S. 380 f.

928 Vgl. BeckOK GmbHG/*Wisskirchen*/*Kuhn*/*Hesser*, § 6 Rn. 100; MHLS/*Ziemons*, GmbHG § 43 Rn. 284; Scholz/*Verse*, GmbHG § 43 Rn. 248; *Goette*, Die GmbH, § 8 Rn. 148; *Bauer*/*Diller*, Wettbewerbsverbote, § 24 Rn. 1060; *van Kann*/*Keiluweit*, BB 2010, 2050, 2051.

Angestellte werden infolge ihrer Stellung, Position und zuvörderst aufgrund der ihnen zugewiesenen Aufgaben und in Verbindung mit den individuellen Qualifikationen und Spezialisierungen ebenfalls Träger empfindlicher Kenntnisse und Informationen sein. Abzustellen ist folglich nicht auf die Organstellung als Ursprung der Schädigungsgefahr, sondern auf die Vertrautheit mit den Geschäften der Gesellschaft sowie die tatsächliche Erlangung spezifischer Kenntnisse infolge der konkreten Tätigkeit.[929] Stellt man damit auf die konkrete Tätigkeit und die tatsächlich erlangten Kenntnisse ab, so wird beim Geschäftsführer zunächst eine vergleichbare Lage wie bei leitenden Angestellten vorliegen.[930] Im Rahmen der notwendigen typisierenden Betrachtung wird man bei Geschäftsführern infolge der organschaftlichen Stellung sodann richtigerweise von vornherein eine größere Reichweite der berechtigten Interessen der Gesellschaft annehmen können, obgleich die rechtliche Beurteilung des inhaltlich zulässigen Maßes letztlich allein an die tatsächlich erlangten schützenswerten Kenntnisse anknüpfen wird, sodass die durch die vormalige Organstellung indizierte größere Reichweite der berechtigten Interessen im konkret zu entscheidenden Fall nicht letztentscheidend relevant sein wird.

Stellt man eben auf den grundsätzlichen Zweck nachvertraglicher Wettbewerbsverbote und der Ratio der §§ 74 ff. HGB ab, wird vor allem auch die allgemeine Ausgleichsfunktion an Bedeutung gewinnen. Neben der Karenzentschädigungspflicht kommt insbesondere der Interessenabwägung des § 74a Abs. 1 S. 1 und 2 HGB die wesentliche Ausgleichsfunktion hinsichtlich des angemessenen Ausgleichs der beiderseitig anzuerkennenden Interessen unter Berücksichtigung des wechselseitigen Einflusses der einzelnen Parameter beider Vertragsparteien zu.[931] Maßgeblich ist also nicht das Vorliegen einer generell

929 Vgl. MüKoGmbHG/*Jaeger/Steinbrück*, § 35 Rn. 377; MHLS/*Ziemons*, GmbHG § 43 Rn. 279; ErfK/*Oetker*, HGB § 74 Rn. 10; Staub/*Weber*, HGB Vor § 74 Rn. 21; *Hunold*, NZA-RR 2007, 617, 618. So komme es maßgeblich auf die Spezialisierung des ehemaligen Beschäftigten (Geschäftsführer oder Arbeitnehmer) an.

930 So auch *Gissel*, Arbeitnehmerschutz für den GmbH-Geschäftsführer, S. 137 f.; *Brachert*, Organmitgliedschaft und Arbeitnehmerstatus, 1991, S. 218; *Groß*, Das Anstellungsverhältnis des GmbH-Geschäftsführers im Zivil-, Arbeits-, Sozialversicherungs- und Steuerrecht, S. 362 f.; *Gravenhorst*, Nachvertragliche Wettbewerbsverbote mit GmbH-Geschäftsführern, S. 103 f.; *Bellstedt*, GmbHR 1976, 236, 239.

931 Zur Wechselwirkung siehe Lutter/Hommelhoff/*Kleindiek*, GmbHG Anh. zu § 6 Rn. 25; MüKoGmbHG/*Jaeger/Steinbrück*, § 35 Rn. 373; MHLS/*Ziemons*, GmbHG § 43 Rn. 279; Scholz/*Verse*, GmbHG § 43 Rn. 247; KK-AktG/*Mertens/Cahn*, § 88 Rn. 35.

anzunehmenden erhöhten Schädigungsgefahr, sondern ein individuell zu bewertendes berechtigtes Interesse des Unternehmens am Schutz seiner Interna und Erfolge. Die Zulässigkeit der vereinbarten nachvertraglichen Wettbewerbsbeschränkungen richtet sich zuvörderst an die einzelfallabhängige Tätigkeit des ehemaligen Beschäftigten unter Berücksichtigung seiner verfassungsrechtlich geschützten Berufsausübungsfreiheit, nicht aber an eine besondere typisierend zu bestimmende Schädigungsgefahr. Könnte man es schon mit guten Gründen ablehnen überhaupt eine generell erhöhte Schädigungsgefahr anzunehmen, ist letzten Endes die Relevanz der typisierenden Annahme einer solchen abzulehnen. Entsprechend wird vor allem keine generell erhöhte Schädigungsgefahr vorliegen, die einen bedeutsamen Einfluss auf die rechtliche Beurteilung des konkret vereinbarten Wettbewerbsverbotes hat.

Im Ergebnis kommt es somit unabhängig vom angewendeten Beurteilungsmaßstab – §§ 74 ff. HGB oder § 138 BGB – bei der Zulässigkeitsprüfung nachvertraglicher Wettbewerbsverbote nicht auf die generelle Stellung des ehemaligen Beschäftigten innerhalb der Kompetenzstruktur der Gesellschaft an, sondern auf die jeweilige konkrete und spezifische Tätigkeit und das daraus resultierende sowie erlangte „Know-how". Selbst die Annahme einer generell erhöhten Schädigungsgefahr würde indes nicht die Unvereinbarkeit der Anwendung der §§ 74 ff. HGB bedingen, sondern allein die Bestimmung der berechtigten Interessen der Gesellschaft sowie deren Gewichtung in der Abwägung und Beurteilung der inhaltlichen Zulässigkeit beeinflussen.[932] Diesbezüglich kann *Wertheimer* zugestimmt werden, der die besonders hervorgehobene Berücksichtigung der Schutzinteressen und --bedürfnisse der Gesellschaft nicht als Rechtfertigungsgrund für den Abbau des sozialen Schutzes wirtschaftlich abhängiger Geschäftsführer, sondern vor allem als eine besondere und damit erhöhte Gewichtung der berechtigten Interessen der Gesellschaft innerhalb der Interessenabwägung des § 74a Abs. 1 S. 1 und 2 HGB ansieht.[933] Gleiches gilt grundsätzlich also auch für das besondere Bedürfnis des Kenntnisschutzes der Gesellschaft. Nimmt man ein besonderes Schutzinteresse der Gesellschaft als Ausfluss der generell

---

932 Siehe dazu BAG, AP GewO § 133f Nr. 21, der für leitende Angestellte ein weitergehendes Interesse des Arbeitgebers ansah, welches sich auf der Abwägungsebene auswirkte und somit einen weitergehenden Gestaltungsspielraum zuließ, so auch *Wertheimer*, Nachvertragliche Wettbewerbsverbote bei Anstellungsverhältnissen, S. 139 f.

933 *Wertheimer*, Nachvertragliche Wettbewerbsverbote bei Anstellungsverhältnissen, S. 139 f.

angenommenen erhöhten Schädigungsgefahr an,[934] würde dies vor allem die Gewichtung der berechtigten Interessen der Gesellschaft innerhalb der Abwägung der gegenseitigen Interessen in Verbindung mit den vereinbarten inhaltlichen Grenzen der Wettbewerbsabrede beeinflussen. Demgemäß kann der angenommenen erhöhten Schädigungsgefahr hinsichtlich Geschäftsführern nichts darüber entnommen werden, ob nicht einzelnen anderen Beschäftigtengruppen aufgrund ihrer Position, Stellung und vor allem ihrer Qualifikation sowie der Spezialität und Erheblichkeit der Informationen ebenfalls eine generell erhöhte oder zumindest höhere Schädigungsgefahr zugesprochen werden müsste. Anzudenken ist dies vor allem für bestimmte Beschäftigtengruppen in hochspezialisierten Branchen sowie in den Bereichen der Forschung, Entwicklung und Technik, bei denen weniger die vor allem dem Geschäftsführer zukommenden unternehmerischen, strategischen und wirtschaftlichen Informationen die erhöhte Schädigungsgefahr der Gesellschaft nach sich ziehen würden, sondern die besonderen tätigkeitsspezifischen Informationen und Kenntnisse hinsichtlich der speziellen Unternehmensbereiche.[935] Dafür spricht sodann auch wieder die generelle Zweckbestimmung nachvertraglicher Wettbewerbsverbote. Folglich sollen nachvertragliche Wettbewerbsverbote grundsätzlich allein zulasten der Beschäftigten vereinbart werden, die besondere wettbewerbsrelevante Kenntnisse besitzen, womit diesbezüglich auch ein entsprechendes besonderes Interesse des Unternehmens hinsichtlich einer potenziell schädigenden Konkurrenztätigkeit besteht.[936]

Eine bei typisierender Betrachtung generell erhöhte Schädigungsgefahr hinsichtlich der vormaligen Stellung des Geschäftsführers ist nicht anzunehmen, zumindest keine, die der analogen Anwendung der §§ 74 ff. HGB entgegenstehen wird. Das besondere Bedürfnis der Gesellschaft am effektiven Kenntnisschutz ist mit dem Interesse eines Arbeitgebers vergleichbar und richtet sich vor allem nach der spezifischen Tätigkeit des ehemaligen Beschäftigten. Somit orientiert sich die Vereinbarung eines jeden nachvertraglichen Wettbewerbsverbotes an einer individuell zu bestimmenden und bestehenden Schädigungsgefahr, die alleiniger Ausfluss der vormaligen konkreten Tätigkeit des ehemaligen

934 So *Krahforst*, Nachvertragliche Wettbewerbsverbote für GmbH-Geschäftsführer, S. 219.

935 IdS. auch BAG, ZIP 1988, 733; Staub/*Weber*, HGB Vor § 74 Rn. 21; *D. Gaul*, GmbHR 1991, 144, 147.

936 *Gravenhorst*, Nachvertragliche Wettbewerbsverbote mit GmbH-Geschäftsführern, S. 103; *Gerigk*, Nachvertragliche Wettbewerbsverbote mit Organmitgliedern, S. 181.

Beschäftigten ist und insbesondere im Rahmen der vorzunehmenden Interessenabwägung das zulässige Maß des nachvertraglichen Wettbewerbsverbotes beeinflusst und bestimmt.

Für diese Ansicht spricht zudem die Möglichkeit der Gesellschaft einseitig auf das nachvertragliche Wettbewerbsverbot nach § 75a HGB (analog) zu verzichten, mit der Folge, sich von vormals vereinbarten Rechten und Verpflichtungen zu lösen.[937] Normzweck des § 75a HGB ist es dem Arbeitgeber bzw. der Gesellschaft eine Überlegungsfrist einzuräumen, innerhalb der entschieden werden kann, ob das nachvertragliche Wettbewerbsverbot infolge der vorliegenden, gegebenenfalls geänderten Umstände und der daraus individuell bestimmbaren Schädigungsgefahr noch von Nöten ist.[938] Die Möglichkeit des einseitigen Verzichtes nach § 75a HGB (analog), gerade auch gegenüber Geschäftsführern, legt den Schluss nahe, dass eine erhöhte Schädigungsgefahr, die zwingend einen Schutz durch ein nachvertragliches Wettbewerbsverbot benötige, nicht generell besteht bzw. nicht letztendlich ausschlaggebend ist. Vor Ausspruch eines Verzichtes entscheidet die Gesellschaft vielmehr spezifisch und einzelfallbezogen, ob die Tätigkeit des Geschäftsführers so gestaltet war, dass die erlangten Informationen und Kenntnisse überhaupt eine besondere Schädigungsgefahr begründen.

Damit stehen sowohl die Vereinbarung als auch die Lösungsmöglichkeiten unter der Beachtung der einzelfallabhängigen tatsächlichen Schädigungsgefahr infolge der faktisch erlangten Informationen und Kenntnisse, sodass weder eine generell erhöhte Schädigungsgefahr noch ein daraus folgendes besonderes Bedürfnis am Kenntnisschutz der Gesellschaft allein infolge der vormaligen Organstellung anzunehmen ist. Die Schädigungsgefahr misst sich einzelfallbezogen an der spezifisch ausgeübten Tätigkeit des ehemaligen Beschäftigten und beeinflusst zuvörderst die Bestimmung sowie Gewichtung der berechtigten Interessen der Gesellschaft hinsichtlich der vorzunehmenden Abwägung der beiderseitigen Interessen.

---

937 BGH, NJW-RR 1990, 1312, 1313; BGH, NJW 1992, 1892, 1893; zustimmend *Goette*, FS Wiedemann, 2002, 873, 877; *Bauer/Diller*, Wettbewerbsverbote, § 24 Rn. 1090; *dies.*, GmbHR 1999, 885, 893; *Jäger*, DStR 1995, 724, 726; *Brechtel/Kehrel*, GmbHR 2021, 240, 243; a.A. MüKoGmbHG/*Jaeger/Steinbrück*, § 35 Rn. 387; BeckOGK/*Fehrenbach*, BGB § 307 Wettbewerbsverbotsklausel Rn. 251, bezüglich der Rechtsprechung des BGH zur analogen Anwendung des § 75a HGB.

938 Vgl. BAG, NJW 1979, 2166; EBJS/*Boecken/Rudkowski*, HGB § 75a Rn. 1; MüKoHGB/*Thüsing*, § 75a Rn. 1.

4. *Eingriff in die Organisations- und Kompetenzstruktur der Gesellschaft*

Als weiteres Argument der Unvereinbarkeit mit der Organstellung wurde in der Literatur zudem angeführt, dass die (analoge) Anwendung der §§ 74 ff. HGB in unzulässiger Weise in das jederzeitige Abberufungsrecht nach § 38 Abs. 1 GmbHG und damit in die Kompetenz- und Organisationsstruktur der Gesellschaft eingreifen würde. So würde vor allem die verpflichtende Zusage einer Karenzentschädigung das Recht aus § 38 Abs. 1 GmbHG unangemessen tangieren.[939]

Das jederzeitige Abberufungsrecht aus § 38 Abs. 1 GmbHG wird jedoch durch die Verpflichtung zur Zusage einer Karenzentschädigung nicht unmittelbar beeinträchtigt und besteht grundsätzlich weiterhin unbeschränkt. Eine mittelbare Beeinträchtigung könnte allenfalls in den Fällen in Betracht kommen, in denen eine wirtschaftlich angespannte Lage der Gesellschaft unter Beachtung der vereinbarten Karenzentschädigungspflicht gegen die ungestörte Wahrnehmung des Abberufungsrecht sprechen könnte. Gleichwohl tangieren die etwaigen vereinbarten finanziellen Folgen, die mit der Wahrnehmung des gesellschaftsrechtlichen Abberufungsrechts einhergehen, die Möglichkeit des Gebrauchs des Abberufungsrechts grundsätzlich nicht.[940] Dafür spricht auch, dass entsprechende Überlegungen ansonsten auch auf die auszusprechenden Kündigungen gutverdienender Arbeitnehmer, welche zumeist leitende Angestellte sein werden, zu übertragen wären, sofern eine entsprechende wirtschaftlich angespannte Lage der Gesellschaft vorliegt. Folglich würde es dem grundsätzlichen Vorrangprinzip des Gesellschaftsrechts entsprechen, dass jedwede Regelung unzulässig wäre, die irgendwelche finanzielle Leistungen an die Abberufung oder Kündigung knüpft. Des Weiteren könnte sich jede Gesellschaft irgendwann einmal in einer solchen angespannten wirtschaftlichen Lage befinden, sodass es konsequenterweise nie möglich sein würde überhaupt noch ein nachvertragliches Wettbewerbsverbot abzuschließen, wenn allein die Zusage einer Karenzentschädigung zur Unvereinbarkeit mit der Organstellung und den Organverhältnissen führen würde. Liegt eine solche wirtschaftlich angespannte Situation einmal vor, erscheint es sachgerecht und angemessen die Lösung dieser Problematik

---

939 *Heyll*, Die Anwendung von Arbeitsrecht auf Organmitglieder, 1994, S. 255 f.; *Goette*, FS Wiedemann, 2002, 873, 887; vgl. auch *Krahforst*, Nachvertragliche Wettbewerbsverbote für GmbH-Geschäftsführer, S. 216 f.

940 So auch BGH, NZA 2010, 889, 890 bezüglich der Anwendung des KSchG.

einzelfallabhängig zu finden. So könnte man andenken, dass es infolge der beachtlichen gesellschaftsrechtlichen bzw. (nach) organschaftlichen und/oder anstellungsvertraglichen Treuepflichten sowie des weiterhin zu berücksichtigenden Gesellschaftsinteresses zu Einschränkungen der Geltendmachung etwaiger Ansprüche des Geschäftsführers kommen kann. Gleichwohl ist diesbezüglich zu beachten, dass die Grenze des Vorrangs der gesellschaftsrechtlichen Treuepflicht und des Gesellschaftsinteresse vor allem dort erreicht ist, wo die berechtigten Interessen und Rechte hinsichtlich der freien Entfaltung der Persönlichkeit des Geschäftsführers – hier im beruflichen Kontext – diesen entgegenstehen.[941] Im Ergebnis wird die analoge Anwendung der §§ 74 ff. HGB die gesellschaftsrechtliche Kompetenz- und Organisationsstruktur nicht derart tangieren, dass diese gegen eine analoge Anwendung sprechen würde.[942]

5. *Beeinträchtigung der organschaftlichen Interessen infolge der Rechtsprechung*

Möchte man in Übereinstimmung mit dem BGH eine erhöhte Schädigungsgefahr annehmen, der sogleich auch ein besonderes Schutzinteresse und -bedürfnis der Gesellschaft folgt, könnte die analoge Anwendung der §§ 74 ff. HGB vor allem auch den organschaftlichen Interessen der Gesellschaft dienen. So folgt der analogen Anwendung des § 74a Abs. 1 S. 1 und 2 HGB, dass die Überschreitung der inhaltlichen Grenzen nicht mit der harten und strikten Folge der Gesamtnichtigkeit bzw. -unverbindlichkeit sanktioniert wird. Vielmehr folgt die gesetzlich angeordnete geltungserhaltende Reduktion auf das noch zulässige und gebotene Maß. Somit richtet sich auch die Aufrechterhaltung des nachvertraglichen Wettbewerbsverbotes nach der angemessenen Berücksichtigung sowie Abwägung der beiderseitigen Interessen. Insbesondere die Möglichkeit der geltungserhaltenden Reduktion ermöglicht es der Gesellschaft das im Zeitpunkt

941 Vgl. MHLS/*Ziemons*, GmbHG § 43 Rn. 209; *Reif/Walter*, JuS 2021, 630, 633. Zudem könnte man daran denken, dass zwar nicht das Abberufungsrecht tangiert wird, die Gesellschaft die vereinbarte Karenzentschädigung gleichwohl nicht leisten kann. Diesbezüglich ist die Lösung ebenfalls wieder einzelfallabhängig zu finden. Hier könnte der Geschäftsführer darauf verwiesen werden etwaige ihm zustehende Rechte geltend zu machen, so beispielsweise ein ihm zustehendes Rücktrittsrecht bei Zahlungsverzug der Gesellschaft. Siehe dazu allgemein BeckOGK/*Ittmann*, HGB § 74 Rn. 123 ff.; EBJS/*Boecken/Rudkowski*, HGB § 74 Rn. 59 ff.

942 Vgl. auch *Krahforst*, Nachvertragliche Wettbewerbsverbote für GmbH-Geschäftsführer, S. 222; *Gerigk*, Nachvertragliche Wettbewerbsverbote mit Organmitgliedern, S. 183 ff.

der Vereinbarung zumeist nicht sicher vorhersehbare Wettbewerbsverbot beim entsprechenden Bestehen eines berechtigten Schutzinteresses im verkürzten, gleichwohl aber immer noch effektiven Umfang aufrechtzuerhalten. Ohne diese Möglichkeit gehen die bestehenden Unsicherheiten hinsichtlich der Vorhersehbarkeit der zulässigen Grenzen letzten Endes allein zulasten der Gesellschaft, wonach jedweder Überschreitung des zulässigen Inhalts mit dem Verdikt der Sittenwidrigkeit und der harten Folge der Unwirksamkeit begegnet wird. Demgemäß würde die Ermöglichung einer geltungserhaltenden Reduktion nach Maßgabe des § 74a Abs. 1 S. 1 und 2 HGB vielmehr den besonderen Schutzinteressen und -bedürfnissen der Gesellschaft an einem effektiven nachvertraglichen Wettbewerbsverbot dienen und somit zugleich vor allem auch zur Wahrung und Sicherung der besonderen organschaftlichen Interessen beitragen. Dazu könnte die Gewährung einer Möglichkeit zur geltungserhaltenden Reduktion nach Vorbild des § 74a Abs. 1S. 1 und 2 HGB im Sinne einer wesentlichen und beachtenswerten vorgenommenen gesetzgeberischen Interessenbewertung auch unter Berücksichtigung der möglichst effektiven Verwicklung der gegenseitigen und widerstreitenden Grundrechtspositionen für eine analoge Anwendung sprechen.[943]

Soll der Gesellschaft also ein effektiver Schutz gewährt werden, so dient vor allem die rechtliche Behandlung nachvertraglicher Wettbewerbsverbote dem organschaftlichen Interesse, nach der der Gesellschaft unter Beachtung des angemessenen und gerechten Ausgleichs der beiderseitigen berechtigten Interessen letztendlich ein effektiver und angemessener nachvertraglicher Schutz verbleibt. In Anbetracht der schon dargestellten Kritikpunkte an der Rechtsprechung des BGH sowie der dargestellten Probleme hinsichtlich der rechtssicheren Festlegung und Vereinbarung nachvertraglicher Wettbewerbsabreden entspricht eine analoge Anwendung des Gesamtregelungskomplexes der §§ 74 ff. HGB in Verbindung mit dem Vorliegen schutzwürdiger arbeitnehmerähnlicher Geschäftsführer wohl eher der Berücksichtigung der organschaftlichen Interessen der Gesellschaft, als dies die bisherige Rechtsprechung ermöglicht. Statt von der Unvereinbarkeit mit der Organstellung zu referieren, könnte gerade die Berücksichtigung der organschaftlichen Interessen Argumente für die analoge Anwendung der §§ 74 ff. HGB bieten.

---

943 Dazu Noack/Servatius/Haas/*Beurskens*, GmbHG § 37 Rn. 117; siehe auch MüKoGmbHG/*Jaeger*/*Steinbrück*, § 35 Rn. 368 f.; *Manger*, GmbHR 2001, 89, 91 f.; *Thüsing*, NZG 2004, 9, 13; *Kielkowski* NZG 2015, 900, 903; so explizit auch *Canaris*, FS Steindorff, 1990, 519, 538; *ders.*, AcP 184 (1984), 201, 241; *ders.*, JuS 1989, 161, 164.

6. *Zwischenergebnis*

Festzuhalten bleibt, dass eine Unvereinbarkeit mit der Organstellung und den Organverhältnissen nicht vorliegt. Die Sicherstellung der ungestörten Funktion der Organverhältnisse und die Berücksichtigung der organschaftlichen Interessen werden nicht durch die analoge Anwendung der §§ 74 ff. HGB in der Weise tangiert, dass diese im Falle wirtschaftlich abhängiger und sozial schutzbedürftiger Geschäftsführer von der Organstellung „verboten" werde. Vor allem der Vergleich zu leitenden Angestellten, teilweise aber auch schon zu nichtleitenden Angestellten, hat aufgezeigt, dass nachvertragliche Wettbewerbsverbote zuvörderst an die individuell ausgeübte Tätigkeit des ehemaligen Beschäftigten anknüpfen. Es kommt damit insbesondere auf die mit der ausgeübten Tätigkeit verbundenen Möglichkeiten und die tatsächliche Erlangung besonderer und spezieller Kenntnisse und Informationen an. Allein bezüglich dieser besonderen Kenntnisse und Informationen besteht ein berechtigtes Schutzinteresse und -bedürfnis der Gesellschaft, wonach die Vereinbarung eines nachvertraglichen Wettbewerbsverbotes der Reichweite des berechtigten Schutzinteresses und -bedürfnisses entsprechend gerechtfertigt erscheint. Zu unterstellen ist demnach, dass jedwedes nachvertragliche Wettbewerbsverbot der grundsätzlichen Annahme unterliegt, dass die besondere Schädigungsgefahr bei jedem Beschäftigten vorliegt, zulasten dessen überhaupt erst ein nachvertragliches Wettbewerbsverbot abgeschlossen werden soll. Diese Situation kann sowohl beim Arbeitnehmer, leitenden Angestellten als auch beim Geschäftsführer vorliegen.

Neben der grundsätzlichen Beachtung des Trennungsprinzips ist folglich nicht zuvörderst auf die Organstellung oder die Stellung des ehemaligen Beschäftigten an sich als Ursprung der Schädigungsgefahr abzustellen, sondern allein auf die spezifische Vertrautheit mit den Geschäften der Gesellschaft sowie die Erlangung spezifischer Kenntnisse infolge der konkreten Tätigkeit.[944] In diesem Sinne steht die ungestörte Funktion der Organverhältnisse und der Organstellung der analogen Anwendung der §§ 74 ff. HGB nicht entgegen. Vielmehr können die Regelungen der §§ 74 ff. HGB neben den schon partiell analog angewendeten Regelungen innerhalb der Rechtsprechung des BGH dazu dienen, die organschaftlichen, gesellschaftsrechtlichen sowie verfassungsrechtlichen Interessen der Gesellschaft effektiver und stärker zu berücksichtigen, als dies bislang

944 Vgl. MüKoGmbHG/*Jaeger*/*Steinbrück*, § 35 Rn. 377; MHLS/*Ziemons*, GmbHG § 43 Rn. 279; ErfK/*Oetker*, HGB § 74 Rn. 10; Staub/Weber, HGB Vor § 74 Rn. 21; *Hunold*, NZA-RR 2007, 617, 618. So komme es im Wesentlichen auf die Spezialisierung des ehemaligen Beschäftigten an.

der Fall war. Auch die Aspekte der analogen Anwendung der §§ 74 ff. HGB, die negativ zulasten der Gesellschaft ins Gewicht schlagen, wie zum Beispiel die verpflichtende Zusage einer Karenzentschädigung, dienen vor allem gegenüber den arbeitnehmerähnlichen Geschäftsführern der sach- sowie interessengerechten Herstellung eines angemessenen Ausgleichs hinsichtlich der mit Arbeitnehmern vergleichbaren sozialen Schutzwürdigkeit.[945]

E. Anwendbarkeit aller Regelungen der §§ 74 ff. HGB

Dass vorliegend allein der Gesamtregelungskomplex der §§ 74 ff. HGB und nicht nur einzelne wesentliche Vorschriften analog herangezogen werden sollen, wurde schon besprochen. Die von *Wertheimer* angeführte auf ein „Drei-Säulen-Prinzip" gestützte analoge Anwendung der §§ 74 ff. HGB zugunsten der wirtschaftlich abhängigen und sozialschutzbedürftigen Organmitglieder ist vorliegend abzulehnen.[946] Ausgehend vom wesentlichen Sicherungszweck des § 75d HGB wird der Arbeitnehmerähnlichkeit der Schutz des Gesamtregelungskomplexes der §§ 74 ff. HGB und damit aller allgemeinen sowie arbeitnehmerschutzspezifischen Regelungen folgen müssen.

Fraglich erscheint jedoch allein die Anwendung des § 75 Abs. 2 HGB. Der § 75 Abs. 2 HGB enthält ein Wahlrecht zur Lossagung vom Wettbewerbsverbot des Arbeitnehmers für den Fall der ordentlichen oder außerordentlichen Kündigung durch den Arbeitgeber, sofern der Arbeitnehmer die zur außerordentlichen Kündigung berechtigenden Gründe nicht durch sein Verhalten verschuldet hat.[947] Die (analoge) Anwendung des § 75 Abs. 2 HGB ist gegenüber Geschäftsführern abzulehnen. Begründet werden kann dies vor allem dadurch, dass der dem § 75 Abs. 2 HGB innewohnende Grundgedanke und Normzweck nicht mit dem Charakter des Dienstverhältnisses des Geschäftsführers im Einklang

945 Ähnlich auch *Gissel*, Arbeitnehmerschutz für den GmbH-Geschäftsführer, S. 136 ff.; *Brachert*, Organmitgliedschaft und Arbeitnehmerstatus, S. 218; *Groß*, Das Anstellungsverhältnis des GmbH-Geschäftsführers im Zivil-, Arbeits-, Sozialversicherungs- und Steuerrecht, S. 362 f.; *Wertheimer*, Nachvertragliche Wettbewerbsverbote bei Anstellungsverhältnissen, S. 139 f.; *Gravenhorst*, Nachvertragliche Wettbewerbsverbote mit GmbH-Geschäftsführern, S. 103 f.; *Bellstedt*, GmbHR 1976, 236, 239; *D. Gaul*, GmbHR 1991, 144, 147; *Lembke*, NZA-RR 2019, 65, 69; *ders.*, BB 2020, 52, 59.

946 Vgl. dazu *Wertheimer*, Nachvertragliche Wettbewerbsverbote bei Anstellungsverhältnissen, S. 140.

947 BAG, NJW 1964, 317; ErfK/*Oetker*, HGB § 75 Rn. 2.

steht. Das Dienstverhältnis von Geschäftsführern ist häufiger auf den Wechsel des Anstellungsverhältnisses angelegt, als dies bei Arbeitsverhältnissen der Fall ist.[948] Sind die besonderen Schutzinteressen und -bedürfnisse der Gesellschaft weiterhin zu berücksichtigen, dies vor allem im Wege der besonderen Gewichtung innerhalb der Gesamtabwägung nach § 74a Abs. 1 S. 1 und 2 HGB, ist die Rechtsfolge des § 75 Abs. 2 HGB mit den anzuerkennenden Bedürfnissen der Gesellschaft unvereinbar. Ist die analoge Anwendung der §§ 74 ff. HGB grundsätzlich zu bejahen, bedeutet dies, dass zunächst auch die analoge Anwendung hinsichtlich des gesamten austarierten Systems und der darin enthaltenen einzelnen Normen zu bejahen ist. Gleichwohl wird die analoge Anwendung arbeitsrechtlicher Schutzvorschriften sowie der §§ 74 ff. HGB letztlich nur dann als zulässig erachtet, „soweit dies das Anstellungsverhältnis erfordert und seine Organstellung dies nicht verbietet“[949]. In diesem Sinne wird der gewährte Schutz des § 75 Abs. 2 HGB in Anbetracht des Charakters des Anstellungsverhältnisses des Geschäftsführers nicht erforderlich sein. Und auch das durch die Organstellung – die Organstellung wird hier als Begriff für die gesamten organschaftlichen und gesellschaftlichen Belange verstanden – begründete besondere Schutzinteresse und -bedürfnis der Gesellschaft würde durch die Möglichkeit des Geschäftsführers, sich beim Vorliegen jedweder Kündigungsgründe vom Wettbewerbsverbot loszusagen, konterkariert. Korrespondierend mit der Ansicht, dass die analoge Anwendung des § 75 Abs. 2 HGB ausgeschlossen ist, könnte man auch in Betracht ziehen, dass die (nachwirkende) organschaftliche Treuepflicht, die (nachwirkende) anstellungsvertragliche Rücksichtnahmepflicht und/oder der allgemeine Grundsatz von Treu und Glauben[950] der Geltendmachung etwaiger Rechte aus der analogen Anwendung des § 75 Abs. 2 HGB entgegensteht.[951]

---

948 *Bauer/Diller*, Wettbewerbsverbote, § 24 Rn. 1103. So wird das Anstellungsverhältnis der Geschäftsführer öfter von einer Befristung, die nicht verlängert wird, oder einer ordentlichen Kündigung betroffen sein.

949 BGHZ 49, 30, 32.

950 Siehe BeckOGK/*Kähler*, BGB § 242 Rn. 126, wonach der Grundsatz von Treu und Glauben dem allgemeinen Schuldrecht und auch den anderen Rechtsgebieten des Zivilrechts, wie dem Gesellschaftsrecht, obliegt.

951 Zur organschaftlichen Treuepflicht MüKoGmbHG/*Fleischer*, § 43 Rn. 152 ff.; *ders.*, WM 2003, 1045 ff.; sowie zur nachwirkenden organschaftlichen Treuepflicht MüKoGmbHG/*Fleischer*, § 43 Rn. 192 f.; *ders.*, WM 2003, 1045, 1058; zu anstellungsvertraglichen Treuepflichten siehe Noack/Servatius/Haas/*Beurskens*, GmbHG § 37 Rn. 111 ff.; auch MüKoGmbHG/*Fleischer*, § 43 Rn. 169.

Im Kern bedeutet dies also, dass § 75 Abs. 2 HGB gegenüber wirtschaftlich abhängigen und sozial schutzbedürftigen Geschäftsführern keine rechtserhebliche Wirkung entfalten sollte. Dies entweder dadurch, dass man die analoge Anwendung allgemein versagt, was mitunter dagegenspricht, dass der gesamte Regelungskomplex der §§ 74 ff. HGB zunächst zur Anwendung kommen soll und eine teilanaloge Anwendung zugunsten der arbeitnehmerähnlichen Personen unter Beachtung des § 75d HGB nicht gewollt ist. Oder durch die Versagung der Geltendmachung etwaiger Lossagungsrechte des Geschäftsführers aus § 75 Abs. 2 HGB als Ausfluss des Grundsatzes von Treu und Glauben in Verbindung mit den organschaftlichen und/oder anstellungsvertraglichen Treuepflichten. Die besseren Gründe sprechen vorliegend für die zweite Variante. Sieht man auch die Interessenabwägung des § 74a Abs. 1 S. 1 und 2 HGB als eine wesentliche gesetzliche Konkretisierung und Ausfluss des Grundsatzes von Treu und Glauben, ist die Versagung der Anwendung des § 75 Abs. 2 HGB, trotz der grundsätzlichen Anwendung der §§ 74 ff. HGB, vorliegend maßgeblich auf diesen Grundsatz zu stützen.

§ 2 Ergebnis zur analogen Anwendung der §§ 74 ff. HGB

Eine analogiebegründende Vergleichbarkeit der Interessenlage im Sinne der wesentlichen Ähnlichkeit (*argumentum a simile*) hinsichtlich nachvertraglicher Wettbewerbsverbote mit Geschäftsführern liegt vor. Grundsätzlich wird die wirtschaftliche Abhängigkeit und die daraus folgende soziale Schutzbedürftigkeit des Geschäftsführer einzelfallabhängig im Lichte der *ratio legis* der §§ 74 ff. HGB zu bestimmen sein. Im Rahmen einer typisierenden Betrachtung werden diese Kriterien vor allem beim Fremdgeschäftsführer und Minderheitsgesellschafter-Geschäftsführer ohne Sperrminorität vorliegen. Auch bedingen die Besonderheiten der Organstellung, die zur Sicherung der ungestörten Funktion der Organverhältnisse beitragen, nicht die Unvereinbarkeit der analogen Anwendung der §§ 74 ff. HGB, ausgenommen der Diskussion hinsichtlich des § 75 Abs. 2 HGB. Bei konsequenter Berücksichtigung der organschaftlichen Interessen der Gesellschaft und dem Ziel, dieser einen möglichst effektiven nachvertraglichen Wettbewerbsschutz zu gewähren, bieten die §§ 74 ff. HGB ein austariertes System zwischen den beiderseitigen anzuerkennenden Interessen unter Beachtung der spezifisch festgestellten Schutzbedürftigkeit.

Des Weiteren wird dem wirtschaftlich abhängigen und sozial schutzbedürftigen Geschäftsführer seiner festgestellten analogiebegründenden arbeitnehmerähnlichen Schutzbedürftigkeit nach ein ausreichender Schutz gegen eine unbillige und unangemessene Erschwerung des beruflichen Fortkommens zugestanden. Dies vor allem im Rahmen der gesetzlich angeordneten Interessenabwägung und der damit im wesentlichen Sinnzusammenhang stehenden Rechtsfolgen des § 74a Abs. 1 S. 1 und 2 HGB sowie der Pflicht zur Zusage einer Karenzentschädigung im Sinne des § 74 Abs. 2 HGB. Auch die weiteren Vorschriften sind nach ihrer jeweiligen Funktion sowie dem allgemeinen Sinn und Zweck, entsprechend ein einheitliches sowie ausbalanciertes Regelungssystem darzustellen, anzuwenden. Folglich ist die analoge Anwendung der §§ 74 ff. HGB unter Beachtung der allgemeinen Vorgaben der analogen Anwendung arbeitsrechtlicher Vorschriften sowie der Regelungsintention und *ratio legis* der §§ 74 ff. HGB bei typisierender Betrachtung für den Fremdgeschäftsführer und Minderheitsgesellschafter-Geschäftsführer ohne Sperrminorität zu bejahen.

Anzumerken ist gleichwohl, dass die vorliegende Bejahung der analogen Anwendung der §§ 74 ff. HGB zugunsten arbeitnehmerähnlicher Geschäftsführer zuvörderst den allgemeinen Vorgaben der Rechtsprechung und Literatur zur analogen Anwendung arbeitsrechtlicher Schutzvorschriften folgt. Stellt die analoge Anwendung des Gesamtregelungskomplexes der §§ 74 ff. HGB hinsichtlich arbeitnehmerähnlicher Geschäftsführer eine sachgerechte Lösung dar, die der bisherigen Konkretisierung des § 138 BGB beim Vorliegen der erforderlichen Voraussetzungen vorgehen sollte, könnte diese gleichwohl richtigerweise dazu führen, dass sich die beteiligten Vertragsparteien in einem durchaus engen und starren Konstrukt arbeitsrechtlicher Vorschriften wiederfinden.[952] Demnach könnten die noch weiter zu besprechenden Lösungsansätze der sach- und systemgerechten Konkretisierung des § 138 BGB sowie der möglichen analogen Anwendung einzelner Regelungen der §§ 74 ff. HGB indes wiederum einen effektiveren sowie schonenderen Ausgleich der gegenseitigen Interessen ermöglichen. So wird es weiterhin möglich sein, dass die noch zu besprechenden Lösungsvarianten im Allgemeinen sowie unter Beachtung etwaiger Probleme der Feststellung der Arbeitnehmerähnlichkeit und der nachteiligen Effektive der analogen Anwendung des Gesamtregelungskomplexes der §§ 74 ff. HGB für alle Geschäftsführer eine vorrangig anwendbare Lösung darstellen könnten. Gleichwohl wäre es zutreffenderweise der Rechtssicherheit zuträglich, typisierend die analoge Anwendung der gesamten §§ 74 ff. HGB zugunsten der Fremdgeschäftsführer anzunehmen, bei denen in Anbetracht des zuvor Gesagten die Probleme im Zusammenhang mit etwaigen Beteiligungen an der Gesellschaft gänzlich vom Tisch wären.[953] Anzumerken ist zudem, dass die grundsätzlich zu beachtenden Besonderheiten der Organstellung auch den im Weiteren noch zu besprechenden Lösungsansätzen nicht entgegenstehen werden, sodass diesbezüglich auf die vorstehenden Ausführungen verweisen werden kann.

---

952 Vgl. *Müller*, FS Grunewald, 2021, 811, 814 f., 829.
953 Vgl. MüKoGmbHG/*Jaeger*/*Steinbrück*, § 35 Rn. 386.

Dritter Teil: Konkretisierung und Teilanalogie

§ 1 Einleitung

A. Ausgangsfrage: Teilanalogie oder Konkretisierung?

Im Weiteren soll es nun um die Frage der sach- und systemgerechten Konkretisierung des § 138 BGB sowie der fraglichen analogen Anwendung einzelner Regelungen der §§ 74 ff. HGB gehen. Zuvörderst ist gleichwohl zu fragen, ob die Konkretisierung oder doch die Teilanalogie vorrangig zu prüfen ist, obgleich es sich bei beiden Lösungsvarianten um richterliche Rechtsfortbildung handelt.

Im Rahmen der richterlichen Rechtsfortbildung ist der Richter richtigerweise nicht durch den noch möglichen Wortsinn des geschriebenen Rechts begrenzt, sondern im Rahmen seiner Bindung an das Recht (vgl. Art. 20 Abs. 3 GG) vor allem dazu befugt, die Lückenhaftigkeit der Gesetze im Wege „der praktischen Vernunft" und in Anbetracht der „Gerechtigkeitsvorstellung der Gesellschaft" sowie unter Beachtung der allgemeinen Prinzipien und verfassungsrechtlichen Wertungen zu schließen und sodann vom geschriebenen Gesetz abzuweichen und auf dieses korrigierend einzuwirken.[954] Gleichwohl ist auch das Bestreben der größtmöglichen gesetzlichen Anbindung im Rahmen der richterlichen Rechtsfortbildung zu beachten. Demnach liegt es zunächst nahe,[955] die analoge Anwendung einzelner Regelungen der §§ 74 ff. HGB der Konkretisierung des § 138 BGB unter Heranziehung der allgemeiner Rechtsgedanken der §§ 74 ff. HGB als das vorzugswürdige und vorrangig anwendbare Mittel anzusehen. Welches der beiden Mittel der richterlichen Rechtsfortbildung sodann das „methodenehrlicher[e]"[956] sowie vorrangige Mittel darstellt, wird sich letztlich nicht allein an der größtmöglichen Gesetzesbindung, sondern zugleich auch an

954 BVerfGE 34, 269, 286 ff.; so auch BVerfGE 49, 304, 318; 65, 182, 190 f.; 71, 354, 362; 74, 129, 152; MüKoBGB/*Säcker*, Einl. Rn. 155; *Weidelener*, Der richterliche Vertragsschutz, S. 82 f.; *Wiedemann*, NJW 2014, 2407, 2408; siehe auch *Möllers*, Juristische Methodenlehre, § 1 Rn. 50; *Wank*, Grenzen richterlicher Rechtsfortbildung, S. 89 f.; *Hillgruber*, JZ 1996, 118, 121; *Drechsler*, ZJS 2015, 344, 345 f. Siehe auch *Bydlinski*, Juristische Methodenlehre, S. 495 f., mit Bezugnahme zu den Generalklauseln der „guten Sitten".

955 So vor allem *Weidelener*, Der richterliche Vertragsschutz, S. 279 f., für die Bereiche der richterlichen Vertragskontrolle und richterlichen Rechtsfortbildung.

956 *Canaris*, FS Steindorff, 1990, 519, 538; *ders.*, AcP 184 (1984), 201, 241; *ders.*, JuS 1989, 161, 164.

der größtmöglichen methodischen Klarheit und Einfachheit entscheiden.[957] Das Vorrangverhältnis wird sich damit letztlich anhand des gesetzgeberischen Plans sowie der gesetzgeberischen Regelungsidee bestimmen.[958]

So beruht sowohl die vorzunehmende Konkretisierung des § 138 BGB als auch die analoge Anwendung einzelner Regelungen der §§ 74 ff. HGB vorliegend auf der induktiven Herleitung der verallgemeinerungsfähigen Rechtsgedanken der jeweiligen einzelnen Regelung, die sodann unter Beachtung der notwendigen wertungsmäßigen Ähnlichkeit der Übertragung auf den ungeregelten Sachverhalt offenstehen. Dementsprechend kommen aus methodischer Sicht bei beiden Formen der richterlichen Rechtsfortbildung die gleichen methodischen Instrumente zum Einsatz, sodass folglich auch die gleichen methodischen Anforderungen und Voraussetzungen einzuhalten sind.[959] Damit wird stetig ein „*wertender* Akt“[960] vorliegen, nach dem der Sinn und Zweck der einzelnen Regelung auf einen ihr innewohnenden allgemeinen Rechtsgedanken zu untersuchen ist. Kann ein solcher herausgearbeitet werden, ist dieser sodann auf den ungeregelten Sachverhalt zu übertragen, mit dem Ziel, so die sach- und systemgerechteste Lösung zu finden. Den Ausgangspunkt beider Ähnlichkeitsprüfungen werden abermals wieder der gesetzgeberische Plan sowie die gesetzgeberischen Regelungsideen bilden.[961]

In diesem Sinne könnte gegen die Konkretisierung sprechen, dass sich diese im vorliegenden Fall nachvertraglicher Wettbewerbsverbote derart vom Sinngehalt der ursprünglichen Kodifikation und Intention des Sittenwidrigkeitsmaßstabes

---

957 Vgl. dazu *Looschelders/Roth*, Juristische Methodik, S. 316 f.; *Canaris*, Die Feststellung von Lücken im Gesetz, S. 146 Fn. 9.

958 Vgl. *Canaris*, Die Feststellung von Lücken im Gesetz, S. 146 Fn. 9; *Rüthers/Fischer/Birk*, Rechtstheorie, § 23 Rn. 889; *Schwacke*, Juristische Methodik, S. 122; siehe auch *Bydlinski*, FS Wieacker, 1990, 189, 213 f., 215; *Fallmann*, Sekundäre Lücken im Recht, S. 46.

959 Vgl. *Bydlinski*, FS Wieacker, 1990, 189, 213 f., 215; so auch *Fallmann*, Sekundäre Lücken im Recht, S. 46; dazu auch *Rüthers/Fischer/Birk*, Rechtstheorie, § 23 Rn. 889. Die Lückenhaftigkeit wird diesbezüglich wie schon öfters erwähnt zunächst weiterhin unterstellt, vgl. dazu auch allgemein *Möllers*, Juristische Methodenlehre, § 6 Rn. 110, der darauf hinweist, dass die Prüfung der Planwidrigkeit der Lücke an das Ende der Prüfung der analogen Anwendbarkeit gesetzt werden kann, es eben um die „wertende Gesamtbetrachtung der Rechtsnorm und […] der gesamten Rechtsordnung“ gehe.

960 *Rüthers/Fischer/Birk*, Rechtstheorie, § 23 Rn. 889.

961 Vgl. *Rüthers/Fischer/Birk*, Rechtstheorie, § 23 Rn. 889; *Schwacke*, Juristische Methodik, S. 122; siehe auch *Bydlinski*, FS Wieacker, 1990, 189, 213 f., 215; *Fallmann*, Sekundäre Lücken im Recht, S. 46.

entfernt haben könnte, dass eine grundsätzlich nachrangige gesetzesübersteigende Rechtsfortbildung anzunehmen wäre. Dies vor allem, wenn man den § 138 BGB im Grundsatz als eine auf den „Extremfall"[962] zugeschnittene Norm, die allein die „äußer[e] Grenz[e] der herrschenden Rechts- oder Sozialmoral"[963] für die extremen Verstöße darstellen sollte,[964] ansieht. Folglich wären an eine solche gesetzesübersteigende Rechtsfortbildung zudem auch strengere Anforderungen in Bezug auf ihre Notwendigkeit zu stellen, da die gesetzesübersteigende Rechtsfortbildung den Raum des geschriebenen Rechts gänzlich verlässt, obgleich sie noch geleitet durch die allgemeinen Prinzipien im wertgebundenen Rahmen der Rechtsordnung verbleibt.[965] Demnach könnte die vorgenommene bzw. vorzunehmende Konkretisierung dazu führen, dass der eigentliche Regelungsgehalt in unerwünschter Weise hinter den Worten des § 138 BGB schwindet.[966]

Indes ermöglicht vor allem die Heranziehung der allgemeinen Rechtsgedanken bei der Konkretisierung des § 138 BGB im Rahmen der Rechtsfolgenoffenheit divergierende und womöglich sachgerechtere Rechtsfolgen vorzusehen oder zu entwickeln. Soll im Ergebnis vor allem die sachgerechte und wertegebundene Entscheidungsfindung der Gerichte im Einzelfall unter Beachtung der verfassungsrechtlich normierten Wertungen sowie der einfachgesetzlich fixierten Wertentscheidungen ermöglicht werden,[967] spricht eben die Rechtsfolgenoffenheit für die alleinige Heranziehung der allgemeinen Rechtsgedanken. So kann es bei wertender Betrachtung gerade der sachgerechten Behandlung des vorliegenden Falles entsprechen, alleinig die betroffenen Rechtsgüter im Wege der Übertragung der allgemeinen Rechtsgedanken angemessen zu behandeln, ohne jedoch die grundsätzlich wertungsgleichen Sachverhalte vollständig gleich

962 Vgl. *Canaris*, AcP 184 (1984), 201, 235.

963 *Dauner-Lieb*, AcP 201 (2002), 295, 325; dazu auch BeckOGK/*Jakl*, BGB § 138 Rn. 26; *Fastrich*, Richterliche Inhaltskontrolle im Privatrecht, S. 20.

964 Zur grundsätzlichen Erheblichkeitsschwelle des Maßstabes der guten Sitten später eingehend.

965 *Larenz*, Methodenlehre der Rechtswissenschaft, S. 366, 413 ff.; *Möllers*, Juristische Methodenlehre, § 13 Rn. 15; *Schwacke*, Juristische Methodik, S. 122 f., 144; *Drechsler*, ZJS 2015, 344.

966 IdS. allgemein auch *Bitter/Rauhut*, JuS 2009, 289, 298.

967 Vgl. auch *Wank*, Grenzen richterlicher Rechtsfortbildung, S. 115 ff.; *Drechsler*, ZJS 2015, 344, 345; idS. auch Dürig/Herzog/Scholz/*Jachmann-Michel*, GG Art. 95 Rn. 13; siehe ebenfalls *Boemke*, NZA 1993, 532, 533 f., für die arbeitsrechtlichen Grenzen der Privatautonomie.

zu behandeln.[968] In der Rechtsfolgenoffenheit besteht sodann auch der entscheidende Unterschied zwischen der Analogie und der Heranziehung der allgemeinen Rechtsgedanken. Folglich soll es bei der Analogie vor allem um eine Gleichstellung des geregelten und ungeregelten Sachverhalts gehen, dies sowohl hinsichtlich der tatbestandlichen Voraussetzung als auch bezüglich der Rechtsfolge. Bei der Heranziehung der allgemeinen Rechtsgedanken steht nicht die unmittelbare Gleichstellung der vergleichbaren Sachverhalte im Fokus, da es zunächst ganz allgemein darum geht, die verallgemeinerungsfähigen Rechtsgedanken und Wertungen herauszuarbeiten, mit denen bestenfalls auch Fälle behandelt werden können, die im vorliegenden Zeitpunkt der Herleitung noch gar nicht bedacht wurden.[969]

In diesem Sinne kann auch die BGH-Rechtsprechung wohlwollend dahingehend verstanden werden, dass diese vor allem die Rechtsfolgenoffenheit der Heranziehung der allgemeinen Rechtsgedanken der §§ 74 ff. HGB im Blick hatte. Wurde die grundsätzlich bestehende gleiche bzw. ähnliche Interessenlage der beteiligten Parteien im Bereich nachvertraglicher Wettbewerbsverbote mit der Situation im Anwendungsbereich der §§ 74 ff. HGB anerkannt, waren dennoch nicht auch die gleichen Rechtsfolgen gewollt. Entsprechende Überlegungen stellte auch Canaris in Anbetracht der umfassenden analogen Anwendung der §§ 74 ff. HGB auf alle Arbeitnehmer durch den BAG an. Demnach sah er die Übertragung der allgemeinen Rechtsgedanken der §§ 74 ff. HGB als das vorzugswürdige methodische Mittel an, das vor allem die angemessene und einzelfallgerechte Behandlung nachvertraglicher Wettbewerbsverbote ermögliche, ohne jedoch die etwaigen Einzelausformungen der betrachteten Regelungen „in jedem Falle mitzuübernehmen", die allenfalls als Orientierungs- oder Anhaltspunkte herangezogen werden sollen.[970]

---

968 Siehe dazu *Reimer*, Juristische Methodenlehre, Rn. 510, 596 f.; *Looschelders/Roth*, Juristische Methodik, S. 312 f.; dazu auch *Bydlinski*, Juristische Methodenlehre, S. 485 ff.; *Beaucamp*, DÖV 2013, 41, 42.

969 Siehe *Canaris*, Die Feststellung von Lücken im Gesetz, S. 98.

970 Vgl. *Canaris*, SAE 1971, 111, 112. Es ist darauf hinzuweisen, dass sich diese Aussage auf die vom BAG vorgenommene analoge Anwendung der §§ 74 ff. HGB auf alle Arbeitnehmer bezog und nicht auf die Frage der analogen Anwendbarkeit der §§ 74 ff. HGB auf Geschäftsführer. Gleichwohl kann die Argumentation auf die vorliegende Problematik übertragen werden. Auch zu beachten ist, dass *Canaris* im Späteren die analoge Anwendung des § 74a Abs. 1 HGB für alle nachvertraglichen Wettbewerbsverbote oder auch anderweitige Bereiche darüber hinaus (genannt wird

Können vorliegend somit zunächst beide Mittel der richterlichen Rechtsfortbildung grundsätzlich zur Anwendung gelangen, wird sich die Vorrangigkeit eines methodischen Mittels letztlich anhand der Reichweite der Ähnlichkeit sowie der wertungsmäßigen Gleichheit der Fälle entscheiden. Hier wird sodann vor allem auch die Frage von Bedeutung sein, ob die wertungsmäßige Ähnlichkeit der Sachverhalte auch die analoge Erstreckung der Rechtsfolge oder allein die angemessene Behandlung der betroffenen Rechtsgüter infolge der Übertragung der allgemeinen Rechtsgedanken gebietet.[971]

B. Ausblick und weiterer Verlauf der Arbeit

Ob nun eine teilanaloge Anwendung oder die Konkretisierung des § 138 BGB vorrangig ist, wird eine spezifische Frage der jeweiligen Regelung, der ihr enthaltenen Wertungen sowie der Übertragbarkeit der Rechtsfolgen sein. Ausgehend von dieser Überlegung soll vorliegend mit der Prüfung der sach- und systemgerechten Konkretisierung des § 138 BGB unter Heranziehung der allgemeinen Rechtsgedanken der §§ 74 ff. HGB begonnen werden. Innerhalb dieser Prüfung sollen zuvörderst die Fragen des sachgerechten Maßstabes der guten Sitten, der möglichen differenzierten Rechtsfolge sowie des divergierenden Beurteilungszeitpunktes im Rahmen des § 138 BGB besprochen werden. Zudem sollen auch die weiteren Regelungen der §§ 74 ff. HGB auf den ihnen gegebenenfalls immanenten allgemeinen Rechtsgedanken geprüft werden, die sodann gleichfalls die rechtliche Behandlung nachvertraglicher Wettbewerbsverbote mit Geschäftsführern beeinflussen könnten. Von Bedeutung sind hier vor allem die Normen der §§ 74 Abs. 2, 74c, 75 und 75a HGB. Somit soll es auch um die Überprüfung der BGH-Rechtsprechung hinsichtlich der methodisch konsequenten und sachgerechten Heranziehung der allgemeinen Rechtsgedanken der §§ 74 ff. HGB gehen. Die gefundenen Ergebnisse sollen dementsprechend die sachgerechte und systemkonforme Behandlung nachvertraglicher Wettbewerbsverbote mit Geschäftsführern unter Anwendung des § 138 BGB darstellen, insbesondere für die Vertreter, die eine andere Form der richterlichen Rechtsfortbildung als

---

zum Beispiel die über § 138 BGB hinausgehende Kontrolle von Rückzahlungsklauseln gegenüber Arbeitnehmern) befürwortet, siehe dazu *Canaris*, AcP 184 (1984), 201, 241 f.

971 *Reimer*, Juristische Methodenlehre, Rn. 555; 596 f.; *Looschelders/Roth*, Juristische Methodik, S. 312 f.; *Beaucamp*, DÖV 2013, 41, 42; siehe auch *Bydlinski*, Juristische Methodenlehre und Rechtsbegriffe, S. 485 ff.

unzulässig erachten oder die notwendige rechtfortbildungsbegründende gesetzliche Lücke von vornherein ablehnen.[972]

Anknüpfend an die gefundenen Ergebnisse der Konkretisierung soll sodann im Anschluss die Frage der analogen Anwendung einzelner Regelungen besprochen werden. Ausgehend davon, dass bei der analogen Anwendung sowie bei der induktiven Herleitung der allgemeinen Rechtsgedanken die gleichen methodischen Instrumente eingesetzt werden, kann diesbezüglich auf die schon herausgearbeiteten verallgemeinerungsfähigen Wertungen rekurriert werden. Dazu treten die Beachtung der in den Blick zu nehmenden speziellen Einzelausformungen der jeweiligen Regelung sowie die spezifische Beurteilung und Bestimmung der analogiebegründenden Wertungen. Der Vorteil des vorliegenden Prüfungsablaufes, also des Beginnens mit der allgemeinen induktiven Herleitung der verallgemeinerungsfähigen Wertungen, wird daran deutlich, dass die sodann herausdestillierten Rechtsgedanken nicht allein die sach- und systemgerechte Lösung im Rahmen der Konkretisierung des § 138 BGB vorgeben, sondern auch schon maßgeblich zur Beantwortung der Frage der analogen Anwendung einzelner Regelungen der §§ 74 ff. HGB beitragen.

Im letzten Schritt dient die Herausarbeitung der allgemeinen Rechtsgedanken der §§ 74 ff. HGB vor allem auch der später vorzunehmenden Formulierung eines Gesetzesvorschlages de lege ferenda hinsichtlich nachvertraglicher Wettbewerbsverbote mit Geschäftsführern. Demnach stellen gerade die allgemeinen Rechtsgedanken ihrem Wesen nach schon abstrakt-generelle Regeln und Wertungen dar, die als eine Art Brücke zwischen der lex lata und der lex ferenda fungieren.[973] Ist die Herausarbeitung der allgemeinen Rechtsgedanken letztlich gut gelungen, bieten diese eine Richtschnur für die angemessene rechtliche Behandlung im Wege des neu geschriebenen bzw. neu zu schreibenden Rechts,

---

972 So explizit die Lückenhaftigkeit ablehnend bezüglich der analogen Anwendung der §§ 74 ff. HGB auf alle Arbeitnehmer *Larenz*, Methodenlehre der Rechtswissenschaft, S. 380 f.; *Larenz/Canaris*, Methodenlehre der Rechtswissenschaft, S. 201. Siehe zur Ansicht der bewussten und damit nicht planwidrigen gesetzlichen Lücke infolge der Anwendbarkeit einer Generalklausel Teil 4 § 1 B. 3. c).

973 *Moser*, ZfRV 2012, 4, 7; *Beaucamp*, DÖV 2013, 41, 43, die sich beide mit allgemeinen Rechtsgrundsätzen im Europarecht auseinandersetzen, gleichwohl können die allgemeinen Charakteristika und Merkmale auch auf die nationalen zivilrechtlichen Rechtsgrundsätze zu übertragen sein. Hervorhebung durch den Autor.

sodass der später ausgearbeitete Gesetzesvorschlag im Wesentlichen auf diesen aufbauen kann.[974]

974 Vgl. *Looschelders/Roth*, Juristische Methodik, S. 313; siehe zu gelungenen Rechtfortbildungen auch *v. Hoyningen-Huene*, FS 600 Jahre Universität Heidelberg, 1986, 353, 357 ff.; ebenfalls mit Beispielen *Möllers*, Juristische Methodenlehre, § 9 Rn. 24 ff., § 14 Rn. 58 f.

§ 2 Die sach- und systemgerechte Konkretisierung des § 138 BGB

A. Allgemeines zur Konkretisierung

Den Generalklauseln werden im Allgemeinen verschiedene Funktionen zugesprochen, so beispielsweise die „Delegationsfunktion", „Entwicklungsfunktion" und „Verweisungsfunktion"[975], und sie werden als „ein Stück offengelassene Gesetzgebung"[976] angesehen. Damit fungieren sie im Wege der mittelbaren Drittwirkung der Grundrechte[977] vor allem als „Einfallstor" für die verfassungsrechtlichen Wertungen in das Privatrecht.[978] Anknüpfend an diese allgemeinen Parameter der Anwendung der Generalklauseln enthält vor allem § 138 BGB bei seiner Konkretisierung die Anordnung zur umfassenden Interessenabwägung. Damit geht es um eine Gesamtabwägung aller maßgeblichen Interessen, bei der sodann sowohl die mittelbaren und unmittelbaren als auch die aktuellen sowie nur potenziellen Interessen und Umstände einbezogen werden, die im Zusammenhang mit dem Rechtsgeschäft stehen. Darüber hinaus sollen auch die tatsächlichen und rechtlichen Folgen, die mit der potenziell gefundenen Entscheidung einhergehen, mit in die Interessenabwägung einfließen.[979]

---

975 Dazu allgemein *Bydlinski*, Juristische Methodenlehre und Rechtsbegriffe, S. 583 f.; *Möllers*, Juristische Methodenlehre, § 7 Rn. 12; Staudinger/*Looschelders*/*Olzen*, BGB § 242 Rn. 148 ff.; MüKoBGB/*Schubert*, BGB § 242 Rn. 48 ff.; BeckOGK/*Jakl*, BGB § 138 Rn. 81 ff.; BeckOK BGB/*Wendtland*, § 138 Rn. 18; HK-BGB/*Dörner*, § 138 Rn. 1; Staudinger/*Fischinger*, § 138 Rn. 100 ff.; MüKoBGB/*Armbrüster*, § 138 Rn. 21 ff.; *Meyer-Cording*, JZ 1964, 273 ff.; *Lindacher*, AcP 173 (1973), 124 ff.; *Sack*, WRP 1985, 1, 4 ff.; *Mayer-Maly*, AcP 194 (1994), 105 ff.; *Ohly*, AcP 201 (2001), 1, 7.

976 *Hedemann*, Die Flucht in die Generalklauseln, 1933, 58; sich darauf beziehend auch *Heldrich*, AcP 186 (1986), 74, 97; idS. als „Delegationsnormen" bezeichnend *Heck*, Grundriß des Schuldrechts, S. 11 ff.

977 BVerfGE 7, 198, 203 ff., seit der sogenannten Lüth-Entscheidung des BVerfG ist die Ausstrahlwirkung der Grundrechte und ihrer Schutzbereiche auf alle Gebiete des Rechts anerkannt; dazu auch *Germelmann*, NZA 1997, 236, 237.

978 Vgl. BVerfGE 7, 198, 205 f.; 81, 242, 256; 89, 214, 229; MüKoBGB/*Armbrüster*, § 138 Rn. 32.

979 Staudinger/*Fischinger*, BGB § 138 Rn. 95; MüKoBGB/*Armbrüster*, § 138 Rn. 48. Siehe auch allgemein zur folgenorientierten Betrachtung und Auslegung *Möllers*, Juristische Methodenlehre, § 5 Rn. 56 ff.; unter Verweis auf *Sambuc*, Folgenerwägung

Die Interessenabwägung bestimmt damit grundsätzlich auch den Maßstab der Beurteilung der Sittenwidrigkeit des Rechtsgeschäftes und richtet sich zunächst im Wesentlichen nach den bestehenden gesetzlichen Wertmaßstäben sowie den wegweisenden verfassungsrechtlichen Wertungen. Hier sind sodann vor allem auch die einfachgesetzlichen Vorschriften von Bedeutung, die eine maßgeblich zu berücksichtigende Werteentscheidung des Gesetzgebers enthalten und so als Maßstab der Interessenabwägung mit einbezogen werden sollen. Dies auch zunächst unabhängig davon, ob es sich um zwingende oder dispositive Regelungen handelt.[980] Dazu können auch außerrechtliche und -gesetzliche Wertungen sowie allgemeine Rechtsüberzeugungen mit in die Interessenabwägung einfließen. Gleichwohl wird dem geschriebenen geltenden Recht und den in ihnen enthaltenen Wertungen im Falle der Kollision der Vorrang einzuräumen sein.[981] Von zentraler und maßgeblicher Bedeutung sind schlussendlich vor allem die verfassungsrechtlichen Wertungen des Grundgesetzes, denen im Zweifel der allgemeine Vorrang gebührt. So bildet das Grundgesetz den für die Inhaltskontrolle tonangebenden Rahmen der rechtlich-ethischen Grundwertungen, auf denen auch unsere gesamte Grundrechtsordnung aufbaut.[982]

Untersucht werden soll somit zuvörderst die methoden- und systemgerechte Konkretisierung des § 138 Abs. 1 BGB. Neben der Frage der gebotenen und notwendigen Bestimmung und Heranziehung wesentlicher allgemeiner Rechtsgrundsätze der §§ 74 ff. HGB ist auch auf die allgemeine Frage der methodenehrlichen und sachgerechten Konkretisierung des § 138 BGB im Vergleich zur üblichen und herrschenden Anwendungsmethodik einzugehen. Hingewiesen werden soll noch einmal darauf, dass schon die vorangegangenen Ausführungen gezeigt haben, dass die vorliegende Konkretisierung des § 138 BGB infolge des Heranziehens der allgemeinen Rechtsprinzipien und gesetzlichen Wertungen maßgeblich von den in den §§ 74 ff. HGB enthaltenen gesetzgeberischen Werteentscheidungen und Interessenbewertungen geprägt sein wird. Hinsichtlich des Regelungskomplexes der §§ 74 ff. HGB wurde schon aufgezeigt, dass die als wesentlich herausgearbeiteten Zwecke zumeist allein durch das Zusammenspiel

---

im Richterrecht; *Deckert*, Folgenorientierung in der Rechtsanwendung; dazu auch MüKoBGB/*Schubert*, § 242 Rn. 33; *Stellhorn*, ZJS 2014, 467 ff.

980 BeckOGK/*Jakl*, BGB § 138 Rn. 59, 81 ff.; Staudinger/*Fischinger*, BGB § 138 Rn. 96 ff.

981 MüKoBGB/*Armbrüster*, § 138 Rn. 21; BeckOK BGB/*Wendtland*, § 138 Rn. 18; Staudinger/*Fischinger*, BGB § 138 Rn. 95, 105 f.

982 Erman/*Schmidt-Räntsch*, BGB § 138 Rn. 12a; Staudinger/*Fischinger*, BGB § 138 Rn. 97; BeckOGK/*Jakl*, BGB § 138 Rn. 59 ff., 80; *Sack*, WRP 1985, 1, 5; *Mayer-Maly*, AcP 194 (1994), 105, 136 ff.

der einzelnen Regelungen angemessen, gerecht und effektiv verwirklicht werden. Gleichwohl sollen die einzelnen Regelungen sowie die enthaltenen tatbestandlichen Voraussetzungen zunächst eigenständig dargestellt und besprochen werden. Demnach sollen die einzelnen Regelungen der §§ 74 ff. HGB hinsichtlich der ihnen möglicherweise immanenten verallgemeinerungsfähigen Wertungen und der damit einhergehenden Konkretisierungsfunktion untersucht werden. Begonnen werden soll mit der Norm des § 74a Abs. 1 HGB. Im Anschluss daran ist die Notwendigkeit der Karenzentschädigungszusage gegenüber Geschäftsführern im Sinne des § 74 Abs. 2 HGB zu besprechen. Als weitere wesentliche Normen sind sodann die §§ 74a Abs. 3, 74c, 75a, 75 HGB sowie die §§ 74 Abs. 1, 75c, 75d, 75f HGB zu betrachten.

B. Unverbindliches oder nichtiges Verbot nach § 74a Abs. 1 HGB

Wie schon besprochen wendet die Rechtsprechung zur Konkretisierung des Maßstabes der guten Sitten nach § 138 BGB im Kern eine zweistufige Prüfung im Sinne des § 74a Abs. 1 S. 1 und 2 HGB an. Hat sich demgemäß eine eigene Fallgruppe zu Wettbewerbsklauseln gebildet, ist es gleichwohl weiterhin fraglich, ob neben dem allgemeinen Rechtsgrundsatz noch weitere bislang unbeachtete Rechtsgrundsätze zu übertragen sind. In diesem Sinne äußerte auch das BAG schon Bedenken hinsichtlich der Anwendung des § 138 BGB, nach der jedwede objektive – wenn auch geringfügige – Überschreitung als Verletzung des moralischen Mindestmaßes beurteilt werde. Das könnte dazu führen, dass „sich der Laie und auch der juristisch Gebildete oft moralisch zu Unrecht getadelt [fühlt]“[983]. Die „Erweiterung der individualistischen Mißbilligung des § 138 BGB zum wirtschaftlichen Standard“[984] müsse indes verhindert werden. Unter Beachtung dieser Bedenken ist auch die Konkretisierung des § 138 BGB zu nachvertraglichen Wettbewerbsverboten mit Geschäftsführern zu betrachten. Diesbezüglich soll zunächst geklärt werden, ob und welche Erheblichkeitsschwelle der § 138 BGB seiner grundlegenden Kodifikation und Intention entsprechend prinzipiell vorsieht. Unter Beachtung der sodann gefundenen Erkenntnisse ist auch die Sachgerechtigkeit der Modifizierung des Maßstabes der guten Sitten infolge der Übertragung des Rechtsgedankens des § 74a Abs. 1 S. 1 und 2 HGB zu besprechen. Im Anschluss daran sollen auch die Rechtsfolge des § 138 BGB

983 BAG, NJW 1970, 626, 628.

984 Vgl. BAG, NJW 1970, 626, 628; mit Verweis auf *Wieacker*, JZ 1967, 716.

sowie die Möglichkeiten der Aufrechterhaltung der ansonsten nichtigen Wettbewerbsabrede unter Berücksichtigung etwaiger beachtlicher Rechtsgedanken beleuchtet werden. Des Weiteren sollen auch die Vorgaben der zeitlichen Grenze des § 74a Abs. 1 S. 3 HGB besprochen werden.

I. Maßstab der guten Sitten nach § 74a Abs. 1 S. 1 und 2 HGB

1. Allgemeine Erheblichkeitsschwelle des Verstoßes gegen die guten Sitten

Zuvörderst soll zunächst die Frage erörtert werden, ob der § 138 BGB seiner grundsätzlichen Konzeption nach das Überschreiten einer besonderen Erheblichkeitsschwelle des Verstoßes gegen die guten Sitten erfordert, dies vor allem in Anbetracht der sodann folgenden stringenten Rechtsfolge der Gesamtnichtigkeit.

Diesbezüglich wird zum einen die Auffassung vertreten, dass der Sittenwidrigkeitsprüfung zunächst allumfassend jedwedes rechtswidrige sowie treuwidrige Verhalten unterfallen soll, da auch diese nicht mehr das rechtliche „Sollen" beschreiben. Folglich seien nicht allein nur die „fundamentalen" oder unübersehbaren Verstöße vom Sittenwidrigkeitsverdikt umfasst, sondern alle rechtlich zu missbilligenden Handlungen und Rechtsgeschäfte, für die ansonsten keine spezialgesetzlichen Regelungen vorliegen würden.[985] Und auch aus systematischer Sicht enthalten die Regelungsbereiche der Sittenwidrigkeitsklauseln allgemein keine weiteren Hilfsnormen zur Erfassung „kleiner Rechtswidrigkeiten", sodass es zur Vermeidung etwaiger ungeplanter gesetzlicher Lücken notwendig sei, dass die Sittenwidrigkeitsklauseln jedwede Rechtswidrigkeit erfassen.[986]

Zuzustimmen ist vielmehr der Ansicht[987], nach der die Sittenwidrigkeitsprüfung des § 138 BGB zuvörderst nur einen auf den „Extremfall beschränkten Mindestschutz"[988] bieten soll, der allein die „äußer[e] Grenz[e] der herrschenden Rechts- oder Sozialmoral"[989] für „evident[e] Verstöß[e]" darstellt.

985 Vgl. *Sack*, GRUR 1970, 493, 498; *ders.*, WRP 1985, 1, 3; *ders.*, NJW 1985, 761, 765; *Damm*, JZ 1986, 913, 918; idS. auch *Reuter*, ZGR 1987, 489, 498; siehe dazu auch Staudinger/*Fischinger*, BGB § 138 Rn. 73.

986 *Sack* WRP 1985, 1, 3; AK-BGB/*Damm*, § 138 Rn. 83; so auch *Sack*, GRUR 1970, 493, 498, bezüglich des § 1 UWG a.F.

987 Die von Staudinger/*Fischinger*, BGB § 138 Rn. 71 als herrschende Meinung bezeichnet wird.

988 Vgl. *Canaris*, AcP 184 (1984), 201, 235.

989 *Dauner-Lieb*, AcP 201 (2002), 295, 325; dazu auch BeckOGK/*Jakl*, BGB § 138 Rn. 26; *Fastrich*, Richterliche Inhaltskontrolle im Privatrecht, S. 20.

Dementsprechend sollen vom Verdikt der Sittenwidrigkeit grundsätzlich nur „gesteigerte“ oder „schwerwiegende“ Rechtswidrigkeiten erfasst werden.[990] In diesem Sinne sieht auch der BGH den Vorwurf der Sittenwidrigkeit nur dann als gerechtfertigt an, wenn entweder „schwerwiegende Verstöße gegen das Anstandsgefühl vorliegen“[991] oder aber das Rechtsgeschäft mit den „grundlegenden Wertungen der Rechts- oder Sittenordnung unvereinbar“[992] sei. Und auch nach Ansicht des BAG greife das Sittenwidrigkeitsverdikt nur in „besonders krassen Fällen“.[993] Ob diese sittenwidrigkeitsbegründende Erheblichkeit überschritten wird, wird zutreffenderweise nicht einheitlich anhand einer moralischen oder rechtlichen Erheblichkeitsschwelle festgemacht,[994] sondern ergibt sich vielmehr aus der jeweiligen einzelfallabhängigen Beurteilung des Inhalts und Zwecks sowie der Beweggründe und des Gesamtcharakters des Rechtsgeschäfts.[995] Ausschlaggebend sind sodann vor allem die einzubeziehenden verfassungsrechtlichen Wertungen der betroffenen verfassungsrechtlich geschützten Rechtsgüter und Interessen.[996] Folglich hat der Richter im Rahmen der Anwendung des § 138 BGB eine sorgfältige Interessenabwägung vorzunehmen, bei der die verfassungsrechtlich geschützten Interessen der Parteien nach Maßgabe der praktischen Konkordanz in einen gerechten Ausgleich gebracht werden müssen. Folglich wird nicht jedweder Beeinträchtigung der verfassungsrechtlichen Interessen das Verdikt der Sittenwidrigkeit folgen, sofern diese Beeinträchtigung durch die verfassungsrechtlich geschützten Interessen des anderen Vertragsteils gerechtfertigt ist.[997]

Gleichwohl soll der § 138 BGB den beteiligten Vertragsparteien einen Mindestschutz bieten und demnach vor allem die äußerste Grenze der rechtlichen Überprüfung darstellen. Wird vorliegend vor allem die Vertragsfreiheit von wesentlicher Bedeutung sein und liegt eine eingriffsbegründende Umkehr der

990 So Staudinger/*Fischinger*, § 138 Rn. 71; *Fastrich*, Richterliche Inhaltskontrolle im Privatrecht, S. 20; *Canaris*, AcP 184 (1984), 201, 236, 241, 244; *ders.*, FS Larenz, 1983, 27, 29, 40; *Coester-Waltjen*, AcP 190 (1990), 1, 15, 31; *Mayer-Maly*, AcP 194 (1994), 105, 159; *Deutsch*, JZ 1963, 385, 389; idS. auch MüKoBGB/*Armbrüster*, § 138 Rn. 24.

991 BGH, ZIP 1994, 121; Staudinger/*Fischinger*, § 138 Rn. 71.

992 BGH, NJW 1998, 2531, 2532.

993 BAG, JZ 1975, 737, 738; Staudinger/*Fischinger*, § 138 Rn. 71; so auch *Beater*, AcP 197 (1997), 505, 527.

994 Vgl. BeckOGK/*Jakl*, BGB § 138 Rn. 29.

995 Siehe BGH, NJW 1990, 703, 704.

996 Vgl. BGHZ 140, 118, 128 f.; NK-BGB/*Looschelders*, § 138 Rn. 43 ff.

997 MüKoBGB/*Armbrüster*, § 138 Rn. 24; NK-BGB/*Looschelders*, § 138 Rn. 44.

Selbst- in eine Fremdbestimmung vor,[998] ist richtigerweise der Anwendungsbereich des § 138 BGB eröffnet. Die sodann vorzunehmende Sittenwidrigkeitsprüfung steht gleichwohl unter ausdrücklicher Beachtung des Über- und Untermaßverbotes, sodass es zuvörderst darum gehen soll einen möglichst schonenden Eingriff unter der Wahl der ansonsten ebenfalls noch zur Verfügung stehenden gleich geeigneten Mittel sowie unter Beachtung des gerechtesten und angemessensten Interessenausgleichs zu erreichen. Hält die Zivilrechtsordnung zunächst weniger einschneidende Instrumente bereit, soll die Nichtigkeitsfolge auf der letzten Stufe des „abgestuftes Systems" beschränkender Vorschriften stehen, da diese grundsätzlich die stärkste Form des Eingriffes in die Privatautonomie beschreibt.[999] Somit ist die Nichtigkeitsfolge im Sinne eines äußerst schwerwiegenden Eingriffes nur dann gerechtfertigt, wenn zuvor auch eine „gesteigerte" Rechtswidrigkeit vorliegt.[1000] In diesem Sinne hängt auch schon die allgemeine Befugnis der richterlichen zivilrechtlichen Vertragskontrolle von der Ungewöhnlichkeit der Situation ab, sodass „ein Vertrag nicht bei jeder Störung des Verhandlungsgleichgewichts" der nachträglichen Korrektur bedarf. Unter Beachtung der vorliegenden Problematik ist die Notwendigkeit des zivilrechtlichen Eingriffes erst beim Vorliegen einer gestörten Vertragsparität und bei der einseitig „ungewöhnlich belastend[en]" Wirkung der vertraglichen Vereinbarung zu bejahen. Geht es sodann darum einen angemessenen Eingriff

998 BVerfGE 89, 214, 232; 103, 89, 100 f.; im Rahmen des Art. 12 GG siehe BVerfGE 81, 242, 255; Staudinger/*Fischinger*, BGB § 138 Rn. 90; Jarass/Pieroth/*Jarass*, GG Art. 2 Rn. 23; Dürig/Herzog/Scholz/*Di Fabio*, GG Art. 2 Abs. 1 Rn. 107; *Paulus/Zenker*, JuS 2001, 1, 2.

999 Dazu *H. Köhler*, JuS 2010, 665 f.; idS. auch Staudinger/*Fischinger*, BGB § 138 Rn. 92. So vertritt *Fischinger* diese verfassungsrechtlichen Aspekte berücksichtigend eine vermittelnde Ansicht, bei der er zumindest die Überschreitung einer „gewisse[n] Erheblichkeitsschwelle" fordert. Sollte diese „gewisse Erheblichkeitsschwelle" sodann nicht überschritten werden, sollen die anderen zivilrechtlichen Mittel zur Anwendung kommen. So soll es dann in Übereinstimmung mit der (wohl) herrschenden Meinung zur Anwendung des § 242 BGB kommen, sofern „bloß" von einer Treuwidrigkeit auszugehen ist, die nicht dem Verdikt der Sittenwidrigkeit unterliegt. Fraglich ist gleichwohl, was mit dem Begriff der „gewisse[n]" Intensität gemeint ist. Vgl. dazu Staudinger/*Fischinger*, BGB § 138 Rn. 92 f. Da diese vermittelnde Ansicht nicht klar von den anderen beiden Ansichten abgegrenzt werden kann, soll sie vorliegend nicht weiter beachtet werden.

1000 Dazu *Beater*, AcP 197 (1997), 505, 517 f., 519, 523 f., 527; Staudinger/*Fischinger*, § 138 Rn. 88; idS. auch NK-BGB/*Looschelders*, § 138 Rn. 88 ff., im Vergleich zum Normzweckvorbehalt des § 134 BGB.

hinsichtlich des verhältnismäßigen Ausgleichs der „Freiheitsbeschränkung [und des gewährten] Freiheitsschutz[es]“ vorzunehmen,[1001] sprechen beachtliche Aspekte der Rechtssicherheit sowie Privatautonomie dafür, die zivilrechtliche Vertragskontrolle in Form der Sittenwidrigkeitsprüfung auf „krasse“ Fälle zu beschränken, sodass jedwedes treuwidrige oder unbillige Rechtsgeschäft dem Sittenwidrigkeitsverdikt unterliegen soll.[1002] Steht das Vorliegen einer „gesteigerten“ Rechtswidrigkeit in gewisser zwingender Konnexität zur stringenten Rechtsfolge der Gesamtnichtigkeit, kann dieses Argument zutreffenderweise nur dann angemessen entkräftet werden, wenn man im Gegenzug die Möglichkeit differenzierter Rechtsfolgen zulässt.[1003] Geht man jedoch zunächst vom Grundsatz der Gesamtnichtigkeit aus, sprechen die besseren Gründe dafür, grundsätzlich auch eine entsprechende „gesteigerte“ Rechtswidrigkeit für erforderlich zu halten.

Eine allumfassende Funktion des § 138 BGB würde zudem unerwünschterweise dazu führen, dass die Sittenwidrigkeitsprüfung zu einer „Wunderwaffe des Zivilrechts“ erhoben wird. Unterfällt sodann jedes treuwidrige, vertragswidrige oder unbillige Rechtsgeschäft oder Handeln schon dem § 138 BGB, käme es zwangsläufig zur Verdrängung der anderen Generalklauseln (§§ 242, 315 Abs. 3 BGB), was zugleich dem jeweiligen Wortlaut der Generalklauseln sowie der gesetzgeberischen Differenzierung der jeweiligen Anwendungsbereiche widerspricht. So macht die Differenzierung über die zugegebenermaßen sehr vagen Begriffe der „Treuwidrigkeit“ (§ 242 BGB) und „Unbilligkeit“ (§ 315 BGB) nur Sinn und kann entsprechend gewürdigt werden, wenn der § 138 BGB zugleich nicht vorrangig und allumfassend Anwendung findet. Des Weiteren kann schon begrifflich nicht jedes unbillige oder treuwidrige Verhalten einem Verstoß gegen das Anstandsgefühl aller billig und gerecht Denkenden gleichgestellt werden, sodass in solchen Fällen die Anwendungsbereiche der §§ 242, 315 BGB ihrem Sinn und Zweck sowie Wortlaut nach vorrangig eröffnet sein werden.[1004] Stellen die Generalklauseln der §§ 138, 242 315 BGB zunächst allesamt geeignete zivilrechtliche Mittel zur richterlichen Korrektur dar, ist unter Beachtung der gegenseitigen, systematischen und begrifflichen Beziehungen der Generalklauseln davon auszugehen,

1001 BVerfGE 81, 242, 261.

1002 IdS. *Honsell*, NJW 1994, 565, 566; ähnlich auch MüKoBGB/*Armbrüster*, § 138 Rn. 24.

1003 IdS. Staudinger/*Fischinger*, § 138 Rn. 86. Auf die Möglichkeit der Gewährung differenzierter Rechtsfolgen im Rahmen der Anwendung des § 138 BGB wird im Späteren noch eingehender eingegangen.

1004 Staudinger/*Fischinger*, BGB § 138 Rn. 77 f.

dass § 138 BGB zumeist nur dann vorrangig Anwendung finden soll, wenn ein Verstoß vorliegt, der eine „gesteigerte" Rechtswidrigkeit aufweist und dementsprechend über das Verdikt der Unbilligkeit oder Treuwidrigkeit hinausgeht. Etwaige sich nach der ersten Ansicht ergebende Schutzlücken („einfacher Rechtswidrigkeit") können sodann über die entsprechende Anwendung der §§ 242, 315 BGB oder des § 134 BGB für sogenannte „ungeschrieben[e] gesetzlich[e] Verbote"[1005] geschlossen werden.[1006] Als unangemessen empfundene Rechtsgeschäfte, die nicht die Schwelle der Sittenwidrigkeit erreichen, können eine gegebenenfalls notwendige richterliche Korrektur durch die Anwendung der anderen Generalklauseln erlangen.[1007]

Im Ergebnis ist damit zunächst festzuhalten, dass § 138 BGB im Grundsatz eine auf den Extremfall zugeschnittene Norm im Sinne einer Außengrenze des rechtlich Möglichen darstellt. Und auch in Anbetracht des Grundsatzes der Gesamtnichtigkeit sowie des damit einhergehenden äußerst schwerwiegenden Eingriffs in die Vertragsfreiheit wird dem Verdikt der Sittenwidrigkeit grundsätzlich eine „gesteigerte" oder „schwerwiegende" Rechtswidrigkeit zugrunde liegen müssen.[1008]

1005 Alleinig *Canaris*, AcP 184 (1984), 201, 236.

1006 Vgl. Staudinger/*Fischinger*, BGB § 138 Rn. 37 ff., 72. Dies entspreche auch der früheren Handhabe im Bereich der Inhaltskontrolle Allgemeiner Geschäftsbedingungen bis zur Kodifikation der §§ 9 ff. AGBG und der jetzigen §§ 307 ff. BGB, die eine Spezialregelung zum § 138 BGB darstellen. Siehe dazu *Fastrich*, Richterliche Inhaltskontrolle im Privatrecht, S. 9 f.; die Entwicklung der Rechtsprechung zur AGB-Kontrolle darstellend *Weidelener*, Der richterliche Vertragsschutz, S. 162 ff.

1007 Wie schon öfter im Wege der Wirksamkeits- und Ausübungskontrolle angesprochen; so auch BeckOGK/*Kähler*, BGB § 242 Rn. 1815. Hinzuweisen ist hier wieder darauf, dass damit auch die Möglichkeit der Modifikation im Wege der Anwendung des Grundsatzes von Treu und Glauben, der gesetzlichen Ausprägung des § 242 BGB oder einer sachnäheren spezialgesetzlichen Ausprägung des Grundsatzes von Treu und Glauben gemeint ist.

1008 Vgl. Staudinger/*Fischinger*, § 138 Rn. 71; *Fastrich*, Richterliche Inhaltskontrolle im Privatrecht, S. 20; *Canaris*, AcP 184 (1984), 201, 236, 241, 244; *ders.*, FS Larenz, 1983, 27, 29, 40; *Coester-Waltjen*, AcP 190 (1990), 1, 15, 31; *Mayer-Maly*, AcP 194 (1994), 105, 159; *Deutsch*, JZ 1963, 385, 389; idS. auch MüKoBGB/*Armbrüster*, § 138 Rn. 24; Nk-BGB/*Looschelders*, § 138 Rn. 42 f.

2. *Sachgerechter Maßstab unter Heranziehung des § 74a Abs. 1 S. 1 und 2 HGB*

Ausgehend von der allgemeinen Pflicht der zivilrechtlichen Gerichte im Wege der Inhaltskontrolle (Vertragskontrolle) einzuschreiten, sofern eine evidente typisierte Ungleichgewichtslage sowie eine unangemessene einseitige Belastung zulasten einer Vertragspartei vorliegen,[1009] ist folglich das Vorliegen einer gestörten Vertragsparität maßgeblich, die wiederum eine Machtdisparität des einen Teils und die sich im Vertragsinhalt niederschlagende Unterlegenheit des anderen Teils ausdrückt.[1010] Wann dieses eingriffsbegründende Maß der privatautonomen Beschränkungen im Sinne der gestörten Vertragsparität erreicht wird, wird vertragsbezogen festgestellt und soll unter Berücksichtigung des damit sodann unweigerlich einhergehenden staatlichen Eingriffs in die privatautonome Vertragspraxis im Grundsatz weiterhin eine im hohen Maße begründungsbedürftige Ausnahme darstellen.[1011]

Dass auch in den Fällen von nachvertraglichen Wettbewerbsverboten mit Geschäftsführern eine vertragsbezogene gestörte Vertragsparität vorliegen kann, ist ausgehend von den Ausführungen des BVerfG sowie der darin enthaltenen Bezugnahme der BGH-Rechtsprechung zu Wettbewerbsklauseln[1012] zu bejahen. So kann der jeweiligen vertraglichen Gestaltung die einseitige unangemessene Benachteiligung des einen Vertragsteils folgen, sodass sich die Feststellung einer gestörten Vertragsparität und Unterlegenheit anhand der spezifischen vertraglichen Verhandlungssituation und der damit auferlegten Benachteiligungen zu richten hat,[1013] wobei auch das typisierende Vorliegen einer wirtschaftlichen Unterlegenheit und Abhängigkeit des Geschäftsführers angedacht werden könnte.[1014] Die Feststellung der gestörten Vertragsparität richtet sich sodann

---

1009 Vgl. *Hergenröder*, DZWir 1994, 485, 490, wobei es damit vor allem um die verfassungsrechtliche Sicht geht. IdS. auch *Groeschke*, BB 1994, 725, 726.

1010 Siehe BVerfGE 81, 242, 254 f.; *Löwe*, ZIP 1993, 1759; *Wiedemann*, JZ 1994, 411, 412; *Grün*, WM 1994, 713, 721; *Bengelsdorf*, BB 1995, 978, 981; *Adomeit*, NJW 1994, 2467; *Tonner*, JuS 2000, 17, 18; *D. Schwab*, DNotZ Sonderheft 2001, 9, 15; *Münch*, KritV 2005, 208, 214; *Gutzeit*, NZS 2012, 410, 412.

1011 *Lieb*, DNotZ 1989, 274, 284; idS. auch *Münch*, DNotZ 2004, 901, 905; *Stresow*, Die richterliche Inhaltskontrolle von Eheverträgen, S. 162.

1012 BVerfGE 81, 242, 255 f.

1013 Vgl. BeckOGK/*Jakl*, BGB § 138 Rn. 67; so auch *Krahforst*, Nachvertragliche Wettbewerbsverbote für GmbH-Geschäftsführer, S. 240.

1014 Nach Ansicht von *Wendland* kann die wirtschaftliche Unterlegenheit und Abhängigkeit des Geschäftsführers ebenfalls eine Unterlegenheit im Sinne der gestörten Vertragsparität bewirken, siehe *Wendland*, Vertragsfreiheit und Vertragsgerechtigkeit,

auch nach den tatbestandlichen Schwellen des anzuwendenden zivilrechtlichen Mittels. Dies bedeutet vorliegend also, dass es vorrangig auf die Eingriffsvoraussetzungen des § 138 BGB sowie der §§ 74 ff. HGB ankommen wird. Folglich geht es vorliegend zuvörderst um die sachgerechte Bestimmung des Maßstabes der „guten Sitten“ hinsichtlich nachvertraglicher Wettbewerbsverbote mit Geschäftsführern.

Der Maßstab der „guten Sitten“ sowie die damit eingebürgerte Formel vom „Anstandsgefühl aller billig und gerecht Denkenden“ kann zutreffenderweise nicht allgemein sowie sachbereichsübergreifenden einheitlich definiert werden. Diese oftmals als „Leerformel“[1015] kritisierte Definition des dennoch allgemein angewandten Sittenwidrigkeitsmaßstabes[1016] bildet zunächst dennoch den Ausgangspunkt der vorliegenden Konkretisierung. Bei der Definition des „Anstandsgefühl[s] aller billig und gerecht Denkenden“ ist grundsätzlich auf die herrschende Rechts- und Sozialmoral und der dieser „immanenten Rechtsethik“[1017] abzustellen, wobei sodann auch die dem Sachverhalt unterfallenden Anschauungen der Rechts- und Verkehrskreise maßgeblich sein sollen.[1018] Im

---

S. 402 ff. Ausgehend davon, dass die Vereinbarung eines nachvertraglichen Wettbewerbsverbotes sowie die darin enthaltenen Wettbewerbsbeschränkungen im Grundsatz allein den Schutzinteressen der Gesellschaft dienen und sodann auch die Initiative zur Vereinbarung eines solchen nachvertraglichen Wettbewerbsverbotes generell von der hauptsächlich alleinig begünstigten Gesellschaft ausgehen wird, könnte man eine gewisse generelle Disparität der Verhandlungspositionen bezüglich des nachvertraglichen Wettbewerbsverbotes annehmen, die im Gesellschaftsrecht richtigerweise nicht mit der Offensichtlichkeit vorliegen wird, wie dies im Arbeitsrecht der Fall ist. Folglich liegt es nicht fernab jedweder Überlegung, den Vertretern der Literatur zuzustimmen, die beim Vorliegen nachvertraglicher Wettbewerbsverbote das Vorliegen einer gestörten Vertragsparität widerlegbar vermuten wollen. Siehe dazu *Reinfeld*, Das nachvertragliche Wettbewerbsverbot im Arbeits- und Wirtschaftsrecht, S. 35 f.; *Gerigk*, Nachvertragliche Wettbewerbsverbote mit Organmitgliedern, S. 180 f.

1015 *Teubner*, Standards und Direktiven in Generalklauseln, S. 20 f., 23, 51; *Schachtschneider*, FS Thieme, 1993, 195, 211; *Heldrich*, AcP 186 (1986), 74, 94.

1016 So in der Rechtsprechung siehe BGH, NJW-RR 2013, 1448, 1449; BGH, NJW 2014, 1380; BGH, NJW-RR 2018, 906, 907; BGH, NJW 2019, 3635, 3637; MüKoBGB/*Armbrüster*, § 138 Rn. 26.

1017 So LG Münster, NJW 1975, 2070, 2073; dazu Staudinger/*Fischinger*, BGB § 138 Rn. 62; MüKoBGB/*Armbrüster*, § 138 Rn. 27; BeckOGK/*Jakl*, BGB § 138 Rn. 30; BeckOK BGB/*Wendtland*, § 138 Rn. 16; *J.* Eckert, AcP 199 (1999), 337, 345 f.

1018 BeckOGK/*Jakl*, BGB § 138 Rn. 25; MüKoBGB/*Armbrüster*, § 138 Rn. 26; auch schon *Flume*, BGB AT II, S. 363 ff., S. 367.

Sinne der vertragsbezogenen Bestimmung des Maßstabes der guten Sitten sind die Bewertungsmaßstäbe der in den Anschauungen des einschlägigen Rechts- und Verkehrskreises bestehenden geschützten und widerstreitenden Interessen abzuwägen,[1019] sodass vor allem die verfassungsrechtlich geschützten, einfachgesetzlich normierten[1020] sowie außergesetzlich anerkannten[1021] Interessen, Wertungen und Moralvorstellungen als Bewertungsfaktoren heranzuziehen sind. Damit geht es insbesondere um die einzelfallabhängige Beurteilung des Inhalts und Zwecks sowie der Beweggründe und des Gesamtcharakters des Rechtsgeschäfts,[1022] wobei letzten Endes vor allem die einzubeziehenden verfassungsrechtlichen Wertungen der betroffenen verfassungsrechtlich geschützten Rechtsgüter und Interessen von maßgeblicher Bedeutung sein werden.[1023] Im Rahmen der vorzunehmenden sorgfältigen Interessenabwägung sind die verfassungsrechtlich geschützten Interessen der Parteien nach dem Grundsatz der praktischen Konkordanz in einen gerechten Ausgleich zu bringen.[1024]

Um diese grundsätzlich einzelfallabhängigen Vorgaben in gewisser Weise zu systematisieren und zu ordnen, bedienten sich die Rechtsprechung und Literatur der Bildung von Fallgruppen. Bei der Bildung von Fallgruppen handelt es sich um ein induktives Verfahren, im Rahmen dessen den jeweiligen Einzelentscheidungen die damit einhergehenden notwendigerweise getroffenen verallgemeinerungsfähigen Wertungen entnommen und auf eine höhere Ebene der Abstraktheit im Wege des wertenden Vergleichs typischer Fallkonstellationen zusammengefasst werden sollen. Diese an den verallgemeinerungsfähigen Wertungen orientierten und damit zwingenderweise weiterhin abstrakten Fallgruppen sollen sodann als Ausgangspunkt und grobes Orientierungsmuster für die Behandlung weiterer Fälle dienen.[1025] Demnach folgt der Fallgruppenbildung die Bündelung und Zusammenfassung der einschlägigen Präjudizien, womit sich der Rechtsanwender bestenfalls nicht mehr eigens im „Dschungel

---

1019 Staudinger/*Fischinger*, BGB § 138 Rn. 94.

1020 So *Sack*, WRP 1985, 1, 4; idS. auch BeckOK BGB/*Wendtland*, § 138 Rn. 18.

1021 Vgl. *Sack*, WRP 1985, 1, 4; dazu auch BeckOGK/*Jakl*, BGB § 138 Rn. 32 ff.; Staudinger/*Fischinger*, BGB § 138 Rn. 105.

1022 Siehe BGH, NJW 1990, 703, 704.

1023 Vgl. BGHZ 140, 118, 128 f.; NK-BGB/*Looschelders*, § 138 Rn. 43 ff.

1024 MüKoBGB/*Armbrüster*, § 138 Rn. 24; NK-BGB/*Looschelders*, § 138 Rn. 44.

1025 *Larenz*, JZ 1962, 105, 106; *R. Weber*, AcP 192 (1992), 516, 518, 527; *Kamanabrou*, AcP 202 (2002), 662, 672 f.; dazu auch *Möllers*, Juristische Methodenlehre, § 8 Rn. 26 ff.; MüKoBGB/*Schubert*, § 242 Rn. 42; Staudinger/*Looschelders*/*Olzen*, BGB § 242 Rn. 210; *Beater*, AcP 194 (1994), 90, 92.

des Fallrechts“ verlieren wird.[1026] Die Bildung sowie die Einordnung von Fällen in die Fallgruppen orientieren sich im Wesentlichen an der wertungsmäßigen Vergleichbarkeit der Fälle. Unter Beachtung der wertungsmäßig maßgeblichen Wertungen sollen die Fallgruppen im Idealfall zum einen die notwendige Konkretheit und Bestimmtheit hinsichtlich eines definierten Anwendungsbereichs bieten, andererseits gleichfalls die notwendige Flexibilität zur angemessenen und einzelfallgerechten Begegnung des jeweiligen Sachverhalts aufweisen.[1027] In diesem Sinne stellen die herausgearbeiteten Fallgruppen die „mehr oder weniger“ vorliegende „Makroebene“ dar und machen im weiteren Zusammenspiel mit den beweglichen Kriterien[1028] auf der „Mikroebene“ die Generalklauseln handhabbar.[1029] Zu beachten ist gleichwohl, dass sich bei den Generalklauseln im Allgemeinen und so auch vor allem beim § 138 BGB bislang keine gänzlich einheitlichen Fallgruppen herausgebildet haben.[1030]

1026 *Ohly*, AcP 201 (2001), 1, 39.

1027 Vgl. *Leenen*, Typus und Rechtsfindung, S. 70; *Möllers*, Juristische Methodenlehre, § 8 Rn. 26 f. Siehe auch MüKoBGB/*Schubert*, § 242 Rn. 41 ff., der vor allem auch die weiterhin notwendig zu erhaltende Unbestimmtheit der Generalklauseln als „ihr kreatives Element“ betont.

1028 Im Sinne eines „beweglichen Systems“, welches im Wesentlichen von *Wilburg*, Entwicklung eines beweglichen Systems im bürgerlichen Recht, S. 13, entwickelt wurde.

1029 Vgl. *Möllers*, Juristische Methodenlehre, § 8 Rn. 36 ff.; auch auf das Zusammenspiel mit dem „beweglichen System“ abstellend MüKoBGB/*Armbrüster*, § 138 Rn. 44 ff.

1030 Vgl. zum Beispiel MüKoBGB/*Armbrüster*, § 138 Rn. 51 ff. So führt er etwa die Fallgruppen der Absicherung der anerkannten Ordnung, Abwehr von Freiheitsbeschränkungen, Abwehr der Ausnutzung von Machtpositionen, Abwehr der Schädigung Dritter, Abwehr von schweren Äquivalenzstörungen, Durchkreuzung verwerflicher Gesinnung und Abwehr missbilligter Kommerzialisierung oder Zwecksetzung an. *Neuner*, Allgemeiner Teil des Bürgerlichen Rechts, § 46 Rn. 29 ff., hingegen bildet beispielsweise die Fallgruppen der Rechtsgeschäfte zulasten der eigenen Person, des Schutzes vor der Perspektivlosigkeit, des Schutzes vor Identitätsverlust, der Rechtsgeschäfte zulasten des Geschäftspartner mit der weitergehenden Unterteilung in dem Umstand der Machtstellung, des übermäßigen Vorteils oder Überforderung und der Ausnutzung, der Rechtsgeschäfte zulasten Dritter, der Rechtsgeschäfte zulasten der Allgemeinheit sowie des wucherischen Geschäftes nach § 138 Abs. 2 BGB. Siehe zu weiteren divergierenden Fallgruppen Erman/*Schmidt-Räntsch*, BGB § 138 Rn. 25; NK-BGB/*Looschelders*, § 138 Rn. 101 ff.; Spindler/Schuster/*Müller*, BGB § 138 Rn. 8. Ein ähnliches Bild ergibt sich bei § 242 BGB, vgl. dazu MüKoBGB/*Schubert*, § 242 Rn. 199 ff.; Staudinger/*Looschelders*/*Olzen*, BGB § 242 Rn. 210 ff.; Erman/*Bötcher*, BGB § 242 Rn. 101 ff. Zu den verfassungsrechtlichen Fallgruppen der gestörten Vertragsparität siehe *Wendland*, Vertragsfreiheit und Vertragsgerechtigkeit, S. 402 ff.

Fraglich ist jedoch, ob sich nicht bezüglich nachvertraglicher Wettbewerbsverbote mit Geschäftsführern oder zumindest allgemein zu Wettbewerbsklauseln eine eigene Fallgruppe gebildet hat. So betonte der BGH bei nachvertraglichen Wettbewerbsverboten mit Geschäftsführern, dass bei der Konkretisierung des § 138 Abs. 1 BGB die in „den §§ 74 ff. HGB zum Ausdruck gekommenen Rechtsgrundsätze“[1031] herangezogen werden und so die Ausfüllung des Tatbestandes der Sittenwidrigkeit ermöglichen sollen. Demgemäß legte der BGH fest, dass die Wettbewerbsabrede dann als zulässig und sittenkonform zu erachten sei, „wenn sie dem Schutze eines berechtigten Interesses des Gesellschaftsunternehmens dienen und nach Ort, Zeit und Gegenstand die Berufsausübung und wirtschaftliche Betätigung des Geschäftsführers nicht unbillig erschweren“[1032] wird. Folglich enthalte der § 74a Abs. 1 S. 1 und 2 HGB, der in der Begründung des BGH fast wortgleich übernommen wurde,[1033] allgemeingültige Wertungen und Voraussetzungen, die auch für Wettbewerbsklauseln mit Geschäftsführern gelten sollen. So könnte dem § 74a Abs. 1 S. 1 und 2 HGB ein allgemeingültiger und verallgemeinerungsfähiger Rechtsgedanke innewohnen, der allgemeine Zulässigkeits- sowie Eingriffsvoraussetzungen bestimmt.

In diesem Sinne setzte schon das Reichsgericht (RG) ein das Konkurrenzverbot begründendes anzuerkennendes Interesse des Begünstigten voraus. Lag ein solches vor, durfte das Verbot im Weiteren keine unbillige Beschränkung der „unveräußerlichen Freiheit“[1034] des Betroffenen bewirken.[1035] Diesen Prüfungsansatz führte das Reichsgericht in seinen weiteren Entscheidungen auch konsequent fort[1036] und formulierte, dass Konkurrenzverbote, die die persönlichen Freiheiten beschränken, „als durchaus zulässig zu erachten [seien], sofern sie einerseits einem berechtigten Interesse desjenigen entspricht, zu dessen Gunsten sie übernommen wurde und andererseits derart – örtlich, zeitlich, gegenständlich – begrenzt ist, dass sie nicht zu einer unangemessenen Beschränkung der Bewegungsfreiheit, insbesondere zur wirtschaftlichen Vernichtung des Verpflichteten führt.“[1037] Daran anknüpfend richtete auch der BGH seine Prüfung

---

1031 BGHZ 91, 1, 5.

1032 Vgl. BGHZ 91, 1, 5.

1033 Siehe BGHZ 91, 1, 5.

1034 Vgl. RGZ 31, 97, 99.

1035 Siehe dazu RGZ 1, 22; 2, 118; 31, 97; *Krahforst*, Nachvertragliche Wettbewerbsverbote für GmbH-Geschäftsführer, S. 242 f.

1036 Siehe dazu RGZ 68, 229; 112, 361; *Krahforst*, Nachvertragliche Wettbewerbsverbote für GmbH-Geschäftsführer, S. 243.

1037 Vgl. RGZ 53, 154, 156.

von Wettbewerbsklauseln im Rahmen des § 138 BGB zunächst an der Feststellung des Vorliegens eines berechtigten Interesses des Begünstigten aus, der sodann die Billigkeitsprüfung folgte, nach der die auferlegten Beschränkungen in örtlicher, zeitlicher und gegenständlicher Richtung den Betroffenen nicht unbillig beschränken dürften.[1038] Auch ohne das ausdrückliche Abstellen auf die in „den §§ 74 ff. HGB zum Ausdruck gekommenen Rechtsgrundsätze" sowie die bemerkenswerte fast wortgleiche Übernahme des § 74a Abs. 1 S. 1 und 2 HGB entsprach auch schon die allgemeine Rechtsprechung zu Wettbewerbsklauseln diesem Rechtsgedanken.[1039] Die Rechtsprechung zu Geschäftsführern unterscheidet sich demgemäß zuvörderst in der Deutlichkeit der Übernahme des § 74a Abs. 1 S. 1 und 2 HGB sowie der allgemeinen Bezugnahme der §§ 74 ff. HGB.[1040] Und auch die instanzgerichtliche Rechtsprechung übernahm die grundsätzlichen Zulässigkeits- und Eingriffsvoraussetzungen des RG und BGH. Demnach wird ebenso zunächst ein anerkennenswertes Interesse des Begünstigten verlangt, nach dem die Wettbewerbsabrede das berufliche Fortkommen des Betroffenen aufgrund der örtlichen, zeitlichen und gegenständlichen Beschränkungen nicht unangemessen und unbillig beeinträchtigen darf,[1041] wobei vor allem bei Wettbewerbsverboten mit Geschäftsführern unter Verweis auf die BGH-Rechtsprechung die Bedeutung der verfassungsrechtlichen Wertungen der Art. 12 Abs. 1, 2 Abs. 1 GG betont wurde.[1042]

Bevor die analoge Anwendung der §§ 74 ff. HGB für alle Arbeitnehmer erfolgte, wendete auch das BAG den § 138 BGB als Maßstab der rechtlichen Beurteilung nachvertraglicher Wettbewerbsverbote an, gegenüber technischen Angestellten in Verbindung mit dem § 133f GewO und gegenüber nicht

1038 Siehe dazu BGH, NJW 1964, 2203; BGH, BeckRS 2013, 15359; BGH, BeckRS 1973, 31366515; BGH, NJW 1979, 1605, 1606; BGH, BeckRS 1986, 31366531; BGH, NJW-RR 1990, 226; BGH, DStR 1996, 1254; BGH, NJW 1997, 3089; BGH, NJW 2009, 1751; *Krahforst*, Nachvertragliche Wettbewerbsverbote für GmbH-Geschäftsführer, S. 244 f.

1039 BGHZ 91, 1; BGH, NJW 2002, 1875; BGH, NZG 2008, 753.

1040 So auch *Krahforst*, Nachvertragliche Wettbewerbsverbote für GmbH-Geschäftsführer, S. 244 f.

1041 Vgl. OLG Hamm, NJW-RR 1993, 1314; OLG Stuttgart, NZG 1999, 252, 254; OLG Köln, NZG 2001, 165, 167; OLG Düsseldorf, NJOZ 2016, 163, 164.

1042 Vgl. OLG Düsseldorf, NJW-RR 1994, 35, 36; OLG Oldenburg, NZG 2000, 1038, 1039; OLG Celle, NZG 2001, 131, 132; OLG Nürnberg, GmbHR 2010, 141, 142 f.; OLG Hamm, GmbHR 2017, 245, 246; OLG München, NZA-RR 2019, 82, 83; *Krahforst*, Nachvertragliche Wettbewerbsverbote für GmbH-Geschäftsführer, S. 246 mwN.

kaufmännischen oder gewerblichen Angestellten in Verbindung mit der Wertung des § 74a Abs. 1 S. 1 und 2 HGB. Demnach musste zum einen ebenfalls ein berechtigtes Interesse des Begünstigten vorliegen, zum anderen durften die auferlegten Beschränkungen in örtlicher, zeitlicher und gegenständlicher Hinsicht das berufliche Fortkommen des Betroffenen nicht unbillig erschweren.[1043] In diesem Sinne nahm auch das BAG an, dass der § 74a Abs. 1 S. 1 HGB einen allgemeinen Rechtsgrundsatz enthalte, der auf alle arbeitsrechtlichen Wettbewerbsverbote Anwendung finden müsse.[1044] Darüber hinaus enthalte der § 74a Abs. 1 S. 2 HGB weitere allgemeine Wertmaßstäbe, die an das Gebot der guten Sitten im Bereich von Wettbewerbsklauseln anzulegen seien.[1045] Dasselbe gelte für den § 74a Abs. 1 S. 3 HGB hinsichtlich der zeitlichen Beschränkbarkeit in Anbetracht einer unangemessenen Erschwerung des beruflichen Fortkommens.[1046]

Insgesamt setzen die Rechtsprechungen des RG, des BGH, der Instanzgerichte sowie des BAG übereinstimmend voraus, dass ein anerkennenswertes Interesse des Begünstigten vorliegen muss, welches den nachvertraglichen Schutz und die nachvertraglichen Beschränkungen des Betroffenen grundsätzlich erst begründen und rechtfertigen kann. Des Weiteren dürfen die auferlegten Beschränkungen in örtlicher, zeitlicher und gegenständlicher Hinsicht die berufliche Freiheit des Betroffenen nicht unangemessen und unbillig beeinträchtigen. Dass dem § 74a Abs. 1 S. 1 und 2 HGB ein allgemeiner Rechtsgedanke immanent ist, liegt auf der Hand. Eine methodische Begründung und Herleitung der allgemeinen Rechtsgedanken der §§ 74 ff. HGB sowie des fast wortgleich übernommenen § 74a Abs. 1 S. 1 und 2 HGB erfolgt indes durch den BGH nicht.

So setzte sich vor allem das BAG mit der Rechtsgrundsatzqualität des § 74a Abs. 1 S. 1 und 2 HGB auseinander. Folglich stelle § 74a Abs. 1 S. 1 und 2 HGB nach Ansicht des BAG eine spezialgesetzliche Ausprägung des Grundsatzes von Treu und Glauben dar, wonach auch die Rechtsgrundsatzqualität anzunehmen ist. Entsprechend den wesentlichen und allgemeinen Wertungen des Grundsatzes von Treu und Glauben unterliege auch § 74a Abs. 1 S. 1 und 2 HGB den Leitgedanken, dass die „Handlungs- und Vertragsfreiheit [des einen Vertragsteils] nicht weiter eingeschränkt werden [darf], als es [die] berechtigte[n] Interessen des Vertragspartners“ zu rechtfertigen vermögen.[1047] Stellt der Grundsatz

---

1043 Dazu BAGE 19, 152; 19, 267; BAG, v. 06.09.1968 - 3 AZR 188/67, juris Rn. 15.

1044 Vgl. BAGE 18, 104; 19, 152; 19, 267, Rn. 29.

1045 BAG, v. 06.09.1968 - 3 AZR 188/67, juris Rn. 15.

1046 BAGE 19, 152.

1047 BAGE 19, 164, Rn. 86.

von Treu und Glauben ein allgegenwärtiges und immer zu beachtendes Rechtsprinzip unseres Vertragsrechts dar, ist der § 74a Abs. 1 S. 1 und 2 HGB als eine wesentliche Konkretisierung des Grundsatzes von Treu und Glauben zu verstehen, der folglich über seinen konkreten Anwendungsbereich hinaus einen allgemeinen Rechtsgedanken verkörpert und als sachgerechte Konkretisierungshilfe des § 138 Abs. 1 BGB anzusehen ist. Folglich sind die dem § 74a Abs. 1 S. 1 und 2 HGB immanenten verallgemeinerungsfähigen Wertungen des positiven Rechts vorliegend zur sachgerechten Konkretisierung des Maßstabes der guten Sitten sowie der vorzunehmenden Interessenabwägung des § 138 Abs. 1 BGB gegenüber Geschäftsführern heranzuziehen. Demnach wird § 74a Abs. 1 S. 1 und 2 HGB hinsichtlich seiner Tatbestandsvoraussetzungen zutreffenderweise auch den allgemeinen Wertungen einer allgemeinen Fallgruppe zu Wettbewerbsverboten zwischen Privatleuten entsprechen.[1048]

Hinsichtlich nachvertraglicher Wettbewerbsverbote mit Geschäftsführern wird unter Beachtung der vorliegenden verfassungsrechtlichen Wertungen und Interessen vorliegend eine strengere eng an der zweistufigen Interessenabwägung des § 74a Abs. 1 S. 1 und 2 HGB angelegte Prüfung die sachgerechte Konkretisierung des Maßstabes der guten Sitten nach § 138 BGB darstellen. Demgemäß können die dem allgemeinen Rechtsgedanken des § 74a Abs. 1 S. 1 und 2 HGB innewohnenden Kriterien der zweistufigen Interessenabwägung zutreffenderweise als „allgemeine Sachgerechtigkeitskriterien der Inhaltskontrolle“[1049] bezeichnet werden, die vorliegend ein maßgebliches gesetzgeberisches Modell für die sachgerechte Vertragskontrolle nachvertraglicher Beschränkungen der

---

1048 Vgl. *Krahforst*, Nachvertragliche Wettbewerbsverbote für GmbH-Geschäftsführer, S. 233; siehe auch Staudinger/*Fischinger*, BGB § 138 Rn. 448 ff. Siehe zudem Staudinger/*Fischinger*, BGB § 138 Rn. 459, für die allgemeine Beurteilung von Wettbewerbsverboten im Anwendungsbereich des § 138 BGB sowie außerhalb der spezialgesetzlichen Anwendungsbereiche der §§ 74 ff. HGB oder der §§ 307 ff. HGB. Hier könnte man richtigerweise darauf hinweisen, dass diese eigenständige Fallgruppe der Wettbewerbsverbote zum Teil beachtliche Überschneidungen mit einigen in der Literatur entwickelten „üblichen“ Fallgruppen haben wird. So zum Beispiel mit der von *Armbrüster* entwickelten Fallgruppe der Abwehr von Freiheitseinschränkungen, die sodann wieder fließende Grenzen und Überschneidungen mit den Fallgruppen der Absicherung der anerkannten Ordnung und der Abwehr der Ausnutzung von Machtpositionen haben wird. Dazu MüKoBGB/*Armbrüster*, § 138 Rn. 51 ff., 109; vgl. auch *Neuner*, Allgemeiner Teil des Bürgerlichen Rechts, § 46 Rn. 31 ff. der auch das Beispiel des Wettbewerbsverbotes anspricht.

1049 *Preis*, Grundfragen der Vertragsgestaltung im Arbeitsrecht, S. 533.

Berufsfreiheit hinsichtlich Geschäftsführern vorgeben.[1050] Folglich ist auch davon auszugehen, dass infolge der Übertragung der allgemeinen Rechtsgedanken des § 74a Abs. 1 S. 1 und 2 HGB in angemessener sowie sachgerechter Weise die Herabsetzung des Interventionsmaßstabs der guten Sitten von der „gesteigerten“ Rechtswidrigkeit auf eine strengere Erforderlichkeits- und Angemessenheitsprüfung erfolgt.[1051]

Somit unterliegt der Verstoß gegen die guten Sitten nach Maßgabe des § 138 BGB in Verbindung mit dem Rechtsgedanken des § 74a Abs. 1 S. 1 und 2 HGB der zweistufigen Prüfung sowie der umfassenden Interessenabwägung. Auf der ersten Stufe muss folglich zunächst ein berechtigtes Interesse des grundsätzlich Begünstigten (hier die Gesellschaft) vorliegen. Ein berechtigtes Interesse liegt sodann vor, wenn anzuerkennende Schutzinteressen sowie -bedürfnisse hinsichtlich eines effektiven Schutzes empfindlicher und schützenswerter Informationen über das Unternehmen selbst und/oder über die Kontakte und Beziehungen zu den Kunden und Geschäftspartner des Unternehmens bestehen.[1052] Damit geht es zuvörderst um die anzuerkennenden und berechtigten Interessen zum Schutze des Kunden- und Mandantenstamms sowie der Geschäfts- und Betriebsgeheimnisse,[1053] welche vor allem dann bestehen, wenn die illoyale Verwertung der Arbeitserfolge durch die Aufnahme einer Konkurrenztätigkeit droht.[1054] Die Bedrohungslage bestimmt sich sodann vor allem daran, inwiefern der Geschäftsführer im Rahmen der vormals tatsächlich ausgeübten Tätigkeit in der Lage war, Verbindungen und Informationen faktisch zu erlangen.[1055] Dieses Schutzinteresse und -bedürfnis der Gesellschaft genießt des Weiteren auch verfassungsrechtlichen Schutz nach Art. 12 Abs. 1, 14 Abs. 1 GG.

1050 *Canaris*, AcP 184 (1984) 201, 241; dazu auch *Weidelener*, Der richterliche Vertragsschutz, S. 237.

1051 *Canaris*, AcP 184 (1984), 201, 241; *ders.*, JuS 1989, 161, 164.

1052 Siehe dazu BGHZ 91, 1, 7; OLG Nürnberg, GmbHR 2010, 141, 142 f.; HCL/*Paefgen*, GmbHG § 35 Rn. 494; *Lammel/Martens/Bieniek*, GmbH-Stpr 2020, 329-336.

1053 *Bauer/Diller*, GmbHR 1999, 885, 888; MüKoGmbHG/Jaeger/Steinbrück, § 35 Rn. 372; MHLS/*Lieder*, GmbHG § 43 Rn. 281.

1054 BGHZ 91, 1, 6 f.; BGH, NJW 1986, 2944, 2945; BGH, NJW-RR 1989, 800, 801; BGH, NJW 2015, 1012, 1013; OLG Düsseldorf, GmbHR 1999, 120, 121; HCL/*Paefgen*, GmbHG § 35 Rn. 492; BeckOK BGB/*Wendtland*, BGB § 138 Rn. 77; BeckOGK/*Fehrenbach*, BGB § 307 Wettbewerbsverbotsklausel Rn. 198.

1055 OLG Düsseldorf, GmbHR 1999, 120, 121; MHLS/*Ziemons*, GmbHG § 43 Rn. 281; *U. H. Schneider*, GmbHR 1993, 10, 18.

Auf der zweiten Stufe darf die zukünftige wirtschaftliche und berufliche Betätigung des Betroffenen nicht unbillig erschwert werden. Gemessen wird dies an den gegenständlichen, örtlichen und zeitlichen Grenzen.[1056] Die vorzunehmende Interessenabwägung beantwortet sodann die Frage, ob die einzelfallabhängig festzulegenden und zu gewichtenden berechtigten Interessen der Gesellschaft unter Beachtung der Umstände des Einzelfalls sowie der auferlegten gegenständlichen, örtlichen und zeitlichen Beschränkungen die damit einhergehenden Beeinträchtigungen des freien beruflichen Fortkommens des Geschäftsführers rechtfertigen können. Auch hier ist der verfassungsrechtliche Schutz zugunsten des Geschäftsführers hinsichtlich seiner beruflichen Selbstbestimmung und Entfaltungsfreiheit nach Art. 12 Abs. 1, 2 Abs. 1 GG zu beachten.[1057]

Von wesentlicher Bedeutung und Ausgangspunkt der Festlegung, Gewichtung und Abwägung der gegenseitigen und widerstreitenden berechtigten Interessen sind somit die Ranghöhe, die Intensität der Bedrohung der verfassungsrechtlich geschützten Rechtsgüter sowie das Bestreben der beiderseitigen faktischen Aufrechterhaltung der Funktionsfähigkeit der bedrohten Grundrechtspositionen, die sodann im Sinne und unter Berücksichtigung der praktischen Konkordanz in einen angemessenen Ausgleich zu bringen sind.[1058] Die Interessenabwägung des § 74a Abs. 1 S. 1 und 2 HGB wird letztlich zutreffenderweise die angemessene und sachgerechte Berücksichtigung der allgemeinen Rechtsprinzipien, die Einbeziehung der verfassungsrechtlichen Individualschutzgüter der beteiligten Vertragsparteien sowie der gesetzgeberischen Werteentscheidungen

1056 Siehe auch Staudinger/*Fischinger*, BGB § 138 Rn. 459, für die allgemeine Beurteilung von Wettbewerbsverboten im Anwendungsbereich des § 138 BGB sowie außerhalb der spezialgesetzlichen Anwendungsbereiche der §§ 74 ff. HGB oder der §§ 307 ff. HGB.

1057 Siehe auch Staudinger/*Fischinger*, BGB § 138 Rn. 459, für die allgemeine Beurteilung von Wettbewerbsverboten im Anwendungsbereich des § 138 BGB sowie außerhalb der spezialgesetzlichen Anwendungsbereiche der §§ 74 ff. HGB oder der §§ 307 ff. HGB. Hier könnte man richtigerweise darauf hinweisen, dass diese eigenständige Fallgruppe der Wettbewerbsverbote zum Teil beachtliche Überschneidungen mit einigen in der Literatur entwickelten „üblichen" Fallgruppen haben wird. So zum Beispiel mit der von *Armbrüster* entwickelten Fallgruppe der Abwehr von Freiheitseinschränkungen, die sodann wieder fließende Grenzen und Überschneidungen mit den Fallgruppen der Absicherung der anerkannten Ordnung und der Abwehr der Ausnutzung von Machtpositionen haben wird. Dazu MüKoBGB/*Armbrüster*, § 138 Rn. 51 ff., 109; vgl. auch *Neuner*, Allgemeiner Teil des Bürgerlichen Rechts, § 46 Rn. 31 ff., der auch das Beispiel des Wettbewerbsverbotes anspricht.

1058 Dazu *Canaris*, JuS 1989, 161, 163; *Weidelener*, Der richterliche Vertragsschutz, S. 240.

und Interessenbewertungen ermöglichen. Demnach kann der allgemeine Rechtsgedanke und die darin zum Ausdruck kommende umfassende Interessenabwägung als eine umfassend übertragbare an den Vorgaben des Verhältnismäßigkeitsgrundsatzes orientierte gesetzgeberische Werteentscheidung angesehen werden.[1059]

Darüber hinaus ist innerhalb der vorzunehmenden Interessenabwägung auch das „bewegliche System" der tatbestandlichen Voraussetzungen zu berücksichtigen. Das „bewegliche System", welches maßgeblich auf *Wilburg* zurückgeht, drückt sich im Wesentlichen durch das Zusammenspiel mehrerer beweglicher „Element[e]" aus, die induktiv aus dem Recht, dem Richterrecht, der juristischen Literatur und der Rechtsvergleichung hergeleitet werden sollen. Den einzelnen Elementen des Systems wird dabei keine „absolute, starre Größe" zugeschrieben. So funktionieren die einzelnen Elemente erst im Wege der „Gesamtwirkung ihres variablen Spiels".[1060] In Anlehnung an das „bewegliche System" sprach auch der BGH im Rahmen der Konkretisierung des § 138 BGB davon, dass es „sich insoweit um ein ‚Zusammenspiel beweglicher Elemente'" handelt.[1061] Geht es vorliegend also um das Zusammenspiel der einzelnen tatbestandlichen Elemente,[1062] stellen die berechtigten Interessen der Gesellschaft und des Geschäftsführers sowie die Intensität der auferlegten Beschränkungen in Anbetracht der Formulierung des BGH und der damit nur teilweisen wörtlichen Übernahme des § 74a Abs. 1 S. 1 und 2 HGB die ersten einzubeziehenden Elemente dar. Lässt der BGH bei der fast wörtlichen Übernahme des § 74a Abs. 1 S. 1 und 2 HGB die Teile weg, die sich auf eine zugesagte Karenzentschädigung beziehen, würde die wortgleiche Übernahme des § 74a Abs. 1 S. 1 und 2 HGB indes ebenfalls keinen inhaltlichen Unterschied machen. Zwar könnte man andenken, dass eine wörtliche Übernahme des gesamten § 74a Abs. 1 S. 2 HGB gegen die Grundintention sowie -annahme spricht, nach der die Zusage einer Karenzentschädigung gegenüber Geschäftsführern eben keine verbindliche Wirksamkeitsvoraussetzung darstellen soll. Demgemäß spricht der § 74a Abs. 1 S. 2 HGB von „der gewährten Entschädigung", was mitunter für eine gesetzlich vorgeschriebene Verbindlichkeit der Zusage einer Karenzentschädigung sprechen könnte.

1059 Vgl. *Weidelener*, Der richterliche Vertragsschutz, S. 237 f.

1060 *Wilburg*, Entwicklung eines beweglichen Systems im bürgerlichen Recht, S. 13.

1061 Siehe BGH, NJOZ 2013, 260, 261; *Möllers*, Juristische Methodenlehre, § 8 Rn. 8, 19. Auf das bewegliche System des § 138 BGB wird später auch im Rahmen der Besprechung der Konkretisierung eingegangen.

1062 Siehe auch dazu *Bydlinski*, AcP 204 (2004), 309, 329 ff.

Gleichwohl statuiert nicht der § 74a Abs. 1 S. 1 und 2 HGB, sondern allein der § 74 Abs. 2 HGB die verbindliche Pflicht zur Zusage einer Karenzentschädigung.[1063] Den verallgemeinerungsfähigen Wertungen sowie der *ratio legis* des § 74a Abs. 1 S. 1 und 2 HGB entsprechend stellt die Zusage und Höhe der Karenzentschädigung allein ein weiteres abwägungserhebliches Element im Zusammenspiel mit den anderen inhaltlichen Beschränkungen sowie der einzelfallabhängigen Berücksichtigung der beiderseitigen berechtigten Interessen dar.[1064] So wird eine zugesagte Karenzentschädigung, sowohl nach Ansicht der Rechtsprechung als auch der Literatur auch jetzt schon bei nachvertraglichen Wettbewerbsverboten gegenüber Geschäftsführern entsprechend den Wertungen des § 74a Abs. 1 S. 1 und 2 HGB im Sinne eines abwägungserheblichen Elements im Rahmen der Interessenabwägung mitberücksichtigt.[1065] Demnach würde eine wortgleiche Übernahme in der Sache keinen Unterschied bewirken, hinsichtlich Geschäftsführern jedoch vielmehr den verallgemeinerungsfähigen Rechtsgedanken des § 74a Abs. 1 S. 1 und 2 HGB sowie der schon stattfindenden Interessenabwägung entsprechen. Im Kontext der Zusage der Karenzentschädigung wird im Rahmen der Interessenabwägung auch das Vorliegen einer gewissen Äquivalenzstörung von Bedeutung sein, die zwar allein betrachtet kein sittenwidrigkeitsbegründendes Kriterium darstellt, im Zusammenwirken mit anderen beachtlichen Kriterien aber durchaus Relevanz entfalten kann.[1066]

Im Ergebnis stellt der zweistufige Prüfungsaufbau unter Heranziehung der verallgemeinerungsfähigen Rechtsgedanken des § 74a Abs. 1 S. 1 und 2 HGB insgesamt einen geeigneten und sachgerechten Maßstab dar, der im Falle nachvertraglicher Wettbewerbsverbote mit Geschäftsführern die angemessene einzelfall- und vertragsbezogene Ausfüllung des Begriffs der „guten Sitten" sowie der eingebürgerten Formel des „Anstandsgefühl[s] aller billig und gerecht Denkenden" ermöglicht. Des Weiteren werden die dem § 74a Abs. 1 S. 1 und 2 HGB

1063 Vgl. EBJS/*Boecken*/*Rudkowski*, HGB § 74 Rn. 41; MüKoHGB/*Thüsing*, § 74 Rn. 41; Oetker/*Kotzian-Marggraf*, HGB § 74 Rn. 2.

1064 Auf die Frage der Notwendigkeit der Karenzentschädigungszusage gegenüber Geschäftsführern wird später gesondert und detaillierter eingegangen.

1065 Siehe dazu BGH, BeckRS 1986, 31366531; BeckOK GmbHG/*Wisskirchen*/*Kuhn*/*Hesser*, § 6 Rn. 104; MüKoGmbHG/*Jaeger*/*Steinbrück*, § 35 Rn. 379; MHLS/*Ziemons*, GmbHG § 43 Rn. 286; KK-AktG/*Mertens*/*Cahn*, § 88 Rn. 35; MHdB GesR III/*Diekmann*, § 43 Rn. 77; *Bauer*/*Diller*, BB 1995, 1134, 1136; *dies.*, GmbHR 1999, 885, 890; *Schnelle*, GmbHR 2000, 599, 601.

1066 So auch MüKoBGB/*Armbrüster*, § 138 Rn. 55; *Neuner*, Allgemeiner Teil des Bürgerlichen Rechts, § 46 Rn. 39.

innewohnenden verallgemeinerungsfähigen Wertungen spezialgesetzliche Ausprägungen und Konkretisierungen des Grundsatzes von Treu und Glauben darstellen, die die sachgerechte und angemessene Feststellung einer eingriffsbegründenden gestörten Vertragsparität im zivilrechtlichen Sinne ermöglichen. Und auch unter Berücksichtigung der Rechtsprechung zu sonstigen Wettbewerbsklauseln spiegelt die Interessenabwägung des § 74a Abs. 1 S. 1 und 2 HGB grundsätzlich die einheitlichen und allgemeinen Voraussetzungen hinsichtlich der angemessenen rechtlichen Beurteilung wider. In Anbetracht der verfassungsrechtlichen Relevanz der vorliegenden Problematik bietet § 74a Abs. 1 S. 1 und 2 HGB zutreffenderweise die maßgebliche sowie sachgerechte Konkretisierung des § 138 BGB.[1067] Abweichend von der vom BGH verwendeten Formulierung kommen in § 74a Abs. 1 S. 1 und 2 HGB die allgemeinen und auf nachvertragliche Wettbewerbsverbote mit Geschäftsführern übertragbaren Rechtsgrundsätze zum Ausdruck, nach denen Wettbewerbsverbote als zulässig zu erachten sind, wenn sie dem Schutze eines berechtigten Interesses des Begünstigten/Gesellschaftsunternehmens dienen und nach Ort, Zeit und Gegenstand *sowie unter Berücksichtigung der/einer gewährten Entschädigung* die Berufsausübung und wirtschaftliche Betätigung des Betroffenen/Geschäftsführers nicht unbillig erschweren[1068].

Zu beachten ist des Weiteren, dass der BGH insbesondere bei Geschäftsführern das Heranziehen der in „den §§ 74 ff. HGB zum Ausdruck gekommenen Rechtsgrundsätze" betonte. Demnach soll auch hier schon einmal darauf hingewiesen werden, dass der sachgerechte gleichwohl strengere Maßstab des § 74a Abs. 1 S. 1 und 2 HGB seiner grundsätzlichen Zweckbestimmung nach sowie im Rahmen der wertenden Gesamtbetrachtung mit den anderen Regelungen der §§ 74 ff. HGB erst im Zusammenspiel mit diesen zur bestmöglichen und effektivsten Verwirklichung der gesetzgeberischen Werteentscheidung und Interessenbewertung gelangt. Kommt es also vorliegend durch die sachgerechte Übertragung des Interventionsmaßstabes des § 74a Abs. 1 S. 1 und 2 HGB gleichwohl grundsätzlich zu einer Herabsetzung des ursprünglichen Maßstabes

1067 Ebenso *Krahforst*, Nachvertragliche Wettbewerbsverbote für GmbH-Geschäftsführer, S. 333.

1068 Abweichend von der Formulierung kann vorliegend die Übernahme des Wortlauts des § 74a Abs. 1 S. 1 und 2 HGB erfolgen. Stört man sich sodann am Wort „der", kann abweichend auch „einer" verwendet werden. Eine Entscheidung zwischen diesen beiden Formulierungen muss vorliegend nicht getroffen werden, da diese keinen inhaltlichen Unterschied zur Folge hätte. Vgl. diesbezüglich auch die Formulierung der BGH-Rechtsprechung, BGHZ 91, 1, 4 f.

der guten Sitten, ist vor allem die möglicherweise bestehende Konnexität und Gebotenheit differenzierter Rechtsfolgen zu beachten.

II. Gesamtnichtigkeit oder Aufrechterhaltung der Abrede

1. Ausgangspunkt: Grundsatz der Gesamtnichtigkeit nach § 138 BGB

Dem Verdikt der Sittenwidrigkeit folgt generell die Rechtsfolge der *Ex-tunc-*Gesamtnichtigkeit der vertraglichen Abrede. Werden einzelne Teile der vertraglichen Regelungen als sittenwidrig erachtet, muss auch das Geschäft als solches als unerträglich empfunden werden. Würde die Aufrechterhaltung der vertraglichen Regelung die gerechtere und angemessenere Folge der rechtlichen Beurteilung darstellen, dürfte es sich konsequenterweise von vornherein nicht schon um ein sittenwidriges Rechtsgeschäft nach Maßgabe des § 138 BGB handeln. Zudem verfolgt die Rechtsfolge der Gesamtnichtigkeit auch zu beachtende Straf- und Abschreckungszwecke.[1069] In diesem Sinne darf der Feststellung der Sittenwidrigkeit der Vertragsbestimmungen grundsätzlich keine richterliche Korrektur folgen, vor allem keine, die auf die Zurückführung auf ein noch angemessenes und zulässiges Maß abzielt. Bildet die sittenwidrige Klausel in Verbindung mit den anderen vertraglichen Klauseln ein einheitliches Rechtsgeschäft, muss auch das gesamte Rechtsgeschäft als sittenwidrig erachtet werden, wobei eben allenfalls die Streichung einzelner Klauseln bzw. das Vorliegen einer Teilnichtigkeit nach § 139 BGB Ausnahmen begründen können.[1070] Die Nichtigkeit ist des Weiteren von Amts wegen zu berücksichtigen und kann von jedermann geltend gemacht werden.[1071]

Und auch der BGH lässt dem Verdikt der Sittenwidrigkeit „in der Regel“ konsequenterweise die Nichtigkeit des gesamte Rechtsgeschäftes folgen.[1072] Demnach gilt die Nichtigkeit endgültig, sofern nicht gesetzlich ein andere Rechtsfolge angeordnet wird (so beispielsweise in § 311b Abs. 1 S. 2 BGB).[1073]

1069 Vgl. BGH, NJW 1989, 26; MüKoBGB/*Armbrüster*, § 138 Rn. 282; Staudinger/*Fischinger*, BGB § 138 Rn. 154; BeckOGK/*Jakl*, BGB § 138 Rn. 650; HK-BGB/*Dörner*, § 138 Rn. 17; Erman/*Schmidt-Räntsch*, BGB § 138 Rn. 26, 29; Spindler/Schuster/*Müller*, BGB § 138 Rn. 18; *Stadler*, BGB AT, § 26 Rn. 42.

1070 Dazu schon *Flume*, BGB AT II, § 18 S. 389; § 32 S. 577; siehe auch Staudinger/*Fischinger*, BGB § 138 Rn. 154, 156.

1071 BGHZ 27, 172, 180; 60, 102, 105; BAG, NJW 1976, 1958, 1959; Staudinger/*Fischinger*, BGB § 138 Rn. 155; Erman/*Schmidt-Räntsch*, BGB § 138 Rn. 26.

1072 Siehe BGH, NJW-RR 2006, 16, 18.

1073 Vgl. BGH, NJW 2012, 1570, 1571.

Einer rechtsgestaltenden Änderung des vertraglichen Inhalts stünde insoweit vor allem der Sinn und Zweck des § 138 BGB entgegen und würde den Vertragspartner, der den anderen in sittenwidriger Weise übervorteilt, das Risiko für den endgültigen Eintritt der Nichtigkeit der gesamten vertraglichen Abrede unerwünschterweise nehmen, sofern er sodann schlimmstenfalls damit zu rechnen hat, dass die Abrede im Wege der gerichtlichen Festsetzung allein auf ein noch zulässiges und vertretbares Maß zurückgeführt werde (Präventionsgedanke).[1074] Allein das Berufen auf die Sittenwidrigkeit und damit Nichtigkeit der vertraglichen Abrede kann allenfalls nach dem Grundsatz von Treu und Glauben eingeschränkt sein. So kann die Berufung auf die Nichtigkeit in besonders gelagerten Fällen eine unzulässige Rechtsausübung darstellen. Der Grundsatz von Treu und Glauben stellt ein das gesamte Rechtsleben beherrschendes Rechtsprinzip dar, das sodann auch im Anwendungsbereich des § 138 BGB zu beachten ist.[1075] Dies soll insoweit sowohl für die einseitige[1076] als auch beiderseitige[1077] Sittenwidrigkeit gelten.[1078]

Diesem Grundsatz der Gesamtnichtigkeit schließt sich der BGH auch hinsichtlich seiner Rechtsprechung zu nachvertraglichen Wettbewerbsverboten mit Geschäftsführern an. Dem Verdikt der Sittenwidrigkeit folgt ebenfalls die Nichtigkeit der gesamten Wettbewerbsabrede. Bestehen von vornherein keine berechtigten Interessen der Gesellschaft an den vereinbarten Beschränkungen oder liegt ein örtliches und/oder gegenständliches inhaltliches Übermaß der Beschränkungen vor, nimmt die Rechtsprechung die Nichtigkeit der gesamten Abrede an, ohne die Möglichkeit einer anschließenden Aufrechterhaltung der vertraglichen Abrede zu gewähren.[1079] Außerhalb der alleinigen quantitativen

---

1074 Siehe BGHZ 68, 204, 207; BGH, NJW 1979, 1605, 1606; BGH, NJW 1983, 1420, 1423; BGH, NJW-RR 1989, 622, 624; BGH, NJW 2012, 1570, 1571.

1075 Vgl. BGH, NJW 1981, 1439, 1440; BGH, NJW 1986, 2944, 2945; BGH, NJW-RR 2008, 1050; Jauernig/*Mansel*, BGB § 138 Rn. 27; Staudinger/*Fischinger*, BGB § 138 Rn. 33; a.A. MüKoBGB/*Armbrüster*, § 138 Rn. 283.

1076 Vgl. BGH, BeckRS 1972, 31124832.

1077 Vgl. BGH, NJW 1981, 1439 f.; BAG, NJW 1968, 1647, 1967.

1078 Siehe dazu auch Staudinger/*Fischinger*, BGB § 138 Rn. 33 ff.; Erman/*Schmidt-Räntsch*, BGB § 138 Rn. 26.

1079 BGH, NJW 1997, 3089 f.; BGH, NJW 2005, 3061, 3062; OLG Hamm, ZIP 1988, 1254, 1256 f.; OLG Düsseldorf, 1999, 120, 122; MHLS/*Ziemons*, GmbHG § 43 Rn. 287; Scholz/*Verse*, GmbHG, § 43 Rn. 252; *Kanzleiter*, DNotZ 1989, 195, 198; *Manger*, GmbHR 2001, 89, 91; *Gehle*, DB 2010, 1981, 1981; *van Kann*/*Keiluweit*, BB 2010, 2050, 2053; *Bauer*/*v. Medem*, GWR 2011, 435, 437; *Wirbelauer*, MDR 2018, 61, 66.

bzw. zeitlichen Überschreitung sei die geltungserhaltende Reduktion im Rahmen des § 138 BGB nicht angelegt.[1080] Anderes könne nur bei der ausdrücklichen vertraglichen Verweisung auf die umfassende Anwendung der §§ 74 ff. HGB gelten.[1081] Eine salvatorische Klausel, die zur geltungserhaltenden Reduktion führen soll, schafft gleichwohl ebenfalls keine ausreichende Abhilfe.[1082]

Als allgemeine Ausnahme des Grundsatzes der Gesamtnichtigkeit wendet die Rechtsprechung die Norm des § 139 BGB (analog) an. So normiert § 139 BGB zunächst die grundsätzliche Vermutung, nach der die Gesamtnichtigkeit der Abrede auch dann folgt, wenn nur einzelne Teile der Abrede dem Nichtigkeitsverdikt unterliegen. Sinn und Zweck dieser Vermutung ist der Schutz der Privatautonomie der beteiligten Vertragsparteien, deren Willen sich auf die vertragliche Bindung hinsichtlich der gesamten Abrede bezieht und eben nicht auf die Bindung hinsichtlich der reduzierten verbleibenden Teile der Abrede.[1083] Tatbestandlich setzt § 139 BGB also das Vorliegen eines einheitlichen Rechtsgeschäftes voraus, bei dem die einzelnen Teile als nichtig erachtet werden.[1084] Maßgeblich kommt es also auf die Teilbarkeit des Vertrags an. Das vereinbarte Rechtsgeschäft muss demnach insoweit teilbar bzw. zerlegbar sein, dass die

---

1080 Erman/*Schmidt-Räntsch*, BGB § 138 Rn. 29; BeckOK BGB/*Wendtland*, § 138 Rn. 33; Jauernig/*Mansel*, BGB § 139 Rn. 10; Lutter/Hommelhoff/Kleindiek, GmbHG Anh. zu § 6 Rn. 25; MüKoGmbHG/*Jaeger/Steinbrück*, § 35 Rn. 385; *Bauer/Diller*, Wettbewerbsverbote, § 24 Rn. 1049, die diese Folge auch als Hauptschwachpunkt der Rechtsprechung des BGH sehen.

1081 Lutter/Hommelhoff/*Kleindiek*, GmbHG Anh. zu § 6 Rn. 25; *Bauer/Diller*, Wettbewerbsverbote, § 24 Rn. 1039 ff., 1084.

1082 MüKoAktG/*Spindler*, AktG § 88 Rn. 50; *Gitter*, NZG 2001, 165, 169; *Thüsing*, NZG 2004, 9, 14; *Gehle*, DB 2010, 1981, 1982; für die Zulässigkeit einer salvatorischen Klausel siehe OLG Köln, BeckRS 2000, 30470688; v. Westphalen/Thüsing/*Thüsing* VertrR/AGB-Klauselwerke, Geschäftsführerverträge Rn. 223; *Bauer/Diller*, Wettbewerbsverbote, § 24 Rn. 1070; *Heller*, GmbHR 2000, 371, 373; *van Kann/Keiluweit*, BB 2010, 2050, 2053; hinsichtlich der Umdeutung nach § 140 BGB siehe OLG Düsseldorf, GmbHR 1999, 120, 122; OLG Hamm, GmbHR 1988, 344, 346; MHLS/*Ziemons*, GmbHG § 43 Rn. 287; BeckOGK/*Jakl*, BGB § 138 Rn. 650; Erman/*Schmidt-Räntsch*, BGB § 138 Rn. 24, allgemein für die Nichtigkeit nach § 138 BGB.

1083 MüKoBGB/*Busche*, § 139 Rn. 1; BeckOK BGB/*Wendtland*, § 139 Rn. 1; Staudinger/*Roth*, BGB § 139 Rn. 1 f.; grundsätzlich ebenso Erman/*Arnold*, BGB § 139 Rn. 1, der abweichend aber von einer „Auslegungsregel" und nicht einer „Nichtigkeitsvermutung" ausgeht.

1084 Zu den allgemeinen Voraussetzungen siehe Erman/*Arnold*, BGB § 139 Rn. 12 ff.; Staudinger/*Roth*, BGB § 139 Rn. 26 ff.

verbleibenden Teile zur eigenständigen Geltung fähig sind.[1085] Vorausgesetzt wird diesbezüglich gleichwohl, dass der herangezogene hypothetische Parteiwille ergibt, dass die vertragliche Abrede auch ohne den von der Nichtigkeit betroffenen sittenwidrigen Teil weiter bestehen soll. Der im Wege der Auslegung (§§ 133, 157 BGB) ermittelte hypothetische Parteiwillen darf nicht zum Ergebnis haben, dass die vertraglichen Regelungen „miteinander stehen und fallen“[1086] sollen.[1087] Im Fokus stehen somit Fälle der quantitativen Teilbarkeit der vertraglichen Abrede, die sodann vor allem auf eine zeitliche, teilweise aber auch örtliche oder gegenständliche Zerlegbarkeit abstellen.[1088] In diesem Sinne nahm die Rechtsprechung die quantitative Teilbarkeit und damit grundsätzliche Aufrechterhaltung der ansonsten nichtigen Gesamtabrede in Fällen der übermäßigen zeitlichen Bindung an. Gerade bei der an sich sittenwidrigen zeitlichen Bindung kann die Abrede in einzelne Zeitabschnitte zerlegt werden, sodass allein die Zeitabschnitte ihre Geltung behalten, die nicht die Sittenwidrigkeits- bzw. Nichtigkeitsgrenze überschreiten. Angenommen wurde dies beispielsweise bei Bierlieferungsverträgen,[1089] Miet- oder Pachtverträgen[1090] oder Automatenaufstellverträgen[1091]. Auch der zeitlich übermäßigen Bindung im Rahmen nachvertraglicher Wettbewerbsverbote mit Geschäftsführern wurde im Wege der Anwendung des § 139 BGB (analog) begegnet, sodass die alleinig zeitlich sittenwidrige Abrede auf ein zulässiges Maß zurückgeführt wurde.[1092] Eine weitere Teilbarkeit des Rechtsgeschäftes bzw. der vertraglichen Regelungen im Sinne des § 139 BGB nahm der BGH im Wege der äußerlichen bzw. objektiven Teilbarkeit an. Objektiv teilbar ist ein Rechtsgeschäft, wenn nur einzelne Bestimmungen

---

1085 BGH, NJW 1962, 912, 913; BGH, NJW 2015, 1754, 1755; Staudinger/*Roth*, BGB § 139 Rn. 60.

1086 BGH, NJW-RR 2007, 395, 396 mwN. zur ständigen Rechtsprechung des BGH.

1087 BGH, NJW-RR 1997, 684, 685; MüKoBGB/*Busche*, § 139 Rn. 29; *Petersen*, JURA 2010, 419, 420.

1088 Staudinger/*Fischinger*, BGB § 138 Rn. 176 ff.; MüKoBGB/*Busche*, § 139 Rn. 25 ff.; *Uffmann*, Verbot der geltungserhaltenden Reduktion, S. 19; *Petersen*, JURA 2010, 419, 420.

1089 BGHZ 74, 293, 298 f.; BGH, NJW 1972, 1459; BGH, NJW 1974, 2089, 2090; BGH, NJW-RR 1990, 816 f.; BGH NJW 1992, 2145, 2145 f.

1090 BGH, NJW 1962, 734.

1091 BGHZ 51, 55, 56 ff.; BGH, NJW 1983, 159, 162.

1092 Siehe dazu schon oben; allgemein zu den genannten sowie weiteren Fällen des teilbaren zeitlichen Übermaßes siehe Staudinger/*Fischinger*, BGB § 138 Rn. 176 ff.; MüKoBGB/*Busche*, § 139 Rn. 25 ff.

eines Rechtsgeschäftes nichtig sind, das restliche Rechtsgeschäft ansonsten eigenständige Bedeutung hat und somit sinnvollerweise Bestand haben soll. So befasste sich der BGH in zwei seiner Entscheidungen mit Wettbewerbsabreden, die innerhalb ihrer Regelungen die Verbotstypen der Mandantenschutz- und Konkurrenzverbotsklausel sprachlich voneinander trennten.[1093] Beiden Fällen ist gemein, dass die Mandantenschutzklausel als zulässig erachtet wurde, die Konkurrenzschutzklausel nicht. Ist die Mandantenschutzklausel von den berechtigten Interessen der Gesellschaft gedeckt und gerechtfertigt, so bleibt auch eine sinnvolle und eigenständige nachvertragliche Wettbewerbsabrede bestehen. In diesem Sinne ist ein Wettbewerbsverbot unstreitig nach § 139 BGB teilbar.[1094] Richtigerweise wird bei einer sprachlichen Trennung der Klauseltypen eine objektive Zerlegbarkeit vorliegen, die so generell zu einer geltungserhaltenden Reduktion im Wege der Teilnichtigkeit nach § 139 BGB führt. Vor allem zeigt die sprachliche und somit objektive Teilbarkeit im Sinne des § 139 BGB, dass man bei Geschäftsführern generell zwischen diesen beiden Klauseltypen differenzieren kann. Von Bedeutung ist diese Differenzierung vor allem in der später zu diskutierenden Frage der Notwendigkeit der Karenzentschädigungszusage.

Des Weiteren wird die geltungserhaltende Reduktion nach § 139 BGB im Allgemeinen auch für Fälle des örtlichen oder mengenmäßigen Übermaßes für möglich erachtet. Und auch im Rahmen nachvertraglicher Wettbewerbsverbote dachte die Rechtsprechung die mögliche Zerlegbarkeit und Teilnichtigkeit einer aufgrund des örtlichen Übermaßes nichtigen Abrede zunächst an,[1095] obgleich diese Möglichkeit für nachvertragliche Wettbewerbsverbote mit Geschäftsführern im Späteren ausdrücklich und strikt abgelehnt wurde.[1096] Darüber hinaus findet die Möglichkeit der geltungserhaltenden Reduktion im Wege der Anwendung des § 139 BGB im Allgemeinen dort seine Grenze, wo nicht nur allein ein Teil bzw. eine Teilregelung des Vertrages die Nichtigkeit begründet und bei der vertraglichen Abrede, bei der vor allem auch das Zusammenspiel der einzelnen Teilregelungen von wesentlicher Bedeutung ist. So stellen insbesondere

1093 BGH, NJW 1968, 1717; BGHZ 91, 1, 6 f.

1094 Siehe dazu BGH, NJW 1968, 1717, 1718, wobei der BGH den Fall zur Aufklärung zurückverwies; sowie BGHZ 91, 1, 6 f., der diese Trennung letztendlich aufgrund einer enthaltenen salvatorischen Klausel annahm.

1095 BGH, NJW 1997, 3089; so auch *Hirte*, ZHR 154 (1990), 443, 459 f.; *Melullis*, WRP 1994, 686, 691 f.; *Traub*, WRP 1994, 802, 806; dazu auch MüKoBGB/*Busche*, § 139 Rn. 25.

1096 Vgl. BGHZ 91, 1, 6 f.; auch für andere Wettbewerbsverbote siehe BGH, NJW 2005, 3061, 3062; BGH, NJW 2013, 2027, 2030.

nachvertragliche Wettbewerbsverbote solche Abreden dar, deren Sittenwidrig- bzw. Zulässigkeit maßgeblich vom Zusammenspiel der einzelnen zeitlichen, örtlichen und gegenständlichen Grenzen in Anbetracht der Reichweite der berechtigten Interessen der Gesellschaft sowie unter Einfluss einer möglicherweise notwendigen oder freiwilligen Karenzentschädigungszusage stehen. Insofern wird zumeist keine klare Trennung des von der Nichtigkeit berührten Vertragsteils möglich sein, mit der Folge, dass eine Teilnichtigkeit nach § 139 BGB nach den allgemeinen Voraussetzungen ebenfalls kaum möglich sein wird, womit weiterhin die Gesamtnichtigkeit anzunehmen ist.[1097]

In diesem Sinne ist richtigerweise auch die Umdeutung nach § 140 BGB abzulehnen. So lehnt die Rechtsprechung die Umdeutung sittenwidriger Rechtsgeschäfte nicht nur generell ab,[1098] sondern auch ausdrücklich für nachvertragliche Wettbewerbsverbote mit Geschäftsführern.[1099] Demnach geht es bei der Umdeutung nach § 140 BGB grundsätzlich um die Konversion eines nichtigen Rechtsgeschäftes in ein anderes, vom Willen der Vertragsparteien getragenes gültiges Rechtsgeschäft. Die Umdeutung knüpft folglich zuvörderst an den gewollten wirtschaftlichen Erfolg an. War also zunächst allein das primär gewählte rechtliche Mittel unzulässig, soll dieses durch ein (hypothetisch) gewolltes zulässiges Mittel hilfsweise ersetzt werden, sofern dieses zu einem annähernden gleichen wirtschaftlichen Ergebnis führt. Im Grundsatz möchte der § 140 BGB also dahingehend Hilfe leisten, dem Willen der Vertragspartner weitestmöglich Geltung zu verschaffen. Die Grenze der Zulässigkeit der Umdeutung ist dort erreicht, wo nicht das gewählte rechtliche Mittel als unzulässig erachtet, sondern vor allem der erwünschte wirtschaftliche Erfolg von der Rechtsordnung missbilligt wird.[1100] Ist aber grundsätzlich davon auszugehen, dass vor allem das Zusammenspiel der einzelnen Parameter den wirtschaftlichen Erfolg definieren und beeinflussen wird, werden auch mehrere hypothetische Möglichkeiten der Gestaltung in Betracht kommen, sodass ein selber wirtschaftlicher Erfolg eben nicht erreicht werden kann. Dies folgt vor allem der Komplexität des Zusammenspiels.[1101]

1097 Siehe BGH, NJW 1986, 2944, 2945; MüKoBGB/*Busche*, § 139 Rn. 24 f.

1098 Vgl. BGHZ 68, 204, 207; 146, 37, 48; BGH, NJW-RR 2013, 410, 412.

1099 Siehe OLG Düsseldorf, GmbHR 1999, 120, 122; OLG Hamm, GmbHR 1988, 344, 346.

1100 Vgl. BeckOGK/*Beurskens*, BGB § 140 Rn. 1 ff.; MüKoBGB/*Busche*, § 140 Rn. 1; Erman/*Arnold*, BGB § 140 Rn. 1; Staudinger/*Roth*, BGB § 140 Rn. 1.

1101 *Kamanabrou*, ZGR 2002, 898, 923 ff., die diese Argumentation für die Grenzen einer von ihr angenommenen Möglichkeit der ergänzenden Vertragsauslegung sowie der

Gegen die Umdeutung spricht des Weiteren, dass mit dem Verdikt der Sittenwidrigkeit zumeist eben die Missbilligung des Inhaltes des Rechtsgeschäftes einhergeht, nicht nur die des gewählten rechtlichen Mittels. Die Umdeutung ist folglich allein in den Fällen denkbar, in denen das angestrebte Ziel von der Rechtsordnung an sich gebilligt wird, das Rechtsgeschäfts also nur hinsichtlich einzelner Regelungen dem Sittenwidrigkeitsverdikt unterliegt. Vor allem darf der angestrebte Zweck des § 138 BGB nicht durch die Umdeutung vereitelt werden.[1102] Geht es also bei den Überschreitungen der inhaltlichen Grenzen des Wettbewerbsverbotes nicht darum, dass das gewählte Mittel, sondern der erstrebte Erfolg missbilligt wird, so wird den Vertragsparteien auch generell kein anderes zulässiges Mittel zur Verfügung stehen, um den wirtschaftlich angestrebten Erfolg möglichst vollständig zu erreichen. Dies würde allein im Wege der rechtsgestaltenden Veränderung möglich sein, bei dem sodann kein Raum mehr für die Umdeutung besteht.[1103]

2. *Ansicht der Rechtsprechung: Ablehnung der geltungserhaltenden Reduktion*

Die Ablehnung einer weitergehenden (analogen) Anwendung des § 139 BGB sowie die allgemeine Ablehnung einer Möglichkeit zur geltungserhaltenden Reduktion wird vor allem mit dem allgemein angeführten Präventionsgedanken begründet, demnach das gestalterische Risiko der Vertragsparteien der Unwirksamkeit der vereinbarten Klauseln grundsätzlich nicht entfallen soll. Zudem sei die Berücksichtigung der individuellen Interessen der Vertragsparteien vornehmlich nur im Wege der gegenseitigen individuellen Verhandlung und vertraglichen Abrede der Vertragsparteien gewährleistet.[1104] Außerhalb der

---

Umdeutung annimmt. Auf die ergänzende Vertragsauslegung wird vorliegend nicht eingegangen.

1102 BeckOGK/*Beurskens*, BGB § 140 Rn. 46; MüKoBGB/*Busche*, § 140 Rn. 13; Staudinger/*Roth*, BGB § 140 Rn. 2, 16.

1103 Vgl. BGHZ 68, 204, 206 f.; so auch Staudinger/*Fischinger*, BGB § 138 Rn. 179, hinsichtlich zeitlich übermäßiger Bindungen. Gleichwohl wird in der Literatur darauf hingewiesen, dass hinter dem Normzweck des § 138 BGB weiterhin ein Spielraum für die Umdeutung nach § 140 BGB verbleibt, vgl. dazu MüKoBGB/*Busche*, § 140 Rn. 13; Staudinger/*Roth*, BGB § 140 Rn. 32.

1104 Vgl. im Allgemeinen dazu BGHZ 68, 204, 206 f.; BGH, NJW 1979, 1605, 1606; BGH, NJW 1986, 2944, 2945; BGH, NJW 1987, 2014, 2015; BGH, NJW 1997, 3089, 3090; BGH, NJW 2001, 815, 817; so auch in der Literatur: *Lindacher*, AcP 173 (1973), 124, 129 f.; *Krampe*, JZ 1975, 574, 576; *Petersen*, JURA 2010, 419, 420 f.; siehe auch

Anwendung einer geltungserhaltenden Reduktion im Falle der zeitlichen übermäßigen Bindung gewährt die Rechtsprechung damit keine weitere Möglichkeit der Aufrechterhaltung der vertraglichen Abrede.

3. *Ansicht der Literatur zur Zulässigkeit der geltungserhaltenden Reduktion*

Gibt es zunächst Stimmen in der Literatur, die sich dem strikten Grundsatz der Gesamtnichtigkeit anschließen,[1105] ist es in der weiteren zivilrechtlichen Literatur umstritten, ob und inwiefern sittenwidrige Rechtsgeschäfte im Rahmen des § 138 BGB auf das noch zulässige Maß im Wege der geltungserhaltenden Reduktion zurückgeführt werden können.

a. *Grundsätzliche Zulässigkeit der geltungserhaltenden Reduktion*

Eine erste Ansicht in der Literatur hält die Möglichkeit zur geltungserhaltenden Reduktion außerhalb des Bereichs der AGB-Prüfung grundsätzlich für zulässig. Die Norm des § 138 BGB stelle zunächst allein ein Übermaßverbot dar, nach dem die von der Nichtigkeit nicht betroffenen Teile der vertraglichen Abrede aufrechterhalten werden sollen. Somit ist die geltungserhaltende Reduktion als ein Mittel zu begreifen, welches der umfassenden Aufrechterhaltung der vertraglichen Abrede entsprechend dem Parteiwillen dienen soll. Dementsprechend komme die geltungserhaltende Reduktion nur dann in Betracht, wenn ein diesbezüglicher tatsächlicher oder hypothetischer Parteiwille auch feststellbar ist. Eine umfassende Zulässigkeit der geltungserhaltenden Reduktion stehe sodann auch dem Präventionsgedanken der Nichtigkeitsfolge nicht grundsätzlich entgegen, der allenfalls allein die Begrenzung der Zulässigkeit begründen kann. Demnach müsse die geltungserhaltende Reduktion umso eher in den Fällen zugelassen werden, in denen eine unsichere Rechtslage betroffen ist, mit der eine damit verbundene größere Rechtsunsicherheit herrsche, sowie in den Fällen, in denen keines oder allenfalls nur ein geringes Verhandlungsungleichgewicht vorliegt. Knüpft diese Ansicht die Möglichkeit der geltungserhaltenden Reduktion letztlich maßgeblich an den tatsächlich oder hypothetisch

---

MüKoGmbHG/*Jaeger*/*Steinbrück*, § 35 Rn. 385; KK-AktG/*Mertens*/*Cahn*, § 88 Rn. 36; *Bauer*/*Diller*, GmbHR 1999, 885, 890; *Gehle*, DB 2010, 1981.

1105 Vgl. BeckOGK/*Jakl*, BGB § 138 Rn. 651; BeckOK BGB/*Wendtland*, § 138 Rn. 32; *Flume*, BGB AT II, § 18 S. 389; *H. Köhler*, BGB AT, § 13 Rn. 31; *Sandrock*, AcP 159 (1960), 481, 514; *Ulmer*, NJW 1981, 2025, 2028; *Michalski*, BB 1996, 1177, 1182; *Kamanabrou*, ZGR 2002, 898, 917 ff.

feststellbaren Parteiwillen, liegt die Grenze der geltungserhaltenden Reduktion vor allem dort, wo mehrere Elemente der vertraglichen Abrede zur Aufrechterhaltung neu bestimmt werden müssen.[1106] Folglich wird diese Ansicht in Fällen nachvertraglicher Wettbewerbsverbote mit Geschäftsführern zumeist keine Anwendung finden können. Denn selbst in Fällen, in denen grundsätzlich allein nur eine inhaltliche Grenze überschritten wurde, wird es mehrere reduzierte vertragliche Gestaltungsmöglichkeiten geben, die maßgeblich vom Zusammenspiel und von der Wechselwirkung der einzelnen Elemente abhängen werden. Ein diesbezüglicher eindeutiger tatsächlicher oder hypothetischer Parteiwille wird sodann zumeist nicht feststellbar sein.

b. Analoge Anwendung des § 139 BGB

Anknüpfend an die vorgenannte Ansicht wird auch die umfassende geltungserhaltende Reduktion mit Geschäftsführern im Wege der analogen Anwendung des § 139 BGB vertreten. Demnach soll nicht allein die geltungserhaltende Reduktion über die Anwendung des § 139 BGB (analog) für das Vorliegen eines zeitlichen Übermaßes, sondern auch für örtliche und gegenständliche Überschreitungen des rechtlich Erlaubten zulässig sein. Zugelassen werden soll dies vor allem auch dann, wenn ein berechtigtes Interesse für die auferlegte Reichweite des nachvertraglichen Wettbewerbsverbotes nicht vorliegt, sodass das Wettbewerbsverbot auf das dem berechtigten Interesse entsprechende Maß örtlich, gegenständlich oder zeitlich reduziert werden kann.[1107] Ausgerichtet am hypothetischen Willen der Parteien sei eine analoge Anwendung des § 139 BGB auch in den Fällen denkbar, in denen das nachvertragliche Wettbewerbsverbot hinsichtlich mehrerer Aspekte nicht mehr vom berechtigten Interesse gedeckt sei.

Zugleich deckt *Krahforst* in ihren Ausführungen selbst die Schwäche dieser Variante auf. Vor allem das in mehrerer Hinsicht kränkelnde Wettbewerbsverbot zeigt derart komplexe Möglichkeiten hypothetischer vertraglicher Gestaltungen auf, dass ein entsprechender eindeutiger hypothetischer Parteiwille zur Begründung der geltungserhaltenden Reduktion im Wege der Teilnichtigkeit einzelner Regelungen kaum bestimmbar ist.[1108] In diesem Sinne sei auch die mögliche geltungserhaltende Reduktion im Wege der analogen Anwendung

---

1106 NK-BGB/*Faust*, § 139 Rn. 31 ff.; siehe auch *Krahforst*, Nachvertragliche Wettbewerbsverbote für GmbH-Geschäftsführer, S. 348.

1107 *Krahforst*, Nachvertragliche Wettbewerbsverbote für GmbH-Geschäftsführer, S. 359.

1108 Vgl. *Krahforst*, Nachvertragliche Wettbewerbsverbote für GmbH-Geschäftsführer, S. 359 f.

des § 139 BGB noch seltener anzunehmen, wenn die einzelne zeitliche, örtliche oder gegenständliche Überschreitung vor allem eine unbillige Erschwerung des beruflichen Fortkommens darstellt. Denn hier sei dann noch weniger Raum für die Annahme eines hypothetischen Parteiwillens gegeben. Kann das Übermaß, gemessen an der unbilligen Erschwerung des beruflichen Fortkommens, sodann wieder auf mehrere Aspekte des Wettbewerbsverbotes gestützt werden, wird die analoge Anwendung des § 139 BGB praktisch nie zur Anwendung kommen können.[1109]

c. Teleologische Reduktion im Wege des Normzweckvorbehalts des § 138 BGB

Eine dritte Ansicht hält die teleologische Reduktion der Nichtigkeitsfolge infolge eines dem § 138 BGB immanenten Normzweckvorbehalts für zulässig. So spricht diese Ansicht eigens an, dass vor allem der Wortlaut des § 138 BGB zunächst zutreffenderweise grundsätzlich für die Nichtigkeit des gesamten Rechtsgeschäftes spricht, vor allem da eine relativierende Einschränkung beispielsweise durch ein „soweit" fehlt. Gleichwohl wird sodann erwähnt, dass die teleologische Reduktion ein Instrument der richterlichen Rechtsfortbildung darstelle und somit seine Grenze eben nicht im Wortlaut der Norm findet, sondern vor allem erst dann einsetzt, wenn die Wortlautgrenze bzw. Wortsinngrenze überschritten wird. So zielt gerade die teleologische Reduktion auf die Beschränkung oder Erweiterung einer zu eng oder weit gefassten gesetzlichen Regelung ab.[1110] Des Weiteren führe die Totalnichtigkeit als einzige Rechtsfolge des § 138 BGB „anerkanntermaßen" nicht immer zu den gewünschten angemessenen Entscheidungen. Bestätigt werde dies vor allem durch die von der Rechtsprechung schon vorgenommenen Ausnahmen zur Gesamtnichtigkeit. Demnach sollen sittenwidrige Arbeitsverträge oder sonstige Dauerschuldverhältnisse nur mit Wirkung *ex nunc* entfallen. Desgleichen sind auch die schon angesprochenen Möglichkeiten der Aufrechterhaltung zeitlich übermäßiger Bindungen, die nicht zwingend mit Wirkung *ex tunc* für nichtig erachtet, sondern auf ein zulässiges Maß zurückgeführt werden, zu nennen. Eine nur teilweise Unwirksamkeit wurde

1109 *Krahforst*, Nachvertragliche Wettbewerbsverbote für GmbH-Geschäftsführer, S. 360 f.

1110 Staudinger/*Fischinger*, BGB § 138 Rn. 158; siehe auch *Bydlinski*, Juristische Methodenlehre und Rechtsbegriffe, S. 480 f.

auch bei sittenwidrigen testamentarischen Zuwendungen an eine „Geliebte“ angenommen.[1111]

Um eine entsprechende differenzierte Rechtsfolge zu erzielen, soll eine teleologische Reduktion über einen dem § 138 BGB immanenten Normzweckvorbehalt angelehnt am Normzweckvorbehalt des § 134 BGB stattfinden. Die Nichtigkeit folge dem sittenwidrigen Rechtsgeschäft demnach nur, wenn dies auch dem Normzweck der verletzten Sittennorm entspreche. Ebenso könne auch die Rechtsprechung verstanden werden, zumindest in den Fällen sittenwidriger Arbeitsverträge, zeitlich übermäßiger Bindungen oder des Geliebtentestaments.[1112] Unabhängig von der Frage, ob der § 138 BGB auch neben dem § 134 BGB Anwendung findet, erfolgt ansonsten keine Unterscheidung der beiden Normen hinsichtlich der Schwere des Verstoßes gegen eine Verhaltensnorm. Vielmehr basiert die Unterscheidung der Anwendung vor allem auf der Differenzierung des Verstoßes. So liegt zum einen ein Verstoß gegen eine geschriebene, beim anderen ein Verstoß gegen eine ungeschriebene Verhaltensnorm vor.[1113] Dieses Verständnis entspreche auch der Systematik der §§ 823 Abs. 2, 826 BGB. Sieht allein der § 823 Abs. 2 BGB einen ausdrücklichen Normweckvorbehalt vor, wurde ein solcher ebenfalls für die Sittenwidrigkeitsklausel des § 826 BGB angenommen. Demnach wird gegen die sittenwidrige vorsätzliche Schädigung allein nur dann ein Schutz gewährt, wenn dies dem Schutzzweck der verletzten Sittennorm entspreche. Damit könne auch eine Parallele zwischen den §§ 134, 138 BGB und den §§ 823 Abs. 2, 826 BGB gezogen werden. Zudem würde sich auch der Einwand des strikten Wortlauts erübrigen, da ein Normzweckvorbehalt im Wortlaut des § 826 BGB zunächst ebenfalls nicht angelegt ist.[1114] Vor allem hinsichtlich der Reichweite der Nichtigkeitsfolge kann eine an der verletzten Sitten- bzw. Verhaltensnorm orientierte Einschränkung erfolgen.[1115]

Auch dem immerwährenden Argument des Risikoeliminierungs- bzw. Präventionsgedankens könne durch die teleologische Reduktion im Wege eines Normzweckvorbehaltes begegnet werden. So ziele die inhaltliche Ausgestaltung

1111 Siehe Staudinger/*Fischinger*, BGB § 138 Rn. 158 mwN. auch zur Rechtsprechung des BGH.

1112 Vgl. Staudinger/*Fischinger*, BGB § 138 Rn. 159, 162; *Sack*, RdA 1975, 171, 176 ff.; *ders.*, WRP 1985, 1, 11 f.; *Kothe*, NJW 1982, 2803, 2804 f.; *Damm*, JZ 1986, 913, 919;

1113 Staudinger/*Fischinger*, BGB § 138 Rn. 168; *Sack*, RdA 1975, 171, 176 f.

1114 Staudinger/*Fischinger*, BGB § 138 Rn. 166 f.; *Sack*, WRP 1985, 1, 12.

1115 Vgl. NK-BGB/*Looschelders*, § 138 Rn. 132.

der teleologischen Reduktion von vornherein auf den Abbau der Anreize einer anfänglichen maximalen Übervorteilung ab.[1116]

d. Zulässigkeit der geltungserhaltenden Reduktion als seltene Ausnahme

Andere Vertreter der Literatur halten die geltungserhaltende Reduktion im Rahmen des § 138 BGB ebenfalls grundsätzlich für ein zulässiges zivilrechtliches Mittel, welches sich insgesamt „in das anerkannte methodische Instrumentarium der Gesetzesauslegung einordnet“[1117]. Verzichtet wird gleichwohl auf einen Normzweckvorbehalt im Sinne des § 134 BGB, da auch der Normzweck des § 134 BGB grundsätzlich weiter reiche, als es die Frage der Beschränkung der Nichtigkeitsfolge bedarf. Die Beschränkung der Nichtigkeitsfolge könne ausreichend allein im Wege der geltungserhaltenden Reduktion erreicht werden. Dennoch betont diese Ansicht, dass es nicht zum Übermaß der richterlichen Vertragskorrektur kommen darf, insbesondere in den Fällen, in denen eine Äquivalenzstörung als Element des Sittenwidrigkeitsverdiktes mitwirke. Auch darf die bezweckte Präventionswirkung der Nichtigkeitsfolge des § 138 BGB nicht grundsätzlich untermauert werden.[1118] In diesem Sinne komme die geltungserhaltende Reduktion der Nichtigkeitsfolge nur für vereinzelte Fälle in Betracht.[1119] In Anlehnung an die Rechtsprechung verweist diese Ansicht ausdrücklich auf die Möglichkeit der geltungserhaltenden Reduktion zeitlich übermäßiger Bindungen, lehnt eine solche im gleichen Zuge aber für gegenständliche und/oder örtliche Überschreitung ab.[1120] Diese Ansicht steht der Möglichkeit der geltungserhaltenden Reduktion zwar grundsätzlich nicht gänzlich ablehnend gegenüber, möchte diese dennoch nur vereinzelt anwenden und bezieht sich diesbezüglich vor allem auf die von der Rechtsprechung schon vorgenommenen Ausnahmen. Eine vorliegend diskutierte Erweiterung der geltungserhaltenden Reduktion müsste mit dieser Ansicht abgelehnt werden. Auch benennt diese Ansicht keine Voraussetzungen oder Vorgaben zur Begründung einer Ausnahme vom Grundsatz der Gesamtnichtigkeit, womit dieser Ansicht auch keine

---

1116 Staudinger/*Fischinger*, BGB § 138 Rn. 170. Auf das Präventionsargument wird im Späteren noch eingehender eingegangen.

1117 MüKoBGB/*Armbrüster*, § 138 Rn. 287.

1118 MüKoBGB/*Armbrüster*, § 138 Rn. 287; auch PWW/*Ahrens*, § 138 Rn. 40 ff., 44, 47.

1119 MüKoBGB/*Armbrüster*, § 138 Rn. 282, 284 ff., PWW/*Ahrens*, § 138 Rn. 41, 45 ff., jeweils unter Verweis auf die vorgenommenen Reduktionen und Ausnahmen der Rechtsprechung.

1120 MüKoBGB/*Armbrüster*, § 138 Rn. 286.

weiteren wesentlichen Erkenntnisse für die Prüfung einer möglichen geltungserhaltenden Reduktion zu entnehmen sind.

e. *Zwischenergebnis*

Die dargestellten Ansichten der Literatur sind grundsätzlich darin vereint, dass die nach dem Wortlaut des § 138 BGB anzunehmende starre Rechtsfolgenanordnung im Ergebnis keine darstellt, sodass grundsätzlich auch ein flexibleres Rechtsfolgensystem besteht bzw. bestehen kann. In Anbetracht der Rechtsprechung ist die uneinheitliche Behandlung der Vertragsklauseln, die aufgrund eines zeitlichen, örtlichen oder gegenständlichen Übermaßes sittenwidrig sind, unbefriedigend.[1121] Geht es methodisch insgesamt ebenfalls um die Vermeidung von Wertungswidersprüchen, so führt gerade die Rechtsprechung des BGH zu solchen. Des Weiteren wies auch *Uffmann* schon darauf hin, dass die geltungserhaltende Reduktion an sich keine seltene Ausnahme bildet und in der Rechtsprechung schon öfters praktiziert wurde. Gleichwohl erfolgt dies nicht immer im Wege der ausdrücklichen geltungserhaltenden Reduktion auf der Rechtsfolgenseite, sondern zumeist schon durch die Annahme einer Teilunwirksamkeit oder im Wege der ergänzenden Vertragsauslegung.[1122]

Bilden also der gesetzgeberische Wertungsplan und die Wertungseinheit unserer Rechtsordnung sowohl den Ausgangspunkt als auch das Ziel der Konkretisierung des § 138 BGB, kommt vorliegend vor allem die Übertragung eines Normzweckvorbehaltes als wesentliche Wertung in Betracht. Gemeint sein könnte damit eine Übertragung eines verallgemeinerungsfähigen Rechtsgedankens des § 74a Abs. 1 S. 1 und 2 HGB auch hinsichtlich der angeordneten Rechtsfolge. Der Normzweckvorbehalt des § 138 BGB entspricht der jeweiligen Konkretisierung unter wesentlicher Beachtung der allgemeinen Rechtsprinzipien und verallgemeinerungsfähigen Wertungen, die induktiv aus den sachnahen und einschlägigen Rechtssätzen des positiven Rechts hergeleitet werden können. Ausgehend davon könnte § 74a Abs. 1 S. 1 und 2 HGB also ein verallgemeinerungsfähiger Rechtsgedanke entnommen werden. Eine von *Canaris*

1121 Vgl. Staudinger/*Fischinger*, BGB § 138 Rn. 213.

1122 So *Uffmann*, Verbot der geltungserhaltenden Reduktion, S. 147, wobei sie sich innerhalb ihrer Arbeit vornehmlich mit der geltungserhaltenden Reduktion hinsichtlich der Rechtsprechung bezüglich der AGB-Prüfung befasst. Siehe zu Ausnahmen der Rechtsprechung ebenfalls *Uffmann*, Verbot der geltungserhaltenden Reduktion, S. 21 ff. mit Beispielen im Rahmen des § 138 BGB und S. 57 ff. mit zahlreichen Beispielen hinsichtlich der AGB-Rechtsprechung.

vorgeschlagene vereinzelte analoge Anwendung des § 74a Abs. 1 S. 1 und 2 HGB soll zwar erst zu einem späteren Zeitpunkt der Arbeit besprochen werden, gleichwohl können die Begründungen von *Canaris* auch hier schon beachtet werden. Angeführt wird vor allem, dass § 74a Abs. 1 S. 1 und 2 HGB letztlich allumfassend eine verallgemeinerungsfähige Wertung zu entnehmen sei.[1123] Richtigerweise ist aber festzuhalten, dass grundsätzlich eine Ähnlichkeit der Sachverhalte vorliegt, die vor allem auch durch das Vergleichsmoment (sogenanntes *tertium comparationis*) eines verallgemeinerungsfähigen Rechtsgedankens begründet werden kann. Wie bereits festgestellt wurde, enthält § 74a Abs. 1 S. 1 und 2 HGB verallgemeinerungsfähige Rechtsgedanken hinsichtlich des Maßstabes der guten Sitten und stellt somit die zu beachtende verletzte Sittennorm dar. Anhand dieser Sittennorm ist im späteren Verlauf der Arbeit dann der Normzweckvorbehalt hinsichtlich der möglichen geltungserhaltenden Reduktion zu prüfen. Auch wenn vorliegend noch keine Gesamtbetrachtung der einzelnen wesentlichen Wertungen und Rechtsgedanken sowie ihrer konkretisierenden Wirkung im Rahmen der Anwendung des § 138 BGB vorgenommen werden soll, kommt es vorliegend zur zwingenden Verknüpfung des Sittenwidrigkeitsmaßstabes im Sinne der verletzten Sittennorm nach § 138 BGB in Verbindung mit § 74a Abs. 1 S. 1 und 2 HGB und der möglichen abweichenden Rechtsfolgenanordnung des § 138 BGB ebenfalls in Verbindung mit § 74a Abs. 1 S. 1 und 2 HGB.

4. *Geltungserhaltende Reduktion des § 138 BGB i.V.m. § 74a Abs. 1 HGB*

a. *Legitimation der geltungserhaltenden Reduktion*

Und auch bei der geltungserhaltenden Reduktion der Nichtigkeitsfolge des § 138 BGB im Wege der teleologischen Reduktion unter Heranziehung des immanenten Normzweckvorbehaltes handelt es sich um eine richterliche Rechtsfortbildung, die somit ebenfalls den gleichen verfassungsrechtlichen sowie methodischen Anforderungen unterliegt wie die anderen Instrumente der richterlichen Rechtsfortbildung. Damit ist die Zulässigkeit vor allem wieder am Gleichheitssatz des Art. 3 Abs. 1 GG zu messen. Knüpft die induktive Herleitung der verallgemeinerungsfähigen Rechtsgedanken des § 74a Abs. 1 S. 1 und 2 HGB an die Ähnlichkeit bzw. Vergleichbarkeit der unterschiedlichen Sachverhalte an, die in Anbetracht der Wertungen des Art. 3 Abs. 1 GG ebenfalls gleichbehandelt

1123 Vgl. *Canaris*, AcP 184 (1984), 201, 241; ders., JuS 1989, 161, 164 f.; so zum Beispiel auch Noack/Servatius/Haas/*Beurskens*, § 37 Rn. 117.

werden sollten, so baut die teleologische Reduktion auf der fehlenden Vergleichbarkeit auf. Es geht damit um den Umkehrschluss (*argumentum e contrario*), nach dem der Sachverhalt hinsichtlich des Wortlauts der Norm zutreffend behandelt werden könne, der Normzweck sowie der zu weite Wortlaut gleichwohl teleologisch nicht passen.[1124] Im ersten Schritt ist also die notwendige Ungleichbehandlung der zu weiten bzw. weitreichenden Rechtsfolgen im Anwendungsbereich des § 138 BGB zu erörtern.

Ausgehend von dem hier ebenfalls als sachgerecht beurteilten modifizierten Maßstab der guten Sitten kann die rechtliche Beurteilung der Zulässigkeit nachvertraglicher Wettbewerbsverbote mit Geschäftsführern zunächst grundsätzlich unter die Norm des § 138 BGB subsumiert werden. Gleichwohl könnten die vorliegenden nachvertraglichen Wettbewerbsverbote ihrem Sinn und Zweck nach sowie unter Beachtung der stringenten Rechtsfolge des Sittenwidrigkeitsverdiktes teleologisch nicht dieser Norm unterfallen.[1125] Die fehlende Vergleichbarkeit im Rahmen des § 138 BGB knüpft vorliegend wieder an die vorgenommene Modifizierung des Maßstabes der guten Sitten an.

Im Allgemeinen wird § 138 BGB seiner lückenfüllenden Funktion entsprechend für eine Vielzahl divergierender Fallgestaltungen und Sachverhalte genutzt, für die dennoch keine den einzelnen Fallgestaltungen gerecht werdende differenzierende Rechtsfolge zur Verfügung steht.[1126] Der Sittenwidrigkeitsmaßstab und Anwendungsbereich des § 138 BGB soll seiner grundsätzlichen Intention nach zunächst einen auf den „Extremfall beschränkten Mindestschutz"[1127] bieten und in diesem Sinne die „äußer[e] Grenz[e] der herrschenden Rechts- oder Sozialmoral"[1128] für „evident[e] Verstöß[e]" darstellen. Zur sachgerechten rechtlichen Prüfung nachvertraglicher Wettbewerbsverbote wird gleichwohl die Interventionsschwelle des § 138 BGB durch eine strengere Erforderlichkeits- und Angemessenheitsprüfung unter Heranziehung der verallgemeinerungsfähigen

---

1124 Dazu *Canaris*, Die Feststellung der Lücke im Gesetz, S. 45, 82; *Larenz*, Methodenlehre der Rechtswissenschaft, S. 392; *Möllers*, Juristische Methodenlehre, § 6 Rn. 92 f.; *Wank*, Juristische Methodenlehre, § 15 Rn. 132 ff.

1125 Vgl. *Möllers*, Juristische Methodenlehre, § 6 Rn. 95 ff., der dies an einem Beispielsfall demonstriert.

1126 Dazu *Honsell*, JA 1986, 573, 576; *Damm*, JZ 1986, 913, 918 f.; *Traub*, WRP 1994, 802, 805 f.

1127 *Canaris*, AcP 184 (1984), 201, 235.

1128 *Dauner-Lieb*, AcP 201 (2002), 295, 325; dazu auch BeckOGK/*Jakl*, BGB § 138 Rn. 26; *Fastrich*, Richterliche Inhaltskontrolle im Privatrecht, S. 20.

Rechtsgedanken des § 74a Abs. 1 S. 1 und 2 HGB herabgesetzt.[1129] In dieser Divergenz zum Normalfall des § 138 BGB folgt eine Ungleichheit, die im Umkehrschluss (*argumentum e contrario*) eine Ungleichbehandlung zu anderen Fällen des § 138 BGB darstellen könnte. Der Herabsetzung der Intensität des Kontrollmaßstabes von der „Unerträglichkeits"[1130]-Kontrolle auf die Angemessenheitsprüfung könnte in Anbetracht der schon genannten allgemeinen verfassungsrechtlichen sowie methodischen Argumente eine teleologische Reduktion folgen. Wird bei der teleologischen Reduktion im Grundsatz allein der Normzweck herangezogen, ist bei der hier vorliegenden teleologischen Reduktion des § 138 BGB der Maßstab der guten Sitten und somit die verletzte Sittennorm zu betrachten. Beachtet man sodann die gesetzgeberischen Wertungen der §§ 74 ff. HGB, wird man ein berechtigtes Bedürfnis der beteiligten Vertragsparteien an der Aufrechterhaltung inhaltlich zu weitreichender nachvertraglicher Wettbewerbsabreden annehmen können. Wird eine solche Aufrechterhaltung gleichwohl versagt, könnte dies den beiderseitigen Interessen sowie die wesentlichen Zwecken des nachvertraglichen Wettbewerbsverbotes unerwünschterweise zuwiderlaufen.[1131] Auch gegenüber Geschäftsführern wird nicht bei jedwedem inhaltlichen Übermaß ein schwerwiegender Verstoß gegen das Anstandsgefühl vorliegen,[1132] welches mit den „grundlegenden Wertungen der Rechts- oder Sittenordnung unvereinbar"[1133] ist. In Übertragung der BAG-Rechtsprechung sollten die – zum Teil nur geringfügigen – Überschreitung nicht grundsätzlich als Verletzung des moralischen Mindestmaßes beurteilt werden, mit der Folge, dass „sich der Laie und auch der juristisch Gebildete [ansonsten] oft moralisch zu Unrecht getadelt [fühlen]"[1134] könnte. In diesem Sinne kann vor allem die Möglichkeit der geltungserhaltenden Reduktion zur Vermeidung von Wertungswidersprüchen und unbilligen Ergebnissen beitragen sowie der fehlenden

---

1129 *Canaris*, AcP 184 (1984), 201, 241; *ders.*, JuS 1989, 161, 164.

1130 So *Damm*, JZ 1986, 913, 918.

1131 Vgl. dazu auch *Larenz*, Methodenlehre der Rechtswissenschaft, S. 392, der dies am Beispiel des Insichgeschäfts nach § 181 BGB und der dort vorgenommenen teleologischen Reduktion im Fall der Schenkung eines gesetzlichen Vertreters an den zu vertretenden Geschäftsunfähigen beschreibt.

1132 Vgl. BGH, ZIP 1994, 121; Staudinger/*Fischinger*, § 138 Rn. 71.

1133 BGH, NJW 1998, 2531, 2532.

1134 BAG, NJW 1970, 626, 628.

Voraussehbarkeit des Sittenwidrigkeitsverdikts entsprechend auch allgemein der Rechtssicherheit dienen.[1135]

b. *Rechtsgrundsatz des § 74a Abs. 1 S. 1 und 2 HGB als immanenter Normzweckvorbehalt*

Soll die teleologische Reduktion somit anhand des immanenten Normzweckvorbehaltes des § 138 BGB vorgenommen werden, ist das Rechtsgeschäft also dann als sittenwidrig und nichtig zu erachten, wenn sich aus der verletzten Sittennorm nicht ein anderes ergibt. Überträgt man diese Voraussetzung auf die hier vorliegende Problematik, ist ein nachvertragliches Wettbewerbsverbot mit Geschäftsführern dann nicht zwingend als nichtig anzusehen, wenn der § 138 Abs. 1 BGB in Verbindung mit den verallgemeinerungsfähigen Wertungen des § 74a Abs. 1 S. 1 und 2 HGB eine geltungserhaltende Reduktion der Nichtigkeitsfolge ermöglichen würde. Folglich wäre eine geltungserhaltende Reduktion geboten, wenn § 74a Abs. 1 S. 1 und 2 HGB nicht nur bezüglich der zweistufigen Prüfung im Sinne der Interessenabwägung einen allgemeinen Rechtsgedanken, sondern auch hinsichtlich der Rechtsfolgenanordnung enthält. Maßgeblich ist also, ob die induktive Herleitung eines verallgemeinerungsfähigen Rechtsgedankens möglich ist, der auch die partielle Nichtigkeit bzw. die Aufrechterhaltung der vertraglichen Abrede im noch zulässigen Umfang anordnet.[1136] Bevor aber die induktive Herausarbeitung einer verallgemeinerungsfähigen Wertung erfolgt, sollen zuvörderst auch die entgegenstehenden Argumente entkräftet werden. So wird gegen die Möglichkeit der geltungserhaltenden Reduktion im Allgemeinen vor allem der Präventionsgedanke der Nichtigkeitsfolge eingewandt. Gerade die stringente Nichtigkeitsfolge des § 138 BGB fußt im Wesentlichen auf eben diesem schon dargestellten Präventionsgedanken.[1137] Fraglich ist jedoch, ob der Präventionsgedanke die Versagung der Möglichkeit einer geltungserhaltenden Reduktion überhaupt zu rechtfertigen vermag.

1135 Ebenso *Canaris*, FS Steindorff, 1990, 519, 538; *ders.*, AcP 184 (1984), 201, 241; *ders.*, JuS 1989, 161, 164, der letztendlich eine analoge Anwendung vorsieht.

1136 So auch *Krahforst*, Nachvertragliche Wettbewerbsverbote für GmbH-Geschäftsführer, S. 350.

1137 So die Rechtsprechung BGHZ 68, 204, 206 f.; BGH, NJW 1979, 1605, 1606; BGH, NJW 1986, 2944, 2945; BGH, NJW 1987, 2014, 2015; BGH, NJW 1997, 3089, 3090; BGH, NJW 2001, 815, 817; siehe auch in der Literatur *Lindacher*, AcP 173 (1973), 124, 129 f.; *Krampe*, JZ 1975, 574, 576; *Petersen*, JURA 2010, 419, 420 f.; dazu auch MüKoGmbHG/*Jaeger*/*Steinbrück*, § 35 Rn. 385; KK-AktG/*Mertens*/*Cahn*, § 88 Rn. 36; *Bauer*/*Diller*, GmbHR 1999, 885, 890; *Gehle*, DB 2010, 1981.

Dementsprechend ist der Präventionsgedanke schon im Grundsatz angreifbar[1138] und so auch vor allem hinsichtlich nachvertraglicher Wettbewerbsverbote. Als Erstes können schon die widersprüchliche Ungleichbehandlung sowie die ungleiche Beachtung des Präventionsgedankens hinsichtlich der zugelassenen geltungserhaltenden Reduktion eines zeitlichen Übermaßes genannt werden. Folglich stellt auch das zeitliche bzw. quantitative Übermaß grundsätzlich eine sanktionsbedürftige und damit unerwünschte Vertragsgestaltung dar, wie es im Grundsatz auch die anderen qualitativen Überschreitungen tun.[1139] Demnach wäre der Präventionsgedanke konsequenterweise auch hinsichtlich des zeitlichen Übermaßes anzuführen, den die Rechtsprechung gleichwohl nicht erhebt und in diesen Fällen für unbeachtlich hält. Somit wirft der BGH selbst, gemessen am Präventionsgedanken, einen Wertungswiderspruch infolge der unterschiedlichen Behandlungen grundsätzlich gleich sanktionsbedürftiger vertraglicher Gestaltungen auf, der nicht ohne Weiteres und ohne einen erheblichen Begründungsaufwand ausgeräumt werden kann.[1140]

Des Weiteren steht der Präventionsgedanke in enger Verbundenheit mit dem ursprünglichen Maßstab des Sittenwidrigkeitsverdiktes. Dieser ursprüngliche Maßstab der guten Sitten hat sich seit der Kodifikation des § 138 BGB gleichwohl zunehmend fallorientiert geändert und angepasst. So stellt der Sittenwidrigkeitsmaßstab des § 138 BGB seiner ursprünglichen Kodifikation und Intention nach einen allein auf den „Extremfall“[1141] zugeschnittenen Maßstab dar, der so die „äußer[e] Grenz[e] der herrschenden Rechts- oder Sozialmoral“[1142] für die extremen Verstöße normierte. Zur sachgerechten rechtlichen Prüfung nachvertraglicher Wettbewerbsverbote kommt es sodann unter Heranziehung des verallgemeinerungsfähigen Rechtsgedankens des § 74a Abs. 1 S. 1 und 2 HGB zur Herabsetzung der Eingriffsschwelle des § 138 BGB.[1143] Demnach erfolgt die Prüfung der Zulässigkeit der Wettbewerbsabrede zunächst einzelfallabhängig und

1138 Zur allgemeinen Auseinandersetzung mit dem Präventionsgedanken als „Politik“ des Gesetzes siehe *Uffmann*, Verbot der geltungserhaltenden Reduktion, S. 269 ff., wobei dies vor allem hinsichtlich der AGB-Regelungen erfolgt; auch *Bergmann*, Der ungerechte Austauschvertrag, S. 181 ff., hier hinsichtlich des Wuchertatbestands.

1139 *Traub*, WRP 1994, 802, 805; auch *Uffmann*, Verbot der geltungserhaltenden Reduktion, S. 25.

1140 *Honsell*, JA 1986, 573, 576; auch Staudinger/*Fischinger*, BGB § 138 Rn. 213.

1141 *Canaris*, AcP 184 (1984), 201, 235.

1142 *Dauner-Lieb*, AcP 201 (2002), 295, 325; dazu auch BeckOGK/*Jakl*, BGB § 138 Rn. 26; *Fastrich*, Richterliche Inhaltskontrolle im Privatrecht, S. 20.

1143 *Canaris*, AcP 184 (1984), 201, 241; *ders.*, JuS 1989, 161, 164.

beruht auf der umfassenden Interessenabwägung im Rahmen der engeren bzw. strengeren Voraussetzungen.[1144] In Verbindung mit den Problemen hinsichtlich des vom BGH herangezogenen maßgeblichen Beurteilungszeitpunktes folgt der Herabsetzung der Eingriffsschwelle das Fehlen der notwendigen Voraussehbarkeit des Sittenwidrigkeitsverdiktes. Liegen der Vornahme- und der Rechtswirkungszeitpunkt zeitlich beachtlich auseinander, wie dies bei Geschäftsführern typischerweise der Fall sein wird, und beruht die Sittenwidrigkeit vor allem auf den geänderten tatsächlichen Umständen, kann nicht von einer dermaßen unerträglichen Situation gesprochen werden, die zumindest das Aufrechterhalten der Abrede unter Zurückführung auf ein inhaltlich erträgliches Maß allgemein verbieten würde. Unter Beachtung des Verhältnismäßigkeitsprinzips sowie der fehlenden oder erschwerten Voraussehbarkeit muss sodann eine entsprechende Korrektur auf der Rechtsfolgenseite im Wege der geltungserhaltenden Reduktion der stringenten Nichtigkeitsfolge vorgenommen werden.[1145] Erfolgt also eine Relativierung auf der tatbestandlichen Seite, ist diese durch die Extension auf der Rechtsfolgenseite auszugleichen.[1146]

Anlehnend an diese Unstimmigkeiten wendet *Canaris* ein, dass die Kontrolle nachvertraglicher Wettbewerbsverbote vielmehr insgesamt an der Regelung des § 74a Abs. 1 S. 1 und 2 HGB vorzunehmen sei. Dieser biete eine sachgerechte und differenzierte Lösung hinsichtlich der Interessenabwägung sowie der Rechtsfolgenanordnung und beinhalte damit in Gänze einen wesentlichen, anwendbaren und verallgemeinerungsfähigen Rechtsgedanken.[1147] Aufgrund der unsicheren Voraussehbarkeit der rechtlich zulässigen Grenzen eines Wettbewerbsverbotes ist es somit schon aus Gründen der Praktikabilität und Rechtssicherheit geboten, eine Möglichkeit der geltungserhaltenden Reduktion vorzusehen.

Gegen den Präventionsgedanken spricht darüber hinaus noch die Annahme, dass der Geschäftsführer grundsätzlich eher eine wirtschaftlich erfahrene Person sei, die mehr als sonstige Arbeitnehmer einen ebenwürdigen

---

1144 Dazu *Canaris*, AcP 184 (1984), 201, 241; allgemein dazu auch *Damm*, JZ 1986, 913, 917 ff., der kritisiert, dass im Laufe der Zeit im Wege des § 138 BGB eine große Vielfalt divergierender Konflikte behandelt wurde, denen jedoch allen mit der „undifferenzierten Rechtsfolge [der] Totalnichtigkeit" begegnet wurde; ähnlich auch *Honsell*, JA 1986, 573, 576.

1145 *Canaris*, FS Steindorff, 1990, 519, 538; *Honsell*, JA 1986, 573, 576; ebenso *Damm*, JZ 1986, 913, 918; *Traub*, WRP 1994, 802, 805.

1146 *Damm*, JZ 1986, 913, 917 f.

1147 *Canaris*, AcP 184 (1984), 201, 241 f.; siehe dazu auch *Uffmann*, Verbot der geltungserhaltenden Reduktion, S. 25 f.

Verhandlungspartner darstellen werde. Ausgehend von diesem Verständnis wird der Geschäftsführer entweder die inhaltlichen Vereinbarungen des Anstellungsvertrages bzw. des nachvertraglichen Wettbewerbsverbotes im besonderen Maße mitbestimmen oder wenigstens die Reichweite der ihm gegenüber gestellten vorformulierten Klauseln erkennen können. Zumindest in Anbetracht dieser Annahme ist die Befürchtung der Rechtsprechung, dass nur noch unzulässige und möglichst weitreichende Wettbewerbsabreden zum Vorteil der Gesellschaft vereinbart werden, nicht nachvollziehbar.[1148] Geht man entgegen dem BGH von einer zu beachtenden, sodann möglicherweise strukturellen Schutzbedürftigkeit und Verhandlungsunterlegenheit des Geschäftsführers aus, wäre die Besserstellung durch das Fehlen der geltungserhaltenden Reduktion gegenüber sonstigen Angestellten, die ansonsten dem Regelungssystem der §§ 74 ff. HGB unterworfen sind, ebenfalls nicht nachvollziehbar. Insgesamt stellt der Präventionsgedanke somit kein geeignetes Argument gegen eine Vertragsanpassungslösung dar.[1149]

Zudem wird des Weiteren auch allgemein die Rechtsgrundsatzqualität des § 74a Abs. 1 S. 1 und 2 HGB bestritten. Entsprechend wird zum Teil eingewendet, dass diese vor allem nicht dadurch begründet werden könne, dass es zu einer unerwünschten Besserstellung des Geschäftsführers im Vergleich zu den unter den Anwendungsbereich der §§ 74 ff. HGB fallenden Personengruppen und Arbeitnehmer komme. Wird der Geschäftsführer gänzlich frei von jeglichen wettbewerblichen Beschränkungen, bleiben Arbeitnehmer infolge der gesetzlich angeordneten geltungserhaltenden Reduktion des § 74a Abs. 1 S. 1 und 2 HGB im reduzierten Maße an das nachvertragliche Wettbewerbsverbot gebunden. So wird zwar ebenfalls erwähnt, dass dieses Ergebnis zwar durchaus ungerecht erscheint, dieses Empfinden gleichwohl nicht ausschlaggebend für die Beurteilung der Rechtsgrundsatzqualität sei. Hingewiesen wird insbesondere darauf, dass die geltungserhaltende Reduktion des § 74a Abs. 1 S. 1 und 2 HGB allein nur ein wichtiger Bestandteil im Zusammenwirken der Regelungen des gesamten Komplexes der §§ 74 ff. HGB sei, die wie andere Regelungen – als Beispiel wird die Karenzentschädigungspflicht nach § 74 Abs. 2 HGB genannt – eben ausschließlich im Anwendungsbereich der §§ 74 ff. HGB für die Herstellung des gerechten Interessenausgleichs von zwingender Bedeutung seien. Die

1148 Vgl. BGH, BeckRS 1978, 31114162; *Bauer/Diller*, Wettbewerbsverbote, § 24 Rn. 1067; *Manger*, GmbHR 2001, 89, 91; *van Kann/Keiluweit*, BB 2010, 2050, 2053; dazu auch *Fleck*, FS Hilger/Stumpf, 1983, 197, 205.

1149 *Roth*, JZ 1989, 411, 417; siehe auch *Bergmann*, Der ungerechte Austauschvertrag, S. 183.

unterschiedliche Behandlung hinsichtlich der Rechtsfolgen von Geschäftsführer und Arbeitnehmer begründe demnach nicht die Herleitung eines allgemeinen Rechtsgedankens.[1150]

Diese Ansicht verkennt jedoch zunächst einmal den Umstand, dass im Rahmen der Konkretisierung des § 138 BGB auch im Allgemeinen schon eine Folgenerwägung stattfindet, sodass auch die tatsächlichen und rechtlichen Folgen, die mit der potenziell gefundenen Entscheidung einhergehen, mit in die Interessenabwägung einbezogen werden sollen.[1151] Daneben richtet sich die induktive Herleitung allgemeiner Rechtsprinzipien vor allem nach den verallgemeinerungsfähigen Wertungen, die den Rechtssätzen des positiven Rechts immanent sind. Das induktive Herausdestillieren der grundlegenden Wertungen des Rechtssatzes erfolgt dabei im systematischen und wertungsmäßigen Gesamtzusammenhang der Rechtsordnung und/oder des spezifischen Rechtsgebietes mit dem Ziel der Herstellung einer rechtlichen Wertungseinheit und damit der Vermeidung wertungsmäßiger Widersprüche. Hierfür ist sodann auch der Vergleich zu sachnahen Fallgruppen und Sachverhalten vorzunehmen.[1152]

Im ungeregelten Bereich nachvertraglicher Wettbewerbsverbote mit Geschäftsführern fehlt somit eine explizite gesetzgeberische Wertung, sodass als Anhaltspunkt eben allein ein Vergleich zum gesetzlich geregelten Bereich nachvertraglicher Wettbewerbsverbote mit Arbeitnehmern anzustellen ist. So bieten die §§ 74 ff. HGB und insbesondere § 74a Abs. 1 S. 1 und 2 HGB gesetzgeberische Wertungen und Interessenbewertungen hinsichtlich der möglichen Rechtsfolgenanordnung bei Überschreitung der inhaltlichen Grenzen eines nachvertraglichen Wettbewerbsverbotes. Nur im Lichte dieser Wertungen, selbstverständlich in Verbindung mit der fallbezogenen Anpassung der einzelnen wertgebundenen Parameter, wird es dem Rechtsanwender und den Gerichten ermöglicht, eine tunlichst einheitliche und harmonische Entscheidung zu finden.[1153] Geht es vorliegend grundsätzlich um die isolierte Betrachtung der Möglichkeit der geltungserhaltenden Reduktion der Nichtigkeitsfolge, wird hier

---

1150 Vgl. *Krahforst*, Nachvertragliche Wettbewerbsverbote für GmbH-Geschäftsführer, S. 350 f.

1151 Staudinger/*Fischinger*, BGB § 138 Rn. 95; MüKoBGB/*Armbrüster*, § 138 Rn. 48; siehe dazu vertiefend *Sambuc*, Folgenerwägungen im Richterrecht, 53 ff., 90 ff., 108 ff.

1152 *Larenz*, Methodenlehre der Rechtswissenschaft, S. 382; *Bydlinski*, Juristische Methodenlehre, S. 475 ff.; *Möllers*, Juristische Methodenlehre, § 6 Rn. 14, ähnlich auch Staudinger/*Honsell*, Einl. BGB vor § 1 Rn. 143 bezüglich der Vornahme der logisch-systematischen Auslegung im wertenden Gesamtzusammenhang der Rechtssätze.

1153 Vgl. *Rüthers/Fischer/Birk*, Rechtstheorie, § 4 Rn. 147.

die zwingende Konnexität zum Maßstab der guten Sitten deutlich. Um Wertungswidersprüche zwischen der Behandlung der einzelnen Personengruppen zu vermeiden, die gleichwohl zutreffenderweise nicht durchweg gleichbehandelt werden, enthält der § 74a Abs. 1 S. 1 und 2 HGB nicht nur hinsichtlich der gerechten und angemessenen Interessenabwägung verallgemeinerungsfähige Rechtsgedanken, sondern auch hinsichtlich der in Konnexität stehenden Rechtsfolgenanordnung. Kommt es schon im Verhältnis Arbeitgeber zu Arbeitnehmer dazu, dass eine Überschreitung der inhaltlichen Grenzen in gegenständlicher, zeitlicher und/oder örtlicher Hinsicht nicht die vollkommene Unverbindlichkeit nach sich zieht, sondern eine partielle Unverbindlichkeit im Sinne der geltungserhaltenden Reduktion, dies obwohl das berufliche Fortkommen des Arbeitnehmers grundsätzlich als höherrangig eingestuft wird, spricht dies für eine entsprechende Übertragung auch auf sämtliche nachvertraglichen Wettbewerbsverbote. Unter Berücksichtigung der verfassungs- sowie zivilrechtlichen Wertungen und Interessen der beteiligten Vertragsparteien bezweckt auch die Rechtsfolgenanordnung des § 74a Abs. 1 S. 1 und 2 HGB eine dem Verhältnismäßigkeitsprinzip dienende differenzierte Rechtsfolge im Sinne einer Kompensation zur erfolgten Herabsetzung der Interventionsschwelle des § 138 BGB infolge der Heranziehung der Wertungen des § 74a Abs. 1 S. 1 und 2 HGB. Ist als maßgeblicher wertungsmäßiger Unterschied des Verhältnisses der Gesellschaft zum Geschäftsführer insbesondere die höhere Gewichtung der Gesellschaftsinteressen im Rahmen der Interessenabwägung des § 74a Abs. 1 S. 1 und 2 HGB zu sehen, bleibt es dagegen grundsätzlich bei den gleichen gegensätzlichen Interessen hinsichtlich der Rechtsfolgenanordnung, die im vorliegenden Fall im Zweifel sogar noch eher für die Möglichkeit der geltungserhaltenden Reduktion sprechen. Dies vor allem, wenn man zunächst zutreffend erwägt, dass die Aufrechterhaltung der Abrede zuvörderst im Interesse der Gesellschaft liegen wird.[1154] Wie schon beim Präventionsgedanken erläutert, folgt der fallbezogenen Differenzierung des Maßstabes der guten Sitten unter Heranziehung des allgemeinen Rechtsgedankens des § 74a Abs. 1 S. 1 und 2 HGB die ebenfalls notwendige Heranziehung der verallgemeinerungsfähigen Wertungen hinsichtlich der angeordneten Rechtsfolge.

Gegen die allgemeine Rechtsgrundsatzqualität des § 74a Abs. 1 S. 1 und 2 HGB hinsichtlich der Rechtsfolgenanordnung wird zudem angeführt, dass es den verfassungsrechtlichen Wertungen des Art. 12 Abs. 1 GG eben nicht zu entnehmen

---

1154 In diesem Sinne MüKoGmbHG/*Jaeger*/*Steinbrück*, § 35 Rn. 385; *Bauer*/*Diller*, Wettbewerbsverbote, § 24 Rn. 1066.

sei, dass ein Wettbewerbsverbot letztlich im noch zulässigen Maße aufrechterhalten werden müsse. So entspreche die stringente Nichtigkeitsfolge vielmehr dem Schutzgedanken des Art. 12 Abs. 1 GG, da der Geschäftsführer im Falle des nichtigkeitsbegründenden inhaltlichen Übermaßes völlig frei von jeglichen beruflichen Beschränkungen wird.[1155] Diese Ansicht betrachtet damit die Rechtsfolgen der vorliegenden Prüfung vor allem unter Beachtung der verfassungsrechtlichen Wertungen des Art. 12 Abs. 1 GG zugunsten des Geschäftsführers und verkennt damit die notwendige Berücksichtigung der beiderseitigen verfassungsrechtlich geschützten Interessen. Beurteilt man die Frage der verfassungsrechtlichen Gebotenheit der Möglichkeit der geltungserhaltenden Reduktion allein an den verfassungsrechtlichen Interessen des Geschäftsführers hinsichtlich des möglichst freien und ungestörten beruflichen Fortkommens, wird die Nichtigkeitsfolge möglichenfalls die den Schutzzwecken und -gedanken des Art. 12 Abs. 1 GG bestmöglich dienende Rechtsfolge darstellen[1156] – gleichwohl diese Ansicht ein möglicherweise vorliegendes Bestands- sowie Dispositionsinteresse des Geschäftsführers am nachvertraglichen Wettbewerbsverbot ausblendet, welche insbesondere in den Fällen von Bedeutung werden könnten, in denen eine Karenzentschädigung zugesagt wurde.

Des Weiteren ist die verfassungsrechtliche Bewertung der Gebotenheit der geltungserhaltenden Reduktion eben nicht einseitig an den Schutzinteressen des Geschäftsführers zu messen. Vielmehr sind auch die berechtigten Interessen der Gesellschaft mit einzubeziehen. Genau diese am Verhältnismäßigkeitsprinzip orientierte Berücksichtigung der beiderseitigen zivil- sowie verfassungsrechtlichen Interessen nimmt § 74a Abs. 1 S. 1 und 2 HGB vor. Wie *Wertheimer* dies für die analoge Anwendung der §§ 74 ff. HGB formulierte, wirken sich die Unterschiede der Personengruppen sowie die unterschiedliche Gewichtung der berechtigten Interessen vor allem auf der Stufe der Interessenabwägung aus, die sodann die zulässige Reichweite und den Umfang des Wettbewerbsverbotes beeinflussen.[1157] Die Rechtsfolge stellt demgegenüber eine allgemeine Regelung dar, die nach der einzelfallbezogenen und an den individuellen Interessen orientierten Zulässigkeitsprüfung eine Aussage dahingehend trifft, dass das gefundene Ergebnis der Abwägung vollständig oder nur im zulässigen Maße Wirkung entfalten soll. Die einseitige Betrachtung und Beurteilung allein anhand der

1155 *Krahforst*, Nachvertragliche Wettbewerbsverbote für GmbH-Geschäftsführer, S. 351.
1156 *Krahforst*, Nachvertragliche Wettbewerbsverbote für GmbH-Geschäftsführer, S. 351.
1157 Vgl. *Wertheimer*, Nachvertragliche Wettbewerbsverbote bei Anstellungsverhältnissen, S. 139 f.

Schutzaspekte des Art. 12 Abs. 1 GG zugunsten des Geschäftsführers verkennt nicht nur aus verfassungsrechtlicher Sicht die notwendige Berücksichtigung der berechtigten und schützenswerten Interessen der Gesellschaft, sondern missachtet auch die zu beachtende teleologische Mehrdimensionalität der Zweckbestimmungen einer gesetzlichen Norm, die insofern auch zur Herleitung allgemeiner Rechtsgedanken maßgeblich ist. Folglich ist auch aus methodischer Sicht nicht allein der allgemeine Schutzgedanke hinsichtlich der unbilligen Erschwerung des beruflichen Fortkommens zu berücksichtigen. Vielmehr bezweckt die Konnexität der Rechtsfolge mit den Tatbestandsvoraussetzungen der Interessenabwägung die ausreichende und angemessene Berücksichtigung der beruflichen Interessen in Verbindung mit der hinzutretenden Zweckbestimmung der ausreichenden und angemessenen Berücksichtigung der Gesellschaftsinteressen.

Darüber hinaus müssen auch die allgemeinen Vorgaben unserer Verfassung sowie unseres Vertragskonzeptes betrachtet werden. Demnach werden die freie Selbstbestimmung und Selbstverantwortung als Funktionsvoraussetzungen einer jeden vertraglichen Abrede begriffen. Infolge der gewünschten beiderseitigen freien und selbstbestimmten vertraglichen Bindung mit anderen Rechtssubjekten stellt das Rechtsgeschäft das notwendige Mittel zur freien Entfaltung des Einzelnen dar. Die vertragliche Gestaltung unterliegt insofern gesetzlichen Beschränkungen, die grundsätzlich auf die Herstellung der formalen und materiellen Vertragsfreiheit abzielen. In diesem Sinne sieht die Zivilrechtsordnung ein „abgestuftes System" beschränkender Vorschriften hinsichtlich der Einwirkung auf die Rechtsgeschäfte vor. Hält die Zivilrechtsordnung zunächst weniger einschneidende Instrumente bereit, wird die Rechtsfolge der Nichtigkeit auf der letzten Stufe stehen, da diese grundsätzlich die stärkste Form des Eingriffes in die Privatautonomie beschreibt.[1158] Aufgrund der verfassungsrechtlichen Bedeutung der Privatautonomie und der damit einhergehenden Grundrechtseingriffe infolge des Verdiktes der Nichtigkeit erlangt eben auch der Grundsatz der Verhältnismäßigkeit besondere Bedeutung.[1159] Ist zwar richtigerweise anzudenken, dass auch die richterliche Modifikation und Aufrechterhaltung der Abrede je nach den Umständen des Einzelfalls einen vergleichbaren oder gar weitreichenderen Eingriff in die Privatautonomie der Vertragsparteien bedeuten könnte,[1160]

1158 Dazu *H. Köhler*, JuS 2010, 665 f.

1159 Siehe BVerfGE 35, 382, 400 f.; *H. Köhler*, JuS 2010, 665 f.

1160 *Zöllner*, Die Privatrechtsgesellschaft im Gesetzes- und Richterstaat, S. 41; Staudinger/*Looschelders/Olzen*, BGB § 242 Rn. 464.

wird die Nichtigkeitsfolge der gesamten Abrede, insbesondere unter Beachtung des bereits Gesagten, den schwerwiegendsten Eingriff darstellen.

So wird es dem „groben Geschütz des § 138 BGB“[1161] zumeist nicht möglich sein, die widerstreitenden Interessen der Vertragsparteien sowie die unterschiedlichen Gestaltungen und Probleme typisierter gestörter Vertragsparitäten angemessen zu berücksichtigen.[1162] Demnach könnte die Folge der Gesamtnichtigkeit auch dazu führen, dass der verfassungsrechtliche Auftrag zum Schutze des Schwächeren in sein Gegenteil verkehrt wird.[1163] Zielt sodann jedweder Eingriff in das privatautonom vereinbarte Vertragsverhältnis auf den schonendsten und gerechtesten Ausgleich der beiderseitigen Interessen unter Maßgabe des Verhältnismäßigkeitsprinzips sowie der praktischen Konkordanz ab, ist auch im Rahmen der Konkretisierung des § 138 BGB eine Rechtsfolgenlösung zu finden, die diese Zielvorgaben entsprechend der jeweiligen Fallgestaltung erfüllt. In diesem Sinne kann die gesetzgeberische Gewichtung und Bewertung der zivil- sowie verfassungsrechtlichen Interessen im Rahmen des § 74a Abs. 1 S. 1 und 2 HGB als vorgenommene und verallgemeinerungsfähige Verhältnismäßigkeitsprüfung angesehen werden, die als wesentliches Element die Möglichkeit der geltungserhaltenden Reduktion vorsieht. Folglich wird es auch aus verfassungsrechtlicher Sicht geboten sein, die in § 74a Abs. 1 S. 1 und 2 HGB enthaltenen verallgemeinerungsfähigen Wertungen der Rechtsfolgenanordnung zu übertragen.[1164] Die Nichtigkeitsfolge des § 138 BGB stellt de lege lata zuvörderst einen Minimalschutz für die verfassungsrechtlich geschützten Interessen, hier vor allem der Freiheit der Berufsausübung, dar. Geht es im Weiteren also dann um die effektivste Gewährung sowie den schonendsten Ausgleich der beiderseitigen geschützten verfassungsrechtlichen Interessen auch hinsichtlich der Rechtsfolge,

---

1161 *Preis*, Grundfragen der Vertragsgestaltung im Arbeitsrecht, S. 176.

1162 *Fastrich*, Richterliche Inhaltskontrolle im Privatrecht, S. 21; *Preis*, Grundfragen der Vertragsgestaltung im Arbeitsrecht, S. 176; *Stresow*, Die richterliche Inhaltskontrolle von Eheverträgen, S. 186; *Leverenz*, JURA 1993, 266, 270.

1163 *Knobel*, Wandlungen im Verständnis der Vertragsfreiheit, S. 170; ähnlich auch *Floren*, Grundrechtsdogmatik im Vertragsrecht, 1999, S. 399; *Stresow*, Die richterliche Inhaltskontrolle von Eheverträgen, S. 186 f.; ähnlich auch Staudinger/*Looschelders*/*Olzen*, BGB § 242 Rn. 492 f.

1164 Siehe auch Noack/Servatius/Haas/*Beurskens*, GmbHG § 37 Rn. 117; *Canaris*, AcP 184 (1984), 201, 241, die beide die analoge Anwendung des § 74a Abs. 1 HGB auf die verfassungsrechtliche Gebotenheit stützen.

wird dies vor allem durch die Ermöglichung einer geltungserhaltenden Reduktion erreicht.[1165]

Unter Beachtung der verfassungsrechtlichen Wertungen wird auch aus methodischer Sicht von einem verallgemeinerungsfähigen Rechtsgedanken des § 74a Abs. 1 S. 1 und 2 HGB hinsichtlich der Rechtsfolge auszugehen sein. Methodisch sollen die Auslegung von Gesetzen, die Konkretisierung der Generalklauseln sowie auch die richterliche Rechtsfortbildung der Rechtsprechungspraxis letztendlich zu gerechten, angemessenen und durchschaubaren Ergebnissen führen. In diesem Sinne wird die Rechtsfolge der Gesamtnichtigkeit zunächst einmal der allgemeinen Rechtssicherheit zuträglich sein. Der Rechtsanwender sowie -unterworfene wird folglich genaue Vorstellungen davon haben, welche Rechtsfolgen zu erwarten sind, sofern die zulässigen Grenzen des Maßstabes der guten Sitten überschritten werden. Gleichwohl setzen die Probleme im Rahmen nachvertraglicher Wettbewerbsverbote nicht erst bei der Rechtsfolge an, sondern beginnen schon allgemein bei der mangelnden Vorhersehbarkeit und der aufkommenden Unsicherheit hinsichtlich der Vereinbarung rechtssicherer Wettbewerbsverbote. So fehlt es an einem gewissen rechtlichen Rahmen, innerhalb dessen es ermöglicht wird, sich ausreichend frei vertraglich zu binden. In Anbetracht der bestehenden Unsicherheiten sowie ausgehend vom grundsätzlichen Bedürfnis, letztendlich einen gewollten Schutz zuzulassen, wird die Übertragung der Rechtsfolgenanordnung des § 74a Abs. 1 S. 1 und 2 HGB aus methodischer sowie verfassungsrechtlicher Sicht für ein Mehr an Rechtssicherheit sorgen, was somit auch allgemein für die Zulässigkeit der hier vorgenommenen Rechtsfortbildung an sich spricht.[1166] Dies vor allem hinsichtlich dessen, dass die Beteiligten letzten Endes davon ausgehen können, im Anschluss an das Anstellungsverhältnis einem nachvertraglichen Wettbewerbsverbot im zulässigen Maße zu unterliegen.

Des Weiteren darf der Nutzen der Rechtsprechung im Allgemeinen nicht zugleich von den damit einhergehenden schädlichen Effekten aufgefressen werden. In diesem Sinne hat die Rechtsprechungspraxis dafür zu sorgen, dass ein angemessener Raum für die Vertragsparteien verbleibt, innerhalb dessen die Ausübung ihrer Rechtspositionen nicht vollständig vereitelt wird. Damit geht es also wieder um die Vermeidung absurder, nicht praktikabler und unbilliger Ergebnisse, die sodann erneut an der größtmöglichen Wertungseinheit

1165 *Canaris*, JuS 1989, 161, 164 f.

1166 Siehe *Wank*, Juristische Methodenlehre, § 15 Rn. 83; *Möllers*, Juristische Methodenlehre, § 13 Rn. 63 ff.

des „inneren Systems" zu messen sind. Zieht man sodann die Regelungen der §§ 74 ff. HGB als maßgeblichen Wertekonsens und gesetzgeberische Interessenbewertung heran, die somit einen wertgebundenen Kompass für das Auffinden einer gerechten und der Wertungseinheit zuträglichen Lösung vorgibt, spricht die gleichwohl fallbezogene leicht divergierende Gewichtung der Interessen dafür, die verallgemeinerungsfähigen Wertungen des § 74a Abs. 1 S. 1 und 2 HGB auch hinsichtlich der angeordneten Rechtsfolgen zu übertragen. Somit ist die Zulässigkeit und Gebotenheit einer teleologischen Reduktion der Nichtigkeitsfolge des § 138 BGB auch aus methodischer Sicht zu bejahen.[1167]

Anknüpfend daran wäre die vorliegende Gebotenheit und Zulässigkeit der geltungserhaltenden Reduktion allein dann abzulehnen, wenn dies sodann die maßgeblichen Schutzzwecke der vertraglichen Abrede bzw. der zu beachtenden gesetzlichen Regelungen konterkarieren würde. In diesem Sinne erscheint es im Rahmen der Prüfung der AGB völlig richtig, ausgehend vom Schutzzweck des § 306 BGB eine Möglichkeit der geltungserhaltenden Reduktion nicht zuzulassen. Dem Schutzzweck des § 306 BGB entsprechend soll dem anderen Vertragsteil (also nicht dem AGB-Verwender) schon von vornherein ein Schutz gewährt werden, eben nicht erst im Zivilprozess, nachdem ihm schon bei der Vertragsabwicklung keine Klauseln entgegengehalten werden, „von deren Unwirksamkeit er nichts wissen kann"[1168]. Folglich wäre die geltungserhaltende Reduktion abzulehnen, wenn diese die wesentlichen Schutzzwecke der §§ 74 ff. HGB, die, wie schon öfters erwähnt, nicht allein auf den einseitigen Schutz der strukturell unterlegenen Arbeitnehmer abzielen, sowie die allgemeinen Zweckbestimmungen und Schutzzwecke nachvertraglicher Wettbewerbsverbote tangieren würde. Unter Beachtung des schon Gesagten steht der Ausgleich der beiderseitigen Interessen im Vordergrund. Demnach besteht ein Bedürfnis und Interesse, vor allem ein Bedürfnis der Gesellschaft, letztlich ein angemessenes vorhersehbares sowie planungssicheres nachvertragliches Wettbewerbsverbot zu vereinbaren bzw. aufrechtzuerhalten. Als wesentlichste Zweckbestimmung und Schutzzwecke der §§ 74 ff. HGB sowie nachvertraglicher Wettbewerbsverbote mit

---

1167 So allgemein auch *Bydlinski*, Juristische Methodenlehre und Rechtsbegriffe, S. 457, 480; siehe ebenfalls dazu *Canaris*, Systemdenken und Systembegriff in der Jurisprudenz, S. 24; *Möllers*, Juristische Methodenlehre, § 5 Rn. 62 ff., 85.

1168 Staudinger/*Mäsch*, BGB § 306 Rn. 23; Ulmer/Brandner/Hensen/*Schmidt*, AGB-Recht, BGB § 306 Rn. 14, der dies als „Transparenzgebot" bezeichnet; zur Problemfrage der Zulässigkeit einer geltungserhaltenden Reduktion im Rahmen des § 306 BGB siehe MüKoBGB/*Basedow*, § 306 Rn. 16 ff.

Geschäftsführern sind die gesellschaftsseitige Gewährung eines an den berechtigten Interessen ausgerichteten effektiven nachvertraglichen Schutzes sowie die angemessene und ausgleichende Berücksichtigung der beruflichen Interessen des Geschäftsführers zu sehen. Möchte man diese Zweckbestimmung und Schutzzwecke nun auch bei einer bestehenden inhaltlichen Überschreitungen bestmöglich verwirklichen, ist notwendigerweise die Möglichkeit der geltungserhaltenden Reduktion vorzusehen.

Gegen die geltungserhaltenden Reduktion wird des Weiteren eingewendet, dass die Richter außerhalb der ausdrücklich gesetzlich angeordneten Fälle, genannt werden neben dem § 74a Abs. 1 S. 1 und 2 HGB noch die §§ 343, 655 BGB, aufgrund der vorrangig zu berücksichtigenden Vertragsfreiheit nicht befugt seien, eine richterliche Vertragskorrektur vorzunehmen.[1169] Sieht man insbesondere die angemessene Berücksichtigung der beiderseitig bestehenden Vertragsfreiheit als Grenze der Befugnis der richterlichen Vertragskorrektur an, sind vorliegend sodann vor allem wieder die gesetzgeberischen Interessenbewertungen und Werteentscheidungen der §§ 74 ff. HGB unter Beachtung der fallbezogenen abweichenden Gewichtung einzelner Parameter zu beachten. Demnach dient besonders die Aufrechterhaltung der vertraglichen Abrede im Wege der richterlichen Vertragskorrektur der angemessenen und gerechten Berücksichtigung der beiderseitig geschützten Vertragsfreiheit und wird somit den vorzugswürdigen sowie schonendsten Ausgleich gewähren. In diesem Sinne wird die Vertragsfreiheit vorliegend nicht der richterlichen Vertragskorrektur entgegenstehen. Darüber hinaus wird es den zuständigen ordentlichen Gerichten auch zuzutrauen sein, die den Interessen gerecht werdende und angemessene richterliche Gestaltungsmöglichkeit wahrzunehmen. Dies kann vor allem unter Beachtung der arbeitsrechtlichen und -gerichtlichen Rechtsprechung bezüglich nachvertraglicher Wettbewerbsverbote mit Arbeitnehmern und hinsichtlich des § 74a Abs. 1 S. 1 und 2 HGB angenommen werden. So schafft es die arbeitsgerichtliche Rechtsprechung im Wege der gesetzlich angeordneten geltungserhaltenden Reduktion inhaltlich angemessen gestalterisch tätig zu werden.[1170]

Im Ergebnis ist im Wege des dem § 138 BGB immanenten Normzweckvorbehalts und unter Beachtung der verletzten Sittennorm des § 74a Abs. 1 S. 1 und 2 HGB

1169 So *Krahforst*, Nachvertragliche Wettbewerbsverbote für GmbH-Geschäftsführer, S. 351.

1170 Vgl. dazu MüKoGmbHG/*Jaeger*/*Steinbrück*, § 35 Rn. 385; zur arbeitsrechtlichen Rechtsprechung siehe BAG, AP HGB § 74 Nr. 22; BAG, NZA 2010, 1175, 1177; BAG, NZA 2019, 383, 386; LAG Baden-Württemberg, NZA-RR 2008, 508, 509.

somit die teleologische Reduktion und damit die geltungserhaltende Reduktion beim Vorliegen zeitlicher, örtlicher und/oder gegenständlicher Überschreitungen zu ermöglichen. Somit wird der § 74a Abs. 1 S. 1 und 2 HGB insgesamt, also sowohl hinsichtlich der Interessenabwägung als auch der Rechtsfolge einen allgemeinen Rechtsgrundsatz enthalten. Demnach sind auch die verallgemeinerungsfähigen Rechtsgedanken der Rechtsfolgenanordnung des § 74a Abs. 1 S. 1 und 2 HGB als Wertungen zu erachten, die vor allem dem angemessenen und gerechten Ausgleich der widerstreitenden Interessen im Bereich nachvertraglicher Wettbewerbsverbote dienen. Die geltungserhaltende Reduktion ermöglicht insbesondere die Vermeidung beachtlicher Wertungswidersprüche sowie die angemessene Beachtung des Verhältnismäßigkeitsprinzips. Sieht man die Interessenabwägung des § 74a Abs. 1 S. 1 und 2 HGB des Weiteren als spezialgesetzliche Ausprägung und Konkretisierung des Grundsatzes von Treu und Glauben an, kann auch die Rechtsfolgenanordnung als eine entsprechende Ausprägung dieses Grundsatzes gesehen werden. Entspricht es also dem Grundsatz von Treu und Glauben, dass vor allem die „billige" Rücksichtnahme der schutzwürdigen Interessen der jeweils anderen Partei statuiert wird, spiegelt auch die differenzierte Rechtsfolge des § 74a Abs. 1 S. 1 und 2 HGB genau diese Wertungen wider.[1171] Daran anknüpfend wurde auch schon allgemein angemerkt, dass eine Modifikation der Rechtsfolgenseite des § 138 BGB unter Heranziehung des § 242 BGB unabhängig davon, ob das Rechtsprinzip oder die Norm selbst gemeint war, eine aus verfassungsrechtlicher Sicht geeignete Lösung zur Begegnung von Fällen gestörter Vertragsparitäten darstellen kann. Dies insbesondere, um den schwerwiegenden Eingriff des Sittenwidrigkeitsverdiktes unter Beachtung des Prinzips der Verhältnismäßigkeit abzumildern.[1172] Und gerade § 74a Abs. 1 S. 1 und 2 HGB erfüllt diese Vorgaben, vor allem auch hinsichtlich der Rechtsfolgen, und genießt als spezialgesetzliche Regelung und Ausprägung des Grundsatzes von Treu und Glauben einen generellen Anwendungsvorrang

---

1171 MüKoBGB/*Säcker*, Einl. Rn. 45; MüKoBGB/*Schubert*, § 242 Rn. 8; *Neuner*, Allgemeiner Teil des Bürgerlichen Rechts, § 10 Rn. 81 ff., der das Prinzip des Vertrauensschutzes als ein eigenständiges übergeordnetes Prinzip ansieht, dazu auch ausführlich schon *Canaris*, FS 50 Jahre BGH, Bd. I, 2000, 129 ff.

1172 IdS. auch *Floren*, Grundrechtsdogmatik im Vertragsrecht, S. 412, der aus der rechtstechnischen Verknüpfung der beiden Normen eine Art neue Generalklausel schaffen möchte. Allgemein zur möglichen kombinierten Anwendung siehe MüKoBGB/*Schubert*, § 242 Rn. 528 ff.; Jauernig/*Mansel*, BGB § 242 Rn. 8.

vor dem allgemeinen Rechtsprinzip, auf das nur als „Ultima Ratio“ rekurriert werden sollte.[1173]

Wie bei der Konkretisierung des Maßstabes der guten Sitten, der ebenfalls in Anlehnung an § 74a Abs. 1 S. 1 und 2 HGB die sachgerechte Interessenabwägung vorsieht, geht es auch bei der Rechtsfolgenbestimmung vornehmlich um die Berücksichtigung der betroffenen gegenseitigen Interessen der Vertragspartner. Liegt demnach auf der einen Seite eine norm- und interessenzweckorientierte Differenzierung der Interventionsschwelle vor, muss dies konsequenterweise auch zur entsprechenden Rechtsfolgendifferenzierung führen.[1174] Könnte die Sittenwidrigkeit also allein auf ein inhaltliches Übermaß des Wettbewerbsverbotes gestützt werden, sind keine Gründe ersichtlich, die gegen die geltungserhaltende Reduktion und reduzierte Aufrechterhaltung sprechen. In Anbetracht der Regelungsgehalte des § 74a Abs. 1 und 3 HGB werden die Sittenwidrigkeit sowie die Gesamtnichtigkeit der Abrede allein dann anzunehmen sein, wenn die nichtigkeitsbegründenden Umstände keinen Bezug zur inhaltlichen Gestaltung haben, sondern eigens auf anderen sittenwidrigen Faktoren beruhen.[1175]

5. *Zwischenergebnis*

Dem Sittenwidrigkeitsverdikt folgt dem Wortlaut des § 138 BGB entsprechend richtigerweise grundsätzlich die *Ex-tunc*-Gesamtnichtigkeit der vertraglichen Abrede. Folglich nimmt auch der BGH „in der Regel“[1176] an, dass das Nichtigkeitsurteil die gesamte Abrede erfassen soll. Ausgenommen die Fälle, in denen die Aufrechterhaltung der Abrede gesetzlich angeordnet wird, werden Ausnahmen vom Grundsatz der Gesamtnichtigkeit allenfalls in seltenen Fällen fallbezogen vorgenommen.[1177] Für nachvertragliche Wettbewerbsverbote, die nicht im Anwendungsbereich der §§ 74 ff. HGB liegen und zuvörderst am Maßstab des

---

1173 MüKoBGB/*Schubert*, § 242 Rn. 22 ff.; BeckOGK/*Kähler*, BGB § 242 Rn. 94 ff.; *Brox/Walker*, Allgemeines Schuldrecht, § 7 Rn. 3 f.; dazu auch Staudinger/*Looschelders/Olzen*, BGB § 242 Rn. 146 ff., die auf die Einbeziehung verfassungsrechtlicher und einfachgesetzlicher Wertungen hinweisen.

1174 Dazu *Damm*, JZ 1986, 913, 926.

1175 Vgl. *Canaris*, FS Steindorff, 1990, 519, 536 f.; dazu auch *Lindacher*, AcP 173 (1973), 124, 172 f.; *Traub*, WRP 1994, 802, 806, der auf Knebelungstatbestände oder den Tatbestand nach § 138 Abs. 2 BGB hinweist.

1176 Vgl. BGH, NJW-RR 2006, 16, 18.

1177 Vgl. BGH, NJW 2012, 1570, 1571; genannt werden kann hier auch § 74a Abs. 1 HGB. Mit den möglichen verallgemeinerungsfähigen Wertungen des § 74a Abs. 3 HGB wird sich später noch isoliert auseinandergesetzt.

§ 138 BGB gemessen werden, folgt der Überschreitung der inhaltlichen Grenzen grundsätzlich die Nichtigkeit der gesamten Abrede. Nur für Fälle des alleinigen zeitlichen Übermaßes wird eine Ausnahme unter Anwendung des § 139 BGB gewährt, derzufolge die Wettbewerbsabrede auf das zeitlich zulässige Maß reduziert wird.

Innerhalb der zivilrechtlichen Literatur werden verschiedene Ansichten zur Zulässigkeit der geltungserhaltenden Reduktion im Rahmen des § 138 BGB vertreten. Als tauglichste Ansicht hat sich vorliegend die Literaturmeinung hervorgetan, die die teleologische Reduktion der Nichtigkeitsfolge anhand eines dem § 138 BGB immanenten Normzweckvorbehalts vornimmt. Der Normzweckvorbehalt entspricht somit der verletzten Sittennorm und fragt danach, ob die zu beachtende Sittennorm im Falle ihrer Verletzung verbindlich die Nichtigkeitsfolge anordnet oder doch differenziertere Rechtsfolgen zulässt. Der Normzweckvorbehalt misst sich vorliegend am allgemeinen Rechtsgrundsatz des § 74a Abs. 1 S. 1 und 2 HGB als Modifikation des Maßstabes der guten Sitten. Unter Beachtung der verallgemeinerungsfähigen Wertungen des § 74a Abs. 1 S. 1 und 2 HGB ermöglicht dieser die teleologische Reduktion der Nichtigkeitsfolge des § 138 BGB im Wege der geltungserhaltenden Reduktion. Daran anknüpfend wird § 74a Abs. 1 S. 1 und 2 HGB auch ein verallgemeinerungsfähiger Rechtsgedanke hinsichtlich der angeordneten Rechtsfolgen entnommen werden, der gleichfalls als spezialgesetzliche Ausprägung des Grundsatzes von Treu und Glauben zu verstehen ist. Damit bildet die Rechtsfolge des § 74a Abs. 1 S. 1 und 2 HGB unter Heranziehung der gesetzgeberischen, verfassungs- und zivilrechtlichen Wertungen sowie auch der weiteren wesentlichen Wertungen, die dem Regelungskomplex der §§ 74 ff. HGB und insbesondere dem § 74a Abs. 1 S. 1 und 2 HGB induktiv entnommen werden können, die sachgerechteste Lösung zur Vermeidung von Wertungswidersprüchen.

Der von der Rechtsprechung grundsätzlich hervorgehobene Präventionsgedanke der Nichtigkeitsfolge des § 138 BGB kann vorliegend nicht die Ablehnung der geltungserhaltenden Reduktion begründen. Dies folgt vor allem der Herabsetzung der Eingriffsschwelle durch die Modifizierung des Maßstabes der guten Sitten infolge der Übertragung der allgemeinen Rechtsgedanken des § 74a Abs. 1 S. 1 und 2 HGB, die sodann auch durch die Übertragung einer entsprechenden differenzierten Rechtsfolgenanordnung begleitet werden muss. Insbesondere die rechtliche Ungleichbehandlung eines zeitlichen Übermaßes ruft beachtliche Wertungswidersprüche hervor. Unter Beachtung der gesetzgeberischen Interessenbewertungen bietet § 74a Abs. 1 S. 1 und 2 HGB eine vorweggenommene, am Verhältnismäßigkeitsprinzip orientierte Werteentscheidung hinsichtlich des schonendsten und angemessensten Ausgleichs der widerstreitenden Interessen. In diesem Sinne kann auch eine verallgemeinerungsfähige Wertung dahingehend entnommen werden, dass eine einheitliche und harmonische Rechtsfolgenanordnung für den gesamten Bereich nachvertraglicher Wettbewerbsverbote bestehen soll. Aufgrund des zumeist komplexen Zusammenwirkens der inhaltlichen Beschränkungen und Überschreitungen dient die Möglichkeit der geltungserhaltenden Reduktion vor allem auch den besonders zu berücksichtigenden Gesellschaftsinteressen bezüglich der Gewährung und Verwirklichung eines effektiven nachvertraglichen Schutzes. Dies sodann auch unter ausreichender und angemessener Berücksichtigung der entgegenstehenden beruflichen Interessen des Geschäftsführers. Unter Beachtung der sachgerechten Übertragung der Interessenabwägung und Rechtsfolge kann der allgemeine Rechtsgedanke in Anlehnung an den Wortlaut des § 74a Abs. 1 S. 1 und 2 HGB dahingehend formuliert werden, dass das Wettbewerbsverbot *insoweit unverbindlich ist, als es nicht* dem Schutze eines berechtigten Interesses des Begünstigten/Gesellschaftsunternehmens dient und nach Ort, Zeit und Gegenstand *sowie unter Berücksichtigung der/einer gewährten Entschädigung* die Berufsausübung und wirtschaftliche Betätigung des Betroffenen/Geschäftsführers nicht unbillig erschwert.[1178]

Somit stellt die geltungserhaltende Reduktion für die Fälle des inhaltlichen Übermaßes die sachgerechteste Lösung dar, die nach dem bisher Gesagten insbesondere auch den systematischen und methodischen Anforderungen der Konkretisierung des § 138 BGB standhält. Die Nichtigkeitsfolge wird allein in den Fällen die vorrangige sachgerechte Rechtsfolge darstellen, in denen die Nichtigkeitsgründe nicht alleinig der inhaltlichen Gestaltung geschuldet sind und und die Nichtigkeit somit vor allem auf andere Umstände gestützt werden kann.[1179] Damit können weiterhin auch Fälle der unangemessenen anfänglichen Übervorteilung angemessen mit dem Sittenwidrigkeitsverdikt erfasst werden.[1180] Die vorliegende Rechtsfolgenübertragung bietet insofern auch schon einen

1178 Hervorgehoben sind die im Vergleich zum BGH abweichenden Formulierungen, vgl. BGHZ 91, 1, 4 f.

1179 Siehe dazu *Canaris*, FS Steindorff, 1990, 519, 536 f.; dazu auch *Lindacher*, AcP 173 (1973), 124, 172 f.; *Traub*, WRP 1994, 802, 806, der auf die Knebelungstatbestände oder den Tatbestand nach § 138 Abs. 2 BGB hinweist.

1180 Gemeint sind damit zum Beispiel auch Fälle des anfänglichen inhaltlichen Übermaßes, die Ausdruck eines zu missbilligenden Willens der Übervorteilung des anderen Vertragsteils sind. Sonstige nicht zu missbilligende Fälle des anfänglichen inhaltlichen Übermaßes stehen insoweit ebenfalls der geltungserhaltenden Reduktion offen.

ersten Anhaltspunkt für die Frage der möglichen (teil-)anlogen Anwendung des § 74a Abs. 1 S. 1 und 2 HGB.

III. Maßgeblicher Beurteilungszeitpunkt des § 138 BGB und § 74a Abs. 1 HGB

1. Grundsatz des § 138 BGB

Bei der Sittenwidrigkeitsprüfung nachvertraglicher Wettbewerbsverbote mit Geschäftsführern zieht der BGH die Umstände zum Zeitpunkt des Ausscheidens aus der Gesellschaft heran. Damit wendet sich der BGH – ohne jegliche Begründung – gegen die herrschende Meinung in der Literatur[1181] sowie insbesondere auch gegen seine eigene allgemeine Rechtsprechungspraxis[1182]. Der maßgebliche Zeitpunkt der Beurteilung der Sittenwidrigkeit ist folglich grundsätzlich allein der Zeitpunkt der Vornahme des Rechtsgeschäftes, der in Anbetracht der vorliegenden Problemstellung in den wohl überwiegenden Fällen mit dem Zeitpunkt des Abschlusses des Anstellungsvertrages und dem Beginn der Geschäftsführertätigkeit übereinstimmen wird. Beginn der Rechtswirkung des nachvertraglichen Wettbewerbsverbotes ist hingegen der Zeitpunkt des Ausscheidens aus der Gesellschaft, der grundsätzlich auch mit dem Zeitpunkt der Beendigung des Anstellungsvertrages übereinstimmen wird. Zwischen diesen beiden Zeitpunkten wird zumeist ein lang- bzw. mehrjähriger Zeitraum liegen.[1183] Gleichwohl wird eine (mögliche) bestehende Sittenwidrigkeit öfters erst zum Zeitpunkt des Ausscheidens anzunehmen sein, die dann zumeist infolge der im Laufe der Zeit gewandelten tatsächlichen Umstände im Vergleich zu den bestandenen sowie vorhersehbaren Begebenheiten zum Zeitpunkt des Abschlusses des nachvertraglichen Wettbewerbsverbotes entstanden sein wird. Indes erörterte schon

1181 BeckOK BGB/*Wendtland*, § 138 Rn. 26; Erman/*Schmidt-Räntsch*, BGB § 138 Rn. 24; HK-BGB/*Dörner*, § 138 Rn. 5; Jauernig/*Mansel*, BGB § 138 Rn. 3; MüKoBGB/*Armbrüster*, § 138 Rn. 257; Staudinger/*Sack*/*Fischinger*, BGB § 138 Rn. 131; Spindler/Schuster/*Müller*, BGB § 138 Rn. 17; *Bunte*, NJW 1983, 2674, 2675; *Medicus*, NJW 1995, 2577, 2579; *Schmoeckel*, AcP 197 (1997), 1, 79.

1182 Ständige Rechtsprechung BGHZ 7, 111, 114; 100, 353, 359; 120, 272, 276; 138, 291, 300; 205, 117, 143; 210, 30, 42; BGH, WM 1962, 13 Rn. 37; BGH, DB 1977, 1410 Rn. 10; BGH, ZIP 2020, 1715, 1718.

1183 Als Beispiel: Durchschnittliche Amtszeit deutscher Firmenchefs (CEOs) von 6,8 Jahren nach einer Studie von Strategy&, https://www.strategyand.pwc.com/de/de/presse/2019/deutsche-CEO-wechselquote-rekordhoch.html (zuletzt abgerufen am: 27.07.2022).

Nipperdey, dass es im Grundsatz keine „rückwirkende Sittenwidrigkeit für zur Abschlußzeit einwandfreie Verträge" gebe.[1184] Demnach können nachvertragliche Wettbewerbsverbote, die zum Zeitpunkt des Abschlusses bzw. der Vornahme nicht dem Sittenwidrigkeitsverdikt unterliegen, nicht nachträglich bzw. rückwirkend dem Sittenwidrigkeitsurteil unterfallen.

So ist der Beurteilungszeitpunkt des Vertragsschlusses im Rahmen der Sittenwidrigkeitsprüfung des § 138 BGB als ein allgemeines, der Vertragskontrolle innewohnendes Prinzip anzusehen und dient insoweit auch maßgeblich der Rechtssicherheit sowie dem Vertrauensschutz.[1185] Zu den tatsächlichen Verhältnissen im Zeitpunkt der Vornahme des Rechtsgeschäftes gehören nicht nur die vollständig abgeschlossenen Vorgänge, sondern auch die schon vorgezeichneten Entwicklungen der tatsächlichen Umstände, gerade bei Abreden, die ihre Rechtswirkung erst in der Zukunft entfalten.[1186] Dies ist insoweit zwingend, da sich die Vertragsparteien allein durch den eigens vereinbarten Vertragsinhalt gebunden fühlen und auch damit erst das einhergehende gegenseitige Vertrauen auf die jeweilige Vertragstreue begründet wird. Maßgeblich kann somit nur der Wille der Vertragsparteien zum Zeitpunkt der Festlegung des Vertragsinhalts bei Vornahme des Rechtsgeschäfts sein.[1187] Nichts anderes gilt auch bei der nachträglichen Entstehung eines Missverhältnisses zwischen der Leistung und Gegenleistung sowie eines nachträglichen Wertungswandels. Denn auch in diesen Fällen beurteilt sich die Sittenwidrigkeit weiterhin allein anhand der Umstände zum Zeitpunkt der Vornahme.[1188] Diskutiert wird die Verlagerung des maßgeblichen Beurteilungszeitpunktes auf den Zeitpunkt der Rechtswirkung allein für die Bereiche der letztwilligen Verfügung oder einmaliger Austauschgeschäfte.[1189] Für die sonstigen Vertragsbereiche und -typen soll es

---

1184 Enneccerus/*Nipperdey*, Allgemeiner Teil des Bürgerlichen Rechts, 15. Aufl. 1960, § 191, S. 1165; sich anschließend Staudinger/*Fischinger*, BGB § 138 Rn. 135; *Schmoeckel*, AcP 197 (1997), 1, 79.

1185 *Neuner*, Allgemeiner Teil des Bürgerlichen Rechts, § 44 Rn. 26; *Weidelener*, Der richterliche Vertragsschutz, S. 246 f.; *Schmoeckel*, AcP 197 (1997), 1, 41 ff.

1186 *Coester-Waltjen*, BGH-FS I, 2000, S. 985, 1004; Staudinger/*Fischinger*, BGB § 138 Rn. 132; BeckOGK/*Jakl*, BGB § 138 Rn. 636.

1187 So auch *Schmoeckel*, AcP (197) 1997, 1, 22; *Rieble/Picker*, ZfA 2014, 153, 196.

1188 BGHZ 123, 281, 283 f.; 129, 236, 247 f.; BGH, NJW 2012, 1570, 1571; OLG Braunschweig, NZG 2003, 1156, 1157; HK-BGB/*Dörner*, § 138 Rn. 5; *Neuner*, Allgemeiner Teil des Bürgerlichen Rechts, § 44 Rn. 26; *Medicus*, NJW 1995, 2577, 2578; *Ulmer/Schäfer*, ZGR 1995, 134, 138 f.

1189 Vgl. Staudinger/*Fischinger*, BGB § 138 Rn. 131; MüKoBGB/Armbrüster, § 138 Rn. 257 ff.; *Rieble/Picker*, ZfA 2014, 153, 197, mit jeweils weiteren Nachweisen.

dennoch grundsätzlich unbestritten beim maßgeblichen Beurteilungszeitpunkt der Vornahme des Rechtsgeschäftes bleiben.[1190]

Liegt keine anfängliche Sittenwidrigkeit vor, sollen nachträgliche Korrekturen demnach allein nur dann zulässig sein, wenn diese durch eine Sondervorschrift vorgesehen werden. Eine solche Befugnis zur nachträglichen Korrektur enthalten beispielsweise die §§ 343, 655 BGB. Beide Vorschriften normieren sodann die richterliche Befugnis, die vereinbarte oder festgelegte unverhältnismäßig hohe Strafe (vgl. § 343 BGB) oder Provision (vgl. § 655 BGB) auf eine angemessene Höhe herabzusetzen.[1191] Außerhalb der Anwendungsbereiche dieser Sondervorschriften werden die Fälle nachträglicher Sittenwidrigkeit unter Anwendung der allgemeinen zivilrechtlichen Regeln beurteilt, sodass die herrschende Meinung insbesondere die Generalklausel des § 242 BGB als vorrangig anwendbares zivilrechtliches Mittel ansieht. Demnach steht es dem Schuldner frei, sich auf die unzulässige Rechtsausübung zu berufen, sofern auf die Erfüllung eines nachträglich als sittenwidrig zu bewertenden Rechtsgeschäftes bestanden wird.[1192] Angedacht werden könnte ebenfalls, dass der nachträglich sittenwidrig gewordene Vertrag über die ergänzende Vertragsauslegung nach §§ 157, 242 BGB an die tatsächlichen Verhältnisse zum Zeitpunkt der Erfüllung des Vertrages angepasst wird.[1193] *Medicus* ist damit zuzustimmen, dass ein Abweichen vom Grundsatz des Beurteilungszeitpunktes bei Vornahme des Rechtsgeschäftes und ein Abstellen auf den späteren Zeitpunkt der Rechtswirkung nicht nötig sein werden, da es an anderweitigen zivilrechtlichen Mitteln zur sachgerechten und angemessenen Behandlung solcher Fälle nicht mangelt.[1194] In diesem Sinne formulierte auch schon *Paefgen*[1195] hinsichtlich nachvertraglicher Wettbewerbsverbote mit Geschäftsführern, dass in Anlehnung an die Sittenwidrigkeitsprüfung gesellschaftsrechtlicher Abfindungsklauseln[1196] eine Differenzierung zwischen der anfänglichen und nachträglichen Sittenwidrigkeit

---

1190 *Rieble/Picker*, ZfA 2014, 153, 197 mwN.

1191 Dazu BeckOK BGB/*Kneller*, § 655 Rn. 1; MüKoBGB/*Roth*, § 655 Rn. 1.

1192 BeckOGK/*Jakl*, BGB § 138 Rn. 639; BeckOK BGB/*Wendtland*, § 138 Rn. 26; Staudinger/*Fischinger*, BGB § 138 Rn. 136; HK-BGB/*Dörner*, § 138 Rn. 5.

1193 BGHZ 126, 226, 241; *Medicus*, NJW 1995, 2577, 2579; so auch *Flume*, BGB AT II, § 18 6, S. 378; idS. auch MüKoBGB/*Armbrüster*, § 138 Rn. 260.

1194 *Medicus*, NJW 1995, 2577, 2578 ff.

1195 So schon HCL/*Paefgen*, GmbHG § 35 Rn. 500, 513; zustimmend *Bauer/Diller*, Wettbewerbsverbote, § 24 Rn. 1049.

1196 Zur Rechtsprechung bezüglich gesellschaftsrechtlicher Abfindungsklauseln siehe BGHZ 123, 281, 284; 126, 226, 233, 241; 144, 365, 368 f.

nachvertraglicher Wettbewerbsverbote im Sinne der Wirksamkeits- und Ausübungskontrolle als sachgerechtere und damit vorzugswürdigere Lösungsvariante erscheint. Diese Annahme steht gleichwohl unter der Prämisse, dass § 138 BGB der Möglichkeit der geltungserhaltenden Reduktion nicht zugänglich ist, die vorliegend jedoch schon bejaht wurde.

2. Maßgeblicher Beurteilungszeitpunkt unter Heranziehung der allgemeinen Rechtsgedanken des § 74a Abs. 1 HGB

a. Isolierte Modifikation des Beurteilungszeitpunktes

Der § 138 BGB ist zutreffenderweise auch als ein Instrument der Inhaltskontrolle und nicht allein einer Abschlusskontrolle zu begreifen. Damit löst die Beeinträchtigung der Willensfreiheit im Zeitpunkt des Vertragsabschlusses und der Vertragsanbahnung nicht schon im Alleingang die Sittenwidrigkeitsprüfung aus, gleichwohl sie weiterhin ein wichtiges Indiz für die inhaltliche Sittenwidrigkeit im Rahmen der Gesamtbeurteilung darstellen wird.[1197] Kommt es also maßgeblich auf den sittenwidrigen Inhalt und Zweck sowie die sittenwidrigen Motive des Vertrages an, könnte man zugleich ebenfalls annehmen, dass eben nicht nur das Zustandekommen des Vertrages maßgeblich sei kann. Stellt der § 138 Abs. 1 BGB zuvörderst also ein Mittel der vertraglichen Inhaltskontrolle und keines der alleinigen und reinen Abschlusskontrolle dar,[1198] könnte man es ebenso für angemessen halten, nicht stringent am Beurteilungszeitpunkt der Vornahme des Rechtsgeschäftes festzuhalten.

Gleichwohl wird richtigerweise nur der Zeitpunkt der Vornahme des Rechtsgeschäftes den maßgeblichen Beurteilungszeitpunkt der Sittenwidrigkeitsprüfung nach § 138 BGB darstellen. Basiert das Vertragskonzept unserer Zivilrechtsordnung vornehmlich auf der selbstbestimmten Verwirklichung des freien Willens des Einzelnen hinsichtlich der freien vertraglichen Bindung mit anderen Rechtssubjekten, kann die Beurteilung einer ungewollten Umkehr der Selbst- in eine Fremdbestimmung freilich allein an die Umstände anknüpfen, die zum Zeitpunkt der Willensäußerung und der damit gegebenenfalls bestehenden Beschränkungen der materiellen Vertragsfreiheit sowie Selbstbestimmung vorliegen. Zwar schützt § 138 Abs. 1 BGB zutreffenderweise nicht allein die

1197 Dazu MüKoBGB/*Armbrüster*, § 138 Rn. 18; *Lorenz*, Der Schutz vor dem unerwünschten Vertrag, S. 246.

1198 Dazu auch *Sack*, NJW 1974, 564; ähnlich auch *Lorenz*, Der Schutz vor dem unerwünschten Vertrag, S. 250.

Willensentschließungsfreiheit im Zeitpunkt des Vertragsschlusses, sodass zur Annahme der Sittenwidrigkeit noch weitere Interessenbeschränkungen kumulativ vorausgesetzt werden,[1199] gleichwohl müssen diese weiteren Interessenbeschränkungen dann ebenfalls grundsätzlich vom Standpunkt der Vornahme des Rechtsgeschäfts aus gesehen werden. In Anbetracht der verfassungsrechtlichen sowie dogmatischen Wertungen der Sittenwidrigkeitsprüfung des § 138 BGB wird der maßgebliche Beurteilungszeitpunkt grundsätzlich der Zeitpunkt der Vornahme des Rechtsgeschäftes sein, auch wenn eine inhaltliche Sittenwidrigkeit der Abrede nachvertraglicher Wettbewerbsverbote mit Geschäftsführern zutreffenderweise zumeist allein im Zeitpunkt der Rechtswirkung feststellbar sein wird.

Abhilfe könnte hier sodann wieder die Heranziehung eines dem § 74a Abs. 1 S. 1 und 2 HGB möglicherweise innewohnenden Rechtsgedankens schaffen, der die sachgerechte Verlagerung des maßgeblichen Beurteilungszeitpunktes auf den Zeitpunkt des Ausscheidens des Geschäftsführers und der Entfaltung der Rechtswirkung der vertraglichen Beschränkungen bewirken könnte. Die Zulässigkeit dieser Verlagerung des maßgeblichen Beurteilungszeitpunktes wird vor allem aus verfassungsrechtlichen Gründen für geboten gehalten. Die faktisch bestehende beschränkende Wirkung der nachvertraglichen Wettbewerbsabrede und die damit einhergehenden Beeinträchtigungen der verfassungsrechtlich geschützten beruflichen Freiheit des Geschäftsführers sind der rechtlichen Prüfung der Angemessenheit und Billigkeit der Beschränkungen im Wege der Sittenwidrigkeitsprüfung allein im Zeitpunkt ihrer Rechtswirkung zugänglich. Zur Befriedigung dieser verfassungsrechtlichen Schutzaspekte sowie zur Berücksichtigung der Herstellung der Wertungseinheit müsse das Grundprinzip der Sittenwidrigkeitsprüfung entsprechend ausgeweitet werden.[1200] In diesem Kontext dient der maßgebliche Beurteilungszeitpunkt der §§ 74 ff. HGB eben auch der Berücksichtigung der verfassungsrechtlich geschützten Interessen des Arbeitnehmers. So kann das Schutzziel der §§ 74 ff. HGB nur dann effektiv erreicht werden, wenn das berechtigte Interesse des Arbeitgebers noch zum Zeitpunkt der Rechtswirkung des Verbotes besteht.[1201] Der maßgebliche Beurteilungszeitpunkt des § 74a Abs. 1 S. 1 und 2 HGB könnte damit ein wesentliches

---

1199 *Lorenz*, Der Schutz vor dem unerwünschten Vertrag, S. 245.

1200 So *Krahforst*, Nachvertragliche Wettbewerbsverbote für GmbH-Geschäftsführer, S. 343 f.

1201 Vgl. Oetker/*Kotzian-Marggraf*, HGB § 74a Rn. 5; MüKoHGB/*Thüsing*, § 74a Rn. 4; EBJS/*Boecken*/*Rudkowski*, HGB § 74a Rn. 4.

Rechtsprinzip vor allem hinsichtlich verfassungsrechtlicher Wertungen darstellen, welches im Rahmen der richterlichen rechtsfortbildenden Konkretisierung den Beurteilungszeitpunkt des § 138 Abs. 1 BGB sachgerecht modifiziert bzw. fortbildet.

Zu beachten sind diesbezüglich jedoch die wesentlichen Zweckbestimmungen des Beurteilungszeitpunktes des § 74a Abs. 1 S. 1 und 2 HGB, die ihrem Sinn und Zweck entsprechend in zwingender Konnexität zur angeordneten Rechtsfolge stehen. Als Ausgleich zwischen den potenziell nicht vorhersehbaren dynamischen Änderungen des berechtigten Umfanges eines Verbotes und dem vorher festgelegten inhaltlichen Umfang zum Zeitpunkt der Abrede sowie zur Wahrung des Schutzzwecks und der Gewährung eines (berechtigten) nachvertraglichen Wettbewerbsverbotes bzw. -schutzes wird der Beurteilungszeitpunkt allein im verbindlichen Zusammenhang mit der Möglichkeit der geltungserhaltenden Reduktion zu sehen sein.[1202] Wird die Initiative der Vereinbarung und inhaltlichen Gestaltung des nachvertraglichen Wettbewerbsverbotes insbesondere von der Gesellschaft ausgehen, würde die isolierte Übertragung des Beurteilungszeitpunktes in unangemessener Art und Weise die Interessen der Gesellschaft tangieren, da diese Übertragung insoweit allein nur den Interessen des Geschäftsführers dienen würde, ohne einen entsprechenden angemessenen Ausgleich zu gewähren. Der angemessene Ausgleich wäre folglich in der Gewährung der Möglichkeit einer geltungserhaltenden Reduktion zu sehen. Anders als die schon besprochene Modifizierung des Maßstabes der guten Sitten infolge der Heranziehung der Interessenabwägung des § 74a Abs. 1 S. 1 und 2 HGB kann der divergierende Beurteilungszeitpunkt vorliegend nicht isoliert eine Abweichung vom Grundprinzip der Sittenwidrigkeitsprüfung begründen.

In dem Sinne ist auch das Argument der gebotenen einseitig zugunsten des Geschäftsführers zu beachtenden verfassungsrechtlichen Schutzaspekte anzuzweifeln. Der Beurteilungszeitpunkt des § 74a Abs. 1 S. 1 und 2 HGB dient richtigerweise dem Schutz der beruflichen Freiheit des Arbeitnehmers, dessen faktische Beeinträchtigung zutreffend erst im Zeitpunkt der Rechtswirkung angemessen beurteilt werden kann. Gleichwohl berücksichtigt der Beurteilungszeitpunkt des § 74a Abs. 1 S. 1 und 2 HGB auch das weitere Bestehen eines berechtigten Interesses des Arbeitgebers. Ausschließlich im Wege der zwingenden Konnexität zur angeordneten Rechtsfolge geschieht die angemessene und gerechte Berücksichtigung der beiderseitig existierenden verfassungsrechtlich

1202 Dazu *Kamanabrou*, ZfA 2018, 92, 104; BeckOGK/*Ittmann*, HGB § 74a Rn. 3; allgemein EBJS/*Boecken*/*Rudkowski*, HGB § 74a Rn. 15; MüKoHGB/*Thüsing*, § 74a Rn. 4.

geschützten Interessen.[1203] So ist der Heranziehung der Umstände zum Zeitpunkt der Rechtswirkung der Abrede selbst gegenüber den ansonsten schutzbedürftigeren Arbeitnehmern die verallgemeinerungsfähige Wertung zu entnehmen, dass diese allein unter Berücksichtigung des Interesses am Erhalt eines zulässigen effektiven Schutzes infolge der angeordneten Rechtsfolge der geltungserhaltenden Reduktion (bzw. partiellen Unverbindlichkeit) gerechtfertigt sein wird. Auch in Anbetracht der Herstellung einer Wertungseinheit sowie unter Beachtung des Optimierungsgebotes der Rechtsprinzipien würde das Verlagern des Beurteilungszeitpunktes auf den Zeitpunkt der Rechtswirkung gegenüber Geschäftsführern zu einer ungerechtfertigten Besserstellung des Geschäftsführers führen, der im Falle der möglicherweise unvorhersehbaren Unwirksamkeit der Abrede sodann keinerlei Beschränkungen mehr unterliegen würde. Beachtet man des Weiteren die Zielvorgabe des BGH, grundsätzlich strengere Voraussetzungen gegenüber Geschäftsführern heranzuziehen und somit vor allem die Interessen der Gesellschaft an einem effektiven Schutz besonders zu berücksichtigen, müsste konsequenterweise auch das Interesse am Erhalt einer nachvertraglichen Wettbewerbsabrede im dann noch gebotenen und zulässigen Maß im Vordergrund stehen. Eine isolierte Modifikation des maßgeblichen Beurteilungszeitpunktes, wie dies der BGH vornimmt, wird vorliegend aufgrund der in § 74a Abs. 1 S. 1 und 2 HGB und/oder Art. 12 Abs. 1 GG enthaltenen wesentlichen Wertungen abgelehnt. Dies vor allem auch unter Beachtung der teleologischen Mehrdimensionalität des Beurteilungszeitpunktes des § 74a Abs. 1 S. 1 und 2 HGB und der bestehenden verbindlichen Konnexitäten zu anderen wesentlichen Rechtsgedanken. Folglich wird die isolierte Verlagerung des Beurteilungszeitpunktes keine sachgerechte und systemkonforme Konkretisierung des § 138 Abs. 1 BGB darstellen.

Gewährt man den Vertragsparteien nur beim Vorliegen eines alleinigen zeitlichen Übermaßes die Möglichkeit der geltungserhaltenden Reduktion, bildet der Zeitpunkt der Vornahme des Rechtsgeschäftes konsequenterweise weiterhin den systemkonformen und sachgerechten Beurteilungszeitpunkt der Sittenwidrigkeitsprüfung. Um die Fälle der nachträglichen Sittenwidrigkeit rechtlich behandeln zu können, wäre folglich auf eine Kontrolle der anfänglichen und nachträglichen Sittenwidrigkeit abzustellen, womit eine der stringenten Nichtigkeitsfolge entsprechende sachgerechte Lösung allenfalls im Wege der anfänglichen Wirksamkeitskontrolle nach § 138 Abs. 1 BGB mit der strikten zeitlichen

---

1203 Dazu auch *Kamanabrou*, ZfA 2018, 92, 104, die die Teilunwirksamkeit und geltungserhaltende Reduktion des § 74a HGB in Konnexität der Zwecke annimmt.

Anknüpfung an die Umstände zum Zeitpunkt der Vornahme des Rechtsgeschäftes und einer anschließenden Ausübungskontrolle nach § 242 BGB zu finden wäre, wie dies auch *Paefgen* schon ansprach.[1204]

b. Konnexität mit anderen wesentlichen Wertungen des § 74a Abs. 1 S. 1 und 2 HGB

Verstößt die isolierte Modifikation des maßgeblichen Beurteilungszeitpunktes nach der hier vertretenen Ansicht gegen die Grundsätze der Sittenwidrigkeitsprüfung, die auch nicht durch anderweitige Gründe gerechtfertigt werden kann, könnte die Gesamtbetrachtung mit anderen wesentlichen Wertungen der §§ 74 ff. HGB hingegen ein anderes Ergebnis hervorbringen. Die Erschwernisse des beruflichen Fortkommens können richtigerweise erst im Zeitpunkt des Ausscheidens des ehemaligen Beschäftigten und dem damit einhergehenden Beginn der Rechtswirkung der Wettbewerbsbeschränkungen angemessen bewertet werden. Diese nachträgliche Überprüfung rechtfertigt sich im Regelungszusammenhang der §§ 74 ff. HGB und insbesondere des § 74a Abs. 1 S. 1 und 2 HGB jedoch primär durch den Zusammenhang mit der interessenabwägungsorientierten Rechtsfolgenanordnung. Dieses Zusammenspiel federt zugleich die Probleme ab, die dadurch auftreten, dass die Unverbindlichkeit bzw. Sittenwidrigkeit der Abrede vor allem auf den zumeist unvorhersehbaren tatsächlich geänderten Umständen seit der Vornahme des Rechtsgeschäftes beruhen würde. Auch hier könnte der maßgebliche Beurteilungszeitpunkt des § 74a Abs. 1 S. 1 und 2 HGB als Element des Grundsatzes von Treu und Glauben verstanden werden, der jedoch nur im verbindlichen Zusammenspiel mit den anderen wesentlichen Elementen zur Geltung kommen kann. Erst mit Eintritt der Rechtswirkung der Wettbewerbsabrede kann das anzuerkennende Interesse am freien beruflichen Fortkommen entsprechend berücksichtigt werden. Damit liegt die Annahme nahe, dass der Beurteilungszeitpunkt zunächst allein einseitig zugunsten des Arbeitnehmers bzw. des ehemaligen Beschäftigten wirkt. Geht es im Regelungskomplex der §§ 74 ff. HGB im Allgemeinen und insbesondere in § 74a Abs. 1 S. 1 und 2 HGB um den gerechten Ausgleich der beiderseitig anzuerkennenden Interessen, folgt der vorliegenden Betrachtung die Annahme einer unangemessen einseitigen Wirkung des isoliert herangezogenen Beurteilungszeitpunktes. Die gesetzgeberische Interessenbewertung hat dies ebenfalls berücksichtigt und gleicht die Maßgeblichkeit des Zeitpunktes der Rechtswirkung und der damit

1204 Vgl. HCL/*Paefgen*, GmbHG § 35 Rn. 500, 513; zustimmend *Bauer/Diller*, Wettbewerbsverbote, § 24 Rn. 1049.

im Grundsatz einhergehenden einseitigen Berücksichtigung der Interessen des ehemaligen Beschäftigten mit der dazu tretenden differenzierten Rechtsfolgenanordnung aus. Dient der § 74a Abs. 1 S. 1 und 2 HGB der sachgerechten Modifizierung des Maßstabes der guten Sitten und eröffnet gleichfalls die Möglichkeit der geltungserhaltenden Reduktion der Nichtigkeitsfolge, so kann auch der Beurteilungszeitpunkt des Ausscheidens des ehemaligen Beschäftigten bzw. des Eintritts der Rechtswirkung der Abrede im Zusammenspiel mit den genannten Elementen als sachgerecht beurteilt werden. In diesem Sinne wird die Verlagerung des Beurteilungszeitpunktes nach Maßgabe des § 74a Abs. 1 S. 1 und 2 HGB ebenfalls als Modifikation und Herabsetzung der Interventionsschwelle des Maßstabes der guten Sitten verstanden werden, der sodann insbesondere auch für die Übertragung der differenzierten Rechtsfolgen des § 74a Abs. 1 S. 1 und 2 HGB spricht. Im Umkehrschluss ermöglicht die Annahme der Zulässigkeit der geltungserhaltenden Reduktion im Wege der Übertragung der verallgemeinerungsfähigen Rechtsgedanken des § 74a Abs. 1 S. 1 und 2 HGB eben auch die Übertragung des Beurteilungszeitpunktes.[1205]

IV. Zwei-Jahres-Grenze des § 74a Abs. 1 S. 3 HGB

Der § 74a Abs. 1 S. 3 HGB normiert die zeitliche Grenze eines nachvertraglichen Wettbewerbsverbotes gegenüber Arbeitnehmern, demnach die wettbewerblichen Beschränkungen in zeitlicher Hinsicht die Höchstdauer von zwei Jahren nicht überschreiten dürfen.[1206] Diese Zwei-Jahres-Grenze des § 74a Abs. 1 S. 3 HGB stellt somit eine gesetzliche Konkretisierung der Interessenabwägung des § 74a Abs. 1 S. 1 und 2 HGB im Sinne einer bindenden Unverbindlichkeitsvoraussetzung dar. War im Regierungsentwurf von 1914 noch eine maximale zeitliche Dauer des Wettbewerbsverbotes von drei Jahren vorgesehen,[1207] enthielt der letztlich erlassene § 74a Abs. 1 S. 3 HGB allein eine Zwei-Jahres-Grenze. So war die zulässige Höchstdauer im Umfeld des Erlasses des § 74a Abs. 1 S. 3 HGB vor allem vom Schutzgedanken hinsichtlich der strukturell unterlegenen Handlungsgehilfen getragen. In dem Sinne vertrage sich eine

---

1205 Siehe zur Gebotenheit der differenzierteren Rechtsfolge *Canaris*, FS Steindorff, 1990, 519, 538; *ders.*, AcP 184 (1984), 201, 241; *Honsell*, JA 1986, 573, 576; ebenso *Damm*, JZ 1986, 913, 918; *Traub*, WRP 1994, 802, 805.

1206 Vgl. EBJS/*Boecken*/*Rudkowski*, HGB § 74a Rn. 13 f.; MüKoHGB/*Thüsing*, § 74a Rn. 14 f.; BeckOGK/*Ittmann*, HGB § 74a Rn. 14 f.

1207 Siehe Begründung zum Gesetzentwurf zur Änderung des HGB, Reichstagsprotokolle, 13. Legislaturperiode, 1912/14, 18, Anlage Nr. 575, S. 725, 728 f.

beliebig lange oder eine die Höchstdauer von zwei Jahren überschreitende zeitliche Bindung an die vertraglich vereinbarten Wettbewerbsenthaltungen nicht mit der besonderen Bedeutung des beruflichen Fortkommens des Handlungsgehilfen. Demnach ist die Zwei-Jahres-Grenze auch heute noch als primär arbeitnehmerschützende Regelung zu begreifen.[1208]

Hinsichtlich Geschäftsführern wird insoweit zumindest die zeitliche Orientierung am Maßstab des § 74a Abs. 1 S. 3 HGB empfohlen. So indiziere die Einhaltung der Zwei-Jahres-Grenze die Zulässigkeit der zeitlichen Beschränkung. Die zeitliche Grenze des § 74a Abs. 1 S. 3 HGB stellt demnach richtigerweise allenfalls eine Orientierungsgrenze dar, die gegenüber Geschäftsführern einzelfallabhängig und unter Beachtung der schützenswerten Interessen der Gesellschaft sowie der spezifisch ausgeübten Tätigkeit durchaus überschritten werden darf.[1209] Wird die zeitliche „Regel-Grenze“[1210] von zwei Jahren sodann überschritten, wird richtigerweise die Begründungslast der Gesellschaft entsprechend steigen.[1211]

Stellt die Reichweite des berechtigten Interesses der Gesellschaft den grundsätzlichen Parameter der Interessenabwägung dar, wird sich auch die zeitliche Grenze vorrangig an diesem messen müssen – dies sodann auch wieder unter Beachtung des Zusammenspiels mit den anderen vertraglich auferlegten inhaltlichen Beschränkungen. Wo die oberste zeitliche Grenze gegenüber Geschäftsführern liegt, kann vorliegend nicht abschließend festgestellt werden. In der Literatur wird eine Frist von länger als drei bis fünf Jahren als nicht mehr begründbar angesehen.[1212] Im Ergebnis wird es damit immer um

---

1208 Siehe BAG, NJW 1970, 626, 630; EBJS/*Boecken*/*Rudkowski*, HGB § 74a Rn. 13.

1209 Noack/Servatius/Haas/*Beurskens*, GmbHG § 37 Rn. 120; HCL/*Paefgen*, GmbHG § 35 Rn. 497; MüKoGmbHG/*Jaeger*/*Steinbrück*, § 35 Rn. 374; Lutter/Hommelhoff/*Kleindiek*, GmbHG, Anh. zu § 6 Rn. 25; MHLS/*Ziemons*, GmbHG § 43 Rn. 283; KK-AktG/*Mertens*/*Cahn*, § 88 Rn. 35; Jauernig/*Mansel*, BGB § 138 Rn. 12; Reichert GmbH & Co. KG/*Brechtel*, § 16 Rn. 111; *Hoffmann-Becking*, FS Quack, 1991, 273, 277; *Schnelle*, GmbHR 2000, 599, 601; *Thüsing*; NZG 2004, 9, 11; *Bauer*/*v. Medem*, GWR 2011, 435, 437.

1210 So MüKoGmbHG/*Jaeger*/*Steinbrück*, § 35 Rn. 374; siehe auch Lutter/Hommelhoff/*Kleindiek*, GmbHG Anh. zu § 6 Rn. 25.

1211 MüKoGmbHG/*Jaeger*/*Steinbrück*, § 35 Rn. 374; *Thüsing*; NZG 2004, 9, 11; idS. auch Noack/Servatius/Haas/*Beurskens*, GmbHG § 37 Rn. 120.

1212 Noack/Servatius/Haas/*Beurskens*, GmbHG § 37 Rn. 120; HCL/*Paefgen*, GmbHG § 35 Rn. 497; *Wicke*, GmbHG § 13 Rn. 22b; *Bauer*/*Diller*, GmbHR 1999, 885, 889; *Thüsing*; NZG 2004, 9, 11; *Bergwitz*, GmbHR 2006, 1129, 1131; *Kielkowski*, NZG 2015, 900, 900.

die einzelfallabhängige Beurteilung der zeitlichen Grenze gehen, die letztendlich auch stets im Zusammenspiel mit den anderen Parametern zu sehen ist und bei Überschreitung des Orientierungsmaßstabes des § 74a Abs. 1 S. 3 HGB ein entsprechendes weitergehendes berechtigtes Interesse der Gesellschaft benötigt. Folglich stellt die Zwei-Jahres-Grenze keinen verallgemeinerungsfähigen Rechtsgedanken dar und wird allenfalls als Orientierungsmaßstab von Bedeutung sein. Liegt ein alleiniges zeitliches Übermaß der Abrede vor, wird dies entsprechend der Handhabung gegenüber Arbeitnehmern grundsätzlich allein für den an den Maßgaben des § 74a Abs. 1 S. 3 HGB orientierten überschießenden Zeitraum unverbindlich sein.[1213] Folglich wird die Zwei-Jahres-Grenze des § 74a Abs. 1 S. 3 HGB auch gegenüber Geschäftsführern einen wegweisenden Maßstab und Anhaltspunkt für die zeitlich angemessenen Beschränkungen darstellen. Verkörpert der § 74a Abs. 1 S. 3 HGB für arbeitsrechtliche Wettbewerbsverbote zutreffenderweise einen allgemeinen Rechtsgrundsatz hinsichtlich der zeitlichen Beschränkbarkeit in Anbetracht einer unangemessenen Erschwerung des beruflichen Fortkommens,[1214] ist dieser Grundsatz hingegen nicht allgemein auf den Bereich nachvertraglicher Wettbewerbsverbote zu übertragen.

V. Zwischenergebnis zum § 74a Abs. 1 HGB

§ 74a Abs. 1 S. 1 und 2 HGB enthält im Ergebnis somit sowohl hinsichtlich der normierten Interessenabwägung als auch bezüglich der Rechtsfolgenanordnung verallgemeinerungsfähige Wertungen und Rechtsgedanken, die im Sinne der sach- und systemgerechten Konkretisierung des § 138 BGB auf nachvertragliche Wettbewerbsverbote mit Geschäftsführern zu übertragen sind. Demgemäß können die in § 74a Abs. 1 S. 1 und 2 HGB zum Ausdruck kommenden allgemeinen Rechtsgedanken dahingehend formuliert werden, dass das Wettbewerbsverbot *insoweit unverbindlich ist, als es nicht* dem Schutze eines berechtigten Interesses des Gesellschaftsunternehmens (*Begünstigten*) dient und nach Ort, Zeit und Gegenstand *sowie unter Berücksichtigung der/einer gewährten Entschädigung* die Berufsausübung und wirtschaftliche Betätigung des Geschäftsführers (*Betroffenen*) nicht unbillig erschwert.[1215] Unter Beachtung der wesentlichen Konnexität

---

1213 Siehe MüKoHGB/*Thüsing*, § 74a Rn. 17; Heymann/*Henssler*/*Michel*; HGB § 74a Rn. 14; Hopt/*Roth*, HGB § 74a Rn. 4.

1214 BAGE 19, 152.

1215 Hervorgehoben sind die im Vergleich zum BGH abweichenden bzw. nach den vorliegend gefundenen Ergebnissen ergänzten Formulierungen, vgl. BGHZ 91, 1, 4 f. Hingewiesen werden soll auch auf die in Klammern eingefügten Begriffe

zum Schutzzweck der Interessenabwägung sowie zuvörderst zur angeordneten Rechtsfolge ist auch der Beurteilungszeitpunkt des § 74a Abs. 1 S. 1 und 2 HGB zu übertragen.

Nicht zu übertragen ist die gesetzlich angeordnete zeitliche Grenze des § 74a Abs. 1 S. 3 HGB, die insofern keine allgemeingültige Wertung des zeitlichen Übermaßes nachvertraglicher Wettbewerbsverbote außerhalb arbeitsrechtlicher Vereinbarung darstellt.

C. Bezahlte Karenz nach § 74 Abs. 2 HGB

I. Ausgangslage

Eine Pflicht zur Zusage einer Karenzentschädigung gegenüber Geschäftsführern lehnt der BGH grundsätzlich ab. Damit hat das Fehlen einer Karenzentschädigungszusage oder die festgelegte Höhe keinen unmittelbaren Einfluss auf die Frage der anfänglichen Zulässigkeit und Wirksamkeit des Wettbewerbsverbotes.[1216] Von Bedeutung ist die Zusage einer Karenzentschädigung gleichwohl innerhalb der vorzunehmenden Interessenabwägung als abwägungserhebliches Element im Zusammenspiel mit den inhaltlichen Beschränkungen sowie unter Maßgabe der berechtigten Interessen der Gesellschaft.[1217]

Hinsichtlich der Frage der Notwendigkeit einer Karenzentschädigungszusage wird grundsätzlich zwischen den reinen Kundenschutzklauseln und

---

„Begünstigten" und „Betroffenen". Wie in den vorangegangenen Erläuterungen schon angedeutet wurde, kann die Interessenabwägung und Rechtsfolge des § 74a Abs. 1 S. 1 und 2 HGB für alle Bereiche der nachvertraglichen Wettbewerbsverbote oder gar Bereiche darüber hinaus als wesentliche Ausprägung des Verhältnismäßigkeitsprinzips zum gerechten Ausgleich der widerstreitenden Interessen zur Anwendung kommen. Ersetzt man die Begriffe „Gesellschaftsunternehmen" und „Geschäftsführer" eben durch die Begriffe „Begünstigten" und „Betroffenen", kann dieser Rechtsgedanke auf eine Vielzahl anderer ausreichend vergleichbarer Fälle Anwendung finden. IdS. schon *Canaris*, FS Steindorff, 1990, 519, 542 f.; *ders.*, AcP 184 (1984), 201, 241 f.; *ders.*, JuS 1989, 161, 164 f., der § 74a Abs. 1 S. 1 und 2 HGB als „die adäquate Norm zur Umsetzung von Art. 12 GG ins Privatrecht" ansieht, sofern es eben um die Frage der unangemessenen Beschränkung der beruflichen Freiheit gehe.

1216 Siehe dazu BGHZ, 91, 1, 4 f.; OLG München, NZA-RR 2019, 82, 83; HCL/*Paefgen*, GmbHG § 35 Rn. 503; *Wicke*, GmbHG § 13 Rn. 22c; Centrale/*Reufels*, GmbH-Handbuch, Anstellungsverhältnis des Geschäftsführers, Rn. 2484.

1217 MüKoGmbHG/*Jaeger*/*Steinbrück*, § 35 Rn. 379; Hachenburg/*Stein*, GmbHG, § 35 Rn. 317.

Tätigkeitsverboten differenziert. So soll die Notwendigkeit einer Karenzentschädigungszusage grundsätzlich an einen feststellbaren schwerwiegenden Eingriff geknüpft werden. Im Sinne einer notwendigen typisierenden Betrachtung werden reine Kundenschutzklauseln das berufliche Fortkommen typischerweise nicht derart beeinträchtigen, dass diese Beschränkungen verbindlich einer finanziellen Entschädigung bedürfen.[1218] Anders wird dies sodann bei Tätigkeitsverboten gesehen, die infolge der typisierenden Betrachtung weitreichendere Wettbewerbsbeschränkungen enthalten, die das berufliche Fortkommen entsprechend generell schwerwiegender und erheblicher beeinträchtigen. Folglich wird sodann ein finanzieller Ausgleich regelmäßig erforderlich, notwendig und geboten sein.[1219] Demgemäß soll die Karenzentschädigung vor allem ein Instrument der Gewährung einer angemessenen finanziellen Kompensation im Sinne einer Gegenleistung für die auferlegten Beschränkungen und Beeinträchtigungen hinsichtlich der freien beruflichen sowie erwerbswirtschaftlichen Betätigung darstellen und in diesem Sinne auch dem gerechten Ausgleich der gegenseitigen berechtigten Interessen dienen.[1220]

Die Notwendigkeit der Karenzentschädigungszusage knüpft infolge der grundsätzlich bestehenden Einzelfallrechtsprechung bislang also an die einzelfallabhängig bestimmbare Eingriffsintensität der auferlegten Beschränkungen an. Folglich ist die Entschädigungsbedürftigkeit bisher ebenfalls nicht generell, sondern einzelfallabhängig zu bestimmen, sodass beispielsweise die Zulässigkeit

---

1218 Vgl. MüKoGmbHG/*Jaeger*/*Steinbrück*, § 35 Rn. 379; BeckOK GmbHG/*Wisskirchen*/*Kuhn*/*Hesser*, § 6 Rn. 104; Noack/Servatius/Haas/*Beurskens*, GmbHG § 37 Rn. 121; Scholz/*Verse*, GmbHG § 43 Rn. 250; MHLS/*Ziemons*, GmbHG § 43 Rn. 286; Lutter/Hommelhoff/*Kleindiek*, GmbHG Anh. zu § 6 Rn. 25; MHdB GesR III/*Diekmann*, § 43 Rn. 77; *Hoffmann-Becking*, FS Quack, 1991, 273, 277 f.; *Bauer*/*Diller*, GmbHR 1999, 885, 890; *Heller*, GmbHR 2000, 371, 373; *Menke*, NJW 2009, 636, 637; *Weitnauer*/*Grob*, GWR 2014, 185, 190 f.; *Müller*, GmbHR 2014, 964, 967.

1219 Vgl. BGH, BeckRS 1986, 31366531; BeckOK GmbHG/*Wisskirchen*/*Kuhn*/*Hesser*, § 6 Rn. 104; Scholz/*Verse*, GmbHG § 43 Rn. 250; MüKoGmbHG/*Jaeger*/*Steinbrück*, § 35 Rn. 379; Lutter/Hommelhoff/*Kleindiek*, GmbHG Anh. zu § 6 Rn. 25; MHLS/*Ziemons*, GmbHG § 43 Rn. 286; Noack/Servatius/Haas/*Beurskens*, GmbHG § 37 Rn. 121; KK-AktG/*Mertens*/*Cahn*, § 88 Rn. 35; MHdB GesR III/*Diekmann*, § 43 Rn. 77; *Bauer*/*Diller*, Wettbewerbsverbote, § 24 Rn. 1074; *dies.*, BB 1995, 1134, 1136; *dies.*, GmbHR 1999, 885, 890; *Schnelle*, GmbHR 2000, 599, 601; *Menke*, NJW 2009, 636, 637.

1220 Lutter/Hommelhoff/*Kleindiek*, GmbHG, Anh. zu § 6 Rn. 25; *Bauer*/*Diller*, GmbHR 1999, 885, 891; *Schnelle*, GmbHR 2000, 599, 601; *Menke*, NJW 2009, 636, 637; *Weitnauer*/*Grob*, GWR 2014, 185, 191.

eines entschädigungslos vereinbarten Tätigkeitsverbotes bei Vereinbarung einer zeitlich äußerst kurzen Bindung erwogen wird.[1221] Und auch bei bloßen Kundenschutzklauseln kann die Notwendigkeit der Karenzentschädigungszusage unter Beachtung der besonderen Umstände des Einzelfalls letztendlich zu bejahen sein. Demnach geht es vorrangig darum festzustellen, ob die auferlegten Wettbewerbsbeschränkungen im jeweils vorliegenden Fall ein solches Maß erreichen, das in gewisser Weise die Zusage einer finanziellen Kompensation notwendigerweise erfordert.[1222] Dieser strikten Einzelfallbetrachtung folgend haben sich in der Rechtsprechung folgerichtig bislang keine wünschenswerten Vorgaben ergeben, dessen Einhaltung die notwendige Vorhersehbarkeit der Wirksamkeit der Abrede indiziert.[1223] Bestehen diese Unsicherheiten nicht nur hinsichtlich der Frage der grundsätzlichen Notwendigkeit der Karenzentschädigungszusage, soll diese Frage gleichwohl zuvörderst besprochen werden. Folgt der Besprechung sodann die Bejahung der Notwendigkeit der Karenzentschädigungszusage, sind im Anschluss zudem die Fragen der Art und Weise sowie der angemessenen oder verbindlichen Höhe der Karenzentschädigung zu diskutieren.

Mit der Frage der Notwendigkeit und Bedeutung der Karenzentschädigung hinsichtlich nachvertraglicher Wettbewerbsverbote mit Geschäftsführern setzte sich der BGH in seiner Rechtsprechung zuvörderst allein bei der Besprechung einer möglichen analogen Anwendung des § 74c Abs. 1 HGB auseinander, die letztlich vom BGH abgelehnt wurde.[1224] Als wesentlichste Aussage war dieser Entscheidung vor allem die Absicht zu entnehmen, dass gegenüber Geschäftsführern keinesfalls irgendeine Art „Pflicht" der Karenzentschädigungszusage anzunehmen ist. Daneben war vor allem noch beachtlich, dass der BGH eigens darauf hinwies, dass einige Regelungen und vor allem Rechtsgedanken der Vorschriften der §§ 74 ff. HGB in zwingender oder notwendiger Konnexität stehen können. Sollen also einige wesentliche Rechtsgedanken der §§ 74 ff. HGB zur Anwendung kommen, sind auch immer die möglicherweise bestehenden Konnexitäten zu anderen wesentlichen Regelungsgehalten und Wertungen zu beachten. Ist dieser Gedanke also insgesamt immer zu beachten, so auch hier,

---

1221 Vgl. OLG Hamm, ZIP 1988, 1254, 1256; *Bauer/Diller*, BB 1995, 1134, 1136.

1222 BeckOK GmbHG/*Wisskirchen/Kuhn/Hesser*, § 6 Rn. 104; MüKoGmbHG/*Jaeger/Steinbrück*, § 35 Rn. 379; MHLS/*Ziemons*, GmbHG § 43 Rn. 286; MHdB GesR III/*Diekmann*, § 43 Rn. 77; *Bauer/Diller*, GmbHR 1999, 885, 890; *Heller*, GmbHR 2000, 371, 373; *Menke*, NJW 2009, 636, 637; *Weitnauer/Grob*, GWR 2014, 185, 190 f.

1223 Vgl. BeckOK GmbHG/*Wisskirchen/Kuhn/Hesser*, § 6 Rn. 104; *Bauer/Diller*, GmbHR 1999, 885, 890; *Thüsing*, NZG 2004, 9, 12.

1224 Vgl. BGH, NJW-RR 2008, 1421.

ist vorliegend zunächst die Frage zu untersuchen, ob dem Grundsatz der bezahlten Karenz beachtliche verallgemeinerungsfähige Wertungen immanent sind, die sodann auch allgemeingültige Vorgaben hinsichtlich der Notwendigkeit der Karenzentschädigungszusage betreffend Geschäftsführer enthalten. Ausgangspunkt der möglichen Herausarbeitung der verallgemeinerungsfähigen Wertungen des Grundsatzes der bezahlten Karenz sind vorliegend vor allem die Vorschriften der §§ 74 Abs. 2, 90a Abs. 1 S. 3 HGB. Besonders zu beachten ist damit die Vorschrift des § 74 Abs. 2 HGB als sachnächste Regelung. Dies vor allem auch, da die Karenzentschädigungspflicht des § 74 Abs. 2 HGB zum Teil als das „Kernstück“[1225] des Regelungskomplexes der §§ 74 ff. HGB angesehen wird.

II. Notwendigkeit der Karenzentschädigungszusage im Sinne des § 74 Abs. 2 HGB

1. Grundlagen und Wertungen des Grundsatzes der bezahlten Karenz

a. Einfachgesetzliche Ausprägungen des Grundsatzes der bezahlten Karenz

Als Ausgangspunkt der möglichen induktiven Herleitung verallgemeinerungsfähiger Rechtsgedanken sind zuvörderst die einfachgesetzlichen Ausprägungen zu betrachten, sofern das geschriebene Recht eben solche enthält. Dementsprechende Ausprägungen des Grundsatzes der bezahlten Karenz sind in den §§ 74 Abs. 2, 90a Abs. 1 S. 3 HGB normiert. Um den beiden einfachgesetzlichen Regelungen verallgemeinerungsfähige Wertungen induktiv zu entnehmen, sind die Zweckbestimmungen und *rationes legis* der Regelungen zu betrachten. Damit geht es darum, die „enthaltenen Grundwertungen zu verallgemeinern und zu übertragen, ohne jedoch ihre Einzelausformung in jedem Falle mitzuübernehmen“[1226].

Als jüngste einfachgesetzliche Kodifikation des Grundsatzes der bezahlten Karenz wurde der § 90a Abs. 1 S. 3 HGB mit dem Gesetz zur Änderung des Handelsgesetzbuches (Recht des Handelsvertreters) vom 06.08.1953 eingeführt.[1227] Infolge dieser Gesetzesänderung wurde das Recht des Handelsvertreters in

---

1225 So *Reinfeld*, Das nachvertragliche Wettbewerbsverbot im Arbeits- und Wirtschaftsrecht, S. 121; *Bengelsdorf*, DB 1985, 1585.

1226 So auch schon *Canaris*, SAE 1971, 111, 112, dies gleichwohl hinsichtlich der Übertragung der wesentlichen Wertungen der §§ 74 ff. HGB innerhalb der arbeitsrechtlichen Praxis und Rechtsprechung.

1227 BGBl., 1953 I, S. 771.

den §§ 84 ff. HGB erstmals umfassend geregelt. Der allgemeine Grundgedanke des eingeführten Rechts des Handelsvertreters waren vor allem die Stärkung der Rechtsstellung des in der Regel schwächeren Handelsvertreters und die Kodifizierung zwingender gesetzlicher Vorschriften, die den Handelsvertreter bezüglich wesentlicher Punkte des Vertragsverhältnisses vor Benachteiligung schützen soll.[1228] Diesen Schutzgedanken unterfällt richtigerweise auch der ebenfalls mit dem Recht des Handelsvertreters erlassene § 90a Abs. 1 HGB, der die Wirksamkeitsvoraussetzungen nachvertraglicher Wettbewerbsverbote mit Handelsvertretern statuiert. Den Begründungen des Gesetzgebers entsprechend wurde der Erlass des § 90a Abs. 1 HGB vor allem auf die gegebenenfalls bestehende wirtschaftliche Überlegenheit des Unternehmers gestützt. Folglich wird auch die in § 90a Abs. 1 S. 3 HGB normierte Karenzentschädigungspflicht den allgemeinen Schutzgedanken hinsichtlich des Schutzes der strukturell unterlegenen Handelsvertreter in gewisser Weise dienen, so wie auch das Schriftformerfordernis oder das Erfordernis der Aushändigung einer Urkunde (vgl. § 90a Abs. 1 S. 1 HGB).[1229] Stehen die §§ 84 ff. HGB zutreffend unter der Grundprämisse, einen hinreichenden Schutz zugunsten der strukturell unterlegenen Handelsvertreter zu normieren, dienen der Grundsatz der bezahlten Karenz nach § 90a Abs. 1 S. 3 HGB sowie der gesamte § 90a HGB unter Beachtung der teleologischen Mehrdimensionalität der Regelungen nicht zuvörderst diesen allgemeinen Schutzgedanken. Entsprechend den enthaltenen Wertungen geht es im § 90a HGB vor allem um den angemessenen und gerechten Ausgleich der beiderseitigen Interessen.[1230] Demgemäß stellen auch die wesentlichen Zweckbestimmungen des § 90a Abs. 1 S. 3 HGB nicht auf den Schutz der typisierend unterlegenen Handelsvertreter im Sinne einer immerwährenden oder bestehenden Verhandlungsschwäche ab. Ausgehend vom Zweck synallagmatischer Gegenseitigkeitsverhältnisse soll die Karenzentschädigungspflicht eine angemessene wirtschaftliche Kompensation im Sinne einer notwendigen Gegenleistung für die wettbewerblichen Enthaltungen infolge der auferlegten beruflichen Beschränkungen darstellen. So sollen die potenziellen Einkommensverluste sowie die Beschränkungen und Einschränkungen der Erwerbschancen des Handelsvertreters angemessen kompensiert werden, da ansonsten

---

1228 Vgl. Begr. RegE, BT-Drs. 1/3856, S. 10 f.

1229 Vgl. BeckOGK/*Bieder*, HGB § 90a Rn. 1; Heymann/*Emde*, HGB § 90a Rn. 1.

1230 Siehe MüKoHGB/*Ströbl*, HGB § 90a Rn. 5; EBJS/*Löwisch*, HGB § 90a Rn. 3; auch Oetker/*Busche*, HGB § 90a Rn. 2, der allenfalls das Schriftformgebot als Schutzregelung hinsichtlich der strukturellen Unterlegenheit ansieht.

von der Unzulässigkeit eines derartigen Eingriffes in den Schutzbereich des Art. 12 Abs. 1 GG auszugehen wäre. Folglich bezweckt die Karenzentschädigungspflicht des § 90a Abs. 1 S. 3 HGB primär einen Mindestschutz des Handelsvertreters bezüglich der Sicherung des Lebensstandards und der wirtschaftlichen Existenzgrundlage sowie einen angemessenen Mindestschutz hinsichtlich der beruflichen Freiheit des Handelsvertreters aus Art. 12 Abs. 1 GG.[1231]

Im Sinne des Nachteilsausgleichs sowie des Gegenleistungsgedankens der Karenzentschädigungspflicht soll eine „angemessene Entschädigung" geleistet werden. Damit geht es wieder um die Berücksichtigung der gegenseitigen Interessen und deren Ausgleich. So soll der Handelsvertreter als Entschädigungsempfänger allein eine angemessene wirtschaftliche Kompensation für die durch das Verbot auferlegten beruflichen Nachteile erhalten, ohne gleichfalls unangemessen bereichert zu werden. Die Erforderlichkeit und Angemessenheit der Entschädigung richtet sich also ebenfalls nach der vorzunehmenden umfassenden Interessenabwägung und soll der Billigkeit entsprechen. Möchte sich der Unternehmer durch ein nachvertragliches Wettbewerbsverbot nach Maßgabe des § 90a Abs. 1 HGB schützen, muss unter Berücksichtigung der anzuerkennenden Interessen des Unternehmers sowie des Handelsvertreters und unter Einbeziehung der Umstände des Einzelfalls eine angemessene Entschädigung als Gegenleistung und Ausgleich der beruflichen Beschränkungen geleistet werden.[1232]

Demnach stellt die Karenzentschädigungspflicht des § 90a Abs. 1 S. 3 HGB wieder ein Instrument zum Ausgleich der beiderseitigen gegenseitigen Interessen dar. Dazu treten ebenfalls die Zwecke des Nachteilsausgleichs für die auferlegten beruflichen Beschränkungen sowie den daran anknüpfenden Gegenleistungsgedanken im Rahmen des synallagmatischen Gegenseitigkeitsverhältnisses.

Daneben ist des Weiteren noch die sachnächste und älteste gesetzliche Ausprägung des Grundsatzes der bezahlten Karenz des § 74 Abs. 2 HGB zu betrachten,[1233] die erstmals anlässlich der HGB-Novellierung aus dem Jahre

---

1231 Vgl. BGHZ 59, 387, 390; 63, 353, 355; BeckOGK/*Bieder*, HGB § 90a Rn. 24; BeckOK HGB/*Lehmann*, § 90a Rn. 15; Röhricht/v. Westphalen/Haas/*Thume*, HGB § 90a Rn. 13; MüKoHGB/*Ströbl*, § 90a Rn. 49; EBJS/*Löwisch*, HGB § 90a Rn. 34; Heymann/*Emde*, HGB § 90a Rn. 36; so auch OLG München, BB 2012, 220.

1232 Siehe BeckOK HGB/*Lehmann*, § 90a Rn. 16; MüKoHGB/*Ströbl*, HGB § 90a Rn. 48 f.; EBJS/*Löwisch*, HGB § 90a Rn. 36; Heymann/*Emde*, HGB § 90a Rn. 36 ff.; Röhricht/v. Westphalen/Haas/*Thume*, HGB § 90a Rn. 14.

1233 BGHZ 88, 260, 264; EBJS/*Boecken*/*Rudkowski*, HGB § 74 Rn. 2.

1914 eingeführt wurde.[1234] Steht auch der gesamte Regelungskomplex der §§ 74 ff. HGB wieder unter dem allgemeinen Schutzgedanken zugunsten der strukturell unterlegenen Handlungsgehilfen, ist hinsichtlich der Karenzentschädigungspflicht des § 74 Abs. 2 HGB wieder auf die speziellen Zweckbestimmungen unter Beachtung der teleologischen Mehrdimensionalität zu schauen. Demnach wurde die Einführung des Grundsatzes der bezahlten Karenz im Wesentlichen mit dem Zweck der Herstellung eines angemessenen wirtschaftlichen Ausgleichs für die dem Handlungsgehilfen auferlegten beruflichen Beschränkungen begründet. Folglich soll dem Handlungsgehilfen eine wirtschaftliche Entschädigung als Kompensationsleistung für die Zeit der Wettbewerbsenthaltungen gewährt werden, die sich auch schon aus Gründen der Billigkeit gebieten würde. Des Weiteren erfülle der Grundsatz der bezahlten Karenz auch eine wichtige Abschreckungsfunktion im Sinne einer Hemmschwelle. Diese Hemmschwelle soll bezwecken, dass der Prinzipal ein Konkurrenzverbot nur in den Fällen vereinbaren solle, in denen auch ein wirtschaftlich erhebliches, schutzbedürftiges und damit schützenswertes Interesse an einer nachvertraglichen Wettbewerbsabrede vorliegt. Folglich sollen nur solche Wettbewerbsverbote bzw. Wettbewerbsenthaltungen zulasten des ehemaligen Beschäftigten vereinbart werden, die sich für den Prinzipal trotz der finanziellen Opfer, die mit der Karenzentschädigungspflicht einhergehen, in wirtschaftlicher, finanzieller sowie wettbewerblicher Hinsicht rentieren. Diese Abschreckungsfunktion sollte insbesondere der ausufernden Praxis der Vereinbarung nachvertraglicher Wettbewerbsverbote entgegenwirken, dies nicht allein in der Qualität, sondern auch der Quantität.[1235] In diesem Sinne erfüllt die Abschreckungsfunktion des § 74 Abs. 2 HGB auch Aspekte des schon angesprochenen Präventionsgedankens, dies vor allem im Zusammenspiel mit der durch § 74a Abs. 1 S. 1 und 2 HGB angeordneten geltungserhaltenden Reduktion.

Wie beim § 90a Abs. 1 S. 3 HGB steht auch beim § 74 Abs. 2 HGB der Sicherungszweck als ein wesentlicher Normzweck im Vordergrund. So folgt auch dem Grundsatz der bezahlten Karenz nach § 74 Abs. 2 HGB die wesentliche

---

1234 Siehe Entwurf eines Handelsgesetzbuches, Reichstagsprotokolle, 13. Legislaturperiode, 1912/14, 18, Anlage Nr. 575, S. 725, dort noch im § 74a HGB; letztendlich als § 74 Abs. 2 HGB RGBl., 1914, S. 209; MüKoHGB/*Thüsing*, § 74 Rn. 3 f.; BeckOGK/*Ittmann*, HGB § 74 Rn. 3.1.

1235 Vgl. Begründung zum Gesetzentwurf zur Änderung des HGB, Reichstagsprotokolle, 13. Legislaturperiode, 1912/14, 18, Anlage Nr. 575, S. 726 ff.; BAG, NJW 1981, 1174; *Gravenhorst*, Nachvertragliche Wettbewerbsverbote mit GmbH-Geschäftsführern, S. 80; idS. auch für § 90a HGB Staub/*Emde*, HGB § 90a Rn. 2.

Zweckbestimmung der Sicherung der wirtschaftlichen Existenz sowie des zuvor erarbeiteten Lebensstandards des ehemaligen Beschäftigten. Im Zusammenwirken mit dem Ausgleichsgedanken geht es demnach vor allem um die Kompensation der erwerbswirtschaftlichen Nachteile, die den auferlegten beruflichen Beschränkungen folgen. In diesem Sinne kann der Sicherungszweck auch als Ausfluss der zu beachtenden allgemeinen Fürsorgepflicht gewertet werden.[1236] Folglich sollen die vertraglich auferlegten Nachteile infolge der beruflichen Beschränkungen und die damit einhergehenden Vorteile, die dem ehemaligen Arbeitgeber zukommen, insbesondere in wirtschaftlicher Hinsicht angemessen ausgeglichen werden, um so nach Maßgabe der sonstigen gesetzlichen Vorgaben insgesamt zu einem gerechten Abwägungsurteil und Ausgleich der gegenseitigen Interessen zu gelangen.[1237] Unabhängig von der unterschiedlichen wörtlichen Umsetzung und Wirkweise der §§ 74 Abs. 2, 90a Abs. 1 S. 3 HGB soll der Grundsatz der bezahlten Karenz damit einen wesentlichen wirtschaftlichen Mindestschutz des ehemaligen Beschäftigten sowie einen angemessenen Mindestschutz hinsichtlich der beruflichen Freiheit des ehemaligen Beschäftigten sicherstellen. Beachtet man zuvörderst den sachnäheren § 74 Abs. 2 HGB, ist diesbezüglich auch die statuierte verbindliche Wirksamkeitsvoraussetzung der Karenzentschädigungszusage zur Sicherung des Mindestschutzes zu berücksichtigen.

Des Weiteren enthält § 74 Abs. 2 HGB auch die Aspekte des Gegenleistungsgedankens im Rahmen des synallagmatischen Gegenseitigkeitsverhältnisses. In Anbetracht des Ausgleichsgedankens dient die Karenzentschädigung als Entgelt bzw. Entschädigung für die vereinbarte auferlegte Wettbewerbsenthaltung.[1238]

1236 *Reinfeld*, Das nachvertragliche Wettbewerbsverbot im Arbeits- und Wirtschaftsrecht, S. 129; ähnlich auch *Gamillscheg*, RdA 1975, 13, 19, der dies als „Ausfallgarantie" des Arbeitgebers bezeichnet.

1237 Vgl. BAG, AP HGB § 74 Nr. 21; BAG, NJW 1974, 765, 766; BAG, NJW 1990, 1870; BAG, NJW 2014, 2379, 2381; EBJS/*Boecken*/*Rudkowski*, HGB § 74 Rn. 41; Staub/*Weber*, HGB § 74 Rn. 33; EBJS/*Löwisch*, HGB § 90a Rn. 36; MüKoHGB/*Ströbl*, § 90a Rn. 4; Oetker/*Busche*, HGB § 90a Rn. 25; *Lahusen*, NZA 1985, 802, 803; *D. Gaul*, GmbHR 1991, 144, 147; *Naber*, NZA 2017, 1170, 1171; *Holthausen*, NZA-RR 2020, 505, 512.

1238 Vgl. BAG, NZA 2009, 962, 963; EBJS/*Boecken*/*Rudkowski*, HGB § 74 Rn. 41; MüKoHGB/*Thüsing*, § 74 Rn. 41; Staub/*Weber*, HGB § 74 Rn. 33; ErfK/*Oetker*, HGB § 74 Rn. 15; Oetker/*Kotzian-Marggraf*, HGB § 74 Rn. 27; BeckOK HGB/*Wetzel*, § 74 Rn. 30; BeckOGK/*Ittmann*, HGB § 74 Rn. 95; *B. Gaul*, DB 1995, 874; *Lahusen*, NZA 1985, 802, 803; *Holthausen*, NZA-RR 2020, 505, 510; a.A. *Gamillscheg*, RdA 1975, 13, 17 f.

Demgemäß geht es sowohl beim § 74 Abs. 2 HGB als auch beim § 90a Abs. 1 S. 3 HGB um die Berücksichtigung der Berufsfreiheit des ehemaligen Beschäftigten, vor allem hinsichtlich der angemessenen wirtschaftlichen Verwertung der eigenen Arbeitskraft.[1239] Die Wettbewerbsenthaltung des ehemaligen Beschäftigten stellt richtigerweise die dem alten Arbeitgeber/Unternehmer zukommende Leistung dar, die sodann der entsprechenden Gegenleistung bedarf. So misst auch das BAG der freien Verwertbarkeit der eigenen Arbeitskraft grundsätzlich einen wichtigen wirtschaftlichen Wert bei, nach der jedwede Beschränkung der Verwertungsfreiheit grundsätzlich einer entsprechenden wirtschaftlichen Gegenleistung bedarf.[1240] Und auch der BGH nimmt grundsätzlich an, dass es im Wirtschaftsleben generell der Fall sei, dass jeder ein berechtigtes Interesse daran habe, „für ein eigenes Entgegenkommen eine angemessene ‚Gegenleistung' zu fordern"[1241]. Diese Annahme gilt beispielsweise auch im Urheberrecht, wo der Grundsatz besteht, dass der Urheber des Werkes an jeder wirtschaftlichen Nutzung jedenfalls „angemessen zu beteiligen"[1242] ist. In diesem Sinne ist der Gegenleistungsgedanke des Grundsatzes der bezahlten Karenz auch bei Beachtung der allgemeinen Tauschgerechtigkeit (*iustitia commutativa*) im Sinne des Grundsatzes der Vertragsgerechtigkeit sowie des Äquivalenzprinzips von Bedeutung.[1243] Daneben dienen der Ausgleichsgedanke sowie das Gegenleistungsprinzip auch den zu berücksichtigenden Aspekten der Billigkeit der Abrede, die sodann „*qua definitione*" auch der gewünschten und notwendigen Einzelfallgerechtigkeit dienen.[1244]

1239 Vgl. BVerfGE 97, 228, 253; Sachs/*Mann*, GG Art. 12 Rn. 79; Stern/Sachs/Dietlein/*Stern* StaatsR IV/1, S. 1801.

1240 BAG, AP BGB § 611 Ausbildungsbeihilfe Nr. 3.

1241 BGH, NJW 1996, 1274, 1275.

1242 BGH, NJW 1999, 3561, 3563.

1243 *Reinfeld*, Das nachvertragliche Wettbewerbsverbot im Arbeits- und Wirtschaftsrecht, S. 129; *Bengelsdorfer*, DB 1985, 1585, 1586. Der allgemeinen Frage der notwendigen Tauschgerechtigkeit innerhalb von (Austausch-)Verträgen kann hier nicht detailliert und ausführlich nachgegangen werden, sodass die vorliegenden Ausführungen allein die Frage einer nötigen Tauschgerechtigkeit und Äquivalenz bezüglich nachvertraglicher Wettbewerbsverbote mit Geschäftsführern behandeln sollen. Zur ausführlichen Auseinandersetzung mit der Tauschgerechtigkeit (*iustitia commutativa)* siehe *Wendland*, Mediation und Zivilprozess, S. 263 ff.; *ders.*, Vertragsfreiheit und Vertragsgerechtigkeit, S. 105 ff. mit der ausführlichen Auseinandersetzung mit dem Thema der allgemeinen Vertragsgerechtigkeit.

1244 Vgl. allgemein zur Billigkeit *v. Hoyningen-Huene*, Die Billigkeit im Arbeitsrecht, S. 22, siehe auch S. 18 Fn. 32 mwN.

Der Vollständigkeit halber sollen gleichwohl auch die Unterschiede der §§ 74 Abs. 2, 90a Abs. 1 S. 3 HGB dargestellt werden. So unterscheiden sich beide Vorschriften beispielsweise hinsichtlich der Art ihrer Wirkweise. Der § 74 Abs. 2 HGB stellt demgemäß eine verbindliche anfängliche Wirksamkeitsvoraussetzung nachvertraglicher Wettbewerbsabreden dar. Fehlt die Zusage einer Karenzentschädigung gänzlich, so folgt die anfängliche Nichtigkeit der gesamten Wettbewerbsabrede.[1245] Der § 90a Abs. 1 S. 3 HGB stellt hingegen keine Wirksamkeitsvoraussetzung dar, sondern normiert eine Rechtsfolge der Vereinbarung der nachvertraglichen Wettbewerbsabrede. Wird ein nachvertragliches Wettbewerbsverbot im Sinne des § 90a HGB vereinbart, entsteht damit auch ein gesetzlicher Anspruch auf Zahlung einer angemessenen Karenzentschädigung.[1246] Daran anknüpfend unterscheiden sich beide Vorschriften ebenfalls auch in der vorgeschriebenen angemessenen Höhe der zu leistenden Karenzentschädigung. So enthält § 74 Abs. 2 HGB Vorgaben hinsichtlich der Mindesthöhe der zu gewährenden Karenzentschädigung, wonach diese mindestens die Hälfte der vom Arbeitnehmer „zuletzt bezogenen vertragsmäßigen Leistungen" (§ 74 Abs. 2 HGB) betragen muss. Ausgangspunkt der Karenzentschädigungshöhe ist also die tatsächlich erhaltene vertragsmäßige Gegenleistung in Form aller Geld- und Sachleistungen des Arbeitnehmers, deren Berechnung durch die Vorschrift des § 74b Abs. 2 HGB bestimmt wird.[1247] § 90a Abs. 1 HGB normiert bezüglich der Höhe nur, dass diese angemessen sein muss. Ein Mindestumfang wird nicht normiert. Die Angemessenheit der Entschädigung bestimmt sich somit danach, welche Leistung ihrer Art, Höhe und ihrem Zeitpunkt nach am ehesten dazu geeignet ist, die Nachteile der Wettbewerbsabrede und der auferlegten Wettbewerbsenthaltung unter Berücksichtigung der Vorteile, die dem Unternehmer aufgrund der Wettbewerbsabrede zukommen, auszugleichen, und unter Berücksichtigung aller Umstände des Einzelfalls insgesamt der

1245 BAG, NJW 2017, 2363; BeckOK HGB/*Wetzel*, § 74 Rn. 39; ErfK/*Oetker*, HGB § 74 Rn. 18; HWK/*Diller*, HGB § 74 Rn. 75, 96; Oetker/*Kotzian-Marggraf*, HGB § 74 Rn. 27; BeckOK ArbR/*Hagen*, HGB § 74 Rn. 21.

1246 Vgl. BAG, NJW 1964, 1641; EBJS/*Löwisch*, HGB § 90a Rn. 34; MüKoHGB/*Ströbl*, § 90a Rn. 44; Staub/*Emde*, HGB § 90a Rn. 33; Oetker/*Kotzian-Marggraf*, HGB § 74 Rn. 27.

1247 Dazu BAG, NJW 1974, 765, 766; BAG, NZA 2009, 962, 963; BeckOGK/*Ittmann*, HGB § 74 Rn. 96 ff.; EBJS/Boecken/*Rudkowski*, HGB § 74 Rn. 45; MüKoHGB/*Thüsing*, § 74 Rn. 46 f.; BeckOGK/*Ittmann*, HGB § 74b Rn. 7 ff.

Billigkeit entspreche.[1248] Ferner besteht ein weiterer Unterschied in der Rechtsfolge der unangemessenen Festlegung der Karenzentschädigungshöhe. Fehlt die Karenzentschädigungszusage des § 74 Abs. 2 HGB gänzlich, folgt – wie bereits erwähnt – die Gesamtnichtigkeit der Wettbewerbsabrede. Wird lediglich die gesetzliche Mindesthöhe durch die Vereinbarung unterschritten, folgt daraus die Unverbindlichkeit der Wettbewerbsabrede. Der Arbeitnehmer muss sich in diesem Fall nicht an das Wettbewerbsverbot gebunden fühlen. Ihm steht sodann ein Wahlrecht zu, bei dem er sich dafür entscheiden kann, ob er sich weiterhin an das Wettbewerbsverbot gebunden fühlt und die zu niedrig vereinbarte Entschädigung erhalten möchte oder ob er sich für die Unverbindlichkeit der Wettbewerbsabrede entscheidet, mit der Folge, dass auch die Karenzentschädigung nicht mehr verlangt werden kann.[1249] Fehlt es hingegen gänzlich an der Entschädigungszusage gemäß § 90a Abs. 1 S. 3 HGB oder wird diese derart festgelegt, dass sie als unangemessen zulasten des Handelsvertreters zu bewerten ist, hat dies keine Auswirkungen auf die grundsätzliche Wirksamkeit der Wettbewerbsabrede. Unter Beachtung des Primats der Privatautonomie bleibt das nachvertragliche Wettbewerbsverbot bestehen, sodass anstelle der fehlenden oder unzureichenden Karenzentschädigungszusage dann die ihrer Höhe nach gesetzlich angemessene Entschädigung, die im gegebenen Fall gerichtlich nach § 287 ZPO zu ermitteln ist, tritt.[1250] Diese Unterschiede sind zwar grundsätzlich ebenfalls zu beachten, werden aber gleichwohl vorliegend unbeachtliche Einzelausformungen im Sinne der teleologischen Mehrdimensionalität darstellen und die ansonsten induktiv herausdestillierbaren verallgemeinerungsfähigen Wertungen nicht beeinflussen.

Folglich sind bei der induktiven Herleitung der verallgemeinerungsfähigen Rechtsgedanken und Wertungen aus den beiden einfachgesetzlichen Ausprägungen des Grundsatzes der bezahlten Karenz vor allem die wertungsmäßigen Ähnlichkeiten zu betrachten. In diesem Sinne stellen der Ausgleichsgedanke sowie der Sicherungszweck zugunsten des ehemaligen Beschäftigten für die Zeit der Beschränkungen die wesentlichsten Wertungen und Zweckbestimmungen

---

1248 BGH, NJW 1975, 388, 389; EBJS/*Löwisch*, HGB § 90a Rn. 36 f.; MüKoHGB/*Ströbl*, § 90a Rn. 48 f.; Oetker/*Busche*, HGB § 90a Rn. 25; Hopt/*Hopt*, HGB § 90a Rn. 19.

1249 BAG, AP BGB § 611 Konkurrenzklausel Nr. 24; BeckOK HGB/*Wetzel*, § 74 Rn. 40 f.; EBJS/*Boecken*/*Rudkowski*, HGB § 74 Rn. 51 f.; ErfK/*Oetker*, HGB § 74 Rn. 19; BeckOK ArbR/*Hagen*, HGB § 74 Rn. 21.

1250 Vgl. BGH, NJW 1975, 388, 389; MüKoHGB/*Ströbl*, § 90a Rn. 47; Oetker/*Busche*, HGB § 90a Rn. 25; EBJS/*Löwisch*, HGB § 90a Rn. 36.

dar. Demnach ist der Beschäftigte nach dem Ausscheiden aus dem Unternehmen grundsätzlich frei in der Verwertung seiner beruflichen Kenntnisse und Erfahrungen, die er sodann in seiner weiteren beruflichen Tätigkeit zur Sicherung seiner beruflichen und wirtschaftlichen Existenz sowie zum Erhalt seines erarbeiteten Lebensstandards gewinnbringend verwerten und einbringen kann. Wurde nun ein durch die berechtigten Interessen des ehemaligen Unternehmens grundsätzlich begründbares nachvertragliches Wettbewerbsverbot vereinbart, wird der ehemalige Beschäftigte infolge der auferlegten Beschränkungen in seiner freien beruflichen Entwicklung und Betätigung derart eingeschränkt, dass auch die freie wirtschaftliche Verwertung entsprechende Beschränkungen erfahren wird. Die auferlegte wettbewerbliche Enthaltung stellt damit die Leistung des ehemaligen Beschäftigten zugunsten des Unternehmens dar, die der angemessenen finanziellen Kompensation im Sinne einer gerechten Gegenleistung bedarf. Somit geht es auch bei der Karenzentschädigungspflicht um die „billige" Rücksichtnahme der Interessen der gegenüberstehenden Vertragspartei, sodass der Grundsatz der bezahlten Karenz ebenfalls als weitere konkretisierende Ausprägung des Grundsatzes von Treu und Glauben anzusehen ist.

Des Weiteren ist auch noch einmal zu beachten, dass die Karenzentschädigung sowohl im Rahmen der §§ 74 ff. HGB als auch bei nachvertraglichen Wettbewerbsverboten mit Geschäftsführern ein abwägungserhebliches Element im Rahmen der Interessenabwägung darstellt, welches maßgeblich dazu dienen kann, im Zusammenspiel mit den inhaltlichen Beschränkungen die Wirksamkeit der Abrede zu sichern. In diesem Sinne dient die Karenzentschädigungszusage im Wege ihrer ausgleichenden Funktion ebenfalls der grundsätzlichen Aufrechterhaltung der vertraglichen Abrede sowie der beiderseitigen Berücksichtigung der widerstreitenden Interessen und erfüllt somit auch Aspekte des Grundsatzes *pacta sund servanda* in seiner Ausformung des Grundsatzes der Vertragserhaltung.

Im Ergebnis stehen also vor allem die Aspekte des Ausgleichs der auferlegten Beschränkungen sowie der Sicherung der beruflichen und wirtschaftlichen Existenzgrundlage im Vordergrund, die in Anbetracht der wesentlichen Zweckbestimmungen des nachvertraglichen Wettbewerbsverbotes als Ausfluss des Grundsatzes von Treu und Glauben gewertet werden können. Unter Beachtung der dem ehemaligen Unternehmen zukommenden Vorteile der nachvertraglichen Abrede soll der Grundsatz der bezahlten Karenz insbesondere einen wirtschaftlichen Mindestschutz des ehemaligen Beschäftigten bezwecken. Daneben treten weitere gewichtige Aspekte des Gegenleistungsprinzips im Sinne der Tauschgerechtigkeit bzw. des allgemeinen Äquivalenzprinzips sowie des Grundsatzes *pacta sund servanda* im Sinne des Grundsatzes der Vertragserhaltung.

Stellen die §§ 74 Abs. 2, 90a Abs. 1 S. 3 HGB wie auch im Allgemeinen die beiden Regelungssysteme der §§ 74 ff., 90a HGB eine vorrangige Spezialvorschrift (*lex specialis derogat legi generali*) zu den zivilrechtlichen Generalklauseln und im Speziellen zu § 138 BGB zur rechtlichen Behandlung nachvertraglicher Wettbewerbsverbote dar,[1251] sind die aufgezeigten allgemeinen und wesentlichen Wertungen und Zweckbestimmungen ebenfalls als vom Gesetzgeber schon vorgenommene Konkretisierung des Maßstabes des § 138 BGB zu werten, die damit auch gegenüber dem Geschäftsführer von wesentlicher Bedeutung sein können.

Somit stellt sich im Weiteren also die Frage, ob diese vorliegend herausgearbeiteten allgemeinen Wertungen nicht auch auf nachvertragliche Wettbewerbsverbote mit Geschäftsführern zu übertragen sind. Damit muss es aus methodischer Sicht wieder zu der erforderlichen Vergleichs- bzw. Ähnlichkeitsprüfung kommen. Bevor auf diese Frage jedoch ausführlicher eingegangen wird, soll zuvörderst noch auf die verfassungsrechtliche Bedeutung des Grundsatzes der bezahlten Karenz abgestellt werden.

b. Rechtsprechung des BAG und BVerfG

Anknüpfend an die wesentlichen Wertungen und Zweckbestimmungen der einfachgesetzlichen Ausprägungen des Grundsatzes der bezahlten Karenz kann darüber hinaus noch auf die Rechtsprechung des BAG und BVerfG geblickt werden, um so auch die verfassungsrechtliche Bedeutung der Karenzentschädigungspflicht der §§ 74 Abs. 2, 90a Abs. 1 S. 3 HGB richtig erfassen zu können. So setzte sich die Rechtsprechung des BAG und BVerfG vornehmlich mit der Nichtig- oder Verfassungswidrigkeit einzelner Ausnahmevorschriften zu den normierten Karenzentschädigungspflichten auseinander. Daneben soll auch die BAG-Rechtsprechung, die sich allgemein mit der Bedeutung der Karenzentschädigungspflicht vor der umfassenden analogen Anwendung der §§ 74 ff. HGB befasste, erörtert werden.

1251 Dazu bezüglich § 74 HGB bzw. §§ 74 ff. HGB siehe: BAG, AP HGB § 74 Nr. 22, EBJS/*Boecken*/*Rudkowski*, HGB § 74a Rn. 32; Heymann/*Henssler*/*Michel*, HGB § 74a Rn. 31; ErfK/*Oetker*, HGB § 74a Rn. 8; Heidel/Schall/*Ring*, HGB § 74a Rn. 23; Staudinger/*Fischinger*, BGB § 138 Rn. 37 ff., 72; bezüglich § 90a HGB siehe: BGH, NJW 2013, 2027, 2028; EBJS/*Löwisch*, HGB § 90a Rn. 36; MüKoHGB/*Ströbl*, § 90a Rn. 15; Hopt/*Hopt*, HGB § 90a Rn. 7; Oetker/*Busche*, HGB § 90a Rn. 16; *Emde*, BB 2012, 3087, 3092.

aa. Rechtsprechung des BAG zu Ausnahmevorschriften zum Grundsatz der bezahlten Karenz

Das BAG erklärte den § 75b S. 2 HGB im Jahre 1969 für verfassungswidrig.[1252] Der § 75b S. 2 HGB sah grundsätzlich vor, dass die Verbindlichkeit des nachvertraglichen Wettbewerbsverbotes nicht von der Verpflichtung einer Karenzentschädigung nach § 74 Abs. 2 HGB abhängt, wenn der ehemalige Angestellte zur Gruppe der „Hochbesoldeten" gehörte, was der Fall war, wenn die ihm zustehenden vertragsmäßigen Leistungen den Betrag von mehr als 8.000 Mark für das Jahr überstiegen. Die Verfassungswidrigkeit des § 75b S. 2 HGB wurde damit begründet, dass sich eine Differenzierung von „Hochbesoldeten" und „Normalbesoldeten" nach Art. 3 Abs. 1 GG sachlich nicht mehr rechtfertigen lässt. Des Weiteren biete die Vorschrift keine Klarheit darüber, welche Entgeltgrenzen im Einzelnen zu berücksichtigen seien, und verstoße damit gegen die Anforderungen der Rechtsstaatlichkeit.[1253] Ungeachtet der Begründung des BAG bezüglich der Verfassungswidrigkeit des § 75b S. 2 HGB wurde weiterhin ausgeführt, dass man zwar annehmen könne, dass „Hochbesoldete" des „besonderen Schutz[es] einer zwingenden Karenzentschädigung nicht [in jedem Fall] bedürfen"[1254], es gleichwohl schon der damaligen Auffassung entsprach, dass unabhängig von irgendwelchen Verdienstobergrenzen davon auszugehen ist, dass „ein entschädigungslose[s] Wettbewerbsverbot [...] weithin als unbillig empfunden wird"[1255]. Insbesondere zeige dies auch die Regelung des § 90a Abs. 1 S. 3 HGB, nach dem der Unternehmer verpflichtet ist, dem Handelsvertreter eine angemessene Entschädigung zu zahlen, ohne Rücksicht darauf, wie hoch die vorherigen Bezüge des Handelsvertreters waren.[1256] Die aufgeworfene Frage des BAG, ob der § 75b S. 2 HGB insgesamt verfassungswidrig sei oder teilweise im Wege verfassungskonformer Auslegung aufrechterhalten werden könne, wurde im Jahre 1975 durch den BAG selbst beantwortet. Die Unbestimmtheit des § 75b S. 2 HGB lasse eine inhaltliche Neubestimmung nicht zu. In dieser Entscheidung nicht von Belang war die Frage, ob der § 75b S. 2 HGB zusätzlich noch gegen Art. 3 Abs. 1 GG oder Art. 12 Abs. 1 GG verstoße.[1257]

1252 BAG, NJW 1970, 723.
1253 BAG, NJW 1970, 723, 724 f.
1254 BAG, NJW 1970, 723, 724.
1255 BAG, NJW 1970, 723, 725.
1256 BAG, NJW 1970, 723, 725.
1257 Vgl. BAG, NJW 1970, 723, 724 f.; BAG, NJW 1976, 342, 343.

Weiterhin beschäftigte sich das BAG mit der Regelung des § 75 Abs. 3 HGB. In seiner Entscheidung vom 26.10.1973 erklärte das BAG den § 75 Abs. 3 HGB für geltendes Recht, erhob gleichwohl Bedenken hinsichtlich der Vereinbarkeit mit dem Verfassungsrecht. Dies vor allem vor dem Hintergrund, um so eine tiefergehende Erörterung des Problems im Schrifttum anzuregen. Ferner wies das BAG darauf hin, dass die Regelung des § 75 Abs. 3 HGB eine Ungleichbehandlung nach sich ziehe könnte, die gegen das Gleichbehandlungsgebot des Art. 3 Abs. 1 GG verstoßen würde. Auch hegte das BAG verfassungsrechtliche Zweifel bezüglich des in Art. 12 Abs. 1 GG verankerten Gebotes der Berufsfreiheit. Insbesondere von Bedeutung sei das Gebot der ungehinderten freien Verwertung und Ausnutzung des beruflichen Könnens und Wissens. Dieses Gebot könne nur durch besondere gewichtige Gründe beschränkt werden, mit der Folge, dass entschädigungslose Beschränkungen der Verwertung des beruflichen Könnens und Wissens sowie der beruflichen Erfahrungen grundsätzlich nicht mehr vertretbar seien. Der Grundsatz der bezahlten Karenz finde seine verfassungsrechtliche Grundlage vor allem in Art. 12 Abs. 1 GG, der durch den § 75 Abs. 3 HGB ungerechtfertigt durchbrochen werde. Im Gegenzug seien auch keine übergeordneten oder gleichgewichtigen Belange zur Rechtfertigung ersichtlich.[1258] Im Jahre 1977 hat das BAG[1259] den § 75 Abs. 3 HGB aufgrund eines Verstoßes gegen das Gleichbehandlungsgebot des Art. 3 Abs. 1 GG im Verhältnis zu den Rechtsfolgen des Lossagungsrechts des § 75 Abs. 1 HGB für verfassungswidrig erklärt. Hingewiesen wurde in diesem Urteil auch auf die vom BAG im Jahre 1973 aufgeworfene Frage, ob der § 75 Abs. 3 HGB nicht zusätzlich noch gegen den Art. 12 Abs. 1 GG verstößt. Die Frage wurde allerdings nicht beantwortet, da ein Verstoß gegen Art. 3 Abs. 1 GG angenommen wurde und für die Erklärung der Verfassungswidrigkeit ausreichte.[1260]

Überdies thematisierte das BAG den Grundsatz der bezahlten Karenz in seinem Urteil vom 16.10.1980.[1261] Dort beurteilte das BAG den § 75b S. 1 HGB als mit dem Art. 12 Abs. 1 GG unvereinbar und erklärte die Nichtigkeit dieser Regelung. Der § 75b S. 1 HGB enthielt eine Ausnahmeregelung zur Karenzentschädigungspflicht des § 74 Abs. 2 HGB für die Fälle, in denen der ehemalige Angestellte eine Beschäftigung außerhalb von Europa angenommen hat. Die Regelung des § 75b S. 1 HGB widerstrebte vor allem dem Grundsatz der

---

1258 BAG, AP HGB § 75 Nr. 5.

1259 BAG, NJW 1977, 1357.

1260 BAG, NJW 1977, 1357, 1358.

1261 BAG, NJW 1981, 1174.

bezahlten Karenz. Aufgrund des Art. 12 Abs. 1 GG und im Lichte der geänderten sozialen Wertvorstellungen seien nur solche Wettbewerbsverbote zulässig, die die Beschränkungen der ungehinderten Ausnutzung des beruflichen Könnens und Wissens durch die verpflichtende Zahlung einer Karenzentschädigung ausgleichen. Anderweitige Gründe, die einen Eingriff in den Schutzbereich des Art. 12 Abs. 1 GG rechtfertigen könnten, die so auch bei Erlass des § 75b S. 1 HGB angeführt wurden, waren schon damals nicht mehr einschlägig. Zumindest sei es zur Förderung der angeführten und im Allgemeininteresse liegenden anderweitigen Zwecke nicht mehr geboten, in das geschützte Interesse der eigenen Daseinsvorsorge des ehemaligen Beschäftigten einzugreifen. Der Grundsatz der bezahlten Karenz als Schutzgut des Art. 12 Abs. 1 GG sei ein wertvolles Rechtsgut, nach dem es sich verbiete, ein Wettbewerbsverbot mit unbezahlter Karenz überhaupt zuzulassen.[1262] Die Vorschrift des § 75b HGB wurde letztendlich mit Wirkung zum 01.01.2002 durch den Art. 24 des Gesetzes zur Einführung des Euro im Sozial- und Arbeitsrecht sowie zur Änderung anderer Vorschriften (4. EuroEG) vom 21.12.2000[1263] aufgehoben.

bb. Rechtsprechung des BAG zur Bedeutung des Grundsatzes der bezahlten Karenz

Vor der umfassenden analogen Anwendung der §§ 74 ff. HGB beschäftigte sich das BAG auch im Allgemeinen mit der Bedeutung der Karenzentschädigungszusage im Sinne des § 74 Abs. 2 HGB. So ist es fraglich, ob der Karenzentschädigungspflicht des § 74 Abs. 2 HGB die Qualität eines allgemeinen Rechtsgedankens beigemessen wurde. Eindeutig hat sich das BAG diesbezüglich nicht geäußert. Teilweise nahm das BAG an, dass „auch ein außerhalb der §§ 74 ff. HGB vereinbartes Wettbewerbsverbot ohne Karenzentschädigung oder sonstige Gegenleistung des Arbeitgebers in aller Regel das Fortkommen des Angestellten unbillig erschwert und deshalb nicht als verbindlich anerkannt wird“[1264]. Des Weiteren komme dem Fehlen der Karenzentschädigung „eine nicht geringe Bedeutung“ bezüglich der Frage zu, ob das berufliche Fortkommen unangemessen beschränkt werde. Zweifellos würde die Karenzentschädigung es dem ehemaligen Beschäftigten erleichtern, die Zeit der Wettbewerbsbeschränkungen besser zu überbrücken, als dies bei einem entschädigungslosen Wettbewerbsverbot der Fall sei. Im Wege der notwendigen Gesamtabwägung aller konkreten Umstände

1262 Siehe BAG, NJW 1981, 1174 f.
1263 Siehe BGBl., 2000 I, S. 1983, 2010.
1264 BAGE 19, 267, Rn. 35.

des Einzelfalles müsse insbesondere auch die „Frage der Karenzentschädigung" berücksichtigt werden.[1265] In Anbetracht dieser Ausführungen des BAG könnte man annehmen, dass der Karenzentschädigungspflicht nach § 74 Abs. 2 HGB keine Rechtsgrundsatzqualität zuzusprechen ist. Vielmehr komme der Karenzentschädigung allein eine besondere Gewichtung und Bedeutung im Rahmen der Gesamtabwägung der Interessen unter Einbeziehung der Besonderheiten des Einzelfalls zu, sodass das Fehlen einer Karenzentschädigung in der Regel nur die unbillige Erschwerung des beruflichen Fortkommens indiziere.[1266]

Auf der anderen Seite sprach das BAG teilweise deutlicher davon, dass dem Grundsatz der bezahlten Karenz auch über den Anwendungsbereich der §§ 74 ff. HGB eine verbindliche Wirkung zukomme. So ging das BAG davon aus, dass „in Anlehnung an die Regelung des Handelsgesetzbuches […] Wettbewerbsverbote mit technischen Angestellten ohne Karenzentschädigung oder sonstige Gegenleistung des Arbeitgebers nicht als wirksam anzuerkennen" sind. Das BAG bezeichnete den Grundsatz der bezahlten Karenz des § 74 Abs. 2 HGB als einen der Regelung immanenten „Grundsatz", der im vorliegend zu entscheidenden Fall allein aufgrund des damals geltenden § 75b HGB nicht gänzlich ohne Einschränkungen übertragen werden konnte.[1267] Anzunehmen ist damit dennoch, dass der Karenzentschädigungspflicht die Rechtsgrundsatzqualität zugesprochen werden sollte, die somit auch über den expliziten Anwendungsbereich der §§ 74 ff. HGB Verwendung findet. Gestützt wurde diese Aussage des BAG durch Bezugnahme einer vorangegangenen Entscheidung, nach der die Beurteilung der unbilligen beruflichen Fortkommenserschwerung vor allem eine Frage der maßgeblichen verfassungsrechtlichen Wertungen der Art. 12 Abs. 1 und Art. 2 Abs. 1 GG sei, deren Bedeutung sich insbesondere aus den „Anschauungen des redlichen Arbeitslebens und [der geltenden] Freiheitsvorstellungen" ergebe. Schon zur damaligen Zeit wurde ein entschädigungsloses Wettbewerbsverbot im Allgemeinen als schwerwiegende Erschwerung und Belastung des Betroffenen empfunden. So entsprach es auch schon der damaligen „allgemeinen Anschauung, daß die Auferlegung einer entschädigungslosen Karenz […] dann keinen Bestand haben kann, wenn sie nicht durch andere Leistungen [des Begünstigten] oder [infolge der] besonderen Umstände des Einzelfalles […] ih[r] Gewicht verlier[e]". Das BAG stellte damit in der Entscheidung vom 21.03.1964 maßgeblich auf die verfassungsrechtliche Bedeutung einer

1265 BAG, BeckRS 1957, 102703.

1266 IdS. BAGE 19, 267, Rn. 35.

1267 Vgl. BAGE 19, 164, Rn. 81.

Karenzentschädigung ab. Allerdings sind die Ausführungen des BAG in dieser Entscheidung ebenfalls nicht ganz eindeutig, da letztendlich auch auf die Abwägung und die besonderen Umstände des Einzelfalls abgestellt wurde.[1268]

In Anbetracht der Begründung zum Gesetzesentwurf zur Änderung des Handelsgesetzes, durch den die Karenzentschädigungspflicht des heutigen § 74 Abs. 2 HGB erstmalig normiert wurde, geht es vor allem um die Gewährung eines Nachteilsausgleichs. Dazu stellt die Karenzentschädigungspflicht einen „Grundsatz" der Wirksamkeit der Wettbewerbsabrede dar. Des Weiteren sprach die Begründung ebenfalls davon, dass die gewährte Entschädigung bei der Abwägung des § 74a Abs. 1 HGB mitzuberücksichtigen sei.[1269] Ausgehend von der Formulierung ging der historische Gesetzgeber davon aus, dass sowohl die Abwägung des heutigen § 74a Abs. 1 S. 1 und 2 HGB als auch die Karenzentschädigungspflicht des heutigen § 74 Abs. 2 HGB einen wesentlichen „Grundsatz" der Regelungen der heutigen §§ 74 ff. HGB darstellen.

Auch unter Berücksichtigung der Begründung des historischen Gesetzgebers bleibt die BAG-Rechtsprechung bezüglich der Frage der allgemeinen Rechtsgrundsatz- bzw. Rechtsprinzipienqualität des Grundsatzes der bezahlten Karenz unklar. Den Ausführungen des BAG kann jedoch die wichtige Erkenntnis entzogen werden, dass dem Grundsatz der bezahlten Karenz und der Karenzentschädigung im Allgemeinen eine besondere Funktion des Nachteilsausgleichs zukommen soll, womit insbesondere die gewichtige verfassungsrechtliche Bedeutung eines finanziellen Ausgleichs für die Dauer der Wettbewerbsbeschränkungen betont wurde.

cc. Rechtsprechung des BVerfG zur Ausnahmevorschrift zum Grundsatz der bezahlten Karenz

Im Jahre 1990 beschäftigte sich das BVerfG in seiner Handelsvertreterentscheidung[1270] vornehmlich mit dem damaligen § 90a Abs. 2 S. 2 HGB a.F. Dieser regelte einen generellen Ausschluss der Karenzentschädigungspflicht des Unternehmers gegenüber dem Handelsvertreter für die Fälle der außerordentlichen Kündigung des Unternehmers. Dieser generelle Ausschluss der Karenzentschädigungspflicht nach § 90a Abs. 2 S. 2 HGB a.F. wurde vom BVerfG als mit dem Art. 12 Abs. 1 GG unvereinbar angesehen. Dies wurde vor allem damit

1268 BAG, BeckRS 1964, 103674.

1269 Siehe Reichstagsprotokolle, 13. Legislaturperiode, 1912/14, 18, Anlage Nr. 575, S. 728 f.

1270 BVerfGE 81, 242.

begründet, dass der § 90a Abs. 2 S. 2 HGB a.F. „den Anforderungen der Berufsfreiheit angesichts der Unterschiedlichkeit der in Betracht kommenden Fälle nicht gerecht [werde]“[1271]. Um diesen unterschiedlichen Fällen gerecht zu werden, wies das BVerfG darauf hin, dass vor allem der Gesetzgeber zunächst einmal die Möglichkeit habe, eine Generalklausel, die eine Differenzierung ermögliche, zu erlassen, oder aber die Möglichkeit habe, eine eigene differenzierte Regelung zu schaffen, mit der es möglich sei, die unterschiedlichen Fälle und bestimmten Gruppen differenziert zu beurteilen. Besonders hingewiesen wurde auch auf die typisierende Schutzbedürftigkeit der Handelsvertreter. Des Weiteren wurde die Möglichkeiten eröffnet, eine spiegelbildliche Regelung zu § 90a Abs. 3 HGB, der ein Lossagungsrecht des Handelsvertreters für eine vergleichbare Lage und Situation einräumt, zu normieren oder aber von vornherein einen sachbezogenen Karenzentschädigungsanspruch zu erlassen.[1272]

Ferner befasste sich das BVerfG in der vorliegenden Entscheidung auch generell mit dem Grundsatz der bezahlten Karenz. So äußerte sich das BVerfG zunächst dahingehend, dass es die vorrangige Aufgabe des Gesetzgebers sei, das Recht bezüglich nachvertraglicher Wettbewerbsverbote für Handelsvertreter so zu regeln, dass aufseiten des Unternehmers erst einmal ein ausreichender Spielraum zur Wahrung seiner Interessen verbleibe und andererseits die Verhandlungsschwäche des Handelsvertreters ausgeglichen werden müsse. So dürfen „[w]eder Freiheitsbeschränkung noch Freiheitsschutz [...] in einer solchen Wechselbeziehung unverhältnismäßig sein.“[1273] Demnach bezeichnete das BVerfG die Karenzentschädigung primär als einen „Vergütungsanspruch, [welcher] besonders geeignet [ist], [um] die gegenläufigen Interessen auszugleichen, ohne übermäßig in die Vertragsfreiheit einzugreifen.“[1274] Der Gesetzgeber reagierte im Anschluss an diese Entscheidung und hob den § 90a Abs. 2 S. 2 HGB a.F. durch das Durchführungsgesetz zur Umsetzung der EG-Richtlinie zur Koordination des Rechts der Handelsvertreter vom 23.10.1989[1275] auf. Deutlich wird an der Entscheidung des BVerfG wieder die wesentliche Bedeutung der Karenzentschädigung für die Aufrechterhaltung des Gewährleistungsbereichs der Berufsausübungsfreiheit, vorliegend insbesondere der des Handelsvertreters.

1271 BVerfGE 81, 242, 261 f.
1272 Vgl. BVerfGE 81, 242, 260 ff.
1273 BVerfGE 81, 242, 261.
1274 BVerfGE 81, 242, 261.
1275 BGBl., 1989 I, S. 1910.

c. *Zwischenergebnis*

Ausgehend von den einfachgesetzlichen Ausprägungen des Grundsatzes der bezahlten Karenz stellen diese grundsätzlich die unternehmer- bzw. arbeitgeberseitige Gegenleistung für die auferlegten Wettbewerbsenthaltungen des ehemaligen Beschäftigten dar. Hervor stechen vor allem die wesentlichsten Zweckbestimmungen des Sicherungszwecks sowie des Ausgleichsgedankens. Demnach bezweckt die Karenzentschädigung insbesondere die Sicherung der beruflichen und wirtschaftlichen Existenzgrundlage sowie den Erhalt des erarbeiteten Lebensstandards. Unter Beachtung des Gegenleistungsgedankens spielt der Grundsatz der bezahlten Karenz zudem eine wichtige Rolle für die angemessene Berücksichtigung der beiderseitig anzuerkennenden Interessen und kann demgemäß als weitere Ausprägung des Grundsatzes von Treu und Glauben gesehen werden. Berücksichtigt die Karenzentschädigung ihrem ersten Anschein nach zunächst vor allem die Interessen des ehemaligen Beschäftigten, stellt sie gleichwohl insgesamt ein Mittel dar, welches es eben auch dem ehemaligen Unternehmen ermöglicht, die Wirksamkeit der auferlegten inhaltlichen Beschränkungen zu sichern und so einen an der Reichweite der berechtigten Interessen gemessenen nachvertraglichen Schutz effektiv umzusetzen. Insofern werden auch Aspekte des Grundsatzes *pacta sund servanda* im Sinne des Grundsatzes der Vertragserhaltung bedient. Sieht man die freie Verwertung der eigenen Arbeitskraft des Weiteren grundsätzlich als ein wesentliches berufliches sowie wirtschaftliches Interesse des ehemaligen Beschäftigten an, wird man im Sinne des Gegenleistungsprinzips sowie der Tauschgerechtigkeit zugleich annehmen müssen, dass auch einer entsprechenden Beschränkung der freien Verwertung der eigenen Arbeitskraft richtigerweise eine übereinstimmende wirtschaftliche Gegenleistung folgen muss.

Unter Beachtung der Rechtsprechung des BAG sowie des BVerfG ist auch die verfassungsrechtliche Bedeutung des Grundsatzes der bezahlten Karenz nicht zu unterschätzen. Demgemäß betonte das BVerfG, dass die Karenzentschädigung einen „Vergütungsanspruch [darstellt], [welcher] besonders geeignet [ist], [um] die gegenläufigen Interessen auszugleichen, ohne übermäßig in die Vertragsfreiheit einzugreifen". An dieser Formulierung ist zunächst beachtlich, dass das BVerfG von einem „Vergütungsanspruch" spricht. Damit liegt es nahe, den Eingriff in die berufliche Freiheit infolge der auferlegten Beschränkungen durch das nachvertragliche Wettbewerbsverbot als wesentliche Leistung des ehemaligen Beschäftigten anzusehen, die grundsätzlich der Vergütung bzw. der Gegenleistung bedarf. Folglich benötigen „weitgehend[e] beruflich[e] Beschränkungen

[...] [einen] finanziellen Ausgleich“[1276]. Des Weiteren hob auch das BVerfG die Ausgleichsfunktion des Grundsatzes der bezahlten Karenz hinsichtlich des möglichst schonenden Ausgleichs der beiderseitigen Interessen der Gesamtbetrachtung des Austauschverhältnisses des nachvertraglichen Wettbewerbsverbotes hervor. Dies insbesondere auch unter Beachtung der allseits vorliegenden Vorgaben an jedweden staatlichen Eingriff, nach dem „weder [die] Freiheitsbeschränkung noch [der] Freiheitsschutz [...] in einer solchen Wechselbeziehung unverhältnismäßig sein“ darf. Somit kann zudem auch die Funktion der Karenzentschädigung als Mittel des Verhältnismäßigkeitsprinzips unterstrichen werden,[1277] was allgemein für die Rechtsgrundsatzqualität des Grundsatzes der bezahlten Karenz spricht und zugleich an die Herleitung der allgemeinen Rechtsgedanken des § 74a Abs. 1 S. 1 und 2 HGB erinnert.[1278] Anhand der besprochenen Entscheidungen des BAG wird darüber hinaus deutlich, dass der Grundsatz der bezahlten Karenz ein dem Art. 12 Abs. 1 GG dienendes prägendes Gebot darstellt, welches vor allem im Rahmen der §§ 74 ff. HGB von immenser Bedeutung ist.[1279] Selbst wenn der Grundsatz der bezahlten Karenz nicht ohne Weiteres unmittelbar aus Art. 12 Abs. 1 GG abgeleitet werden kann, da die Eingriffe in die Berufsfreiheit grundsätzlich auch nicht danach differenzieren, ob bei diesen eine Entschädigung gezahlt wurde oder nicht,[1280] kommt in den §§ 74 Abs. 2, 90a Abs. 1 S. 3 HGB dennoch der gesetzgeberische Wille zum Ausdruck, nach dem die Karenzentschädigung ein notwendiges und geeignetes Instrument zur Herstellung der Verhältnismäßigkeit im Sinne der praktischen Konkordanz der gegenseitigen Grundrechtspositionen darstellt. Folglich wird dem Grundsatz der bezahlten Karenz vor allem nach § 74 Abs. 2 HGB sowie auch nach § 90a Abs. 1 S. 3 HGB eine maßgebliche Bedeutung zur Herstellung einer angemessenen wirtschaftlichen und beruflichen Kompensation im Sinne eines Mindestschutzes sowie zur Umsetzung der praktischen Konkordanz der gegenseitigen Grundrechtspositionen und -interessen zukommen.

1276 BVerfGE 81, 242, 261.

1277 BVerfGE 81, 242, 261.

1278 So ausdrücklich *Canaris*, FS Steindorff, 1990, 519, 538; *ders.*, AcP 184 (1984), 201, 241; *ders.*, JuS 1989, 161, 164.

1279 Vgl. *Krahforst*, Nachvertragliche Wettbewerbsverbote für GmbH-Geschäftsführer, S. 287 f.

1280 *Gravenhorst*, Nachvertragliche Wettbewerbsverbote mit GmbH-Geschäftsführern, S. 82; *Achterberg*, JZ 1975, 713, 716; a.A. Heymann/*Emde*, HGB § 90a Rn. 35, der den Grundsatz der bezahlten Karenz als Konkretisierung eines aus Art. 12 Abs. 1 GG hergeleitetes Recht ansieht.

Des Weiteren wurde schon aufgezeigt, dass sich die wesentlichen verallgemeinerungsfähigen Wertungen des Grundsatzes der bezahlten Karenz ausgehend von den einfachgesetzlichen Ausprägungen nicht zuvörderst auf die Schutzgedanken spezieller schutzbedürftiger Personengruppen beziehen. Unter Bezugnahme auf die Begründung des BVerfG, der in seiner Handelsvertreter-Entscheidung die strukturelle Verhandlungsschwäche der Handelsvertreter ansprach,[1281] wird folglich die Ansicht vertreten, dass der Grundsatz der bezahlten Karenz selbst in den Anwendungsbereichen der §§ 74 Abs. 2, 90a Abs. 1 HGB weder notwendigerweise verfassungsrechtlich geboten sei noch einen allgemeinen Rechtsgrundsatz darstellen würde. Vielmehr sei ein gesetzgeberischer Wille dahingehend anzunehmen, dass der angemessene Ausgleich der gegenseitigen Interessen im Wege der gesetzlich verbindlichen Karenzentschädigung allein zugunsten bestimmter schutzwürdiger Personengruppen vorgesehen sei. Dem diesbezüglichen Untätigbleiben des Gesetzgebers wird entsprechend eine besondere Bedeutung beigemessen. So hätte der Gesetzgeber entsprechende Karenzentschädigungsvorschriften für andere Personengruppen wie Geschäftsführer erlassen können, wenn er dies für notwendig erachtet hätte. Außerhalb der Anwendungsbereiche der §§ 74 ff. HGB und des § 90a HGB stelle die Karenzentschädigung letztlich allein eines von mehreren abwägungserheblichen Elementen im Rahmen der Interessenabwägung dar, die richtigerweise durch die Wertungen des Art. 12 Abs. 1 GG maßgeblich beeinflusst wird. Für diese Ansicht spreche zudem, dass diese auch mit der bisherigen Rechtsprechung des BGH zu Gesellschaftern, AG-Vorständen und Geschäftsführern sowie der BAG-Rechtsprechung zu nichtkaufmännischen Angestellten, bis zugunsten dieser die analoge Anwendung der §§ 74 ff. HGB bejaht wurde, übereinstimmen würde.[1282]

Innerhalb der Anwendungsbereiche der §§ 74 ff. HGB und des § 90a HGB kann die maßgebliche Bedeutung des Grundsatzes der bezahlten Karenz nicht geleugnet werden. So sprach das BAG richtigerweise nicht explizit von einer Rechtsgrundsatzqualität des Grundsatzes der bezahlten Karenz, gleichwohl wurde die wesentliche Bedeutung für den Nachteilsausgleich im Rahmen der maßgeblich durch die Wertungen des Art. 12 Abs. 1 GG geprägten Interessenabwägung und Billigkeitsprüfung betont.[1283] Un eben auch das BVerfG hob

---

1281 Vgl. BVerfGE 81, 242, 260 f.

1282 So *Krahforst*, Nachvertragliche Wettbewerbsverbote für GmbH-Geschäftsführer, S. 289 f.; idS. siehe für § 74 Abs. 2 HGB auch ArbG Stade, AP HGB § 74 Nr. 7; Heidel/Schall/*Ring*, HGB § 74 Rn. 31.

1283 Anders sieht dies *Krahforst*, Nachvertragliche Wettbewerbsverbote für GmbH-Geschäftsführer, S. 290.

die besondere Ausgleichsfunktion des Grundsatzes der bezahlten Karenz für den angemessenen und schonendsten Ausgleich der tangierten Berufsfreiheit mit der beiderseitig tangierten Vertragsfreiheit hervor.[1284] In Anbetracht der Regelungsintentionen der §§ 74 Abs. 2, 90a Abs. 1 HGB kann dem Grundsatz der bezahlten Karenz im jeweiligen Anwendungsbereich der Vorschriften eine gewichtige verfassungsrechtliche Gebotenheit zugesprochen werden. Beide Regelungssysteme (§§ 74 ff. HGB und § 90a HGB) beruhen auf einer gesetzlich angeordneten Abwägung der gegenseitigen Interessen. Im Rahmen der Einschätzungsprärogative des Gesetzgebers ist ein angemessener Ausgleich der gegenseitigen Interessen im Sinne der praktischen Konkordanz der konkurrierenden Grundrechtspositionen nur gewährleistet, wenn eine Karenzentschädigung von vornherein gesetzlich verpflichtend zugesagt wird (§ 74 Abs. 2 HGB) bzw. die zwingende Folge der Abrede darstellt (§ 90a Abs. 1 S. 3 HGB).[1285] In diesem Sinne vermögen alleine speziell gesetzlich normierte Ausnahmevorschriften der jeweiligen Regelungssysteme die Abkehr vom ansonsten verbindlichen Grundsatz der bezahlten Karenz zu begründen. Dies gleichwohl nur, sofern die jeweilige Ausnahmevorschrift in sich wiederum eine angemessene Berücksichtigung der gegenseitigen Interessen beinhaltet und/oder übergeordnete oder gleichgewichtige Belange das Abweichen vom Grundsatz der bezahlten Karenz zu rechtfertigen vermögen.[1286]

Des Weiteren folgt dem Grundsatz der bezahlten Karenz nicht allein die zwingende Annahme einer gewissen typisierenden oder strukturellen Schutzbedürftigkeit. Zwar wies das BVerfG zutreffenderweise darauf hin, dass die Handelsvertreter zumeist „wirtschaftlich abhängig [seien] und deshalb – bei typisierender Betrachtungsweise – nicht über ausreichende Verhandlungsstärke verfügen“ werden. Dieser strukturellen Unterlegenheit folgend normierte der Gesetzgeber die gesamten Vorschriften des Rechts des Handelsvertreters.[1287]

1284 BVerfGE 81, 242, 261.

1285 So auch *Gravenhorst*, Nachvertragliche Wettbewerbsverbote mit GmbH-Geschäftsführern, S. 99 f.

1286 Hingewiesen werden kann auf die Gesetzesbegründungen zum § 75a HGB, siehe Begründung zum Gesetzentwurf zur Änderung des HGB, Reichstagsprotokolle, 13. Legislaturperiode, 1912/14, 18, Anlage Nr. 575, S. 730 f.; sowie die Begründungen zum § 90a Abs. 2 HGB, Begr. RegE, BT-Drs. 1/3856, S. 37 f.

1287 BVerfGE 81, 242, 260 f.; siehe auch Begr. RegE, BT-Drs. 1/3856, S. 10 f.; *Gravenhorst*, Nachvertragliche Wettbewerbsverbote mit GmbH-Geschäftsführern, S. 95 f., demzufolge der gesamte Regelungskomplex zum Recht des Handelsvertreters (§§ 84-92c HGB) den Grundgedanken des Gesetzgebers widerspiegelt, den in der

Gleichwohl stellte auch das BVerfG hinsichtlich des Regelungskonzeptes des § 90a HGB im Weiteren jedoch nicht ausdrücklich auf die strukturelle Unterlegenheit der Handelsvertreter ab. So berücksichtige das Regelungskonzept zu nachvertraglichen Wettbewerbsverboten gemäß § 90a HGB zugunsten des Handelsvertreters zunächst erst mal, dass dieser „auf die Nutzung seiner Berufsfreiheit zur Sicherung der wirtschaftlichen Existenzgrundlage angewiesen ist" mit der Folge, dass weitgehende berufliche Beschränkungen der entsprechenden finanziellen Kompensation bedürfen. Im Rahmen des § 90a HGB wird sodann zugunsten des Unternehmers berücksichtigt, dass dieser „Ausgleich auf das Angemessene beschränkt und damit den Umständen des Einzelfalles angepaßt [werden kann]."[1288] Darüber hinaus betonte das BVerfG auch, dass die Vereinbarung eines Wettbewerbsverbotes vor allem weiterhin in der freien Entscheidung des Unternehmers liege und insbesondere davon getragen sei, welche Bedeutung und Stellung der Handelsvertreter im Unternehmen hatte. In dem Sinne wird vielmehr die allgemeine Funktion der gesetzlichen Vorschriften zu nachvertraglichen Wettbewerbsverboten des allgemeinen angemessenen Ausgleichs der beiderseitigen Interessen hervorgehoben. Unterliegt das Recht des Handelsvertreters im Allgemeinen zu Recht dem generellen Schutzgedanken der strukturell unterlegenen Handelsvertreter, knüpfen die verallgemeinerungsfähigen Wertungen des Grundsatzes der bezahlten Karenz unter Beachtung der teleologischen Mehrdimensionalität der Rechtssätze im Wesentlichen eben nicht an diesen speziellen Schutzgedanken hinsichtlich der strukturell unterlegenen Vertragspartei an.

Selbiges wird auch für den § 74 Abs. 2 HGB bzw. den Regelungskomplex der §§ 74 ff. HGB gelten. Auch bezüglich des § 74 Abs. 2 HGB könnte man zunächst annehmen, dass die wesentliche Gebotenheit der Karenzentschädigungszusage allein an den Schutzgedanken zugunsten der strukturell unterlegenen Arbeitnehmer knüpfen möchte. Sind einige Einzelausformungen der Regelungen der §§ 74 ff. HGB zutreffenderweise als primär arbeitnehmerschützend einzustufen, zielt die Karenzentschädigungspflicht des § 74 Abs. 2 HGB ihren wesentlichen Zweckbestimmungen entsprechend nicht grundsätzlich auf eine typisierende Verhandlungsschwäche hinsichtlich der Gestaltung der Vertragsmodalitäten oder der formalen Anforderung ab, sondern bezieht sich vielmehr ebenfalls

Regel schwächeren Handelsvertreter durch die Kodifizierung zwingender gesetzlicher Vorschriften hinsichtlich wesentlicher Aspekte des Vertragsverhältnisses vor Benachteiligungen zu schützen.

1288 Vgl. BVerfGE 81, 242, 261.

maßgeblich auf die allgemeinen Wertungen des Ausgleichsgedankens sowie des Sicherungszwecks. Folglich steht vor allem die Gewährung einer angemessenen finanziellen Kompensation für die relevanten beruflichen Beschränkungen im Vordergrund. Eine gewisse Schutzwürdigkeit könnte allenfalls hinsichtlich der Angewiesenheit der weiteren freien beruflichen Betätigung sowie der beschränkenden Wirkung des auferlegten Verbotes des ehemaligen Beschäftigten anzunehmen sein. Diese Angewiesenheit wird sodann zumeist auch bei Geschäftsführern vorliegen, sofern die Geschäftsführertätigkeit, die hauptsächliche erwerbswirtschaftliche Tätigkeit zur Sicherung der Existenzgrundlage sowie zum Erhalt des erarbeiteten Lebensstandards darstellte. Dementsprechend wird grundsätzlich auch die weitere berufliche Betätigung nach dem Ausscheiden diesen Zwecken dienen.

Knüpft der Grundsatz der bezahlten Karenz unter Beachtung der wesentlichen Wertungen nicht unmittelbar an eine besondere Schutzbedürftigkeit oder strukturellen Unterlegenheit an, könnte man eine solche im Bereich der nachvertraglichen Wettbewerbsverbote auch bei Geschäftsführern annehmen bzw. zumindest einmal andenken. Demnach wird schon die eigentliche Vereinbarung eines nachvertraglichen Wettbewerbsverbotes mit Geschäftsführern allein im vorrangigen Schutzinteresse der Gesellschaft liegen, sodass auch die diesbezügliche Initiative zur Vereinbarung eines solchen Verbotes grundsätzlich von der primär begünstigten Gesellschaft ausgehen wird. Dementsprechend liegt es nicht ganz fern, dass der Geschäftsführer sich hinsichtlich der Verhandlungspositionen betreffend nachvertragliche Wettbewerbsverbote in einer wirtschaftlichen und/oder situativen Unterlegenheit befindet. Gedacht werden könnte hier vor allem an eine Informationsasymmetrie, die Angewiesenheit oder Aussicht auf eine berufliche Perspektive sowie das Vorliegen gewisser Transparenzdefizite, dies vor allem hinsichtlich der beruflichen Relevanz sowie der Auswirkungen der noch in weiter Ferne liegenden Beschränkungen. Diese unterlegenheitsbegründenden Umstände könnten vor allem dann eine Rolle spielen, wenn das nachvertragliche Wettbewerbsverbot bei der Anstellung vereinbart wurde. Bei Gesellschafter-Geschäftsführern könnte darüber hinaus auch bedacht werden, dass bestehende Treupflichten und Verbundenheitsgefühle gegenüber der Gesellschaft situative Defizite begründen könnten.[1289] Wird eine solche Disparität nicht in jedem Fall bestehen, könnte man sich in Übereinstimmung mit vereinzelten Vertretern der Literatur dafür aussprechen, dass das Vorliegen einer gewissen Disparität bei der Vereinbarung nachvertraglicher Wettbewerbsverbote

1289 Siehe *Wendland*, Vertragsfreiheit und Vertragsgerechtigkeit, S. 403 ff., 409 ff.

zunächst zumindest typisierend widerleglich vermutet wird, obgleich eine solche gestörte Vertragsparität im Gesellschaftsrecht nicht mit derselben Offensichtlichkeit vorliegt, wie dies im Arbeitsrecht der Fall ist.[1290]

Gleichwohl wird eine strukturelle Unterlegenheit nicht notwendigerweise vorliegen müssen, damit die wesentlichen verallgemeinerungsfähigen Wertungen des Grundsatzes der bezahlten Karenz der Übertragung offenstehen. Demgemäß sind die wesentlichen verfassungsrechtlichen sowie zivilrechtlichen Wertungen des Grundsatzes der bezahlten Karenz auch bei Vertragspartnern zu beachten, die sich grundsätzlich gleichberechtigt und -gewichtet gegenüberstehen.[1291] Denn auch im gesetzlich nicht geregelten Vertragsbereich besteht die privatautonome Vertragspraxis nicht gänzlich ohne jegliche Beschränkung. Folglich finden die Grundrechte sowie die wesentlichen verfassungsrechtlichen Wertungen vor allem über die zivilrechtlichen Generalklauseln unter Beachtung des Übermaßverbotes bei der rechtlichen Beurteilung jedweder vertraglichen Abrede Einzug. Demnach wird es auch in den gesetzlich nicht speziell geregelten Vertragsbereichen zu Eingriffen mit beschränkender Wirkung zulasten der ansonsten möglichst unbeschränkt gewährleisteten Vertragsfreiheit kommen, sodass der Grundsatz der bezahlten Karenz diesbezüglich ein geeignetes Instrument des staatlichen Eingriffes in die beiderseitig gewährte Vertragsfreiheit sowie zum Schutze des Gewährleistungsbereichs des Art. 12 Abs. 1 GG darstellt, der somit auch hinsichtlich nachvertraglicher Wettbewerbsverbote mit Geschäftsführern zu beachten ist. Ist es also das Ziel des staatlichen Eingriffes, das Spannungsfeld zwischen den berechtigten Interessen der Gesellschaft und des Geschäftsführers angemessen aufzulösen und zu behandeln, wird vor allem die Karenzentschädigungszusage ein wesentliches zivilrechtliches Mittel darstellen, um einen Wert- und Funktionsverlust der beiderseitigen verfassungsrechtlich geschützten Interessen und Rechte zu vermeiden.[1292] Im Anwendungsbereich der §§ 74 ff. HGB nimmt genau der § 74 Abs. 2 HGB eben die entsprechenden

---

1290 Vgl. *Reinfeld*, Das nachvertragliche Wettbewerbsverbot im Arbeits- und Wirtschaftsrecht, S. 35 f.; *Gerigk*, Nachvertragliche Wettbewerbsverbote mit Organmitgliedern, S. 180 f.

1291 Vgl. BGH, NJW 1991, 699.

1292 BVerfGE 81, 242, 255 f.; Dreier/*Wieland*, GG Art. 12 Rn. 148; BeckOK GG/*Ruffert*, Art. 12 Rn. 19; v. Mangoldt/Klein/Starck/*Manssen*, GG Art. 12 Rn. 26; HWK/*Hergenröder*, GG Art. 12 Rn. 3; *Hillgruber*, AcP 191 (1991), 69, 75 ff.; zur arbeitsrechtlichen Sicht siehe *Vesper*, Indirekte nachvertragliche Wettbewerbsbeschränkungen, S. 73.

staatlichen Schutzpflichten wahr und gewährt dem Arbeitnehmer eine finanzielle Sicherung im Sinne eines finanziellen Mindestschutzes.[1293]

Unter Beachtung der schon erörterten verfassungsrechtlichen Wertungen kommt den einfachgesetzlich normierten Ausprägungen des Grundsatzes der bezahlten Karenz darüber hinaus auch eine wesentliche Bedeutung für den möglichst schonenden Ausgleich der gegenseitigen verfassungsrechtlich geschützten Interessen innerhalb der jeweiligen Anwendungsbereiche zu. Folglich kann nicht allein § 74a Abs. 1 S. 1 und 2 HGB als wesentliche Regelung für den angemessenen und gerechten Interessenausgleich angesehen werden, da auch die vorzunehmende Interessenabwägung in wesentlicher Konnexität zur zugesagten Karenzentschädigung steht.[1294] Ähnliches gilt für den Handelsvertreter. Demnach normiert § 90a Abs. 1 S. 2 HGB zunächst die Interessenabwägung, die letztendlich ergibt, dass der Ausgleich der Interessen zwingend mit der Rechtsfolge der angemessenen Entschädigung nach § 90a Abs. 1 S. 3 HGB verbunden ist.[1295] Der Grundsatz der bezahlten Karenz stellt in den jeweiligen Anwendungsbereichen der §§ 74 Abs. 2, 74a Abs. 1 HGB und des § 90a Abs. 1 S. 2 und 3 HGB ein maßgebliches Element zur Erfüllung des Grundsatzes der Verhältnismäßigkeit, des Grundsatzes von Treu und Glauben, des Grundsatzes *pacta sund servanda*, des Äquivalenzprinzips sowie des Gerechtigkeitsgedankens im Sinne der Billigkeit dar.

Zudem hob das BVerfG auch die Abschreckungsfunktion der Karenzentschädigung hervor. Die wirtschaftliche Belastung, die mit der Vereinbarung eines nachvertraglichen Wettbewerbsverbotes einhergeht, wird vor allem das Interesse des Unternehmens und damit auch dessen Vertragspraxis beeinflussen. Demnach wird nicht nur die generelle Abschreckung eines wirtschaftlich unsinnigen Wettbewerbsverbotes erreicht, sondern auch der vor allem im Rahmen der Diskussion zur Zulässigkeit der geltungserhaltenden Reduktion schon erwähnte Präventionsgedanke gestärkt.[1296]

1293 Vgl. *Vesper*, Indirekte nachvertragliche Wettbewerbsbeschränkungen, S. 73 ff.; *Canaris*, AcP 184 (1984), 201, 229; *Plett/Welling*, DB 1986, 2282; allgemein zur grundsätzlichen vorrangigen gesetzgeberischen Aufgabe, um durch zwingendes Vertragsrecht die staatlichen und verfassungsrechtlichen Schutzpflichten zu erfüllen, *Hillgruber*, AcP 191 (1991), 69, 76.

1294 Vgl. dazu *Rüthers/Fischer/Birk*, Rechtstheorie, § 4 Rn. 144a, am Beispiel des „Abstraktionsgrundsatzes", der nicht ausdrücklich im BGB angesprochen wird und seine gesetzlichen Ausformungen in den §§ 433, 929 ff. BGB findet.

1295 IdS. BeckOK HGB/*Lehmann*, § 90a Rn. 1; MüKoHGB/*Ströbl*, § 90a Rn. 5; *Küstner*, BB 1997, 1753.

1296 Vgl. BVerfGE 81, 242, 261.

Darüber hinaus ist auch dem Untätigbleiben des Gesetzgebers keine besondere Bedeutung beizumessen. Zwar wird richtigerweise nicht jedes Untätigbleiben und Schweigen des Gesetzgebers ein „*nullum*" darstellen, nichtsdestotrotz wird dem Untätigbleiben vorliegend keineswegs dahingehend eine Aussagekraft zuzusprechen sein, dass eine Ausweitung oder Übertragung des Grundsatzes der bezahlten Karenz auf andere Beschäftigtengruppen wie Geschäftsführer grundsätzlich unmöglich oder von vornherein abzulehnen sei. Vielmehr müssen die stattgefundenen Entwicklungen und der Wandel der sozialen und gesellschaftlichen Wertvorstellungen seit Erlass der einschlägigen Normen beachtet werden. In Anbetracht dessen, dass die Gesetzgebung bzw. die jeweiligen Gesetzesnovellierungen oftmals Flickenwerkcharakter haben, kann nicht jede ungenutzte Novellierungsmöglichkeit im sachnahen Bereich des vorliegenden Sachverhalts als bewusste Entscheidung des Gesetzgebers gegen die Anwendbarkeit bestimmter Regelungen oder entsprechender allgemeiner Rechtsgedanken gewertet werden.[1297]

Damit können dem Grundsatz der bezahlten Karenz in Anbetracht der Ausführungen des BVerfG sowie der dargestellten Zweckbestimmungen der einfachgesetzlichen Ausprägungen vor allem die wesentlichen verallgemeinerungsfähigen Wertungen entnommen werden, dass die „weitgehenden beruflichen Beschränkungen" der angemessenen finanziellen Kompensation bedürfen, um so einen angemessenen Ausgleich der beiderseitigen Interessen sowie die Sicherung der Existenzgrundlage und des Lebensstandards zu erreichen. Die relevanten und spürbaren Beeinträchtigungen des beruflichen Fortkommens sowie die daraus folgenden Wettbewerbsenthaltungen stellen die ausgleichsbedürftige Leistung des ehemaligen Beschäftigten dar,[1298] die der entsprechenden verpflichtenden wirtschaftlichen Kompensation bedürfen.[1299] Wird dem Begünstigten dahingehend ein Mindestschutz gewährt, nach dem ihm seinen berechtigten Interessen entsprechend ermöglicht wird, überhaupt ein zulässiges nachvertragliches Wettbewerbsverbot zu vereinbaren, könnte man im Sinne des angemessenen Interessenausgleichs auch den finanziellen Mindestschutz

1297 Siehe *Wank*, Juristische Methodenlehre, S. 362; a.A. *Krahforst*, Nachvertragliche Wettbewerbsverbote für GmbH-Geschäftsführer, S. 290 f., die damit argumentiert, dass der Gesetzgeber jederzeit eine entsprechende Regelung erlassen könnte, sofern eine solche Regelung geboten sei.

1298 Im Sinne einer selbstständigen Unterlassungspflicht, siehe MüKoBGB/*Bachmann*, § 241 Rn. 20; dazu auch BeckOK BGB/*Sutschet*, § 241 Rn. 13, 35.

1299 Vgl. schon *Canaris*, SAE 1971, 111, 112.

zugunsten des Betroffenen allgemein für geboten halten. Ausgehend von diesen verallgemeinerungsfähigen Wertungen geht es vor allem auch um den verhältnismäßigen Ausgleich der Freiheitsbeschränkungen und des gewährten Freiheitsschutzes, die immerwährend in einer Wechselbeziehung stehen. Diesbezüglich stellt die Karenzentschädigungszusage einen „Vergütungsanspruch [dar, der] besonders geeignet [ist], [um] die gegenläufigen Interessen auszugleichen, ohne übermäßig in die Vertragsfreiheit einzugreifen".[1300] Sind dem Grundsatz der bezahlten Karenz einige wesentliche verallgemeinerungsfähige Wertungen immanent, müssen im nächsten Schritt die Vergleichbarkeits- bzw. Ähnlichkeitsprüfung und das Feststellen der wertungsmäßigen Vergleichsmomente (sogenanntes *tertium comparationis*) erfolgen.

2. *Übertragbarkeit der wesentlichen Wertungen*

Ausgehend von den dargestellten Wertungen des Grundsatzes der bezahlten Karenz ist nun fraglich, ob diese auch der Übertragung auf nachvertragliche Wettbewerbsverbote mit Geschäftsführern offenstehen. Bei der induktiven Herleitung allgemeiner Rechtsgedanken und verallgemeinerungsfähiger Wertungen kommt es sodann darauf an, dass diese auf ein Vergleichsmoment (*tertium comparationis*) begründet werden können. Damit richtet sich die Übertragung der allgemeinen Wertungen und Rechtsgedanken wieder an einer vorzunehmenden Ähnlichkeitsprüfung, bei der es um eine wertungsmäßige Ähnlichkeit der zu vergleichenden Sachverhalte geht. Diese Ähnlichkeit misst sich sodann wieder an den wesentlichen Wertungen des „inneren Systems". In diesem Sinne besteht die grundsätzliche Wunschvorstellung bezüglich eines einheitlichen und widerspruchsfreien Wertungsplans des Gesetzgebers, auch wenn dies faktisch nicht immer der Fall sein wird.[1301] Zur Feststellung der wertungsmäßigen wesentlichen Ähnlichkeit ist vorliegend zuvörderst auf den übergreifenden verfassungsrechtlichen Wertungsplan der Rechtsordnung als Bezugspunkt der Übertragung der allgemeinen Rechtsgedanken und -prinzipien zurückzugreifen, anhand derer die möglichst einheitliche und harmonische Anwendung der einschlägigen Rechtsnormen sowie der darin enthaltenen allgemeinen Rechtsgedanken

1300 BVerfGE 81, 242, 261.

1301 Vgl. *Rüthers/Fischer/Birk*, Rechtstheorie, § 4 Rn. 145 f., der vor allem auf die wohl oft vorliegende Lückenhaftig- und Widersprüchlichkeit der Gesetzgebung hinweist, die sich gleichwohl anhand der spezifischen Regelungsdichte des jeweiligen Rechtsgebiet messen wird.

erfolgen kann.[1302] Hinsichtlich der Notwendigkeit der Karenzentschädigungszusage gegenüber Geschäftsführern sind die schon herausgearbeiteten allgemeinen Wertungen der einfachgesetzlichen Ausprägungen des Grundsatzes der bezahlten Karenz von Bedeutung, vorliegend insbesondere die des sachnahen § 74 Abs. 2 HGB.

Demnach ist es also fraglich, ob die wertungsmäßige Ähnlichkeitsprüfung ergibt, dass auch hinsichtlich nachvertraglicher Wettbewerbsverbote mit Geschäftsführern die weitgehenden auferlegten beruflichen Beschränkungen und die damit einhergehenden Wettbewerbsenthaltungen im Sinne der Leistung des Geschäftsführers der angemessenen finanziellen Kompensation bedürfen. Dies vor allem dann auch bezüglich der Sicherung der Existenzgrundlage und des erarbeiteten Lebensstandards sowie als angemessener Mindestschutz im Rahmen des gerechten Interessenausgleichs.

Geht man also zutreffend davon aus, dass allein weitgehende berufliche Beschränkungen der finanziellen Kompensation bedürfen, wird man diese vorliegend typisierend erfassen müssen. Folglich wird sich die Notwendigkeit der Zusage einer Karenzentschädigung im Wesentlichen an einem festzustellenden oder typisierend festlegbaren schwerwiegenden bzw. erheblichen Eingriff der jeweiligen beruflichen Beschränkungen festmachen. Diesbezüglich kann sodann an die schon vorherrschende Ansicht in der Literatur angeknüpft werden, die hinsichtlich der Frage der Notwendigkeit der Zusage einer Karenzentschädigung zwischen bloßen Kundenschutzklauseln und Tätigkeitsverboten differenziert. Demnach folgt die Notwendigkeit der Karenzentschädigung der erheblichen Eingriffsintensität der vereinbarten Wettbewerbsbeschränkungen. Im Sinne einer notwendigen typisierenden Betrachtung beschränken bloße Kundenschutzklauseln das berufliche Fortkommen des Geschäftsführers sodann nicht derart schwerwiegend und erheblich, dass diesen Beschränkungen notwendigerweise ein finanzieller Ausgleich unter Heranziehung der wesentlichen Wertungen des Grundsatzes der bezahlten Karenz folgen muss.[1303] Anders ist dies sodann bei Tätigkeitsverboten zu werten, die infolge der typisierenden

---

1302 Vgl. *Rüthers/Fischer/Birk*, Rechtstheorie, § 4 Rn. 147.

1303 Vgl. MüKoGmbHG/*Jaeger/Steinbrück*, § 35 Rn. 379; BeckOK GmbHG/*Wisskirchen/Kuhn/Hesser*, § 6 Rn. 104; Noack/Servatius/Haas/*Beurskens*, GmbHG § 37 Rn. 121; Scholz/*Verse*, GmbHG § 43 Rn. 250; MHLS/*Ziemons*, GmbHG § 43 Rn. 286; Lutter/Hommelhoff/*Kleindiek*, GmbHG Anh. zu § 6 Rn. 25; MHdB GesR III/*Diekmann*, § 43 Rn. 77; *Hoffmann-Becking*, FS Quack, 1991, 273, 277 f.; *Bauer/Diller*, GmbHR 1999, 885, 890; *Heller*, GmbHR 2000, 371, 373; *Menke*, NJW 2009, 636, 637; *Weitnauer/Grob*, GWR 2014, 185, 190 f.; *Müller*, GmbHR 2014, 964, 967.

Betrachtung das berufliche Fortkommen schwerwiegender und empfindlicher erschweren werden, wonach ein finanzieller Ausgleich unter Heranziehung der wesentlichen Wertungen des Grundsatzes der bezahlten Karenz regelmäßig erforderlich, notwendig und geboten sein wird.[1304] Ob diese Differenzierung in Anbetracht des Regelungsgehaltes und der Wertungen der §§ 74 ff. HGB als sachgerecht einzustufen ist, soll im Späteren gesondert geprüft werden.

Stellen Tätigkeitsverbotsklauseln typisierend betrachtet also die erforderlichen weitgehenden Beschränkungen dar, wird man die sich daraus ergebenden wettbewerblichen Enthaltungen sowie die beruflichen Einschränkungen richtigerweise als Leistung des Geschäftsführers ansehen müssen. Auch hier kann sodann zunächst wieder die Ausgangslage der Abrede eines nachvertraglichen Wettbewerbsverbotes betrachtet werden, die bei Geschäftsführern grundsätzlich im Wesentlichen die gleiche ist wie bei Arbeitnehmern. So unterliegen beide nach dem Ausscheiden aus dem Unternehmen sowie der Beendigung des Anstellungsverhältnisses zunächst keinem gesetzlich angeordneten nachvertraglichen Wettbewerbsverbot. Vielmehr sind beide grundsätzlich frei in der Wahl ihrer weiteren beruflichen Tätigkeit und dürfen – allenfalls begrenzt durch die jeweiligen nachvertraglichen, beim Geschäftsführer auch nachorganschaftlichen Treuepflichten – zulässigerweise in Konkurrenz zum ehemaligen Unternehmen treten. Wird der Schutz vor einer potenziell schädigenden Konkurrenztätigkeit als nicht ausreichend erachtet, verbleibt dem Unternehmen allein die Möglichkeit der ausdrücklichen Vereinbarung eines nachvertraglichen Wettbewerbsverbotes. Nur durch die explizite Vereinbarung eines nachvertraglichen Schutzes kann das Unternehmen einen weitergehenden Schutz erlangen, der zwangsläufig mit Beeinträchtigungen des beruflichen Fortkommens des ehemaligen Beschäftigten einhergeht. Die berechtigten Interessen am Schutz des Unternehmens müssen folglich in einen gerechten Ausgleich mit den Interessen der ehemaligen Beschäftigten gebracht werden. Demnach werden beiden Beschäftigtengruppen die freie Wahl der weiteren beruflichen Tätigkeit und der Einsatz des erworbenen, erlernten oder schon bestandenen „Know-hows" infolge des

1304 Vgl. BGH, BeckRS 1986, 31366531; BeckOK GmbHG/*Wisskirchen*/*Kuhn*/*Hesser*, § 6 Rn. 104; Scholz/*Verse*, GmbHG § 43 Rn. 250; MüKoGmbHG/*Jaeger*/*Steinbrück*, § 35 Rn. 379; Lutter/Hommelhoff/*Kleindiek*, GmbHG Anh. zu § 6 Rn. 25; MHLS/*Ziemons*, GmbHG § 43 Rn. 286; Noack/Servatius/Haas/*Beurskens*, GmbHG § 37 Rn. 121; KK-AktG/*Mertens*/*Cahn*, § 88 Rn. 35; MHdB GesR III/*Diekmann*, § 43 Rn. 77; *Bauer*/*Diller*, Wettbewerbsverbote, § 24 Rn. 1074; *dies.*, BB 1995, 1134, 1136; *dies.*, GmbHR 1999, 885, 890; *Schnelle*, GmbHR 2000, 599, 601; *Menke*, NJW 2009, 636, 637.

nachvertraglichen Wettbewerbsverbotes erschwert. Beschränkt das nachvertragliche Wettbewerbsverbot den Geschäftsführer – dies vor allem im Fall von Tätigkeitsverboten – sodann im Rahmen seiner weiteren beruflichen Tätigkeit seine Kenntnisse und Erfahrungen ungehindert einzusetzen, wird zugleich auch die weitere eigenständige Sicherung der wirtschaftlichen Existenzgrundlage sowie des erarbeiteten Lebensstandards erschwert.[1305] In diesem Sinne könnte man zumindest die wirtschaftliche Abhängigkeit des Geschäftsführers als Kriterium der Anwendbarkeit und Übertragbarkeit des Grundsatzes der bezahlten Karenz ansehen. So wies auch schon das BGH selbst darauf hin, dass sich die Geschäftsführer, dies gelte vor allem für Fremdgeschäftsführer, in einer wirtschaftlichen Abhängigkeit befinden werden, gleichwohl es bei der Übertragung der §§ 74 ff. HGB nach Ansicht des BGH eben nicht allein auf das Vorliegen einer wirtschaftlichen Abhängigkeit ankomme.[1306] Stellt der Geschäftsführer im Rahmen des Anstellungsverhältnisses sowie seiner organschaftlichen Treuepflichten entsprechend[1307] seine gesamte Arbeitskraft der Gesellschaft zur Verfügung, wird diesbezüglich auch grundsätzlich eine wirtschaftliche Abhängigkeit hinsichtlich der Sicherung seiner Existenzgrundlage sowie des erarbeiteten Lebensstandards bestehen. Dieses Bedürfnis bzw. diese wirtschaftliche Abhängigkeit besteht sodann auch im Rahmen seiner weiteren beruflichen Tätigkeit, sodass die auferlegten schwerwiegenden Beschränkungen die eigenständige (erwerbs-)wirtschaftliche Existenzsicherung tangieren und weiterhin eine wirtschaftliche Abhängigkeit begründen werden.[1308] Dass die Sicherung der Existenzgrundlage auch für den Geschäftsführer im Kontext nachvertraglicher Wettbewerbsverbote von Bedeutung ist, stellte der BGH eigens im Rahmen

1305 So auch *Lembke*, NZA-RR 2019, 65, 68, hinsichtlich der analogen Anwendung der §§ 74 ff. HGB auf arbeitnehmerähnliche Geschäftsführer. Zur Ausganglage bei Arbeitnehmern im Rahmen der §§ 74 ff. HGB siehe EBJS/*Boecken*/*Rudkowski*, HGB § 74 Rn. 1, 12; ErfK/*Oetker*, HGB § 74 Rn. 1 f.; Hopt/*Roth*, HGB § 74 Rn. 2; BeckOGK/*Ittmann*, HGB § 74 Rn. 3; MüKoHGB/*Thüsing*, § 74 Rn. 1 f.; zur Ausgangslage beim Geschäftsführer siehe *Altmeppen*, GmbHG § 6 Rn. 91; MüKoGmbHG/*Jaeger*/*Steinbrück*, § 35 Rn. 367; Scholz/*Verse*, GmbHG § 43 Rn. 245; *Bergwitz*, GmbHR 2006, 1129, 1130 f.

1306 BGHZ 91, 1, 4 f.

1307 Vgl. Noack/Servatius/Haas/*Beurskens*, GmbHG § 37 Rn. 79; *Fleischer*, NJW 2006, 3239, 3241.

1308 So nahm auch das BAG, NJW 2019, 1627, 1630 f., grundsätzlich an, dass die Geschäftsführerin einer GmbH aufgrund der ihr zukommenden Bezüge aus dem Dienstvertrag wirtschaftlich abhängig sei.

der Rechtsprechung zum Verzichtsrecht der Gesellschaft aus, bei dessen Ausübung die zu berücksichtigende Dispositionsfreiheit des Geschäftsführers zur Sicherung seiner Existenzgrundlage maßgeblich die angemessene sowie interessengerechte Ausübung eines Verzichtsrechts beeinflusse.[1309] Im Sinne des Ausgleichsgedankens sowie der allgemeinen Sicherungsfunktion des Grundsatzes der bezahlten Karenz folgt im Falle von schwerwiegenden Beschränkungen der beruflichen Freiheit des Geschäftsführers, infolgedessen er sein erlangtes und erlerntes „Know-how" nicht ohne jegliche Beschränkung innerhalb eines anderen konkurrierenden Unternehmens einbringen kann, dass der Verlust der freien wirtschaftlichen Dispositionsmöglichkeit infolge der Beschränkung der freien Verwertung der Arbeitskraft vorliegt, womit die Einschränkung der Sicherung der wirtschaftlichen Existenzgrundlage einhergeht.[1310] Geht es vorliegend jedoch nicht darum eine wirtschaftliche Abhängigkeit wie im Rahmen der analogen Anwendung arbeitsrechtlicher Schutzvorschriften festzustellen, wird die Geschäftsführertätigkeit, ungeachtet etwaiger Beteiligungsverhältnisse und der damit einhergehenden Möglichkeit unternehmerischen Einfluss zu nehmen, typisierend betrachtet die Haupttätigkeit des Geschäftsführers darstellen, die im Wesentlichen der Sicherung der wirtschaftlichen Existenzgrundlage und des Lebensstandrads dienen wird und in Anbetracht der verallgemeinerungsfähigen Wertungen des Grundsatzes der bezahlten Karenz das notwendige sowie ausreichende wertungsmäßige Vergleichsmoment begründet. Insofern können etwaige Beteiligungsverhältnisse sowie die mögliche unternehmerische Einflussnahme der Geschäftsführer, anders als dies bei der wirtschaftlichen Abhängigkeit hinsichtlich der analogen Anwendung arbeitsrechtlicher Schutzvorschriften

---

1309 Vgl. BGH, NJW 2002, 1875 f., (zu Recht) kritisch zu dieser Rechtsprechung im Allgemeinen siehe *Bauer/Diller*, Wettbewerbsverbote, § 24 Rn. 1091; *Heidenhain*, NZG 2002, 605; *Bergwitz*, GmbHR 2007, 523, 525.

1310 Vgl. *Gravenhorst*, Nachvertragliche Wettbewerbsverbote mit GmbH-Geschäftsführern, S. 104. Bezüglich der Handlungsgehilfen und Arbeitnehmer siehe BGHZ 88, 260, 264; BAG, AP BGB § 611 Konkurrenzklausel Nr. 40; BeckOGK/*Ittmann*, HGB § 74 Rn. 3.1; MüKoHGB/*Thüsing*, § 74 Rn. 4; EBJS/*Boecken*/*Rudkowski*, HGB § 74 Rn. 41; Oetker/*Kotzian-Marggraf*, HGB § 74 Rn. 2; vgl. bezüglich der Handelsvertreter BGHZ 59, 387, 390; 63, 353, 355; BeckOGK/*Bieder*, HGB § 90a Rn. 24; BeckOK HGB/*Lehmann*, § 90a Rn. 15; Röhricht/v. Westphalen/Haas/*Thume*, HGB § 90a Rn. 13; MüKoHGB/*Ströbl*, § 90a Rn. 49; EBJS/*Löwisch*, HGB § 90a Rn. 34; Heymann/*Emde*, HGB § 90a Rn. 36; so auch OLG München, BB 2012, 220.

der Fall ist, unter Beachtung der wesentlichen Wertungen des Grundsatzes der bezahlten Karenz vorliegend unberücksichtigt bleiben.[1311]

Zudem ist auch das Gegenleistungsprinzip im Sinne einer „zureichende[n]" Vertragsgerechtigkeit bzw. Äquivalenz zu beachten, die dann vorliegt, wenn die vertragliche Gestaltung eine zumindest einigermaßen gerechte und ausgewogene Zuweisung und Verteilung der wirtschaftlichen Werte der jeweiligen Leistungen im gegenseitigen Austauschverhältnis enthält.[1312] Stellt die Wettbewerbsenthaltung infolge der schwerwiegenden Beschränkungen die Leistung des Geschäftsführers zugunsten der Gesellschaft dar, erfordern diese der angemessenen Gegenleistung im Sinne des begründeten synallagmatischen Vertragsverhältnisses.[1313]

Nimmt man also die verbindliche Notwendigkeit der Zusage einer Karenzentschädigung bei Tätigkeitsverboten an, verliert die Karenzentschädigungszusage zudem nicht ihre abwägungserhebliche Bedeutung im Rahmen der Interessenabwägung. So kann die Karenzentschädigung vor allem innerhalb der Interessenabwägung als Instrument der Gesellschaft dazu genutzt werden, die weitreichenden Beschränkungen zu rechtfertigen. Folglich sind auch die dem Grundsatz der bezahlten Karenz immanenten Aspekte des angemessenen Interessenausgleichs, des Grundsatzes von Treu und Glauben sowie des Grundsatzes *pacta sund servanda* zu berücksichtigen und sprechen für die Übertragung.

Darüber hinaus spricht auch die der Karenzentschädigungspflicht immanente Abschreckungsfunktion im Sinne eines präventiven Schutzes vor

---

1311 Vorliegend kann schon einmal darauf hingewiesen werden, dass die Beachtung der Besonderheiten der Geschäftsführertätigkeit und -stellung, etwaiger Gesellschafterstellungen sowie der organschaftlichen Interessen im Kontext der Karenzentschädigung vor allem im Rahmen der maßgeblichen Bemessungsgrundlage sowie der sachgerechten Art und Weise der gewährten Entschädigungsleistung angemessen berücksichtigt werden können. Vgl. dazu schon einmal *Wertheimer*, Nachvertragliche Wettbewerbsverbote bei Anstellungsverhältnissen, S. 140; *Hoffmann-Becking*, FS Quack, 1991, 273, 278 f.; auch Noack/Servatius/Haas/*Beurskens*, GmbHG § 37 Rn. 121, der bei Gesellschaftergeschäftsführern eine der Treupflicht folgende automatische Anrechnung der Beteiligungen und Gewinnanteilen vornimmt; ähnlich auch *Weidelener*, Der richterliche Vertragsschutz, S. 279 ff.

1312 So *Bydlinski*, AcP 180 (1980), 1, 8.

1313 Die Karenzentschädigungspflicht des Arbeitgebers stellt die synallagmatische Gegenleistungspflicht für die Abstinenz des ehemaligen Angestellten vom Arbeitsmarkt dar, siehe dazu EBJS/*Boecken*/*Rudkowski*, HGB § 74 Rn. 41; MüKoHGB/*Thüsing*, HGB § 74 Rn. 4.

weitreichenden und unangemessenen Beschränkungen der verfassungsrechtlich geschützten Interessen des ehemaligen Beschäftigten für die Rechtsgrundsatzqualität und Übertragung der verallgemeinerungsfähigen Wertungen. Demnach ist die angemessene Beachtung des Präventionsgedankens, der vor allem hinsichtlich der Frage der Gewährung einer geltungserhaltenden Reduktion angeführt wurde, vorliegend insbesondere im Rahmen der verbindlichen Notwendigkeit der Karenzentschädigungszusage zu erreichen. So kann die Sorge vor einer anfänglich äußerst reichweitenden vertraglichen Gestaltungspraxis insbesondere dadurch abgemildert werden, dass die als weitgehend einzustufenden Verbote zumindest einer dem Grundsatz der bezahlten Karenz entsprechenden verbindlichen Entschädigung bedürfen, die auch dann zu zahlen ist, wenn das Verbot inhaltlich auf ein reduziertes zulässiges Maß beschränkt wird. Folglich ist auch die Funktion der Hemmschwelle und der präventiven Abschreckung von wesentlicher Bedeutung. Damit geht es im Allgemeinen darum, dass die Gesellschaft nur dann ein Wettbewerbsverbot vereinbaren soll, wenn ein wirtschaftlich erhebliches, schutzbedürftiges und damit schützenswertes Interesse an einer solchen Vereinbarung vorliegt. Die Wertigkeit und das Bedürfnis messen sich damit auch zum Teil daran, ob sich das Wettbewerbsverbot und die vereinbarte Wettbewerbsenthaltung des ehemaligen Beschäftigten trotz eines möglichen finanziellen Opfers in Form der Karenzentschädigungspflicht weiterhin in wirtschaftlicher sowie finanzieller Hinsicht rentiert.[1314] Werden zudem die wirtschaftlichen und beruflichen Interessen des Geschäftsführers mit dem Abschreckungsgedanken berücksichtigt, kann diese Wertung wieder als Ausprägung des Grundsatzes von Treu und Glauben verstanden werden.

Folglich ist die Notwendigkeit der Karenzentschädigungszusage unter Beachtung der verallgemeinerungsfähigen Wertungen des Grundsatzes der bezahlten Karenz beim Vorliegen weitgehender bzw. schwerwiegender Verbotsklauseln auch gegenüber Geschäftsführer zu bejahen. Reiht sich dieses Ergebnis im Grundsatz zunächst auch schon in die bisherige Rechtsprechung und herrschende Literaturansicht ein, die diesbezüglich bei schwerwiegenden Verboten (also Tätigkeitsverboten) eine „Art“ Karenzentschädigungspflicht

1314 Vgl. Begründung zum Gesetzentwurf zur Änderung des HGB, Reichstagsprotokolle, 13. Legislaturperiode, 1912/14, 18, Anlage Nr. 575, S. 726 ff.; BAG, NJW 1981, 1174; *Gravenhorst*, Nachvertragliche Wettbewerbsverbote mit GmbH-Geschäftsführern, S. 80; *Reinfeld*, Das nachvertragliche Wettbewerbsverbot im Arbeits- und Wirtschaftsrecht, S. 130; idS. auch für § 90a HGB Staub/*Emde*, HGB § 90a Rn. 2.

annehmen,[1315] wird davon abweichend vorliegend die verbindliche Notwendigkeit im Sinne der anfänglichen Wirksamkeitsvoraussetzung gemäß den Wertungen des § 74 Abs. 2 HGB angenommen. Dafür sprechen zunächst auch die im Rahmen der richterlichen Rechtsfortbildung zu beachtende größtmögliche Gesetzesbindung sowie die damit einhergehenden begrüßenswerten Aspekte der Rechtssicherheit. Demnach indiziert ein Mehr an Rechtssicherheit aus methodischer Sicht im Allgemeinen die Zulässigkeit der vorliegenden Rechtsfortbildung.[1316] So sind des Weiteren auch noch anderweitige methodische Aspekte zu beachten. Folglich ist im Allgemeinen darauf zu achten, dass der Nutzen einer Rechtsprechungspraxis nicht von den schädlichen und unerwünschten Effekten ebendieser aufgefressen wird. Demgemäß hat die Rechtsprechungspraxis dafür zu sorgen, dass den beteiligten Parteien ein angemessener Raum verbleibt, innerhalb dessen die Ausübung ihrer Rechtspositionen nicht vollständig vereitelt wird. Somit geht es auch um die Vermeidung absurder, nicht praktikabler und unbilliger Ergebnisse, die desgleichen wieder an der Wertungseinheit des „inneren Systems" gemessen werden müssen. In diesem Sinne strebt auch die Billigkeitsprüfung des § 138 BGB zunächst nach dem gerechten Ausgleich der Parteiinteressen des Einzelfalls[1317] sowie der Vermeidung unbilliger Ergebnisse.[1318] Folglich ist auch der Begriff der Billigkeit diesbezüglich nicht völlig inhaltsleer und gewährt zumindest eine Richtlinienfunktion, bei der sodann auch sozialethische Moralvorstellungen mit einbezogen werden.[1319] Gleichwohl darf es nicht zu einer Rechtsprechungspraxis kommen, die allein auf Billigkeitserwägungen, also auf moralischen, ethischen und philosophischen Erwägungen beruht. Vielmehr bedarf die Rechtsprechung einer Stütze innerhalb der geltenden Rechtsordnung. Die Billigkeitsentscheidung muss damit eine Ergänzung zum Recht und keinen Gegensatz zu diesem darstellen. In diesem Sinne benötigt die Billigkeitsprüfung konkrete Maßstäbe, die sodann unmittelbar aus dem

---

1315 Hier fügt sich sodann auch die hier vertretene Ansicht ein, gleichwohl ausgenommen den Umstand, dass die hier vorgenommene Rechtsfortbildung gewisse verbindliche Vorgaben enthält.

1316 Siehe *Wank*, Juristische Methodenlehre, § 15 Rn. 83; *Möllers*, Juristische Methodenlehre, § 13 Rn. 63 ff.

1317 *Larenz*, Methodenlehre der Rechtswissenschaft, S. 292; *v. Hoyningen-Huene*, Die Billigkeit im Arbeitsrecht, S. 32.

1318 Siehe *Möllers*, Juristische Methodenlehre, § 14 Rn. 74 f.

1319 Vgl. *v. Hoyningen-Huene*, Die Billigkeit im Arbeitsrecht, S. 32; *Looschelders*, Schuldrecht AT, § 4 Rn. 2.

geschriebenen Recht oder den ihn immanenten Wertungen entnommen werden können.[1320]

Bezüglich der Frage der Notwendigkeit einer Karenzentschädigungszusage müssen sodann die Regelungen der §§ 74 Abs. 2, 90a Abs. 1 S. 3 HGB als maßgeblicher Wertekonsens und maßgebende gesetzgeberische Interessenbewertung herangezogen werden, die sodann einen entsprechenden wertgebundenen Kompass für das Auffinden einer gerechten und der Wertungseinheit zuträglichen Lösung vorgeben.[1321] Unter Beachtung der fallbezogenen leicht divergierenden Gewichtung der Interessen werden den §§ 74 Abs. 2, 90a Abs. 1 S. 3 HGB somit ein maßgeblicher Wertekonsens sowie ein verallgemeinerungsfähiger Rechtsgedanke hinsichtlich der Notwendigkeit einer Karenzentschädigung zu entnehmen sein, der sodann auch auf die vorliegende Situation zu übertragen ist.[1322] Geht es vorliegend also darum, ein Mehr an Rechtssicherheit zu erreichen und entsprechende Unsicherheiten abzubauen, ist beim Vorliegen von nachvertraglichen Wettbewerbsverboten, die eine erhebliche Eingriffsintensität aufweisen, anzunehmen, dass die Verbindlichkeit bzw. Wirksamkeit des Wettbewerbsverbotes bei typisierender Betrachtung von der Zusage einer Karenzentschädigung abhängen wird. Bei der entsprechenden typisierenden Betrachtung wird man einen solchen erforderlichen schwerwiegenden Eingriff bei Tätigkeitsverboten annehmen müssen. In diesen Fällen ist davon auszugehen, dass die Karenzentschädigung die gleiche Wirkung entfalten wird, wie dies ansonsten bei Arbeitnehmern der Fall ist.[1323]

Im Ergebnis ist die wertungsmäßige Ähnlichkeit in Anbetracht der verallgemeinerungsfähigen Wertungen des Grundsatzes der bezahlten Karenz gegenüber Geschäftsführern zu bejahen. Folgt den auferlegten Wettbewerbsenthaltungen die Feststellung eines schwerwiegenden Eingriffes der beruflichen Beschränkungen, bedürfen diese der entsprechenden finanziellen Kompensation zum angemessenen Ausgleich der beiderseitigen Interessen sowie zur Sicherung der Existenzgrundlage und des zuvor erarbeiteten Lebensstandards. Neben den wesentlichen verfassungsrechtlichen Wertungen erfüllt der Grundsatz der

---

1320 Siehe dazu *v. Hoyningen-Huene*, Die Billigkeit im Arbeitsrecht, S. 32 ff.; vgl. auch *Kornblum*, AcP 168 (1968), 450, 460.

1321 Siehe dazu *Canaris*, Systemdenken und Systembegriff in der Jurisprudenz, S. 24; *Möllers*, Juristische Methodenlehre, § 5 Rn. 62 ff., 85.

1322 So auch *Canaris*, SAE 1971, 111, 112.

1323 Vgl. BGH, NZG 2008, 664, der dies gleichwohl in Bezug auf die vorzunehmende Gesamtabwägung mit den auferlegten inhaltlichen Beschränkungen und unter Beachtung der Reichweite des berechtigten Interessens der Gesellschaft erwähnte.

bezahlten Karenz auch weitere wesentliche Aspekte des Grundsatzes von Treu und Glauben, des Grundsatzes *pacta sund servanda* in Form des Grundsatzes der Vertragserhaltung sowie des Grundsatzes der Vertragsgerechtigkeit in der Form des Äquivalenzprinzips bzw. Gegenleistungsprinzips als Ausfluss einer „zureichende[n]" Vertragsgerechtigkeit bzw. Äquivalenz der Leistungen[1324], die auch gegenüber dem Geschäftsführer zu beachten sind.

3. *Sachgerechte Differenzierung zwischen den Klauseltypen*

Knüpft die Notwendigkeit der Karenzentschädigungszusage somit an der Feststellung schwerwiegender beruflicher Beschränkungen an, kann eine sachgerechte Differenzierung zwischen den typischen Klauseltypen der reinen Kundenschutz- und Tätigkeitsverbotsklauseln vorgenommen werden. Demgemäß ist bei der vorliegenden Rechtsfortbildung zu beachten, dass diese immer einen generalisierenden Charakter haben wird. Geht es also nicht darum, einen spezifischen einzelnen Fall zu entscheiden, wird es zuvörderst darum gehen, das Recht im Allgemeinen fortzubilden, um so auch die allgemeinen Gerechtigkeitsvorstellungen bestmöglich zu verwirklichen.[1325] Die generalisierenden Aussagen für die angemessene rechtliche Behandlung des ungeregelten Sachverhalts messen sich vor allem an der Bindung an Recht und Gesetz (Art. 20 Abs. 3, 97 Abs. 1 GG), sodass es folglich im Wesentlichen um die Bindung an die verfassungsrechtlichen Wertungen, die immanenten Wertungen des geschriebenen Rechts sowie die allgemeinen Rechtsgrundsätze des „inneren Systems" geht.[1326] In diesem Sinne wird es erforderlich sein, auch die Frage der Notwendigkeit der Karenzentschädigungszusage typisierend und generalisierend zu beantworten. Diesbezüglich kann vor allem an die schon dargestellte Differenzierung der typisierenden Eingriffsintensität zwischen bloßen Kundenschutz- und Tätigkeitsverbotsklauseln angeknüpft werden. Ausgehend von der objektiven Teilbarkeit sprachlich getrennt formulierter Kundenschutz- und Tätigkeitsverbotsklauseln im Sinne des § 139 BGB ist gleichwohl die Trennung hinsichtlich der Notwendigkeit einer Karenzentschädigungszusage im Sinne eines geeigneten und sachgerechten Differenzierungskriteriums zu hinterfragen.

Liegt also grundsätzlich die notwendige sowie ausreichende wertungsmäßige Ähnlichkeit hinsichtlich der Übertragung der allgemeinen Rechtsgedanken der §§ 74 Abs. 2, 90a Abs. 1 S. 3 HGB vor, knüpft die Notwendigkeit

---

1324 Vgl. *Bydlinski*, AcP 180 (1980), 1, 8.

1325 Vgl. *v. Hoyningen-Huene*, Die Billigkeit im Arbeitsrecht, S. 81.

1326 Siehe *Rüthers/Fischer/Birk*, Rechtstheorie, § 23 Rn. 910.

der Karenzentschädigungszusage vor allem an das Vorliegen weitgehender Beschränkungen und somit an das Vorliegen eines schwerwiegenden Eingriffes an. Bei typisierender Betrachtung werden reine Kundenschutzklauseln unerhebliche bzw. kaum spürbare Beschränkungen enthalten, die es dem Geschäftsführer eben nicht gänzlich untersagen das bestehende oder erlangte „Know-how" innerhalb des spezifischen Tätigkeitsfelds oder der spezifischen Branche der Gesellschaft im Rahmen seiner weiteren beruflichen Tätigkeit erwerbswirtschaftlich zu nutzen und im Wege einer Konkurrenztätigkeit einzubringen. Anders ist dies sodann bei Tätigkeitsverboten anzunehmen, die zumindest typischerweise die uneingeschränkte weitere berufliche Tätigkeit grundsätzlich spürbar und damit erheblich beschränken werden, womit ein schwerwiegender Eingriff anzunehmen ist.

Möchte man die Eingriffsintensität typisierend bestimmen, ist ein Blick auf die möglicherweise typische Ausgestaltung der Geschäftsführertätigkeit zu werfen. So wird schon die Bestimmung der typischen Ausgestaltung der Geschäftsführertätigkeit einige Schwierigkeiten mit sich bringen, da die Geschäftsführertätigkeit wesentlich von der jeweiligen Gesellschaftsstruktur und den einzelfallabhängigen Umständen geprägt sein wird. Ungeachtet dessen wird man dennoch annehmen können, dass die Geschäftsführertätigkeit im Kern generell die unternehmerische Leitung beschreibt, womit in größeren Gesellschaften vornehmlich organisatorische Aufgaben, in kleineren dagegen die einzelnen unternehmerischen Entscheidungen in den Vordergrund treten werden. Im Ergebnis wird die Geschäftsführertätigkeit gleichwohl im gewissen Maße typisierend durch das Besetzen der Führungspositionen, die Sorge für klare Zuständigkeiten und Verantwortungsbereiche im Unternehmen, die Einweisung und Überwachung der Angestellten, die ausreichende Informationsversorgung sowie die Organisation der Betriebsabläufe geprägt sein.[1327]

Einer Einzelfallbetrachtung könnte wegen der „Vielgestaltigkeit der Erscheinungsformen" der Geschäftsführertätigkeit sodann zutreffenderweise folgen, dass auch reine Kundenschutzklauseln unter Beachtung der Besonderheiten und Umstände des Einzelfalls eine erhebliche und spürbare Intensität aufweisen können. Dies kann vor allem dann der Fall sein, wenn es sich beim Tätigkeitsfeld der Gesellschaft um eine hochspezialisierte Branche und/oder einen sehr kleinen Markt handelt. Solche einzelfallabhängigen schwerwiegenden Kundenschutzklauseln könnten sodann ebenfalls einer angemessenen Kompensation

---

1327 Vgl. MüKoGmbHG/*Stephan/Tieves*, § 37 Rn. 12; Noack/Servatius/Haas/*Beurskens*, GmbHG § 37 Rn. 4; Scholz/*U.H. Schneider/S.H. Schneider*, GmbHG § 37 Rn. 11 ff.

im Wege der Zusage einer Karenzentschädigung bedürfen. Gleichwohl werden sich das Erfahrungswissen und das Geschäfts-Know-how des Geschäftsführers typischerweise nicht allein oder vornehmlich durch die Kundenkontakte kennzeichnen. Das Erfahrungswissen wird indes vielmehr durch das geschäftliche, betriebliche oder das verwend- und verwertbare technische Wissen geprägt sein, sodass reine Kundenschutzklauseln typischerweise keine tatsächlich spürbaren oder schwerwiegenden Beschränkungen der freien Verwertung der Arbeitskraft bewirken werden, obgleich ein verbotsbegründendes anzuerkennendes berechtigtes Schutzinteresse der Gesellschaft diesbezüglich besteht. Aus dem Kontaktverbot hinsichtlich der Kunden und Geschäftspartner der Gesellschaft kann zwar ebenso eine gewisse finanzielle Belastung erwachsen, die im Ergebnis jedoch keine derart schwerwiegende Beeinträchtigung bedeutet, die der verpflichtenden finanziellen Entschädigung bedarf.[1328]

Demnach wird die Differenzierung zwischen Kundenschutz- und Tätigkeitsverbotsklauseln auch den verfassungsrechtlichen Kriterien der sachgerechten Ungleichbehandlung nach Art. 3 Abs. 1 GG standhalten,[1329] die sich ebenfalls wieder maßgeblich am Grundsatz der Verhältnismäßigkeit orientieren.[1330] In diesem Sinne stellt die Differenzierung zwischen Kundenschutz- und Tätigkeitsverbotsklauseln ein „sachlich vertretbar[es]" und damit nicht „sachfremd[es]" **Unterscheidungsmerkmal dar.**[1331]

So könnte man zunächst einwenden, dass sowohl der Regelungsgehalt als auch der Wortlaut der §§ 74 ff. HGB sowie des § 74 Abs. 2 HGB eben keine Differenzierung zwischen den Klauseltypen vorsieht und eine solche somit auch gegenüber Geschäftsführern unterbleiben sollte. Gleichwohl knüpfen der wesentliche Schutzzweck der §§ 74 ff. HGB sowie die Karenzentschädigungspflicht des § 74 Abs. 2 HGB auch grundsätzlich am Vorliegen eines schwerwiegenden Eingriffes an. Stuft man nachvertragliche Wettbewerbsverbote mit Arbeitnehmern sodann als „Massenerscheinung des Arbeitsrechts" ein, ist es

1328 Vgl. *Krahforst*, Nachvertragliche Wettbewerbsverbote für GmbH-Geschäftsführer, S. 299 f.

1329 Siehe BVerfGE 111, 115, 137; 126, 268, 278 f.; ErfK/*Schmidt*, GG Art. 3 Rn. 45; Jarass/Pieroth/*Jarass*, GG Art. 3 Rn. 37; Dreier/*Heun*, GG Art. 3 Rn. 34; *Wank*, Die Auslegung von Gesetzen, S. 73.

1330 Dazu v. Mangoldt/Klein/Starck/*Wollenschläger*, GG Art. 3 Rn. 93 ff., 128 ff., wonach zwar keine klassische Verhältnismäßigkeitsprüfung stattfindet, der Grundsatz der Verhältnismäßigkeit dennoch zu beachten ist.

1331 Vgl. BVerfGE 90, 145, 196; 94, 241, 26; 103, 242, 258; Jarass/Pieroth/*Jarass*, GG Art. 3 Rn. 19; v. Mangoldt/Klein/Starck/Wollenschläger, GG Art. 3 Rn. 98.

aus Gründen der Praktikabilität und Rechtssicherheit erforderlich, bei jedweder Wettbewerbsverbotsklausel einen schwerwiegenden Eingriff anzunehmen, dem sodann die Karenzentschädigungspflicht folgt.[1332] Demgemäß umfasst die Personengruppe der Arbeitnehmer eine so vielschichtige sowie uneinheitliche Anzahl an divergierenden Tätigkeitsfeldern und Beschäftigungsbereichen, dass eine differenzierte Betrachtung der Eingriffsintensität der Verbotsklauseln nicht praktikabel wäre. Dem allgemeinen Schutzgedanken hinsichtlich der strukturellen Unterlegenheit der Arbeitnehmer wird zu deren Gunsten angenommen, dass jedwede Verbotsklausel zunächst das berufliche Fortkommen wesentlich erschwert. Deutlich wird dies auch am Beispiel der rechtlichen Behandlung allgemeiner Kundenschutzklauseln im Bereich der freien Berufe. Denn auch die Beschäftigten der freien Berufe werden beim Vorliegen allgemeiner Kundenschutzklauseln in den Anwendungsbereich der §§ 74 ff. HGB gezogen, sodass dementsprechend auch § 74 Abs. 2 HGB zur Anwendung kommt. Die Pflicht zur Zusage einer Karenzentschädigung folgt hier ebenfalls der typisierenden Annahme der erheblichen Eingriffsintensität allgemeiner Kundenschutzklauseln in Bezug auf die grundsätzliche Ausgestaltung der Tätigkeit der freien Berufe, die entsprechend typisierweise durch einen engen Kunden- und Mandantenkontakt geprägt ist.[1333] Die Schutzbedürftigkeit und die Erforderlichkeit der Gewährung eines wirtschaftlichen Mindestschutzes sind damit unweigerlich mit der Annahme eines schwerwiegenden Eingriffes verbunden.

Gegen die Sachgerechtigkeit der Differenzierung zwischen den Klauseltypen wird außerdem die Überlegung angeführt, dass der dem Geschäftsführer zukommenden umfassenden Verwertungsfreiheit hinsichtlich seines gesamten beruflichen Potenzials grundsätzlich die Notwendigkeit der wirtschaftlichen Kompensation folgen solle. So werde das gesamte verwertbare Geschäftsführerwissen und -Know-how von der Verwertungsfreiheit umfasst, wozu sogleich auch allgemein die Kundenkontakte zählen sollen. Dementsprechend misst auch das BAG der freien Verwertbarkeit der eigenen Arbeitskraft grundsätzlich einen wichtigen wirtschaftlichen Wert bei, wonach jedweder Beschränkung der Verwertungsfreiheit grundsätzlich auch eine wirtschaftliche Gegenleistung

---

1332 Vgl. BAG, NJW 1970, 626, 629, als Begründung zur analogen Anwendung der Regelungen der §§ 74 ff. HGB auf alle Arbeitnehmer.

1333 Siehe BAG, NJW 1971, 2245, 2246; BAG, NZA 1989, 467, 468; BeckOGK/*Ittmann*, HGB § 74 Rn. 47, 67; EBJS/*Boecken*/*Rudkowski*, HGB § 74 Rn. 13b f.; HWK/*Diller*, HGB § 74 Rn. 53; *Bauer*/*Diller*, Wettbewerbsverbote, § 4 Rn. 111 ff., § 7 Rn. 265. Diese Thematik wird später noch ausführlicher dargestellt.

folgen soll.[1334] Daran anknüpfend schützt auch die Berufsfreiheit die angemessene wirtschaftliche Verwertung der eigenen Leistungen.[1335] Unter Beachtung dieser Aspekte könnte man in jedweder Enthaltung vom Wettbewerb sowie der gänzlich freien Betätigung und Verwertung des berufsbezogenen Wissens und Know-hows eine ausgleichsbedürftige wirtschaftlich verwertbare Leistung sehen. Demnach würden auch bloße Kundenschutzklauseln die Verwertungsfreiheit tangieren, sodass auch diese grundsätzlich einer finanziellen Gegenleistung bedürfen würden.[1336] Sollen dem Abschreckungsgedanken entsprechend nur dann nachvertragliche Wettbewerbsverbote vereinbart werden, wenn es um den Schutz wettbewerbserheblicher sowie wirtschaftlich relevanter Interessen geht,[1337] könnte man vertretbarerweise davon ausgehen, dass auch jedwedem schützenswerten Wissen und Geschäfts-Know-how des Geschäftsführers ein entsprechender wirtschaftlicher Wert zugesprochen werden kann, sofern eben diese Gegenstand der Beschränkungen sind. In diesem Sinne soll sich auch der Wert des Geschäftsführers am Arbeitsmarkt zuvörderst an seinem Wissen und Geschäfts-Know-how messen, sodass die gesamten Kenntnisse, Erfahrungen und Kontakte einen wesentlichen Ausdruck seiner selbstbestimmten beruflichen Persönlichkeit im Sinne des Art. 12 Abs. 1 GG darstellen würden.[1338]

Stellt man gleichwohl wieder auf die wesentlichen Wertungen des Grundsatzes der bezahlten Karenz sowie des Regelungskomplexes der §§ 74 ff. HGB ab, fußt sowohl die Interessenabwägung des § 74a Abs. 1 S. 1 und 2 HGB als auch die Zusage einer Karenzentschädigung nach § 74 Abs. 2 HGB nicht auf der grundsätzlichen Annahme, dass jedwedem Wissen ein wirtschaftlicher Wert zuzusprechen ist. So steht das Bedürfnis des finanziellen Ausgleichs im wesentlichen Zusammenhang mit den auferlegten beruflichen Beschränkungen, die dazu führen, dass die eigenständige Sicherung der wirtschaftlichen Existenzgrundlage beeinträchtigt ist. Damit geht es nicht zuvörderst darum, ob den nicht

---

1334 BAG, AP BGB § 611 Ausbildungsbeihilfe Nr. 3.

1335 Vgl. BVerfGE 97, 228, 253; Sachs/*Mann*, GG Art. 12 Rn. 79; Stern/Sachs/Dietlein/*Stern* StaatsR IV/1, S. 1801.

1336 Vgl. *Weidelener*, Der richterliche Vertragsschutz, S. 263 ff.

1337 Vgl. dazu Reichstagsprotokolle, 13. Legislaturperiode, 1912/14, 18, Anlage Nr. 575, S. 728.

1338 So *Weidelener*, Der richterliche Vertragsschutz, S. 275, der auf die Rechtsprechung des BVerfG hinweist, die den Schutz vermögenswerter subjektiv-öffentlicher Rechte betrifft, die im Zusammenhang mit der vormaligen eigenen Arbeit, Tätigkeit und Leistung im Schutzbereich des Art. 14 Abs. 1 GG stehen, dazu BVerfGE 53, 257, 289 ff.; 69, 272, 299 ff.

frei verwertbaren Kenntnissen und Erfahrungen ein irgendwie festlegbarer wirtschaftlicher Wert zukommt, sondern ob das auferlegte Verbot typischerweise das berufliche Fortkommen derart beschränkt, dass auch ausgleichsbedürftige Einschränkungen der erwerbswirtschaftlichen weiteren Betätigung zu erwarten sind. Im Sinne der innerhalb des § 74 Abs. 2 HGB vorweggenommenen gesetzgeberischen Interessenbewertung folgt jedwedem Wettbewerbsverbot gegenüber Arbeitnehmern die Annahme der schwerwiegenden beruflichen Beschränkung, die der verbindlichen finanziellen Kompensation nach Maßgabe des § 74 Abs. 2 HGB bedarf. Die fehlende Differenzierung zwischen den Klauseltypen ist diesbezüglich als notwendige abstrakte Ausformungen zu verstehen, die richtigerweise vor allem der Rechtssicherheit und Praktikabilität der „Massenerscheinung des Arbeitsrechts“ dienen sollen.[1339] Folglich ist die fehlende Differenzierung als den Regelungen der §§ 74 ff. HGB enthaltene Einzelausformung zu verstehen, die bei der Übertragung der verallgemeinerungsfähigen Wertungen nicht zu berücksichtigen ist.[1340]

Für die zentrale Wesentlichkeit der Eingriffsintensität spricht des Weiteren auch der Regelungsgehalt des § 74c Abs. 1 HGB. So regelt § 74c Abs. 1 HGB, dass die Zahlungspflicht des Arbeitgebers infolge der Anrechnung anderweitigen Erwerbs des ehemaligen Beschäftigten reduziert wird oder komplett entfallen kann. Die Zahlungspflicht richtet sich folglich zunächst an der grundsätzlichen Annahme einer gewissen Eingriffsintensität, die vor allem dem Ausgleich etwaiger erwartbarer Einkommensverluste und der Aufrechterhaltung des Lebensstandards dient. Die Pflicht besteht somit zunächst ungeachtet des einzelfallbezogenen spezifischen Umfangs der Tätigkeitsbeschränkung und ungeachtet dessen, ob überhaupt eine Konkurrenztätigkeit aufgenommen wird, sodass auch die Annahme fernliegt, dass es generell oder primär auf den wirtschaftlichen Wert bzw. die wirtschaftliche Verwertung der untersagten Beschränkungen ankommen soll.[1341] Der Schutzgedanke des § 74 Abs. 2 HGB geht von der typisierenden Annahme der Ausgleichsbedürftigkeit aus. Der § 74c Abs. 1 HGB regelt sodann die tatsächliche Berücksichtigung der möglichen freien Verwertung der Arbeitskraft im Rahmen der anschließenden (Konkurrenz-)Tätigkeit.

Dem Grundsatz der bezahlten Karenz – vorliegend vor allem der sachnahen Ausprägung des § 74 Abs. 2 HGB – kann zuvörderst dahingehend ein verallgemeinerungsfähiger Rechtsgedanke entnommen werden, dass die Notwendigkeit

---

1339 Vgl. BAG, NJW 1970, 626, 629; siehe auch *Canaris*, SAE 1971, 111, 112.
1340 Vgl. dazu *Canaris*, SAE 1971, 111, 112.
1341 Vgl. Staub/*Weber*, HGB § 74 Rn. 33, § 74c Rn. 1; MüKoHGB/*Thüsing*, § 74c Rn. 1 f.

des finanziellen Ausgleichs im Wege der verbindlichen Zusage einer Karenzentschädigung an die typisierende Annahme einer erheblichen Eingriffsintensität der Verbotsklauseln anknüpft. Die fehlende Differenzierung in § 74 Abs. 2 HGB kann als spezielle Einzelausformung betrachtet werden, die unter Beachtung der teleologischen Mehrdimensionalität der Rechtssätze keinen wesentlichen Teil der verallgemeinerungsfähigen Wertungen darstellt.[1342] Somit stellt die Differenzierung zwischen den Klauseltypen hinsichtlich der Frage der Notwendigkeit der Karenzentschädigung und der damit einhergehenden Übertragung der verallgemeinerungsfähigen Wertungen der §§ 74 Abs. 2, 90a Abs. 1 S. 3 HGB das sachgerechte Unterscheidungsmerkmal dar, welches zugleich mit den Vorgaben des Art. 3 Abs. 1 GG und Art. 12 Abs. 1 GG vereinbar ist. Liegt gegenüber Geschäftsführern ein Tätigkeitsverbot vor, folgt diesem bei typisierender Betrachtung die verbindliche Notwendigkeit der Zusage einer Karenzentschädigung. Zugleich wird es weiterhin in der Hand der Vertragsparteien liegen, in den Fällen der einzelfallabhängigen schwerwiegenden Kundenschutzklauseln eine freiwillige Karenzentschädigung zuzusagen, um so dem Unverbindlichkeitsverdikt im Rahmen der Interessenabwägung zu entgehen.

4. *Zwischenergebnis*

Ausgehend von den bestehenden Unsicherheiten der Praxis, ob und wann eine Karenzentschädigung zugesagt werden soll, bietet die vorliegende Bejahung der Notwendigkeit der Karenzentschädigungszusage für ein Tätigkeitsverbot sodann auch ein Mehr an Rechtssicherheit und stellt somit eine verbindliche Vorgabe für die Rechtsunterworfenen dar.[1343] Infolge dieser Vorgabe kann richtigerweise eingewandt werden, dass es damit zu einem gewissen (gegebenenfalls) unerwünschten Verlust an Einzelfallgerechtigkeit kommen könnte. Zu beachten ist aber, dass vor allem die bisherige einzelfallorientierte Rechtsprechungspraxis zu den beachtlichen Unsicherheiten hinsichtlich der Voraussehbarkeit und der Möglichkeit, überhaupt ein rechtssicheres nachvertragliches Wettbewerbsverbot zu vereinbaren, führte. Dies insbesondere, da sich in der vorwiegend auf die Einzelfallgerechtigkeit zugeschnittene Rechtsprechung kaum rechtssichere

1342 So auch schon *Canaris*, SAE 1971, 111, 112, der eben allein die „enthaltenen Grundwertungen [entnehmen möchte], ohne jedoch ihre Einzelausformung in jedem Falle mitzuübernehmen".

1343 Siehe *Larenz*, JZ 1962, 105, 106; *R. Weber*, AcP 192 (1992), 516, 518, 527; *Kamanabrou*, AcP 202 (2002), 662, 672 f.; dazu auch *Möllers*, Juristische Methodenlehre, § 8 Rn. 26 ff.

Vorgaben und Voraussetzungen entwickelt haben. Der Rechtsunterworfene hat hingegen ebenfalls auch ein Bedürfnis, dem Recht (und der Rechtsprechung) die Vorgaben und Voraussetzungen zu entnehmen, nach denen er Kenntnis darüber erlangt, welche Rechtsfolge sein Handeln hat. Damit möchte er also wissen, wozu er berechtigt oder verpflichtet ist, mit der wünschenswerten Folge, dass somit eine gewisse Vorhersehbarkeit seines Handelns besteht.[1344] In diesem Sinne wird die vorliegende Rechtsfortbildung, dies vor allem im Rahmen der Interessenabwägung in Anlehnung an § 74a Abs. 1 S. 1 und 2 HGB, weiterhin die sachgerechte Entscheidungsfindung der Gerichte im Einzelfall unter Einhaltung des allgemeinen verfassungsrechtlichen Auftrages zur Wahrung einer einheitlichen Rechtsprechung[1345] sowie der Einheit der Rechtsordnung[1346] ermöglichen. Unter Beachtung des notwendigen generalisierenden Charakters der vorliegenden Rechtsfortbildung wird die Bejahung der Notwendigkeit der Karenzentschädigungszusage bei Tätigkeitsverboten eine der Rechtssicherheit sowie der Vorhersehbarkeit dienende Vorgabe darstellen, dies vor allem hinsichtlich der anfänglichen Wirksamkeitsvoraussetzung der Zusage einer Karenzentschädigung. Im gleichen Zuge ermöglicht die zugesagte Karenzentschädigung als abwägungserhebliches Element und unter Beachtung der festgelegten Entschädigungshöhe gleichfalls noch die angemessene Berücksichtigung der Einzelfallgerechtigkeit.

Ist also zunächst nur die Frage der Notwendigkeit der Karenzentschädigung beantwortet worden, ist im Weiteren noch die Frage der angemessenen Höhe der Karenzentschädigung zu erörtern. Darüber hinaus soll im Späteren ebenfalls noch isoliert auf die Frage der Rechtsfolge der fehlenden notwendigen Karenzentschädigung eingegangen werden.

III. Angemessenheit der Karenzentschädigungszusage

Wird die Notwendigkeit der Karenzentschädigung bei Tätigkeitsverboten nach der hier vertretenen Ansicht bejaht, ist weiterhin noch die Angemessenheit der Karenzentschädigungshöhe zu besprechen. Diesbezüglich geht es zuvörderst auch darum, ob das anfängliche Wirksamkeitserfordernis der verbindlichen Karenzentschädigungszusage allein durch die Gewährung einer angemessenen

1344 Vgl. Kühl/Reichold/Ronellenfitsch/*Reichold*, Einführung in die Rechtswissenschaft, S. 20.

1345 *Wank*, Grenzen richterlicher Rechtsfortbildung, S. 115 ff.; *Drechsler*, ZJS 2015, 344, 345; idS. auch Dürig/Herzog/Scholz/*Jachmann-Michel*, GG Art. 95 Rn. 13.

1346 So Dreier/*Schulze-Fielitz*, GG Art. 20 (Rechtsstaat) Rn. 102.

Entschädigung erfüllt wird oder eine verbindliche Mindestentschädigungshöhe erreicht werden muss.

1. Höhe der Karenzentschädigungszusage

a. Ausgangslage

Liegt ein Tätigkeitsverbot vor, nehmen auch die Rechtsprechung sowie die Literatur grundsätzlich eine „Art" Karenzentschädigungspflicht an. Dies gleichwohl nicht als anfängliche Wirksamkeitsvoraussetzung, sodass sich die Angemessenheit der zugesagten Entschädigung vor allem im Rahmen der vorzunehmenden umfassenden Interessenabwägung bestimmt. Haben sich in der einzelfallorientierten BGH-Rechtsprechung sodann bislang keine greifbaren Vorgaben herausgebildet, bestehen auch in der Literatur unterschiedliche Ansichten.

Einige Vertreter wollen streng auf die Wertungen des § 74 Abs. 2 HGB abstellen. Demnach wird die Karenzentschädigung nur dann für angemessen gehalten, wenn diese – dem Wortlaut des § 74 Abs. 2 HGB entsprechend – den Mindestumfang der Hälfte der zuletzt bezogenen Vergütung erreicht. Um den zu berücksichtigenden Besonderheiten der Geschäftsführerstellung gerecht zu werden, sollen sodann Modifikationen bei der Bemessungsgrundlage vorgenommen werden.[1347] Für diese Ansicht streiten sodann in Anlehnung an die Rechtsprechung des BAG ebenfalls Gründe der Praktikabilität und Rechtssicherheit.[1348]

Eine andere Ansicht wiederum will den beteiligten Vertragsparteien vor allem einen umfassenderen vertraglichen Gestaltungsspielraum gewähren.[1349] Folglich wollen sich diese nicht nach den strengen Vorgaben der §§ 74 Abs. 2, 74b HGB richten, da sich hinsichtlich Geschäftsführern insoweit bislang keine allgemeingültigen Maßstäbe oder Vorgaben ergeben haben. Die Angemessenheit der Entschädigungshöhe bestimme sich vor allem an der jeweiligen spezifischen Intensität der auferlegten zeitlichen, örtlichen und gegenständlichen Beschränkungen unter Berücksichtigung der Umstände und Besonderheiten des Einzelfalls

---

1347 Vgl. OLG Düsseldorf, DB 1990, 1960; Noack/Servatius/Haas/*Beurskens*, GmbHG § 37 Rn. 121; *Wertheimer*, Nachvertragliche Wettbewerbsverbote bei Anstellungsverhältnissen, S. 140; *Hoffmann-Becking*, FS Quack, 1991, 273, 278 f.; *Kunz*, DB 1993, 2482, 2487; *Menke*, NJW 2009, 636, 637; ähnlich auch *Weidelener*, Der richterliche Vertragsschutz, S. 279 ff.

1348 Vgl. BAG, NJW 1970, 626, 629.

1349 HCL/*Paefgen*, GmbHG § 35 Rn. 497; MHLS/*Ziemons*, GmbHG § 43 Rn. 286; MüKoGmbHG/*Jaeger*/*Steinbrück*, § 35 Rn. 380; Scholz/*Verse*, GmbHG § 43 Rn. 250; *Hoffmann-Becking*, FS Quack, 1991, 273, 278.

im Rahmen der Interessenabwägung. Folglich kann eine vertraglich vereinbarte Entschädigungshöhe, die die Mindesthöhe der §§ 74 Abs. 2, 74b HGB unterschreitet, gleichwohl als angemessen beurteilt werden.[1350] So diene der Maßstab des § 74 Abs. 2 HGB allenfalls als Orientierung zur Festlegung der angemessenen Höhe der Karenzentschädigung,[1351] ohne jedoch verbindliche Vorgaben zu enthalten. Steht also die privatautonome Gestaltungsfreiheit im Vordergrund, birgt dies indes auch Gefahren, sodass auch die stringente Orientierung an der Mindestgrenze des § 74 Abs. 2 HGB richtigerweise keine Gewähr für die Billigkeit der Wettbewerbsabrede darstellt. Zugleich kann es beim Vorliegen eines weitreichenden Tätigkeitsverbotes im Einzelfall erforderlich sein, dass die Karenzentschädigungshöhe die 50%-Marke des § 74 Abs. 2 HGB (weit) überschreiten muss, um dem Billigkeitsurteil gerecht zu werden und dem Sittenwidrigkeitsverdikt zu entgehen.[1352]

Richtigerweise muss darauf hingewiesen werden, dass die genannten Ansichten davon ausgehen, dass die zugesagte Karenzentschädigung und die festgelegte Entschädigungshöhe nur ein weiteres abwägungserhebliches Element im Rahmen der Interessenabwägung darstellen. Folglich ist es weiterhin fraglich, ob der Bejahung der Notwendigkeit der Zusage der Karenzentschädigung im Falle weitgehender Verbotsklauseln die Festlegung einer Mindestentschädigungshöhe folgen muss oder ob allein die Zusage einer Karenzentschädigung zur Erfüllung des anfänglichen Wirksamkeitserfordernisses ausreicht. Ausgangspunkt dieser Frage sind diesbezüglich richtigerweise wieder die gesetzlichen Ausprägungen

---

1350 Vgl. MüKoGmbHG/*Jaeger*/*Steinbrück*, GmbHG § 35 Rn. 380; BeckOK GmbHG/*Wisskirchen*/*Kuhn*/*Hesser*, § 6 Rn. 104; Centrale/*Reufels*, GmbH-Handbuch, Anstellungsverhältnis des Geschäftsführers, Rn. 2484; *Bauer*, FS Schwerdtner, 2003, 441, 445; *Bauer*/*Diller*, Wettbewerbsverbote, § 24 Rn. 1075 ff.; *dies.*, BB 1995, 1134, 1136; *dies.*, GmbHR 1999, 885, 891; *Jäger*, DStR 1995, 724, 728; *Heller*, GmbHR 2000, 371, 373; *Reufels*/*Schewiola*, ArbRB 2008, 57, 59.

1351 BeckOK GmbHG/*Wisskirchen*/*Kuhn*/*Hesser*, GmbHG § 6 Rn. 104; MüKoGmbHG/*Jaeger*/*Steinbrück*, § 35 Rn. 380; MHLS/*Ziemons*, GmbHG § 43 Rn. 286; Scholz/Verse, GmbHG, § 43 Rn. 250; KK-AktG/*Mertens*/*Cahn*, § 88 Rn. 28; *Hoffmann-Becking*, FS Quack, 1991, 273, 278; *Bauer*, FS Schwerdtner, 2003, 441, 445; *Bauer*/*Diller*, BB 1995, 1134, 1136; *Heller*, GmbHR 2000, 371, 373; *Thüsing*, NZG 2004, 9, 12; *Reufels*/*Schewiola*, ArbRB 2008, 57, 59; *Müller*, GmbHR 2014, 964, 967; idS. auch *Canaris*, SAE 1971, 111, 112, hinsichtlich Arbeitnehmer. A.A. HCL/*Paefgen*, GmbHG § 35 Rn. 503.

1352 So MüKoGmbHG/*Jaeger*/*Steinbrück*, § 35 Rn. 380; MAH/*Hürten*, GmbHR, § 9 Rn. 46; *Bauer*/*Diller*, Wettbewerbsverbote, § 24 Rn. 1077.

des Grundsatzes der bezahlten Karenz. So normiert § 74 Abs. 2 HGB eine Mindesthöhe der Karenzentschädigung, sodass diese für die Dauer des Verbotes mindestens die Hälfte der zuletzt bezogenen vertragsmäßigen Leistungen erreichen muss. § 90a Abs. 1 S. 3 HGB hingegen spricht allein davon, dass der Unternehmer dem Handelsvertreter für die Dauer der Wettbewerbsbeschränkung eine angemessene Entschädigung zu zahlen hat. Ist dem Grundsatz der bezahlten Karenz zutreffenderweise zuvörderst ein Angemessenheitserfordernis immanent, entfaltet dieses vor allem innerhalb der vorzunehmenden Interessenabwägung ihre Wirkung.[1353] Ausgehend von den wesentlichen verallgemeinerungsfähigen Wertungen der Sicherung der wirtschaftlichen Existenzgrundlage und der Gewährung eines Mindestschutzes im Falle weitgehender Verbotsklauseln ist es also fraglich, ob auch gegenüber dem Geschäftsführer die Festlegung einer Mindestentschädigungshöhe im Sinne des § 74 Abs. 2 HGB eine sachgerechte sowie gebotene Vorgabe darstellt.

b. Lösungsansatz

Richtigerweise könnte die verpflichtende Zusage einer allein angemessenen Höhe der Karenzentschädigung ohne eine verbindliche Vorgabe, angelehnt an § 90a Abs. 1 S. 3 HGB, die flexiblere Lösung darstellen, mit der sodann auch die vielfältigen einzelfallabhängigen Fallgestaltungen entsprechend gerecht behandelt werden könnten. In diesem Sinne kann zutreffenderweise erwogen werden, ob das Wettbewerbsverbot, welches sodann nur eine Karenzentschädigungshöhe von 49 % erreicht, im Ausgleich aber anderweitige Regelungen enthält, die ansonsten begünstigend wirken, von vornherein dem Unwirksamkeitsverdikt unterliegen sollte, sofern man ansonsten grundsätzlich eine starre Grenze von 50 % der zuletzt bezogenen Vergütung annehmen würde.[1354] Hier geht es also wieder darum, die im Rahmen des § 138 BGB angelegte Einzelfallgerechtigkeit besonders zu berücksichtigen.

1353 IdS. bestimmt sich auch gegenüber Arbeitnehmern die Angemessenheit der festgelegten Entschädigungshöhe im Wesentlichen im Rahmen der Interessenabwägung, sodass weitreichende Tätigkeitsverbote durch die Gewährung einer üppigen, die Mindestentschädigungshöhe weit übersteigenden Karenzentschädigung begründet werden können. Vgl. BAG, AP GewO § 133f Nr. 19; BAG, AP HGB § 74 Nr. 84; BAG, AP HGB § 74 Nr. 90; MüKoHGB/*Thüsing*, § 74a Rn. 12; EBJS/*Boecken*/*Rudkowski*, HGB § 74a Rn. 11; Staub/*Weber*, HGB § 74a Rn. 15.

1354 Siehe dazu *Canaris*, SAE 1971, 111, 112, der diese hypothetische Fallgestaltung anführt und eine gegenüber den gesetzlichen Regelungen günstigere Anrechnungspflichtigkeit als Beispiel nennt.

Gleichwohl ist auch hier wieder fraglich, inwiefern verbindliche Vorgaben hinsichtlich einer Mindestentschädigungshöhe dem nachvollziehbaren ersten Anschein nach der Einzelfallgerechtigkeit tatsächlich entgegenstehen würden. Selbst bei der Annahme, dass es zu einem gewissen Verlust der Einzelfallgerechtigkeit kommen würde, könnten der verbindlichen Vorgabe anderweitige positive Effekte folgen, die die etwaigen grundsätzlich unerwünschten Verluste der Einzelfallgerechtigkeit angemessen ausgleichen oder gar überkompensieren könnten. So ist zunächst wieder darauf hinzuweisen, dass der bisherigen Rechtsprechung, die insofern allein auf die Angemessenheit der Karenzentschädigungshöhe im Rahmen der Interessenabwägung abstellt, wieder einmal große Unsicherheiten der Rechtsunterworfenen bei der Vereinbarung möglichst rechtssicherer Wettbewerbsverbote gegenüberstehen. Anknüpfend an die bisherige Rechtsprechung bestehen vor allem Unsicherheiten hinsichtlich des Fehlens einer Vorgabe der Mindesthöhe einer Karenzentschädigung, die zumindest die indizielle Voraussehbarkeit einer angemessenen Entschädigung im Rahmen der Interessenabwägung beinhaltet. Dies vor allem in den Fällen, in denen typische, nicht besonders weitreichende Tätigkeitsverbote vereinbart wurden. Folglich kann den divergierenden Meinungen in der Literatur zumindest dahingehend ein gemeinsamer Kerngedanke entnommen werden, dass auch jetzt schon die Orientierung am Maßstab des § 74 Abs. 2 HGB als die wohl sicherste und praktikabelste Vorgabe anzusehen ist, die insoweit auch zumeist die Angemessenheit der Karenzentschädigung an sich indiziert.[1355] Dafür sprechen auch Daten aus dem Jahr 1995. Demnach haben die Gesellschaften, die ein nachvertragliches Wettbewerbsverbot mit ihrem Geschäftsführer vereinbart haben und bei denen eine Karenzentschädigung zugesagt wurde, im Durchschnitt eine Entschädigung zugesagt, die 64 % der zuletzt bezogenen Vergütung erreichte.[1356] Diese leider nicht mehr ganz aktuellen Daten zeigen damit, dass die Wettbewerbsverbote, die aus Sicht der Beteiligten der Karenzentschädigungszusage bedurften, auch die Mindestentschädigungshöhe des § 74 Abs. 2 HGB erreichten.

1355 So dann auch ausdrücklich und zum Teil als Empfehlung an die Rechtsanwender *Bauer/Diller*, Wettbewerbsverbote, § 24 Rn. 1076; *dies.*, GmbHR 1999, 885, 891 f.; *Menke* NJW 2009, 636, 637; *van Kann/Keiluweit* BB 2010, 2050, 2053; *Weitnauer/Grob*, GWR 2014, 185, 189.

1356 Die Zahlen stammen aus der Ermittlung der *Kienbaum*-Vergütungsberatung aus dem Jahre 1995, wonach die Karenzentschädigungshöhe 50 bis 100 % betrug, siehe dazu *Bauer/Diller*, Wettbewerbsverbote, § 1 Rn. 5.

So wird man *Canaris* darin recht geben müssen, dass die Höhe von 50 % der zuletzt bezogenen Leistungen im Sinne des § 74 Abs. 2 HGB zumeist wohl nur den „ungefähre[n] Anhaltspunkt für den Regelfall" darstellen wird, sodass die Übertragung einer starren Mindesthöhe vor allem die angemessene Berücksichtigung des Einzelfalls tangieren könnte.[1357] Gleichwohl geht es bei der vorliegenden richterlichen Rechtsfortbildung wieder einmal nicht darum, den spezifischen Einzelfall zu entscheiden. Es geht vielmehr zuvörderst darum, das Recht im Allgemeinen und im Lichte der allgemeinen Gerechtigkeitsvorstellungen fortzubilden.[1358] Demnach sind vorliegend notwendigerweise auch wieder generalisierende Aussagen zu treffen, die sich im Wesentlichen an das Recht und Gesetz (Art. 20 Abs. 3, 97 Abs. 1 GG), den verfassungsrechtlichen Wertungen, den immanenten Wertungen des geschriebenen Rechts sowie den allgemeinen Rechtsgrundsätzen des „inneren Systems" zu messen haben.[1359]

Könnte das Heranziehen einer starren Mindesthöhe zugegebenermaßen zunächst der ansonsten wünschenswerten Einzelfallgerechtigkeit abträglich sein, erscheint es möglich, dass die negativen durch die zugleich einhergehenden positiven Effekte kompensiert werden könnten. Zum einen wird durch die Übertragung der starren Mindesthöhe des § 74 Abs. 2 HGB ein Mehr an Rechtssicherheit erreicht, welches schon für die generelle Zulässigkeit der richterlichen Rechtsfortbildung spricht.[1360] Unter Berücksichtigung der Empfehlung der Literatur, sich bestmöglich an den Vorgaben des § 74 Abs. 2 HGB zu orientieren, sowie der Daten aus der Praxis, nach denen das vereinbarte Tätigkeitsverbot grundsätzlich mit der Karenzentschädigungszusage einherging, die die 50%-Grenze erreichte oder gar überschritt,[1361] wird aufgezeigt, dass auch das Angemessenheitserfordernis unter Berücksichtigung der Sicherungszwecke des Grundsatzes der bezahlten Karenz das Erreichen der Mindesthöhe erforderlich macht. Gewährt man der Gesellschaft einen Mindestschutz dahingehend, dass es ihr möglich ist in zulässiger Weise in das berufliche Fortkommen des Geschäftsführers auch weitgehend einzugreifen, sollte unter Berücksichtigung des möglichst schonendsten Ausgleichs der beiderseitigen Interessen sowie des Grundsatzes von Treu und Glauben auch dem Geschäftsführer in den Fällen der

1357 Vgl. *Canaris*, SAE 1971, 111, 112.

1358 Vgl. *v. Hoyningen-Huene*, Die Billigkeit im Arbeitsrecht, S. 81.

1359 Siehe *Rüthers/Fischer/Birk*, Rechtstheorie, § 23 Rn. 910.

1360 Siehe *Wank*, Juristische Methodenlehre, § 15 Rn. 83.

1361 Siehe die Ermittlung der *Kienbaum*-Vergütungsberatung aus dem Jahre 1995, dazu *Bauer/Diller*, Wettbewerbsverbote, § 1 Rn. 5.

Tätigkeitsverbote ein finanzieller Mindestschutz im Sinne der starren 50 % der zuletzt bezogenen Leistungen gewährt werden. Folglich dient die Übertragung der starren Mindesthöhe auch dem allgemeinen Interesse, dass ein sachgerechter Rahmen dafür geschaffen und erhalten wird, in dem ein angemessener und gerechter Raum für die Ausübung der Rechtspositionen verbleibt.[1362]

Im Ergebnis liegt somit auch bezüglich der Mindestentschädigungshöhe des § 74 Abs. 2 HGB eine wertungsmäßige Ähnlichkeit im Sinne des notwendigen Vergleichsmoments vor, sodass bei Tätigkeitsverboten von der notwendigen sowie verbindlichen Zusage einer Karenzentschädigung auszugehen ist, die zur Erfüllung der Wirksamkeitsvoraussetzung die Mindestentschädigungshöhe von 50 % der zuletzt bezogenen Leistungen erreichen muss. Auch wenn die Mindestentschädigungshöhe des § 74 Abs. 2 HGB gegenüber Arbeitnehmern zutreffenderweise auch Arbeitnehmerschutzaspekte erfüllt, ist die verbindliche 50%-Grenze unter Beachtung der wesentlichen verallgemeinerungsfähigen Wertungen im Sinne der teleologischen Mehrdimensionalität gleichwohl nicht vornehmlich als besonderer Ausdruck des Arbeitnehmerschutzes der §§ 74 ff. HGB anzusehen. Dies vor allem unter Beachtung der wesentlichen verallgemeinerungsfähigen Wertungen des Grundsatzes der bezahlten Karenz im Sinne der Ausgleichs- sowie Sicherungsfunktion hinsichtlich eines angemessenen finanziellen Mindestschutzes bezüglich weitgehender beruflicher Beschränkungen. Stellt schon der Ausgleichs- bzw. Kompensationsgedanke der Karenzentschädigung einen allgemeinen Gedanken dar, demnach die spürbaren Enthaltungen vom Wettbewerb der finanziellen Kompensation bedürfen,[1363] ist auch die Mindesthöhe in Anbetracht der gleichen bzw. ausreichend vergleichbaren Bedeutung der erwerbswirtschaftlichen beruflichen Tätigkeit für die Sicherung der wirtschaftlichen Existenzgrundlage sowie des Lebensstandards zu übertragen und kann nicht als ausschließliches oder primäres arbeitnehmerschützendes Element verstanden werden.[1364] Zudem wird auch der weitere wesentliche Aspekt und allgemeine Grundgedanke, der jedwedem nachvertraglichen Wettbewerbsverbot innewohnt, des gerechten und angemessenen Ausgleichs der beiderseitigen Interessen berücksichtigt. In diesem Sinne stellt die 50%-Grenze des

---

1362 *Möllers*, Juristische Methodenlehre, § 13 Rn. 63 ff.

1363 Vgl. OLG Hamm, ZIP 1988, 1254, 1256.

1364 Vgl. *Wertheimer*, Nachvertragliche Wettbewerbsverbote bei Anstellungsverhältnissen, S. 140; idS. kann auch Noack/Servatius/Haas/*Beurskens*, GmbHG § 37 Rn. 121, verstanden werden, der mindestens die Hälfte der zuletzt bezogenen Vergütung entsprechend dem Regelungsgehalt des § 74 Abs. 2 HGB für angemessen hält.

§ 74 Abs. 2 HGB ein allgemeingültiges Mindestmaß zur Wahrung und Verwirklichung der Planungssicherheit sowie Dispositionsfreiheit des Geschäftsführers für die Zeit nach dem Ausscheiden aus dem Unternehmen bzw. der Gesellschaft dar. Demgemäß werden vor allem die Wertungen des § 74 Abs. 2 HGB im Sinne des maßgeblichen Wertekonsens sowie der maßgebenden gesetzgeberischen Interessenbewertung vorliegend wieder einmal einen wertgebundenen Kompass für das Auffinden einer gerechten und der Wertungseinheit zuträglichen Lösung vorgeben.[1365] Daran anknüpfend sind hier zudem auch die gleichen Erwägungen anzustellen, die auch schon im Rahmen der Zulässigkeit der geltungserhaltenden Reduktion erörtert wurden. Unter Beachtung der hier vertretenen Ansicht bezüglich der Notwendigkeit der Karenzentschädigungszusage bei Tätigkeitsverboten ermöglicht die Vorgabe einer starren Mindesthöhe in Anlehnung an die Wertungen des § 74 Abs. 2 HGB eine gewisse wünschenswerte Vorhersehbarkeit der Wirksamkeit der Abrede, was zugleich dem Bestreben der richterlichen Rechtsfortbildung nach der größtmöglichen Gesetzesbindung dient.[1366] Richtet sich die vorliegende Sachgerechtigkeit der richterlichen Rechtsfortbildung sodann auch daran, welche Lösung am ehesten dem mutmaßlichen Willen sowie Regelungsplan des Gesetzgebers entspricht,[1367] wird allenfalls eine ausdrückliche gesetzgeberische Entscheidung oder Aussage eine andere Bewertung ergeben können. Vor allem hinsichtlich Geschäftsführern könnte man eine, wie diese schon hinsichtlich Handlungsgehilfen im Regierungsentwurf von 1914 angedacht wurde, abgestufte bzw. gestaffelte Mindestentschädigungshöhe im Zusammenhang mit der festgelegten Dauer des Verbotes als sachgerechtere Variante ansehen.[1368] Dass dieses abgestufte Modell nicht übernommen wurde, wird

---

1365 Siehe dazu *Canaris*, Systemdenken und Systembegriff in der Jurisprudenz, S. 24; *Möllers*, Juristische Methodenlehre, § 5 Rn. 62 ff., 85. Das Angemessenheitserfordernis des § 90a Abs. 1 S. 3 HGB ist vorliegend folglich nicht zu übertragen, was vor allem auch dem Umstand geschuldet ist, dass die Karenzentschädigung des § 90a Abs. 1 S. 3 HGB ihrer Konzeption nach die Rechtsfolge der Abrede darstellt, dessen angemessene Höhe sich durch die auferlegten Beschränkungen bestimmt. Diesbezüglich spiegeln die dem § 74 Abs. 2 HGB innenwohnenden Wertungen vielmehr die vorliegende Situation gegenüber Geschäftsführern wider. Zudem sind nach Maßgabe des BGH vor allem die in „den §§ 74 ff. HGB zum Ausdruck gekommenen Rechtsgrundsätze" heranzuziehen, vgl. BGHZ 91, 1, 4 f.

1366 Ebenso *Weidelener*, Der richterliche Vertragsschutz, S. 279 f.

1367 Vgl. *Looschelders/Roth*, Juristische Methodik, S. 317.

1368 Vgl. Reichstagsprotokolle, 13. Legislaturperiode, 1912/14, 18, Anlage Nr. 575, S. 728. Im Entwurf wurde sodann angedacht, die angemessene Höhe für die Dauer von

zum einen wieder auf die Gründe der Praktikabilität sowie der Rechtssicherheit zur Begegnung der „Massenerscheinung im Arbeitsrecht" zurückzuführen sein. Daneben könnte man des Weiteren auch die gesetzgeberische Wertung entnehmen, dass die weitgehenden Beschränkungen des beruflichen Fortkommens eben des verbindlichen Mindestschutzes der 50%-Grenze bedürfen.

Ist eine bestehende Gesellschafterstellung des Geschäftsführers zunächst hinsichtlich der Zweckbestimmung und der Herausarbeitung der wesentlichen Wertungen des Grundsatzes der bezahlten Karenz nicht vorrangig zu beachten, liegt es nahe, die vorliegende Übertragung der starren Mindesthöhe vor allem in den Fällen der Gesellschafter-Geschäftsführer für nicht sachgerecht zu erachten. Hier soll diesbezüglich darauf hingewiesen werden, dass die Besonderheiten der Geschäftsführertätigkeit und -stellung, etwaiger Gesellschafterstellungen sowie organschaftlicher Interessen hinsichtlich der Karenzentschädigung vor allem im Rahmen der maßgeblichen Bemessungsgrundlage sowie der sachgerechten Art und Weise der gewährten Entschädigungsleistung angemessen berücksichtigt werden können.[1369]

2. Bemessungsgrundlage der Karenzentschädigungszusage

Ist also von der grundsätzlichen Sachgerechtigkeit der 50%-Grenze im Sinne des § 74 Abs. 2 HGB auszugehen, ist jedoch noch ungeklärt, auf welche Bemessungsgrundlage sich diese beziehen soll. Demgemäß wird im Allgemeinen an die vertraglich zuletzt bezogenen Leistungen angeknüpft. Fraglich ist gleichwohl, ob mit den zuletzt bezogenen Leistungen die vertragsmäßig bezogene feste, variable oder gesamte Vergütung gemeint ist. So wird teilweise darauf abgestellt, dass allein die vertragsmäßig bezogene Festvergütung als Bemessungsgrundlage heranzuziehen ist. Folglich sei nur das fixe Gehalt für das Erreichen der 50%-Grenze entscheidend, sodass die variablen Bezüge wie Tantiemen, Provisionen sowie

einem Jahr auf 1/4, für die Dauer von zwei Jahren auf 1/3 und für die Dauer von drei Jahren auf 1/2 der vorherigen vertragsmäßigen Vergütung festzulegen.

1369 Siehe *Wertheimer*, Nachvertragliche Wettbewerbsverbote bei Anstellungsverhältnissen, S. 140; *Hoffmann-Becking*, FS Quack, 1991, 273, 278 f.; auch Noack/Servatius/Haas/*Beurskens*, GmbHG § 37 Rn. 121, der bei Gesellschaftergeschäftsführern eine der Treupflicht folgende automatische Anrechnung der Beteiligungen und Gewinnanteile vornimmt; ähnlich auch *Weidelener*, Der richterliche Vertragsschutz, S. 279 ff. Auf diese Thematik wird im späteren Verlauf der Arbeit ausführlicher eingegangen.

anderweitige freiwillige Leistungen unbeachtlich sind. Dies gleichwohl nur dann, wenn sie nicht den überwiegenden Teil der Gesamtvergütung ausmachen.[1370]

Zur Beantwortung der Frage der sachgerechten Bemessungsgrundlage ist ebenfalls wieder auf die wesentlichen verallgemeinerungsfähigen Wertungen des Grundsatzes der bezahlten Karenz abzustellen. Wie gegenüber Arbeitnehmern soll die Karenzentschädigung im ersten Schritt einen Mindestschutz der wirtschaftlichen Existenzgrundlage sowie des erarbeiteten Lebensstandards darstellen. Im zweiten Schritt soll die Karenzentschädigung im Wege der Interessenabwägung dem ehemaligen Beschäftigten sodann einen ausreichenden und angemessenen Ausgleich für die auferlegten beruflichen Beschränkungen sowie einen Schutz hinsichtlich des beruflichen Fortkommens bieten, dies sodann auch unter Berücksichtigung der Reichweite der berechtigten Interessen der Gesellschaft. Folglich orientiert sich die Karenzentschädigungsleistung am vormals erarbeiteten Lebensstandard, der sich im Grundsatz wiederum im Wesentlichen an den gesamten vertragsmäßig bezogenen Leistungen orientiert.[1371]

So könnte man gegenüber Geschäftsführern zwar die alleinige Bemessung an den festen oder fixen Bezügen als angemessen empfinden, wenn diese sodann alleinig den weit überwiegenden Teil ausmachen oder allgemein derart hoch liegen, dass die Bemessung der Karenzentschädigung an diesen Bezügen zur nachvertraglichen Existenzsicherung ausreichen sollte.[1372] Gleichwohl ist richtigerweise kein sachgerechter Grund ersichtlich, grundsätzlich nur auf einen Teil der Bezüge abzustellen. Der Lebensstandard des Geschäftsführers wird sich demgemäß ebenfalls nicht nur an einem Teil der Gesamtvergütung ausrichten, sondern sowohl durch die festen als auch variablen Bestandteile (Gesamtvergütung) maßgeblich definiert und geprägt sein. Des Weiteren wird auch das Verhältnis von festen zu den flexiblen Bestandteilen in der Praxis durchaus vielfältige Ausgestaltungen annehmen können, sodass eine allgemeingültige und sodann gerechte Aussage diesbezüglich kaum getroffen werden kann. Gleichwohl wird

---

1370 So *Weidelener*, Der richterliche Vertragsschutz, S. 281 f.; *Hoffmann-Becking*, FS Quack, 1991, 273, 278 f.; *Jäger*, DStR 1995, 724, 729; ähnlich auch *Bauer/Diller*, BB 1995, 1134, 1136, die dies nur für zulässig erachten, wenn die Festvergütung den weit überwiegenden Teil der Gesamtvergütung darstellt; *dies.*, GmbHR 1999, 885, 891, dann später noch zurückhaltender. IdS. auch MüKoAktG/*Spindler*, § 88 Rn. 57; *Müller*, FS Grunewald, 2021, 811, 821.

1371 Vgl. BAG, NZA 1990, 519; EBJS/*Boecken/Rudkowski*, HGB § 74 Rn. 46; MüKoHGB/*Thüsing*, HGB § 74 Rn. 47; Oetker/*Kotzian-Marggraf*, HGB § 74 Rn. 28.

1372 Vgl. *Hoffmann-Becking*, FS Quack, 1991, 273, 278; *Müller*, FS Grunewald, 2021, 811, 821.

die Grundvergütung je nach Unternehmensgröße zumeist circa 55 bis 70 % der Gesamtvergütung ausmachen, im Gesamtdurchschnitt circa 65 %.[1373] Folglich wird nicht nur die fixe Grundvergütung alleinig den wesentlich zu beachtenden Teil der Vergütung darstellen, sodass vor allem die Gesamtvergütung die wirtschaftliche Existenzgrundlage des Geschäftsführers definieren wird. Ist sodann typisierend davon auszugehen, dass Tätigkeitsverbote derart schwerwiegende Beschränkungen darstellen, die der verbindlichen finanziellen Kompensation bedürfen, so wird sich eine den allgemeinen Schutzgedanken und Wertungen entsprechende Kompensation auf die zuletzt bezogene Gesamtvergütung beziehen müssen, sodass allein die Gesamtvergütung typisierend die sachgerechte Bemessungsgrundlage der Karenzentschädigungshöhe darstellen wird.[1374]

Wird also vor allem die zuletzt bezogene Gesamtvergütung den Ausgangspunkt des erarbeiteten Lebensstandards definieren, würde die indizielle Aussagekraft des Erreichens der Mindesthöhe der zuletzt vertragsmäßig bezogenen Leistung dahingehend schwinden, dass eine alleinige Orientierung an den Festbezügen auch die generell angemessene Kompensation für die auferlegten Beschränkungen darstellen wird.[1375] Zudem wird den Vertragsparteien vorliegend allgemein ein größerer vertraglicher Gestaltungsspielraum zukommen, als dies im Verhältnis Arbeitnehmer zu Arbeitgeber der Fall sein wird. Stellt beispielsweise die Festvergütung den überwiegenden Teil der gesamten bezogenen

1373 Dazu *Kienbaum*, Vergütungsreport Geschäftsführer 2021, S. 108, wonach die Grundvergütung und Gesamtdirektvergütung der Geschäftsführer, unterteilt nach der jeweiligen Funktionsgruppe, die die Gesellschaftsgröße anhand der Anzahl der gesamten Beschäftigten beschreibt, darstellt. Hingewiesen werden soll zudem darauf, dass die in der Studie erhobene Gesamtdirektvergütung neben den variablem Vergütungsbestandteilen auch Funktionszulagen sowie Sonderzahlungen enthält. Siehe zum Anteil der Tantieme auch *Tänzer*, GmbHR 2005, 1256, 1258.

1374 So auch *Krahforst*, Nachvertragliche Wettbewerbsverbote für GmbH-Geschäftsführer, S. 309; *Thüsing*, NZG 2004, 9, 12; ähnlich auch *Gerigk*, Nachvertragliche Wettbewerbsverbote mit Organmitgliedern, S. 165; *Bauer/Diller*, Wettbewerbsverbote, § 24 Rn. 1077; *dies.*, GmbHR 1999, 885, 891, die vor allem die Umstände des Einzelfalls in Wechselwirkung mit den auferlegten inhaltlichen Beschränkungen für maßgeblich halten, sodass keine allgemeingültige Aussage getroffen werden kann.

1375 So zum Beispiel MüKoGmbHG/*Jaeger/Steinbrück*, § 35 Rn. 380, die es für zulässig erachten, dass nur die Festbezüge als Berechnungsgrundlage herangezogen werden, aber gleichwohl darauf hinweisen, dass damit ein höheres Risiko begründet wird sich von der Orientierungsgrenze des § 74 Abs. 2 HGB zu entfernen, womit ebenfalls ein erhöhtes Risiko der Unwirksamkeit im Wege der Interessenabwägung bestehe. So auch MüKoAktG/*Spindler*, § 88 Rn. 57; *Müller*, FS Grunewald, 2021, 811, 821.

Leistungen dar und diente ihrer Höhe und ihrem Umfang nach evident der Sicherung des Lebensstandards, wird eine daran alleinig bemessene Karenzentschädigung von 50 % der zuletzt bezogenen Festvergütung durchaus den verallgemeinerungsfähigen Wertungen hinsichtlich der Sicherungsfunktion gerecht. Liegt damit zugleich eine unzulässige Unterschreitung der grundsätzlich maßgeblichen Mindestentschädigungshöhe gemessen an der Gesamtvergütung vor, könnte man im jeweiligen Einzelfall unter Beachtung der wesentlichen Umstände das geschäftsführerseitige Berufen auf das unzulässige Unterschreiten der Mindestentschädigungshöhe gleichwohl als unzulässige Rechtsausübung im Sinne des § 242 BGB einstufen.[1376] Soll die mögliche Übertragung der Rechtsfolge des Wahlrechts des Arbeitnehmers im Sinne des § 74 Abs. 2 HGB im Späteren noch gesondert besprochen werden, könnte man im Fall der Übertragung des Wahlrechts im jeweiligen Einzelfall ebenfalls eine entsprechende Ermessensreduzierung auf Null des Wahlrechts des Geschäftsführers hinsichtlich der Verbindlichkeit des nachvertraglichen Wettbewerbsverbotes trotz der zu niedrig festgelegten Karenzentschädigung unter Beachtung des Grundsatzes von Treu und Glauben als interessengerechte Pflicht ansehen.[1377]

Des Weiteren ist davon auszugehen, dass § 74b HGB insofern keine verallgemeinerungsfähigen Wertungen und keine allgemeingültigen Vorgaben für nachvertragliche Wettbewerbsverbote mit Geschäftsführern enthält. Folglich stellt § 74b Abs. 1 und 2 HGB auch gegenüber Arbeitnehmern keine zwingenden Regeln auf, sondern dient lediglich als Kontrollmaßstab für die Unverbindlichkeit bzw. Verbindlichkeit der Berechnung. Die Verbindlichkeit der Berechnung der angemessenen Karenzentschädigung richtet sich insgesamt vielmehr alleinig am Mindestmaßstab des § 74 Abs. 2 HGB und muss im Einzelfall letztlich nur diesen Anforderungen entsprechen. Des Weiteren ist § 74b HGB insgesamt als arbeitnehmerschützende Regelung anzusehen, deren spezielle Ausformungen nicht allgemein dem Schutzbedürfnis der unterschiedlichen Personengruppen

---

1376 Siehe allgemein dazu BeckOGK/*Kähler*, BGB § 242 Rn. 1289 ff.; MüKoBGB/*Schubert*, § 242 Rn. 262 ff.; Erman/*Böttcher*, BGB § 242 Rn. 101 ff.; Staudinger/*Looschelders*/*Olzen*, BGB § 242 Rn. 214 ff. Dies gegebenenfalls auch unter Berücksichtigung besonderer Treuepflichtaspekte, siehe dazu MüKoBGB/*Schubert*, § 242 Rn. 235 ff.

1377 Zum Wahlrecht und „Ermessen" des Arbeitnehmers siehe BAG, AP BGB § 611 Konkurrenzklausel Nr. 24; AP § 74 HGB Nr. 37; AP HGB § 74 Nr. 67; EBJS/*Boecken*/*Rudkowski*, HGB § 74 Rn. 51; BeckOGK/*Ittmann*, HGB § 74 Rn. 136; ErfK/*Oetker*, HGB § 74 Rn. 19; MüKoHGB/*Thüsing*, § 74 Rn. 50 ff.; Staub/*Weber*, HGB § 74 Rn. 45.

im Bereich nachvertraglicher Wettbewerbsverbote entsprechen.[1378] Demgemäß ist gegenüber Geschäftsführern ein weiterer vertraglicher Gestaltungsspielraum zur Berechnung der angemessenen Karenzentschädigung zu gewähren, sofern die nach der hier vertretenen Ansicht herausgearbeiteten Grundsätze eingehalten werden.

Maßgeblich ist also, dass im Falle der Notwendigkeit der Karenzentschädigung die Mindestentschädigungshöhe von 50 % der zuletzt bezogenen Gesamtvergütung zugesagt wird. Die Angemessenheit der Höhe richtet sich demnach im ersten Schritt an den Vorgaben der Wirksamkeitsvoraussetzung. Im zweiten Schritt beeinflusst die sodann einzelfallabhängig gewählte Karenzentschädigungshöhe das Ergebnis der umfassenden Interessenabwägung im Zusammenspiel mit den anderen abwägungserheblichen Parametern. Gleichwohl wird die Orientierung an den Vorgaben des § 74b HGB ebenfalls ein Indiz der Verbindlichkeit in sich tragen und somit als Anhaltspunkt der generellen Angemessenheit dienen, ohne zugleich verbindliche Aussagen zu enthalten.

3. *Art und Weise der Karenzentschädigung*

Soll es folglich zur Übertragung der 50%-Grenze als Mindesthöhe für Tätigkeitsverbote gegenüber Geschäftsführern kommen, stellt sich im Weiteren noch die Frage der Art und Weise der Gewährung der Karenzentschädigungsleistung. In Anbetracht des gewährten größeren vertraglichen Gestaltungsspielraums ist indes fraglich, ob die Karenzentschädigung eine ausdrücklich vertraglich versprochene Leistung darstellen muss oder ob alleinig eine irgendwie zu erbringende finanzielle Kompensation geschuldet wird.

Geht es bei der Sittenwidrigkeitsprüfung des § 138 Abs. 1 BGB generell nur um die Beurteilung der Billigkeit des nachvertraglichen Wettbewerbsverbotes, wird daran anlehnend teilweise vertreten, dass es dem Grundsatz der bezahlten Karenz entspreche, dass überhaupt ein finanzieller Ausgleich für die Herstellung der Billigkeit der Vereinbarung gewährt wird. Nicht entscheidend sei aber, dass dieser in einer bestimmten Art und Weise zu erfolgen habe. Somit stehe allein der Grundgedanke des finanziellen Ausgleichs zur Kompensation der Beschränkungen im Vordergrund, infolgedessen dieser auch durch die Gewährung anderweitiger finanzieller Vorteile geschehen könne. Demnach soll auch die Gewährung einer Abfindung, Betriebsrente oder sonstiger Übergangsgelder

---

1378 Vgl. BeckOGK/*Ittmann*, HGB § 74b Rn. 1; MüKoHGB/*Thüsing*, § 74b Rn. 17; Heymann/*Henssler*/*Michel*, HGB § 74b Rn. 6; *Hunold*, NZA-RR 2013, 174, 176 f.

einen billigenswerten finanziellen Ausgleich für die auferlegten beruflichen Beschränkungen darstellen können.[1379] Gleichwohl könnte man die Karenzentschädigung gegenüber dem Geschäftsführer als „Quasi-Entgelt" für die auferlegte Wettbewerbsenthaltung einstufen, sodass nur Leistungen einbezogen werden können, die einen direkten Bezug zu den künftigen Wettbewerbsenthaltungen haben und zuvörderst deren Kompensation dienen sollen.[1380]

Unter Betrachtung der beiden gesetzlich normierten Ausprägungen des Grundsatzes der bezahlten Karenz statuieren beide, dass die Karenzentschädigung ein Entgelt im Sinne einer direkten Gegenleistung für die Wettbewerbsenthaltungen darstellt.[1381] Insbesondere im Rahmen des § 74 Abs. 2 HGB wird die synallagmatische Verknüpfung der zugesagten Entschädigung als Entgelt bzw. Vergütung für die auferlegten beruflichen Nachteile hervorgehoben.[1382] Daraus folgt, dass beispielsweise Abfindungszusagen gegenüber Arbeitnehmern, die allein eine Entschädigungsleistung für den Verlust des Arbeitsplatzes darstellen, nicht als Bestandteil der Karenzentschädigungsleistung angesehen werden können.[1383] Dasselbe gilt für Übergangsgelder oder eine gewährte Betriebsrente.[1384] Auch beim Handelsvertreter liegt eine vergleichbare Situation vor. Im Anwendungsbereich des § 90a HGB findet keine Anrechnung einer gewährten Ausgleichsleistung im Sinne des § 89b HGB statt. Auch diese Ausgleichsleistung

---

1379 Vgl. *Sina*, DB 1985, 902, 903; *Bauer/Diller*, Wettbewerbsverbote, Rn. 1078; *dies.*, BB 1995, 1134, 1137; *dies.*, GmbHR 1999, 885, 891; *van Kann/Keiluweit*, BB 2010, 2050, 2052.

1380 So *Thüsing*, NZG 2004, 9, 12.

1381 Vgl. BGHZ 59, 387, 389 f.; Hopt/*Hopt*, HGB § 90a Rn. 18; MüKoHGB/*Ströbl*, § 90a Rn. 46; Staub/*Emde*, HGB § 90a Rn. 34; MüKoHGB/*Thüsing*, § 74 Rn. 41; Staub/*Weber*, HGB § 74 Rn. 33; EBJS/*Boecken/Rudkowski*, HGB § 74 Rn. 41; ErfK/*Oetker*, HGB § 74 Rn. 15; Oetker/*Kotzian-Marggraf*, HGB § 74 Rn. 27; BeckOK HGB/*Wetzel*, § 74 Rn. 30; BeckOGK/*Ittmann*, HGB § 74 Rn. 95; *B. Gaul*, DB 1995, 874; *Lahusen*, NZA 1985, 802, 803; *Holthausen*, NZA-RR 2020, 505, 510; a.A. *Gamillscheg*, RdA 1975, 13, 17 f.

1382 Ausdrücklich so schon *Bengelsdorf*, DB 1985, 1585, 1586, nach dem die Wettbewerbsabrede in Verbindung mit der Karenzentschädigungspflicht alle Aspekte eines Dauerschuldverhältnisses erfüllt.

1383 BAG, NZA 1995, 72, 73; Hopt/*Roth*, HGB § 74 Rn. 20; EBJS/*Boecken/Rudkowski*, HGB § 74 Rn. 42; HWK/*Diller*, HGB § 74 Rn. 88; MüKoHGB/*Thüsing*, § 74 Rn. 43; Staub/*Weber*, HGB § 74 Rn. 33; *Bengelsdorf*, DB 1985, 1585, 1586; *B. Gaul*, DB 1995, 874.

1384 Vgl. BAG, NZA 1994, 502, 504 f.; EBJS/*Boecken/Rudkowski*, HGB § 74 Rn. 42; HWK/*Diller*, HGB § 74 Rn. 88; Hopt/*Roth*, HGB § 74 Rn. 21; *B. Gaul*, DB 1995, 874 f.

soll einen anderweitigen Vorteil, der dem Unternehmer aufgrund der vorangegangenen Tätigkeit des Handelsvertreters zukommt, ausgleichen, infolgedessen der nötige Bezug zur auferlegten nachvertraglichen Wettbewerbsenthaltung im Sinne des § 90a HGB fehlt.[1385] Folglich müssen die gewährten Leistungen nach Maßgabe der §§ 74 Abs. 2, 90a Abs. 1 HGB also einen echten Bezug zum nachvertraglichen Wettbewerbsverbot und zu den damit auferlegten Wettbewerbsenthaltungen haben.

Anlehnend an die Regelungen der §§ 74 Abs. 2, 90a Abs. 1 HGB wird die Karenzentschädigung auch gegenüber Geschäftsführern ein „Quasi-Entgelt" im Sinne einer synallagmatischen Gegenleistung im Falle von Tätigkeitsverboten darstellen bzw. in allen Fällen, in denen eine Karenzentschädigung zugesagt wurde. Folglich wird das nachvertragliche Tätigkeitsverbot als Dauerschuldverhältnis zwischen der Gesellschaft und dem Geschäftsführer einzustufen sein. Als Hauptleistungspflichten des nachvertraglichen Tätigkeitsverbotes kann die Gesellschaft einerseits das Unterlassen der vereinbarten wettbewerblichen Konkurrenztätigkeit vom ehemaligen Geschäftsführer fordern, der Geschäftsführer auf der anderen Seite die Leistung der Karenzentschädigung verlangen, die sodann für die vertraglich vereinbarte Dauer im Gegenseitigkeitsverhältnis steht.[1386] Infolge des existierenden Gegenseitigkeitsverhältnisses sind diesbezüglich auch die allgemeinen Anforderungen an die Bestimmtheit der Leistungen einzuhalten. Folglich müssen die vertraglich vereinbarten Leistungen zumindest eindeutig bestimmbar sein.[1387]

Anknüpfend an diese allgemeinen Voraussetzungen zur Festlegung und Bestimmbarkeit der Leistungen sowie unter Beachtung des umfassenderen gewährten vertraglichen Gestaltungsspielraums ist gegenüber Geschäftsführern kein vergleichbar strenger Maßstab anzulegen, wie dies gegenüber Arbeitnehmern der Fall ist.[1388] So können die strengen Vorgaben der ausdrücklichen und eindeutigen Zusage einer Karenzentschädigungsleistung als

---

1385 EBJS/Löwisch, HGB § 90a Rn. 37; Oetker/*Busche*, HGB § 90a Rn. 26; Hopt/*Hopt*, HGB § 90a Rn. 20.

1386 Allgemein zum Begriff und zur Definition des Schuldverhältnisses siehe *Medicus/Lorenz*, SchuldR AT, § 1 Rn. 1 ff.; *Brox/Walker*, SchuldR AT, § 2. Rn. 1 ff., siehe auch Rn. 4 hinsichtlich der Definition von Dauerschuldverhältnissen. Dazu auch MüKoBGB/Bachmann, BGB § 241 Rn. 24 ff., bezüglich des Inhalts der Leistungen.

1387 Siehe BeckOK BGB/*Sutschet*, § 241 Rn. 39; *Brox/Walker* SchuldR AT, § 6 Rn. 1; MüKoBGB/*Bachmann*, § 241 Rn. 15; *Gernhuber*, Das Schuldverhältnis, § 9 S. 210.

1388 Ebenso *Krahforst*, Nachvertragliche Wettbewerbsverbote für GmbH-Geschäftsführer, S. 302.

Hauptleistungspflicht des Arbeitgebers gleichwohl wieder auf die Aspekte der Rechtssicherheit und Praktikabilität der „Massenerscheinungen des Arbeitsrechts“ zurückgeführt werden. Die ausdrückliche und eindeutige vertragliche Zusage der Karenzentschädigung soll es dem Arbeitnehmer ermöglichen, transparent, verständlich und einfach zu erkennen, welche Leistungen ihm in welchem Umfang versprochen wurden.[1389] Gegenüber Geschäftsführern, die typischerweise keinen gleichen oder vergleichbaren Schutz wie Arbeitnehmer benötigen, ist diese „Einzelausformung“ bzw. (Teil-)Zweckbestimmung der Karenzentschädigungsregelung nicht unmittelbar zu übertragen. Unter Beachtung der Voraussetzung der Bestimmbarkeit müssen die gewährten Leistungen zwar einen direkten Bezug zur nachvertraglichen Wettbewerbsabrede aufweisen, gleichwohl nicht ausdrücklich als Karenzentschädigung bezeichnet werden. Bei der Karenzentschädigung im Rahmen nachvertraglicher Wettbewerbsverbote mit Geschäftsführern geht es somit vor allem um die Gewährung eines finanziellen Ausgleichs, der bei Tätigkeitsverboten im ersten Schritt die Mindesthöhe von 50 % der zuletzt vertragsmäßig bezogenen Gesamtvergütung erreichen muss, die im zweiten Schritt vor allem die angemessene Kompensation der auferlegten Beschränkungen bewirken kann. Folglich wird dem Gegenleistungsgedanken der Karenzentschädigung problemlos Genüge getan, wenn anderweitig versprochene Leistungen ihrer eindeutigen Formulierung, Höhe und Aufteilung nach ausdrücklich auch den Ausgleich der beruflichen Beschränkungen des nachvertraglichen Wettbewerbsverbotes bezwecken sollen. So wird es beispielsweise möglich sein, Abfindungs- oder Übergangsgeldklauseln so zu formulieren, dass aus diesen Klauseln eindeutig hervorgeht, dass sie auch der Kompensation der nachvertraglichen beruflichen Beschränkungen dienen sollen. Bei eindeutig erkennbaren Leistungen, die gleichwohl nicht ausdrücklich als Karenzentschädigung bezeichnet wurden, muss es entscheidend darauf ankommen, dass die gewährten Leistungen ihrem erkennbaren Zweck nach eine Gegenleistung im Sinne der Karenzentschädigung zur Abmilderung der beruflichen Beschränkungen sowie zur Sicherung der wirtschaftlichen Existenzsicherung und des Lebensstandards des Geschäftsführers darstellen sollen.

1389 Siehe dazu BAG, AP HGB § 74 Nr. 67, wonach die Vertragsgestaltung gegenüber dem Arbeitnehmer möglichst klar und eindeutig sein soll, damit dieser die Folgen der Abrede überblicken kann. Diesbezüglich erfüllen auch die Formvorschriften des § 74 Abs. 1 HGB ihre vornehmlich arbeitnehmerschützende Wirkung, siehe *Röhsler/Borrmann*, Wettbewerbsbeschränkungen für Arbeitnehmer und Handelsvertreter, S. 74 f.

a. Leistungen während des Bestehens des Anstellungsverhältnisses

Vertraglich vereinbarte Leistungen, die für die Zeit des bestehenden Anstellungsverhältnisses gewährt werden, können den allgemeinen Anforderungen an die Bestimmtheit der Leistungen hinsichtlich der Karenzentschädigung allenfalls nur dann genügen, wenn diese einen ausdrücklichen Bezug zur nachvertraglichen Wettbewerbsenthaltung aufweisen und ausdrücklich eine entsprechende Gegenleistung darstellen. Folglich könnte beispielsweise in Erwägung gezogen werden, dass die anstellungsvertragliche Zusage eines äußerst hohen (bzw. erhöhten) Gehalts nicht allein die Vergütung der Geschäftsführertätigkeit darstellen soll, sondern es dem Geschäftsführer zugleich ermöglichen soll, für die Karenzzeit eigenständig vorzusorgen.[1390] Ohne eine ausdrückliche konsensuale Vereinbarung der Vertragsparteien werden die Leistungen, die während des Bestehens des Anstellungsverhältnisses gewährt werden, grundsätzlich nicht der Karenzentschädigungsleistung zugeordnet. Folglich müsste bezüglich der Zusage eines äußerst hohen Gehalts ausdrücklich festgelegt werden, dass ein bestimmter Betrag dieser Vergütung der Bildung einer Rücklage dienen soll, die sodann entsprechend den vertraglichen Bestimmungen auch die beruflichen nachvertraglichen Beschränkungen finanziell kompensieren kann. Folglich können auch die anstellungsvertraglichen Leistungen den Wertungen des Grundsatzes der bezahlten Karenz sowie dem Billigkeitsurteil nach Maßgabe des § 138 Abs. 1 BGB gerecht werden.[1391] Misst sich der Grundsatz der bezahlten Karenz vor allem auch am Maßstab des Art. 12 Abs. 1 GG, wäre es mit dem verfassungsrechtlich gewährten Schutz des Art. 12 Abs. 1 GG unvereinbar, wenn jedwede anstellungsvertragliche Leistung ohne die ausdrückliche Parteienvereinbarung als Gegenleistung der nachvertraglichen Wettbewerbsbeschränkungen eingeordnet würde. Ist die anstellungsvertraglich vereinbarte Leistung ihrem Umfang nach grundsätzlich dazu geeignet eigenständig finanzielle Rücklagen zu bilden, besteht dennoch kein ausreichender sowie erforderlicher Bezug zum nachvertraglichen Wettbewerbsverbot, sofern die ausdrückliche (Zweck-)Bestimmung darüber fehlt. Zudem wird man im Grundsatz davon ausgehen müssen, dass die Leistungen, die für die Zeit des Bestehens des

---

1390 So *Müller*, FS Grunewald, 2021, 811, 820 f.

1391 Vgl. *Weidelener*, Der richterliche Vertragsschutz, S. 281; *Krahforst*, Nachvertragliche Wettbewerbsverbote für GmbH-Geschäftsführer, S. 303; idS. auch *Menke*, NJW 2009, 636, 640, für die Möglichkeit eine Verzichtsoption der GmbH durch die Festlegung eines höheren Gehalts zu kompensieren. Gemeint sind damit grundsätzlich beide Stufen der Karenzentschädigung.

Anstellungsverhältnisses gewährt werden, nicht auch in den nachvertraglichen Bereich hineinwirken. Somit wird die Vergütung generell allein die Gegenleistung für die Geschäftsführertätigkeit darstellen. Folglich werden den Wertungen des Grundsatzes der bezahlten Karenz sowie des Art. 12 Abs. 1 GG entsprechend grundsätzlich allein die Leistungen Wirkung hinsichtlich nachvertraglicher Wettbewerbsverbote entfalten, die zuvörderst für die Zeit der beschränkenden Wirkung der Wettbewerbsabrede versprochen wurden.[1392]

b. Leistungen für die Zeit nach Beendigung des Anstellungsverhältnisses

Demnach sind vor allem die anderweitigen Leistungen zu betrachten, die für die Zeit nach der Beendigung des Anstellungsverhältnisses gewährt wurden. Folglich können beispielsweise Abfindungszahlungen oder Übergangsgelder bei entsprechender ausdrücklicher vertraglicher Vereinbarung auch dem Ausgleichszweck einer Karenzentschädigung dienen und somit berücksichtigt werden. Fehlt eine solche ausdrückliche vertragliche Regelung, wird die Berücksichtigung der anderweitigen Leistungen gleichwohl möglich sein, obgleich diesbezüglich beachtliche Unsicherheiten und Risiken bestehen werden.

So dient beispielsweise eine vertraglich zugesagte Abfindungszahlung ihrem originären Zweck nach zuvörderst der Vermeidung späterer Streitigkeiten sowie dem Ausgleich für die entgangenen Verdienste infolge der vorzeitigen Beendigung des Anstellungsverhältnisses. Des Weiteren geht es um eine gewisse finanzielle Absicherung des Geschäftsführers, der ansonsten aufgrund der Unanwendbarkeit der §§ 9, 10 KSchG ohne jegliche Sicherung dastehen würde.[1393] Besteht sodann eine zeitliche Kongruenz zwischen der Gewährung einer Abfindung und der Karenzzeit, werden die beruflichen Beschränkungen in finanzieller Hinsicht zutreffend auch durch die Abfindungszahlung faktisch abgemildert und könnten als Karenzentschädigung betrachtet werden. Ist vorrangig jedoch vor allem der originäre Leistungszweck der Abfindung zu beachten, wird zumeist nicht die vollständige Leistung herangezogen werden können, sondern nur insoweit, als zuvor der Anteil abgezogen werden muss, der dem originären

1392 Vgl. auch *Krahforst*, Nachvertragliche Wettbewerbsverbote für GmbH-Geschäftsführer, S. 303 f.; *Thüsing*, NZG 2004, 9, 12, der als Beispiel auch das Ruhegeld nennt.

1393 MüKoGmbHG/*Jaeger*/*Steinbrück*, § 35 Rn. 444; idS. MüKoAktG/*Spindler*, § 87 Rn. 155; BeckOGK/*Fleischer*, AktG § 87 Rn. 77, für Vorstände der AG, bei denen die Höchstdauer des Anstellungsvertrages nach § 84 Abs. 1 S. 5 iVm. S. 1 AktG festgelegt ist.

Zweck der Abfindungszahlung dienen soll. Somit ist es praktisch unvermeidbar, dass beachtliche Unsicherheiten dahingehend bestehen, ob der verbleibende Teil der Abfindungszahlung überhaupt noch dazu beitragen kann, die beruflichen Beschränkungen abzumildern. Selbiges wird grundsätzlich auch für Übergangsgelder sowie sonstige Versorgungsleistungen (Betriebsrenten/Ruhegelder) anzunehmen sein.[1394] Zudem werden auch Unsicherheiten dahingehend bestehen, welche Höhe die Leistung erreichen muss, damit diese den ursprünglichen sowie den Karenzentschädigungszwecken ausreichend genügen kann, dies vor allem in den Fällen, in denen es an gesetzlichen Vorgaben hinschlich der Höhe der anderweitigen Leistung fehlt. Demnach wird es zugleich auch an einem Anhaltspunkt für die Ermittlung des überschießenden möglicherweise die nachvertraglichen Beschränkungen ausgleichenden Anteils fehlen.[1395] Können die anderweitig versprochenen Leistungen als Karenzentschädigungsleistung angesehen werden, wird es entsprechend den dargestellten Unsicherheiten fast unvermeidbar sein, ausdrücklich vertraglich zu regeln, welche Leistungen zur Abmilderung der beruflichen Beschränkungen bestimmt sind. Unter Beachtung der wesentlichen Wertungen des Grundsatzes der bezahlten Karenz ist vor allem ein „Quasi-Entgelt"[1396] als finanzielle Kompensation geschuldet, die gleichfalls auch die gegenseitigen Interessen der Vertragsparteien in einen möglichst schonenden Ausgleich bringen sollen, ohne tiefgreifend in die beiderseitig gewährte Vertragsfreiheit der Parteien einzugreifen. Zur rechtssicheren, effektiven und praktikablen Umsetzung dieses Zwecks sollte folglich grundsätzlich eine ausdrücklich vertraglich vereinbarte Karenzentschädigung zugesagt werden. Demnach sollte die Karenzentschädigung aus den vertraglichen Abreden zumindest eindeutig bestimmbar und bestenfalls ausdrücklich benannt werden, sodass auch die zur Erreichung der Wirksamkeitsvoraussetzung der 50 % der zuletzt

---

1394 Ausführlicher zu den einzelnen Leistungen und iE. ebenso *Krahforst*, Nachvertragliche Wettbewerbsverbote für GmbH-Geschäftsführer, S. 305 ff.

1395 So besteht bei Abfindungszahlungen keine gesetzlich normierte Höchstgrenze, sodass sich diese allein daran bestimmt, wo die gesellschaftliche Entscheidungsfreiheit nach § 38 Abs. 1 GmbHG infolge der finanziellen Belastung in unzulässiger Weise beschränkt wird, dazu MüKoGmbHG/*Jaeger*/*Steinbrück*, § 35 Rn. 446; *Bauer*/*Arnold*, ZIP 2010, 709, 712. Bei Ruhegeldern ist insbesondere zu beachten, dass diese ein besonderes Entgelt für die bereits geleisteten Dienste darstellen. Sie dienen damit grundsätzlich nicht dem Ausgleich der Nachteile, die erst infolge der Beendigung des Anstellungsverhältnisses entstehen, vgl. *Thüsing*, NZG 2004, 9, 12.

1396 *Thüsing*, NZG 2004, 9, 12.

bezogenen Gesamtvergütung benötigten Entschädigungsleistungen eindeutig erkenn- sowie bestimmbar sind.

In Anbetracht bestehender Auslegungsrisiken wird man sich zudem kaum darauf verlassen können, dass die anderweitig versprochenen Leistungen überhaupt als zu berücksichtigende Karenzentschädigung wahrgenommen werden, wenn der Ausgleichszweck nicht ausdrücklich vertraglich vereinbart wurde oder erkennbar ist.[1397] Dies wohl selbst unter Beachtung des Grundsatzes *favor contractus*, also der vorrangigen vertragserhaltenden Auslegung, nicht.[1398] Um dem Zweck eines „Quasi-Entgelts" zu genügen, muss zwar keine ausdrückliche Karenzentschädigungszusage vereinbart werden, indes wird es sodann freilich erforderlich sein, dass die sonstigen Leistungen ihrer vertraglichen Gestaltung nach in gewisser Weise ein bestimmtes Auslegungsergebnis vorgeben und damit in bestimmter Eindeutigkeit vorgeben, dass die vertraglich gewährten Leistungen neben ihrem gewöhnlichen Zweck insbesondere noch der Abmilderung der beruflichen Beschränkungen dienen sollen. Gewährt man den Vertragsparteien vorliegend einen umfassenderen vertraglichen Gestaltungsspielraum, sollte dies in der Umkehr ebenfalls bedeuten, dass die Vertragsparteien und vorliegend insbesondere die primär begünstigende Gesellschaft darauf zu achten haben, dass die Verbotsklauseln und die damit im Zusammenhang stehenden vertraglichen Regelungen ausreichend eindeutig formuliert werden.[1399] In diesem Fall könnte man im Zweifel eine restriktive Auslegung der Vertragsklauseln zugunsten des Geschäftsführers annehmen.[1400]

1397 IdS. auch bei Gesamtabfindungsklauseln gegenüber Arbeitnehmern, siehe BeckOGK/*Ittmann*, HGB § 74 Rn. 111.1.

1398 Vgl. *Gernhuber*, Das Schuldverhältnis, § 9 S. 210; siehe auch MüKoBGB/*Bachmann*, § 241 Rn. 16.

1399 IdS. allgemein zur vertraglichen Gestaltung nachvertraglicher Wettbewerbsverbote mit Organmitgliedern KK-AktG/*Mertens*/*Cahn*, § 88 Rn. 37; so auch *Heidenhain*, NZG 2002, 605, 606, der darauf abstellt, dass auch „unvollständig[e], unausgewogen[e] oder lückenhaft[e] Vereinbarungen" respektiert werden müssten.

1400 Wie dies gegenüber dem Arbeitgeber im Anwendungsbereich der §§ 74 ff. HGB angenommen wird, siehe EBJS/*Boecken*/*Rudkowski*, HGB § 74 Rn. 25; MüKoHGB/*Thüsing*, § 74 Rn. 27; Heymann/*Henssler*/*Michel*, HGB § 74 Rn. 14.

IV. Rechtsfolge der fehlenden oder unzureichenden Karenzentschädigungszusage

Zuletzt soll noch diskutiert werden, ob auch die Rechtsfolgenanordnung des Grundsatzes der bezahlten Karenz im Sinne des § 74 Abs. 2 HGB verallgemeinerungsfähige Wertungen enthält, die zugleich zu übertragen sind. Dass die Gewährung einer differenzierten Rechtsfolge im Rahmen des § 138 BGB möglich und zulässig sein kann, wurde schon dargelegt, sodass eine teleologische Reduktion der Nichtigkeitsfolge im Wege des dem § 138 BGB immanenten Normzweckvorbehaltes durch die Übertragung der allgemeinen Rechtsgedanken des § 74 Abs. 2 HGB ebenfalls möglich erscheint.

Fehlt einem grundsätzlich entschädigungsbedürftigen Wettbewerbsverbot die notwendige Karenzentschädigungszusage, folgt zutreffend die Gesamtnichtigkeit der Wettbewerbsverbotsabrede nach § 138 BGB. Eine zu niedrig bemessene Karenzentschädigung wirkt sich hingegen bislang allein auf der Ebene der Interessenabwägung aus, sodass womöglich nicht die erforderliche Entschädigungshöhe zur angemessenen finanziellen Kompensation der auferlegten inhaltlichen Beschränkungen sowie zur Herstellung der Billigkeit des gesamten Wettbewerbsverbotes erreicht wird.

Folgt den allgemeinen Rechtsgedanken des § 74 Abs. 2 HGB, dass in Fällen von Tätigkeitsverboten verbindlich eine Karenzentschädigung zugesagt werden muss, ist auch die Wirksamkeitsvoraussetzung des § 74 Abs. 2 HGB mitzuübertragen. Fehlt die Zusage der Karenzentschädigung im Falle des entschädigungsbedürftigen Wettbewerbsverbotes vollständig, ist zutreffenderweise von der Gesamtnichtigkeit der Abrede auszugehen.[1401] Demnach sieht die immanente Teleologie beim Fehlen der notwendigen Karenzentschädigungszusage keine Möglichkeit der geltungserhaltenden Reduktion vor.

Wurde die Karenzentschädigungshöhe hingegen nur zu niedrig bemessen, gewährt der § 74 Abs. 2 HGB dem Arbeitnehmer ein Wahlrecht zwischen der Unverbindlichkeit der Abrede und dem Erhalt der zu niedrigen Karenzentschädigung.[1402] Zunächst könnte man erwägen, dass die Gesamtnichtigkeit

---

1401 Entsprechend der Rechtsfolge gegenüber Arbeitnehmern, siehe dazu BAG, AP BGB § 611 Konkurrenzklausel Nr. 24; BAG, NJW 1970, 626, 627 f.; BAG, NZA 1995, 72, 73; BAG, NZA 2017, 845, 847; EBJS/*Boecken/Rudkowski*, HGB § 74 Rn. 50; *BeckOGK/Ittmann*, HGB § 74 Rn. 135; MüKoHGB/*Thüsing*, § 74 Rn. 49; Oetker/*Kotzian-Marggraf*, HGB § 74 Rn. 27.

1402 Vgl. EBJS/*Boecken/Rudkowski*, HGB § 74 Rn. 50 ff.; MüKoHGB/*Thüsing*, § 74 Rn. 49 ff.

eine vorteilhaftere Rechtsfolge darstellt, demgemäß der Geschäftsführer gänzlich frei von jeglichen Beschränkungen wird. Obliegt den Geschäftsführern nun ein Wahlrecht hinsichtlich der Unverbindlichkeit im Sinne der Nichtigkeit oder des Erhalts der zu niedrig bemessenen Karenzentschädigung und des weiteren Unterliegens der Wettbewerbsbeschränkungen, wird diese Rechtsfolge eine vorteilhaftere Lösung für den Geschäftsführer unter Berücksichtigung des ihm zustehenden Dispositionsinteresses darstellen. In diesem Sinne wird das Wahlrecht nach § 74 Abs. 2 HGB die dem Geschäftsführer zustehende privatautonome Entscheidungsfreiheit sowie die freie Selbstverantwortung und -bestimmung in den Vordergrund rücken. So liegt es in der Hand des Geschäftsführers, ob er sich weiterhin an die Wettbewerbsbeschränkungen gebunden fühlen möchte und die zwar zu niedrige, aber aus seiner Sicht ausreichende Karenzentschädigung erhält oder gänzlich frei wird, dies richtigerweise ohne den Erhalt einer Karenzentschädigung. Demnach wird dem Geschäftsführer nicht die stringente Rechtsfolge der Gesamtnichtigkeit diktiert und er kann nach seinen eigenen Bedürfnissen die bestmögliche Wahl treffen. Folglich erlangt der Geschäftsführer unter Beachtung seiner Bedürfnisse und der jeweiligen Situation auch die wünschenswerte Planungssicherheit hinsichtlich seiner finanziellen Absicherung sowie seines weiteren beruflichen Werdegangs. Hat sich der Geschäftsführer also auf den Erhalt der Karenzentschädigung eingestellt und hält er die zwar zu niedrig bemessene Karenzentschädigung dennoch für grundsätzlich ausreichend, um die ihn wettbewerblich und erwerbswirtschaftlich beschränkenden Vereinbarungen auszugleichen, wird er seine weitere berufliche Tätigkeit eben auch unter Beachtung der zugesagten Karenzentschädigung gestalten und planen.

Des Weiteren ist auch wieder die teleologische Mehrdimensionalität der Rechtsfolgenanordnung des § 74 Abs. 2 HGB zu beachten. Stellt die Wahlmöglichkeit zunächst vornehmlich eine vorteilhafte Regelung zugunsten des Geschäftsführers dar, nachdem allein ihm die Wahl unter Beachtung seiner persönlichen Präferenzen und Planung zusteht, berücksichtigt diese Rechtsfolge gleichwohl auch die anzuerkennenden Interessen der Gesellschaft. Liegt es zwar nicht mehr in der Hand der Gesellschaft die Aufrechterhaltung herbeizuführen, wird die Wahlmöglichkeit des Geschäftsführers zumindest das mildere und schonendere Mittel im Vergleich zur undifferenzierten Rechtsfolge der Nichtigkeit darstellen. Wird es der Gesellschaft in Anbetracht der Unverbindlichkeit sowie einer möglicherweise lohnenden Anschlussbeschäftigung kaum mehr möglich sein, erneut ein sodann zulässiges Wettbewerbsverbot zu vereinbaren, erfordert das Auffinden der gerechten und angemessenen Lösung auch immer die Berücksichtigung der anzuerkennenden berechtigten Interessen der Gesellschaft.[1403] Demnach wird das Wahlrecht im Sinne des § 74 Abs. 2 HGB den schonenderen Ausgleich der beiderseitigen Interessen im Vergleich zur Rechtsfolge der Nichtigkeit ermöglichen. Folglich sind auch die Unverbindlichkeitsrechtsfolge sowie das Wahlrecht des § 74 Abs. 2 HGB im Wege des Normzweckvorbehaltes des § 138 BGB zu übertragen.[1404]

Eine Anpassung oder Aufstockung auf eine angemessene Höhe der Karenzentschädigung, die sodann den Wirksamkeitsvoraussetzungen entspricht und auch im Wege der Interessenabwägung die Billigkeit der Abrede bewirken kann, ist nicht vorzunehmen. Für eine solche richterliche Anpassung könnten zwar zunächst wieder Aspekte der Einzelfallgerechtigkeit sprechen, die gleichwohl durch die damit einhergehenden nachteiligen Effekte egalisiert werden würden. Beachtet man den gesetzgeberischen Willen hinsichtlich des Rechtsfolgensystems der §§ 74 ff. HGB, in dem eine Anpassung eben nicht vorgesehen ist, wird eine solche zunächst auch nicht den Interessen des Geschäftsführers gerecht. Ist die Karenzentschädigung zu niedrig bemessen, soll der Gesellschaft nicht grundsätzlich das Risiko der Unwirksamkeit genommen werden. Stünde die im Rahmen der Wahlmöglichkeit zur Verfügung stehende Rechtsfolge der Unverbindlichkeit eben nicht mehr zur Verfügung, könnte der Geschäftsführer die angemessene Karenzentschädigung erst durch die Anpassung im Wege der gerichtlichen Auseinandersetzung erlangen und würde so unerwünschterweise mit den Prozesskosten und -risiken belastet werden.[1405] Darüber hinaus ist zu beachten, dass die richterliche Anpassung je nach Umständen des Einzelfalls und im Zusammenspiel mit den letztendlich auferlegten inhaltlichen Grenzen auch finanziell nachteilige Folgen für die Gesellschaft bedeuten könnte und insofern ebenfalls nicht deren Interessen entsprechen wird. So mag man an die Fälle denken, in denen die richterliche Anpassung eine Höhe vorsieht, die von der Gesellschaft selbst niemals vereinbart worden wäre, und bei denen sich die Gesellschaft vorab lieber komplett von einem Wettbewerbsverbot losgesagt hätte.

Zielt sowohl die richterliche Vertragskontrolle als auch die BGH-Rechtsprechung vornehmlich darauf ab, die privatautonomen Vertragsfreiheiten weitestmöglich schrankenlos zu gewähren und zu beachten, stellt die

---

1403 Ebenso *Müller*, FS Grunewald, 2021, 811, 823.

1404 So auch *Gerigk*, Nachvertragliche Wettbewerbsverbote mit Organmitgliedern, S. 166 f.

1405 Vgl. *Weidelener*, Der richterliche Vertragsschutz, S. 277 f.; *Gerigk*, Nachvertragliche Wettbewerbsverbote mit Organmitgliedern, S. 167.

Rechtsfolge der Wahlmöglichkeit die schonendste und effektivste Lösung dar. Geht man also davon aus, dass die zu niedrig gewählte Karenzentschädigungshöhe primär die selbstbestimmte Entscheidung der Vertragsparteien und vorrangig wohl der Gesellschaft darstellt, ist diese zunächst auch zu respektieren, ohne ihr eine bestimmte Rechtsfolge zu diktieren. Gewährt man dem Geschäftsführer zudem die Wahlmöglichkeit des § 74 Abs. 2 HGB, wird vor allem die vertragliche Gestaltungs- und Entscheidungsfreiheit umfassender berücksichtigt. Des Weiteren stellt die Wahlmöglichkeit ihrer grundsätzlichen Konzeption und Wertung nach ein weiteres wesentliches Element des angemessenen und gerechten Ausgleichs der beiderseitigen Interessen im Zusammenspiel mit den anderen beachtlichen Wertungen der §§ 74 ff. HGB dar. Folglich sind unter Beachtung der gesetzgeberischen Interessenbewertung und Werteentscheidung zur Herstellung der größtmöglichen Wertungseinheit und Folgerichtigkeit sowie der verallgemeinerungsfähigen Wertungen des § 74 Abs. 2 HGB auch die Rechtsfolgen des § 74 Abs. 2 HGB zu übertragen.[1406]

V. Zwischenergebnis zum § 74 Abs. 2 HGB

In Fällen von Tätigkeitsverboten kommt es nach der vorliegend vertretenen Ansicht zur Übertragung der wesentlichen verallgemeinerungsfähigen Wertungen der tatbestandlichen Voraussetzungen sowie der angeordneten Rechtsfolgen des § 74 Abs. 2 HGB. Nicht zu übertragen sind die jeweiligen spezifischen Einzelausformungen des Rechtssatzes, aus dem die verallgemeinerungsfähigen Wertungen induktiv gewonnen wurden.[1407] Folglich wird der gewonnene Rechtsgedanke durch eine höhere Allgemeinheit und Offenheit geprägt sein als die zugrunde liegende Vorschrift. In diesem Sinne können die induktiv hergeleiteten verallgemeinerungsfähigen Rechtsgedanken vorliegend so formuliert werden, dass die schwerwiegenden Eingriffe in die berufliche Freiheit des Betroffenen infolge der vertraglichen Wettbewerbsabrede nur dann verbindlich sind, wenn der Begünstigende sich für die Dauer des Verbotes verpflichtet, eine angemessene Entschädigung zu zahlen. In Anbetracht der vorliegenden Problematik kann diese verallgemeinerungsfähige Wertung dahingehend konkretisiert werden, dass das Wettbewerbsverbot in Form des Tätigkeitsverbotes nur dann verbindlich ist, wenn sich die Gesellschaft verpflichtet, für die Dauer des

---

1406 IdS. auch *Weidelener*, Der richterliche Vertragsschutz, S. 277 ff.; *Gerigk*, Nachvertragliche Wettbewerbsverbote mit Organmitgliedern, S. 167.

1407 Zur Methodik siehe allgemein *Canaris*, Die Feststellung von Lücken im Gesetz, S. 97 ff.

Verbotes eine Entschädigung zu zahlen, die für jedes Jahr des Verbotes mindestens die Hälfte der vom Geschäftsführer zuletzt bezogenen vertragsmäßigen Gesamtvergütung erreicht.[1408]

D. Sittenwidrige Wettbewerbsabrede nach § 74a Abs. 3 HGB

Der § 74a Abs. 3 HGB statuiert entgegen seinem eigenen Wortlaut, dass die Unwirksamkeits- bzw. Unverbindlichkeitsgründe der §§ 74 Abs. 2, 74a Ab s. 1 und 2 HGB *Leges speciales* gegenüber den Sittenwidrigkeitsgründen des § 138 BGB sind. Zur Anwendung soll der § 138 BGB demnach nur kommen, wenn außerhalb der Anwendungsbereiche der §§ 74 Abs. 2, 74a Abs. 1 und 2 H GB noch weitere besonders verwerfliche Tatumstände außerhalb der inhaltlichen Vereinbarung der Parteien hinzutreten, sofern diesen Umständen eine eigenständige Bedeutung zukommt. Hier können beispielsweise Fälle der Ausnutzung einer Zwangslage oder einer Unerfahrenheit genannt werden.[1409] Somit stellt § 74a Abs. 3 HGB klar, dass für den § 138 BGB für nachvertragliche Wettbewerbsverbote weiterhin ein Anwendungsbereich besteht, der jedoch seiner ursprünglichen Konzeption entsprechend allein die extremen Fälle hinsichtlich der Vereinbarung eines nachvertraglichen Wettbewerbsverbotes erfassen soll. Dieser Regelungsgehalt spiegelt zudem auch die verfassungs- sowie zivilrechtlichen Wertungen wider und ist Ausdruck der gesetzgeberischen Werteentscheidung, nach der das Sittenwidrigkeitsverdikt mit der stringenten Rechtsfolge der Nichtigkeit der Abrede allein für die evidenten Fälle überschießender Wettbewerbsverbote in Verbindung mit dem Hinzutreten weiterer verwerflicher Tatumstände im Sinne des § 138 BGB weiter zur Anwendung kommt. Damit bestärkt der § 74a Abs. 3 HGB die Wesentlichkeit und Sachgerechtigkeit der Regelungsgehalte und Rechtsfolgen der §§ 74 Abs. 2, 74a Abs. 1 S. 1 und 2 HGB als vorrangige Beurteilungsmaßstäbe nachvertraglicher Wettbewerbsverbote.

1408 Die Formulierung ist an den Wortlaut des § 74 Abs. 2 HGB angelehnt und unterscheidet sich zum Ersten hinsichtlich der Differenzierung, dass nicht jede Wettbewerbsverbotsklausel eine schwerwiegende Eingriffsintensität aufweist, die der finanziellen Kompensation bedarf. Des Weiteren wurden die spezifischen Begriffe fallbezogen angepasst.

1409 Vgl. BAG, AP HGB § 74 Nr. 22; Hopt/*Roth*, HGB § 74a Rn. 8; BeckOGK/*Ittmann*, HGB § 74a Rn. 32; ErfK/*Oetker*, HGB § 74a Rn. 8; Heymann/*Henssler*/*Michel*, HGB § 74 Rn. 30 f.; HWK/*Diller*, HGB § 74a Rn. 24; MüKoHGB/*Thüsing*, § 74a Rn. 31; Oetker/*Kotzian-Marggraf*, HGB § 74a Rn. 1.

Dazu tritt die damit zwangsläufig einhergehende Nachrangigkeit des Sittenwidrigkeitsverdiktes und der Rechtsfolge der Gesamtnichtigkeit beim Vorliegen eines inhaltlichen Übermaßes. Geht der Präventionsgedanke der Rechtsfolge der Gesamtnichtigkeit bei inhaltlichen Überschreitungen fehl, wird dieser für die evidenten Fälle überschießender Wettbewerbsverbote in Verbindung mit dem Hinzutreten weiterer verwerflicher Tatumstände zutreffenderweise wieder greifen.[1410] Damit enthält auch § 74a Abs. 3 HGB einen verallgemeinerungsfähigen Rechtsgedanken, der somit in Ergänzung zu den §§ 74 Abs. 2, 74a Abs. 1 S. 1 u nd 2 HGB zu übertragen ist. In dem Sinne stellt die Anordnung des Vorrangs der Unwirksamkeits- bzw. Unverbindlichkeitsgründe der §§ 74 Abs. 2, 74a Abs . 1 und 2 HGB als *Leges speciales* gegenüber den Sittenwidrigkeitsgründen des § 138 BGB sowohl Tatbestand als auch Rechtsfolge der Regelung dar. Demnach kann hier schon einmal darauf hingewiesen werden, dass auch eine analoge Anwendung vorliegend in Betracht kommt.

E. Anrechnung anderweitigen Erwerbs nach § 74c HGB

Die Anrechnung anderweitigen Erwerbs auf die zugesagte Karenzentschädigung wird durch den § 74c Abs. 1 HGB geregelt. Infolge einer Anrechnung anderweitigen Erwerbs kann es zur Einschränkung der Karenzentschädigungspflicht zugunsten des Arbeitgebers kommen, die bis hin zum vollständigen Entfallen der Karenzentschädigungspflicht führen kann. Ihrem Sinn und Zweck nach wird die Karenzentschädigung dafür gezahlt, die wirtschaftlichen sowie beruflichen Nachteile und Einbußen infolge der Beschränkungen im Rahmen der neuen Tätigkeit auszugleichen. Ist der ehemalige Beschäftigte hingegen in der Lage, trotz des bestehenden Wettbewerbsverbotes ein Einkommen zu erzielen, welches sein früheres Einkommen erreicht oder gar übersteigt, entspreche es der Billigkeit sowie dem allgemeinen Bereicherungsverbot, dass der ehemalige Arbeitgeber nicht weiterhin verpflichtet bleibt, zusätzlich noch vollumfänglich die Karenzentschädigung zu zahlen.[1411]

1410 Siehe *Canaris*, JuS 1989, 161 165, wie hier auch *Gerigk*, Nachvertragliche Wettbewerbsverbote mit Organmitgliedern, S. 145.

1411 Vgl. schon Begründung des Gesetzesentwurfs zur Änderung des Handelsgesetzbuches, Reichstagsprotokolle, 13. Legislaturperiode, 1912/14, 18, Anlage Nr. 575, S. 729; dazu auch MüKoHGB/*Thüsing*, § 74c Rn. 1 f.; EBJS/*Boecken*/*Rudkowski*, HGB § 74c Rn. 2; zum Billigkeitsaspekt BAGE 20, 162, Rn. 36; zum allgemeinen Bereicherungsverbot BAG, AP HGB § 74c Nr. 2; siehe ebenfalls *Gerigk*, Nachvertragliche Wettbewerbsverbote mit Organmitgliedern, S. 168.

Das BAG entnahm § 74c Abs. 1 HGB indes keinen allgemeinen Rechtsgedanken, der vor der umfassenden analogen Anwendung der §§ 74 ff. HGB auch ohne die ausdrückliche Parteivereinbarung Anwendung fand. Gleichwohl wies das BAG darauf hin, dass die Anrechnungsvorschrift des § 74c Abs. 1 HGB in wesentlicher Konnexität zur zugesagten und gezahlten Karenzentschädigung stehe und insofern auch einen Einfluss auf die allgemeine Billigkeitsprüfung der Wettbewerbsabrede habe.[1412] Entsprechend der zu beachtenden Aspekte der Billigkeit sowie des allgemeinen Bereicherungsverbotes stellt die Regelung des § 74c HGB nicht vorrangig auf die dem Regelungskomplex der §§ 74 ff. HGB allgemein obliegende besondere Schutzbedürftigkeit des Arbeitnehmers ab. So bezweckt der § 74c HGB seiner *ratio legis* nach vielmehr die angemessene Berücksichtigung der beiderseitigen Interessen. Demnach dient die Karenzentschädigung grundsätzlich zuvörderst dem Ausgleich der allein im Arbeitgeberinteresse liegenden Wettbewerbsbeschränkungen, um so unter Beachtung der verbleibenden beruflichen Möglichkeiten die erwerbswirtschaftliche Existenz des ehemaligen Beschäftigten zu sichern. Kann der ehemalige Beschäftigte infolge seiner neuen Tätigkeit sodann ein ausreichendes Einkommen erzielen, sind auch die bezweckten Sicherungsinteressen ausreichend berücksichtigt und erfüllt, wenn dieses Einkommen nach Maßgabe der Anrechnungsgrenzen des § 74c Abs. 1 HGB angerechnet wird und so die „Übersicherung" des ehemaligen Beschäftigten verhindert.[1413] Ausgehend von den wesentlichen Aspekten der Billigkeit sowie des allgemeinen Bereicherungsverbotes stellt vor allem die Vermeidung der „Übersicherung" den wesentlichen Gedanken des § 74c Abs. 1 HGB dar. Nicht als Grundgedanke des § 74c HGB anzusehen ist die Vermeidung der Gefahr, dass der ehemalige Beschäftigte stetig den Arbeitsplatz wechselt oder nur kündigt, um die Karenzentschädigung zu erhalten.[1414] Vielmehr sprechen eben der angesprochene Übersicherungsgedanke und die Entlastung der Gesellschaft dem Grundgedanken des § 74c Abs. 1 HGB und stellen nicht nur einen „Reflex"[1415] eben dieser dar. Ausgehend vom Sinn und Zweck der Karenzentschädigung würde dieser ins Gegenteil verkehrt werden, wenn der Geschäftsführer ohne die ausdrückliche vertragliche Vereinbarung neben der vollen

1412 BAGE 19, 267, Rn. 36 f.; siehe auch *Krahforst*, Nachvertragliche Wettbewerbsverbote für GmbH-Geschäftsführer, S. 398 f.

1413 Vgl. EBJS/*Boecken*/*Rudkowski*, HGB § 74c Rn. 2; MüKoHGB/*Thüsing*, § 74c Rn. 2.

1414 So BGH, NJW-RR 2008, 1421, 1422; Noack/Servatius/Haas/*Beurskens*, GmbHG § 37 Rn. 121.

1415 BGH, NJW-RR 2008, 1421, 1422.

Karenzentschädigung noch anderweitige Verdienste erhalten könnte, ohne die automatische Anrechnung oder Verrechnung.[1416]

Blendet man die speziellen Einzelausformungen der Vorschrift zunächst aus, dient der Regelungsgehalt des § 74c Abs. 1 HGB vor allem dem Ausgleichsgedanken der beiderseitigen anzuerkennenden Interessen.[1417] In diesem Sinne stehen die Karenzentschädigung sowie die Anrechnungsvorschrift des § 74c Abs. 1 HGB in enger Konnexität,[1418] die grundsätzlich auch vom BGH angenommen und anerkannt wurde.[1419] Ist eine angemessene Karenzentschädigung zugunsten des Geschäftsführers zugesagt worden, liegt im Verhältnis zur Gesellschaft grundsätzlich eine vergleichbare bzw. wertungsmäßige Ähnlichkeit der Interessenlagen vor wie im Verhältnis Arbeitgeber zu Arbeitnehmer. So stellt die Anrechnungsvorschrift grundsätzlich sicher, dass der ehemalige Beschäftigte die vereinbarte Ausgleichszahlung in Form der Karenzentschädigung erhält bzw. infolge der Reduzierung der Karenzentschädigungspflicht in Verbindung mit der Anrechnung des anderweitigen Erwerbs die finanzielle Absicherung aufrechterhalten bleibt. Auf der anderen Seite bleibt das ehemalige Unternehmen grundsätzlich weiter verpflichtet das „Quasi"-Entgelt für die Wettbewerbsenthaltungen zu leisten, dies grundsätzlich auch unabhängig davon, ob der ehemalige Beschäftigte tatsächlich schwerwiegend von den Beschränkungen betroffen ist oder ob er tatsächlich überhaupt eine weitere Tätigkeit ausübt. Kann sich der ehemalige Beschäftigte trotz der Wettbewerbsbeschränkungen zumindest in erwerbswirtschaftlicher Hinsicht dermaßen frei entfalten, dass die befürchteten beruflichen Beeinträchtigungen ausgeblieben sind, ist auch dem Ausgleichsgedanken der Karenzentschädigung Genüge getan, wenn das ehemalige Unternehmen allein noch eine Entschädigung im reduzierten Umfang zu leisten hat. Beruht die Bejahung der Notwendigkeit der Karenzentschädigungszusage darauf, dass auch dem Geschäftsführer grundsätzlich ein finanzieller Schutz zur Erhaltung seines Lebensstandards und zur Sicherung seiner erwerbswirtschaftlichen Existenzgrundlage geboten werden soll, wird dieser Schutzzweck ebenfalls im gerechten und ausreichenden Maße gewährleistet, wenn eine Anrechnung anderweitigen Erwerbs in Anlehnung an den Rechtsgedanken des § 74c Abs. 1 HGB vorgenommen wird. Insbesondere ist vorliegend die enge

---

1416 Vgl. *Kielkowski*, NZG 2015, 900, 901; dazu auch *Kukat*, BB 2001, 951, 952 f.

1417 Siehe BeckOGK/*Ittmann*, HGB § 74c Rn. 2; siehe dazu auch BAGE 19, 194, Rn. 17 ff.; ausdrücklich den Ausgleichsgedanken ausformuliert BAGE 22, 6, Rn. 19.

1418 Vgl. BAGE 22, 6, Rn. 15.

1419 BGH, NJW-RR 2008, 1421, 1422.

Konnexität der §§ 74 Abs. 2, 74c Abs. 1 HGB zu beachten, die im Zusammenspiel und nach Maßgabe der gesetzgeberischen Interessenbewertung maßgeblich zum angemessenen Ausgleich der beiderseitigen Interessen beitragen. Insofern enthalten beide Vorschriften verallgemeinerungsfähige Wertungen und allgemeine Rechtsgedanken, die auf nachvertragliche Wettbewerbsverbote mit Geschäftsführern übertragen werden müssen.[1420] Insofern dient die Übertragung der Rechtsgedanken des § 74c Abs. 1 HGB auch der Abmilderung der gesellschaftsseitigen negativen Effekte und Folgen der Karenzentschädigungspflicht.

Die Regelung des § 74c Abs. 1 HGB normiert des Weiteren noch eine starre Anrechnungsgrenze, die man vor allem als Ausprägung zum Schutz der strukturell unterlegenen Arbeitnehmer ansehen kann. Soll bei der induktiven Herleitung verallgemeinerungsfähiger Wertungen und Rechtsgedanken nicht auch jede gesetzliche Einzelausformung mit übertragen werden, wird man eine Übertragung der starren Anrechnungsregelungen bei nachvertraglichen Wettbewerbsverboten mit Geschäftsführern zutreffend nicht für zwingend geboten halten. Gleichwohl erscheint zumindest die Orientierung an diese starre Anrechnungsgrenze durchaus sachgerecht, vor allem in den Fällen, in denen keine abweichende einzelfallbezogene vertragliche Anrechnungsgrenze vereinbart wurde. Ist den Vertragsparteien folglich auch bei der Anrechnung anderweitigen Erwerbs ein weiterer vertraglicher Gestaltungsspielraum zu gewähren, wird es unter Beachtung der Besonderheiten der Geschäftsführerstellung richtigerweise möglich sein vertraglich abweichende Regelungen gegenüber dem Geschäftsführer und zu dessen Nachteil zu vereinbaren – dies zum Beispiel im Wege der einzelfallabhängigen Festlegung bestimmter Anrechnungsgrenzen. Somit bieten die Anrechnungsgrenzen des § 74c Abs. 1 HGB gleichwohl eine sachgerechte Orientierung für die angemessene Anrechnung unter Beachtung der beiderseitigen Interessen, von der im Wege der privatautonomen Vereinbarung abgewichen werden kann.

Die Zulässigkeit der vertraglich abweichenden Anrechnungsregelungen und -grenzen misst sich sodann wieder an der spezifischen Billigkeit der jeweiligen Anrechnungsklausel. Damit darf die Anrechnungsklausel im Zusammenspiel mit der Höhe der Karenzentschädigung letztlich nicht die unbillige und unangemessene Beeinträchtigung des beruflichen Fortkommens zur Folge haben.[1421]

1420 Ähnlich MüKoAktG/*Spindler*, § 88 Rn. 5.

1421 Dazu *Bauer/Diller*, Wettbewerbsverbote, § 24 Rn. 1077, 1087 ff.; ebenso *Gerigk*, Nachvertragliche Wettbewerbsverbote mit Organmitgliedern, S. 168 f.; *Bauer/Diller*, BB 1995, 1134, 1137 f.; *dies.*, GmbHR 1999, 885, 892 f.

Daneben wird es des Weiteren auch möglich sein, vertraglich die Anrechnung anderweitiger gesellschaftsseitiger Leistungen, die dem Geschäftsführer nach Beendigung des Anstellungsvertrages gewährt werden, zu vereinbaren.[1422] Um den Besonderheiten der Gesellschafterstellung Genüge zu tun, wird man sodann auch Leistungen anrechnen lassen müssen, die der gesellschaftsrechtlichen Sphäre entspringen. So wird es der gesellschafts- und schuldrechtlichen sowie organschaftlichen Treuepflicht der Gesellschafter-Geschäftsführer entsprechen, dass etwaige Beteiligungen und Gewinnanteile infolge der Partizipation an den Ergebnissen der Gesellschaft ebenfalls angerechnet werden.[1423] Bei Geschäftsführern ist somit allgemein eine Anrechnung anderweitigen Erwerbs vorzunehmen, die jedwede Vergütung des Geschäftsführers infolge der weiteren beruflichen Tätigkeit innerhalb der vereinbarten Karenzzeit berücksichtigen soll.

In Anlehnung an den Grundsatz der „Gleichheit von Bemessung und Anrechnung"[1424] beziehen sich die Bemessung der Karenzentschädigung und auch die Anrechnung anderweitigen Erwerbs auf die zuletzt bezogene Gesamtvergütung des Geschäftsführers. Somit enthält § 74c HGB einen verallgemeinerungsfähigen Rechtsgedanken hinsichtlich seines tatbestandlichen Regelungsgehaltes, nicht jedoch hinsichtlich der jeweiligen Einzelausformungen im Sinne der starren Anrechnungsgrenzen.

Für die Annahme, dass § 74c HGB einen wesentlichen verallgemeinerungsfähigen Rechtsgedanken enthält, spricht auch, dass es vergleichbare Normen – so zum Beispiel die §§ 326 Abs. 2 S. 2, 615 S. 2 BGB oder der § 11 KSchG – für andere Bereich gibt, die insofern ebenfalls dem allgemeinen Bereicherungsverbot und der Billigkeit dienen.[1425] Insofern bildet der § 74c HGB die sachnächste spezialgesetzliche Ausprägung der Grundsätze der ungerechtfertigten Bereicherung,[1426] aus der vorliegend die vorrangige induktive Ableitung erfolgt, um so die größte Sachnähe zur angemessenen Begegnung der vorliegenden spezifischen

1422 MüKoGmbHG/*Jaeger*/*Steinbrück*, § 35 Rn. 382; *Bauer*/*Diller*, Wettbewerbsverbote, § 24 Rn. 1088; *dies.*, BB 1995, 1134, 1138; *dies.*, GmbHR 1999, 885, 893; ähnlich auch schon *Sina*, DB 1985, 902, 903.

1423 Vgl. Noack/Servatius/Haas/*Beurskens*, GmbHG § 37 Rn. 121.

1424 Dazu BAG, AP HGB § 74 Nr. 34; BAG, AP HGB § 74 Nr. 59; auch *Bauer*/*Diller*, Wettbewerbsverbote, § 19 Rn. 771, § 24 Rn. 1087, nach denen dieser Grundsatz infolge der bisherigen Rechtsprechung bei Organmitgliedern im Allgemeinen nicht gilt.

1425 Siehe MüKoHGB/*Thüsing*, § 74c Rn. 2; BeckOK BGB/*Baumgärtner*, BGB § 615 Rn. 36; BeckOGK/*Bieder*, BGB § 615 Rn. 74; Staudinger/*Richardi*/*Fischinger*, BGB § 615 Rn. 148 ff.; BeckOK ArbR/*Pleßner*, KSchG § 11 Rn. 1

1426 So BeckOK BGB/*Baumgärtner*, BGB § 615 Rn. 36, für den § 615 S. 2 BGB.

Problematik zu ermöglichen. Insofern könnte man den verallgemeinerungsfähigen Rechtsgedanken zunächst allgemein dahingehend formulieren, dass sich der Entschädigungsempfänger auf die fällige Entschädigung das anrechnen lassen muss, was er während des Zeitraums, für den die Entschädigung gezahlt wird, durch anderweitige Verwertung seiner Arbeitskraft erwirbt oder zu erwerben böswillig unterlässt.[1427] Zu beachten ist überdies noch die wesentliche spezialgesetzliche Wertung für den Bereich nachvertraglicher Wettbewerbsverbote, dass sich die grundsätzlich sachgerechte Anrechnung auf die Entschädigung unter Hinzurechnung des durch anderweitige Verwertung seiner Arbeitskraft Erworbene oder zu erwerben böswillig Unterlassene daran orientiert, dass dieser Betrag den Betrag der zuletzt bezogenen vertragsmäßigen Gesamtvergütung um Mehr als ein Zehntel übersteigen würde.[1428] Die Anrechnungsgrenze wird wie bereits erwähnt allein der Orientierung der Angemessenheit der Anrechnung dienen, sofern nicht in zulässiger Weise eine eigene vertragliche Regelung getroffen wurde.

Auch der Auskunftsanspruch aus § 74c Abs. 2 HGB steht grundsätzlich der Übertragung offen. Der Auskunftsanspruch des § 74c Abs. 2 HGB kann als Ausfluss des Grundsatzes von Treu und Glauben gewertet werden, der unabhängig von dem Schutz einer speziellen Personengruppe der Durchsetzung und Umsetzung der angemessenen Anrechnung anderweitigen Erwerbs dient. Gleichwohl wird sich der vollständige Inhalt und Umfang der Auskunftspflichten letztlich nicht auf den Auskunftsanspruch des § 74c Abs. 2 HGB stützen, sondern bestimmt sich vielmehr einzelfallabhängig an den allgemeinen Grundsätzen von Treu und Glauben.[1429] In diesem Sinne ist es grundsätzlich nicht von Belang, ob die Wertungen des § 74c Abs. 2 HGB übertragen werden oder nicht, da sich die allgemeinen Auskunftspflichten des Geschäftsführers zuvörderst aus den immer zu beachtenden Grundsätzen von Treu und Glauben ergeben werden.

1427 Diese Formulierung ist grundsätzlich vorrangig angelehnt an den Wortlaut des § 74c Abs. 1 S. 1 HGB. Gleichwohl ist die Formulierung so gewählt, dass der Grundgedanke der vergleichbaren Normen der §§ 326 Abs. 2 S. 2, 615 S. 2 BGB sowie des § 11 KSchG aufgefangen wird.

1428 Die Formulierung ist an den Wortlaut des § 74c Abs. 1 S. 1 HGB angelehnt.

1429 Siehe zur Auskunftspflicht als Ausfluss des Grundsatzes von Treu und Glauben auch BAG, AP HGB § 74c Nr. 13. Vgl. auch MHdB ArbR/*Tillmanns*, § 76 Rn. 70, hinsichtlich der analogen Anwendung des § 74c Abs. 2 HGB im Rahmen des § 615 S. 2 BGB und des Auskunftsanspruches aus Treu und Glauben.

F. Verzicht auf das Wettbewerbsverbot nach § 75a HGB

Der § 75a HGB steht nach Ansicht des BGH der analogen Anwendung offen.[1430] So gewährt der § 75a HGB dem Arbeitgeber die Möglichkeit, vor Beendigung des Anstellungsverhältnisses durch schriftliche Erklärung einseitig auf das vereinbarte nachvertragliche Wettbewerbsverbot zu verzichten. In entsprechender Anwendung soll der Gesellschaft damit die Möglichkeit eröffnet werden, das bei der Anstellung verabredete nachvertragliche Wettbewerbsverbot als solches sowie dessen Notwendigkeit erneut zu überdenken und abzuwägen. Demgemäß wird sich die Lage der Gesellschaft oder die des ehemaligen Beschäftigten je nach Einzelfall im Vergleich zum Anstellungszeitpunkt derart geändert haben, dass ein nachvertragliches Wettbewerbsverbot aus finanzieller sowie wettbewerblicher Sicht nicht mehr die vorzugswürdige Variante darstellen wird.[1431]

Der Regelung des § 75a HGB nach folgt dem wirksam erklärten Verzicht durch das Unternehmen die Pflicht zur Zahlung der zugesagten Karenzentschädigung für die Frist von einem Jahr. Auf der anderen Seite wird der Arbeitnehmer mit der Rechtswirkung des Verzichtes von allen Wettbewerbsbeschränkungen befreit.[1432] Einer Annahme durch den Arbeitnehmer bedarf der einseitige Verzicht nicht.[1433] Und so ist auch nur der gesamte Verzicht bezüglich aller Abreden des nachvertraglichen Wettbewerbsverbotes im Sinne des „Alles-oder-Nichts-Prinzips“ möglich.[1434] Beginn der Frist zur Zahlung der Karenzentschädigung ist der Zeitpunkt der Erklärung des Verzichtes und nicht der Zeitpunkt der Beendigung des Anstellungsverhältnisses.[1435]

1430 Zustimmend *Goette*, FS Wiedemann, 2002, 873, 877; *Bauer/Diller*, Wettbewerbsverbote, § 24 Rn. 1090; *dies.*, GmbHR 1999, 885, 893; *Jäger*, DStR 1995, 724, 726; *Brechtel/Kehrel*, GmbHR 2021, 240, 243; a.A. MüKoGmbHG/*Jaeger/Steinbrück*, § 35 Rn. 387; BeckOGK/*Fehrenbach*, BGB § 307 Wettbewerbsverbotsklausel Rn. 251, bezüglich der Rechtsprechung des BGH zur analogen Anwendung des § 75a HGB.

1431 BAG, NZA 2003, 100, 102; ErfK/*Oetker*, HGB § 75a Rn. 1; EBJS/*Boecken/Rudkowski*, HGB § 75a Rn. 1; Oetker/*Kotzian-Marggraf*, HGB § 75a Rn. 1.

1432 BAG, NJW 1978, 1023, 1024; BAG, NZA 2005, 411, 413; Hopt/*Roth*, HGB § 75a Rn. 1; EBJS/*Boecken/Rudkowski*, HGB § 75a Rn. 14; *Bauer/Diller*, Wettbewerbsverbote, § 24 Rn. 1090; *B. Gaul*, DB 1995, 874, 875.

1433 Hopt/*Roth*, HGB § 75a Rn. 1; MüKoHGB/*Thüsing*, HGB § 75a Rn. 1; Oetker/*Kotzian-Marggraf*, HGB § 75a Rn. 2.

1434 BeckOK HGB/*Wetzel*, § 75a Rn. 3; EBJS/*Boecken/Rudkowski*, HGB § 75a Rn. 15; MüKoHGB/*Thüsing*, § 75a Rn. 2; Oetker/*Kotzian-Marggraf*, HGB § 75a Rn. 2; *Bauer/Diller*, Wettbewerbsverbote, § 14 Rn. 586.

1435 LAG Berlin-Brandenburg, BeckRS 2016, 115376 Rn. 9; EBJS/*Boecken/Rudkowski*, HGB § 75a Rn. 14; Oetker/*Kotzian-Marggraf*, HGB § 75a Rn. 4.

Wie bereits dargestellt war die Rechtsprechung des BGH nicht immer konsequent in der analogen Anwendung des § 75a HGB. Dies führte unweigerlich zu Unsicherheiten bei den Rechtsunterworfenen.[1436] Gleichwohl ist im Ergebnis davon auszugehen, dass der Verzicht bei fehlender vertraglich vereinbarter Verzichtsmöglichkeit in entsprechender Anwendung oder Übertragung des § 75a HGB erfolgen kann, die sodann mit der Kündigung oder zumindest vor Beendigung des Anstellungsverhältnisses erklärt werden muss.[1437] So ist zudem zu erwähnen, dass die analoge Anwendung nach Maßgabe der BGH-Rechtsprechung eher der Übertragung allgemeiner Rechtsgedanken ähnelt. Deutlich wird dies vor allem daran, dass der BGH die Voraussetzungen und Rechtsfolgen der Vorschrift im Wege der analogen Anwendung nicht einheitlich anwendet.[1438] Ein Verzicht, der erst nach der Beendigung des Anstellungsverhältnisses erklärt wird, ist ohne eine ausdrückliche vertragliche Abrede nicht möglich.[1439] Wird der Verzicht wirksam erklärt, entfällt insofern auch die Karenzentschädigungspflicht, jedoch grundsätzlich erst nach der einzuhaltenden Jahresfrist gemäß § 75a HGB analog.[1440] Insgesamt beruht aber auch die Beurteilung der Zulässigkeit der Verzichtsmöglichkeit auf der Abwägung der beiderseitigen berechtigten Interessen unter Beachtung der einzelfallabhängigen Besonderheiten und Umstände. Einzubeziehen sind sodann vor allem die Folgen des Verzichtes auf die Karenzentschädigungszusage und die damit

---

1436 Siehe BGH, NJW 2002, 1875; dazu auch die richtigerweise geäußerte Kritik *Bauer/Diller*, Wettbewerbsverbote, § 24 Rn. 1091; *Heidenhain*, NZG 2002, 605; *Bergwitz*, GmbHR 2007, 523, 525.

1437 BGH, NJW 1992, 1892; OLG Hamm, GmbHR 1991, 367, 367; LG Frankfurt, GmbHR 1994, 803, 804; Oppenländer/Trölitzsch/*Baumann*, GmbH-GF-HdB, § 14 Rn. 27; a.A. MüKoGmbHG/*Jaeger*/*Steinbrück*, GmbHG § 35 Rn. 387, die eine ausdrückliche vertragliche Abrede hinsichtlich der Möglich auf die Einhaltung des Wettbewerbsverbots zu verzichten.

1438 So kann die Kritik von *Heidenhain*, NZG 2002, 605 verstanden werden. Vgl. auch *Krahforst*, Nachvertragliche Wettbewerbsverbote für GmbH-Geschäftsführer, S. 89 f.

1439 OLG Düsseldorf, BB 1996, 2377 ff.; OLG Koblenz, NZG 2000, 653, 654; *Thüsing*, NZG 2004, 9, 11; *Bergwitz*, GmbHR 2007, 523, 525, a.A. *Brechtel*/*Kehrel*, GmbHR 2021, 240, 244, sofern die Entschädigung für eine angemessene Dispositionsfrist gewährt wird.

1440 So Noack/Servatius/Haas/*Beurskens*, GmbHG § 37 Rn. 122; HCL/*Paefgen*, GmbHG § 35 Rn. 509; *Goette*, FS Wiedemann, 2002, 873, 884 f.; *Jäger*, DStR 1995, 724, 729; offengelassen durch BGH, NJW 1992, 1892.

einhergehenden Beeinträchtigungen der Dispositionsfreiheit des Geschäftsführers.[1441] Die gleiche Abwägung ist auch bei vertraglich vereinbarten Verzichtsmöglichkeiten zu beachten, bei denen selbst ein Verzicht nach Beendigung des Anstellungsverhältnisses möglich erscheint.[1442] Die Zulässig- bzw. Billigkeit der vertraglichen Verzichtsklauseln wird ebenfalls am Maßstab des § 138 BGB zu messen sein, sodass sich die Unbilligkeit der Klausel durch die isolierte Betrachtung oder infolge der Gesamtbetrachtung und -abwägung mit den übrigen Abreden und den daraus resultierenden Rechten und Pflichten des Geschäftsführers ergeben kann.[1443] Aufgrund der insoweit uneinheitlichen Rechtsprechung wird grundsätzlich zu beachten sein, dass dem Geschäftsführer infolge der wirksamen Erklärung des Verzichtes noch für eine ausreichende und angemessene Zeit eine zugesagte Karenzentschädigung zu leisten ist.[1444] Demgemäß hielt die instanzgerichtliche Rechtsprechung vertraglich vereinbarte Zahlungsfristen nach Erklärung des Verzichtes für wirksam, die eine Frist von drei[1445] oder sechs[1446] Monaten vorsahen. Nach Ansicht der Literatur erscheint die Orientierung der angemessenen Dispositionsfrist an den vertraglichen Kündigungsfristen am sinnvollsten,[1447] obgleich auch der Zeitpunkt der Ausübung der vereinbarten Verzichtsmöglichkeit Einfluss auf die Angemessenheit der Dispositionsfrist habe.[1448]

1441 So *Goette*, FS Wiedemann, 2002, 873, 884 f.; vgl. dazu auch die instanzgerichtliche Rechtsprechung: OLG Köln, NZG 2000, 740 f.; OLG München, GmbHR 2010, 1031, 1032; siehe auch *Bauer/Diller*, Wettbewerbsverbote, § 24 Rn. 1091.

1442 OLG Koblenz, NZG 2000, 653, 654; *Bauer/Diller*, GmbHR 1999, 885, 893.

1443 So *Bauer/Diller*, Wettbewerbsverbote, § 24 Rn. 1092; *Menke*, NJW 2009, 636, 639.

1444 Lutter/Hommelhoff/*Kleindiek*, GmbHG Anh. zu § 6 Rn. 25a; *Müller*, FS Grunewald, 2021, 811, 827; *Bauer/Diller*, Wettbewerbsverbote, § 24 Rn. 1093; *dies.*, GmbHR 1999, 885, 893; *Bergwitz*, GmbHR 2007, 523, 525 f.

1445 OLG Düsseldorf, NJW-RR 1997, 164, 166.

1446 OLG München, BeckRS 2011, 29808.

1447 In diesem Sinne OLG München, GmbHR 2010, 1031, 1032; MüKoGmbHG/*Jaeger/Steinbrück*, § 35 Rn. 388; *Wicke*, GmbHG § 13 Rn. 22c; *Jäger*, DStR 1995, 724, 729; *Bergwitz*, GmbHR 2007, 523, 527; *Kielkowski*, NZG 2015, 900, 902; *Brechtel/Kehrel*, GmbHR 2021, 240, 243; iE. Auch *Altmeppen*, GmbHG § 6 Rn. 95, der aber die einzelfallabhängige Betrachtung und Beurteilung ohne starre Fristen für erforderlich hält; a.A. MHLS/*Ziemons*, GmbHG § 43 Rn. 289; KK-AktG/*Mertens/Cahn*, § 88 Rn. 41, die eine Ankündigungsfrist von drei Monaten für ausreichend erachten.

1448 So auch HCL/*Paefgen*, GmbHG § 35 Rn. 509; Lutter/Hommelhoff/*Kleindiek*, GmbHG Anh. zu § 6 Rn. 25a; *Goette*, FS Wiedemann, 2002, 873, 884 f.; *Müller*, FS Grunewald, 2021, 811, 827 f.; *Brechtel/Kehrel*, GmbHR 2021, 240, 243.

Die Verzichtsmöglichkeit des § 75a HGB beruht wie der gesamte Regelungskomplex der §§ 74 ff. HGB wieder auf dem gerechten und angemessenen Ausgleich der beiderseitig zu berücksichtigenden Interessen des Arbeitgebers und Arbeitnehmers. In diesem Sinne stellte schon das BAG fest, dass der § 75a HGB einen „doppelten Inhalt" habe. Auf der einen Seiten werde zunächst der Arbeitgeber begünstigt, indem ihm die Möglichkeit gewährt wird, sich unter den erleichterten Bedingungen des § 75a HGB von der generellen Karenzentschädigungspflicht zu befreien. Auf der anderen Seite werde zudem auch dem Arbeitnehmer ein Schutz dahingehend gewährt, dass der Karenzentschädigungsanspruch in den gesetzlich gesteckten Grenzen des § 75a HGB gesichert bleibt. Des Weiteren wurde ebenfalls betont, dass auch der § 75a HGB in enger Konnexität mit dem § 74 Abs. 2 HGB stehe.[1449] Infolge des dem § 75a HGB innewohnenden „doppelten Inhalts" könnte das Verzichtsrecht des § 75a HGB einen allgemeinen Rechtsgedanken sowie eine allgemeingültige gesetzgeberische Interessenbewertung enthalten, die der Übertragung zum Zwecke des gerechten Ausgleichs der beiderseitigen Interessen im Bereich nachvertraglicher Wettbewerbsverbote folgen könnte.

Gegen die Übertragbarkeit des § 75a HGB wird indes zunächst eingewendet, dass dieser eine Sondervorschrift darstelle, die unter Beachtung des Grundsatzes *singularia non sunt extendenda* nicht erweiternd auf andere Verträge anzuwenden ist.[1450] Demgemäß soll das Verzichtsrecht des § 75a HGB eine besondere Ausnahme für synallagmatische Vertragsverhältnisse hinsichtlich des Grundsatzes der Vertragsbindung darstellen. Insbesondere die Auflösung eines synallagmatischen Vertragsverhältnisses benötigt nach Maßgabe der allgemeinen zivilrechtlichen Regeln das beiderseitige Einvernehmen, sodass der bloße Wegfall des Motivs des Vertragsschlusses grundsätzlich nicht die einseitige Lösung vom Vertrag zu begründen vermag. Entsprechend wurde ein artverwandtes einseitiges Änderungsrecht nicht in das AGB-Recht mit aufgenommen, da ein solches Recht gegen die Grundsätze der Vertragsfreiheit sowie den allgemeinen Gerechtigkeitsgedanken sprechen würde.[1451] Zudem stelle der Bindungsgrundsatz „eine

1449 BAG, AP HGB § 74 Nr. 26.

1450 Der Charakter der Sondervorschrift ergibt sich vorliegend nicht nur aufgrund der Sonderregelung für nachvertragliche Wettbewerbsverbote, sondern auch aus dem Grund, dass der § 75a HGB seiner Konzeption nach eine zivilrechtliche Besonderheit darstelle. Erweiternd auf andere Verträge, meint die Verträge, die nicht in den originären Anwendungsbereich der §§ 74 ff. HGB und damit des § 75a HGB fallen.

1451 BGHZ 89, 206, 211; dazu auch *Weidelener*, Der richterliche Vertragsschutz, S. 283 f.

wesentliche Grundlage für ein funktionierendes, die Äquivalenz gegenseitiger Leistungen sicherndes Vertragsrechtssystem" dar, die durch eine Vertragsklausel nur dann verdrängt werden könne, wenn diese „schwerwiegende Änderungsgründe nennt und in ihren Voraussetzungen und Folgen erkennbar die Interessen des Vertragspartners angemessen berücksichtigt"[1452]. Daran anlehnend liegt es nahe, das einseitige Verzichtsrecht als eine eng auszulegende bzw. anzuwendende Sondervorschrift anzusehen, die somit auch nicht der Übertragung auf andere Wettbewerbsverbote offenstehen soll.[1453]

Ungeachtet des spezifischen Regelungsgehalts sowie der der Norm innewohnenden verallgemeinerungsfähigen Wertungen ist es anerkannt, dass Ausnahmevorschriften nicht ausnahmslos eng auszulegen sind. Vielmehr stehen auch die Ausnahmevorschriften der Korrektur, Ergänzung und Übertragung infolge teleologischer Überlegungen und Erkenntnisse in Verbindung mit den gesetzgeberischen Interessenbewertungen und Werteentscheidungen offen.[1454] Folglich könnte das Verzichtsrecht des § 75a HGB erweiternd ausgelegt bzw. angewendet werden, sofern dies unter Beachtung der enthaltenen teleologischen Wertungen und nach Maßgabe der gesetzgeberischen Interessenbewertungen geboten erscheint.[1455]

Dazu tritt zudem auch der Umstand, dass auch das Handelsvertreterrecht eine dem § 75a HGB entsprechende Regelung in § 90a Abs. 2 HGB enthält. Folglich stellt § 75a HGB zumindest im Sachbereich nachvertraglicher Wettbewerbsverbote keine absolute Ausnahmeregelung dar. So normiert § 90a Abs. 2 HGB das Recht des Unternehmers, bis zum Vertragsende, auch während laufender Kündigungsfristen einseitig auf das Wettbewerbsverbot zu verzichten. Die vom Unternehmer zu erklärende Verzichtserklärung bedarf ebenfalls der Schriftform im Sinne des § 126 BGB. Und auch die Rechtsfolge der Verzichtserklärung des Unternehmers nach § 90a Abs. 2 HGB ähnelt der des § 75a HGB. Demnach bleibt der Unternehmer verpflichtet, die Karenzentschädigung für die Frist von sechs Monaten weiter zu zahlen, obwohl der Handelsvertreter mit Zugang der Verzichtserklärung von den Wettbewerbsbeschränkungen befreit wird. Die

1452 BGHZ 89, 206, 212.

1453 So *Weidelener*, Der richterliche Vertragsschutz, S. 283 ff.

1454 Siehe *Larenz*, Methodenlehre der Rechtswissenschaft, S. 356; Staudinger/*Honsell*, Einl. BGB § 1 Rn. 147; *Möllers*, Juristische Methodenlehre, § 6 Rn. 32; *Baader*, JZ 1990, 409, 414 ff.

1455 Vgl. BAG, NJW 1979, 2166; EBJS/*Boecken*/*Rudkowski*, HGB § 75a Rn. 1; Oetker/*Kotzian-Marggraf*, HGB § 75a Rn. 1.

sechsmonatige Karenzentschädigungszahlungsfrist bezweckt ebenfalls die ausreichende Planungssicherheit sowie den Schutz des Handelsvertreters vor einer potenziellen Schädigung aufgrund eines kurzfristigen Verzichtes durch den Unternehmer.[1456]

Im Wesentlichen gewährt das Verzichtsrecht nach Maßgabe des § 75a HGB sowie des § 90a Abs. 2 HGB auf der einen Seite zunächst die Möglichkeit zugunsten des Unternehmens entsprechend der tatsächlichen Sinnhaftigkeit eines nachvertraglichen Wettbewerbsverbotes einseitig auf das Wettbewerbsverbot zu verzichten. Zugleich wird auf der anderen Seite sodann auch der an sich unbeteiligte Vertragspartner geschützt, da der einseitige Verzicht allein in Verbindung mit der Zahlung der zuvor zugesagten Karenzentschädigung für eine angemessene Frist einhergeht. So erscheint es sinnvoll, der Gesellschaft ein einseitiges Verzichtsrecht zuzugestehen, sofern die Sinnhaftigkeit des vormals vereinbarten nachvertraglichen Wettbewerbsverbotes fraglich erscheint oder letztlich nicht mehr anzunehmen ist. Besteht diesbezüglich also ein anerkennenswertes berechtigtes sowie allgemeingültiges Interesse der Gesellschaft, gewährt die in §§ 75a, 90a Abs. 2 HGB enthaltene Zahlungsfrist einen Mindestschutz zugunsten des Geschäftsführers und dient dementsprechend zuvörderst wieder dem gerechten Ausgleich der beiderseitigen Interessen. Folglich kann man auch § 75a HGB wesentliche verallgemeinerungsfähige Wertungen induktiv entnehmen, die unter Berücksichtigung der gesetzgeberischen Interessenbewertungen allgemeingültige sowie übertragbare Rechtsgedanken für den Bereich nachvertraglicher Wettbewerbsverbote widerspiegeln. Allein die einzelnen spezifischen Einzelausformungen des § 75a HGB – so beispielsweise das Schriftformerfordernis – bewirken einen speziellen Arbeitnehmerschutz, die nicht zu übertragen sind. Darüber hinaus liegen aber verallgemeinerungsfähige Gedanken hinsichtlich der Berücksichtigung des Wegfalls eines berechtigten Interesses und der Notwendigkeit des Festhaltens an den vertraglich versprochenen Leistungen durch die angemessene Zahlungsfrist vor.[1457] Damit stellt das Verzichtsrecht

---

1456 Vgl. BeckOGK/*Bieder*, HGB § 90a Rn. 28 f.; Oetker/*Busche*, HGB § 90a Rn. 31 ff.; MüKoHGB/*Ströbl*, § 90a Rn. 59; Hopt/*Hopt*, HGB § 90a Rn. 23; BeckOK HGB/*Lehmann*, § 90a Rn. 22.

1457 Vgl. MüKoHGB/*Ströbl*, § 90a Rn. 58; BeckOGK/*Bieder*, HGB § 90a Rn. 29; siehe idS. auch Begr. RegE, BT-Drs. 1/3856, S. 9, 38. Allgemein zum Grundkonzept und -gedanken der gesamten Regelungen der § 90a HGB, die wie der Gesamtregelungskomplex der §§ 74 ff. HGB die Abwägung der Interessen des Unternehmers und strukturell unterlegenen Vertragspartner im Fokus haben. Insofern verfolgen die jeweiligen Einzelausformungen als weiteren (Neben-)Zweck den Schutz des

des grundsätzlich Begünstigten im Bereich nachvertraglicher Wettbewerbsverbote eine sachgerechte sowie allgemeingültige Regelung dar, nach der aus den §§ 75a, 90a Abs. 2 HGB diesbezüglich ein übertragbarer verallgemeinerungsfähiger Rechtsgedanke induktiv gewonnen werden kann.

Fraglich ist darüber hinaus jedoch, ob auch die Übernahme der Zahlungsfrist des § 75a HGB die sachgerechteste Lösung gegenüber Geschäftsführern darstellt. Dies könnte vor allem in Anbetracht der durch den § 90a Abs. 2 HGB normierten sechsmonatigen Karenzentschädigungszahlungsfrist bezweifelt werden. Gleichwohl werden die §§ 74 ff. HGB richtigerweise als sachnäherer Regelungskomplex anzusehen sein, sodass insbesondere die dort enthaltenen Wertungen und Regelungsgehalte als Orientierungshilfe herangezogen werden können – vor allem wenn ausdrückliche vertragliche Abreden über ein Verzichtsrecht fehlen. Demnach wird auch vorliegend die Jahresfrist des § 75a HGB zunächst einen durchaus sachgerechten Orientierungsmaßstab sowie Indikator der Zulässigkeit des Verzichtes darstellen. Soll nach Ansicht des BGH allgemein vor allem die privatautonome Gestaltungsfreiheit im Vordergrund stehen,[1458] werden die Jahresfirst des § 75a HGB sowie etwaige, in Anlehnung an die vorherrschende Literaturansicht, vereinbarte Kündigungsfristen die sachgerechten Zulässigkeitsindikatoren darstellen, sofern es an einer vorrangig zu berücksichtigen ausdrücklichen vertraglichen Regelung fehlt. In diesem Sinne ist der Literatur insbesondere dahingehend zuzustimmen, dass vor allem die vereinbarten Kündigungsfristen einen Zeitraum dokumentieren und bestimmen, den die Vertragsparteien als dafür angemessen erachten, dass es der Gesellschaft ermöglicht wird einen geeigneten Nachfolger zu suchen und sich der ehemalige Beschäftigte beruflich neu orientieren kann.[1459] Folglich wird selbst die Übertragung der verallgemeinerungsfähigen Wertungen des § 75a HGB nicht dazu führen, dass die privatautonome Gestaltung einzelfallbezogener Verzichtsregelungen untersagt oder unterbunden wird. Vielmehr wird die privatautonome Gestaltung weiterhin im Fokus stehen. Aber auch ohne die privatautonome

strukturell unterlegenen Handelsvertreters, vgl. EBJS/*Löwisch*, HGB § 90a Rn. 3; MüKoHGB/*Ströbl*, § 90a Rn. 5.

1458 IdS. auch *Krahforst*, Nachvertragliche Wettbewerbsverbote für GmbH-Geschäftsführer, S. 381; hinsichtlich der Anrechnung anderweitigen Erwerbs auch schon *Bauer/Diller*, Wettbewerbsverbote, § 24 Rn. 1086.

1459 So auch *Gerigk*, Nachvertragliche Wettbewerbsverbote mit Organmitgliedern, S. 169 ff., der sich gleichwohl für die analoge Anwendung des § 75a HGB ausspricht; dazu auch OLG München GmbHR 2010, 1031, 1032; *Müller*, FS Grunewald, 2021, 811, 827; *Bergwitz*, GmbHR 2007, 523, 527; *Kielkowski*, NZG 2015, 900, 902.

Vereinbarung eines solchen Rechts wird es den allgemeinen Wertungen sowie gesetzgeberischen Interessenbewertungen entsprechend möglich sein, dass sich die Gesellschaft einseitig vom nachvertraglichen Wettbewerbsverbot infolge des erklärten Verzichtes lösen kann, sofern die zugesagte Karenzentschädigung für eine angemessene Zahlungsfrist weiterhin geleistet wird. In diesem Sinne wird die Jahresfrist des § 75a HGB einen gerechten sowie angemessenen Orientierungsmaßstab darstellen, der zugleich der wünschenswerten Vorhersehbarkeit der Wirksamkeit der gesamten Abrede zuträglich ist.[1460]

Zudem wird es im Grundsatz ebenfalls dabei bleiben müssen, dass die Gesellschaft die Verzichtserklärung vor Beendigung des Anstellungsverhältnisses auszusprechen hat, gleichwohl diesbezüglich anstellungsvertraglich anderweitige Regelungen getroffen werden können, die auch die Erklärung zu einem späteren Zeitpunkt ermöglichen können. Zu beachten ist sodann jedoch wieder, dass die eigenständig vereinbarte Verzichtsklausel die beiderseitigen Interessen angemessen berücksichtigen muss, um nicht der Unwirksamkeit anheimzufallen.[1461]

Im Ergebnis kann § 75a HGB ein verallgemeinerungsfähiger Rechtsgedanke entnommen werden, der dahingehend formuliert werden kann, dass es der Gesellschaft vor der Beendigung des Dienstverhältnisses[1462] durch Erklärung ermöglicht wird, auf das Wettbewerbsverbot mit der Wirkung zu verzichten, dass die Gesellschaft mit dem Ablauf einer angemessenen Frist, die grundsätzlich ein Jahr beträgt, seit der Erklärung von der Verpflichtung zur Zahlung der Entschädigung frei wird.[1463] Liegt allein eine reine Kundenschutzklausel vor, bei der zulässigerweise keine Karenzentschädigung zugesagt werden muss, ist der einseitige Verzicht ebenso möglich. In diesen Fällen berücksichtigt der einseitige Verzicht ohnehin ausreichend die beiderseitigen Interessen. So wird der Geschäftsführer von den schon von vornherein als unerheblich einzustufenden

---

1460 Ganz im Sinne von *Canaris*, SAE 1971, 111, 112, der in seiner beispielhaften Aufzählung den § 75a HGB zwar nicht explizit erwähnt, gleichwohl betont, dass viele Normen der §§ 74 ff. HGB verallgemeinerungsfähige Gedanken enthalten, deren jeweilige Einzelausformungen nicht mitübertragen werden sollen.

1461 Vgl. diesbezüglich auch *Müller*, FS Grunewald, 2021, 811, 828 f.

1462 So richtigerweise auch LG Frankfurt a.M., GmbHR 1994, 803; Noack/Servatius/Haas/*Beurskens*, GmbHG § 37 Rn. 122; *Kukat*, BB 2001, 951, 954; grundsätzlich auch *Kielkowski*, NZG 2015, 900, 901 f.

1463 Angelehnt wurde sich vorliegend an den Wortlaut des § 75a HGB. Hier wurde die Jahresfrist zunächst durch die Terminologie der „angemessenen“ Frist ersetzt und die Formulierung „die mindestens ein Jahr beträgt“ gewählt, um den sachgerechten Orientierungsmaßstab zu verdeutlichen.

Wettbewerbsbeschränkungen befreit. Zudem wird sodann auch sein Dispositionsinteresse nicht in unzulässiger Weise tangiert.

G. Unwirksamwerden des Wettbewerbsverbotes nach § 75 HGB

Fraglich ist des Weiteren, ob auch dem § 75 HGB ein verallgemeinerungsfähiger Rechtsgedanke zu entnehmen ist, der sodann auch auf nachvertragliche Wettbewerbsverbote mit Geschäftsführern zu übertragen ist. § 75 HGB normiert ein Lossagungsrecht des Arbeitnehmers (vgl. § 75 Abs. 1 HGB) sowie ein Lossagungsrecht des Arbeitgebers (vgl. § 75 Abs. 1, 3 HGB) für den Fall, dass die jeweils andere Partei einen Grund zur außerordentlichen Kündigung des Arbeitsverhältnisses hervorgerufen hat.[1464] Dazu normiert § 75 Abs. 2 HGB ein Wahlrecht des Arbeitnehmers zur Lossagung im Fall der arbeitgeberseitigen ordentlichen oder außerordentlichen Kündigung.[1465] Nachdem § 75 Abs. 3 im Jahr 1977 für verfassungswidrig erklärt worden war, wurde die sodann entstandene Lücke durch die analoge Anwendung des § 75 Abs. 1 HGB geschlossen, infolgedessen dem Arbeitgeber weiterhin ein Lossagungsrecht zugestanden wird.[1466] Als formelle Voraussetzungen enthält § 75 Abs. 1 HGB ein Schriftformerfordernis[1467] sowie eine einzuhaltende Monatsfrist zur Erklärung der Lossagung, die mit Zugang der Kündigung beginnt.[1468]

1464 MüKoHGB/*Thüsing*, HGB § 75 Rn. 1.

1465 EBJS/*Boecken*/*Rudkowski*, HGB § 75 Rn. 1.

1466 BAG, NJW 1977, 1357, 1359; BAG, NJW 1987, 2768; BAG, NZA 2015, 1253, 1254; EBJS/*Boecken*/*Rudkowski*, HGB § 75 Rn. 2; MüKoHGB/*Thüsing*, § 75 Rn. 18. Der § 75 Abs. 3 HGB normierte das arbeitgeberseitige Recht zur Lossagung mit der Folge, dass der Arbeitnehmer weiterhin an das nachvertragliche Wettbewerbsverbot und seine inhaltlichen beruflichen Beschränkungen gebunden sei, die Karenzentschädigungspflicht des Arbeitgebers jedoch entfallen würde. Die Rechtsfolge des § 75 Abs. 3 HGB wurde vom BAG im Jahre 1977 aufgrund des Verstoßes gegen das Gleichbehandlungsgebot des Art. 3 Abs. 1 GG im Verhältnis zu den Rechtsfolgen des Lossagungsrecht des § 75 Abs. 1 HGB für verfassungswidrig gehalten und nicht mehr angewandt. Siehe dazu BAG, NJW 1977, 1357, 1358; BAG, NZA 1999, 37; BeckOGK/*Ittmann*, HGB § 75 Rn. 30; Hopt/*Roth*, HGB § 75 Rn. 2; zur Begründung der Verfassungsmäßigkeit und zum Recht der Verfassungswidrigkeitsfeststellung des BAG siehe EBJS/*Boecken*/*Rudkowski*, HGB § 75 Rn. 19 f.

1467 MüKoHGB/*Thüsing*, § 75 Rn. 9; Oetker/*Kotzian-Marggraf*, HGB § 75 Rn. 4; ErfK/*Oetker*, HGB § 75 Rn. 3.

1468 MüKoHGB/*Thüsing*, § 75 Rn. 10 f.; Oetker/*Kotzian-Marggraf*, HGB § 75 Rn. 5.

Insgesamt hat das BAG dem § 75 HGB wie auch der vergleichbaren Regelung des § 90a Abs. 3 HGB einen allgemeinen Rechtsgedanken entnommen, der sodann über den originären Anwendungsbereich „hinaus auf andere arbeitsrechtliche Wettbewerbsverbote anwendbar" war. Demnach entspreche die Regelung des § 75 Abs. 1 HGB dem allgemeinen Grundsatz von Treu und Glauben, nach dem es der einen Vertragspartei, die durch ihr Verhalten die fristlose Beendigung des Anstellungsverhältnisses verursachte, versagt werden solle, die andere Vertragspartei weiterhin an eine so starke und einschneidende vertragliche Abrede zu binden, wie es üblicherweise auch nachvertragliche Wettbewerbsverbote tun.[1469] Nicht nur die arbeitsrechtliche und -gerichtliche Rechtsprechung nahm an, dass dem § 75 Abs. 1 HGB ein allgemeiner zu übertragender Rechtsgedanke innewohnt. So wurde die Übertragung und Geltung des § 75 Abs. 1 HGB auch für nachvertragliche Wettbewerbsverbote mit Geschäftsführern angenommen. Dem Geschäftsführer könne es nicht zugemutet werden, sich im Fall der gesellschaftsseitigen Verursachung einer außerordentlichen Kündigung im Anschluss noch den „einschneidende[n] Beschränkung[en] seiner allgemeinen Handlungsfreiheit und Berufsfreiheit" ausgesetzt zu sehen.[1470] Gleichfalls ist auch der Gesellschaft das entsprechende arbeitgeberseitige Lossagungsrecht zu gewähren. Folglich ist auch diesbezüglich der verallgemeinerungsfähige Rechtsgedanke des § 75 Abs. 1 HGB zugunsten der Gesellschaft zu übertragen.[1471] § 75 Abs. 1 HGB beinhaltet damit nicht nur einen arbeitsrechtlichen Rechtsgrundsatz, sondern spiegelt insgesamt einen verallgemeinerungsfähigen Rechtsgedanken wider, der somit auch im Rahmen des § 138 BGB zu berücksichtigen ist.[1472]

Ob gleichwohl nur oder vorrangig die Wertungen des § 75 Abs. 1 HGB zu übertragen sind, ist bei Beachtung des durch die Schuldrechtsreform von 2002 eingeführten § 314 BGB indes fraglich. Der § 314 BGB enthält nunmehr eine explizite Regelung, die es jeder Vertragspartei ermöglicht, sich innerhalb eines Dauerschuldverhältnisses durch Kündigung zu lösen, sofern ein wichtiger Grund vorliegt.[1473] Demnach sollte § 314 BGB nach der Regierungsbegründung die durch

---

1469 Siehe BAGE 19, 267, Rn. 40.

1470 OLG Celle, AP HGB § 161 Nr. 4. KK-AktG/*Mertens/Cahn*, § 88 Rn. 40; *Bauer*, DB 1992, 1413, 1418; *Thüsing*, NZG 2004, 9, 13.

1471 IdS. auch *Bauer*, DB 1992, 1413, 1418; *Bergwitz*, GmbHR 2007, 523, 528.

1472 So auch OLG Schleswig, NZG 2000, 894; KK-AktG/*Mertens/Cahn*, § 88 Rn. 40; *Bauer*, DB 1992, 1413, 1418; *Thüsing*, NZG 2004, 9, 13; *N. Eckert/Köpple*, NZA 2020, 1453, 1455.

1473 Vgl. BeckOK BGB/*Lorenz*, BGB § 314 Rn. 1; MüKoBGB/*Gaier*, BGB § 314 Rn. 1, 2.

die Rechtsprechung entwickelten allgemeinen Rechtsgedanken kodifizieren.[1474] So enthält § 314 Abs. 1 S. 2 BGB die Voraussetzung, nach der ein wichtiger Grund vorliegt, wenn dem einen Vertragsteil die weitere Erfüllung der vereinbarten Leistungen des Vertrages unter Berücksichtigung aller Umstände des Einzelfalls und unter Abwägung der Interessen beider Vertragsparteien bis zur vereinbarten Beendigung des Dauerschuldverhältnisses oder bis zum Ablauf einer Kündigungsfrist nicht zuzumuten ist.[1475] Die Kündigung ist nach § 314 Abs. 3 BGB innerhalb einer angemessenen Frist nach Kenntniserlangung der zur Kündigung berechtigenden Umstände zu erklären,[1476] wobei sich die Angemessenheit der Frist wieder anhand der Umstände des Einzelfalls zu bestimmen hat.[1477] Weiterhin kann es unter gewissen Voraussetzungen des § 314 Abs. 2 BGB erforderlich sein, eine vorherige Abmahnung auszusprechen.[1478]

Aufgrund der Einführung des § 314 BGB wurde auch die von der Rechtsprechung vorgesehene analoge Anwendung des § 75 HGB auf nachvertragliche Wettbewerbsverbote von Organmitgliedern diskutiert.[1479] So sind *Bauer/Diller*[1480] der Ansicht, die Regelung und Rechtsfolge des § 314 BGB ließen nach den allgemeinen Grundsätzen der juristischen Methodenlehre keinen Raum mehr für die analoge Anwendung des § 75 HGB. Die erforderliche gesetzliche Lücke bestehe somit nicht mehr, da nun eine explizit anwendbare gesetzliche Regelung existiere. Des Weiteren spreche auch die „restriktive Tendenz" des BGH hinsichtlich der analogen Anwendung der §§ 74 ff. HGB gegen die weitere analoge Anwendung des § 75 HGB.[1481]

Die wohl herrschende Meinung in der Literatur hält den § 75 HGB weiterhin für analog anwendbar.[1482] Demnach verdränge der § 314 BGB den § 75 HGB

1474 Begr. RegE, BT-Drs. 14/6040, 177, MüKoBGB/*Gaier*, BGB § 314 Rn. 1;

1475 BGHZ 41, 104, 108; 133, 316, 320; BeckOK BGB/*Lorenz*, BGB § 314 Rn. 8; MüKoBGB/*Gaier*, § 314 Rn. 16; *Bauer/Diller*, Wettbewerbsverbote, § 24 Rn. 1098.

1476 BeckOK BGB/*Lorenz*, § 314 Rn. 23; Erman/*Böttcher*, BGB § 314 Rn. 10.

1477 BeckOK BGB/*Lorenz*, BGB § 314 Rn. 24; MüKoBGB/*Gaier*, § 314 Rn. 31.

1478 Dazu vertiefend Erman/*Böttcher*, BGB § 314 Rn. 8.

1479 So zumindest *Bauer/Diller*, Wettbewerbsverbote, § 24 Rn. 1098.

1480 *Bauer/Diller*, Wettbewerbsverbote, § 24 Rn. 1098; *Bauer/Diller/Krets*, DB 2003, 2687, 2688 Fn. 10.

1481 *Bauer/Diller*, Wettbewerbsverbote, § 24 Rn. 1098.

1482 So MHLS/*Ziemons*, GmbHG § 43 Rn. 288; MüKoGmbHG/*Jaeger/Steinbrück*, GmbHG § 35 Rn. 389; Scholz/*Verse*, GmbHG § 43 Rn. 253; Lutter/Hommelhoff/*Kleindiek*, GmbHG Anh. zu § 6 Rn. 25a; KK-AktG/*Mertens/Cahn*, § 88 Rn. 40; *Thüsing*, NZG 2004, 9, 13; *Bergwitz*, GmbHR 2007, 523, 525.

eben nicht, vor allem da beide Normen auch unterschiedliche Fallgestaltungen regeln. So regelt § 75 HGB die Lösung vom nachvertraglichen Wettbewerbsverbot aufgrund der Verletzung etwaiger Pflichten aus dem Anstellungsverhältnis. § 314 BGB wiederum behandelt die Lossagung bzw. Befreiung vom nachvertraglichen Wettbewerbsverbot aufgrund der Verletzungen innerhalb der Pflichten des nachvertraglichen Wettbewerbsverbotes.[1483] Die besseren Gründe sprechen für die weitere Anwendung des § 75 HGB bezüglich nachvertraglicher Wettbewerbsverbote von Organmitgliedern. In Anbetracht dessen könnte weiterhin eine gesetzliche Lücke für das Lossagungsrecht etwaiger Pflichtverletzungen aus dem Anstellungsverhältnis angenommen werden.

Letztendlich stellen sowohl der § 75 Abs. 1 HGB als auch der § 314 BGB einfachgesetzliche Ausprägungen des Grundsatzes von Treu und Glauben dar, sodass man ein Lossagungsrecht zutreffenderweise auch allgemein aus dem Grundsatz von Treu und Glauben herleiten könnte, wobei auf das allgemeine Rechtsprinzip nur als „Ultima Ratio" rekurriert werden soll. Anlehnend daran stellt der § 75 Abs. 1 HGB die speziellere Ausprägung zum § 242 BGB, aber eben auch zum § 314 BGB dar, selbst wenn man die berechtigten Einwände bezüglich der unterschiedlichen Anknüpfung des schuldrechtlichen Verhältnisses, aus dem die maßgebliche Pflichtverletzung herrührt, beachtet.[1484] Im Ergebnis ist dem § 75 Abs. 1 HGB grundsätzlich also ein verallgemeinerungsfähiger Rechtsgedanke zu entnehmen, der sowohl der Gesellschaft als auch dem Geschäftsführer ein jeweiliges Lossagungsrecht gewährt, sofern der jeweils andere die außerordentliche Kündigung des Anstellungsvertrages schuldhaft begründet hat.

Der verallgemeinerungsfähige Rechtsgedanke des § 75 Abs. 1 HGB, der auch dem § 90a Abs. 3 HGB innewohnt, kann demgemäß folgendermaßen formuliert werden: Kündigt ein Teil das Vertragsverhältnis aus wichtigem Grund wegen schuldhaften Verhaltens des anderen Teils, kann er sich durch Erklärung binnen

---

1483 Lutter/Hommelhoff/*Kleindiek*, GmbHG Anh. zu § 6 Rn. 25a; *Thüsing*, NZG 2004, 9, 13; *Bergwitz*, GmbHR 2007, 523, 525. Siehe zur Lösung durch Anwendung des § 314 BGB vor Beginn des Dauerschuldverhältnisses BeckOK BGB/*Lorenz*, § 314 Rn. 10. Zur Verletzung einer Vertragspflicht nach Maßgabe des § 314 BGB BeckOGK/*Martens*, BGB § 314 Rn. 30.

1484 Allgemein dazu siehe MüKoBGB/*Schubert*, § 242 Rn. 22 ff.; BeckOGK/*Kähler*, BGB § 242 Rn. 94 ff.; *Brox*/*Walker*, Allgemeines Schuldrecht, § 7 Rn. 3 f.; dazu auch Staudinger/*Looschelders*/*Olzen*, BGB § 242 Rn. 146 ff., die auf die Einbeziehung verfassungsrechtlicher und einfachgesetzlicher Wertungen hinweisen. Entsprechend gehen dem § 314 BGB auch etwaige Sondervorschriften vor, siehe dazu BeckOK BGB/*Lorenz*, § 314 Rn. 3; BeckOGK/*Martens*, BGB § 314 Rn. 88.

eines Monats nach der Kündigung von der Wettbewerbsabrede lossagen.[1485] Unter Beachtung dessen, dass die gesellschaftsrechtlichen Besonderheiten richtigerweise bei jedweder Rechtsfortbildung, sei es durch die analoge Anwendung der Rechtssätze oder die Übertragung der aus den Rechtssätzen induktiv gewonnenen Wertungen, berücksichtigt werden müssen, ist auch im Rahmen der Übertragung der allgemeinen Rechtsgedanken des § 75 Abs. 1 HGB auf die Besonderheiten der Geschäftsführerstellung zu achten.

In der Literatur[1486] und Rechtsprechung[1487] wird dem Geschäftsführer das Recht zur außerordentlichen Kündigung für den Fall der Abberufung vor Ablauf der vereinbarten Vertragslaufzeit zugesprochen, sofern der Geschäftsführer keinen verhaltensbedingten Anlass dafür gegeben hat. Dementsprechend stellt sich die Frage, ob eine Abberufung aus dem Amt einen wichtigen Grund im Sinne des § 75 HGB darstellt, mit der Folge, dass der Geschäftsführer berechtigt wäre, sich durch die Lossagungserklärung im Sinne des § 75 Abs. 1 HGB vom nachvertraglichen Wettbewerbsverbot zu lösen. Allgemein ist auch hier das zutreffenderweise bestehende Vorrangverhältnis zwingender gesellschaftsrechtlicher Regelungen zur Sicherung der Funktionsfähigkeit der Organe der Gesellschaft und der Gesellschaft selbst zu beachten. Folglich stellt die Abberufung ohne vorangegangenes schuldhaftes Handeln des Geschäftsführers nach Maßgabe des § 38 Abs. 1 GmbHG keinen wichtigen Grund im Sinne des § 75 Abs. 1 HGB dar. Der § 38 Abs. 1 GmbHG bildet vielmehr eine zwingende gesetzliche Regelung, die die Organisationskompetenzen und Organisationsfreiheit der Gesellschaft regelt,[1488] womit kein vertragswidriges

---

1485 Hier wurde der Wortlaut des § 90a Abs. 3 HGB wörtlich übernommen. Die Formulierung des § 90a Abs. 3 HGB weist demnach einen hohen Grad an Abstraktheit auf, der die allgemeinen Wertungen des Lossagungsrechts nachvertraglicher Wettbewerbsverbote treffend wiedergibt. Eine schriftliche Erklärung muss unter Beachtung der grundsätzlichen Formfreiheit des Anstellungsverhältnisses des Geschäftsführers vorliegend ebenfalls nicht übertragen werden.

1486 Vgl. Noack/Servatius/Haas/*Beurskens*, GmbHG § 38 Rn. 120; MüKoGmbHG/*Jaeger*/*Steinbrück*, § 35 Rn. 421; Lutter/Hommelhoff/*Kleindiek*, GmbHG Anh. zu § 6 Rn. 58; Scholz/*U.H. Schneider*/*S.H. Schneider*, GmbHG § 38 Rn. 34; MHdB GesR III/*Diekmann*, § 43 Rn. 100; a.A. *Röhrborn*, BB 2014, 1978, 1979.

1487 BGH, NJW 2003, 351; OLG Karlsruhe, NZG 2011, 987, 988; OLG Frankfurt a. M., NJW-RR 1993, 1259, 1260.

1488 BeckOK GmbHG/*Heilmeier*, § 38 Rn. 1; MüKoGmbHG/*Stephan*/*Tieves*, § 38 Rn. 2; Lutter/Hommelhoff/*Kleindiek* GmbHG § 38 Rn. 2; *N. Eckert*/*Köpple*, NZA 2020, 1453, 1454.

Verhalten in der Wahrnehmung der Rechte aus dem § 38 Abs. 1 GmbHG vorliegt.[1489]

Weiterhin ist auch das AGB-Recht zu beachten. Nach § 309 Nr. 13 lit. b BGB sind Willenserklärungen bei Vertragsverhältnissen, die nach dem 30.09.2016 entstanden[1490] und dem Verwender der AGB gegenüber abzugeben sind, an keine strengere Form als die Textform gebunden. Dies bestätigt gleichwohl allein den Umstand, dass nicht auch die Einzelausformungen der Regelungen zu übernehmen sind. Wie bereits bei § 75a HGB erwähnt, hat die Lossagung nicht zwingenderweise schriftlich zu erfolgen, auch wenn dies schon aus Beweisgründen empfehlenswert ist. Gleichwohl erscheint es den beiderseitigen Interessen im Verhältnis der Gesellschaft und des Geschäftsführers hingegen ebenfalls zu entsprechen die einmonatige Erklärungsfrist, die sowohl im § 75 Abs. 1 HGB als auch im § 90a Abs. 3 HGB vorgesehen ist, zu übertragen. Dies wird sodann auch der beiderseitigen Rechtssicherheit und Voraussehbarkeit im Falle der außerordentlichen Kündigung dienen.

Grundsätzlich nicht auf Organmitglieder zu übertragen oder anzuwenden ist § 75 Abs. 2 HGB. Dies kann vor allem damit begründet werden, dass schon der Grundgedanke des § 75 Abs. 2 HGB nicht auf das Dienstverhältnis der Organmitglieder übertragbar ist. Das Dienstverhältnis von Organmitgliedern ist häufiger auf den Wechsel des Anstellungsverhältnisses angelegt, als dies bei Arbeitsverhältnissen der Fall ist, und sie werden zugleich öfter von einer Befristung, die nicht verlängert wird, oder einer ordentlichen Kündigung betroffen sein. Demnach ist es auch nicht mit dem Sinn und Zweck von nachvertraglichen Wettbewerbsverboten mit Organmitgliedern vereinbar, wenn das Organ bei jedwedem Kündigungsgrund im Sinne des § 75 Abs. 2 HGB die Lossagung vom Wettbewerbsverbot verlangen könnte.[1491]

H. Vertragsstrafe nach § 75c HGB

Der § 75c Abs. 1 HGB normiert die Vorgaben für die Geltendmachung von Ansprüchen aus einem vereinbarten Vertragsstrafeversprechen. So regelt § 75c Abs. 1 S. 1 HGB, dass der Arbeitgeber diese nach Maßgabe des § 340 BGB

1489 So auch *Bergwitz*, GmbHR 2006, 1129, 1135; *ders*., GmbHR 2007, 523, 528; BGH, NJW 2003, 351, für den Fall eines Entschädigungsanspruches nach § 628 Abs. 2 BGB; vertiefend zum Lossagungsrecht iSd. § 75 HGB im Falle der Abberufung *N. Eckert/Köpple*, NZA 2020, 1453, 1454 ff.

1490 BeckOK BGB/*Becker*, § 309 Nr. 13 Rn. 3; *N. Eckert/Köpple*, NZA 2020, 1453, 1455.

1491 Siehe auch *Bauer/Diller*, Wettbewerbsverbote, § 24 Rn. 1103.

geltend machen kann. In diesem Sinne normiert § 340 Abs. 1 S. 1 BGB zunächst, dass der Arbeitgeber im Falle der versprochenen Strafe die verwirkte Strafe statt der Erfüllung des Wettbewerbsverbotes verlangen kann. Der § 340 Abs. 1 S. 2 BGB stellt daneben klar, dass die Geltendmachung der versprochenen Strafe damit einhergeht, dass der Anspruch auf Erfüllung ausgeschlossen wird. In Abs. 2 S. 1 des § 340 BGB wird eine Wahlmöglichkeit zwischen dem Anspruch auf Schadensersatz und der verwirkten Strafe normiert, wobei die verwirkte Strafe den Mindestbetrag des Schadensersatzverlangens festlegt. Dazu regelt § 340 Abs. 2 S. 2 BGB, dass die weitere Geltendmachung von Schadensersatzansprüchen nicht ausgeschlossen ist.[1492] Wird ein entschädigungsloses Wettbewerbsverbot vereinbart, kann der Arbeitgeber nach Maßgabe des § 75c Abs. 2 nur die Vertragsstrafe, nicht aber die Erfüllung oder Schadensersatz verlangen. Diese Regelung ist gleichwohl nunmehr gegenstandslos, da die Möglichkeit des entschädigungslosen Wettbewerbsverbotes im Wege der Ausnahmevorschrift des § 75b HGB nicht mehr gegeben ist, weil dieser für verfassungswidrig erklärt wurde.[1493]

Anzumerken ist richtigerweise, dass § 75c HGB wieder in enger Konnexität zur Karenzentschädigungspflicht des § 74 Abs. 2 HGB steht. Unter Beachtung des gesetzgeberischen Willens dienten die Einführung des § 75c HGB sowie die Verweisung auf § 340 BGB vor allem der Stärkung der Arbeitgeberrechte im Sinne einer Kompensation für die gleichfalls eingeführte verbindliche Pflicht der Karenzentschädigungszusage. Gleichwohl soll auch der Handlungsgehilfe bzw. nunmehr der Arbeitnehmer durch den § 75c HGB in Verbindung mit der Verweisung auf den § 340 BGB und unter Beachtung des Regelungsgehaltes des § 75d HGB geschützt werden. Demnach kann sich der Arbeitgeber eben nicht mehr Rechte zulasten des Arbeitnehmers versprechen lassen, als es die § 340 BGB vorsehen.[1494]

Herauszuheben ist vorliegend abermals die grundsätzlich zu beachtende Konnexität des § 75c HGB zur Karenzentschädigungspflicht des § 74 Abs. 2 HGB. Folglich liegt auch die Annahme nahe, den § 75c HGB auch gegenüber

---

1492 Siehe dazu auch *Gerigk*, Nachvertragliche Wettbewerbsverbote mit Organmitgliedern, S. 172 f.; MüKoHGB/*Thüsing*, § 75c Rn. 7; EBJS/*Boecken*/*Rudkowski*, HGB § 75c Rn. 7 ff.

1493 Vgl. MüKoHGB/*Thüsing*, § 75c Rn. 14; EBJS/*Boecken*/*Rudkowski*, HGB § 75c Rn. 18; *Gerigk*, Nachvertragliche Wettbewerbsverbote mit Organmitgliedern, S. 172.

1494 Vgl. Begründung des Gesetzesentwurfs zur Änderung des Handelsgesetzbuches, Reichstagsprotokolle, 13. Legislaturperiode, 1912/14, 18, Anlage Nr. 575, S. 731 f.; so auch *Gerigk*, Nachvertragliche Wettbewerbsverbote mit Organmitgliedern, S. 172 f.

Geschäftsführern anzuwenden, da nach der hier vertretenen Ansicht die Notwendigkeit der Karenzentschädigungszusage bei Tätigkeitsverboten bejaht wurde. Zwar enthält § 75c HGB in gewisser Weise allgemeine Aussagen, gleichwohl stellt er eine spezielle gesetzliche Regelung für das Verhältnis Arbeitgeber zu Arbeitnehmer dar, die insofern die Folgen einer vertraglich versprochenen Vertragsstrafe unter Beachtung der Arbeitgeberinteressen sowie der Schutzbedürftigkeit der Arbeitnehmer normiert. So könnte man § 75c HGB höchstens die allgemeine Aussage entnehmen, dass zur Sicherung von Wettbewerbsverboten überhaupt Vertragsstrafen versprochen werden können.[1495] Die Einzelausformungen spiegeln sodann eine spezielle Abwägung der Interessen der betroffenen Vertragsparteien im Gesamtregelungskomplex der §§ 74 ff. HGB wider, die insbesondere auf der Berücksichtigung der speziellen Schutzbedürftigkeit der Personengruppen beruht. Dafür spricht sodann eben auch der Umstand, dass die grundsätzlich dispositiven Regelungen des § 340 BGB im Bereich von Wettbewerbsverboten mit Arbeitnehmern nach Maßgabe der §§ 75d, 75c Abs. 1 S. 1 HGB zu zwingendem Recht erklärt werden.[1496] Insgesamt ist der Regelung des § 75c HGB kein allgemeiner Rechtsgedanke zu entnehmen. Einzig der Klarstellung der grundsätzlichen Zulässigkeit, vertraglich eine Vertragsstrafe zu vereinbaren, kann eine gewisse Allgemeingültigkeit zugesprochen werden, der obendrein nicht noch die Rechtsgrundsatzqualität zuzusprechen ist.

Als Rechtsfolge der Zuwiderhandlung des Geschäftsführers werden der Gesellschaft also grundsätzlich Ansprüche auf Unterlassung und Schadensersatz zustehen, die sodann auch im Wege des einstweiligen Rechtsschutzes geltend gemacht werden können.[1497] Der privatautonomen Gestaltungsfreiheit entsprechend können hingegen ebenfalls Vertragsstrafen vertraglich versprochen werden. Die Vereinbarung einer Vertragsstrafe hat neben den allgemeinen Aspekten der Sicherung der Erfüllung der Wettbewerbsabrede auch Vorteile hinsichtlich der sonstigen erheblichen Schwierigkeiten im Rahmen der Feststellung der notwendigen Kausalität der wettbewerbswidrigen Handlungen des Geschäftsführers hinsichtlich eines entstandenen Schadens sowie auch hinsichtlich der Beweisführung zur Schadenshöhe. Die Vertragsstrafe knüpft demnach allein an der objektiv feststellbaren Zuwiderhandlung an, die sodann eine Zahlungspflicht

---

1495 Vgl. *Gerigk*, Nachvertragliche Wettbewerbsverbote mit Organmitgliedern, S. 172.

1496 Dazu BeckOGK/*Ulrici*, BGB § 340 Rn. 9; MüKoBGB/*Gottwald*, § 340 Rn. 4.

1497 MüKoGmbHG/*Jaeger*/*Steinbrück*, § 35 Rn. 390; Lutter/Hommelhoff/*Kleindiek*, GmbHG Anh. zu § 6 Rn. 27; Scholz/*Verse*, GmbHG, § 43 Rn. 254; *Thüsing*, NZG 2004, 9, 14.

des Geschäftsführers auslöst.[1498] Im Anwendungsbereich der §§ 74 ff. HGB stellt § 75c HGB eine Spezialregelung zu § 307 Abs. 1 BGB dar, sodass die AGB-Prüfung nicht zur Anwendung kommt. Bei Geschäftsführern könnte aufgrund der Unanwendbarkeit des § 75c HGB die Anwendung des § 307 Abs. 1 BGB bei vorformulierten Vertragsbedingungen im Sinne der §§ 305 ff. BGB in Betracht kommen. Dies gerade für zumeist unstreitig als Verbraucher einzustufende Fremdgeschäftsführer oder Gesellschafter-Geschäftsführer ohne Sperrminorität.[1499]

Gegen die uneingeschränkte Anwendbarkeit der AGB-Regeln spricht aber zunächst, dass die „im Arbeitsrecht geltenden Besonderheiten" im Sinne des § 310 Abs. 4 S. 2 BGB auch für Geschäftsführer gelten könnten, selbst wenn diese nicht als Arbeitnehmer eingestuft werden. So hatte das BAG schon festgestellt, dass der Ausdruck der „im Arbeitsrecht geltenden Besonderheiten" nicht nur das Arbeitsrecht im engen Sinne meint. Gemeint seien vielmehr die Besonderheiten des Rechtsgebiets des Arbeitsrechts im Ganzen, sodass damit auch Rechtsgebiete außerhalb des Arbeitsrechts umfasst sein können, sofern diese letztlich dem Arbeitsleben entspringen. Folglich sind auch die Besonderheiten der Dienstverträge zu berücksichtigen.[1500] So scheitert die Inhaltskontrolle nach Maßgabe des § 307 Abs. 1 und 2 BGB sowie der §§ 308, 309 BGB vor allem daran, dass keine gesetzlichen Regelungen existieren, von denen im Sinne des § 307 Abs. 3 BGB abgewichen wird. Folglich geht es bei der AGB-Kontrolle von Wettbewerbsverboten mit Geschäftsführern sowohl bei den Hauptleistungspflichten als auch den Nebenbestimmungen allein um die Frage der Auslegung, des Überraschungsverbotes nach § 305c Abs. 1 BGB, der Unklarheitenregel nach § 305c Abs. 2 BGB sowie des Transparenzgebotes nach § 307 Abs. 1 S. 2 BGB.[1501] Eine Vertragsstrafenklausel würde gleichwohl selbst nicht gegen den § 309 Nr. 6 BGB verstoßen, da dieser nicht die Nicht- oder Schlechterfüllung von Unterlassungspflichten

---

1498 MüKoGmbHG/*Jaeger*/*Steinbrück*, § 35 Rn. 390; Scholz/*Verse*, GmbHG, § 43 Rn. 254.

1499 So MüKoGmbHG/*Jaeger*/*Steinbrück*, § 35 Rn. 390, und sofern diese nicht in den vorliegend vertretenen Genuss der analogen Anwendung der gesamten §§ 74 ff. HGB kommen.

1500 Vgl. BAG, NZA 2004, 727, 731; MüKoBGB/*Basedow*, § 310 Rn. 136; ErfK/*Preis*, BGB § 310 Rn. 11; ebenfalls so *Thüsing*, NZA 2002, 591, 592; *Reichenbach*, NZA 2003, 309, 311.

1501 BeckOGK/*Fehrenbach*, BGB § 307 Wettbewerbsverbotsklausel Rn. 193; *Bauer*/*Diller*, Wettbewerbsverbote, § 24 Rn. 1045, 1114; *Straube*, BB 2013, 117; *Lembke*, BB 2020, 52, 59.

erfasst.[1502] So kann man gegen die Inhaltskontrolle im Wege der AGB-Prüfung auch wieder die allgemeinen Bedenken anführen, die auf dem Beurteilungszeitpunkt der AGB-Kontrolle beruhen. Hier ist die von *Dauner-Lieb* angeführte Kritik hinsichtlich der an die AGB-Regeln angelehnten Inhaltskontrolle von Eheverträgen auf nachvertragliche Wettbewerbsverbote zu übertragen. Demnach knüpft eben auch die AGB-rechtliche Angemessenheitskontrolle an die Umstände bei Vornahme des Rechtsgeschäftes an, sodass spätere relevante Entwicklungen nicht angemessen berücksichtigt werden können, infolgedessen der Vertragsinhalt, der gegen den Maßstab der Angemessenheit verstoße, *ipso iure* unwirksam sei, was insofern nicht der angemessenen Behandlung der ehevertraglichen Abrede entspricht und demnach auch nicht der Behandlung nachvertraglicher Wettbewerbsverbote.[1503]

Insofern bleibt es allgemein dabei, dass Vertragsstrafen privatautonom versprochen werden können und insofern zumeist die Probleme bei der genauen Formulierung sowie der Festlegung der angemessenen Höhe der Vertragsstrafe liegen werden. Zumindest hinsichtlich der Höhe könnte sodann der § 343 BGB eine angemessene Herabsetzung ermöglichen.[1504] Der § 343 BGB kann zugleich wieder als Ausdruck des Grundsatzes von Treu und Glauben verstanden werden, der insoweit den angemessenen Ausgleich der berechtigten Interessen der Vertragsparteien ermöglicht.[1505]

I. Schriftform- und Aushändigungserfordernis nach § 74 Abs. 1 HGB

Die §§ 74 ff. HGB enthalten in § 74 Abs. 1 HGB des Weiteren noch Formvorgaben. So werden das Schriftform- sowie das Aushändigungserfordernis einer

---

1502 Siehe *Diller*, NZA 2005, 250, 253; auch BeckOK ArbR/*Jacobs*, BGB § 309 Rn. 21; *Bauer*/*Diller*, Wettbewerbsverbote, § 24 Rn. 1114.

1503 Vgl. *Dauner-Lieb*, AcP 201 (2001), 295, 326; so auch hinsichtlich Vertragstrafen *Bauer*/*Diller*, Wettbewerbsverbote, § 24 Rn. 1114.

1504 Vgl. *Gerigk*, Nachvertragliche Wettbewerbsverbote mit Organmitgliedern, S. 174; *Bauer*/*Diller*, Wettbewerbsverbote, § 24 Rn. 1114.

1505 Siehe BeckOGK/*Ulrici*, § 343 Rn. 7; Staudinger/*Rieble*, BGB § 343 Rn. 4; siehe auch MüKoBGB/*Gottwald*, § 343 Rn. 1; zum Unterschied der Kontrolle nach § 307 BGB und § 343 BGB siehe *Wensing*/*Nieman*, NJW 2007, 401 ff., vor allem auch bezüglich des maßgeblichen Beurteilungszeitpunktes, der, abgesehen von den sonstigen Gründen der Unanwendbarkeit der AGB-Regeln, eben für die Anwendbarkeit des § 343 BGB spricht.

Urkunde normiert. Dem Schriftformerfordernis des § 74 Abs. 1 HGB können zunächst die allgemeinen Schutzzwecke des Formerfordernisses wie die Warn-, Klarstellungs- sowie Beweisfunktion zugesprochen werden.[1506] Insbesondere im Bereich nachvertraglicher Wettbewerbsverbote kann zutreffenderweise die Warnfunktion hervorgehoben werden.[1507] Die Formerfordernisse des § 74 Abs. 1 HGB sind im Wesentlichen als Bestimmungen anzusehen, die dem Übereilungsschutz sowie der Rechtsklarheit dienen. In dem Sinne bezwecken der Formzwang sowie das Aushändigungserfordernis einen speziellen Schutz des Arbeitnehmers, vor allem hinsichtlich dessen, dass er von den vereinbarten Bestimmungen Kenntnis erlangt und sich daran im Weiteren orientieren kann.[1508] Unter Beachtung der Besonderheiten der Geschäftsführerstellung und der grundsätzlichen Formfreiheit des Anstellungsvertrages des Geschäftsführers[1509] ist auch von der grundsätzlichen Formfreiheit der Vereinbarung eines nachvertraglichen Wettbewerbsverbotes auszugehen. Gleichwohl wird die Schriftform schon aus Gründen der Beweisführung und Praktikabilität grundsätzlich empfohlen.[1510]

1506 Dazu BeckOGK/*Hecht*, BGB § 125 Rn. 7 ff.; MüKoBGB/*Einsele*, § 125 Rn. 8 ff. wie hier auch *Gerigk*, Nachvertragliche Wettbewerbsverbote mit Organmitgliedern, S. 174.

1507 So Schaub ArbR-HdB/*Vogelsang*, § 55 Rn. 36; *Buchner*, Wettbewerbsverbote während und nach Beendigung des Arbeitsverhältnisses, S. 113; *Gerigk*, Nachvertragliche Wettbewerbsverbote mit Organmitgliedern, S. 174.

1508 Dazu BAG, AP HGB § 74 Nr. 31; Heymann/*Henssler/Michel*, HGB § 74 Rn. 24; Schaub ArbR-HdB/*Vogelsang*, § 55 Rn. 36; siehe auch schon die Begründung des Gesetzesentwurfs zur Änderung des Handelsgesetzbuches, Reichstagsprotokolle, 13. Legislaturperiode, 1912/14, 18, Anlage Nr. 575, S. 728. So sollen Formvorschriften im Allgemeinen der in der Regel unerfahrenen Vertragspartei, wie dem in der Regel strukturell unterlegenen Arbeitnehmer, die „sinnvolle und verantwortungsbewusste Ausübung seiner Privatautonomie“ ermöglichen, siehe BeckOGK/*Hecht*, BGB § 125 Rn. 6.

1509 Dazu MüKoGmbHG/*Jaeger/Steinbrück*, § 35 Rn. 261 f., mit der aus steuerlichen Gründen gebotenen Ausnahme bei Gesellschafter-Geschäftsführern.

1510 Vgl. MüKoGmbHG/*Jaeger/Steinbrück*, § 35 Rn. 367; *Bauer/Diller*, Wettbewerbsverbote, § 24 Rn. 1043; *Gerigk*, Nachvertragliche Wettbewerbsverbote mit Organmitgliedern, S. 175.

J. Unabdingbarkeit und Sperrabreden nach §§ 75d, 75f HGB

Zum Regelungskomplex der §§ 74 ff. HGB gehören des Weiteren noch die §§ 75d, 75f HGB. Der § 75d S. 1 HGB stellt sicher, dass keine von den gesetzlichen Vorgaben abweichende und zum Nachteil des Arbeitnehmers gereichende vertragliche Regelung vereinbart werden kann. Somit dient diese Vorschrift vor allem dem Ausgleich des typisierend angenommenen Kräfteungleichgewichts zwischen Arbeitgeber und Arbeitnehmer.[1511] Insofern normiert § 75d S. 2 HGB daneben auch ein Umgehungsverbot bezüglich der gesetzlichen Vorschrift zur Mindestkarenzentschädigung.[1512] Der auch heutzutage noch bestehende grundsätzliche arbeitnehmerschützende Charakter wurde auch schon in der Regierungsbegründung zum Gesetzentwurf von 1914 deutlich, infolgedessen der § 75d HGB den zwingenden Charakter der gesetzlichen Vorgaben der §§ 74 ff. HGB zum Schutze der Handlungsgehilfen bzw. Arbeitnehmer manifestieren soll.[1513]

§ 75f HGB schränkt die Wirksamkeit von Abreden zwischen Arbeitgebern über die Sperrung der Anstellung eines Arbeitnehmers ein. Solche Sperrabreden werden zwar grundsätzlich anerkannt und können den berechtigten Arbeitgeberinteressen dienen,[1514] gleichwohl dürfen sie eben nicht die Schutzzwecke der §§ 74 ff. HGB konterkarieren. In diesem Sinne wird auf den „funktionalen Zusammenhang“ des § 75f HGB zu den §§ 74 ff. HGB hingewiesen, der sodann vor allem der Sicherung der beruflichen Freiheit des Arbeitnehmers, insbesondere hinsichtlich der freien Wahl des Arbeitsplatzes, dienen soll.[1515]

Wie schon das Schriftformerfordernis des § 74 Abs. 1 HGB können einige Vorschriften der §§ 74 ff. HGB eindeutig als reine arbeitnehmerschützende Regelungen klassifiziert werden, denen folglich keine verallgemeinerungsfähigen Wertungen entnommen werden können. Demnach stellen auch die Normen

---

1511 Siehe ErfK/*Oetker*, HGB § 75d Rn. 1; EBJS/*Boecken*/*Rudkowski*, HGB § 75d Rn. 1.

1512 Vgl. EBJS/*Boecken*/*Rudkowski*, HGB § 75d Rn. 6; MüKoHGB/*Thüsing*, § 75d Rn. 7.

1513 Vgl. Begründung des Gesetzesentwurfs zur Änderung des Handelsgesetzbuches, Reichstagsprotokolle, 13. Legislaturperiode, 1912/14, 18, Anlage Nr. 575, S. 732; BeckOGK/*Ittmann*, HGB § 75d Rn. 2; EBJS/*Boecken*/*Rudkowski*, HGB § 75d Rn. 1; MüKoHGB/*Thüsing*, § 75d Rn. 1.

1514 Vgl. BGH, NJW 1974, 1330 f.

1515 Siehe BGH, AP HGB § 75f Nr. 2; BGH, NJW 1974, 1330; BeckOGK/*Ittmann*, HGB § 75f Rn. 1; EBJS/*Boecken*/*Rudkowski*, HGB § 75f Rn. 1; MüKoHGB/*Thüsing*, § 75f Rn. 2.

der §§ 75d, 75f HGB solche arbeitnehmerschützenden Regelungen dar, die vor allem zum Schutze der strukturell unterlegenen Vertragspartei der Arbeitnehmer normiert wurden. Sie dienen grundsätzlich nur der Sicherung der Schutzzwecke sowie der gesetzlichen Vorgaben der §§ 74 ff. HGB und enthalten insofern keine allgemein übertragbaren Wertungen und Interessenbewertungen, die der sachgerechten Behandlung sämtlicher nachvertraglichen Wettbewerbsverbote zuträglich sind. Dementsprechend sind die Regelungen der §§ 75d, 75f HGB vorliegend nicht zu übertragen.[1516]

K. Ergebnis und Gesamtbetrachtung zur Konkretisierung

Im Ergebnis und abweichend von der Rechtsprechung des BGH enthalten die §§ 74 ff. HGB eine Reihe an verallgemeinerungsfähigen Wertungen und Rechtsgedanken, die zur sach- und systemgerechten Konkretisierung des § 138 BGB im Rahmen der rechtlichen Beurteilung nachvertraglicher Wettbewerbsverbote zu übertragen sind. Demnach können den §§ 74a Abs. 1 S. 1 und 2, Abs. 3, 74 Abs. 2, 74c, 75 Abs. 1, 75a HGB allgemein übertragbare Rechtsgedanken der §§ 74 ff. HGB induktiv entnommen werden.

Folglich bietet § 74a Abs. 1 S. 1 und 2 HGB eine sachgerechte Modifikation des Maßstabes der guten Sitten im Sinne einer Erforderlichkeits- und Angemessenheitsprüfung im Rahmen einer umfassenden Interessenabwägung. Darüber hinaus folgt der Übernahme der strengeren Interventionsschwelle infolge der Interessenabwägung des § 74a Abs. 1 S. 1 und 2 HGB die Übertragung der im Vergleich zur rigiden Gesamtnichtigkeitsfolge des § 138 BGB sachgerechten und angemessenen differenzierten Rechtsfolge der Unverbindlichkeit, die sodann die Möglichkeit der geltungserhaltenden Reduktion der Abrede im inhaltlich noch zulässigen Maße bietet. Auch aus methodischer Sicht wird wird die geltungserhaltende Reduktion im Wege der teleologischen Reduktion infolge des dem § 138 BGB immanenten Normzweckvorbehaltes ermöglicht. Demgemäß stellt die Interessenabwägung des § 74a Abs. 1 S. 1 und 2 HGB die maßgebliche Sittennorm des immanenten Normzweckvorbehaltes dar, sodass die dem § 74a Abs. 1 S. 1 und 2 HGB immanente geltungserhaltende Reduktion der partiellen Unverbindlichkeit eine teleologische Reduktion der Nichtigkeitsfolge des § 138 BGB bedingt.

In konsequenter Übertragung der Interessenabwägung und Rechtsfolge des § 74a Abs. 1 S. 1 und 2 HGB kongruiert auch der sachgerechte

1516 Ebenso *Gerigk*, Nachvertragliche Wettbewerbsverbote mit Organmitgliedern, S. 176.

Beurteilungszeitpunkt des Ausscheidungszeitpunktes des ehemaligen Beschäftigten. Ohne die Übertragung der Interessenabwägung und vielmehr ohne die Übertragung der differenzierten Rechtsfolge würde die isolierte Übertragung des Beurteilungszeitpunktes im Rahmen des § 138 BGB einen systematischen Widerspruch darstellen, der allein durch die Übernahme des Zusammenspiels und -wirkens mit der angeordneten Rechtsfolge zu überwinden ist. In diesem Sinne können die in § 74a Abs. 1 S. 1 und 2 HGB zum Ausdruck kommenden allgemeinen Rechtsgedanken dahingehend formuliert werden, dass das Wettbewerbsverbot insoweit unverbindlich ist, als es nicht dem Schutze eines berechtigten Interesses des Gesellschaftsunternehmens (Begünstigten) dient und nach Ort, Zeit und Gegenstand sowie unter Berücksichtigung der/einer gewährten Entschädigung die Berufsausübung und wirtschaftliche Betätigung des Geschäftsführers (Betroffenen) nicht unbillig erschwert.

Nicht zu übertragen ist die zeitliche Grenze nachvertraglicher Wettbewerbsverbote nach Maßgabe des § 74a Abs. 1 S. 3 HGB. Eine verallgemeinerungsfähige Wertung, die über den Bereich arbeitsrechtlicher Wettbewerbsverbote hinausgeht, ist § 74a Abs. 1 S. 3 HGB nicht zu entnehmen. Somit stellt die Zwei-Jahres-Grenze des § 74a Abs. 1 S. 3 HGB allenfalls einen Orientierungsmaßstab der zeitlichen Beschränkungen dar, der die Zulässigkeit der Wettbewerbsabrede auch gegenüber Geschäftsführern indiziert. Gleichwohl können auch zeitlich längere Bindungsfristen zulässig sein, sofern die Gesamtabwägung unter Beachtung der Besonderheiten und Umstände des Einzelfalls und im Zusammenspiel mit den anderen inhaltlichen Beschränkungen sowie einer gewährten Karenzentschädigung nicht etwas anderes ergibt.

Als weitere zu übertragende Wertung ist der induktiv aus den Regelungen der §§ 74 Abs. 2, 90a Abs. 1 S. 3 HGB hergeleitete verallgemeinerungsfähige Rechtsgedanke hinsichtlich der Notwendigkeit einer Karenzentschädigungszusage zu nennen. In Anbetracht der verfassungsrechtlichen Bedeutung einer finanziellen Kompensation schwerwiegender beruflicher Beschränkungen infolge nachvertraglicher Wettbewerbsverbote ist die Gesellschaft in Fällen von Tätigkeitsverboten verpflichtet, dem Geschäftsführer für die Dauer des Verbotes eine Entschädigung zu zahlen. Die Differenzierung zwischen den Klauseltypen reiner Kundenschutzklauseln und Tätigkeitsverbotsklauseln ist nicht nur unter Beachtung der fallbezogenen Besonderheiten, sondern auch aus verfassungsrechtlicher und zivilrechtlicher Sicht als sachgerecht einzustufen. Unter Beachtung der dargestellten Möglichkeiten der abweichenden und privatautonomen Gestaltung stellt auch die Rechtsfolgenanordnung des § 74 Abs. 2 HGB eine verallgemeinerungsfähige Wertung dar, die der sachgerechten und systemkonformen Konkretisierung des § 138 BGB zuträglich ist. So ist in Fällen von

Tätigkeitsverboten zum einen die Wirksamkeitsvoraussetzung der Zusage einer Karenzentschädigung und zum anderen die Wahlmöglichkeit bei der sodann zu niedrig bemessenen Karenzentschädigung zu übertragen. Hier kann wieder eine teleologische Reduktion der Nichtigkeitsfolge des § 138 BGB im Sinne des immanenten Normzweckvorbehaltes der Sittennorm des § 74 Abs. 2 HGB vorgenommen werden. In diesem Sinne kann der induktiv hergeleitete verallgemeinerungsfähige Rechtsgedanke hinsichtlich der Zusage einer Karenzentschädigung vorliegend so formuliert werden, dass die schwerwiegenden Eingriffe in die berufliche Freiheit des Geschäftsführer (Betroffenen) infolge der vertraglichen Wettbewerbsabrede nur dann verbindlich sind, wenn sich das Gesellschaftsunternehmen (Begünstigende) für die Dauer des Verbotes verpflichtet, eine angemessene Entschädigung zu zahlen. Als sachgerechte Konkretisierung der allgemeinen Wertungen des Grundsatzes der bezahlten Karenz kann dieser unter Beachtung der vorliegenden Fallgestaltung dahingehend konkretisiert werden, dass das Wettbewerbsverbot in Form des Tätigkeitsverbotes nur dann verbindlich ist, wenn sich die Gesellschaft verpflichtet, für die Dauer des Verbotes eine Entschädigung zu zahlen, die für jedes Jahr des Verbotes mindestens die Hälfte der vom Geschäftsführer zuletzt bezogenen vertragsmäßigen Gesamtvergütung erreicht.[1517]

Auch dem § 74a Abs. 3 HGB kann ein verallgemeinerungsfähiger Rechtsgedanke dahingehend entnommen werden, dass die Unwirksamkeits- bzw. Unverbindlichkeitsgründe der ebenfalls zu übertragenden §§ 74 Abs. 2, 74a Abs. 1 HGB *Leges speciales* sind und damit Vorrang gegenüber dem Nichtigkeitsurteil der Sittenwidrigkeitsprüfung des § 138 BGB genießen. Somit bestärkt der § 74a Abs. 3 HGB die Erkenntnis der vorrangigen und sachgerechten Rechtsfolge der Unverbindlichkeit des § 74a Abs. 1 S. 1 und 2 HGB sowie der Wirksamkeitsvoraussetzung und der Wahlmöglichkeit des § 74 Abs. 2 HGB.

Des Weiteren ist auch § 74c HGB als spezialgesetzliche Ausprägung des allgemeinen Bereicherungsverbotes und der Billigkeit anzusehen, der ebenso wie die §§ 326 Abs. 2 S. 2, 615 S. 2 BGB oder der § 11 KSchG einen verallgemeinerungsfähigen Rechtsgedanken enthält. Dieser kann dahingehend formuliert werden, dass sich der Entschädigungsempfänger auf die fällige Entschädigung das anrechnen lassen muss, was er während des Zeitraums, für den die Entschädigung gezahlt wird, durch anderweitige Verwertung seiner Arbeitskraft

1517 Die Formulierung ist grundsätzlich an den Wortlaut des § 74 Abs. 2 HGB angelehnt.

erwirbt oder zu erwerben böswillig unterlässt.[1518] In dem Sinne kann auch die Anrechnungsgrenze des § 74c HGB als sachgerechter Maßstab angesehen werden, an dem sich das nachvertragliche Wettbewerbsverbot mit Geschäftsführern orientieren kann. Die sachgerechte Anrechnung auf die Entschädigung wird sich unter Hinzurechnung des durch anderweitige Verwertung seiner Arbeitskraft Erworbene oder zu erwerben böswillig Unterlassene daran orientieren, dass dieser Betrag den Betrag der zuletzt bezogenen vertragsmäßigen Gesamtvergütung um Mehr als ein Zehntel übersteigen würde.[1519] Eine vertragliche Abweichung ist gleichwohl möglich und wird sich an den allgemeinen Anforderungen der unangemessenen beruflichen Beschränkung im Zusammenspiel mit der Höhe der Karenzentschädigung messen.

Darüber hinaus enthalten die §§ 75 Abs. 1, 75a HGB verallgemeinerungsfähige Rechtsgedanken. Im Sinne des § 75a HGB soll es der Gesellschaft vor der Beendigung des Dienstverhältnisses[1520] durch Erklärung ermöglicht werden auf das Wettbewerbsverbot mit der Wirkung zu verzichten, dass die Gesellschaft mit dem Ablauf einer angemessenen Frist, die grundsätzlich ein Jahr beträgt, seit der Erklärung von der Verpflichtung zur Zahlung der Entschädigung frei wird.[1521] § 75 Abs. 1 HGB enthält ebenso wie auch § 90a Abs. 3 HGB die verallgemeinerungsfähige Wertung, dass der Teil, der das Vertragsverhältnis aus wichtigem Grund wegen schuldhaften Verhaltens des anderen Teils kündigt, sich durch die Erklärung binnen eines Monats nach der Kündigung von der Wettbewerbsabrede lossagen kann.

Die anderen Regelungen der §§ 74 Abs. 1, 74b, 75c, 75d und 75f HGB enthalten keine verallgemeinerungsfähigen Wertungen. Sie stellen vorwiegend speziell arbeitnehmerschützende Normen dar, die vor allem auf der typisierend angenommenen strukturellen Unterlegenheit dieser Personengruppe beruht. In

---

1518 Diese Formulierung ist grundsätzlich vorrangig angelehnt an den Wortlaut des § 74c Abs. 1 S. 1 HGB. Gleichwohl ist die Formulierung so gewählt, dass der Grundgedanke der vergleichbaren Normen der §§ 326 Abs. 2 S. 2, 615 S. 2 BGB sowie des § 11 KSchG aufgefangen wird.

1519 Die Formulierung ist an den Wortlaut des § 74c Abs. 1 S. 1 HGB angelehnt.

1520 So richtigerweise auch LG Frankfurt a. M., GmbHR 1994, 803; Noack/Servatius/Haas/*Beurskens*, GmbHG § 37 Rn. 122; *Kukat*, BB 2001, 951, 954; grundsätzlich auch *Kielkowski*, NZG 2015, 900, 901 f.

1521 Angelehnt wurde sich vorliegend an den Wortlaut des § 75a HGB. Hier wurde die Jahresfrist zunächst durch die Terminologie der „angemessenen“ Frist ersetzt und die Formulierung „die mindestens ein Jahr beträgt“ gewählt, um den sachgerechten Orientierungsmaßstab zu verdeutlichen.

diesem Sinne können auch einzelne der eigentlichen Zweckbestimmung nicht entgegenstehende oder im Wesentlichen beeinflussende Einzelausformungen der anderen Regelungen gesehen werden. So sehen die §§ 75 Abs. 1, 75a HGB die schriftliche Erklärung vor. Diese Schriftformerfordernisse dienen allein der Sicherung der Schutzzwecke zugunsten der Arbeitnehmer im Sinne eines Mindestschutzes zum Ausgleich der angenommenen unterlegenen Stellung. Diese Einzelausformungen stellen demnach keine wesentliche Zweckbestimmung im Sinne der verallgemeinerungsfähigen Wertung dar. Unter Beachtung der teleologischen Mehrdimensionalität der Zweckbestimmung stellen diese Einzelausformungen untergeordnete und nicht weiter zu beachtende Regelungsabsichten dar.

Angemerkt werden soll nur noch einmal die wesentliche Bedeutung der Unanwendbarkeit des § 75d HGB. Verleiht eben dieser den gesetzlichen Vorgaben und Regelungen der §§ 74 ff. HGB den zwingenden Charakter, von dem nicht durch vertragliche Abreden zulasten des Arbeitnehmers abgewichen werden darf, soll bei nachvertraglichen Wettbewerbsverboten mit Geschäftsführern die privatautonome Gestaltung von wesentlicher und vorrangiger Bedeutung sein. Demnach bietet auch die Übertragung der allgemeinen Rechtsgedanken der §§ 74a Abs. 1 S. 1 und 2, Abs. 3, 74 Abs. 2, 74c, 75 Abs. 1, 75a HGB neben den im gewissen Maße sachgerechten und angemessenen verbindlichen Vorgaben weiterhin einen ausreichenden Spielraum für die einzelfallabhängige und privatautonome Gestaltung der nachvertraglichen Wettbewerbsverbotsabrede. In dem Sinne bieten die induktiv gewonnenen allgemeinen Rechtsgedanken der §§ 74a Abs. 1 S. 1 und 2, Abs. 3, 74 Abs. 2, 74c, 75 Abs. 1, 75a HGB einen institutionellen Rahmen für die beiderseitige freie selbstbestimmte vertragliche Vereinbarung. Zumindest ermöglicht die hier vorgenommene Konkretisierung des § 138 BGB ein Mehr an Rechtssicherheit und Voraussehbarkeit, obgleich auch genügend Spielraum für die Einzelfallgerechtigkeit verbleibt. Ist weiterhin davon auszugehen, dass die Rechtsprechung vorrangig den § 138 BGB anwenden möchte, wäre konsequenterweise sodann zumindest die hier dargelegte Konkretisierung geboten, die sowohl der bestmöglichen Berücksichtigung der beiderseitigen Interessen als auch der größtmöglichen Gesetzesbindung und Rechtssicherheit im notwendigen Ausgleich zur weiterhin verbleibenden angemessenen Beachtung der Einzelfallgerechtigkeit dient.

§ 3 Teilanaloge Anwendung der §§ 74 ff. HGB

A. Zulässigkeit der teilanalogen Anwendung der §§ 74 ff. HGB

I. Die analoge Anwendung einzelner Regelungen der §§ 74 ff. HGB

Die Zulässigkeit der analogen Anwendung einzelner Regelungen der §§ 74 ff. HGB wird teilweise kritisch gesehen oder gar komplett abgelehnt. So wird vor allem eingewendet, dass der Gesamtregelungskomplex der §§ 74 ff. HGB ein in sich insgesamt austariertes und geschlossenes System darstelle, welches nicht zur partiellen analogen Anwendung geeignet ist. Die Herausnahme einzelner Vorschriften würde den Gesetzeszwecken sowie der gesetzgeberischen Interessenbewertung widersprechen und so insbesondere die Balance des Regelungssystems stören. In diesem Sinne sei auch die vom BGH vorgenommene analoge Anwendung der unternehmensbegünstigenden Vorschriften abzulehnen. Denn auch diese Regelungen seien vornehmlich das Ergebnis der zwingenden Konnexität und des Zusammenspiels mit anderen Regelungen der §§ 74 ff. HGB, die eben nur im Wege des Zusammenwirkens den sachgerechten Ausgleich der Rechte und Pflichten bewirken. Demnach sei eben auch schon die vom BGH vorgenommene analoge Anwendung der gesellschaftsbegünstigenden Regelungen der §§ 74 ff. HGB abzulehnen.[1522]

Gegen diese Ansicht kann jedoch eingewendet werden, dass es bei der Frage der analogen Anwendung der §§ 74 ff. HGB nicht zwingend auf den gesamten Regelungskomplex ankommen muss. So ist eine bestehende wesentliche oder zwingende Konnexität der einzelnen Regelung mit einer anderen zwar richtigerweise zu beachten und wird das gefundene Ergebnis auch beeinflussen, gleichwohl müssen die einzelnen Vorschriften und Regelungen der §§ 74 ff. HGB zunächst vielmehr auch einzeln betrachtet werden. Erst unter Beachtung der Zweckbestimmung und *ratio legis* der jeweiligen Regelung kann entschieden werden, ob es sich um eine verallgemeinerungsfähige Norm handelt, die über

---

1522 Vgl. dazu auch KK-AktG/*Mertens*/*Cahn*, § 88 Rn. 37; MHLS/*Ziemons*, GmbHG § 43 Rn. 277; *Storf*, Nachvertragliche Wettbewerbsverbote bei den freien Berufen, S. 36; *Krahforst*, Nachvertragliche Wettbewerbsverbote für GmbH-Geschäftsführer, S. 266 f.

den Anwendungsbereich der §§ 74 ff. HGB hinaus Anwendung finden kann oder doch spezifische Sonderwertungen enthält – wie zum Beispiel einen spezifischen Schutzzweck hinsichtlich einer klar bestimmten Personengruppe –, die einer erweiternden Übertragung entgegenstehen. Richtigerweise enthalten die §§ 74 ff. HGB nicht ausschließlich arbeitnehmerschützende Regelungen, auch wenn der Gesamtregelungskomplex der §§ 74 ff. HGB insgesamt zutreffend als arbeitnehmerschützend einzustufen ist.[1523] Die grundsätzliche Zweckbestimmung der §§ 74 ff. HGB kann dahingehend beschrieben werden, dass sich der Arbeitgeber in gewissen gesetzlichen Grenzen effektiv vor einer Konkurrenztätigkeit schützen darf; die damit einhergehenden beruflichen Beschränkungen des strukturell unterlegenen Arbeitnehmers sollen sodann durch die Gewährung einer Karenzentschädigung und im Wege der Einhaltung der sonstigen formalen und materiellen Vorgaben ausgeglichen werden.[1524] Wie schon gezeigt enthalten einzelne Regelungen der §§ 74 ff. HGB ihrer immanenten Teleologie entsprechend allgemeine Wertungen, die unabhängig von der spezifischen Schutzbedürftigkeit bestimmter Personengruppen den allgemeinen gerechten Interessenausgleich zwischen den betroffenen Rechtsgütern der beteiligten Vertragsparteien bezwecken.[1525]

Ausgangspunkt jeder Analogie sowie der Frage der Vergleichbarkeit der Interessenlage stellen die jeweilige *ratio legis* sowie die immanente Teleologie der betrachteten Regelung dar. So wird im Sinne eines Erst-recht-Schlusses (*argumentum a fortiori)* angeführt, dass die einseitig unternehmensbegünstigenden Regelungen der §§ 74 ff. HGB der partiellen analogen Anwendung offenstehen müssen, da ansonsten Wertungswidersprüche gegenüber der rechtlichen Behandlung nachvertraglicher Wettbewerbsverbote von Arbeitnehmern bestehen würden. Folge wäre, dass sich der Arbeitgeber effektiver gegenüber Arbeitnehmern schützen könnte, als dies gegenüber Geschäftsführern der Fall wäre.

1523 So zum Beispiel EBJS/*Boecken*/*Rudkowski*, HGB § 74 Rn. 2; Röhricht/Graf von Westphalen/Haas/*Wagner*/*Vogt*, HGB § 74 Rn. 1; grundsätzlich auch BeckOGK/*Ittmann*, HGB § 74 Rn. 2.

1524 Vgl. Begründung des Gesetzesentwurfs zur Änderung des Handelsgesetzbuches, Reichstagsprotokolle, 13. Legislaturperiode, 1912/14, 18, Anlage Nr. 575, S. 727.

1525 Vgl. Heymann/*Henssler*/*Michel*, HGB vor §§ 74-75f Rn. 4; *Gerigk*, Nachvertragliche Wettbewerbsverbote mit Organmitgliedern, S. 138; so grundsätzlich auch EBJS/*Boecken*/*Rudkowski*, HGB § 74 Rn. 1, der im Weiteren die §§ 74 ff. HGB dennoch als Arbeitnehmerschutzvorschriften bezeichnet, siehe Rn. 2.

Demnach müssen die unternehmensbegünstigenden Regelungen erst recht analog auf Wettbewerbsverbote mit Geschäftsführern angewendet werden.[1526]

Mögen diese angeführten möglichen Wertungswidersprüche grundsätzlich auch beachtlich sein, kommt es bei der Frage der analogen Anwendung richtigerweise nicht darauf an, ob die jeweilige Regelung generell als unternehmensbegünstigende, arbeitnehmerschützende oder neutrale Norm anzusehen ist, sondern auf die jeweilige spezifische *ratio legis* der Norm und den daraus induktiv destillierbaren verallgemeinerungsfähigen Wertungen. Damit eng verknüpft ist auch die gegebenenfalls zu beachtende vorliegende Konnexität mit anderen Regelungen infolge der teleologischen Mehrdimensionalität, die je nach Norm für oder gegen eine verallgemeinerungsfähige Wertung sprechen könnte. Die analoge Anwendung einzelner Regelungen der §§ 74 ff. HGB ist zutreffenderweise auch dann abzulehnen, wenn diese keine allgemeingültigen Wertungen enthalten oder unter Beachtung des Zusammenspiels und -wirkens mit anderen Regelungen nicht isoliert (analog) angewendet werden können. Eine bestehende Konnexität zwischen zwei Regelungen steht der analogen Anwendung gleichwohl nicht grundsätzlich entgegen, wenn auch beide Normen ansonsten verallgemeinerungsfähige Wertungen enthalten und insofern auch isoliert oder eben im Zusammenspiel der teilanalogen Anwendung offenstehen. Grundsätzlich wird die analoge Anwendung vor allem in den Fällen in Betracht kommen, in denen die notwendige und wertungsgebundene Ähnlichkeit des geregelten mit dem ungeregelten Sachverhalt hinsichtlich der tatbestandlichen Voraussetzungen sowie der Rechtsfolge besteht.[1527] Die Zulässigkeit der analogen Anwendung einzelner Regelungen der §§ 74 ff. HGB ist zunächst grundsätzlich anzunehmen. Ob die analoge Anwendung einer einzelnen Regelung der §§ 74 ff. HGB vorliegend zu bejahen ist, entscheidet sich primär am Vorliegen einer verallgemeinerungsfähigen Wertung, die sodann auch die Übertragung der Rechtsfolge auf den wertungsgleichen bzw. ähnlichen Sachverhalt erlaubt.

II. Begriff der teilanalogen Anwendung

Als weitere Besonderheit der analogen Anwendung einzelner Regelungen der §§ 74 ff. HGB ist die Frage der Zulässigkeit der teilanalogen Anwendung der

1526 So *Gerigk*, Nachvertragliche Wettbewerbsverbote mit Organmitgliedern, S. 139.

1527 Vgl. *Reimer*, Juristische Methodenlehre, Rn. 555; *Beaucamp*, DÖV 2013, 41, 42; auch *Looschelders/Roth*, Juristische Methodik, S. 312 f., in Abgrenzung zur Gesamtanalogie; siehe ebenfalls allgemein *Bydlinski*, Juristische Methodenlehre und Rechtsbegriffe, S. 485 ff.

jeweiligen Regelung zu diskutieren. Im Kontext der §§ 74 ff. HGB wird der Begriff der teilanalogen Anwendung zumeist verwendet, um die isolierte analoge Anwendung einzelner Regelungen des Gesamtregelungskomplexes zu bezeichnen.[1528] Gleichwohl kann von einer „Teilanalogie" auch gesprochen werden, wenn nur bestimmte Elemente einer Regelung im Wege der analogen Anwendung übertragen werden sollen. Bekannt ist die von *Fleischer* als „wissenschaftlich unterbelichtet" bezeichnete Figur vor allem durch die analoge Anwendung aktienrechtlicher Regelungen auf das GmbH-Recht, bei der sodann jedoch nur einzelne bestimmte Elemente der Regelung übertragen werden sollen. So wurde beispielsweise die Teilanalogie des § 27 Abs. 3 S. 1 AktG diskutiert. Des Weiteren wird auch im Rahmen der Übertragung eines ganzen aktienrechtlichen Rechtsinstituts von der Teilanalogie gesprochen. Dies beispielsweise bei der entsprechenden Anwendung der §§ 302, 303 AktG auf die abhängige GmbH im Falle eines vorliegenden qualifizierten faktischen Konzerns.[1529]

Eine „Teilanalogie" stellt richtigerweise kein eigenständiges Instrument in Abgrenzung zur Einzel- oder Gesamtanalogie dar. Vielmehr beruht jede Analogiebildung auf der Prämisse, dass eine Anpassung des vorgefundenen Regelungsgehaltes und Normmaterials vorzunehmen ist. Würde die gesetzliche Regelung ohne Anpassungen anwendbar sein, würde schon keine notwendige gesetzliche Lücke als Voraussetzung jedweder richterlichen Rechtsfortbildung bestehen. Demnach kommt es vorrangig auf die wertungsmäßigen Anknüpfungspunkte der jeweiligen Regelung an, die sodann auch die Erstreckung der Rechtsfolge ermöglichen. Zutreffend kann jedwede Analogie als „Teilanalogie" bezeichnet werden, da der zugrunde liegende Rechtssatz zur Ausfüllung der gesetzlichen Lücke immer anzupassen ist und unter Beachtung der wesentlichen Wertungen hinsichtlich der notwendigen wertungsmäßigen Ähnlichkeiten die Übertragung der Rechtsfolgen erlaubt.[1530]

1528 So beispielsweise *Krahforst*, Nachvertragliche Wettbewerbsverbote für GmbH-Geschäftsführer, S. 109 f.; *Gerigk*, Nachvertragliche Wettbewerbsverbote mit Organmitgliedern, S. 122, 137 ff.

1529 Dazu *Fleischer*, GmbHR 2008, 673, 676 mwN.; *Bialluch*, Ausstrahlungswirkungen im Unternehmensrecht, S. 198 ff., mit weiteren Beispielen; siehe auch *Fleischer*, NJW 2004, 2335, 2236 Fn. 48.

1530 Vgl. *Bialluch*, Ausstrahlungswirkungen im Unternehmensrecht, S. 200 f.; idS. auch *Würdinger*, AcP 206 (2006), 946, 953.

III. Zwischenergebnis

Die teilanaloge Anwendung der einzelnen Regelungen der §§ 74 ff. HGB ist grundsätzlich zulässig. Maßgeblich sind primär die *ratio legis* der jeweiligen Regelung sowie die wertungsmäßige Vergleichbarkeit der Interessenlagen im Sinne der wertgebundenen Ähnlichkeit. Demgemäß können einzelne Regelungen der §§ 74 ff. HGB infolge der ihnen immanenten verallgemeinerungsfähigen Wertungen bei Vergleichbarkeit der Interessenlage der isolierten analogen Anwendung, gleichwohl unter Beachtung bestehender Konnexitäten, offenstehen. Wird im Folgenden nicht der Begriff der „Teilanalogie" verwendet, ist es dem Wesen der Analogie immanent, dass diese zur analogen Anwendung wertungsmäßig anzupassen sind. So geht es bei der analogen Anwendung einer Norm immer allein darum, die wertungsmäßig wesentlichen Elemente zu übertragen, sodass es auch hinsichtlich der Rechtsfolge allein auf die beachtlichen wertungsmäßigen Anknüpfungspunkte der jeweiligen Regelung ankommen wird. Folglich kann bei der analogen Anwendung grundsätzlich schon auf die gefundenen Ergebnisse der Übertragbarkeit der induktiv gewonnenen verallgemeinerungsfähigen Rechtsgedanken der Regelungen der §§ 74 ff. HGB im Rahmen der Konkretisierung des § 138 BGB zurückgegriffen werden. Ausgehend von den verallgemeinerungsfähigen Rechtsgedanken soll zur sachgerechten und differenzierten Lückenausfüllung im Wege der Analogiebildung auch eine an der zentralen wertgebundenen Ähnlichkeitsprüfung orientierte analoge Anwendung einzelner Normen stattfinden, ohne die wertungsmäßig unbeachtlichen Einzelausformungen ebenfalls zwingend zu übernehmen.[1531]

B. Analog anwendbare Regelungen der §§ 74 ff. HGB

I. Analoge Anwendung des § 74a Abs. 1 HGB

§ 74a Abs. 1 S. 1 und 2 HGB stellt zutreffend einen verallgemeinerungsfähigen Rechtsgedanken dar, der die Tatbestandsmerkmale des berechtigten Interesses und der unbilligen Fortkommenserschwerung beinhaltet. Auch knüpft die Interessenabwägung des § 74a Abs. 1 S. 1 und 2 HGB seiner immanenten Teleologie nach nicht an eine spezifische Personengruppe oder bestimmte Schutzbedürftigkeit an. In diesem Sinne werden die tatbestandlichen Voraussetzungen des § 74a Abs. 1 S. 1 und 2 HGB auch als „allgemeine Sachgerechtigkeitskriterien der Inhaltskontrolle"[1532] bezeichnet. Damit stellt die

1531 IdS. *Würdinger*, AcP 206 (2006), 946, 953; *Fleischer*, GmbHR 2008, 673, 678.
1532 *Preis*, Grundfragen der Vertragsgestaltung im Arbeitsrecht, S. 533.

Interessenabwägung des § 74a Abs. 1 S. 1 und 2 HGB also einen sachgerechten Maßstab der Vertragskontrolle nachvertraglicher Wettbewerbsverbote bzw. nachvertraglicher Beschränkungen der Berufsfreiheit dar.[1533] Daran anknüpfend ist auch die analogiebegründende wertgebundene tatbestandliche Ähnlichkeit des § 74a Abs. 1 S. 1 und 2 HGB mit dem ungeregelten Sachverhalt von nachvertraglichen Wettbewerbsverboten mit Geschäftsführern zu bejahen.

Abgesehen von den tatbestandlichen Voraussetzungen (Interessenabwägung) wurde schon dargestellt, dass auch die Übertragung der differenzierteren Rechtsfolge des § 74a Abs. 1 S. 1 und 2 HGB die sachgerechte Lösung nachvertraglicher Wettbewerbsverbote darstellt. Insbesondere im Vergleich zur Anwendung des § 138 BGB sprechen die verallgemeinerungsfähigen Rechtsgedanken des § 74a Abs. 1 S. 1 und 2 HGB insgesamt für die analoge Anwendung als „methodenehrlicher[e]“[1534] Variante gegenüber der Herabsetzung der Interventionsschwelle im Rahmen der Sittenwidrigkeitsprüfung des § 138 BGB.[1535] Wird also schon bei nachvertraglichen Wettbewerbsverboten mit Geschäftsführern im Rahmen des § 138 BGB der strengere Maßstab der Erforderlichkeits- und Angemessenheitsprüfung des § 74a Abs. 1 S. 1 und 2 HGB übertragen, soll auch die differenziertere Rechtsfolge des § 74a Abs. 1 S. 1 und 2 HGB übertragen werden, der insofern insgesamt die sachgerechte Lösung sowie die wertgebundene und methodologisch widerspruchsfreie gesetzliche Grundlage im Wege der analogen Anwendung darstellt.[1536] Dies ist vor allem auch aus verfassungsrechtlicher Sicht zu bejahen.[1537] Und auch aus methodischer Sicht sprechen die gleichen Gründe, die schon bei der Übertragung der allgemeinen Rechtsgedanken hinsichtlich der Rechtsfolgenanordnung angebracht worden, für die Analogiebildung. Folglich bietet die analoge Anwendung des § 74a Abs. 1 S. 1 und 2 HGB ebenfalls ein Mehr an Rechtssicherheit, welches grundsätzlich für die Zulässigkeit der

---

1533 Vgl. *Canaris*, AcP 184 (1984) 201, 241; dazu auch *Weidelener*, Der richterliche Vertragsschutz, S. 237.

1534 *Canaris*, JuS 1989, 161, 164.

1535 *Canaris*, AcP 184 (1984), 201, 241; *ders.*, JuS 1989, 161, 164; ähnlich auch *Gerigk*, Nachvertragliche Wettbewerbsverbote mit Organmitgliedern, S. 142.

1536 *Canaris*, FS Steindorff, 1990, 519, 538; *ders.*, AcP 184 (1984), 201, 241 f.; *ders.*, JuS 1989, 161, 164 f.; siehe dazu auch *Uffmann*, Verbot der geltungserhaltenden Reduktion, S. 25 f.; *Traub*, WRP 1994, 802, 805; ebenfalls allgemein zum § 138 BGB *Honsell*, JA 1986, 573, 576; *Damm*, JZ 1986, 913, 917 f.

1537 Siehe dazu Noack/Servatius/Haas/*Beurskens*, GmbHG § 37 Rn. 117; *Canaris*, AcP 184 (1984), 201, 241; *ders.*, JuS 1989, 161, 164 f., die beide die analoge Anwendung des § 74a Abs. 1 HGB auf die verfassungsrechtliche Gebotenheit stützen.

richterlichen Rechtsfortbildung spricht.[1538] In diesem Sinne erreicht die analoge Anwendung des § 74a Abs. 1 S. 1 und 2 HGB, noch mehr als nur die Übertragung der allgemeinen Rechtsgedanken, zudem das Ziel der größtmöglichen Gesetzesbindung.[1539]

Auch die problematische Frage des maßgeblichen Beurteilungszeitpunktes wird durch die analoge Anwendung des § 74a Abs. 1 S. 1 und 2 HGB obsolet. Im Wege der Übertragung der allgemeinen Rechtsgedanken steht der Beurteilungszeitpunkt in zwingender Konnexität mit der angeordneten und im Vergleich zur Gesamtnichtigkeit differenzierteren Rechtsfolge der Teilverbindlichkeit. Stehen sowohl der Tatbestand als auch die Rechtsfolge des § 74a Abs. 1 S. 1 und 2 HGB der analogen Anwendung offen, wird der Zeitpunkt der Beendigung des Anstellungsverhältnisses richtigerweise gleichfalls den sachgerechten Zeitpunkt der rechtlichen Beurteilung darstellen.

Nicht analog anzuwenden ist § 74a Abs. 1 S. 3 HGB. Dieser stellt allein eine gesetzliche Wertung hinsichtlich der zeitlichen Grenzen eines nachvertraglichen Wettbewerbsverbotes dar, dessen Überschreitung die Unwirksamkeit der Abrede gegenüber Arbeitnehmern anzeigt. So kann man zutreffend von einem allgemeinen Rechtsgrundsatz hinsichtlich der zeitlichen Beschränkbarkeit in Anbetracht einer unangemessenen Erschwerung des beruflichen Fortkommens für arbeitsrechtliche Wettbewerbsverbote ausgehen,[1540] der über das Arbeitsrecht hinaus allenfalls nur indizielle Wirkung entfaltet. In diesem Sinne soll die gesetzlich normierte zeitliche Grenze vor allem dem Schutz der strukturell unterlegenen Arbeitnehmer dienen, denen gegenüber ein länger bindendes Wettbewerbsverbot grundsätzlich unangemessen ist. Wie gezeigt kann gegenüber Geschäftsführern infolge der einzelfallabhängigen Umstände und Besonderheiten ein zeitlich umfangreicheres Wettbewerbsverbot angemessen sein. Gleichwohl wird die zeitliche Grenze des § 74a Abs. 1 S. 3 HGB, auch wenn es nicht zur analogen Anwendung kommt, einen geeigneten Orientierungsmaßstab darstellen.

Folglich steht § 74a Abs. 1 S. 1 und 2 HGB der analogen Anwendung offen. Hinzuweisen ist darauf, dass hinsichtlich der analogen Anwendung des § 74a Abs. 1 S. 1 und 2 HGB keine Trennung zwischen reinen Kundenschutzklauseln und Tätigkeitsverboten vorzunehmen ist, da diese im Rahmen der Interessenabwägung grundsätzlich gleich zu behandeln sind. Der Ausdruck

---

1538 Siehe *Wank*, Juristische Methodenlehre, § 15 Rn. 83; *Möllers*, Juristische Methodenlehre, § 13 Rn. 63 ff.

1539 So auch *Weidelener*, Der richterliche Vertragsschutz, S. 279 f.

1540 Vgl. BAGE 19, 152.

„unter Berücksichtigung der gewährten Entschädigung“ lässt keinen Schluss dahingehend zu, dass damit eine zwingend vorgeschriebene Karenzentschädigung gemeint sei. Vielmehr wird damit nur die Abwägungserheblichkeit der Karenzentschädigung klar. Zudem verdeutlicht es ebenfalls allein die wesentliche Relevanz eines finanziellen Ausgleichs als kompensatorisches Mittel für die auferlegten Beschränkungen der beruflichen Freiheit.

II. Analoge Anwendung des § 74 Abs. 2 HGB

Eine analoge Anwendung des § 74 Abs. 2 HGB kommt vorliegend ebenfalls in Betracht. Wie schon erörtert, stellt der Grundsatz der bezahlten Karenz einen wesentlichen allgemeinen Rechtsgedanken dar, der dem Betroffenen einen finanziellen Mindestschutz infolge der spürbaren Wettbewerbsbeschränkungen gewähren soll. Ausgehend von der möglichen eindeutigen sprachlichen Trennung von reinen Kundenschutzklauseln und Tätigkeitsverbotsklauseln wird die analoge Anwendung des § 74 Abs. 2 HGB allein für Tätigkeitsverbotsklauseln zu bejahen sein. Der maßgebliche Schutzzweck der Karenzentschädigungspflicht gegenüber Arbeitnehmern bezieht sich grundsätzlich ebenfalls auf die schwerwiegenden beruflichen Beschränkungen infolge des nachvertraglichen Wettbewerbsverbotes. Eine Differenzierung zwischen reinen Kundenschutz- und Tätigkeitsverbotsklauseln findet im Anwendungsbereich der §§ 74 ff. HGB gleichwohl nicht statt. Dies ist jedoch nicht dem Umstand geschuldet, dass eine Trennung gar nicht erst möglich sei, sondern vielmehr dem Umstand, dass nachvertragliche Wettbewerbsverbote gegenüber Arbeitnehmern als „Massenerscheinung des Arbeitsrechts“ angesehen werden, sodass für die Einbeziehung jedweder Wettbewerbsverbotsklauseln insbesondere Gründe der Rechtssicherheit und Praktikabilität sprechen.[1541]

In diesem Sinne erfolgt keine Trennung der rechtlichen Behandlung von reinen Kundenschutz- und Tätigkeitsverbotsklauseln. Dies erleichtert den Arbeitnehmern und Arbeitgebern zu wissen, welche rechtlichen bzw. gesetzlichen Rahmenbedingungen und Grenzen für die vertragliche Abrede über ein nachvertraglichen Wettbewerbsverbot bestehen. Die fehlende Differenzierung kann ebenfalls darauf zurückgeführt werden, dass man die Tätigkeitsfelder der Arbeitnehmer nicht einheitlich und typisierend erfassen kann. Dies viel weniger noch als die Geschäftsführertätigkeiten, die in der Praxis ebenfalls vielgestaltige Erscheinungen haben werden und auch nicht ohne Weiteres einer einheitlichen

1541 In Anlehnung an BAG, NJW 1970, 626, 629; siehe auch *Canaris*, SAE 1971, 111, 112.

Definition zugänglich sind. Geht man jedoch davon aus, dass die Geschäftsführertätigkeit wenigstens im gewissen Maße von einheitlichen Tätigkeits- und Aufgabenfeldern geprägt sein wird, worauf auch die typisierende Betrachtung der Eingriffsintensität beruht, wird dies bei Arbeitnehmern gleichwohl nicht möglich sein. Um der arbeitnehmerschützenden Zweckbestimmung der Gewährung eines gesetzlichen Mindestschutzes des Gesamtregelungskomplexes der §§ 74 ff. HGB gerecht zu werden, sollen Kundenschutz- sowie Tätigkeitsverbotsklauseln allgemein vom Anwendungsbereich erfasst sein.

Betrachtet man gleichwohl die allgemeinen Schutzzweckbestimmungen und Grundgedanken der §§ 74 ff. HGB, und insbesondere des § 74 Abs. 2 HGB, bezieht sich die Verpflichtung zum finanziellen Ausgleich in Form der Karenzentschädigung auf einen schwerwiegenden Eingriff in die berufliche Freiheit des Arbeitnehmers infolge der Kundenschutz- sowie Tätigkeitsverbotsklauseln. Werden sowohl Kundenschutz- als auch Tätigkeitsverbotsklauseln im Einzelfall auch gegenüber Arbeitnehmern nicht immer einen schwerwiegenden Eingriff darstellen, beruht die verpflichtende Zusage einer Karenzentschädigung auf der typisierenden Annahme eines schwerwiegenden Eingriffs. In diesem Sinne wird auch für Arbeitnehmer eine teleologische Reduktion oder Unanwendbarkeit der §§ 74 ff. HGB für Bagatellbeschränkungen diskutiert, die infolge der nicht spürbaren wirtschaftlichen Relevanz keiner oder allein einer geringen Karenzentschädigung bedürfen.[1542] Gegen diese teleologische Reduktion gegenüber Arbeitnehmern wird vorwiegend eingewandt, dass eine solche Handhabung mit erheblichen Abgrenzungsschwierigkeiten einhergehe und zu wenig praktikablen Ergebnissen führe.[1543]

1542 Für die Ausnahme von Bagatellbeschränkungen siehe BAGE 7, 239, Rn. 40, demnach nachvertragliche Wettbewerbsabreden dem § 74 Abs. 1 HGB nur dann unterfallen sollen, wenn diese „geeignet seien, einen Handlungsgehilfen nach beendetem Anstellungsverhältnis in seiner gewerblichen Tätigkeit in wirtschaftlich nicht unbedeutender Weise zu behindern"; ähnlich BAG, NZA 1988, 502, 503; aus der Literatur siehe Hopt/*Roth*, HGB § 74 Rn. 6; Oetker/*Kotzian-Marggraf*, HGB § 74 Rn. 18; *Bauer*/*Diller*, Wettbewerbsverbote, § 4 Rn. 108; ähnlich BeckOGK/*Ittmann*, HGB § 74 Rn. 52 f.; früher noch EBJS/*Boecken*, 3. Aufl. 2014, HGB § 74 Rn. 23. Dagegen siehe Röhricht/von Westphalen/Haas/*Wagner*/*Vogt*, HGB § 74 Rn. 24; nunmehr auch EBJS/*Boecken*/*Rudkowski*, HGB § 74 Rn. 23; *Röhsler*/*Borrmann*, Wettbewerbsbeschränkungen für Arbeitnehmer und Handelsvertreter, S. 71; siehe dazu auch *Vesper*, Indirekte nachvertragliche Wettbewerbsbeschränkungen, S. 77 ff.

1543 Röhricht/von Westphalen/Haas/*Wagner*/*Vogt*, HGB § 74 Rn. 24.

Unbeachtet dieser Problematik bei Arbeitnehmern kann bei nachvertraglichen Wettbewerbsverboten mit Geschäftsführern richtigerweise eine Trennung zwischen Kundenschutz- und Tätigkeitsverbotsklauseln vorgenommen werden. So nahm auch der BGH eine Abgrenzung und Trennung der beiden Klauseltypen vor,[1544] sofern die Klauseln sprachlich eindeutig trenn- und dementsprechend bestimmbar sind. Der Grundsatz der bezahlten Karenz steht im wesentlichen Zusammenhang mit der Annahme eines schwerwiegenden Eingriffes in das berufliche Fortkommen, anhand dessen auch die Abgrenzung zwischen den beiden Klauseltypen stattfindet. Dieser Differenzierung wird sodann auch die differenzierte analoge Anwendung des § 74 Abs. 2 HGB folgen.

Möchte man nun den § 74 Abs. 2 HGB analog anwenden, ist die Differenzierung zwischen den Klauseltypen richtigerweise nicht im Begriff „Wettbewerbsverbot" angelegt.[1545] Gleichwohl geht es um die wertungsmäßige Gleichheit und um das Hervorheben des Vergleichsmoments, des sogenannten *tertium comparationis*. In dem Sinne ist wieder die teleologische Mehrdimensionalität der Regelung zu beachten, sodass die Unterschiede der vergleichbaren Sachverhalte vor allem auf den unwesentlichen Wertungen der Regelung beruhen müssen.[1546] Als vorrangig zu beachtende wesentliche Wertung des § 74 Abs. 2 HGB ist also die Verknüpfung der verpflichtenden Karenzentschädigungszusage mit dem typisierend angenommenen schwerwiegenden Eingriff aufgrund der Wettbewerbsbeschränkungen zu sehen. Die fehlende Differenzierung im Wortlaut des § 74 Abs. 2 HGB und allgemein im Anwendungsbereich der §§ 74 ff. HGB beruht auf Gründen des generellen Arbeitnehmerschutzes, der in Anbetracht der verallgemeinerungsfähigen Wertungen des § 74 Abs. 2 HGB eine unwesentliche Bedeutung für die vorliegende analoge Anwendung hat. Demgemäß kann gegenüber Geschäftsführern das Wort „Wettbewerbsverbot" im Rahmen der analogen Anwendung des § 74 Abs. 2 HGB als Verbot des typisierend angenommenen schwerwiegenden Eingriffes verstanden werden. Somit ist die analoge Anwendung des § 74 Abs. 2 HGB vom vereinbarten Klauseltyp abhängig, sodass

1544 Vgl. dazu BGH, NJW 1968, 1717, 1718, wobei der BGH den Fall zur Aufklärung zurückverwies; sowie BGHZ 91, 1, 6 f., der diese Trennung letztlich aufgrund einer enthaltenen salvatorischen Klausel annahm. Insgesamt lagen aber beide Male eigenständige und sinnvolle Klauseln vor, die somit teilbar im Sinne des § 139 BGB waren.

1545 So auch schon für die Diskussion der Ausnahme von Bagatellbeschränkungen bei Arbeitnehmern siehe Röhsler/Borrmann, Wettbewerbsbeschränkungen für Arbeitnehmer und Handelsvertreter, S. 71.

1546 *Würdinger*, AcP 206 (2006), 946, 953.

die analoge Anwendung und verpflichtende Zusage der Karenzentschädigung bei typisierender Betrachtung bei Tätigkeitsverboten zu bejahen ist.

Somit sollte bei der Vereinbarung der vertraglichen Wettbewerbsverbotsklausel grundsätzlich auf die sprachlich eindeutige und klare Formulierung geachtet werden. Eine gleichwohl im gewissen Maße unklare Formulierung sollte zumindest im Wege der Auslegung nach §§ 133, 157 BGB als solche bestimmbar sein. Ist es der Gesellschaft also möglich, die analoge Anwendung des § 74 Abs. 2 HGB für Kundenschutzklauseln auszuschließen, sollte sie grundsätzlich auch das Risiko dafür tragen, dass die Klausel als solche eindeutig erkannt wird bzw. nach Auslegung zu erkennen ist. So trägt die Gesellschaft insbesondere dann das Risiko der Formulierung, wenn sie der einseitige Verwender der vertraglichen Klausel ist. In diesem Sinne sollte es, wie gegenüber dem Arbeitgeber, im Zweifel zu einer restriktiven Auslegung zugunsten des Geschäftsführers kommen.[1547] Liegt keine einseitige Verwendung einer Vertragspartei vor, ist zwar grundsätzlich auch keine restriktive Auslegung zulasten der Gesellschaft mehr vorzunehmen, gleichwohl erscheint es richtig, dass derjenige die Sorge für die klare und eindeutige Formulierung der Klausel zu tragen hat, der sich auf einen Verbotstatbestand berufen möchte.[1548]

Daneben wurde schon festgestellt, dass auch die Mindestentschädigungshöhe des § 74 Abs. 2 HGB mitzuübertragen ist. Somit spiegeln der § 74 Abs. 2 HGB sowie die darin enthaltenen Wertungen den maßgeblichen Wertekonsens und die maßgebende gesetzgeberische Interessenbewertung wider, die den wertgebundenen Kompass für das Auffinden einer gerechten und der Wertungseinheit zuträglichen Lösung vorgeben.[1549] Demnach ist die 50%-Grenze als Mindestentschädigungshöhe, ausgehend von der vorangegangenen vertragsmäßig bezogenen festen und variablen Vergütung (Gesamtvergütung), als sachgerechte Vorgabe anzusehen. Des Weiteren wurde schon aufgezeigt, dass auch die Rechtsfolgenanordnungen des § 74 Abs. 2 HGB zu übertragen sind. Demnach liegt beim Fehlen der Karenzentschädigungszusage im Falle des grundsätzlich

---

1547 Zur Auslegung gegenüber Arbeitnehmern siehe EBJS/*Boecken*/*Rudkowski*, HGB § 74 Rn. 25; MüKoHGB/*Thüsing*, § 74 Rn. 27; Heymann/*Henssler*/*Michel*, HGB § 74 Rn. 14.

1548 Oetker/*Kotzian-Marggraf*, HGB § 74 Rn. 14; siehe dazu die Rechtsprechung BAG, NZA 1997, 1284, 1285, sowie die BGH-Rechtsprechung zur Auslegung einer Vertragsstrafenverpflichtungserklärung BGH, NJW-RR 1991, 1318; siehe auch BGH, NJW 2016, 401, 402.

1549 Siehe dazu *Canaris*, Systemdenken und Systembegriff in der Jurisprudenz, S. 24; *Möllers*, Juristische Methodenlehre, § 5 Rn. 62 ff., 85.

entschädigungsbedürftigen nachvertraglichen Wettbewerbsverbot eine dem Wortlaut des § 74 Abs. 2 HGB entsprechende Unverbindlichkeit vor, die richtigerweise als Nichtigkeit der Abrede zu werten ist.[1550] Zur Anwendung soll auch die Wahlmöglichkeit des Geschäftsführers bei einer zu niedrig bemessenen zugesagten Karenzentschädigung kommen. Kommt es also auch zur Erstreckung der Rechtsfolgen des § 74 Abs. 2 HGB im Falle von Tätigkeitsverboten mit Geschäftsführern, hat diesbezüglich auch die Bejahung der analogen Anwendung des § 74 Abs. 2 HGB zu erfolgen.

III. Analoge Anwendung des § 74a Abs. 3 HGB

Wie gezeigt enthält § 74a Abs. 3 HGB verallgemeinerungsfähige Wertungen, die ebenfalls der Übertragung auf Geschäftsführer offenstehen. Folglich ist auch der § 74a Abs. 3 HGB analog anzuwenden, der demnach in Verbindung mit § 74a Abs. 1 S. 1 und 2 HGB im Wege der analogen Anwendung den Vorrang vor einer Vertragskontrolle infolge des § 138 BGB vorsieht.

IV. Analoge Anwendung des § 74c HGB

Auch § 74c HGB beinhaltet einen verallgemeinerungsfähigen Rechtsgedanken, der Aspekte der Billigkeit und des allgemeinen Bereicherungsverbotes enthält.[1551] Wichtig ist auch die sowohl vom BAG und auch vom BGH anerkannte Konnexität der Anrechnungsvorschrift des § 74c HGB mit der Karenzentschädigungspflicht nach § 74 Abs. 2 HGB.[1552] Ausgehend von der *ratio legis* der Norm stellt § 74c HGB nicht vorrangig auf die spezielle Schutzbedürftigkeit des Arbeitnehmers ab. Bezweckt wird vielmehr die beiderseitige Berücksichtigung der angemessenen Interessen, insbesondere im Zusammenspiel mit

---

1550 IdS. auch Noack/Servatius/Haas/*Beurskens*, GmbHG § 37 Rn. 121; so auch bei Arbeitnehmern siehe BAG, NJW 1970, 626, 628; BAG, AP BGB § 611 Konkurrenzklausel Nr. 41; BAG, NZA 2006, 1157, 1158; BAG, NJW 2014, 2379; Heymann/*Henssler/Michel*, HGB § 74 Rn. 44; EBJS/*Boecken/Rudkowski*, HGB § 74 Rn. 50; Oetker/*Kotzian-Marggraf*, HGB § 74 Rn. 27.

1551 Vgl. schon Begründung des Gesetzesentwurfs zur Änderung des Handelsgesetzbuches, Reichstagsprotokolle, 13. Legislaturperiode, 1912/14, 18, Anlage Nr. 575, S. 729; dazu auch MüKoHGB/*Thüsing*, § 74c Rn. 1 f.; EBJS/*Boecken/Rudkowski*, HGB § 74c Rn. 2; zum Billigkeitsaspekt BAGE 20, 162, Rn. 36; zum allgemeinen Bereicherungsverbot BAG, AP HGB § 74c Nr. 2; siehe ebenfalls *Gerigk*, Nachvertragliche Wettbewerbsverbote mit Organmitgliedern, S. 168.

1552 BAGE 19, 267, Rn. 36 f.; BGH, NJW-RR 2008, 1421, 1422.

der Karenzentschädigungspflicht bei Tätigkeitsverboten. So dient die Karenzentschädigung den Schutzinteressen des ehemaligen Beschäftigten als Ausgleich der alleinig im Interesse des Unternehmens liegenden Wettbewerbsenthaltungen. Besteht die Pflicht zur Zahlung einer Karenzentschädigung infolge der Annahme einer typisierenden Eingriffsintensität, dient die Anrechnungsvorschrift des § 74c HGB dazu, die tatsächliche „Übersicherung" des ehemaligen Beschäftigten zu verhindern.[1553]

Gegen die analoge Anwendung des § 74c HGB wird angeführt, dass beim Geschäftsführer eben nicht die Gefahr bestehe, dass dieser das Anstellungsverhältnis kündige, nur um so die Karenzentschädigung zu erhalten. Die Entlastung der Gesellschaft stelle vor allem nur einen „Reflex" dar und nicht die eigentliche Regelungsabsicht des § 74c HGB.[1554] Richtigerweise stellen vor allem der Übersicherungsgedanke sowie die Entlastung der Gesellschaft die Grundgedanken des § 74c HGB dar. Bei der Zusage der Karenzentschädigung nach § 74 Abs. 2 HGB analog ist ebenfalls die zwingende Konnexität zum § 74c HGB zu beachten. Demnach würde der Sinn und Zweck der Karenzentschädigung ins Gegenteil verkehrt werden, wenn der Geschäftsführer ohne die ausdrückliche vertragliche Vereinbarung neben der vollen Karenzentschädigung noch anderweitige Verdienste erhielte.[1555]

Nicht als zwingend sachgerecht erscheint die analoge Anwendung der Anrechnungsgrenze des § 74c Abs. 1 S. 1 HGB, die richtigerweise vorrangig als arbeitnehmerschützend einzustufen ist. Im Sinne der Rechtssicherheit und infolge der beachtlichen Konnexität mit der Karenzentschädigungspflicht nach § 74 Abs. 2 HGB kann die starre Anrechnungsgrenze des § 74c Abs. 1 S. 1 HGB gleichwohl zunächst zur Anwendung kommen, da insofern ein vertragliches Abweichen von dieser starren Anrechnungsgrenze ebenfalls wieder möglich ist. Die Zulässigkeit der vertraglich vereinbarten Anrechnungsklausel misst sich sodann im Zusammenspiel mit der Höhe der Karenzentschädigung wieder allein an der unbilligen und unangemessenen Beeinträchtigung des beruflichen Fortkommens.[1556] Und auch die gesellschaftsrechtlichen Besonderheiten

---

1553 Vgl. EBJS/*Boecken*/*Rudkowski*, HGB § 74c Rn. 2; MüKoHGB/*Thüsing*, § 74c Rn. 2.

1554 BGH, NJW-RR 2008, 1421, 1422; Noack/Servatius/Haas/*Beurskens*, GmbHG § 37 Rn. 121.

1555 Vgl. *Kielkowski*, NZG 2015, 900, 901; dazu auch *Kukat*, BB 2001, 951, 952 f.

1556 Dazu *Bauer*/*Diller*, Wettbewerbsverbote, § 24 Rn. 1077, 1087 ff.; ebenso *Gerigk*, Nachvertragliche Wettbewerbsverbote mit Organmitgliedern, S. 168 f.; *Bauer*/*Diller*, BB 1995, 1134, 1137 f.; *dies.*, GmbHR 1999, 885, 892 f.

können berücksichtigt werden. In dem Sinne entspricht es der gesellschafts- und schuldrechtlichen sowie organschaftlichen Treuepflicht im Falle von Gesellschafter-Geschäftsführern, etwaige Beteiligungen und Gewinnanteile infolge der Partizipation an den Ergebnissen der Gesellschaft ebenfalls anrechnen zu lassen.[1557] Demnach erfolgt die Anrechnung anderweitigen Erwerbs in der Form, dass jedwede Vergütung des Geschäftsführers infolge der weiteren beruflichen Tätigkeit und innerhalb der Karenzzeit berücksichtigt werden soll. Zudem ist auch wieder der Grundsatz der „Gleichheit von Bemessung und Anrechnung“[1558] zu berücksichtigen, sodass sich nach der hier vertretenen Ansicht sowohl die Bemessung der Karenzentschädigung als auch die Anrechnung anderweitigen Erwerbs auf die bezogene bzw. erhaltende Gesamtvergütung des Geschäftsführers bezieht.

Folglich ist bei Tätigkeitsverboten bzw. in den Fällen, in denen eine Karenzentschädigung zugesagt wurde, die Anrechungsregelung des § 74c HGB analog anzuwenden.[1559] Und auch der Auskunftsanspruch aus § 74c Abs. 2 HGB steht der analogen Anwendung offen, der unabhängig von dem Schutz einer speziellen Personengruppe die verpflichtende Auskunftserteilung normiert. Der letztendliche Inhalt und Umfang der Auskunftspflichten bestimmt sich gleichwohl einzelfallabhängig an den Grundsätzen von Treu und Glauben. Insofern ist die analoge Anwendung des § 74c Abs. 2 HGB zwar nicht von Nöten, da sich die Auskunftspflichten eben vornehmlich aus den Grundsätzen von Treu und Glauben ergeben werden,[1560] gleichwohl in Anwendung der maßgeblichen methodischen Anforderungen möglich.

V. Analoge Anwendung des § 75a HGB

Der BGH wendete § 75a HGB in der Vergangenheit zugunsten der Gesellschaft analog an, sodass es dieser möglich war, vor Beendigung des Anstellungsverhältnisses

1557 Vgl. Noack/Servatius/Haas/*Beurskens*, GmbHG § 37 Rn. 121.

1558 Dazu BAG, AP HGB § 74 Nr. 34; BAG, AP HGB § 74 Nr. 59; auch *Bauer/Diller*, Wettbewerbsverbote, § 19 Rn. 771, § 24 Rn. 1087, nach denen dieser Grundsatz infolge der bisherigen Rechtsprechung bei Organmitgliedern grundsätzlich nicht gelte.

1559 So auch schon *Bauer/Diller*, Wettbewerbsverbote, § 24 Rn. 1086; *Kukat*, BB 2001, 951, 952 f.; *Thüsing*, NZG 2004, 9, 12; *Kielkowski*, NZG 2015, 900, 901.

1560 Siehe zur Auskunftspflicht als Ausfluss des Grundsatzes von Treu und Glauben auch BAG, AP HGB § 74c Nr. 13. Vgl. auch MHdB ArbR/*Tillmanns*, § 76 Rn. 70, hinsichtlich der analogen Anwendung des § 74c Abs. 2 HGB im Rahmen des § 615 S. 2 BGB und des Auskunftsanspruches aus Treu und Glauben.

durch schriftliche Erklärung einseitig auf das nachvertragliche Wettbewerbsverbot zu verzichten. So begründete der BGH die analoge Anwendung allein damit, dass die §§ 74 ff. HGB eben „nicht generell unanwendbar“[1561] seien und gerade die partielle analoge Anwendung der §§ 74 ff. HGB zugunsten der Gesellschaftsinteressen vorgenommen werden soll.[1562] Auch wird in der Literatur angeführt, dass es zu Wertungswidersprüchen kommen würde, gerade die arbeitgeber- und damit auch gesellschaftsbegünstigenden Regelungen nicht analog anzuwenden.[1563] Wie schon erwähnt kommt es nicht auf den vermeintlichen generellen Charakter einer Regelung an, die trotz ihrer gegebenenfalls bestehenden speziellen Schutzrichtung der analogen Anwendung offenstehen kann, sondern auf die darin enthaltenen Wertungen.

Erscheint es nach der hier vertretenen Ansicht richtig, so zumindest im Fall von Tätigkeitsverboten, dass mit dem vorrangig allein im Interesse der Gesellschaft liegenden Wettbewerbsverbot auch ein finanzielles Opfer einhergehen soll, dann erscheint es ebenfalls angemessenen der Gesellschaft ein Recht zu gewähren, die Notwendigkeit des Wettbewerbsverbotes in Anbetracht der bevorstehenden Rechtswirkung neu zu überdenken. Wurde das Wettbewerbsverbot wie wohl in den häufigsten Fällen zeitgleich mit dem Abschluss des Anstellungsvertrages vereinbart, können sich die tatsächlichen Gegebenheiten infolge der tatsächlichen Ausübung der Geschäftsführertätigkeit derart geändert haben, dass ein Wettbewerbsverbot aus finanzieller sowie wettbewerblicher Sicht nicht mehr die vorzugswürdige Variante darstellt.[1564] Der § 75a HGB ist jedoch nicht allein eine einseitig die Gesellschaft begünstigende Regelung. Kann das einseitige Lösungsrecht der Gesellschaft als sehr besondere (Spezial-)Vorschrift angesehen werden,[1565] die so insgesamt eine zivilrechtliche Besonderheit darstellt, berücksichtigt § 75a HGB durch die Anordnung der einjährigen Karenzentschädigungsfrist gleichwohl auch das anzuerkennende Dispositionsinteresse des ehemaligen Beschäftigten. Wurde die Karenzentschädigung verpflichtend oder freiwillig zugesagt, wird sich der ehemalige Beschäftigte auch auf ihren

---

1561 BGH, NJW 1992, 1892, 1893.

1562 BGH, NJW-RR 1990, 1312, 1313; BGH, NJW 1992, 1892, 1893; sich dieser Ansicht anschließend auch die Instanzgerichte OLG Hamm, GmbHR 1991, 367; LG Frankfurt, GmbHR 1994, 803, 804.

1563 So *Gerigk*, Nachvertragliche Wettbewerbsverbote mit Organmitgliedern, S. 137 ff.

1564 Vgl. BAG, NZA 2003, 100, 102; ErfK/*Oetker*, HGB § 75a Rn. 1; EBJS/*Boecken*/*Rudkowski*, HGB § 75a Rn. 1; Oetker/*Kotzian-Marggraf*, HGB § 75a Rn. 1.

1565 So *Weidelener*, Der richterliche Vertragsschutz, S. 283 ff.

Erhalt eingestellt oder zumindest seine weitere berufliche Planung unter der Prämisse des Erhalts ausgerichtet haben.[1566]

Insgesamt berücksichtigt § 75a HGB die Fälle, in denen ein berechtigtes Interesse der Gesellschaft an der Aufrechterhaltung des Wettbewerbsverbotes gar nicht mehr besteht und somit vor allem ein Verzicht die sinnvollste Lösung darstellt.[1567] Auf der anderen Seite wird eben auch der an sich unbeteiligte Vertragspartner in der Weise geschützt, dass der einseitige Verzicht zwar möglich ist, aber allgemein nur mit der angemessenen zeitlichen Gewährung der zuvor zugesagten Karenzentschädigung ausgeglichen werden kann. Wie schon erwähnt, spiegelt § 75a HGB eine wesentliche gesetzgeberische Interessenbewertung wider. In dem Sinne enthält er verallgemeinerungsfähige Gedanken hinsichtlich der Berücksichtigung des Wegfalls eines berechtigten Interesses und der Notwendigkeit des Festhaltens an den vertraglich versprochenen Leistungen.

Auch die normierten Einzelausformungen des § 75a HGB, beispielsweise die normierte Jahresfrist hinsichtlich der Zahlung der Karenzentschädigung, stehen der analogen Anwendung nicht entgegen. So kann diese zwar als Ausdruck der speziellen gesetzgeberischen Wertung im Sinne des originär bezweckten Arbeitnehmerschutzes gesehen werden, was zunächst gegen eine analoge Anwendung sprechen könnte. Dennoch kann auch die Jahresfrist zunächst im Wege der analogen Anwendung mit übertragen werden. Allgemein stellt diese einen sachgerechten Orientierungsmaßstab sowie einen Indikator der Zulässigkeit des Verzichtes dar, von der sodann ebenfalls wieder vertraglich abgewichen werden kann. Dies vor allem, um die Besonderheiten der Geschäftsführerstellung weiterhin im Rahmen des umfangreich gewährten vertraglichen Gestaltungsspielraums einzelfallbezogen berücksichtigen zu können. Auch hier empfiehlt sich wieder die Orientierung an den Kündigungsfristen.[1568] Nicht übertragen werden muss dabei die tatbestandliche Vorgabe der schriftlichen Erklärung des Verzichtes. Diese gesetzliche Vorgabe dient vor allem dem speziellen Arbeitnehmerschutz und soll sicherstellen, dass der Arbeitnehmer den Inhalt und die

---

1566 Vgl. insgesamt dazu *Goette*, FS Wiedemann, 2002, 873, 884 f.; vgl. dazu auch die instanzgerichtliche Rechtsprechung: OLG Köln, NZG 2000, 740 f.; OLG München, GmbHR 2010, 1031, 1032; siehe auch *Bauer/Diller*, Wettbewerbsverbote, § 24 Rn. 1091.

1567 Vgl. BAG, NJW 1979, 2166; EBJS/*Boecken/Rudkowski*, HGB § 75a Rn. 1.

1568 So auch *Gerigk*, Nachvertragliche Wettbewerbsverbote mit Organmitgliedern, S. 169 ff., der sich gleichwohl für die analoge Anwendung des § 75a HGB ausspricht; dazu auch OLG München, GmbHR 2010, 1031, 1032; *Bergwitz*, GmbHR 2007, 523, 527; *Kielkowski*, NZG 2015, 900, 902.

Auswirkungen der Verzichtserklärung erkennbar der schriftlichen Erklärung entnehmen kann.[1569] Das Schriftformerfordernis des § 75a HGB stellt unter Beachtung der teleologischen Mehrdimensionalität der Regelung einen untergeordneten, nicht wesentlich zu beachtenden Regelungszweck dar, der in Anbetracht der vorrangigen und wesentlichen Zweckbestimmung des § 75a HGB der analogen Anwendung nicht entgegensteht.[1570]

Folglich ist auch § 75a HGB, zumindest in den Fällen der verpflichtend oder freiwillig zugesagten Karenzentschädigung, analog anzuwenden.[1571] § 75a HGB ist zudem auch bei reinen Kundenschutzklauseln analog anzuwenden, bei denen sodann entsprechend der Übertragung der allgemeinen Rechtsgedanken des § 75a HGB ein Verzichtsrecht besteht, ohne die Verplichtung der Zahlung einer Karenzentschädigung – zumindest in den Fällen, in denen sodann nicht freiwillig eine Karenzentschädigung versprochen wurde.

VI. Analoge Anwendung des § 75 HGB

§ 75 HGB sowie auch § 90a Abs. 3 HGB sind weitere spezialgesetzliche Ausprägungen des Grundsatzes von Treu und Glauben, nach dem es der einen Vertragspartei, die durch ihr Verhalten die fristlose Beendigung des Anstellungsverhältnisses verursachte, versagt werden soll, die andere Vertragspartei an eine so starke und einschneidende vertragliche Abrede weiterhin zu binden, wie es üblicherweise nachvertragliche Wettbewerbsverbote tun.[1572] Dem § 75 Abs. 1 HGB kann nicht nur aus arbeitsrechtlicher Sicht, sondern allgemein

---

1569 Vgl. MüKoHGB/*Thüsing*, § 75a Rn. 3; EBJS/*Boecken*/*Rudkowski*, HGB § 75a Rn. 14 f.; Oetker/*Kotzian-Marggraf*, HGB § 75a Rn. 2 f.

1570 Vgl. allgemein dazu, dass der geregelte und der ungeregelte Sachverhalt hinsichtlich des Tatbestandes der Norm nicht „absolut gleich“ sein, sondern nur hinsichtlich der rechtlich maßgebenden Bewertung übereinstimmen müssen; so *Larenz*, Methodenlehre der Rechtswissenschaft, S. 381; *Larenz*/*Canaris*, Methodenlehre der Rechtswissenschaft, S. 202; dazu auch *Engisch*, Einführung in das juristische Denken, S. 118 f.; *Looschelders*/*Roth*, Juristische Methodik, S. 305; *Möllers*, Juristische Methodenlehre, § 6 Rn. 170.

1571 So zum Beispiel auch Noack/Servatius/Haas/*Beurskens*, GmbHG § 37 Rn. 122; *Bauer*, FS Schwerdtner, 2003, 441, 450; siehe auch die Rechtsprechung BGH, NJW-RR 1990, 1312, 1313; BGH, NJW 1992, 1892, 1893; BGH, NJW 2002, 1875, 1876; sich dieser Ansicht anschließend auch die Instanzgerichte OLG Hamm, GmbHR 1991, 367; LG Frankfurt, GmbHR 1994, 803, 804; OLG Koblenz, NZG 2000, 653, 654; OLG München, GmbHR 2010, 1031, 1032.

1572 Siehe aus arbeitsrechtlicher Sicht BAGE 19, 267, Rn. 40.

ein Rechtsgedanke entnommen werden, der sodann auch für nachvertragliche Wettbewerbsverbote mit Geschäftsführern zur Anwendung kommt. So gilt auch für den Geschäftsführer, dass es ihm nicht zugemutet werden könne, sich im Fall der gesellschaftsseitigen Verursachung der außerordentlichen Kündigung noch den anschließenden „einschneidende[n] Beschränkung[en] seiner allgemeinen Handlungsfreiheit und Berufsfreiheit" ausgesetzt zu sehen.[1573] Und auch das Lossagungsrecht des Arbeitgebers ist zugunsten der Gesellschaft zu übertragen[1574] – beides richtigerweise unter Beachtung der Besonderheiten der Geschäftsführerstellung.

Unter Beachtung der wertungsmäßigen Gleichheit der Interessenlagen ausgehend von der *ratio legis* und den verallgemeinerungsfähigen Wertungen ist auch § 75 Abs. 1 HGB zugunsten des Geschäftsführers sowie der Gesellschaft analog anzuwenden. Wie schon bei der Heranziehung der allgemeinen Rechtsgedanken liegt eine wertungsmäßige Vergleichbarkeit der Interessenlagen beim § 75 Abs. 2 HGB nicht vor. Die wesentlichen Zweckbestimmungen des § 75 Abs. 2 HGB sind nicht mit den Charakteristika des Anstellungsverhältnisses von Organmitgliedern vereinbar, sodass sich auch die analoge Anwendung dieser Vorschrift verbietet.[1575]

VII. Nicht analog anwendbare Regelungen der §§ 74 ff. HGB

Wie schon bei der Heranziehung der allgemeinen Rechtsgedanken der §§ 74 ff. HGB ist die analoge Anwendung der Regelungen der §§ 74 ff. HGB abzulehnen, die spezielle Vorgaben zum Schutze der Arbeitnehmer enthalten. Gemeint sind nicht die arbeitnehmerschützenden Aspekte der Regelungen, die ansonsten vorrangig dem allgemeinen Interessenausgleich dienen, sondern die, die allein die strukturelle Schwäche der Arbeitnehmer betreffen. Dazu gehören sodann vor allem das Schriftform- und Aushändigungserfordernis des § 74 Abs. 1 HGB sowie die Regelungen der §§ 75d, 75f HGB. Diese Normen enthalten demnach keine verallgemeinerungsfähigen Rechtsgedanken und Wertungen, die, abgesehen von arbeitnehmerähnlicher Personen, über die Personengruppe der Arbeitnehmer hinaus nicht zur analogen Anwendung kommen sollen. All diese Vorschriften haben die strukturell unterlegene

---

1573 OLG Celle, AP HGB § 161 Nr. 4. KK-AktG/*Mertens*/*Cahn*, § 88 Rn. 40; *Bauer*, DB 1992, 1413, 1418; *Thüsing*, NZG 2004, 9, 13.

1574 *Bauer*, DB 1992, 1413, 1418; *Bergwitz*, GmbHR 2007, 523, 528.

1575 Ebenso *Gerigk*, Nachvertragliche Wettbewerbsverbote mit Organmitgliedern, S. 171 f., 177.

Verhandlungsposition des Arbeitnehmers im Blick und dienen der allgemeinen Sicherung der Schutzzwecke des Wettbewerbsverbotes. Die Übertragung dieser Normen auf nachvertragliche Wettbewerbsverbote mit Geschäftsführern ist indes nicht geboten, auch wenn einige Regelungen aus Gründen der Praktikabilität und Beweisführung (empfehlenswerterweise) zumeist eingehalten werden – so insbesondere die Schriftform.

Am bedeutsamsten ist die Unanwendbarkeit des § 75d HGB. Dieser normiert in seinem Satz 1, dass vertragliche Abweichungen zu den Vorgaben der §§ 74-75c HGB zulasten des Arbeitnehmers nicht möglich sind. Der Satz 2 enthält eine Regelung, die das vertragliche Abweichen von den gesetzlichen Vorgaben zulasten des Arbeitnehmers, zur Umgehung der Einhaltung des Mindestmaßes der Karenzentschädigung durch Verrechnung oder auf sonstige Weise verhindert. Sind die Einzelausformungen der Vorschriften, die nach der hier vertretenen Ansicht analog angewendet werden können, teilweise nicht zweifelsfrei als sachgerecht einzuordnen, wird das sachgerechte Ergebnis vor allem dadurch erreicht, dass es den Parteien offensteht, weiterhin vertraglich von diesen abzuweichen. Dies sodann auch zulasten des Geschäftsführers. So bietet die analoge Anwendung der §§ 74 Abs. 2, 74c und 75a HGB eine größtmögliche gesetzliche Anbindung und insofern ein Mehr an Rechtssicherheit, Voraussehbarkeit sowie Praktikabilität. Die strikten Einzelausformungen der §§ 74c, 75a HGB können sodann infolge der Unanwendbarkeit des § 75d HGB durch vertragliche Vereinbarung privatautonom und einzelfallbezogen durch die beteiligten Vertragsparteien gestaltet werden.

Ebenfalls nicht zur anlogen Anwendung kommt § 74b HGB, dem nur eine Hilfsfunktion hinsichtlich der Bemessung der Karenzentschädigung zukommt. Dieser dient demnach desgleichen vorrangig dem Schutz der strukturell unterlegenen Arbeitnehmer. Vor allem gegenüber Geschäftsführern kann eine andere Berechnung der Karenzentschädigung vorgesehen werden. Maßgeblich ist allein das Erreichen der Mindestkarenzentschädigungshöhe von 50 % der zuletzt bezogenen Gesamtvergütung. Auch hier wird sodann der privatautonomen Gestaltungsfreiheit Rechnung getragen, die gleichwohl auch ein höheres Risiko der unzulässigen Gestaltung in sich trägt.

C. Ergebnis zur teilanalogen Anwendung der §§ 74 ff. HGB

Infolge der Bejahung der analogen Anwendung einzelner Regelungen der §§ 74 ff. HGB bildet § 74a Abs. 1 S. 1 und 2, Abs. 3 HGB analog in Verbindung mit § 138 BGB die allgemeine normative Grundlage der rechtlichen Beurteilung nachvertraglicher Wettbewerbsverbote mit Geschäftsführern. Weiterhin ist auch § 74 Abs. 2 HGB für die Fälle vereinbarter Tätigkeitsverbotsklauseln analog anzuwenden. Wurde eine Karenzentschädigung sodann verpflichtend oder freiwillig versprochen, ist auch § 74c HGB analog anzuwenden, von dessen gesetzlichen Vorgaben im Wege der vertraglichen Vereinbarung abgewichen werden kann. Wird vertraglich von den Vorgaben des § 74c HGB abgewichen, misst sich die Wirksamkeit der vereinbarten Anrechnungsklausel im Zusammenspiel mit der Höhe der Karenzentschädigung an einer möglichen unbilligen Erschwerung des beruflichen Fortkommens.

Und auch das Verzichtsrecht des § 75a Abs. 1 HGB sowie das Lossagungsrecht des § 75 Abs. 1 HGB sind analog anzuwenden. Sie dienen beide dem allgemeinen Ausgleich der berechtigten Interessen der beteiligten Vertragsparteien. Von der Jahresfrist des § 75a Abs. 1 HGB kann ebenfalls vertraglich abgewichen werden, sodass sich die Wirksamkeit der Verzichtsrechtsklausel im Falle der versprochenen Karenzentschädigung ebenfalls an der unbilligen Erschwerung des beruflichen Fortkommens misst.

Insgesamt bietet die Lösung der teilanalogen Anwendung eine größtmögliche gesetzliche Anbindung, die insofern ein Mehr an Rechtssicherheit liefert. So werden gesetzliche Vorgaben für die Unverbindlichkeit der Abrede in analoger Anwendung übertragen und ermöglichen es, rechtssichere Wettbewerbsverbote zu vereinbaren. Infolge der umfassenden analogen Anwendung des § 74a Abs. 1 S. 1 und 2 HGB kommt auch die gesetzlich angeordnete geltungserhaltende Reduktion zur Anwendung und führt zur Aufrechterhaltung der inhaltlich überschießenden Abrede auf das noch zulässige und angemessene Maß. Neben dem Mehr an Rechtssicherheit werden die beiderseitigen Interessen angemessen und ausreichend berücksichtigt. Zumindest im Vergleich zur bisherigen Rechtsprechung des BGH bietet diese Variante einen schonenderen Ausgleich der betroffenen und widerstreitenden Rechtsgüter und Grundrechtspositionen. Des Weiteren berücksichtigt die Unanwendbarkeit des § 75d HGB die weitere umfassendere Wahrnehmung der privatautonomen Gestaltungsfreiheit im Wege einzelfallbezogener vertraglicher Abreden zwischen der Gesellschaft und dem Geschäftsführer. Zielt auch die Rechtsprechung des BGH immer mehr darauf ab, die privatautonome Gestaltung in den Vordergrund zu stellen,[1576] bietet eben die hier vorgenommene teilanaloge Anwendung der §§ 74 ff. HGB einen ausreichenden Gestaltungsspielraum. Demnach können zunächst die jeweiligen

---

1576 IdS. auch *Krahforst*, Nachvertragliche Wettbewerbsverbote für GmbH-Geschäftsführer, S. 381; hinsichtlich der Anrechnung anderweitigen Erwerbs siehe auch *Bauer/Diller*, Wettbewerbsverbote, § 24 Rn. 1086.

Umstände des Einzelfalls ausreichend vertraglich berücksichtigt werden, gleichwohl bieten die analog anzuwendenden Normen einen gesetzlichen Mindestschutz zugunsten des Geschäftsführers und der Gesellschaft.

Insbesondere die analoge Anwendung des § 74a Abs. 1 S. 1 und 2, Abs. 3 H GB sowie des § 74 Abs. 2 HGB für Tätigkeitsverbote bietet den beiderseitigen Mindestschutz. Aufseiten des Geschäftsführers bemessen sich die inhaltlichen Beschränkungen vornehmlich an der unbilligen Erschwerung seines weiteren beruflichen Fortkommens. Des Weiteren erhält er durch die Notwendigkeit der Karenzentschädigung einen sozialen Mindestschutz hinsichtlich der erwerbswirtschaftlichen Beschränkungen und Einschränkungen. Auf der anderen Seite berücksichtigt die Rechtsfolgenanordnung des § 74a Abs. 1 S. 1 und 2 HGB die Gewährung eines effektiven und angemessenen nachvertraglichen Konkurrenzschutzes in Anbetracht des berechtigten Interesses der Gesellschaft. Gerade diese beiden Normen bilden den Kern des angemessenen Ausgleichs der beiderseitig anzuerkennenden Interessen. Die sodann hinzutretenden analog anzuwendenden Normen bezwecken ihrem wesentlichen Leit- bzw. Grundgedanken entsprechend ebenfalls vorrangig den angemessenen und gerechten Ausgleich der gegenläufigen Interessen der beteiligten Vertragsparteien. Die insofern enthaltenen Einzelausformungen der Regelungen sind ebenso als sachgerechte Ausformungen im Sinne des angemessenen und gerechten Interessenausgleichs anzusehen. Hält man diese je nach Umständen des Einzelfalls gleichwohl nicht für sachgerecht, ist es möglich, durch vertragliche Regelungen von den jeweiligen Einzelausformungen abzuweichen.

§ 4 Ergebnis zur Konkretisierung und Teilanalogie

A. Wichtigste Erkenntnisse und Ergebnisse

Die wesentlichste und wichtigste Erkenntnis der vorliegend besprochenen sach- und systemgerechten Konkretisierung des § 138 BGB und der analogen Anwendung einzelner Regelungen der §§ 74 ff. HGB ist, dass die den §§ 74 ff. HGB innewohnenden verallgemeinerungsfähigen Rechtsgedanken und Wertungen allgemeingültige Vorgaben und Werteentscheidungen zum angemessenen und gerechten Ausgleich der widerstreitenden Interessen ungeachtet etwaiger besonderer Schutzbedürfnisse enthalten. Beide dargestellten Lösungswege enthalten somit im Vergleich zur bisherigen Rechtsprechung für alle Geschäftsführer vorrangig anwendbare Vorgaben und Voraussetzungen, die nicht nur die größtmögliche gesetzliche Anbindung und Rechtssicherheit, sondern zugleich auch noch die größtmögliche privatautonome Gestaltungsfreiheit sowie notwendige Einzelfallgerechtigkeit ermöglichen.

In diesem Sinne legte der BGH den ersten Baustein damit, allgemein bei Konkurrenzschutzklauseln und insbesondere bei nachvertraglichen Wettbewerbsverboten mit Geschäftsführern den allgemeinen Rechtsgedanken des § 74a Abs. 1 S. 1 und 2 HGB im Rahmen seiner Konkretisierung des § 138 BGB im Lichte des Art. 12 Abs. 1 GG in Verbindung mit Art. 2 Abs. 1 GG sowie „unter Heranziehung der in den §§ 74 ff. HGB zum Ausdruck gekommenen Rechtsgrundsätze“[1577] heranzuziehen. Ist an dieser Heranziehung grundsätzlich nichts einzuwenden, setzte sich der BGH leider jedoch nicht in der wünschenswerten methodischen Konsequenz mit den etwaigen ebenfalls enthaltenen allgemeinen Rechtsgedanken sowie verallgemeinerungsfähigen Wertungen auseinander. Demgemäß wurden zudem auch etwaige bestehende Konnexitäten verkannt, die wesentlich für den angemessenen sowie sach- und systemgerechten Ausgleich der beiderseitigen Interessen sind. In diesem Sinne enthalten die §§ 74 Abs. 2 , 74a Abs. 1 S. 1 und 2, Abs. 3, 74c, 75 Abs. 1, 75a HGB verallgemeinerungsfähige Wertungen und Rechtsgedanken, die sowohl zur sachgerechten Konkretisierung des § 138 BGB heranzuziehen sind als auch der analogen Anwendung offenstehen.

1577 BGHZ 91, 1, 5.

So spiegeln viele der Regelungen des Gesamtregelungskomplexes der §§ 74 ff. HGB Wertungen wider, die zuvörderst den gerechten Ausgleich der widerstreitenden Interessen der beteiligten Vertragsparteien bezwecken. Den arbeitnehmerschützenden Charakter erhält der Gesamtregelungskomplex sodann durch die Absicherung des Schutzniveaus zugunsten des Arbeitnehmers bzw. der arbeitnehmerähnlichen Person infolge des § 75d HGB sowie durch einzelne rein arbeitnehmerschützende Normen oder Einzelausformungen. So stellt § 75d HGB sicher, dass von den gesetzlichen Vorgaben der §§ 74 ff. HGB nicht im Wege der vertraglichen Abrede zulasten der Arbeitnehmer abgewichen werden kann. Diesem arbeitnehmerschützenden Gedanken können sodann auch einige Einzelausformungen der Vorschriften zugeordnet werden – so beispielsweise das Schriftformerfordernis des § 75a HGB –, die unter Beachtung der teleologischen Mehrdimensionalität der Regelungen eine unbeachtliche Rolle für die jeweiligen Ähnlichkeitsprüfungen spielen und somit auch nicht der sonstigen Verallgemeinerungsfähigkeit und Übertragbarkeit entgegenstehen.

Möchte man in Übereinstimmung mit dem BGH vor allem die privatautonome Gestaltungsfreiheit der Vertragsparteien in den Vordergrund stellen, ermöglichen beide vorgestellten Lösungswege die angemessene, sachgerechte sowie ausreichende Gewährung eines umfassenden vertraglichen Gestaltungsspielraums. Dies vor allem auch infolge der Unanwendbarkeit des § 75d HGB. Unter Beachtung des notwendigen generalisierenden Charakters der vorliegenden richterlichen Rechtsfortbildung gehen die dargestellten Lösungswege nicht zulasten,[1578] sondern bieten infolge der Vorgabe einzelner gesetzlicher Wertungen und Voraussetzungen ein Mehr an Rechtssicherheit. Folglich kommt es vorliegend nicht dazu, dass sich der Richter zugunsten der Einzelfallgerechtigkeit vom geschriebenen Recht derart entfernt, dass auch die dem geschriebenen Recht obliegende „Orientierungsgewissheit" schwindet. Wäre in einem solchen Fall die richterliche Rechtsfortbildung nur dann zulässig, wenn die Gründe des „Rechts" schwerer wiegen als die Argumente der Gewaltenteilung und Rechtssicherheit,[1579] liegt in dem erzielten Mehr an Rechtssicherheit schon ein gewichtiges Argument für die generelle Zulässigkeit der richterlichen Rechtsfortbildung vor.[1580] Zudem kommt es auch nicht auf die generelle Einteilung der Vorschriften der §§ 74 ff. HGB in unternehmensbegünstigende,

---

1578 Vgl. *v. Hoyningen-Huene*, Die Billigkeit im Arbeitsrecht, S. 81.

1579 Siehe *Zippelius*, Juristische Methodenlehre, S. 55; *Reimer*, Juristische Methodenlehre, Rn. 559; *Möllers*, Juristische Methodenlehre, § 13 Rn. 63; *Würdinger*, AcP 206 (2006), 946, 950.

1580 Siehe *Wank*, Juristische Methodenlehre, § 15 Rn. 83.

arbeitnehmerschützende und neutrale Normen an, sondern vielmehr allein darauf, ob die Vorschriften der §§ 74 ff. HGB wesentliche verallgemeinerungsfähige Wertungen enthalten, die im Allgemeinen zur sachgerechten Lösung und rechtlichen Beurteilung nachvertraglicher Wettbewerbsverbote beitragen und über den originären Anwendungsbereich der §§ 74 ff. HGB einen wertgebundenen Kompass für den gerechten Ausgleich der beiderseitigen Interessen vorgeben. Demnach stellen die beiden vorgestellten Wege der richterlichen Rechtsfortbildung jeweils eine sach- und systemgerechtere Lösungen im Vergleich zur bisherigen Rechtsprechung dar, streben zudem auch die größtmögliche Gesetzesbindung des Richters an[1581] und ermöglichen insofern eine gewisse Rückführbarkeit auf den Gesetzgeber und seinen gesetzgeberischen Willen. Damit ist sodann auch der richterlichen Rechtsfortbildung sowie den aus dem geschriebenen Recht induktiv abgeleiteten verallgemeinerungsfähigen Rechtsprinzipien eine gewisse abgeleitete gesetzgeberische Autorität immanent.[1582]

Ist die bisherige Anwendung des § 138 BGB auf eine wohl größtmögliche Einzelfallorientierung ausgelegt, wird die richterliche Rechtsfortbildung, sei es durch die konsequente Heranziehung der allgemeinen Rechtsgedanken oder die analoge Anwendung einzelner Normen, eine wünschenswerte Vorhersehbarkeit der Ergebnisse vorgeben, was zugleich auch im grundsätzlichen Interesse beider beteiligten Vertragsparteien liegen wird. Zudem wird die größtmögliche sowie angemessene Einzelfallgerechtigkeit weiterhin im Rahmen der vorzunehmenden Interessenabwägung im Sinne des § 74a Abs. 1 S. 1 und 2 HGB ermöglicht.[1583] Alle hier gefundenen allgemeinen Rechtsgedanken, die zugleich auch der analogen Anwendung offenstehen, enthalten verallgemeinerungsfähige Wertungen, die Wertungswidersprüche abbauen sollen und im Sinne des Verhältnismäßigkeitsprinzips einen angemessenen und systemgerechten Ausgleich der widerstreitenden Interessen ermöglichen. Zudem enthalten beide Lösungen die notwendigen institutionellen Voraussetzungen für den Vertragsschluss in beiderseitiger Selbstbestimmung, die

1581 Vgl. *Weidelener*, Der richterliche Vertragsschutz, S. 279 f.; siehe zur allgemeinen vorrangigen Gesetzesbindung *Hillgruber*, JZ 2008, 745, 746; *Meier/Jocham*, JuS 2016, 392, 393.

1582 *Rüthers/Fischer/Birk*, Rechtstheorie, § 4 Rn. 144a; *Höpfner*, Die systemkonforme Auslegung, S. 94 f.

1583 Damit geht es zudem auch allgemein um das Bedürfnis des Rechtsunterworfenen hinsichtlich der Vorhersehbarkeit seines Handelns. Demnach möchte dieser dem Recht die Vorgaben und Voraussetzungen entnehmen, nach denen er Kenntnis darüber erlangt, wozu er berechtigt und verpflichtet ist. Vgl. Kühl/Reichold/Ronellenfitsch/*Reichold*, Einführung in die Rechtswissenschaft, S. 20.

als Funktions- bzw. Geltungsvoraussetzung aller wirksamer Verträge zu verstehen ist.[1584] Hat der Gesetzgeber seine gesetzgeberische Kompetenz zur Schaffung eben solcher institutionellen Voraussetzungen bislang nicht wahrgenommen, obliegt sodann dem Richter diese Aufgabe, in richterlicher Rechtsfortbildung entsprechende institutionelle Rahmenbedingungen zu schaffen. In diesem Sinne gewähren die übertragbaren verallgemeinerungsfähigen Rechtsgedanken den beteiligten Vertragsparteien die größtmögliche privatautonome Gestaltungsfreiheit des nachvertraglichen Wettbewerbsverbotes im Wege der Vorgabe der notwendigen Mindestvoraussetzungen zur Gewährung eines möglichst schonendsten Ausgleich der widerstreitenden Grundrechtspositionen unter Anerkennung des allgemeinen Gleichbehandlungsgebotes sowie der Vermeidung von verfassungs- sowie zivilrechtlichen Wertungswidersprüchen.

Insgesamt stellen die konsequente Heranziehung der allgemeinen Rechtsgedanken sowie die analoge Anwendung einzelner Regelungen der §§ 74 ff. HGB Lösungswege dar, die einen ausgewogenen Ausgleich zwischen den beachtlichen und kollidierenden Rechtsprinzipien und Wertungen bieten und insofern der Optimierung der Entscheidungsfindung dienen werden. Ebenso wird die größtmögliche privatautonome Entfaltung unter Beachtung der Gewährung eines beiderseitigen Mindestschutzes sowie der angemessenen Einzelfallgerechtigkeit ermöglicht.

B. Vorzugswürdiger Lösungsweg der rechtlichen Behandlung

Aufgezeigt wurde, dass die Heranziehung der allgemeinen Rechtsgedanken sowie die analoge Anwendung einzelner Regelungen der §§ 74 ff. HGB auf den gleichen verallgemeinerungsfähigen Wertungen und Normen beruhen. Insofern werden beide Formen der richterlichen Rechtsfortbildung grundsätzlich auch vergleichbare bzw. gleiche Ergebnisse der rechtlichen Behandlung nachvertraglicher Wettbewerbsverbote mit Geschäftsführern zur Folge haben. Gleichwohl stellt sich die Frage der methodenehrlicheren und damit vorzugswürdigen Variante.

Canaris beispielsweise sieht die analoge Anwendung des § 74a Abs. 1 S. 1 und 2 HGB als die „methodenehrlicher[e]“[1585] Variante im Vergleich zur Übertragung und zum Hineinlesen der strengeren Anforderungen der Erforderlichkeits- und Angemessenheitskontrolle im Rahmen der Anwendung

1584 Vgl. MüKoBGB/*Säcker*, Einl. Rn. 40.

1585 *Canaris*, JuS 1989, 161, 164.

des § 138 BGB an.[1586] Infrage steht also das Verhältnis der verschiedenen Methoden der richterlichen Rechtsfortbildung. Eine generelle Rangordnung zwischen den Formen der richterlichen Rechtsfortbildung besteht nicht. Als Maßstab der Entscheidung einer gewissen Rangfolge der Formen der richterlichen Rechtsfortbildung wird zutreffend die größtmögliche Übereinstimmung mit dem gesetzgeberischen Plan sowie mit den gesetzgeberischen Interessenbewertungen und Werteentscheidungen angesehen.[1587] Können vorliegend für beide Formen der richterlichen Rechtsfortbildung die notwendigen methodischen Anforderungen und Voraussetzungen eingehalten werden,[1588] können insofern vorliegend auch beide Mittel im Wege der lückenschließenden Funktion ihre Rechtfertigung finden. Folglich liegt auch bei der Festlegung der Vorrangigkeit mehrerer in Betracht kommender Mittel ein „*wertender* Akt" vor, der sich vor allem am Gesamtwillen der Rechtsordnung sowie dem gesetzgeberischen Plan und der gesetzgeberischen Regelungsidee richten wird.[1589]

Die Variante der Heranziehung der allgemeinen Rechtsgedanken der §§ 74 ff. HGB bietet den Vorteil, dass die jeweiligen Einzelausformungen der Rechtssätze allein als „Richtmaß"[1590] anzusehen sind. Demnach gewährt die Heranziehung der allgemeinen Rechtsgedanken allein einen wertungsmäßigen Rahmen für die rechtliche Zulässigkeit nachvertraglicher Wettbewerbsverbote, innerhalb dessen die vorliegend heranzuziehenden allgemeinen Rechtsgedanken Vorgaben enthalten, an denen sich die Rechtsunterworfenen orientieren können. Somit wird eine größere Rechtssicherheit sowie Voraussehbarkeit der Ergebnisse ermöglicht, vor allem im Vergleich zur bisherigen Rechtsprechung. Innerhalb des durch die allgemeinen Rechtsgedanken gesteckten wertungsmäßigen Rahmens wird weiterhin die privatautonome vertragliche Gestaltung der Parteien im Vordergrund stehen. So beeinflussen die allgemeinen

1586 *Gerigk*, Nachvertragliche Wettbewerbsverbote mit Organmitgliedern, S. 142.

1587 *Looschelders/Roth*, Juristische Methodik, S. 316 f.; *Canaris*, Die Feststellung von Lücken im Gesetz, S. 146 Fn. 9.

1588 Vgl. *Bydlinski*, FS Wieacker, 1990, 189, 213 f., 215; so auch *Fallmann*, Sekundäre Lücken im Recht, S. 46; dazu auch *Rüthers/Fischer/Birk*, Rechtstheorie, § 23 Rn. 889.

1589 Stellt die Konkretisierung nach der hier vertretenen Ansicht richterliche Rechtsfortbildung dar, müssen die gleichen methodischen Voraussetzungen der Zulässigkeit eingehalten werden, siehe dazu *Canaris*, Die Feststellung von Lücken im Gesetz, S. 146 Fn. 9; *Rüthers/Fischer/Birk*, Rechtstheorie, § 23 Rn. 889; *Schwacke*, Juristische Methodik, S. 122; siehe auch *Bydlinski*, FS Wieacker, 1990, 189, 213 f., 215; *Fallmann*, Sekundäre Lücken im Recht, S. 46.

1590 Vgl. *Canaris*, SAE 1971, 111, 112.

Rechtsgedanken die Sittenwidrigkeitsprüfung des § 138 BGB, die „nicht aber als in jeder Hinsicht verbindliche Norm gelten“[1591]. Die vorherrschende Kritik fußt demgemäß zumeist auf dem Umstand, dass es der bisherigen Rechtsprechung bislang nicht im ausreichenden Maße gelang befriedigende Vorgaben herauszuarbeiten, an denen sich die Rechtsunterworfenen zur Vereinbarung rechtssicherer Wettbewerbsverbote orientieren können. Bisher fehlt es eben an dieser notwendigen und wünschenswerten Voraussehbarkeit der Ergebnisse. In diesem Sinne würde die konsequente Übertragung der vorliegend herausgearbeiteten allgemeinen Rechtsgedanken der §§ 74 ff. HGB neben dem wünschenswerten Mehr an Vorhersehbarkeit gleichfalls auch den größtmöglichen, angemessenen und ausreichenden einzelfallbezogenen vertraglichen Gestaltungsspielraum eröffnen.

Für den Vorrang einer analogen Anwendung spricht auf der anderen Seite insbesondere der Umstand, dass sich in den §§ 74 ff. HGB gesetzliche Vorschriften finden, die explizit einen vergleichbaren Interessenkonflikt regeln. Dementsprechend ermöglicht die engere Anlehnung an den gesetzlichen Vorschriften eine am geschriebenen Recht orientierte Falllösung, ohne insofern eine „neue“ Lösung anhand der allgemeinen Rechtsprinzipien zu finden bzw. zu erfinden. Fußt die mögliche analoge Anwendung gleichwohl auf einer sehr geringen Ähnlichkeit, kann das Heranziehen der allgemeinen Rechtsprinzipien die im Vergleich überzeugendere Lösung darstellen.[1592] Die Vorzugswürdigkeit zweier grundsätzlich gleichwertiger methodischer Mittel wird sich vor allem anhand der größtmöglichen methodischen Klarheit und Einfachheit bestimmen, wobei ebenfalls auch Gründe der Vorhersehbarkeit der Ergebnisse mit einzubeziehen sind.[1593]

In Anbetracht der größtmöglichen Gesetzesbindung sowie methodischen Klarheit und Einfachheit des Mittels der richterlichen Rechtsfortbildung wird die analoge Anwendung einzelner Regelungen der §§ 74 ff. HGB im Vergleich zur Übertragung der verallgemeinerungsfähigen Wertungen letztlich das vorzugswürdige Mittel darstellen. Insofern enthalten die §§ 74 Abs. 2, 74a Abs. 1 S. 1 und 2, Abs. 3, 74c, 75 Abs. 1, 75a HGB verallgemeinerungsfähige gesetzgeberische Wertungen, die nicht zuvörderst einem speziellen

---

1591 Vgl. *Canaris*, SAE 1971, 111, 112.

1592 Siehe *Looschelders/Roth*, Juristische Methodik, S. 317, ebenso *Looschelders*, Die Anpassung im internationalen Privatrecht, S. 178 f.

1593 Vgl. *Looschelders/Roth*, Juristische Methodik, S. 317; idS. auch *Canaris*, Die Feststellung von Lücken im Gesetz, S. 146 Fn. 9.

Arbeitnehmerschutz dienen, sondern allgemeingültige Regelungsgehalte zum angemessenen Ausgleich der widerstreitenden Interessen sowie der sachgerechten Beurteilung nachvertraglicher Wettbewerbsverbote für alle Geschäftsführer aufweisen. Demnach ist davon auszugehen, dass die analoge Anwendung der genannten Regelungen die Lösung darstellt, die am ehesten dem mutmaßlichen Willen sowie Regelungsplan des Gesetzgebers entspricht.[1594] Damit stellt nicht nur die analoge Anwendung des § 74a Abs. 1 S. 1 und 2 HGB, sondern auch die der §§ 74 Abs. 2, 74a Abs. 1 S. 1 und 2, Abs. 3, 74c, 75 Abs. 1, 75a HGB insgesamt die „methodenehrlicher[e]“[1595] Variante im Vergleich zur Heranziehung der allgemeinen Rechtsgedanken im Rahmen der Konkretisierung des § 138 BGB dar. Möchte man sodann vor allem auch die größtmögliche privatautonome Gestaltungsmöglichkeit bei allen Geschäftsführertypen vorrangig berücksichtigen, wird die allgemeine analoge Anwendung der §§ 74 Abs. 2, 74a Abs. 1 S. 1 und 2, Abs. 3, 74c, 75 Abs. 1, 75a HGB zugleich auch den vorrangigen Lösungsweg zur analogen Anwendung des Gesamtregelungskomplexes der §§ 74 ff. HGB zugunsten der arbeitnehmerähnlichen Geschäftsführer darstellen.

C. Ausblick

Festzuhalten ist, dass die §§ 74 Abs. 2, 74a Abs. 1 S. 1 und 2, Abs. 3, 74c, 75 Abs . 1, 75a HGB verallgemeinerungsfähige Wertungen und Rechtsgedanken enthalten, die zur sachgerechten Konkretisierung des § 138 Abs. 1 BGB heranzuziehen sind und gleichfalls der analogen Anwendung offenstehen. Sie enthalten allesamt allgemeingültige Wertungen und Rechtsgedanken, die einen gerechten und angemessenen Ausgleich der gegenseitigen Interessen ermöglichen und damit auch den angemessenen Ausgleich der betroffenen Rechtsgüter bewirken.

Als vorrangiges Mittel der richterlichen Rechtsfortbildung ist die analoge Anwendung der einzelnen Regelungen anzusehen. Begründet werden kann dies vor allem durch die größtmögliche Gesetzesbindung, die insofern die größtmögliche Klarheit, Einfachheit und Vorhersehbarkeit bietet. Damit soll die rechtliche Beurteilung nachvertraglicher Wettbewerbsverbote mit Geschäftsführern normativ auf § 74a Abs. 1 S. 1 und 2, Abs. 3 HGB analog und § 138 BGB gestützt werden. Des Weiteren ist die Notwendigkeit der Zusage einer Karenzentschädigung nach §§ 74 Abs. 2, 74a Abs. 3 HGB analog und § 138 BGB in Fällen

---

1594 Vgl. *Looschelders/Roth*, Juristische Methodik, S. 317.

1595 *Canaris*, JuS 1989, 161, 164.

von Tätigkeitsverboten zu beachten. Daneben tritt die analoge Anwendung der §§ 74c, 75 Abs. 1, 75a HGB.

Neben dem Umstand, dass die §§ 74 Abs. 2, 74a Abs. 1 S. 1 und 2, Abs. 3, 74c, 75 Abs. 1, 75a HGB der analogen Anwendung sowie der Übertragung im Rahmen der Konkretisierung offenstehen, gewähren diese Regelungen einen Überblick über die wesentlichen Wertungen für eine eigenständige gesetzliche Regelung (de lege ferenda). Die gefundenen verallgemeinerungsfähigen Wertungen der §§ 74 ff. HGB bilden dabei die Brücke zwischen der lex lata und der lex ferenda.[1596] Dementsprechend können die verallgemeinerungsfähigen Wertungen der §§ 74 Abs. 2, 74a Abs. 1 S. 1 und 2, Abs. 3, 74c, 75 Abs. 1, 75a HGB die Richtung für eine eigene gesetzliche Normierung vorgeben.

1596 Vgl. *Looschelders/Roth*, Juristische Methodik, S. 313; dazu auch *Moser*, ZfRV 2012, 4, 7; *Beaucamp*, DÖV 2013, 41, 43.

§ 5 Überlegung de lege ferenda

A. Einleitung

Die vorangegangenen Ausführungen haben gezeigt, dass nicht nur eine Lücke vom Standpunkt eines künftigen besseren Rechts (de lege ferenda) aus besteht, sondern auch eine vom Standpunkt des bestehenden Rechts (de lege lata).[1597] Vom Standpunkt des heutigen bestehenden Rechts aus ist die Lückenhaftigkeit und Regelungsbedürftigkeit nachvertraglicher Wettbewerbsverbote mit Geschäftsführern zu bejahen. Zur sachgerechten Lösung nachvertraglicher Wettbewerbsverbote mit Geschäftsführern kann bei arbeitnehmerähnlichen Geschäftsführern eine analoge Anwendung des Gesamtregelungskomplexes der §§ 74 ff. HGB erfolgen. Abgesehen vom arbeitnehmerähnlichen Geschäftsführer hat die Untersuchung und Prüfung möglicher allgemeiner Rechtsgedanken, die den §§ 74 ff. HGB enthalten sind, aufgezeigt, dass den Regelungen eine Mehrzahl von verallgemeinerungsfähigen Rechtsgedanken immanent ist, auf denen auch die weitere analoge Anwendung einzelner Regelungen der §§ 74 ff. HGB sowie die sachgerechte Konkretisierung des § 138 BGB fußen.

Bei der richterlichen Rechtsfortbildung nimmt der Richter die Rolle eines „Ersatzgesetzgebers“ ein,[1598] die gleichwohl von der parlamentarischen Gesetzgebungskompetenz zu differenzieren ist. Die wesentlichste Unterscheidung beruht darauf, dass sich die Rechtsprechung im Grunde allein am zu entscheidenden Einzelfall orientiert und den konkreten Streit zwischen den beteiligten Parteien entscheiden möchte. Der Gesetzgeber hat dagegen vor allem die allgemeinen Ziele und Zwecke des Gesetzes im Blick und muss damit insbesondere die Aufgabe, die unterschiedlichen Interessen zu bewerten und gegeneinander abzuwägen, wahrnehmen.[1599] Gleichwohl handelt es sich auch bei der Entscheidung des spezifischen Einzelfalls im Wege der richterlichen Rechtsfortbildung um die Fortbildung des allgemeinen Rechts im Lichte der allgemeinen Gerechtigkeitsvorstellungen.[1600] Insofern geht es auch darum, verallgemeinerungsfähige

---

1597 Zur Abgrenzung einer sonstigen „rechtspolitischen Lücke“ *Engisch*, Einführung in das juristische Denken, S. 198; *Würdinger*, AcP 206 (2006), 946, 951.

1598 *Looschelders/Roth*, Juristische Methodik, S. 301; *Möllers*, Juristische Methodenlehre, § 13 Rn. 97; *Steiner*, NJW 2001, 2919.

1599 *Looschelders/Roth*, Juristische Methodik, S. 302; *Möllers*, Juristische Methodenlehre, § 13 Rn. 83 ff.; *Picker*, JZ 1984, 153, 154 ff.; *ders.*, JZ 1988, 62, 71 f.

1600 Vgl. *v. Hoyningen-Huene*, Die Billigkeit im Arbeitsrecht, S. 81.

und allgemeingültige Lösungen zu formulieren, auch wenn diese Verallgemeinerungsfähigkeit je nach Fall begrenzt sein kann.[1601]

Eine eigenständige gesetzliche Regelung würde vor allem in Anbetracht der herrschenden Diskussion zur analogen Anwendbarkeit der §§ 74 ff. HGB für Klarheit sorgen. Dies insbesondere durch das Entfallen einer gesetzlichen Lücke als Grundvoraussetzung der Analogie sowie richterlichen Rechtsfortbildung im Allgemeinen. Im gleichen Zuge würden des Weiteren auch die Unsicherheiten und Problempunkte im Rahmen der Konkretisierung des § 138 BGB beseitigt werden.[1602]

Als Erstes stellt sich gleichwohl die Frage des richtigen systematischen Standortes einer neuen gesetzlichen Regelung. In Anbetracht der vorliegenden Problematik könnte man zunächst an das GmbHG denken. Das GmbHG wird zutreffenderweise jedoch nicht den richtigen systematischen Standort für eine explizit anwendbare Regelung darstellen. So enthält das GmbHG grundsätzlich allein Vorschriften, die die gesellschaftsrechtlichen Organisations- und Kompetenzstrukturen der GmbH thematisieren. Bezüglich der Rechtsstellung des Geschäftsführers werden ausschließlich das Organverhältnis und die Stellung als leitungsbefugtes Organ behandelt. Wie gezeigt richtet sich das schuldrechtliche Anstellungsverhältnis nach den allgemeinen Regelungen des Bürgerlichen Gesetzbuches. Wird das Anstellungsverhältnis sodann zumeist ein Dienstverhältnis nach § 611 BGB darstellen, würde sich eine gesetzliche Regelung hinsichtlich nachvertraglicher Wettbewerbsverbote für die Zeit nach Beendigung des Dienstverhältnisses im 2. Buch des BGB Abschnitt 8 Titel 8 Untertitel 1. Dienstvertrag § 611 bis § 630 BGB anbieten. Dies vor allem als Annex zu den Regelungen zur Kündigung des Dienstvertrages, die insofern auch eine gewisse sachliche Nähe aufweisen. Demnach überzeugt eine Verortung einer neuen gesetzlichen Regelung im Dienstvertragsrecht. In dem Sinne werden die §§ 74 ff. HGB in Verbindung mit § 110 GewO sowie der § 90a HGB weiterhin *Leges speciales* zum Dienstvertragsrecht darstellen, die dann zu beachten sind, wenn beispielsweise die Arbeitnehmereigenschaft des Geschäftsführers im Sinne des § 611a Abs. 1 BGB ausnahmsweise zu bejahen ist.[1603]

1601 *Looschelders/Roth*, Juristische Methodik, S. 302; *Schwacke*, Juristische Methodik, S. 122.

1602 Vgl. auch *Krahforst*, Nachvertragliche Wettbewerbsverbote für GmbH-Geschäftsführer, S. 405.

1603 Zutreffend so schon *Krahforst*, Nachvertragliche Wettbewerbsverbote für GmbH-Geschäftsführer, S. 406.

Um den Regelungsgehalt der Regelungen de lege ferenda festzulegen, kann auf die schon induktiv gewonnenen allgemeinen Rechtsgedanken zurückgegriffen werden. Diese ermöglichen neben der sachgerechten Konkretisierung des § 138 BGB bezüglich Geschäftsführern auch die angemessene Behandlung einer Fülle weiterer Fälle, losgelöst von der vorliegend besprochenen Thematik. Demgemäß werden der „offene" Charakter und die Allgemeinheit der hergeleiteten Rechtsgedanken deutlich.[1604] Folglich bietet sich eine an den allgemeinen Rechtsgedanken orientierte Kodifikation einer allgemeinen Regelung zu nachvertraglichen Wettbewerbsverboten von Dienstverpflichteten an. Stellen die §§ 74 ff. HGB in Verbindung mit § 110 GewO sowie der § 90a HGB *Leges speciales* zu den neuen §§ 630a ff. BGB dar, sollen sich auch die Formulierungen an den schon bestehenden spezialgesetzlichen Regelungen orientieren. Zu beachten ist, dass die §§ 74 ff. HGB sowie der § 110 GewO grundsätzlich vom „Wettbewerbsverbot" bzw. „vertraglichen Wettbewerbsverbot" sprechen. Eine andere Formulierung enthält § 90a HGB, der von der „Wettbewerbsabrede" spricht. Vorliegend soll in Anlehnung an den jüngst erlassenen § 110 GewO vom „Wettbewerbsverbot" die Rede sein.[1605] Als Überschriften zu den neu formulierten Regelungen werden die in den Kommentierungen zu den §§ 74 ff. HGB verwendeten Überschriften übernommen.[1606] Insgesamt kann vorliegend auf die schon formulierten verallgemeinerungsfähigen Wertungen und Rechtsgedanken zurückgegriffen werden, die sich sprachlich am jeweiligen Wortlaut der Regelungen der §§ 74 ff. HGB oder des § 90a HGB sowie den vereinzelt hinzutretenden anderen Vorschriften, die einen gleichen verallgemeinerungsfähigen Rechtsgedanken enthalten[1607], anlehnen. Hingewiesen werden soll des Weiteren darauf, dass in dem vorgenommenen Gesetzesvorschlag nicht allein die allgemeinen Rechtsgedanken und Wertungen zu beachten sind, sondern zum Teil auch die vorliegenden Einzelausformungen der untersuchten gesetzlichen Regelungen aufgegriffen werden. So bilden einige Einzelausformungen der §§ 74 ff. HGB grundsätzlich sachgerechte Orientierungsmaßstäbe im Sinne eines Anknüpfungspunktes für die Angemessenheit der Abrede, die sodann auch im Wege der gesetzlichen

---

1604 *Canaris*, Die Feststellung von Lücken im Gesetz, S. 99.

1605 IdS. auch *Krahforst*, Nachvertragliche Wettbewerbsverbote für GmbH-Geschäftsführer, S. 406.

1606 Vgl. BeckOGK/*Ittmann*, HGB §§ 74 ff.; EBJS/*Boecken*/*Rudkowski*, HGB §§ 74 ff.; MüKoHGB/*Thüsing*, §§ 74 ff.

1607 Hier sind als Beispiel die §§ 326 Abs. 2 S. 2, 615 S. 2 BGB oder der § 11 KSchG hinsichtlich der Wertung des § 74c HGB zu nennen.

Kodifizierung geeignete Orientierungsmaßstäbe darstellen. Für einen solchen Orientierungsmaßstab bietet sich sodann vor allem eine „Regel-Ausnahme-Formulierung“ an.[1608]

B. Vorschlag einer gesetzlichen Regelung de lege ferenda

Ein Gesetzesvorschlag zu den neuen § 630a bis § 630c BGB könnte wie folgt lauten:

§ 630a Wettbewerbsverbot

(1) [1] Dienstberechtigter und Dienstverpflichteter können die berufliche Tätigkeit des Dienstverpflichteten für die Zeit nach Beendigung des Dienstverhältnisses durch Vereinbarung beschränken (Wettbewerbsverbot). [2]Bei Wettbewerbsverboten kann grundsätzlich zwischen bloßen Kundenschutz- und Tätigkeitsverboten differenziert werden. [3]Das Wettbewerbsverbot stellt in der Regel ein Tätigkeitsverbot dar, sofern nicht ein anderes eindeutig bestimmt wurde.

(2) [1]Das Wettbewerbsverbot ist insoweit unverbindlich, als es nicht dem Schutze eines berechtigten Interesses des Dienstberechtigten dient. [2]Es ist ferner unverbindlich, soweit es unter Berücksichtigung einer gewährten Entschädigung nach Ort, Zeit oder Gegenstand eine unbillige Erschwerung des Fortkommens des Dienstverpflichteten enthält. [3]Das Verbot kann in der Regel nicht auf einen Zeitraum von mehr als zwei Jahren ab Beendigung des Dienstverhältnisses an erstreckt werden.

(3) Unberührt bleiben die Vorschriften des § 138 des Bürgerlichen Gesetzbuches über die Nichtigkeit von Rechtsgeschäften, die gegen die guten Sitten verstoßen.

§ 630b Bezahlte Karenz; Anrechnung anderweitigen Erwerbs

(1) [1]Das Wettbewerbsverbot ist verbindlich, wenn sich der Dienstberechtigte für die Dauer des Verbotes verpflichtet, eine angemessene Entschädigung zu zahlen, die für jedes Jahr des Verbotes mindestens die Hälfte der vom Dienstverpflichteten zuletzt bezogenen vertragsmäßigen Gesamtvergütung erreicht. [2]Von der Pflicht zur Zahlung einer angemessenen Entschädigung ausgenommen sind wettbewerbsbeschränkende Vereinbarungen, die grundsätzlich keine erhebliche berufliche Fortkommenserschwerung darstellen.

(2) [1]Der Dienstverpflichtete muss sich auf die fällige Entschädigung anrechnen lassen, was er während des Zeitraums, für den die Entschädigung gezahlt

1608 *Gerigk*, Nachvertragliche Wettbewerbsverbote mit Organmitgliedern, S. 300.

wird, durch anderweitige Verwertung seiner Arbeitskraft erwirbt oder zu erwerben böswillig unterlässt. [2]Dies erfolgt in der Regel, insoweit die Entschädigung unter Hinzurechnung dieses Betrags den Betrag der zuletzt von ihm bezogenen vertragsmäßigen Gesamtvergütung um mehr als ein Zehntel übersteigen würde. [3]Der Dienstverpflichtete ist verpflichtet, dem Dienstberechtigten auf Erfordern Auskunft über den anderweitigen Erwerb nach den Grundsätzen von Treu und Glauben zu erteilen.

§ 630c Unwirksamwerden des Wettbewerbsverbotes; Verzicht des Dienstberechtigten auf das Wettbewerbsverbot

(1) Kündigt ein Teil das Dienstverhältnis aus wichtigem Grund wegen schuldhaften Verhaltens des anderen Teils, kann er sich durch Erklärung binnen eines Monats nach der Kündigung vom Wettbewerbsverbot lossagen.

(2) Der Dienstberechtigte kann vor der Beendigung des Dienstverhältnisses durch Erklärung auf das Wettbewerbsverbot mit der Wirkung verzichten, dass er mit dem Ablauf einer angemessenen Frist, die in der Regel mindestens ein Jahr beträgt, seit der Erklärung von der Verpflichtung zur Zahlung der Entschädigung frei wird.

C. Erläuterung und Begründung des Gesetzesvorschlages

Wie eingangs schon erwähnt, orientiert sich die Formulierung des vorliegenden Gesetzesvorschlages an den induktiv gewonnenen allgemeinen Rechtsgedanken der §§ 74 Abs. 2, 74a Abs. 1 S. 1 und 2, Abs. 3, 74c, 75 Abs. 1, 75a HGB und dem jeweiligen Wortlaut der Regelungen. Geändert wurden vor allem die Begrifflichkeiten dahingehend, dass sich diese in den Sachbereich des Dienstvertrages einfügen – beispielsweise als „Prinzipal" zu „Dienstberechtigte".

Der vorgeschlagene § 630a BGB enthält in seinem Abs. 1 S. 1 eine kurze Aussage zum nachvertraglichen Wettbewerbsverbot, ohne jedoch selbst eine generelle Reglementierung vorzusehen. Die Formulierung ist an § 110 S. 1 GewO angelehnt.[1609]

In § 630a Abs. 1 S. 2 BGB wird eine Differenzierung zwischen den reinen Kundenschutz- und Tätigkeitsverbotsklauseln normiert. Dies hat ebenfalls zunächst allein klarstellende Funktion. Die Differenzierung wird vorliegend als wesentlich erachtet, da sich diese auf die in § 630b Abs. 1 BGB vorgesehene Karenzentschädigungspflicht auswirkt. Wie aus den vorangegangenen

---

1609 Siehe dazu BeckOK GewO/*Hoffmann*/*Schulte*, § 110 vor Rn. 1; BeckOGK/*Ittmann*, GewO § 110 Rn. 1.

Ausführungen zum Grundsatz der bezahlten Karenz deutlich wurde, stellt die Differenzierung zwischen den beiden Klauseltypen eine sachgerechte Differenzierung für die Frage der Notwendigkeit der Karenzentschädigungszusage dar. In dem Sinne wurde auch herausgearbeitet, dass die Grundgedanken sowie die verallgemeinerungsfähigen Wertungen des Grundsatzes der bezahlten Karenz vor allem auf den finanziellen Ausgleich der schwerwiegenden beruflichen Beeinträchtigungen gerichtet sind. Nehmen die §§ 74 ff. HGB sowie der § 110 S. 1 GewO keine Differenzierung zwischen etwaigen Klauseltypen vor, ist dies vor allem auf den Schutz der strukturell unterlegenen Arbeitnehmer sowie die typisierende Annahme, dass jedwede Wettbewerbsabrede gegenüber Arbeitnehmern eine schwerwiegende Beeinträchtigung des beruflichen Fortkommens bedingt, zurückzuführen. Diese klaren und undifferenzierten gesetzlichen Vorgaben dienen insbesondere der praktikablen und rechtssicheren Begegnung der „Massenerscheinung des Arbeitsrechts". Hinsichtlich Geschäftsführern und Dienstverpflichteten ist eine solche allumfassende typisierende Annahme eben nicht geboten. Soll die Karenzentschädigungspflicht auch gegenüber Geschäftsführern und Dienstverpflichteten allein an die typisierende Annahme einer einschneidenden beruflichen Fortkommenserschwerung geknüpft sein, kann diese im Sinne der notwendigen Typisierung und Generalisierung bei Tätigkeitsverboten angenommen werden.

Daran anknüpfend enthält § 630a Abs. 1 S. 3 BGB die klarstellende Aussage, dass die vereinbarten nachvertraglichen Wettbewerbsverbote in der Regel Tätigkeitsverbote darstellen. Aufgenommen wurde auch die Formulierung „sofern nicht ein anderes eindeutig bestimmt wurde", die dazu dienen soll, den Vertragsparteien oder dem Verwender der nachvertraglichen Wettbewerbsverbotsabrede das Risiko der Klauselformulierung zu verdeutlichen. Bei nachvertraglichen Wettbewerbsverbotsklauseln sollte grundsätzlich auf die sprachlich sowie inhaltlich eindeutige und klare Formulierung geachtet werden, sodass die Klauseltypen und die in ihnen enthaltene typisierende Eingriffsintensität zumindest im Wege der Auslegung nach §§ 133, 157 BGB im ausreichenden Maße eindeutig bestimmbar sind. Folglich geht es auch hier darum, dass derjenige, der einseitiger Verwender der Klausel ist – dies wird zumeist die Gesellschaft bzw. der Dienstberechtigte sein –, grundsätzlich auch das Risiko der Formulierung tragen soll. Demnach sollte es bei der einseitigen Verwendung durch den Dienstberechtigten wie gegenüber Arbeitgebern bei einer unklaren Formulierung im Zweifel zu einer restriktiven Auslegung zugunsten des Dienstverpflichteten kommen.[1610] Liegt keine einseitige Verwendung vor, wird es gleichwohl richtig erscheinen, dass derjenige das Risiko der Formulierung der Klausel tragen soll, der sich grundsätzlich auf den vereinbarten Verbotstatbestand berufen möchte.[1611] Dass eine eindeutige und klar bestimmbare sprachliche und damit auch rechtliche Trennung zwischen den beiden Klauseltypen möglich ist, zeigte auch schon die Rechtsprechung des BGH.[1612] Insgesamt können die Regelungen des § 630a Abs. 1 BGB als Definitionsnormen verstanden werden, die vor allem erst im Zusammenspiel mit den anderen Normen ihre wesentliche Bedeutung entfalten.[1613]

Der § 630a Abs. 2 S. 1 und 2 BGB enthält insoweit eine unmittelbar am Wortlaut des § 74 Abs. 1 S. 1 und 2 HGB angelehnte Formulierung, die die zweistufige Prüfung als verallgemeinerungsfähigen Rechtsgedanken übernimmt. Nach S. 1 muss folglich zunächst einmal überhaupt ein berechtigtes Interesse am nachvertraglichen Wettbewerbsschutz des Dienstberechtigten bestehen. Besteht ein solches nicht, folgt die Unverbindlichkeit, was in diesen Fällen des gänzlich fehlenden Interesses also die Rechtsfolge der Nichtigkeit bedeutet. In S. 2 wird sodann die Interessenabwägung der Reichweite des berechtigten Interesses des Dienstberechtigten unter Berücksichtigung einer gewährten Entschädigung und im Zusammenwirken mit den örtlichen, zeitlichen und gegenständlichen Beschränkungen normiert. Die Unverbindlichkeit als Ergebnis der Interessenabwägung richtet sich demnach an der unbilligen Erschwerung des Fortkommens des Dienstverpflichteten. Wegen der Übernahme der Begriffe „insoweit" in S. 1 und „soweit" in S. 2 erfolgt auch die Übernahme der geltungserhaltenden Reduktion im Wege der Aufrechterhaltung der vertraglichen Abrede durch die

---

1610 Zur Auslegung gegenüber Arbeitnehmern siehe EBJS/*Boecken*/*Rudkowski*, HGB § 74 Rn. 25; MüKoHGB/*Thüsing*, § 74 Rn. 27; Heymann/*Henssler*/*Michel*, HGB § 74 Rn. 14.

1611 Vgl. Oetker/*Kotzian-Marggraf*, HGB § 74 Rn. 14; siehe dazu die Rechtsprechung BAG, NZA 1997, 1284, 1285, sowie die BGH-Rechtsprechung zur Auslegung einer Vertragsstrafenverpflichtungserklärung BGH, NJW-RR 1991, 1318; siehe auch BGH, NJW 2016, 401, 402.

1612 Vgl. dazu BGH, NJW 1968, 1717, 1718, wobei der BGH den Fall zur Aufklärung zurückverwies; sowie BGHZ 91, 1, 6 f., der diese Trennung letztlich aufgrund einer enthaltenen salvatorischen Klausel annahm. Insgesamt lagen aber beide Male eigenständige und sinnvolle Klauseln vor, die somit teilbar im Sinne des § 139 BGB waren und somit eigenständige Arten von Wettbewerbsverboten darstellen können.

1613 Zu Definitionsnormen allgemein siehe *Rüthers*/*Fischer*/*Birk*, Rechtstheorie, § 4 Rn. 131a.

partielle Unverbindlichkeit gemessen an der noch bestehenden und anzuerkennenden Reichweite des berechtigten Interesses des Dienstberechtigten.

In § 630a Abs. 2 S. 3 BGB wurde sodann eine ebenfalls am Wortlaut des § 74 Abs. 1 S. 3 HGB orientierte zeitliche Grenze vorgesehen. Diese wurde allerdings als „Regel-Ausnahme-Vorschrift" formuliert. Hier ging es um die Übernahme der Zwei-Jahres-Grenze des § 74 Abs. 1 S. 3 HGB als allgemeinen Orientierungsmaßstab für eine angemessene zeitliche Beschränkung nachvertraglicher Wettbewerbsverbote, die gleichwohl keine verbindliche Grenze in Abhängigkeit von der vorrangigen Interessenabwägung darstellt.

§ 630a Abs. 3 BGB enthält die wortgleiche Übernahme des § 74a Abs. 3 HGB. Demgemäß soll dieser in Übertragung der Wertungen des § 74a Abs. 3 HGB den Vorrang der Unwirksamkeits- bzw. Unverbindlichkeitsgründe der §§ 630a Abs. 1 S. 1 und 2, 630b Abs. 1 BGB als *Leges speciales* gegenüber den Sittenwidrigkeitsgründen des § 138 BGB anordnen.

Insgesamt ist auch anzumerken, dass der vorliegende Gesetzesvorschlag des § 630a BGB entsprechend dem Regelungsgehalt des § 74a HGB einen spezialgesetzlichen Anwendungsfall der vertraglichen Inhaltskontrolle darstellt und den allgemeinen Kontrollmaßstäben vorgeht, insofern auch der allgemeinen AGB-Kontrolle. Demnach wird zumeist allenfalls eine Prüfung des Überraschungsverbotes nach § 305c Abs. 1 BGB, der Unklarheitenregel nach § 305c Abs. 2 BGB sowie des Transparenzgebotes nach § 307 Abs. 1 S. 2 BGB erfolgen.[1614] Darüber hinaus liegen in den weiteren vorgeschlagenen Regelungen dispositive gesetzliche Regelungen vor, von denen nach Maßgabe des § 307 Abs. 3 BGB abgewichen werden kann. Damit könnte eine AGB-Prüfung der Nebenabreden eröffnet sein.[1615]

§ 630b Abs. 1 BGB enthält die Kodifizierung des Grundsatzes der bezahlten Karenz als verpflichtende Zusage einer Karenzentschädigung bei den typisierend angenommenen schwerwiegenden Wettbewerbsverboten. Insofern enthält S. 1 die grundsätzliche Pflicht der Zusage einer Karenzentschädigung bei Übernahme der Rechtsfolgen des § 74 Abs. 2 HGB. Demnach liegt eine Unverbindlichkeit im Sinne der Nichtigkeit vor, wenn die Zusage der Karenzentschädigung im Falle eines entschädigungsbedürftigen Wettbewerbsverbotes komplett fehlt. Wurde allein eine zu niedrig bemessene Karenzentschädigung zugesagt, ist ebenfalls

---

1614 Vgl. MüKoHGB/*Thüsing*, HGB § 74a Rn. 33; EBJS/*Boecken*/*Rudkowski*, HGB § 74a Rn. 1; *Kamanabrou*, ZfA 2018, 92, 103.

1615 Entsprechend den Regelungen der §§ 74 ff. HGB siehe EBJS/*Boecken*/*Rudkowski*, HGB § 74a Rn. 1; *Maiß*, GWR 2012, 499.

auch ein Wahlrecht des Dienstverpflichteten vorgesehen. S. 2 soll klarstellen, dass die Entschädigungsbedürftigkeit des Wettbewerbsverbotes in Abhängigkeit von der typisierenden Annahme einer einschneidenden beruflichen Fortkommenserschwerung steht. Demnach ermöglicht die gewählte Formulierung die einzelfallabhängige Berücksichtigung der berufsbeschränkenden Wirkung des jeweiligen Wettbewerbsverbotes. Im Gegensatz zu den auf den ungeregelten Fall nachvertraglicher Wettbewerbsverbote mit Geschäftsführern beschränkten Ergebnissen soll und muss der vorliegende Gesetzesvorschlag eine größere Abstraktheit aufweisen, sodass eine gesetzliche Regelung nachvertraglicher Wettbewerbsverbote, die für alle Dienstverpflichteten zur Anwendung gelangen kann, vorgeschlagen werden soll. Insofern soll vorrangig der Kerngedanke des Grundsatzes der bezahlten Karenz als finanzieller Ausgleich der schwerwiegenden beruflichen Beschränkungen seinen Ausdruck finden. Die Beurteilung der einschneidenden beruflichen Fortkommenserschwerung findet sodann einzelfallbezogen statt und ermöglicht die Berücksichtigung der Branche, Tätigkeit und des Marktes des Dienstberechtigten und -verpflichteten. Im Fall von nachvertraglichen Wettbewerbsverboten mit Geschäftsführern wird die Ausnahme zur Karenzentschädigungspflicht in der Regel bei bloßen Kundenschutzklauseln zur Anwendung kommen, da diese typisierend eine nur geringe berufliche Fortkommenserschwerung nach sich ziehen, sodass eine verbindliche Pflicht zur Karenzentschädigungszusage in diesen Fällen nicht geboten erscheint. So kann die vorgeschlagene Formulierung des § 630b Abs. 1 BGB vor allem dahingehend kritisiert werden, dass sie zur unsicheren Bestimmung nachvertraglicher Wettbewerbsverbote führen wird, „die grundsätzlich keine erhebliche berufliche Fortkommenserschwerung darstellen". Diese notwendige generell-abstrakte Formulierung wird gleichwohl keine allzu große Hürde bilden. Umfasst der Bereich des Dienstvertrages eine Reihe unterschiedlicher Dienstvertragstypen,[1616] wird es möglich sein, für die jeweiligen einzelnen Typen gewisse allgemeingültige Aussagen über eine typisierende Betrachtung der Eingriffsintensität von reinen Kundenschutz- und Tätigkeitsverbotsklauseln vorzunehmen. Zu bedenken ist dazu, dass nachvertragliche Wettbewerbsverbote für einige der „wichtigsten" Dienstvertragstypen zumeist nicht in Betracht kommen werden.[1617] Beachtet werden

---

1616 Vgl. dazu MüKoBGB/*Spinner*, § 611 Rn. 8 ff., der eine Reihe der „wichtigsten Anwendungsfälle" des Dienstvertrages darstellt.

1617 Siehe MüKoBGB/*Spinner*, § 611 Rn. 8 ff. Als Beispiel könnte hier der Arztvertrag zwischen dem Arzt und dem Patienten genannt werden, siehe dazu MüKoBGB/*ders.*, § 611 Rn. 10.

muss eben die grundsätzliche Weite des Begriffes und Anwendungsbereichs des Dienstvertrages, sodass die vorliegenden dienstvertraglichen nachvertraglichen Wettbewerbsverbote insbesondere auf das Verhältnis des Dienstverpflichteten zu seinem arbeitgeberähnlichen Dienstberechtigten zugeschnitten ist. Am Beispiel des Anwaltes oder Steuerberaters ist damit nicht das Verhältnis zum Mandanten gemeint, sondern eben das zur Kanzlei oder Steuerberatungsgemeinschaft. Im Verhältnis zur Kanzlei oder Steuerberatungsgemeinschaft kommt es beim Anstellungsverhältnis dann wieder auf die allgemeinen Grundsätze zur Abgrenzung des Arbeitsverhältnisses vom Dienstverhältnis an. In diesem Sinne kann der Anwalt auch Arbeitnehmer oder eine arbeitnehmerähnliche Person sein, die insofern dann dem vorrangigen Schutz der §§ 74 ff. HGB (analog) unterfallen würden. Des Weiteren wurde schon dargestellt, dass Kundenschutzklauseln im Bereich der freien Berufe typisierend betrachtet grundsätzlich schwerwiegende Beeinträchtigungen des beruflichen Fortkommens bewirken. Folglich würde im Falle von Kundenschutzklauseln hinsichtlich freier Berufe bei der Anwendung der vorgeschlagenen §§ 630a ff. HGB grundsätzlich eine erhebliche berufliche Fortkommenserschwerung vorliegen, mit der Folge der verpflichtenden Zusage einer Karenzentschädigung nach § 630b Abs. 1 HGB.[1618]

Anhand dieses Beispiels ist davon auszugehen, dass die typisierende Annahme schwerwiegender Wettbewerbsverbote im Sinne des § 630b Abs. 1 S. 2 HGB der dienstvertragstypenbezogenen Konkretisierung offensteht. Anzumerken ist gleichwohl, dass eine eigenständige und explizite gesetzliche Regelung zur rechtlichen Behandlung nachvertraglicher Wettbewerbsverbote allein mit Geschäftsführern oder Organmitgliedern eine speziellere und differenzierte Formulierung zulassen würde. Würde sich eine solche systematisch nicht unbedingt in das GmbHG einfügen, wäre eine Formulierung anlehnend an § 630b Abs. 1 S. 2 BGB, die in der Regel bloße Kundenschutzklauseln ausnimmt, möglich. Anzudenken wäre eine speziellere gesetzliche Regelung, die zugegebenermaßen als gewisser Fremdkörper im GmbHG im Anschluss an den § 85 GmbHG in den neuen §§ 85a ff. GmbHG vorgesehen werden könnte.

Die typisierende Eingriffsintensität der Klauseltypen unter Beachtung der jeweiligen Tätigkeit des Dienstverpflichteten als Ausgangspunkt der

1618 Dazu BeckOGK/*Maties*, BGB § 611 Rn. 200; BeckOGK/*ders.*, BGB § 611a Rn. 139; MüKoBGB/*Spinner*, BGB § 611a Rn. 114. Zum persönlichen Anwendungsbereich der §§ 74 ff. HGB siehe BeckOK HGB/*Wetzel*, HGB § 74 Rn. 1; vor allem bezüglich allgemeiner Mandantenschutzklauseln siehe EBJS/*Boecken*/*Rudkowski*, HGB § 74 Rn. 13a.

Notwendigkeit der verbindlichen Karenzentschädigungszusage stellt gleichwohl das einzige beachtliche fallspezifische Kriterium dar, sodass sich eine geschäftsführerspezifische Regelung innerhalb des GmbHG allein bezüglich der dargestellten Spezifizierung unterscheiden würde. Der vorliegende Gesetzesvorschlag der §§ 630a ff. BGB möchte des Weiteren zum einen keine zu spezielle Regelung darstellen, die insoweit zu einer „kleinkarierten" Gesetzestechnik führt, mit der Folge der Unübersichtlichkeit und des Entstehens etwaiger Systembrüche oder Wertungswidersprüche. Zum anderen soll die vorgeschlagene Regelung auch keine zu ausufernde Unbestimmtheit haben, sodass die notwendigen zu bestimmenden Wert- und Zielvorstellungen nicht im Wege zahlreicher Ermessens- oder Generalklauseln auf den Richter abgewälzt werden sollen.[1619] In dem Sinne stellt der vorliegende § 630b Abs. 1 BGB die bestmögliche abstrakt-generelle Formulierung dar, die gleichwohl die notwendige und ausreichende einzelfall-, branchen- und tätigkeitsbezogene rechtliche Beurteilung ermöglicht. Demnach ist die Begrifflichkeit der Wettbewerbsverbote, „die grundsätzlich keine erhebliche berufliche Fortkommenserschwerung darstellen", ein unbestimmter Rechtsbegriff, der gleichwohl eben der einzelfall-, branchen- und tätigkeitsbezogenen Konkretisierung offensteht, so wie dies in Anbetracht der vorliegenden Thematik am Beispiel der Geschäftsführer erfolgte.

In § 630b Abs. 2 BGB wurde der verallgemeinerungsfähige Rechtsgedanke des § 74c HGB aufgegriffen, der in den vergleichbaren Normen der §§ 326 A bs. 2 S. 2, 615 S. 2 BGB oder des § 11 KSchG ebenfalls zum Ausdruck kommt und insofern eine Ausprägung des allgemeinen Bereicherungsverbotes und der Billigkeit darstellt.[1620] Die vorliegende Formulierung des Gesetzesvorschlages ist am Wortlaut des § 74c HGB angelehnt. So wurde in § 630b Abs. 2 S. 1 BGB der Grundgedanke der Anrechnung anderweitigen Erwerbs normiert. In S. 2 folgten wieder eine „Regel-Ausnahme-Formulierung" und die Übernahme der Anrechnungsgrenze von 110% des § 74c HGB. Diese Anrechnungsgrenze ist wieder als allgemeingültiger Orientierungsmaßstab der Anrechnung anderweitigen Erwerbs im Bereich nachvertraglicher Wettbewerbsverbote zu sehen. Die Hilfsnorm nach § 74c Abs. 2 HGB ist vorliegend in S. 3 ebenfalls zu übertragen werden.[1621] So wird auch der Auskunftsanspruch im Rahmen des § 615 S. 2 BGB

1619 Vgl. *Bydlinski*, Juristische Methodenlehre und Rechtsbegriffe, S. 627.

1620 Siehe MüKoHGB/*Thüsing*, § 74c Rn. 2; BeckOK BGB/*Baumgärtner*, BGB § 615 Rn. 36; BeckOGK/*Bieder*, BGB § 615 Rn. 74; Staudinger/*Richardi*/*Fischinger*, BGB § 615 Rn. 148 ff.; BeckOK ArbR/*Pleßner*, KSchG § 11 Rn. 1.

1621 Vgl. zu Hilfsnormen allgemein *Rüthers*/*Fischer*/*Birk*, Rechtstheorie, § 4 Rn. 131.

teilweise auf die analoge Anwendung des § 74c HGB gestützt, zumindest wenn es um einen tatsächlich erzielten anderweitigen Erwerb geht.[1622] Auch insgesamt dient § 74c Abs. 2 HGB als Ausfluss des Grundsatzes von Treu und Glauben der sachgerechten Anrechnung anderweitigen Erwerbs.[1623] Vorliegend bietet sich also eine direkt anwendbare gesetzliche Normierung an, die einen Auskunftsanspruch beinhaltet und allein auf die Grundsätze von Treu und Glauben verweist. Demgemäß wird sich auch der Inhalt und Umfang im Laufe der Geltungszeit des nachvertraglichen Wettbewerbsverbotes verändern. In Anlehnung an die Rechtsprechung des BAG muss sich der Dienstberechtigte zu Beginn der Karenzzeit wohl allein mit einer Plausibilitätsprüfung begnügen. Zum Ende der Karenzzeit können konkrete Nachweise gefordert werden. Insgesamt sind gleichwohl die Umstände des Einzelfalls maßgeblich.[1624]

In § 630c Abs. 1 BGB werden die verallgemeinerungsfähigen Wertungen des § 75 Abs. 1 HGB und § 90a Abs. 3 HGB in eine allgemeine gesetzliche Regelung übertragen. Die Formulierung ist vorliegend am Wortlaut des § 90a Abs. 3 HGB angelehnt, gleichwohl hinsichtlich des Dienstvertragsrechts geändert. Des Weiteren ist die tatbestandliche Voraussetzung der „schriftlichen Erklärung" durch die einfache „Erklärung" ersetzt worden. Nach der hier vertretenen Ansicht stellt das Schriftformerfordernis des § 75 Abs. 1 HGB sowie des § 90a Abs. 3 HGB eine spezifische Einzelausformung dar, die im Speziellen den Arbeitnehmer- bzw. Handelsvertreterschutz bezwecken soll und insofern nicht auf das Dienstverhältnis zu übertragen ist.

Zuletzt ist in § 630 c Abs. 2 BGB eine den verallgemeinerungsfähigen Wertungen des § 75a HGB entsprechende Verzichtsmöglichkeit des Dienstberechtigten vorgesehen. Auch bezüglich der an § 75a HGB angelehnten Formulierung wurde die Voraussetzung der „schriftlichen Erklärung" zu „Erklärung" geändert. Des Weiteren wird die Ein-Jahres-Frist des § 75a HGB als in der Regel angemessene Zahlungsfrist angesehen. Sie dient insofern als Indikator der Angemessenheit der Zahlungsfrist, von der vertraglich abgewichen werden kann. Als weiterer Indikator der angemessenen Zahlungsfrist kann sich an der im Anstellungsvertrag vereinbarten Kündigungsfrist orientiert werden. Hier sind sodann vorrangig die vertraglich vereinbarten Kündigungsfristen im Anstellungsvertrag zu beachten, dies vor allem in den Fällen des befristeten Anstellungsvertrages in Verbindung mit einer vertraglich vereinbarten Möglichkeit der ordentlichen

---

1622 Vgl. BeckOGK/*Bieder*, BGB § 615 Rn. 103; MHdB ArbR/*Tillmanns*, § 76 Rn. 70.
1623 Siehe BAG, AP HGB § 74c Nr. 13.
1624 Vgl. BAG, AP HGB § 74c Nr. 13 unter III. 2. b).

Kündigung. Sofern vertraglich keine Kündigungsfristen vorgesehen wurden, können die gesetzlichen Kündigungsfristen der §§ 621, 622 BGB beachtlich sein.[1625] Vor allem bei befristeten Anstellungsverträgen, die mit Ablauf der vertraglich vereinbarten Frist beendet werden und bei denen nachvertraglich ein Wettbewerbsverbot vereinbart ist, dient die Ein-Jahres-Frist als Mindestschutz des Geschäftsführers im Falle der Verzichtserklärung sowie einer zugesagten Karenzentschädigung.

Letztendlich merkte auch schon der historische Gesetzgeber bei der damaligen Kodifikation der §§ 74 ff. HGB an, dass es insgesamt kaum möglich sei, den Bereich nachvertraglicher Wettbewerbsverbote – dies kann auch auf das Gebiet des Dienstvertrages übertragen werden – allumfassend oder überhaupt befriedigend zu lösen.[1626] Demnach geht es bei den vorgeschlagenen Regelungen darum, die wesentlichen verallgemeinerungsfähigen Wertungen und Rechtsgedanken der §§ 74 ff. und 90a HGB sowie anderer beachtlicher Vorschriften, die allgemeingültige Aussagen über die rechtliche Behandlung nachvertraglicher Wettbewerbsverbote enthalten, in neue gesetzliche Regelungen zu übertragen. Bezweckt werden soll vor allem der gerechte und angemessene Ausgleich der gegenläufigen Interessen unter Gewährung eines jeweiligen sachgerechten und angemessenen Mindestschutzes. Folglich sollen die §§ 630a ff. BGB einen rechtlichen Rahmen sowie die notwendigen rechtlichen Vorgaben bieten, welche die sachgerechte, angemessene und billigende Vereinbarung nachvertraglicher Wettbewerbsverbote nach Beendigung des Dienstverhältnisses ermöglichen. Des Weiteren soll ein privatautonomer vertraglicher Gestaltungsspielraum zum einzelfallabhängigen Abweichen gewährt werden. In dem Sinne stellen allein die in § 630a Abs. 3 BGB vorgesehenen vorrangigen Unwirksamkeits- bzw. Unverbindlichkeitsgründe der §§ 630a Abs. 1 S. 1 und 2, 630b Abs. 1 BGB im gewissen Maße verbindliche Regelungen und *Leges speciales* gegenüber den Sittenwidrigkeitsgründen des § 138 BGB dar. So beschränkte auch *Wertheimer* die analoge Anwendung der §§ 74 ff. HGB für arbeitnehmerähnliche Organmitglieder auf ein „Drei-Säulen-Prinzip". Die Wirksamkeit des Wettbewerbsverbotes erforderte nach dem „Drei-Säulen-Prinzip", dass diese einem berechtigten Interesse der Gesellschaft entspreche, das berufliche Fortkommen nicht unbillig erschwert werde und eine Karenzentschädigung nach § 74 Abs. 2 HGB analog zugesagt

---

1625 Dazu eingehender MüKoGmbHG/*Jaeger*/*Steinbrück*, § 35 Rn. 410; MHLS/*Lenz*, GmbHG § 35 Rn. 167; Noack/Servatius/Haas/*Beurskens*, GmbHG § 38 Rn. 136, 144 f.

1626 So schon der historische Gesetzgeber, siehe Reichstagsprotokolle, 13. Legislaturperiode, 1912/14, 18, Anlage Nr. 575, S. 728.

wird. Demnach handelte es sich grundsätzlich um die analoge Anwendung der §§ 74 Abs. 2, 74a Abs. 1 HGB, was damit begründet wurde, dass neben diesen zwingenden Anforderungen weiterhin ein größerer vertraglicher Gestaltungsspielraum gewährt wird.[1627] Die Regelungen, die von *Wertheimer* im Sinne des „Drei-Säulen-Prinzips" angewendet werden sollen, stellen nach der vorliegend vertretenen Ansicht nicht allein die wesentlichen Regelungen für arbeitnehmerähnliche Organmitglieder dar, sondern enthalten verallgemeinerungsfähige Rechtsgedanken, die richtigerweise insgesamt verbindliche Vorgaben für nachvertragliche Wettbewerbsverbote enthalten. Sie stellen insofern auch die in der wertungsmäßigen Übertragung in die vorliegend vorgeschlagenen Regelungen die wesentlichen und maßgeblichen verbindlichen Vorgaben für den Bereich nachvertraglicher Wettbewerbsverbote dar. Dazu treten, wie dies schon bei der analogen Anwendung der einzelnen Regelungen der §§ 74 ff. HGB sowie der Übertragung der allgemeinen Rechtsgedanken der Fall war, die weiteren vorgeschlagenen Regelungen, die den weiteren verallgemeinerungsfähigen Rechtsgedanken der §§ 74 ff. HGB nachempfunden sind, vor allem da diese insoweit ebenfalls dem gerechten Ausgleich der berechtigten Interessen unter Berücksichtigung bestehender Konnexitäten zwischen den Regelungsgehalten und Wertungen dienen.

1627 *Wertheimer*, Nachvertragliche Wettbewerbsverbote bei Anstellungsverhältnissen, S. 140.

Vierter Teil: Zusammenfassung der wesentlichsten Ergebnisse

Im Folgenden sollen nun die wesentlichsten Ergebnisse dieser Arbeit dargestellt werden:

1. Hinsichtlich der Beurteilung der Rechtsnatur des Anstellungsverhältnisses des Geschäftsführers vertritt der BGH eine strenge Linie und stuft das Anstellungsverhältnis stringent und ausnahmslos als einen Dienstvertrag im Sinne der §§ 611, 675 BGB ein. Kommt das BAG grundsätzlich zu den selben Ergebnissen der rechtlichen Einordnung, stellt die am allgemeinen Abgrenzungsmaßstab des § 611a Abs. 1 BGB angelehnte Prüfung der Arbeitnehmereigenschaft des Geschäftsführers die vorzugswürdige sowie vorrangig anzuwendende Methode dar, die zugleich auch eine sachgerechte Berücksichtigung der organschaftlichen Besonderheiten und Umstände sowie des tatsächlich durchgeführten Vertrages unter Beachtung des § 611a Abs. 1 S. 4 und 5 BGB ermöglicht.
2. In diesem Sinne stellt die persönliche Abhängigkeit, die vor allem durch ein arbeitsrechtliches Weisungsrecht geprägt wird, nach Maßgabe des § 611a Abs. 1 BGB das maßgebliche Abgrenzungskriterium dar. Reine gesellschaftsrechtliche Weisungen im Sinne des § 37 Abs. 1 GmbHG entfalten zutreffenderweise keine arbeitsrechtliche Wirkung, obgleich im Rahmen der wertenden Gesamtbetrachtung sowie der Maßgeblichkeit der Eigenart der jeweiligen Tätigkeit gemäß § 611a Abs. 1 S. 4 und 5 BGB bei sachgerechter Anwendung des Trennungsprinzips letzten Endes zuvörderst auf die faktische Wirkung der erfolgten Weisungen abzustellen ist, sodass auch gesellschaftsrechtliche Weisungen im extremen Ausnahmefall arbeitsrechtliche Wirkung entfalten können.
3. Der zivilrechtliche Ausgangspunkt der richterlichen Vertragskontrolle stimmt grundsätzlich mit der verfassungsrechtlichen Sicht überein, sodass vor allem die freie Selbstbestimmung der Parteien im Sinne der notwendigen Funktionsvoraussetzung der Vertragsfreiheit sowie der Verträge maßgeblich ist. Geht es letztlich um das subjektiv „richtige“ Vertragsergebnis, kann dieses nur durch den Vertragsschluss in beiderseitiger Selbstbestimmung gewährleistet werden. So ist es die primäre Aufgabe des Gesetzgebers, die diesbezüglichen institutionellen Voraussetzungen dafür zu schaffen.

4. Die vom BGH vorgenommene Konkretisierung des § 138 BGB „unter Heranziehung der in den §§ 74 ff. HGB zum Ausdruck gekommenen Rechtsgrundsätze“ stellt richterliche Rechtsfortbildung dar, die sowohl im juristisch-sprachlichen Sinn als auch unter Beachtung der inhaltlichen gesetzlichen Wertungen die Grenzen der einfachen Konkretisierung der Sittenwidrigkeitsklausel des § 138 BGB überschreitet.[1628] Im Falle nachvertraglicher Wettbewerbsverbote mit Geschäftsführern wird der § 138 BGB vor allem mit Eigenwertungen des Richters inhaltlich bestimmt und ausgefüllt, womit gesetzgeberische Wertungen für diesen ansonsten gesetzlich ungeregelten Bereich vorweggenommen werden.[1629] Damit ist konsequenterweise von der Rechtsschöpfung in Form der richterlichen Rechtsfortbildung auszugehen,[1630] sodass auch dieselben methodischen Anforderungen an die Konkretisierung zu stellen sind, wie sie auch für jede andere Form der richterlichen Rechtsfortbildung gestellt werden.[1631]
5. Zur Feststellung und Herleitung der allgemeinen Rechtsprinzipien ist zuvörderst allein die Methode der induktiven Herleitung aus dem positiven Recht maßgeblich, da dieser eine dem Grundsatz der Gesetzesbindung entsprechende Rückführbarkeit auf den Gesetzgeber sowie seinen gesetzgeberischen Willen innewohnt, womit den sodann herausgearbeiteten Rechtsprinzipien auch eine gewisse abgeleitete gesetzgeberische Autorität zugesprochen werden kann.[1632]
6. Bei der Herleitung allgemeiner Rechtsprinzipien aus den Rechtssätzen des positiven Rechts geht es um das induktive Herausdestillieren der grundlegenden Wertungen des Rechtssatzes im systematischen und wertungsmäßigen

1628 Siehe ähnlich zur Rechtsprechung des BAG *Canaris*, SAE 1971, 111; *Preis*, Grundfragen der Vertragsgestaltung im Arbeitsrecht, S. 211; so auch für die BGH-Rechtsprechung gegenüber Geschäftsführern MüKoGmbHG/*Jaeger*/*Steinbrück*, § 35 Rn. 370.

1629 Vgl. *Fallmann*, Sekundäre Lücken im Recht, S. 46; siehe auch *Bitter*/*Rauhut*, JuS 2009, 289, 297.

1630 *Hedemann*, Die Flucht in die Generalklauseln, S. 58; *Larenz*, Methodenlehre der Rechtswissenschaft, S. 288 ff.; *Canaris*, Systemdenken und Systembegriff in der Jurisprudenz, S. 82; *Rüthers*/*Fischer*/*Birk*, Rechtstheorie, § 23 Rn. 835; *Fallmann*, Sekundäre Lücken im Recht, S. 43; *Bydlinski*, FS Wieacker, 1990, 189, 199; eingehender dazu später.

1631 *Bydlinski*, FS Wieacker, 1990, 189, 213 f., 215; so auch *Fallmann*, Sekundäre Lücken im Recht, S. 46.

1632 Rüthers/Fischer/Birk, Rechtstheorie, § 4 Rn. 144a; *Höpfner*, Die systemkonforme Auslegung, S. 94 f.

Gesamtzusammenhang der Rechtsordnung sowie des spezifischen Rechtsgebietes mit dem Ziel der Herstellung einer rechtlichen Wertungseinheit. Damit müssen sowohl bei der Bestimmung der allgemeinen Rechtsgedanken eines Rechtssatzes als auch bei der analogiebegründenden Feststellung der wesentlichen *ratio legis* die in den gesetzlichen Regelungen und Rechtssätzen enthaltenen wesentlichen und verallgemeinerungsfähigen Wertungen herausgearbeitet werden.[1633] Von wesentlicher Bedeutung ist sodann auch die Beachtung der teleologischen Mehrdimensionalität des Rechtssatzes hinsichtlich der wertungsmäßig wesentlichen Zweckbestimmungen der Rechtssätze, die durch Auslegung ermittelt werden. Im Vordergrund soll dabei die Zweckbestimmung der Norm im zeitlichen Wandel der Verhältnisse und im Lichte der gewandelten Normsituation im Sinne des objektivierten Willens des Gesetzgebers stehen.[1634]

7. Hinsichtlich nachvertraglicher Wettbewerbsverbote mit Geschäftsführern liegt eine planwidrige Regelungslücke im Sinne einer möglichen nachträglichen (offenen) Lücke vor, obgleich die letztendliche Feststellung der Lückenhaftigkeit erst nach der Darstellung und Diskussion der weiteren Voraussetzungen der Analogie erfolgen.
8. Könnte die Planwidrigkeit der gesetzlichen Lücke aufgrund der generellen Anwendbarkeit der Generalklauseln vertretbarerweise abgelehnt werden, stellt die vorliegende Befugnis und Notwendigkeit der inhaltlichen Neubestimmung und Eigenwertung des Richters im Kontext nachvertraglicher Wettbewerbsverbote mit Geschäftsführern, bei der auf die gleichen methodischen Mittel und Instrumente zurückgegriffen wird, die auch bei der Analogie zum Einsatz kommen, richterliche Rechtsfortbildung dar. Damit müssen auch die gleichen methodischen Anforderungen an die Anwendung und Konkretisierung der Generalklausel gestellt werden.[1635]

1633 *Larenz*, Methodenlehre der Rechtswissenschaft, S. 382; *Bydlinski*, Juristische Methodenlehre, S. 475 ff.; *Möllers*, Juristische Methodenlehre, § 6 Rn. 14, ähnlich auch Staudinger/*Honsell*, Einl. BGB vor § 1 Rn. 143 bezüglich der Vornahme der logisch-systematischen Auslegung im wertenden Gesamtzusammenhang der Rechtssätze.

1634 Staudinger/*Honsell*, Einl. BGB vor § 1 Rn. 137; *Larenz*, Methodenlehre der Rechtswissenschaft, S. 318; *Möllers*, Juristische Methodenlehre, § 6 Rn. 79; das BVerfG geht grundsätzlich von einer „objektiven" Auslegungsmethodik aus, siehe dazu BVerfGE 11, 126, 130; BGHZ, 85, 64, 67 f.; BGH, NJW 2012, 376, 377; a.A. *Rüthers*, JZ 2006, 53, 60, der die vermittelnde Ansicht bzw. die „objektive" Auslegung aus verfassungsrechtlicher Sicht ablehnt.

1635 *Bydlinski*, FS Wieacker, 1990, 189, 213, 215 f.; *Fallmann*, Sekundäre Lücken im Recht, S. 46.

9. Selbst bei einer vertretbaren Anwendung des § 138 BGB ist weiterhin von einer wertegebundenen planwidrigen gesetzlichen Lücke auszugehen. Gemessen an den der gesamten Rechtsordnung innewohnenden Wertvorstellungen[1636] und der immanenten Teleologie des Gesetzes sowie den allgemeinen Rechtssätzen und Rechtsprinzipien gemessen,[1637] macht die Abkehr von einigen verbindlichen Grundprinzipien der Anwendung und Konkretisierung des § 138 BGB eine juristische Neubewertung der Behandlung nachvertraglicher Wettbewerbsverbote mit Geschäftsführern erforderlich.
10. Die analoge Anwendung des Gesamtregelungskomplexes der §§ 74 ff. HGB infolge der Vergleichbarkeit der Interessenlagen kommt unter Beachtung der Vorgaben der analogen Anwendung arbeitsrechtlicher Schutzvorschriften dann in Betracht, „soweit dies das Anstellungsverhältnis erfordert und seine Organstellung dies nicht verbietet“[1638]. Vorliegend haben sich somit die wirtschaftliche Abhängigkeit und eine daraus resultierende soziale Schutzbedürftigkeit im Sinne arbeitnehmerähnlicher Personen als die wesentlichen analogiebegründenden Vergleichbarkeitskriterien herausgearbeitet, die gleichwohl unter Beachtung der wesentlichen Schutz- und Zweckbestimmungen der §§ 74 ff. HGB zu bestimmen sind.
11. Unter Beachtung der Rechtsprechung des BGH und BAG sowie der vorgenommenen Auslegung der wesentlichen Zweck- und Schutzbestimmungen des als primär arbeitnehmerschützend einzustufenden Gesamtregelungskomplexes der §§ 74 ff. HGB enthalten diese neben einer Vielzahl beachtlicher Konnexitäten zwischen den einzelnen Regelungen sowie den allgemeinen Zweckbestimmungen des gerechten Ausgleichs der sich gegenüberstehenden Interessen keine besonderen Vorgaben hinsichtlich der Kriterien der wirtschaftlichen Abhängigkeit sowie sozialen Schutzbedürftigkeit. Hinsichtlich der Vergleichbarkeit der sozialen Typik der Beschäftigungen ist als einzige Vorgabe zu beachten, dass der Geschäftsführer infolge der vormaligen Tätigkeit vergleichbar einem Arbeitnehmer potenziell schädigende Kenntnisse und Erfahrungen erlangen konnte, die sodann ein berechtigtes Schutzinteresse und -bedürfnis der Gesellschaft begründen. In Anbetracht der durch § 75d HGB normierten Absicherung des Mindestschutzes zugunsten der Arbeitnehmer ist die analoge Anwendung

1636 So *Rüthers/Fischer/Birk*, Rechtstheorie, § 23 Rn. 871.
1637 *Larenz*, Methodenlehre der Rechtswissenschaft, S. 374 f.
1638 Vgl. BGHZ 49, 30, 32.

der gesamten §§ 74 ff. HGB bei Bejahung der Arbeitnehmerähnlichkeit des Geschäftsführers geboten.

12. Bei notwendiger generalisierender und typisierender Betrachtung werden vor allem der Fremdgeschäftsführer sowie der Minderheitsgesellschafter-Geschäftsführer ohne Sperrminorität wirtschaftlich abhängig sein. Auch wenn die §§ 74 ff. HGB ansonsten keine Vorgaben hinsichtlich der Einbeziehung einer etwaigen Gesellschafterstellung zur Beurteilung der wirtschaftlichen Abhängigkeit beinhalten, wird die unternehmerische Einflussnahme des beherrschenden Gesellschafter-Geschäftsführers oder Minderheitsgesellschafter-Geschäftsführers mit Sperrminorität zumeist der wirtschaftlichen Abhängigkeit entgegenstehen, obgleich sie je nach Lage des Einzelfalls ebenfalls denkbar ist.
13. Bei Zugrundelegung eines durchaus weiten Verständnisses der Berücksichtigung der Besonderheit der Organstellung ist die Frage der vorrangigen Wahrung der Funktionsfähigkeit der Gesellschaft sowie seiner Organe ebenfalls unter Beachtung der wesentlichen *ratio legis* der anzuwendenden Regelung zu betrachten. So begründen die angeführten organschaftlichen Umstände nicht die Ablehnung der analogen Anwendung der §§ 74 ff. HGB zugunsten der wirtschaftlich abhängigen und sozial schutzbedürftigen Geschäftsführer. Beachtet man vielmehr die organschaftlichen Interessen sowie die originären Schutzzwecke nachvertraglicher Wettbewerbsverbote, könnte die analoge Anwendung der §§ 74 ff. HGB bei arbeitnehmerähnlichen Geschäftsführern vielmehr der effektiven Durchsetzung nachvertraglicher Wettbewerbsverbote zugunsten der Gesellschaftsinteressen dienlich sein. Damit ist die analoge Anwendung der §§ 74 ff. HGB als arbeitnehmerschützender Gesamtregelungskomplex zugunsten arbeitnehmerähnlicher Geschäftsführer unter Beachtung der vom BGH eigens aufgestellten Voraussetzungen der analogen Anwendbarkeit arbeitsrechtlicher Schutzvorschriften zu bejahen.
14. Die Ausfüllung des Maßstabes der guten Sitten des § 138 BGB unter Heranziehung der zweistufigen Prüfung des Rechtsgedankens des § 74a Abs. 1 S. 1 und 2 HGB stellt eine sachgerechte Modifikation und Herabsetzung der Interventionsschwelle der Sittenwidrigkeitsprüfung des § 138 BGB dar, der zugleich die zivilrechtliche Feststellung des Vorliegens einer eingriffsbegründenden gestörten Vertragsparität ermöglicht. Folgt dem Verdikt der Sittenwidrigkeit seiner ursprünglichen Konzeption entsprechend richtigerweise die Rechtsfolge der Gesamtnichtigkeit, ist vorliegend eine der Herabsetzung des Maßstabes der guten Sitten entsprechende Gewährung der Möglichkeit der geltungserhaltenden Reduktion im Wege

der teleologischen Reduktion des dem § 138 BGB immanenten Normzweckvorbehaltes nach Maßgabe des § 74a Abs. 1 S. 1 und 2 HGB geboten.

15. Ist der Beurteilungszeitpunkt der Vornahme des Rechtsgeschäftes als Grundprinzip der Sittenwidrigkeitsprüfung anzusehen, kann die Verlagerung dieses auf den Ausscheidungszeitpunkt im Sinne des § 74a Abs. 1 S. 1 und 2 HGB nur bei gleichzeitiger Übertragung der Rechtsfolge der geltungserhaltend Reduktion ermöglicht werden. Eine isolierte Verlagerung des Beurteilungszeitpunktes ist nach der hier vertretenen Ansicht nicht möglich.
16. Demgemäß können die in § 74a Abs. 1 S. 1 und 2 HGB zum Ausdruck kommenden allgemeinen Rechtsgedanken dahingehend formuliert werden, dass das Wettbewerbsverbot *insoweit unverbindlich ist, als es nicht* dem Schutze eines berechtigten Interesses des Gesellschaftsunternehmens (*Begünstigten*) dient und nach Ort, Zeit und Gegenstand *sowie unter Berücksichtigung der/einer gewährten Entschädigung* die Berufsausübung und wirtschaftliche Betätigung des Geschäftsführers (*Betroffenen*) nicht unbillig erschwert.[1639]
17. Ausgehend von den einfachgesetzlichen Ausprägungen des Grundsatzes der bezahlten Karenz sowie unter Beachtung der verfassungsrechtlichen Bedeutung als Mittel des schonendsten Ausgleichs zwischen der Berufsfreiheit und der beiderseitig tangierten Vertragsfreiheit enthält vor allem der sachnahe § 74 Abs. 2 HGB einen allgemeinen Rechtsgedanken hinsichtlich der Notwendigkeit einer Karenzentschädigungszusage infolge der Vereinbarung schwerwiegender Eingriffe in das berufliche Fortkommen. Darüber hinaus ist auch die Sachgerechtigkeit der Differenzierung zwischen den Klauseltypen der bloßen Kundenschutz- und Tätigkeitsverbotsklauseln zu bejahen, dass die Notwendigkeit der Zusage einer Karenzentschädigung richtigerweise zuvörderst an der typisierend bestimmbaren erheblichen Eingriffsintensität anknüpft.
18. Auch gegenüber Geschäftsführern folgt dem typisierenden schwerwiegenden Eingriff von Tätigkeitsverboten die verbindliche Notwendigkeit der finanziellen Kompensation, dementsprechend auch die 50%-Grenze der

---

1639 Hervorgehoben sind die im Vergleich zum BGH abweichenden bzw. nach den vorliegend gefundenen Ergebnissen ergänzten Formulierungen, vgl. BGHZ 91, 1, 4 f. Hingewiesen werden soll auch auf die in Klammern eingefügten Begriffe „Begünstigten" und „Betroffenen". IdS. schon *Canaris*, FS Steindorff, 1990, 519, 542 f.; *ders.*, AcP 184 (1984), 201, 241 f.; *ders.*, JuS 1989, 161, 164 f., der § 74a Abs. 1 S. 1 und 2 HGB als „die adäquate Norm zur Umsetzung von Art. 12 GG ins Privatrecht" ansieht, sofern es eben um die Frage der unangemessenen Beschränkung der beruflichen Freiheit gehe.

Mindesthöhe der Karenzentschädigung zu übertragen ist. Folglich stellt die 50%-Grenze des § 74 Abs. 2 HGB ein allgemeingültiges Mindestmaß zur Wahrung und Verwirklichung der Planungssicherheit sowie Dispositionsfreiheit des Geschäftsführers für die Zeit nach dem Ausscheiden aus der Gesellschaft dar und bezweckt zum einen eine gewisse wünschenswerte Vorhersehbarkeit der Wirksamkeit der Abrede und dient gleichfalls dem Bestreben der richterlichen Rechtsfortbildung nach der größtmöglichen Gesetzesbindung.[1640] Hinsichtlich der Rechtsfolge ist nicht nur die verbindliche Wirksamkeitsvoraussetzung des § 74 Abs. 2 HGB beim Fehlen einer Karenzentschädigungszusage im Falle des entschädigungsbedürftigen Wettbewerbsverbotes, sondern auch die Wahlmöglichkeit des Geschäftsführers im Falle der zu niedrig bemessenen Karenzentschädigung zu übertragen.

19. Demnach können die induktiv hergeleiteten verallgemeinerungsfähigen Rechtsgedanken des § 74 Abs. 2 HGB vorliegend so formuliert werden, dass die schwerwiegenden Eingriffe in die berufliche Freiheit des Betroffenen infolge der vertraglichen Wettbewerbsabrede nur dann verbindlich sind, wenn der Begünstigende sich für die Dauer des Verbotes verpflichtet, eine angemessene Entschädigung zu zahlen. In Anbetracht der vorliegenden Problematik kann diese verallgemeinerungsfähige Wertung dahingehend konkretisiert werden, dass das Wettbewerbsverbot in Form des Tätigkeitsverbotes nur dann verbindlich ist, wenn sich die Gesellschaft verpflichtet, für die Dauer des Verbotes eine Entschädigung zu zahlen, die für jedes Jahr des Verbotes mindestens die Hälfte der vom Geschäftsführer zuletzt bezogenen vertragsmäßigen Gesamtvergütung erreicht.[1641]
20. Weitere wesentliche verallgemeinerungsfähige Wertungen und Rechtsgedanken sind in den §§ 74a Abs. 3, 74c, 75 Abs. 1, 75a HGB enthalten. So wohnt dem § 74a Abs. 3 HGB ein verallgemeinerungsfähiger Rechtsgedanke dahingehend inne, dass die Unwirksamkeits- bzw. Unverbindlichkeitsgründe der ebenfalls zu übertragenden §§ 74 Abs. 2, 74a Abs. 1 HGB *Leges speciales* sind und damit Vorrang gegenüber dem Nichtigkeitsurteil der Sittenwidrigkeitsprüfung des § 138 BGB genießen. Der § 74c HGB enthält einen verallgemeinerungsfähigen Rechtsgedanken und ist als spezialgesetzliche Ausprägung des allgemeinen Bereicherungsverbotes und der Billigkeit zu begreifen. Der allgemeine Rechtsgedanke des § 74c HGB

1640 Ebenso *Weidelener*, Der richterliche Vertragsschutz, S. 279 f.

1641 Die Formulierung ist an den Wortlaut des § 74 Abs. 2 HGB angelehnt und sprachlich, wie vorangegangen bereits dargelegt, angepasst worden.

kann dahingehend formuliert werden, dass sich der Entschädigungsempfänger auf die fällige Entschädigung das anrechnen lassen muss, was er während des Zeitraums, für den die Entschädigung gezahlt wird, durch anderweitige Verwertung seiner Arbeitskraft erwirbt oder zu erwerben böswillig unterlässt.[1642] Auch die in § 74c HGB enthaltene Anrechnungsgrenze kann als sachgerechte Grenze übertragen werden, von der gleichwohl vertraglich abgewichen werden kann. Daneben enthalten auch die §§ 75 Abs. 1, 75a HGB übertragbare verallgemeinerungsfähige Rechtsgedanken. So ermöglicht es § 75a HGB der Gesellschaft vor der Beendigung des Dienstverhältnisses[1643] durch Erklärung auf das Wettbewerbsverbot mit der Wirkung zu verzichten, dass die Gesellschaft mit dem Ablauf einer angemessenen Frist, die grundsätzlich ein Jahr beträgt, seit der Erklärung von der Verpflichtung zur Zahlung der Entschädigung frei wird.[1644] Der § 75 Abs. 1 HGB enthält wie auch der § 90a Abs. 3 HGB eine verallgemeinerungsfähige Wertung, nach der sich der Teil, der das Vertragsverhältnis aus wichtigem Grund wegen schuldhaften Verhaltens des anderen Teils kündigt, sich durch die Erklärung binnen eines Monats nach der Kündigung von der Wettbewerbsabrede lossagen kann.

21. Die anderen Regelungen der §§ 74 Abs. 1, 74b, 75c, 75d und 75f HGB sowie die Einzelausformungen der §§ 74a Abs. 1 S. 1 und 2, Abs. 3, 74 Abs. 2, 74c, 75 Abs. 1, 75a HGB sind sodann zuvörderst als speziell arbeitnehmerschützende Normen einzustufen, die demgemäß keine verallgemeinerungsfähigen Wertungen enthalten. Von Bedeutung ist zudem auch die Unanwendbarkeit des § 75d HGB.
22. In diesem Sinne stellt die hier vorgenommene sach- und systemgerechte Konkretisierung des § 138 BGB unter Heranziehung der induktiv gewonnenen allgemeinen Rechtsgedanken der §§ 74a Abs. 1 S. 1 und 2, Abs. 3, 74 Abs. 2, 74c, 75 Abs. 1, 75a HGB einen institutionellen Rahmen für die

---

1642 Diese Formulierung ist grundsätzlich vorrangig angelehnt an den Wortlaut des § 74c Abs. 1 S. 1 HGB. Gleichwohl ist die Formulierung so gewählt, dass der Grundgedanke der vergleichbaren Normen der §§ 326 Abs. 2 S. 2, 615 S. 2 BGB sowie des § 11 KSchG aufgefangen wird.

1643 So richtigerweise auch LG Frankfurt a. M., GmbHR 1994, 803; Noack/Servatius/Haas/*Beurskens*, GmbHG § 37 Rn. 122; *Kukat*, BB 2001, 951, 954; grundsätzlich auch *Kielkowski*, NZG 2015, 900, 901 f.

1644 Vorliegend wurde sich am Wortlaut des § 75a HGB angelehnt, wobei hier die Jahresfrist zunächst durch die Terminologie der „angemessenen" Frist ersetzt und die Formulierung „die mindestens ein Jahr beträgt" gewählt.

beiderseitige freie selbstbestimmte vertragliche Vereinbarung dar, die dementsprechend eine sachgerechtere sowie methodisch sauberere Lösung als die vom BGH praktizierte Konkretisierung bietet. Beachtet werden vorliegend vor allem alle wesentlichen herausgearbeiteten verallgemeinerungsfähigen Wertungen sowie bestehende verbindliche Konnexitäten der Wertungen und Regelungsgehalte.

23. Auch die analoge Anwendung einzelner Regelungen der §§ 74 ff. HGB ist zu bejahen. So bietet der § 74a Abs. 1 S. 1 und 2, Abs. 3 HGB analog in Verbindung mit dem § 138 BGB die allgemeine normative Grundlage der rechtlichen Beurteilung nachvertraglicher Wettbewerbsverbote mit Geschäftsführern. Des Weiteren steht auch der § 74 Abs. 2 HGB der analogen Anwendung offen, sodass eine Karenzentschädigung im Falle eines vereinbarten Tätigkeitsverbotes nach Maßgabe des § 74 Abs. 2 HGB verbindlich zuzusagen ist. Und auch der § 74c HGB ist analog anzuwenden, demnach es zur Anrechnung anderweitigen Erwerbs kommt. So sind auch die in § 74c HGB enthaltenen gesetzlichen Anrechnungsgrenzen zu übertragen, von denen unter Beachtung des weitgehend zu gewährenden vertraglichen Gestaltungsspielraums abgewichen werden kann. Selbiges gilt für das Verzichtsrecht des § 75a Abs. 1 HGB sowie das Lossagungsrecht des § 75 Abs. 1 HGB, die beide dem allgemeinen Ausgleich der berechtigten Interessen der beteiligten Vertragsparteien dienen. Von der Jahresfrist des § 75a Abs. 1 HGB kann ebenfalls vertraglich abgewichen werden, sodass sich die Wirksamkeit der Verzichtsrechtsklausel im Falle der versprochenen Karenzentschädigung ebenfalls an der unbilligen Erschwerung des beruflichen Fortkommens misst. Und auch das Schriftformerfordernis der beiden Vorschriften ist infolge der Beachtung der teleologischen Mehrdimensionalität nicht primär zu berücksichtigen.
24. Die teilanaloge Anwendung bietet die größtmögliche gesetzliche Anbindung sowie Rechtssicherheit zur Vereinbarung rechtssicherer Wettbewerbsverbot. Die Variante der teilanalogen Anwendung bietet ferner den möglichst schonendsten sowie gerechten und angemessenen Ausgleich der betroffenen und widerstreitenden Rechtsgüter und Grundrechtspositionen.
25. Die Vorzugswürdigkeit der Formen der richterlichen Rechtsfortbildung richtet sich nach der größtmöglichen methodischen Klarheit und Einfachheit sowie Gründe der Vorhersehbarkeit der Ergebnisse unter Beachtung der größtmöglichen Kongruenz mit dem gesetzgeberischen Plan und Werteentscheidungen.[1645] Somit stellt die analoge Anwendung der

1645 *Looschelders/Roth*, Juristische Methodik, S. 317; idS. auch *Canaris*, Die Feststellung

§§ 74 Abs. 2, 74a Abs. 1 S. 1 und 2, Abs. 3, 74c, 75 Abs. 1, 75a HGB vorliegend das vorzugswürdige Mittel der richterlichen Rechtsfortbildung und damit die „methodenehrlicher[e]“[1646] Variante dar, die zugleich am ehesten dem mutmaßlichen Willen sowie Regelungsplan des Gesetzgebers entsprechen wird.[1647]

26. Zudem dienen die herausgearbeiteten verallgemeinerungsfähigen Wertungen und Rechtsprinzipien der §§ 74 ff. HGB ihrem Wesen nach schon als Art Brücke zwischen der lex lata und lex ferenda[1648] und sind Grundlage der dargestellten Überlegungen de lege ferenda.[1649] Folglich wurde versucht die gefundenen verallgemeinerungsfähigen Wertungen in den neu vorgeschlagenen §§ 630a bis 630c BGB unter Beachtung der spezifischen Anforderungen an das Dienstvertragsrecht und der damit einhergehenden notwendigen Abstraktheit zu formulieren.

---

von Lücken im Gesetz, S. 146 Fn. 9.

1646 *Canaris*, JuS 1989, 161, 164.

1647 Vgl. *Looschelders/Roth*, Juristische Methodik, S. 317.

1648 Vgl. *Moser*, ZfRV 2012, 4, 7; *Beaucamp*, DÖV 2013, 41, 43, die sich beide mit allgemeinen Rechtsgrundsätzen im Europarecht auseinandersetzen, gleichwohl können die allgemeinen Charakteristika und Merkmale auch auf die nationalen zivilrechtlichen Rechtsgrundsätze übertragen werden.

1649 Vgl. *Looschelders/Roth*, Juristische Methodik, S. 313; siehe zu gelungenen Rechtfortbildungen auch *v. Hoyningen-Huene*, FS 600 Jahre Universität Heidelberg, 1986, 353, 357 ff.; ebenfalls mit Beispielen *Möllers*, Juristische Methodenlehre, § 9 Rn. 24 ff., § 14 Rn. 58 f.

Literaturverzeichnis

Achterberg, Norbert, Das nachvertragliche Wettbewerbsverbot in verfassungsrechtlicher Sicht, JZ 1975, S. 713-721.

Adomeit, Klaus, Die gestörte Vertragsparität - ein Trugbild, NJW 1994, S. 2467-2469.

Alexy, Robert, Theorie der juristischen Argumentation – die Theorie des rationalen Diskurses als Theorie der juristischen Begründung, Frankfurt am Main 1978 (zugl. Univ., Diss. Göttingen 1976).

Alexy, Robert, Rechtsregeln und Rechtsprinzipien, ARSP Beiheft 25(1985), S. 13–29.

Alexy, Robert, Rechtssystem und praktische Vernunft, Rechtstheorie 18 (1987), S. 405-419.

Alexy, Robert, Theorie der Grundrechte, 8. Aufl., Frankfurt am Main 2018.

Altmeppen, Holger, Gesetz betreffend die Gesellschaft mit beschränkter Haftung – Kommentar, begründet von Günter H. Roth, 10. Aufl., München 2021 (zit. *Altmeppen*, GmbHG § Rn.).

Annuß, Georg, Der Anstellungsvertrag des Fremdgeschäftsführers in Betriebsübergang und Insolvenz – Anm. zu LAG Hamm, Urt. v. 25.10.2000 - 4 Sa 363/00, ZInsO 2001, S. 344-350.

Armbrüster, Christian, Verschwiegenheitspflicht des GmbH-Geschäftsführers und Abtretung von Vergütungsansprüchen – Zugleich Anm zu BGH, Urt. v. 20.05.1996 - II ZR 190/95, GmbHR 1997, S. 56-60.

Armbrüster, Christian, Wettbewerbsverbote im Kapitalgesellschaftsrecht, ZIP 1997, S. 1269-1279.

Arnold, Stefan, Vertrag und Verteilung – Die Bedeutung der iustitia distributiva im Vertragsrecht, Tübingen 2014 (zugl. Univ., Habil.-Schr. München 2012/2013).

Axer, Peter, Eigentumsschutz für wirtschaftliche Betätigung. Zum Grundrechtsschutz von Unternehmen gegen staatliche Wirtschaftsregulierung, in: Otto Depenheuer/Markus Heintzen/Matthias Jestaedt/Peter Axer (Hrsg.), Nomos und Ethos, Hommage an Josef Isensee zum 65. Geburtstag von seinen Schülern, Berlin 2002, S. 121-148 (zit.: *Axer*, FS Isensee, 2002, 121).

Baader, Emil, Zum normlogischen Zusammenhang zwischen rechtlicher Regel und rechtlicher Ausnahme? – dargestellt am Beispiel der Rechtsnatur der kassenärztlichen Arzneimittel-Richtlinie, JZ 1990, S. 409-416.

Ballerstedt, Kurt, Über Zivilrechtsdogmatik, in: Horst Heinrich Jakobs/ Brigitte Knobbe-Keuk/ Eduard Picker/ Jan Wilhelm (Hrsg.), Festschrift für Werner Flume zum 70. Geburtstag, Köln 1978, S. 257-282.

Bartl, Harald/Bartl, Angela/Beine, Klaus/Koch, Detlef/Schlarb, Eberhard/Schmitt, Michaela C. (Hrsg.), GmbH-Recht, 8. Aufl., Heidelberg 2019 (zit.: Bartl/Bartl/Beine/Koch/Schlarb/Schmitt/*Bearbeiter*, GmbH-Recht, § Rn.).

Barz, Carl Hans (Hrsg.)/*Gadow, Wilhelm* (Begründer), Aktiengesetz – Großkommentar, Erster Band 1/2: §§ 76-147, 3. Aufl., Berlin 1973 (zit.: GroßKommAktG/*Bearbeiter*, 1973, § Anm.).

Bauer, Jobst-Hubertus, Rechtliche und taktische Probleme bei der Beendigung von Vorstandsverhältnissen, DB 1992, S. 1413-1422.

Bauer, Jobst-Hubertus, Nachvertragliche Wettbewerbsverbote mit Organmitgliedern, in: Jobst-Hubertus Bauer/Dietrich Boewer (Hrsg.), Festschrift für Peter Schwerdtner zum 65. Geburtstag, München 2003, S. 441-451.

Bauer, Jobst-Hubertus/Arnold, Christian, Kein Kündigungsschutz für "Arbeitnehmer-Geschäftsführer" - oder doch?, DB 2008, S. 350-354.

Bauer, Jobst-Hubertus/Arnold, Christian, Kann die Geltung des KSchG für GmbH-Geschäftsführer vereinbart werden?, ZIP 2010, S. 709-713.

Bauer, Jobst-Hubertus/Diller, Martin, Karenzentschädigung und bedingte Wettbewerbsverbote bei Organmitgliedern, BB 1995, S. 1135-1141.

Bauer, Jobst-Hubertus/Diller, Martin, Zulässige und unzulässige Bedingungen in Wettbewerbsverboten, DB 1997, S. 94-99.

Bauer, Jobst-Hubertus/Diller, Martin, Nachvertragliche Wettbewerbsverbote mit GmbH-Geschäftsführern, GmbHR 1999, S. 885-896.

Bauer, Jobst-Hubertus/Diller, Martin, Wettbewerbsverbote – Rechtliche und taktische Hinweise für Arbeitgeber, Arbeitnehmer, und Organmitglieder, 8. Auflage, München 2019 (zit.: *Bauer/Diller*, Wettbewerbsverbote, § Rn.).

Bauer, Jobst-Hubertus/Diller, Martin/Krets, Jerome, BGH contra BAG - Schadensersatz nach § 628 Abs. 2 BGB wegen Abberufung und/oder Nichtbestellung eines GmbH-Geschäftsführers?, DB 2003, S. 2687-2693.

Bauer, Jobst-Hubertus/Gragert, Nicola, Der GmbH-Geschäftsführer zwischen Himmel und Hölle, ZIP 1997, S. 2177-2184.

Bauer, Jobst-Hubertus/Lingemann, Stefan/Diller, Martin/Haußmann, Katrin (Hrsg.), Anwalts-Formularbuch Arbeitsrecht, 7. Aufl., Köln 2021 (zit.: Bauer/Lingemann/Diller/Haußmann/*Bearbeiter*, Kap. Rn.).

Bauer, Jobst-Hubertus/Medem, Andreas v., Rechtliche und taktische Hinweise zu Wettbewerbsverboten mit Vorständen und Geschäftsführern, GWR 2011, S. 435-438.

Baumbach, Adolf (Begründer)/*Hueck, Alfred* (Hrsg.), GmbH-Gesetz – Gesetz betreffend die Gesellschaft mit beschränkter Haftung, 18. Aufl., München 2006 (zit.: Baumbach/Hueck/*Bearbeiter*, 18. Aufl. 2006, GmbHG § Rn.).

Baumbach, Adolf (Begründer)/*Hueck, Alfred* (Hrsg.), GmbH-Gesetz – Gesetz betreffend die Gesellschaft mit beschränkter Haftung, 21. Aufl., München 2017 (zit.: Baumbach/Hueck/*Bearbeiter*, 21. Aufl. 2017, GmbHG § Rn.).

Baumbach, Adolf (Begründer)/*Hueck, Alfred*/*Hueck, Götz*, Aktiengesetz – Kommentar, 11. Aufl., München/Berlin 1961 (zit.: Baumbach/*A. Hueck*/*G. Hueck*, 1961, § Anm.).

Baums, Theodor, Der Geschäftsleitervertrag: Begründung, Inhalt u. Beendigung d. Rechtsstellung d. Vorstandsmitglieder u. Geschäftsführer in d. Kapitalges. u. Genossenschaften, Köln 1987 (zugl. Univ., Habil.-Schr. Bonn 1985/86).

Bayer, Walter/*Hommelhoff, Peter*/*Kleindiek, Detlef* (Hrsg.), GmbH-Gesetz Kommentar, begründet von Marcus Lutter, 20 Aufl., Köln 2020 (zit.: Lutter/Hommelhoff/*Bearbeiter*, GmbHG § Rn.).

Beater, Axel, Der Gesetzesbegriff von § 134 BGB – zur Anwendbarkeit der Vorschrift auf Verfassungs- und Satzungsnormen, allgemeine Rechtsgrundsätze und Gesetzesumgehungen –,| AcP 197 (1997), S. 505-528.

Beaucamp, Guy, Allgemeine Rechtsgrundsätze als methodisches Problem, DÖV 2013, S. 41-50.

Beaucamp, Guy/*Beaucamp, Jakob*, Methoden und Technik der Rechtsanwendung, 4. Aufl., Heidelberg 2019.

beck-online.GROSSKOMMENTAR BGB siehe unter *Gsell*.

beck-online.GROSSKOMMENTAR GewO siehe unter *Gsell*.

beck-online.GROSSKOMMENTAR zum Handelsrecht siehe unter *Henssler*.

Beck'scher Online-Kommentar zum Arbeitsrecht siehe unter *Rolfs*.

Beck'scher Online-Kommentar zum BGB siehe unter *Hau*.

Beck'scher Online-Kommentar zum GeschGehG siehe unter *Fuhlrott*.

Beck'scher Online-Kommentar zum GmbHG siehe unter *Ziemons*.

Beck'scher Online-Kommentar zum Grundgesetz siehe unter *Epping*.

Beck'scher Online-Kommentar zum HGB siehe unter *Häublein*.

Beck'scher Online-Kommentar zur GewO siehe unter *Pielow*.

Becker, Michael, Der unfaire Vertrag – verfassungsrechtlicher Rahmen in privatrechtlicher Ausfüllung, Tübingen 2003.

Bellstedt, Christoph, Vertragliches Wettbewerbsverbot des GmbH-Geschäftsführers nach seinem Ausscheiden, GmbHR 1976, S. 236-241.

Bengelsdorf, Peter, Der Anspruch auf Karenzentschädigung – Entstehung, Verjährung, Verfall, DB 1985, S. 1585-1593.

Bengelsdorf, Peter, Arbeitsrechtlicher Aufhebungsvertrag und gestörte Vertragsparität – Konsequenzen aus dem Beschluß des Bundesverfassungsgerichts vom 19.10.1993, BB 1995, S. 978-984.

Bergwitz, Christoph, Möglichkeiten des abberufenen GmbH-Geschäftsführers zur Befreiung vom Wettbewerbsverbot, GmbHR 2006, S. 1129-1135.

Bergwitz, Christoph, Befreiung der GmbH von der Karenzentschädigungspflicht beim nachvertraglichen Wettbewerbsverbot des abberufenen Geschäftsführers, GmbHR 2007, S. 523-529.

Bert, Stresow, Die richterliche Inhaltskontrolle von Eheverträgen, Berlin 2006 (zugl. Univ., Diss. Potsdam 2004).

Bialluch, Martin, Ausstrahlungswirkungen im Unternehmensrecht, Tübingen 2020 (zugl. Univ., Diss. Freiburg 2019).

Bitter, Georg/Rauhut, Tilman, Grundzüge zivilrechtlicher Methodik – Schlüssel zu einer gelungenen Fallbearbeitung, JuS 2009, S. 289-298.

Boemke, Burkhard, Privatautonomie im Arbeitsvertragsrecht, NZA 1993, S. 532-538.

Boemke, Burkhard, Das Dienstverhältnis des GmbH-Geschäftsführers zwischen Gesellschafts- und Arbeitsrecht, ZfA 1998, S. 209-239.

Boemke, Burkhard, Aktuelles zum GmbH-Geschäftsführer aus arbeitsrechtlicher Sicht, RdA 2018, S. 1-24.

Brachert, Sebastian, Organmitgliedschaft und Arbeitnehmerstatus – ein Beitrag zur arbeitsrechtlichen Einordnung von Geschäftsführern der Gesellschaft mit beschränkter Haftung und von Vorstandsmitgliedern der Aktiengesellschaft, Frankfurt am Main/Bern/New York/Paris 1991 (zugl.: Univ., Diss. Erlangen-Nürnberg 1990).

Braun, Johann, Deduktion und Invention – Gesetzesauslegung im Widerstreit von Gehorsamskunst, Rechtsgefühl und Wahrheitssuche, Tübingen 2016.

Brechtel, Micha/Kehrel, Elias, Das nachvertragliche Wettbewerbsverbot des GmbH-Geschäftsführers bei Insolvenz und Unternehmensstilllegung, GmbHR 2021, S. 240-247.

Brox, Hans (Begründer)/*Walker, Wolf-Dietrich*, Allgemeines Schuldrecht, 45. Aufl., München 2021 (zit.: *Brox/Walker*, Allgemeines Schuldrecht, § Rn.).

Brugger, Winfried, Konkretisierung des Rechts und Auslegung der Gesetze, AöR 119 (1994), S. 1-34.

Bruns, Alexander, Die Vertragsfreiheit und ihre Grenzen in Europa und den USA – Movement from Contract to Status?, JZ 2007, S. 385-394.

Bruns, Alexander, Zivilrichterliche Rechtsschöpfung und Gewaltenteilung, JZ 2014, S. 162-171.

Buchner, Herbert, Anmerkung zu BAG, Urteil vom 02.05.1970 - 3 AZR 134/69, AP HGB § 74 Nr. 26.

Buchner, Herbert, Wettbewerbsverbote während und nach Beendigung des Arbeitsverhältnisses, Heidelberg 1995.

Bunte, Hermann-Josef, Rückabwicklung sittenwidriger Ratenkreditverträge, NJW 1983, S. 2674-2678.

Bunte, Hermann-Josef, Zehn Jahre AGB-Gesetz - Rückblick und Ausblick, NJW 1987, S. 921-928.

Bydlinski, Franz, Privatautonomie und objektive Grundlagen des verpflichtenden Rechtsgeschäftes, Wien/New York 1967.

Bydlinski, Franz, Zu den dogmatischen Grundfragen des Kontrahierungszwanges, AcP 180 (1980), S. 1-46.

Bydlinski, Franz (Hrsg.), Das Bewegliche System im geltenden und künftigen Recht, Wien/New York 1986 (zit.: Bydlinski/Krejci/Schilcher/Steininger/*Bearbeiter*, Das Bewegliche System im geltenden und künftigen Recht, 1).

Bydlinski, Franz, Möglichkeiten und Grenzen der Präzisierung aktueller Generalklauseln, in: Okko Behrends (Hrsg.), Rechtsdogmatik und praktische Vernunft, Festschrift zum 80. Geburtstag von Franz Wieacker, Göttingen 1990, S. 189-230 (zit.: *Bydlinski*, FS Wieacker, 1990, 189).

Bydlinski, Franz, System und Prinzipien des Privatrechts, Wien/New York 1996.

Bydlinski, Franz, Die Suche nach der Mitte als Daueraufgabe der Privatrechtswissenschaft, AcP 204 (2004), S. 309-395.

Bydlinski, Franz, Juristische Methodenlehre und Rechtsbegriff, 2. Aufl. Nachdr., Wien 2011.

Campos Nave, Jose, Karenzentschädigungspflicht bei Verwendung von Kundenschutzklauseln, NJW 2003, S. 3322-3325.

Canaris, Claus-Wilhelm, Die Feststellung von Lücken im Gesetz eine methodologische Studie über Voraussetzungen und Grenzen der richterlichen Rechtsfortbildung praeter legem, Berlin 1964 (zugl. Univ., Diss. München 1965).

Canaris, Claus-Wilhelm, Systemdenken und Systembegriff der Jurisprudenz – Entwickelt am Beispiel des deutschen Privatrechts, Berlin 1969.

Canaris, Claus-Wilhelm, Vertragliche Wettbewerbsverbote mit nicht kaufmännischen Arbeitnehmern – Anmerkung zu BAG, 13.09.1969, 3 AZR 138/68, SAE 1971, S. 11-114.

Canaris, Claus-Wilhelm, Schutzgesetze – Verkehrspflichten – Schutzpflichten, in: Claus-Wilhelm Canaris (Hrsg.), Festschrift für Karl Larenz zum 80. Geburtstag am 23. April 1983, S. 27-110.

Canaris, Claus-Wilhelm, Grundrechte und Privatrecht, AcP 184 (1984), S. 201-246.

Canaris, Claus-Wilhelm, Grundrechtswirkung und Verhältnismäßigkeitsprinzip in der richterlichen Anwendung und Fortbildung des Privatrechts, JuS 1989, S. 161-172.

Canaris, Claus-Wilhelm, Gesamtunwirksamkeit und Teilgültigkeit rechtsgeschäftlicher Regelungen, in: Jürgen F. Baur/Klaus J. Hopt/K. Peter Mailänder (Hrsg.), Festschrift für Ernst Steindorff zum 70. Geburtstag am 13. März 1990, Berlin/New York 1990, S. 519-571.

Canaris, Claus-Wilhelm, Die Bedeutung der iustitia distributiva im deutschen Vertragsrecht, 2. Aufl., München 1997.

Canaris, Claus-Wilhelm, Die Vertrauenshaftung im Lichte der Rechtsprechung des Bundesgerichtshofs, in: Claus-Wilhelm Canaris (Hrsg.), 50 Jahre Bundesgerichtshof, Festgabe aus der Wissenschaft, Band I, München 2000, S. 129-197 (zit.: *Canaris*, FS 50 Jahre BGH, Bd. I, 2000, 129).

Centrale für GmbH (Hrsg.), GmbH-Handbuch, 180. Ergänzungslieferung, Stand: 03.2022, Köln 2022 (zit.: Centrale/*Bearbeiter*, GmbH-Handbuch, Rn.).

Coester-Waltjen, Dagmar, Die Inhaltskontrolle von Verträgen außerhalb des AGBG, AcP 190 (1990), S. 1-33.

Coester-Waltjen, Dagmar, Liebe —Freiheit —gute Sitten – Grenzen autonomer Gestaltung der Ehe und ihrer Folgen in der Rechtsprechung des Bundesgerichtshofs, in: Claus-Wilhelm Canaris (Hrsg.), 50 Jahre Bundesgerichtshof, Festgabe aus der Wissenschaft, Band I, München 2000, S. 985-1010 (zit.: *Coester-Waltjen*, FS 50 Jahre BGH, Bd. I, 2000, 985).

Damm, Reinhard, Kontrolle von Vertragsgerechtigkeit durch Rechtsfolgenbestimmung – Nichtigkeit und Nichtigkeitsbeschränkung bei Gesetzes- und Sittenverstoß, JZ 1986, S. 913-926.

Dauner-Lieb, Barbara, Reichweite und Grenzen der Privatautonomie im Ehevertragsrecht, AcP 201 (2001), S. 295-332. ((font size too small))

Deckert, Martina Renate, Folgenorientierung in der Rechtsanwendung, München 1995 (zugl. Univ., Diss. München 1994).

Deutsch, Erwin, Entwicklung und Entwicklungsfunktion der Deliktstatbestände – Ein Beitrag zur Abgrenzung der rechtsetzenden von der rechtsprechenden Gewalt im Zivilrecht, JZ 1963, S. 385-391.

Diller, Martin, Gesellschafter und Gesellschaftsorgane als Arbeitnehmer, Köln 1994 (zugl. Univ., Diss. Mainz 1994).

Diller, Martin, Nachvertragliche Wettbewerbsverbote und AGB-Recht, NZA 2005, S. 250-254.

Diller, Martin, Konkurrenztätigkeit des GmbH-Geschäftsführers während des Kündigungsprozesses, ZIP 2007, S. 201-208.

Diller, Martin, BGH: Anrechnung anderweitigen Erwerbs auf Karenzentschädigung bei nachvertraglichem Wettbewerbsverbot eines GmbH-Geschäftsführers – Anmerkung zu BGH, Urteil vom 28.4.2008 - II ZR 11/07, FD-ArbR 2008, 263932.

Drechsler, Stefan, Grundlagen und Grenzen der richterlichen Rechtsfortbildung, ZJS 2015, S. 344-355.

Dreier, Horst (Hrsg.), Grundgesetz-Kommentar, Band I: Artikel 1-19, 3. Aufl., Tübingen 2013 (zit.: Dreier/*Bearbeiter*, GG Art. Rn.).

Dreier, Horst (Hrsg.), Grundgesetz-Kommentar, Band II: Artikel 20-82, 3. Aufl., Tübingen 2015 (zit.: Dreier/*Bearbeiter*, GG Art. Rn.).

Dreier, Horst (Hrsg.), Grundgesetz-Kommentar, Band III: Artikel 83-146, 3. Aufl., Tübingen 2018 (zit.: Dreier/*Bearbeiter*, GG Art. Rn.).

Drescher, Ingo/Fleischer, Holger/Schmidt, Karsten (Hrsg.), Münchener Kommentar zum Handelsgesetzbuch, Band 1: Erstes Buch. Handelsstand §§ 1-104a, 5. Aufl., München 2021 (zit.: MüKoHGB/*Bearbeiter*, § Rn.).

Dück, Hermann, Methodik der Delegationslücke, ZfPW 2018, S. 76-120.

Dürig, Günter/Maunz, Theodor (Begründer)/*Herzig, Roman/Scholz, Rupert/ Herdegen, Matthias/ Klein, Hans H.* (Hrsg.), Grundgesetz – Kommentar, Band I: Art. 1-5, 96. Ergänzungslieferung, München 2021 (zit.: Dürig/Herzog/Scholz/*Bearbeiter*, GG Art. Rn.).

Dürig, Günter/Maunz, Theodor (Begründer)/*Herzig, Roman/Scholz, Rupert/ Herdegen, Matthias/ Klein, Hans H.* (Hrsg.), Grundgesetz – Kommentar, Band VI: Art. 87a-106b, 96. Ergänzungslieferung, München 2021 (zit.: Dürig/Herzog/Scholz/*Bearbeiter*, GG Art. Rn.).

Dürig, Günter/Maunz, Theodor (Begründer)/*Herzig, Roman/Scholz, Rupert/ Herdegen, Matthias/ Klein, Hans H.* (Hrsg.), Grundgesetz – Kommentar, Band II: Art. 6-16a, 96. Ergänzungslieferung, München 2021 (zit.: Dürig/Herzog/Scholz/*Bearbeiter*, GG Art. Rn.).

Dürig, Günter/Maunz, Theodor (Begründer)/*Herzig, Roman/Scholz, Rupert/ Herdegen, Matthias/ Klein, Hans H.* (Hrsg.), Grundgesetz – Kommentar, Band III: Art. 17-28, 96. Ergänzungslieferung, München 2021 (zit.: Dürig/Herzog/Scholz/*Bearbeiter*, GG Art. Rn.).

Durner, Wolfgang, Verfassungsrechtliche Grundlagen und Grenzen des Richterrechts, JA 2008, S. 7-11.

Dworkin, Ronald, Bürgerrechte ernstgenommen, übersetzt von Ursula Wolf, Frankfurt am Main 1984.

Dzida, Boris/Lang, Flavia, Nachvertragliche Wettbewerbsverbote für GmbH-Geschäftsführer, ArbRB 2019, S. 189-191.

Ebenroth, Carsten Thomas/Boujong, Karlheinz (Begründer)/*Joost, Detlev/Strohn, Lutz* (Hrsg.), Handelsgesetzbuch, Band 1: §§ 1-342e, 3. Aufl., München 2014 (zit.: EBJS/*Bearbeiter*, 3. Aufl. 2014, HGB §§ Rn.).

Ebenroth, Carsten Thomas/Boujong, Karlheinz (Begründer)/*Joost, Detlev/Strohn, Lutz* (Hrsg.), Handelsgesetzbuch, Band 1: §§ 1-342e, 4. Aufl., München 2020 (zit.: EBJS/*Bearbeiter*, HGB § Rn.).

Ebenroth, Carsten Thomas/Lange, Knut Werner, Sorgfaltspflichten und Haftung des Geschäftsführers einer GmbH nach § 43 GmbHG, GmbHR 1992, S. 69-76.

Eckert, Jörn, Sittenwidrigkeit und Wertungswandel, AcP 199 (1999), S. 337-359.

Eckert, Niklas/Köpple, Benjamin, Schicksal nachvertraglicher Wettbewerbsverbote von GmbH-Geschäftsführern nach Abberufung, NZA 2020, S. 1453-1457.

Eichenhofer, Eberhard, Sozialrecht und soziale Gerechtigkeit, JZ 2005, S. 209-216.

Einem, Hans-Jörg v., „Abhängige Selbständigkeit" – Handlungsbedarf für den Gesetzgeber?, BB 1994, S. 60-64.

Emde, Raimond, BB-Rechtsprechungs- und Literaturübersicht zum Vertriebsrecht des Jahres 2011 – Teil 2, BB 2012, S. 3087-3095.

Engisch, Karl (Begründer)/*Würtenberger, Thomas/Otto, Dirk* (Hrsg.), Einführung in das juristische Denken, 12. Aufl., Stuttgart 2018 (zit.: *Engisch*, Einführung in das juristische Denken, S.).

Engisch, Karl, Die Einheit der Rechtsordnung, Heidelberg 1935, Nachdruck Darmstadt 1984.

Engisch, Karl, Sinn und Tragweite juristischer Systematik, Studium Generale 10 (1957), S. 173-190.

Enneccerus, Ludwig (Hrsg.), Lehrbuch des bürgerlichen Rechts, Band 1: Allgemeiner Teil des Bürgerlichen Rechts – Entstehung, Untergang und Veränderung der Rechte, Ansprüche und Einreden, Ausübung und Sicherung der Rechte, 15. Aufl., Tübingen 1960 (zit.: Enneccerus/*Bearbeiter*, Allg. Teil des Bürgerlichen Recht, 15. Aufl. 1960, § , S.).

Epping, Volker/Hillgruber, Christian (Hrsg.), Beck'scher Online-Kommentar zum Grundgesetz, 51. Edition, Stand: 15.5.2022, München 2022 (zit.: BeckOK GG/*Bearbeiter*, Art. Rn.).

Erbs, Georg/Kohlhaas, Max (Begründer)/*Häberle, Peter* (Hrsg.), Strafrechtliche Nebengesetze, Band 1, 239. Ergänzungslieferung, München 2021 (zit.: Erbs/Kohlhaas/*Bearbeiterl*, § Rn.).

Erfurter Kommentare zum Arbeitsrecht siehe unter *Müller-Glöge*.

Erman – Bürgerliches Gesetzbuch – Handkommentar mit AGG, EGBGB (Auszug), ErbbauRG, LPartG, ProdHaftG, VBVG, VersAusglG und WEG siehe unter *Westermann*.

Esser, Josef, Grundsatz und Norm in der richterlichen Fortbildung des Privatrechts – Rechtsvergleichende Beiträge zur Rechtsquellen- und Interpretationslehre, 2. Aufl., Tübingen 1956

Fabritius, Burkhard/Markgraf, R.-Alexander, Sozialversicherungspflicht von GmbH-Geschäftsführern – Ein Überblick nach Fallgruppen in Ansehung der neuen Rechtsprechung des BSG, NZS 2016, S. 808-814.

Fallmann, Manuel, Sekundäre Lücken im Recht – Richterliche Rechtsanpassungen angesichts des Umstands- und Wertewandels, Berlin 2021 (zugl. Univ., Diss. Konstanz 2020).

Fastrich, Lorenz, Richterliche Inhaltskontrolle im Privatrecht, München 1992 (zugl. Univ., Habil.-Schr. München 1988/1989).

Fischer, Christian, Topoi verdeckter Rechtsfortbildungen im Zivilrecht, Tübingen 2007 (zugl. Univ., Habil.-Schr. Bayreuth 2006).

Fischinger, Philipp, Vom richtigen Zeitpunkt: Sittenwidrigkeitskontrolle arbeitsvertraglicher Lohnabreden, JZ 2012, S. 546-553.

Fleck, Hans-Joachim, Das Organmitglied – Unternehmer oder Arbeitnehmer?, in: Thomas Dieterich (Hrsg.), Festschrift für Marie Luise Hilger und Hermann Stumpf, München 1983, S. 197-226.

Fleck, Hans-Joachim, Das Dienstverhältnis der Vorstandsmitglieder und Geschäftsführer in der Rechtsprechung des BGH – Fortsetzung zu WM 1981 Sonderbeilage 3, WM 1985, S. 677-684.

Fleischer, Holger, Zur Leitungsaufgabe des Vorstands im Aktienrecht, ZIP 2003, S. 1-11.

Fleischer, Holger, Zur organschaftlichen Treuepflicht der Geschäftsleiter im Aktien- und GmbH-Recht, WM 2003, S. 1045-1058.

Fleischer, Holger, Ungeschriebene Hauptversammlungszuständigkeiten im Aktienrecht – Von Holzmüller zu Gelatine, NJW 2004, S. 2335-2339.

Fleischer, Holger, Zur Privatsphäre von GmbH-Geschäftsführern und Vorstandsmitgliedern: Organpflichten, organschaftliche Zurechnung und private Umstände, NJW 2006, S. 3239-3244.

Fleischer, Holger, Zur ergänzenden Anwendung von Aktienrecht auf die GmbH, GmbHR 2008, S. 673-682.

Fleischer, Holger, Das unternehmerische Ermessen des GmbH-Geschäftsführers und seine GmbH-spezifischen Grenzen, NZG 2011, S. 521-527.

Fleischer, Holger (Hrsg.), Handbuch des Vorstandsrecht, München 2021 (zit.: Fleischer/*Bearbeiter*, Vorstandsrecht, § Rn.).

Fleischer, Holger/Goette, Wulf (Hrsg.), Münchener Kommentar zum GmbHG, Band 1: §§ 1-34, 4. Aufl., München 2022 (zit.: MüKoGmbHG/*Bearbeiter*, § Rn.).

Fleischer, Holger/Goette, Wulf (Hrsg.), Münchener Kommentar zum GmbHG, Band 2: §§ 35-52, 3. Aufl., München 2019 (zit.: MüKoGmbHG/*Bearbeiter*, § Rn.).

Floren, Dieter, Grundrechtsdogmatik im Vertragsrecht – spezifische Mechanismen des Grundrechtsschutzes gegenüber der gerichtlichen Anwendung von Zivilvertragsrecht, Berlin 1999 (zugl. Univ., Diss. Bielefeld 1998).

Flume, Werner, Rechtsgeschäfte und Privatautonomie, in: Ernst v. Caemmerer (Hrsg.), Hundert Jahre deutsches Rechtsleben Festschrift zum hundertjährigen Bestehen des Deutschen Juristentages 1860-1960, Band 1, Karlsruhe 1960, S. 135-238 (zit. *Flume*, FS 100 DJT, Bd. 1, 1960, 135).

Flume, Werner, Allgemeiner Teil des Bürgerlichen Rechts, Band II: Das Rechtsgeschäft, 4. Aufl., Berlin/Heidelberg/New York 1992 (zit.: *Flume*, BGB AT II, § S.).

Freckmann, Anke, Der GmbH-Geschäftsführer im Arbeits- und Sozialversicherungsrecht – Ein Überblick unter Berücksichtigung der neuesten Rechtsprechung, DStR 2008, S. 52-60.

Froesch, Daniel, Managerhaftung - Risikominimierung durch Delegation?, DB 2009, S. 722-726.

Fuchs-Wissemann, Hans, Die Risiken der Bürgschaft und ihre rechtlichen Folgen, WiB 1994, S. 426-429.

Fuhlrott, Michael/Hiéramente, Mayeul (Hrsg.), Beck'scher Online-Kommentar zum GeschGehG, 11. Edition, Stand: 15.3.2022, München 2022 (zit.: BeckOK GeschGehG/*Bearbeiter*, § Rn.).

Gadow, Wilhelm/Heinichen, E./Schmidt, Eberhard/Schmidt, W./Weipert, O. (Begründer), Aktiengesetz – Großkommentar, Erster Band: §§ 1-144, 2. Aufl., Berlin 1961 (zit.: GroßKommAktG, 1961, § Anm.).

Gamillscheg, Franz, Gedanken zur Neuregelung der Wettbewerbsvereinbarungen, RdA 1975, S. 13-23.

Gaul, Björn, Neues zum nachvertraglichen Wettbewerbsverbot, DB 1995, S. 874-878.

Gaul, Dieter, Die Wettbewerbsbeschränkung des Geschäftsführers der GmbH innerhalb und im Anschluß an den stillschweigend verlängerten Vertrag, GmbHR 1991, S. 144-152.

Gehle, Burkhard, Nachvertragliches Wettbewerbsverbot: Geltungserhaltende Reduktion kraft vertraglicher Vereinbarung?, DB 2010, S. 1981-1983.

Gerigk, Martin David, Nachvertragliche Wettbewerbsverbote mit geschäftsführenden Organmitgliedern und Gesellschaftern, Frankfurt am Main u.a. 2014 (zugl. Univ., Diss. Osnabrück 2014).

Germelmann, Claas-Hinrich, Grenzen der einvernehmlichen Beendigung von Arbeitsverhältnissen, NZA 1997, S. 236-245.

Gernhuber, Joachim, Das Schuldverhältnis – Begründung und Änderung, Pflichten und Strukturen, Drittwirkungen, Tübingen 1989.

Gieseke, Horst, Interessenkonflikte der GmbH-Geschäftsführer bei Pflichtenkollisionen, GmbHR 1996, S. 486-492.

Gissel, Ralf, Arbeitnehmerschutz für den GmbH-Geschäftsführer, Köln/Berlin/Bonn/München 1987 (zugl. Univ., Diss. Giessen 1986).

Gitter, Wolfgang, Zur Einstufung eines Gesellschafters einer Personengesellschaft (Scheingesellschafter) als Arbeitnehmer und zur Zulässigkeit der Reduktion eines zu weit gehenden gesellschaftsvertraglichen Wettbewerbsverbots – Anm. zu OLG Köln, Urteil vom 5.10.2000 - 12 U 62/00, NZG 2001, S. 168-169.

Goette, Wulf, Freiberuflersozietät: Sittenwidrigkeit eines nachvertraglichen Wettbewerbsverbots – Anmerkung zu BGH, Urteil vom 14.7.1997 - II ZR 238/96, DStR 1997, S. 1413-1416.

Goette, Wulf, Das Organverhältnis des GmbH-Geschäftsführers in der Rechtsprechung des Bundesgerichtshofs, DStR 1998, S. 938-943

Goette, Wulf, Das Anstellungsverhältnis des GmbH-Geschäftsführers in der Rechtsprechung des Bundesgerichtshofs, DStR 1998, S. 1137-1143.

Goette, Wulf, Der Geschäftsführerdienstvertrag zwischen Gesellschafts- und Arbeitsrecht in der Rechtsprechung des Bundesgerichtshofs, in: Rolf Wank (Hrsg.), Festschrift für Herbert Wiedemann zum 70. Geburtstag, München 2002, S. 873-888.

Goette, Wulf, Die GmbH – Darstellung anhand der Rechtsprechung des BGH, 2. Aufl., München 2002.

Goette, Wulf/Habersack, Mathias/Kalss, Susanne (Hrsg.), Münchener Kommentar zum Aktiengesetz, Band 2: §§ 76-117 – MitbestG - DrittelbG, 5. Aufl., München 2019 (zit.: MüKoAktG/*Bearbeiter*, § Rn.).

Gravenhorst, Anna Caroline, Rechtliche Grenzen für die Vereinbarung von nachvertraglichen Wettbewerbsverboten mit GmbH-Geschäftsführern: insbesondere zur Anwendbarkeit der §§ 74 ff. HGB, Frankfurt am Main u.a. 1999 (zugl. Univ., Diss. Bielefeld 1999).

Gravenhorst, Wulf, Wettbewerbsverbot für GmbH-Geschäftsführer, DB 2019, S. 1572-1574.

Groeschke, Peer, Die Haftung einkommensschwacher und vermögensloser Bürgen – Schein oder Sein einer Kreditsicherheit?, BB 1994, S. 725-728.

Groß, Volker, Das Anstellungsverhältnis des GmbH-Geschäftsführers im Zivil-, Arbeits-, Sozialversicherungs- und Steuerrecht – Statusbeurteilung im Spannungsfeld von Sozialschutznormen u. Gesellschaftsrecht, Köln 1987 (zugl. Univ., Diss. Bielefeld 1985/86).

Grün, Beate, Die Generalklauseln als Schutzinstrumente der Privatautonomie am Beispiel der Kreditmithaftung von vermögenslosen nahen Angehörigen – Zugleich eine Besprechung von BVerfG WM 1993, 2199 sowie BGH WM 1994, 676 und 680 –, WM 1994, S. 713-724.

Grunewald, Barbara, Gesellschaftsrecht, 11. Aufl., Tübingen 2020 (zit.: *Grunewald*, Gesellschaftsrecht, S.).

Gsell, Beate/Krüger, Wolfgang/Lorenz, Stephan/Reymann, Christoph (Hrsg.), beck-online.GROSSKOMMENTAR GewO, Stand: 1.1.2022, München 2022 (zit.: BeckOGK/*Bearbeiter*, GewO § Rn.).

Gsell, Beate/Krüger, Wolfgang/Lorenz, Stephan/Reymann, Christoph (Hrsg.), beck-online.GROSSKOMMENTAR BGB, Stand: 1.5.2022, München 2022 (zit.: BeckOGK/*Bearbeiter*, BGB § Rn.).

Gutzeit, Martin, Verfassungsfragen einer gesetzlichen Beendigung von Arbeitsverhältnissen bei der Schließung von (Betriebs-)Krankenkassen (Teil 2), NZS 2012, S. 410-417.

Habersack, Mathias, Richtigkeitsgewähr notariell beurkundeter Verträge, AcP 189 (1989), S. 403-424.

Habersack, Mathias/Casper, Mathias/Löbbe, Marc (Hrsg.), Gesetz betreffend die Gesellschaften mit beschränkter Haftung (GmbHG) – Großkommentar, Band 2: §§ 29-52, 3. Aufl., Tübingen 2020 (zit.: HCL/*Bearbeiter*, GmbHG § Rn.).

Haberstumpf, Helmut, Die Formel vom Anstandsgefühl aller billig und gerecht Denkenden in der Rechtsprechung des Bundesgerichtshofs – eine Untersuchung über juristische Argumentationsweisen, Berlin 1976 (zugl. Univ., Diss. Erlangen-Nürnberg 1974).

Hachenburg, Max (Hrsg.), Gesetz betreffend die Gesellschaften mit beschränkter Haftung (GmbHG) – Großkommentar, 7. Aufl., Berlin/Boston 2020 (zit.: Hachenburg/*Bearbeiter*, GmbHG § Rn.).

Hanau, Hans, Der Grundsatz der Verhältnismäßigkeit als Schranke privater Gestaltungsmacht – Zu Herleitung und Struktur einer Angemessenheitskontrolle von Verfassungs wegen, Tübingen 2004 (zugl. Univ., Habil.-Schr. Tübingen 2002).

Hase, Karl v./Lembke, Mark, Das Selbstbeurlaubungsrecht arbeitnehmerähnlicher Personen, BB 1997, S. 1095-1101.

Hau, Wolfgang/Poseck, Roman (Hrsg.), Beck'scher Online-Kommentar zum BGB, 62. Edition, Stand 1.5.2022, München 2022 (zit.: BeckOK BGB/*Bearbeiter*, § Rn.).

Häublein, Martin//Hoffmann-Theinert (Hrsg.), Beck'scher Online-Kommentar zum HGB, 36. Edition, Stand: 15.4.2022, München 2022 (zit.: BeckOK HGB/*Bearbeiter*, § Rn.).

Heck, Philipp, Gesetzesauslegung und Interessenjurisprudenz, AcP 112 (1914), S. 1-313.

Heck, Philipp, Grundriß des Schuldrechts, Tübingen 1929 (Nachdruck 1959).

Heck, Philipp, Begriffsbildung und Interessenjurisprudenz, Tübingen 1932.

Hedemann, Justus Wilhelm, Die Flucht in die Generalklauseln – eine Gefahr für Recht und Staat, Tübingen 1933.

Heidel, Thomas/Hüßtege, Rainer/Mansel, Heinz-Peter/Noack, Ulrich (Hrsg.), NomosKommentar BGB, Band 1: Allgemeiner Teil, EGBGB, 4. Aufl., Baden-Baden 2021 (zit.: NK-BGB/*Bearbeiter*, § Rn.).

Heidel, Thomas/Schall, Alexander (Hrsg.), Handelsgesetzbuch – Handkommentar, 3. Aufl., Baden-Baden 2020 (zit.: Heidel/Schall/*Bearbeiter*, HGB § Rn.).

Heidenhain, Martin, Nachvertragliches Wettbewerbsverbot des GmbH-Geschäftsführers, NZG 2002, S. 605-606.

Heinrich, Christian, Formale Freiheit und materiale Gerechtigkeit – Die Grundlagen der Vertragsfreiheit und Vertragskontrolle am Beispiel ausgewählter Probleme des Arbeitsrechts, Tübingen 2020.

Heldrich, Andreas, Die Bedeutung der Rechtssoziologie für das Zivilrecht, AcP 186 (1986), S. 74-114.

Heller, Matthes, Nachvertragliches Wettbewerbsverbot bei Geschäftsführern, GmbHR 2000, S. 371-374.

Hensen, Horst-Diether, Schönheitsreparaturen und AGB-Gesetz - Die "nicht renoviert" vermietete Wohnung, NJW 1987, S. 361-363.

Henssler, Martin, Das Anstellungsverhältnis der Organmitglieder, RdA 1992, S. 289-302.

Henssler, Martin/Herresthal, Carsten/Paschke, Marian (Hrsg.), beck-online. GROSSKOMMENTAR zum Handelsrecht, Stand: 15.12.2021, München 2022 (zit.: BeckOGK/*Bearbeiter*, HGB § Rn.).

Henssler, Martin/Strohn, Lutz (Hrsg.), Gesellschaftsrecht, 5. Aufl., München 2021 (zit.: Henssler/Strohn/*Bearbeiter*, § Rn.).

Henssler, Martin/Willemsen, Heinz Josef/Kalb, Heinz-Jürgen (Hrsg.), Arbeitsrecht Kommentar, 10. Aufl., Köln 2022 (zit.: HWK/*Bearbeiter*, § Rn.).

Hergenröder, Curt Wolfgang, Vertragsimparität und richterliche Inhaltskontrolle – Die Folgen der Entscheidung des Bundesverfassungsgerichts vom 19.10.1993 zu Bürgschaften mittelloser Angehöriger der Kreditnehmer, DZWir 1994, S. 485-493.

Herresthal, Carsten, Die richtlinienkonforme und die verfassungskonforme Auslegung im Privatrecht, JuS 2014, S. 289-298.

Heuermann, Bernd/Brandis, Peter (Hrsg.), Ertragssteuerrecht – Kommentar zum Einkommenssteuergesetz, Körperschaftssteuergesetz, Gewerbesteuergesetz, Außensteuergesetz, Investmentsteuergesetz, Umwandlungssteuergesetz und Nebengesetze, Band 2: §§ 9-25 EstG, 161. Ergänzungslieferung, München 2022 (zit.: Brandis/Heuermann/*Bearbeiter*, EStG § Rn.).

Heyll, Jens, Die Anwendung von Arbeitsrecht auf Organmitglieder, Frankfurt am Main/Berlin/Bern/New York/Paris/Wien 1994 (Zugl. Univ., Diss. Köln 1993).

Heymann, Ernst (Begründer)/*Horn, Norbert/Balzer, Peter/Borges, Georg/Hermann, Harald* (Hrsg.), Handelsgesetzbuch, Band 1: Einleitung, §§ 1-104a, 3. Aufl., Berlin/Boston 2019 (zit.: Heymann/*Bearbeiter*, HGB § Rn.).

Hillgruber, Christian, Grundrechtsschutz im Vertragsrecht – zugleich – Anmerkung zu BVerfG NJW 1990, 1469, AcP 191 (1991), S. 69-86.

Hillgruber, Christian, Richterliche Rechtsfortbildung als Verfassungsproblem, JZ 1996, S. 118-125.

Hillgruber, Christian, Neue Methodik – Ein Beitrag zur Geschichte der richterlichen Rechtsfortbildung in Deutschland, JZ 2008, S. 745-755.

Hirte, Heribert, Zivil- und Kartellrechtliche Schranken für Wettbewerbsverbote im Zusammenhang mit Unternehmensveräußerungen, ZHR 154 (1990), S. 443-469.

Hoffmann-Becking, Michael, Nachvertragliche Wettbewerbsverbote für Vorstandsmitglieder und Geschäftsführer, in: Harm Peter Westermann/Wolfgang Rosener (Hrsg.), Festschrift für Karlheinz Quack zum 65. Geburtstag am 3. Januar 1991, Berlin/New York 1991, S. 273-286.

Hoffmann, Dietrich/Liebs, Rüdiger, Der GmbH-Geschäftsführer – Handbuch für die Praxis des Unternehmers und Managers, 3. Aufl., München 2009.

Hoffmann, Martin, Staatliche Wirtschaftsregulierung und grundrechtlicher Schutz der Unternehmensfreiheit durch Art. 12 Abs. 1 GG und Art. 2 Abs. 1 GG, BB 1995, S. 53-58.

Hohlfeld, Matthias, Der GmbH-Geschäftsführer im Spannungsverhältnis zwischen Arbeitgeberfunktion und Arbeitnehmereigenschaft, GmbHR 1987, S. 255-258.

Holthausen, Joachim, Aktuelle Bestandsaufnahme zu nachvertraglichen Wettbewerbsverboten - Zehn Dinge, die man wissen sollte!, NZA-RR 2020, S. 505-515.

Holthausen, Joachim/Steinkraus, Astrid, Die januskköpfige Rechtsstellung des GmbH-Geschäftsführers im Arbeitsrecht, NZA 2002, S. 281-288.

Hommelhoff, Peter, Unternehmensführung in der mitbestimmten GmbH, ZGR 1978, S. 119-155.

Hölters, Wolfgang/Weber, Markus (Hrsg.), Aktiengesetz – Kommentar, 4. Aufl., München 2022 (zit.: Hölters/Weber/*Bearbeiter*, AktG § Rn.).

Hönn, Günther, Wirksamkeitskontrolle als Instrument des allgemeinen Privatrechts zur Bewältigung von Ungleichgewichtslagen – Zugleich zur Problematik der Verwendung von Vertragsmustern durch Notare, JZ 1983, S. 677-688.

Hönn, Günther, Kompensation gestörter Vertragsparität – ein Beitrag zum inneren System des Vertragsrechts, München 1984.

Honsell, Heinrich, Die Zivilrechtliche Sanktion der Sittenwidrigkeit, JA 1986, S. 573-576.

Honsell, Heinrich, Die Mithaftung mittelloser Angehöriger, JuS 1993, S. 817-820.

Honsell, Heinrich, Bürgschaft und Mithaftung einkommens- und vermögensloser Familienmitglieder, NJW 1994, S. 565-566.

Höpfner, Clemens, Die systemkonforme Auslegung – Zur Auflösung einfachgesetzlicher, verfassungsrechtlicher und europarechtlicher Widersprüche im Recht, Tübingen 2008 (zugl. Univ., Diss. Konstanz 2007).

Hopt, Klaus J. (Hrsg.), Handelsgesetzbuch mit GmbH & Co., Handelsklauseln, Bank- und Kapitalmarktrecht, Transportrecht (ohne Seerecht), 41. Aufl., München 2022 (zit.: Hopt/*Bearbeiter*, HGB § Rn.).

Hoyningen-Huene, Gerrick Frhr. v., Die Billigkeit im Arbeitsrecht – Ein Beitrag zur rechtsdogmatischen Präzisierung der Billigkeit im Zivilrecht – Dargestellt am Beispiel des Arbeitsrechts, München 1978 (zugl. Univ., Habil.-Schr. München 1977).

Hoyningen-Huene, Gerrick Frhr. v., Rechtsfortbildung im Arbeitsrecht als Vorreiter und Vorbild?, in: hrsg. von den Hochschullehrern der Juristischen Fakultät der Universität Heidelberg, Richterliche Rechtsfortbildung,

Erscheinungsformen, Auftrag und Grenzen, Festschrift der Juristischen Fakultät zur 600-Jahr-Feier der Ruprecht-Karls-Universität Heidelberg, S. 353-378 (zit.: *v. Hoyningen-Huene*, FS 600 Jahre Universität Heidelberg, 1986, 353).

Hoyningen-Huene, Gerrick Frhr. v., Der "freie Mitarbeiter" im Sozialversicherungsrecht, BB 1987, S. 1730-1736.

Hromadka, Wolfgang, Der Begriff des leitenden Angestellten – Zur Auslegung des § 5 Abs 3, 4 BetrVG in der Fassung vom 23. Dezember 1988, BB 1990, S. 57-64.

Hromadka, Wolfgang, Arbeitnehmerbegriff und Arbeitsrecht – Zur Diskussion um die "neue Selbständigkeit", NZA 1997, S. 569-580.

Hromadka, Wolfgang, Arbeitnehmerähnliche Personen – Rechtsgeschichtliche, dogmatische und rechtspolitische Überlegungen, NZA 1997, S. 1249-1256.

Hromadka, Wolfgang, Arbeitnehmer, Arbeitnehmergruppen und Arbeitnehmerähnliche im Entwurf eines Arbeitsvertragsgesetzes, NZA 2007, S. 838-842.

Hromadka, Wolfgang, Zur Auslegung des § 611 a BGB – Eine historisch-dogmatische Analyse, NZA 2018, S. 1583-1586.

Hübner, Heinz, Allgemeiner Teil des Bürgerlichen Gesetzbuches, 2. Aufl., Berlin/New York 1996.

Hueck, Götz, Bemerkung zum Anstellungsverhältnis von Organmitgliedern juristischer Personen, in: Thomas Dieterich (Hrsg.), Festschrift für Marie Luise Hilger und Hermann Stumpf, München 1983, S. 365-380.

Hueck, Götz, Zur arbeitsrechtlichen Stellung des GmbH-Geschäftsführers, ZfA 1985, S. 25-37.

Hufen, Friedhelm, Kooperation von Behörden und Unternehmen im Lebensmittelrecht – Neue Instrumente des Verwaltungsrechts, insbesondere Akkreditierung, Zertifizierung, Betriebsbeauftragte und kooperative Qualitätssicherung, ZLR 1993, S. 233-249.

Hüffer, Uwe, 100 Bände BGHZ – Personengesellschaftsrecht, ZHR 151 (1987), S. 396-421.

Hümmerich, Klaus, Grenzfall des Arbeitsrechts – Kündigung des GmbH-Geschäftsführers, NJW 1995, S. 1177-1182.

Hümmerich, Klaus, Der Verbraucher-Geschäftsführer - Das unbekannten Wesen, NZA 2006, S. 709-713.

Hunold, Wolf, Rechtsprechung zum nachvertraglichen Wettbewerbsverbot, NZA-RR 2007, S. 617-625.

Hunold, Wolf, Aktuelle Rechtsprechung zum nachvertraglichen Wettbewerbsverbot, NZA-RR 2013, S. 174-179.

Jaeger, Georg, Die Zuständigkeit des ArbG und Geltung des Kündigungsschutzes für Geschäftsführer, NZA 1998, S. 961-967.

Jaeger, Georg, Der Anstellungsvertrag des GmbH-Geschäftsführers, 6. Aufl., München 2016.

Jäger, Axel, Das nachvertragliche Wettbewerbsverbot und die Karenzentschädigung für Organmitglieder juristischer Personen, DStR 1995, S. 724-730.

Jarass, Hans D./Pieroth, Bodo (Begründer), Grundgesetz für die Bundesrepublik Deutschland - Kommentar, 16. Aufl., München 2020 (zit.: Jarass/Pieroth/*Bearbeiter*, GG Art. Rn.).

Jauernig – Bürgerliches Gesetzbuch mit Rom-I-VO, Rom-II-VO, Rom-III-VO, EG-UnthVO/HUntProt und EuErbVO – Kommentar siehe unter *Stürner*.

Jenderek, Fabian, Die arbeitsrechtliche Stellung geschäftsführender Organmitglieder im Internationalen Privatrecht, Tübingen 2015 (zugl. Univ., Diss. Freiburg im Breisgau 2013).

Kamanabrou, Sudabeh, Das Anstellungsverhältnis des GmbH-Geschäftsführers im Licht neuerer Rechtsprechung, DB 2002, S. 146-150.

Kamanabrou, Sudabeh, Die Interpretation zivilrechtlicher Generalklauseln, AcP 202 (2002), S. 662-688.

Kamanabrou, Sudabeh, Teilverbindlichkeit überschießender nachvertraglicher Wettbewerbsverbote für GmbH-Geschäftsführer, ZGR 2002, S. 898-932.

Kamanabrou, Sudabeh, AGB-Kontrolle und gesetzlich angeordnete geltungserhaltende Reduktion, ZfA 2018, S. 92-108.

Kanzleiter, Rainer, Schranken der Zulässigkeit von Wettbewerbsverboten in Gesellschaftsverträgen, DNotZ 1989, S. 195-203.

Khanian, Frederic Mirza, Die Inhaltskontrolle von Geschäftsführerverträgen, GmbHR 2011, S. 116-121.

Kiel, Heinrich/Lunk, Stefan/Oetker, Hartmut (Hrsg.), Münchener Handbuch zum Arbeitsrecht, Band 2: Individualarbeitsrecht II, 5. Aufl., München 2021 (zit.: MHdB ArbR/*Bearbeiter*, § Rn.).

Kiel, Heinrich/Lunk, Stefan/Oetker, Hartmut (Hrsg.), Münchener Handbuch zum Arbeitsrecht, Band 1: Individualarbeitsrecht I, 5. Aufl., München 2021 (zit.: MHdB ArbR/*Bearbeiter*, § Rn.).

Kielkowski, Jacek, Zur Problematik von nachvertraglichen Wettbewerbsverboten für Geschäftsführer, NZG 2015, S. 900-904.

Kienbaum Consultants International GmbH, Vergütungsreport Geschäftsführer 2021, 51. Ausgabe, Köln 2021.

Kirchhof, Paul, Richterliche Rechtsfindung, gebunden an „Gesetz und Recht“, NJW 1986, S. 2275-2280.

Kirchhoff, Wolfgang, Wettbewerbsverbote für Gesellschafter und Geschäftsführer aus kartellrechtlicher Sicht, in: Burkhard Gehle/Heriber Hirte/Daniel Lochner (Hrsg.), Festschrift für Thomas Heidel, Baden-Baden 2021, S. 249-262.

Klein, Oliver, Zur Frage der Bindung höchster Gerichte an ihre Rechtsprechung – Bausteine zu einer Dogmatik der Rechtsprechungsänderung, JZ 2018, S. 64-70.

Kloepfer, Michael/Greve, Holger, Das Informationsfreiheitsgesetz und der Schutz von Betriebs- und Geschäftsgeheimnissen, NVwZ 2011, S. 577-584.

Knobel, Ulrike, Wandlungen im Verständnis der Vertragsfreiheit, Berlin 2000 (zugl. Univ., Diss. Erlangen-Nürnberg 1999).

Knütel, Rolf, Befreite Ehefrauen? – Zur Mithaftung für Bankkredite von Angehörigen, ZIP 1991, S. 493-499.

Koch, Jens (Hrsg.)/*Hüffer, Uwe* (Begründer), Aktiengesetz, 16. Aufl., München 2022 (zit.: *Koch*, AktG § Rn.).

Kocher, Eva, Diskontinuität von Erwerbsbiografien und das Normalarbeitsrecht - Der Umgang mit Unsicherheiten, NZA 2010, S. 841-846.

Köhl, Dietmar, Die Einschränkung der Haftung des GmbH-Geschäftsführers nach den Grundsätzen des innerbetrieblichen Schadensausgleichs, DB 1996, S. 2597-2605.

Köhler, Helmut, Die Lehre von der Geschäftsgrundlage als Lehre von der Risikobefreiung, in: Claus-Wilhelm Canaris (Hrsg.), 50 Jahre Bundesgerichtshof, Festgabe aus der Wissenschaft, Band I, München 2000, S. 295-328 (zit.: *Köhler*, FS 50 Jahre BGH, Bd. I, 2000, 295).

Köhler, Helmut, Einschränkungen der Nichtigkeit von Rechtsgeschäften, JuS 2010, S. 665-671.

Köhler, Helmut, BGB Allgemeiner Teil – Ein Studienbuch, 45. Aufl., München 2021 (zit.: *Köhler*, BGB AT, § Rn.).

Köhler, Matthias, Anmerkung zum Beschluss des OLG München vom 2.8.2018, Az. 7 U 2107/18 – Zur Wirksamkeit des in einem Geschäftsführeranstellungsvertrag für Fremdgeschäftsführer vereinbarten nachvertraglichen Wettbewerbsverbots, EWiR 2019, S. 461-462.

Kölner Kommentar zum Aktiengesetz siehe unter *Zöllner*.

Konzen, Horst, Geschäftsführung, Weisungsrecht und Verantwortlichkeit in der GmbH und GmbH und Co KG, NJW 1989, S. 2977-2987.

Kordes, Tobias, Die Beendigung der Geschäftsführerstellung – Unter Berücksichtigung aktueller Rechtsprechung, GmbH-StB 2008, S. 276-280.

Korkmaz, Mesut, Konzernweite nachvertragliche Wettbewerbsverbote für Vorstandsmitglieder, NJOZ 2014, S. 481-483.

Kornblum, Udo, Die Rechtsnatur der Bestimmung der Leistung in den §§ 315-319 BGB, AcP 168 (1968), S. 450-469.

Kort, Michael, Interessenkonflikte bei Organmitgliedern der AG, ZIP 2008, S. 717-725.

Kort, Michael, Sind GmbH-Geschäftsführer und Vorstandsmitglieder diskriminierungsschutzrechtlich Arbeitnehmer? – Die Auslegung von § 6 AGG zwischen Arbeitsrecht und Gesellschaftsrecht, NZG 2013, S. 601-607.

Kothe-Heggemann, Claudia/Dahlbender, Frank, Ist der GmbH-Geschäftsführer nach Abberufung weiterhin zur Arbeitsleistung verpflichtet? – Zugleich Besprechung des Urteils des OLG Karlsruhe vom 25.8.1995 – 15 U 286/94, GmbHR 1996, S. 650-653.

Kothe, Wolfhard, Die Rechtsfolgen der Mietpreisüberhöhung – Ein Beitrag zur Differenzierung der Rechtsfolgen unerlaubter Rechtsgeschäfte, NJW 1982, S. 2803-2807.

Krahforst, Annette, Nachvertragliche Wettbewerbsverbote für GmbH-Geschäftsführer – Beurteilungsgrundlagen und Zulässigkeitsmaßstäbe, Berlin 2012 (zugl. Univ., Diss.Köln 2011).

Krämer, Achim, Nachvertragliche Wettbewerbsverbote im Spannungsfeld von Berufs- und Vertragsfreiheit, in: Georg Crezelius (Hrsg.), Gesellschaftsrecht, Rechnungslegung, Sportrecht, Festschrift für Volker Röhricht zum 65. Geburtstag, Köln 2005, S. 335-348.

Krämer, Rudolf, Der Anstellungsvertrag des Geschäftsführers im GmbH-Konzern – Koordination und Koppelung zwischen der Organstellung und dem Anstellungsverhältnis des Geschäftsführers am besonderen Beispiel der Drittanstellung –Teil 1 -, NotBZ 2004, S. 81-90.

Krampe, Christoph, Anm. zu OLG Stuttgart, Urteil v. 21.11.1974 – 13 U 120/74, JZ 1975, S. 574-576.

Krampe, Christoph, Aufrechterhaltung von Verträgen und Vertragsklauseln – Eine Bestandsaufnahme zur neueren Rechtsprechung und Literatur, AcP 194 (1994), S. 1-41.

Krebs, Peter/Becker, Maximilian, Die Teilverdinglichung und ihre Anwendung auf Internetdomains, JZ 2009, S. 932-943.

Kreft, Gerhart, Privatautonomie und persönliche Verschuldung, WM 1992, S. 1425-1430.

Kropff, Bruno, AktG, Textausgabe des AktG vom 6.9.1965 mit Begründung des Regierungsentwurfs, Bericht des Rechtsausschusses des Deutschen Bundestages, Düsseldorf 1965 (zit.: *Kropff*, Aktiengesetz, S.).

Kühl, Kristian/Reichold, Hermann/Ronellenfitsch, Michael, Einführung in die Rechtswissenschaft – Ein Studienbuch, 3. Aufl., München 2019 (zit.: Kühl/Reichold/Ronellenfitsch/*Bearbeiter*, Einführung in die Rechtswissenschaft, S.).

Kuhn, Norbert, Abgestuftes Arbeitsrecht am Beispiel des abhängigen GmbH-Geschäftsführers (mit europäischen Bezügen), Frankfurt am Main 2006 (zugl. Univ., Diss. Tübingen 2006).

Kukat, Klaus, Vorsicht ist besser als Nachsicht - Praktische Hinweise zur Vereinbarung nachvertraglicher Wettbewerbsverbote für Geschäftsführer und zur Anrechnung anderweitigen Erwerbs, BB 2001, S. 951-954.

Kuntz, Thilo, Geltung und Reichweite der Business Judgment Rule in der GmbH, GmbHR 2008, S. 121-128.

Kunz, Jürgen, Betriebs- und Geschäftsgeheimnisse und Wettbewerbsverbot während der Dauer und nach Beendigung des Anstellungsverhältnisses, DB 1993, S. 2482-2487-

Küstner, Wolfram, Zur Wirksamkeit eines Wettbewerbsverbots nach § 90a HGB, wenn kein Bezirk zugewiesen ist, BB 1997, S. 1753-1755.

Küttner, Wolfdieter (Begründer)/*Röller, Jürgen* (Hrsg.), Personalbuch 2022 – Arbeitsrecht – Lohnsteuerrecht – Sozialversicherungsrecht, 29. Aufl., München 2022 (zit.: Küttner/*Bearbeiter*, Personalbuch, Rn. 6).

Lahusen, Andreas, Aktuelle Rechtsprechung zum nachvertraglichen Wettbewerbsverbot, NZA 1985, S. 802-804.

Lammel, Stefan/Martens, Jan Henning/Bieniek, Tina, Vertragliches und nachvertragliches Wettbewerbsverbot für GmbH-Geschäftsführer (Teil 2), GmbH-Stpr 2020, S. 329-336.

Landmann, Robert v./Rohmer, Gustav (Begründer)/Marcks, Peter (Hrsg.), Gewerbeordnung und ergänzende Vorschriften, 86. Ergänzungslieferung, München 2021 (zit.: Landmann/Rohmer GewO/*Bearbeiter*, § Rn.).

Langenbucher, Florian, Das Anstellungsverhältnis des abberufenen GmbH-Geschäftsführers, Baden-Baden 2020 (zugl. Univ., Diss. Köln 2019).

Langenbucher, Katja, Rechtsprechung mit Wirkung für die Zukunft, JZ 2003, S. 1132-1140.

Larenz, Karl, Entwicklungstendenzen der heutigen Zivilrechtsdogmatik, JZ 1962, S. 105-110.

Larenz, Karl, Die Prinzipien der Schadenszurechnung – Ihr Zusammenspiel im modernen Schuldrecht, JuS 1965, S. 373-379.

Larenz, Karl, Richtiges Recht – Grundzüge einer Rechtsethik, München 1979.

Larenz, Karl, Lehrbuch des Schuldrechts, Band I: Allgemeiner Teil, 14. Aufl., München 1987 (zit.: *Larenz*, Schuldrecht AT, § S.).

Larenz, Karl, Methodenlehre der Rechtswissenschaft, 6. Aufl., Berlin/Heidelberg u.a. 1991.

Larenz, Karl (Begründer)/*Canaris, Claus-Wilhelm*, Methodenlehre der Rechtswissenschaft, 3. Aufl., Berlin/Heidelberg/New York 1995.

Leenen, Detlef, Typus und Rechtsfindung – die Bedeutung der typologischen Methode für die Rechtsfindung dargestellt am Vertragsrecht des BGB, Berlin 1971 (zugl. Univ., Diss. München 1970/1971).

Lembke, Mark, Nachvertragliches Wettbewerbsverbot von Organmitgliedern auf dem Prüfstand, NZA-RR 2019, S. 65-70.

Lembke, Mark, Nachvertragliche Wettbewerbsverbote in der Praxis, BB 2020, S.52-61.

Leuering, Dieter/Rubner, Daniel, Das Wettbewerbsverbot des GmbH-Geschäftsführers, NJW-Spezial 2020, S. 719-720.

Leverenz, Kent, Inhaltskontrolle von Freizeichnungen in notariell beurkundeten Verträgen, JURA 1993, S. 266-275.

Lieb, Manfred, Sonderprivatrecht für Ungleichgewichtslagen? – Überlegungen zum Anwendungsbereich der sogenannten Inhaltskontrolle privatrechtlicher Verträg, AcP 178 (1978), S.196-226.

Lieb, Manfred, Schutzbedürftigkeit oder Eigenverantwortlichkeit? – Kritische Überlegungen zur richterlichen Rechtsfortbildung im Vertragsrecht, DNotZ 1989, S. 274-296.

Linck, Rüdiger/Preis, Ulrich/Schmidt, Ingrid (Hrsg.), Kündigungsrecht – Großkommentar zum gesamten Recht der Beendigung von Arbeitsverhältnissen, 6. Aufl., München 2021 (zit.: APS/*Bearbeiter*, § Rn.).

Lindacher, Walter F., Grundsätzliches zu § 138 BGB – Zur Frage der Relevanz subjektiver Momente, AcP 173 (1973), S. 124-136.

Looschelders, Dirk, Die Anpassung im Internationalen Privatrecht – Zur Methodik der Rechtsanwendung in Fällen mit wesentlicher Verbindung zu mehreren nicht miteinander harmonierenden Rechtsordnungen, Heidelberg 1995 (zugl. Univ., Diss. Mannheim 1995).

Looschelders, Dirk, Schuldrecht Allgemeiner Teil, 18. Aufl., München 2020 (zit. *Looschelders*, Schuldrecht AT, § Rn.).

Looschelders, Dirk/Roth, Wolfgang, Juristische Methodik im Prozess der Rechtsanwendung – Zugleich ein Beitrag zu den verfassungsrechtlichen Grundlagen von Gesetzesauslegung und Rechtsfortbildung, Berlin 1996 (zit.: *Looschelders/Roth*, Juristische Methodik, S.).

Lorenz, Stephan, Der Schutz vor dem unerwünschten Vertrag – eine Untersuchung von Möglichkeiten und Grenzen der Abschlußkontrolle im geltenden Recht, München 1997 (zugl. Univ., Habil.-Schr. 1996/1997).

Lorenz, Stephan, Vertragserhaltung im Kaufrecht, in: Rainer Kanzleiter (Hrsg.), Festschrift für Hans Wolfsteiner zum 70. Geburtstag am 29. November 2007, Köln/München 2008, S. 121-136.

Loritz, Karl-Georg, Zur Sittenwidrigkeit einer Bürgschaft vermögensloser naher Angehöriger des Schuldners und zu den Kontrollaufgaben des Zivilgerichts bei Störung der Vertragsparität, DNotZ 1994, S. 543-547.

Löwe, Walter, Bürgen in Sippenhaft dürfen aufatmen, ZIP 1993, S. 1759-1759.

Lücke, Oliver, Der Status des GmbH-Geschäftsführers: (K)ein Arbeitnehmer!?, NJOZ 2009, S. 3469-3477.

Lunk, Stefan, Der Fremdgeschäftsführer als "arbeitgeberähnliche" Person, NJW 2019, S. 1565-1567.

Lunk, Stefan, Der GmbH-Geschäftsführer — eine arbeitnehmerähnliche Person? Zugleich Anmerkungen zum Beschluss des BAG vom 21.1.2019 — 9 AZB 23/18, NZA 2019, 490, in: Inken Gallner/Frank Eckhoff/Martin Reufels (Hrsg.), Dynamisches Recht: Herausforderungen im Arbeitsrecht, Gesellschaftsrecht und Insolvenzrecht, Festschrift für Wilhelm Moll zum 70. Geburtstag, S. 451-464.

Luther, Christoph, Die juristische Analogie, JURA 2013, S. 449-453.

Maiß, Sebastian, LAG Rheinland-Pfalz: Keine AGB-Inhaltskontrolle von nachvertraglichen Wettbewerbsverboten – Anm. zu LAG Rheinland-Pfalz, Urteil vom 03.08.2012 – 9 SaGa 6/12, GWR 2012, S. 499.

Manger, Robert, Das nachvertragliche Wettbewerbsverbot des GmbH-Geschäftsführers, GmbHR 2001, S. 89-92.

Mangoldt, Hermann v./Klein, Friedrich/Starck, Christian (Begründer)/*Huber, Peter M./Voßkuhle, Andreas* (Hrsg.), Grundgesetz – Kommentar, Band 3: Artikel 83-146, 7. Aufl., München 2018 (zit.: v. Mangoldt/Klein/Starck/*Bearbeiter*, GG Art. Rn.).

Mangoldt, Hermann v./Klein, Friedrich/Starck, Christian (Begründer)/*Huber, Peter M./Voßkuhle, Andreas* (Hrsg.), Grundgesetz – Kommentar, Band 1: Präambel, Artikel 1-19, 7. Aufl., München 2018 (zit.: v. Mangoldt/Klein/Starck/*Bearbeiter*, GG Art. Rn.).

Mankowski, Peter, Verändert die Neurobiologie die rechtliche Sicht auf Willenserklärungen?, AcP 211 (2011), S. 153-195.

Martens, Klaus-Peter, Vertretungsorgan und Arbeitnehmerstatus in konzernabhängigen Gesellschaften, in: Thomas Dieterich (Hrsg.), Festschrift für Marie Luise Hilger und Hermann Stumpf, München 1983, S. 437-466.

Martens, Sebastian A. E., Die Werte des Stare Decisis, JZ 2011, S. 348-356.

Mayer-Maly, Theo, Was leisten die guten Sitten?, AcP 194 (1994), S. 105-176.

Medicus, Dieter, Der Grundsatz der Verhältnismäßigkeit im Privatrecht, AcP 192 (1992), S. 35-70.

Medicus, Dieter, Über die Rückwirkung von Rechtsprechung, NJW 1995, S. 2577-2584.

Medicus, Dieter (Begründer)/*Lorenz, Stephan*, Schuldrecht I – Allgemeiner Teil – Ein Studienbuch, 22. Aufl., München 2021 (zit.: *Medicus/Lorenz*, SchuldR AT, § Rn.).

Meier-Hayoz, Arthur, Der Richter als Gesetzgeber – eine Besinnung auf die von den Gerichten befolgten Verfahrensgrundsätze im Bereiche der freien richterlichen Rechtsfindung gemäss Art. 1 Abs. 2 des schweizerischen Zivilgesetzbuches, Zürich 1951 (zugl. Univ., Habil.-Schr. Zürich 1951).

Meier-Hayoz, Arthur, Strategische und taktische Aspekte der Fortbildung des Rechts – Zur Frage nach den Grenzen richterlicher Rechtssetzung, JZ 1981, S. 417-423.

Meier, Patrick/Joacham, Felix, Rechtsfortbildung – Methodischer Balanceakt zwischen Gewaltenteilung und materieller Gerechtigkeit, JuS 2016, S. 392-398.

Meilicke, Wienand, Alle Wettbewerbsverbote ohne Rücksicht auf Gehaltsgrenzen unwirksam?,DB 1970, S. 396-399.

Melot de Beauregard, Paul R., Das Anstellungsverhältnis des GmbH-Geschäftsführers, München 2011.

Melullis, Klaus-J., Zu Zulässigkeit und Wirksamkeit von Wettbewerbsverboten anläßlich von Vereinbarungen über das Ausscheiden eines Gesellschafters, WRP 1994, S. 686-693.

Menke, Johan-Michel, Gestaltung nachvertraglicher Wettbewerbsverbote mit GmbH-Geschäftsführern – Verzicht statt Karenzentschädigung, NJW 2009, S. 636-641.

Mennicke, Petra, Zum Weisungsrecht der Gesellschafter und der Folgepflicht des GF in der mitbestimmungsfreien GmbH, NZG 2000, S. 622-626.

Merz, Hans, Auslegung, Lückenfüllung und Normberichtigung – Dargestellt an den Beispielen der unzulässigen Berufung auf Formungültigkeit und des Mißbrauchs der Verjährungseinrede, AcP 163 (1964), S. 305-345.

Meyer-Cording, Ulrich, Gute Sitten und ethischer Gehalt des Wettbewerbsrechtes, JZ 1964, S. 273-278.

Michalski, Lutz, Die (Un-)Wirksamkeit der neuen Gebührentarife der Telekom, BB 1996, S. 1177-1184.

Michalski, Lutz (Begründer)/*Heidinger, Andreas/Leible, Stefan/Schmidt, Jessica* (Hrsg.), Kommentar zum Gesetz betreffend die Gesellschaften mit beschränkter Haftung (GmbH-Gesetz), Band 1: §§ 1-34 GmbHG, 3. Aufl., München 2017 (zit.: MHLS/*Bearbeiter*, GmbHG § Rn.).

Michalski, Lutz (Begründer)/*Heidinger, Andreas/Leible, Stefan/Schmidt, Jessica* (Hrsg.), Kommentar zum Gesetz betreffend die Gesellschaften mit beschränkter Haftung (GmbH-Gesetz), Band 2: §§ 35-85 GmbHG, 3. Aufl., München 2017 (zit.: MHLS/*Bearbeiter*, GmbHG § Rn.).

Michl, Fabian, „Datenbesitz“ – ein grundrechtliches Schutzgut?, NJW 2019, S. 2729-2733.

Mildenberger, Martin, Der Geschäftsführervertrag: eine Untersuchung des Verhältnisses von Organstellung und Anstellung des GmbH-Geschäftsführers unter besonderer Berücksichtigung der historischen Grundlagen, Tübingen 2000 (zugl. Univ., Diss. Tübingen 1999).

Mohr, Jochen/Bourazeri, Konstantina, GmbH-Geschäftsführer als arbeitgeberähnliche Personen – Zugleich ein Beitrag zur Dogmatik des § 5 I ArbGG, NZA 2019, S. 595-602.

Moll, Wilhelm (Hrsg.), Münchener Anwaltshandbuch Arbeitsrecht, 5. Aufl., München 2021 (zit.: MAH ArbR/*Bearbeiter*, § Rn.).

Möllers, Thomas M.J., Juristische Methodenlehre, 4. Auflage, München 2021 (zit.: *Möllers*, Juristische Methodenlehre, § Rn.).

Moser, Martin K., Allgemeine Rechtsgrundsätze in der Rechtsprechung des EuGH als Katalysatoren einer europäischen Wertegemeinschaft – Anmerkungen zu Entwicklung, Stand und Möglichkeiten der Europäischen Integration durch Recht(-sprechung), ZfRV 2012, S. 4-18.

Müller-Glöge, Rudi/Preis, Ulrich/Schmidt, Ingrid (Hrsg.), Erfurter Kommentar zum Arbeitsrecht, 22. Aufl., München 2022 (zit. ErfK/*Bearbeiter*, § Rn.).

Müller, Hans-Friedrich, Das nachvertragliche Wettbewerbsverbot von Organmitgliedern, in: Babara Dauner-Lieb/Joachim Heinrichs/Martin Hennsler/Thomas Liebscher/Alexander Morell/Hans-Friedrich Müller/Michael Schlitt (Hrsg.), Festschrift für Barbara Grunewald zum 70. Geburtstag, Köln 2021, S. 811-830.

Müller, Stefan, Das nachvertragliche Wettbewerbsverbot von GmbH-Geschäftsführern, GmbHR 2014, S. 964-970.

Münch, Christof, Notar und Parität – Die Bedeutung notarieller Beurkundung im Rahmen der Inhaltskontrolle von Eheverträgen, DNotZ 2004, S. 901-914.

Münch, Christof, Vertragsfreiheit und Inhaltskontrolle von Eheverträgen, KritV 2005, S. 208-229.

Münch, Ingo v./Kunig, Philip (Begründer)/*Kämmerer, Jörn-Axel/Kotzur, Markus* (Hrsg.), Grundgesetz – Kommentar, Band 2: Art. 70 bis 146, 7. Aufl., München 2021 (zit.: v. Münch/Kunig/*Bearbeiter*, GG Art. Rn.).

Münch, Ingo v./Kunig, Philip (Begründer)/*Kämmerer, Jörn-Axel/Kotzur, Markus* (Hrsg.), Grundgesetz – Kommentar, Band 1: Präambel bis Art. 69, 7. Aufl., München 2021 (zit.: v. Münch/Kunig/*Bearbeiter*, GG Art. Rn.).

Münchener Anwaltshandbuch Arbeitsrecht siehe unter *Moll.*

Münchener Anwaltshandbuch GmbH-Recht siehe unter *Römermann.*

Münchener Anwaltshandbuch Urheber- und Medienrecht siehe unter *Raue.*

Münchener Handbuch des Gesellschaftsrechts siehe unter *Priester.*

Münchener Handbuch zum Arbeitsrecht siehe unter *Kiel.*

Münchener Kommentar zum Aktiengesetz siehe unter *Goette.*

Münchener Kommentar zum Bürgerlichen Gesetzbuch siehe unter *Säcker.*

Münchener Kommentar zum GmbHG siehe unter *Fleischer.*

Münchener Kommentar zum Handelsgesetzbuch siehe unter *Drescher.*

Münchener Kommentar zur Zivilprozessordnung siehe unter *Rauscher.*

Musielak, Hans-Joachim/Voit, Wolfgang (Hrsg.), Zivilprozessordnung mit Gerichtsverfassungsgesetz – Kommentar, 19. Aufl., München 2022 (zit.: Musielak/Voit/*Bearbeiter*, ZPO § Rn.).

Nägele, Stefan, Der Anstellungsvertrag des Geschäftsführers – Eine Bestandsaufnahme, BB 2001, S. 305-312.

Namendorf, Annette, Der arbeitsrechtliche Status von GmbH-Geschäftsführern, Berlin 2003 (zugl. Univ., Diss. Mannheim 2002).

Neuner, Jörg, Die Stellung Körperbehinderter im Privatrecht, NJW 2000, S. 1822-1833.

Neuner, Jörg, Die Rechtsfindung contra legem, 2. Aufl., München 2005 (zugl. Univ., Diss. München 1990/1991).

Neuner, Jörg (Hrsg.)/*Larenz, Karl* (Begründer)/*Wolf, Manfred*, Allgemeiner Teil des Bürgerlichen Rechts, 12. Aufl., München 2020 (zit.: *Neuner*, Allgemeiner Teil des Bürgerlichen Rechts, § Rn.).

Niklas, Lisa-Marie, Nachvertragliche Wettbewerbsverbote auf dem Prüfstand – Eine Analyse mit Handlungsempfehlung, ArbRAktuell 2019, S. 459-461.

Noack, Ulrich/Servatius, Wolfgang/Haas, Ulrich (Hrsg.), Gesetz betreffend die Gesellschaft mit beschränkter Haftung – Kommentar, 23. Aufl., München 2022 (zit.: Noack/Servatius/Haas/*Bearbeiter*, GmbHG § Rn.).

NomosKommentar BGB siehe unter *Heidel.*

Oberrath, Jörg-Dieter, Anwendung von Arbeitsrecht auf den GmbH-Geschäftsführer, MDR 1999, S. 134-139.

Oetker, Hartmut (Hrsg.), Handelsgesetzbuch – Kommentar, 7. Aufl., München 2021 (zit.: Oetker/*Bearbeiter*, HGB § Rn.).

Ohly, Ansgar, Generalklausel und Richterrecht, AcP 201 (2001), S. 1- 47.

Olenhusen, Albrecht Götz v., Die arbeitnehmerähnliche Person im Presse- und Medienrecht, ZUM 1991, S. 557-561.

Oppenländer, Frank (Hrsg.)/*Trölitzsch, Thomas*, Praxishandbuch der GmbH-Geschäftsführung, 3. Aufl., München 2020 (zit.: Oppenländer/Trölitzsch/*Bearbeiter*, GmbH-GF-HdB, § Rn.).

Ossenbühl, Fritz, Die Freiheiten des Unternehmers nach dem Grundgesetz, AöR 115 (1990), S. 1-32.

Ossenbühl, Fritz, § 100 – Gesetz und Rechts – Die Rechtsquellen im demokratischen Rechtsstaat, in: Josef Isensee/Paul Kirchhof (Hrsg.), Handbuch des Staatsrechts der Bundesrepublik Deutschland, Band V – Rechtsquellen, Organisation, Finanzen, 3. Aufl., Heidelberg/München/Landsberg/Berlin 2007 (zit.: *Ossenbühl*, HStR V, 2007, § 100 Rn.).

Paefgen, Walter G., Organhaftung: Bestandsaufnahme und Zukunftsperspektiven – Ein kritischer Werkstattbericht vor dem Hintergrund der Beratungen des 70. Deutschen Juristentages 2014, AG 2014, S. 554-584.

Papier, Hans-Jürgen, Unternehmen und Unternehmer in der verfassungsrechtlichen Ordnung der Wirtschaft, VVDStRL 35 (1977), S. 55-108.

Paulus, Christoph G./Zenker, Wolfgang, Grenzen der Privatautonomie, JuS 2001, S. 1-9.

Pawlowski, Hans-Martin, Methodenlehre für Juristen Theorie der Norm und des Gesetzes – ein Lehrbuch, 3. Aufl., Heidelberg 1999 (zit.: *Pawlowski*, Methodenlehre für Juristen, Rn.).

Petersen, Jens, Die Teilnichtigkeit, JURA 2010, S. 419-421.

Picker, Eduard, Richterrecht und Richterrechtsetzung – Zu neuen Rechtsbildungsmethoden des Bundesarbeitsgerichts im Urteil vom 9.7.1981 2 AZR 788/78, JZ 1984, S. 153-163.

Picker, Eduard, Richterrecht oder Rechtsdogmatik – Alternativen der Rechtsgewinnung – Teil 2 | JZ 1988, S. 62-75.

Pielow, Johann-Christian (Hrsg.), Beck'scher Online-Kommentar zur GewO, 56. Edition, Stand: 1.1.2022, München 2022 (zit.: BeckOK GewO/*Bearbeiter*, § Rn.).

Plett, Martin/Welling, Thomas, Wirksamkeitsvoraussetzungen des nachvertraglichen Wettbewerbsverbots, DB 1986, S. 2282-2284.

Pötter, Stephan/Christensen, Ralph, Richtlinienkonforme Rechtsfortbildung und Wortlautgrenze, JZ 2011, S. 387-394.

Preis, Ulrich, Grundfragen der Vertragsgestaltung im Arbeitsrecht, Berlin 1993 (zugl. Univ., Habil.-Schr. Köln 1992).

Preis, Ulrich, Verhältnismäßigkeit und Privatrecht, in: Peter Hanau (Hrsg.), Richterliches Arbeitsrecht, Festschrift für Thomas Dieterich zum 65. Geburtstag, München 1999, S. 429-462.

Preis, Ulrich (Hrsg.), Der Arbeitsvertrag, 6. Aufl., Köln 2020 (zit.: Preis/*Bearbeiter*, Rn. 56).

Preis, Ulrich/Sagan, Adam, Der GmbH-Geschäftsführer in der arbeits- und diskriminierungsrechtlichen Rechtsprechung des EuGH, BGH und BAG, ZGR 2013, S. 26-75.

Priester, Hans-Joachim/Mayer, Dieter/Wicke, Hartmut (Hrsg.), Münchener Handbuch des Gesellschaftsrechts, Band 3: Gesellschaft mit beschränkter Haftung, 5. Aufl., München 2018 (zit.: MHdB GesR III/*Bearbeiter*, § Rn.).

Prütting, Hans/Wegen, Gerhard/Weinreich, Gerd (Hrsg.), Bürgerliches Gesetzbuch – Kommentar, 16. Aufl., Köln 2021 (zit.: PWW/*Bearbeiter*, § Rn.).

Raisch, Peter, Juristische Methoden – Vom antiken Rom bis zur Gegenwart, Heidelberg 1995.

Raue, Peter/Hegemann, Jan (Hrsg.), Münchener Anwaltshandbuch Urheber- und Medienrecht, 2. Aufl., 2017 (zit.: MAH UrhR/*Bearbeiter*, § Rn.).

Rauscher, Thomas/Krüger, Wolfgang (Hrsg.), Münchener Kommentar zur Zivilprozessordnung mit Gerichtsverfassungsgesetz und Nebengesetzen, Band 2: §§ 355-945b, 6. Aufl., München 2020 (zit.: MüKoZPO/*Bearbeiter*, § Rn.).

Regenfus, Thomas, Die „doppelte Analogie“ – Erscheinungsformen und Voraussetzungen, JA 2009, S. 579-584.

Rehbinder, Manfred, Einführung in die Rechtswissenschaft – Grundfragen, Grundlagen und Grundgedanken des Rechts, 8. Aufl., Berlin/New York 1995.

Reichenbach, Sandy Bernd, Konventionalstrafe für den vertragsbrüchigen Arbeitnehmer, NZA 2003, S. 309-313.

Reichert, Jochem (Hrsg.), GmbH & Co. KG, 8. Aufl., München 2021 (zit.: Reichert GmbH & Co. KG/*Bearbeiter*, § Rn.).

Reichold, Hermann/Heinrich, Martin, Zum Diskriminierungsschutz des GmbH-Geschäftsführers, in: Lutz Aderhold (Hrsg.), Festschrift für Harm Peter Westermann zum 70. Geburtstag, Köln 2008, S. 1315-1330.

Reif, Sebastian/Walter, Tim, Die gesellschaftsrechtliche Treuepflicht, JuS 2021, S. 630-635.

Reimer, Franz, Juristische Methodenlehre, 2. Aufl., Baden-Baden 2020 (zit.: *Reimer*, Juristische Methodenlehre, Rn.).

Reinecke, Gerhard, Neudefinition des Arbeitnehmerbegriffs durch Gesetz und Rechtsprechung?, ZIP 1998, S. 581-588.

Reinfeld, Roland, Das nachvertragliche Wettbewerbsverbot im Arbeits- und Wirtschaftsrecht – Zugleich ein Beitrag zu Reichweite und Bedeutung der §§ 74 ff. HGB, Heidelberg 1993 (zugl. Univ., Diss. Köln 1991/92).

Reinfelder, Waldemar, Arbeitnehmer – Gesellschafter – Geschäftsführer, RdA 2016, S. 87-97.

Reiserer, Kerstin, Die ordentliche Kündigung des Dienstvertrags des GmbH-Geschäftsführers, DB 1994, S. 1822-1826.

Reiserer, Kerstin/Peters, Oliver, Die anwaltliche Vertretung von Geschäftsführern und Vorständen bei Abberufung und Kündigung, DB 2008, S. 167-173.

Reufels, Martin/Schewiola, Sascha, Nachvertragliche Wettbewerbsverbote mit Organmitgliedern, ArbRB 2008, S. 57-61.

Reuter, Dieter, Wirtschaftsethische Einflüsse auf die Auslegung wirtschaftsrechtlicher Generalklauseln?, ZGR 1987, S. 489-503.

Reuter, Dieter, Bestellung und Anstellung von Organmitgliedern im Körperschaftsrecht, in: Manfred Lieb, Ulrich Noack, Harm Peter Westermann (Hrsg.), Festschrift für Wolfgang Zöllner zum 70. Geburtstag, Köln 1998, S. 487-502.

Richardi, Reinhard, Der Beschluß des Bundesverfassungsgerichts zur Aussperrung und seine Folgen für das Arbeitskampfrecht – Zugleich eine Besprechung der Entscheidung des BVerfG vom 16.06.1991- 1 BvR 779/85, JZ 1992, S. 27-33.

Richardi, Reinhard, § 611a BGB als Restriktion des Arbeitsvertrags, NZA 2018, S. 974-976.

Rieble, Volker/Picker, Christian, Lohnwucher, ZfA 2014, S. 153-214.

Ritgen, Klaus, Vertragsparität und Vertragsfreiheit, JZ 2002, S. 114-121.

Röder, Gerhard/Lingemann, Stefan, Schicksal von Vorstand und Geschäftsführer bei Unternehmensumwandlungen und Unternehmensveräußerungen, DB 1994, S. 1341-1350.

Röhl, Klaus F./Röhl Hans Christian, Allgemeine Rechtslehre – ein Lehrbuch, 3. Aufl., Köln/München 2008 (zit.: *Röhl/Röhl*, Allgemeine Rechtslehre, S.).

Röhrborn, Stefan, Eigenkündigung des GmbH-Geschäftsführers bei Abberufung aus dem Amt, BB 2014, S. 1978-1980.

Röhricht, Volker, Das Wettbewerbsverbot des Gesellschafters und des Geschäftsführers, WPg 1992, S. 766-786.

Röhricht, Volker/Westphalen, Friedrich Graf v./Haas Ulrich (Hrsg.), Handelsgesetzbuch – Kommentar, 5. Aufl., Köln 2019 (zit.: Röhricht/Graf von Westphalen/Haas/*Bearbeiter*, HGB § Rn.).

Röhsler, Waldemar/Borrmann, Helga, Wettbewerbsbeschränkungen für Arbeitnehmer und Handelsvertreter, Berlin 1981.

Rolfs, Christian/Giesen, Richard/Meßling, Miriam/Udsching, Peter (Hrsg.), Beck'scher Online-Kommentar zum Arbeitsrecht, 63. Edition, Stand: 1.3.2022, München 2022 (zit.: BeckOK ArbR/*Bearbeiter*, BGB § Rn.).

Römermann, Volker (Hrsg.), Münchener Anwaltshandbuch GmbH-Recht, 4. Aufl., München 2018 (zit.: MAH GmbHR/*Bearbeiter*, § Rn.).

Röthel, Anne, Normkonkretisierung im Privatrecht, Tübingen 2004 (zugl. Univ., Habil.-Schr. Erlangen-Nürnberg 2003).

Rowedder, Heinz (Begründer)/*Pentz, Andreas* (Hrsg.), Gesetz betreffend die Gesellschaften mit beschränkter Haftung – Kommentar, 7. Aufl., München 2022 (zit.: Rowedder/Pentz/*Bearbeiter*, GmbHG § Rn.).

Rüthers, Bernd, Methodenrealismus in Jurisprudenz und Justiz, JZ 2006, S. 53-60.

Rüthers, Bernd, Die unbegrenzte Auslegung – zum Wandel der Privatrechtsordnung im Nationalsozialismus, 7. Aufl., Tübingen 2012 (zugl. Univ., Habil.-Schr. Münster 1967).

Rüthers, Bernd/Fischer, Christian/Birk, Axel, Rechtstheorie und Juristische Methodenlehre, 12. Aufl., München 2022 (zit.: *Rüthers/Fischer/Birk*, Rechtstheorie, § Rn.).

Sachs, Michael, Staatsorganisationsrecht: Verfassungsrechtliche Grenzen richterlicher Rechtsfortbildung, JuS 2015, S. 859-861.

Sachs, Michael (Hrsg.), Grundgesetz – Kommentar, 9. Aufl., München 2021 (zit.: Sachs/*Bearbeiter*, GG Art. Rn.).

Sack, Rolf, Sittenwidrigkeit, Sozialwidrigkeit und Interessenabwägung, GRUR 1970, S. 493-503.

Sack, Rolf, Zur Sittenwidrigkeit von anläßlich sogen. „Kaffeefahrten" abgeschlossenen Kaufverträgen – Anm. zu LG Trier, Urteil vom 9.10.1973 - 1 S 210/71, NJW 1974, S. 564-565.

Sack, Rolf, Der rechtswidrige Arbeitsvertrag, RdA 1975, S. 171-182.

Sack, Rolf, Die lückenfüllende Funktion der Sittenwidrigkeitsklauseln, WRP 1985, S. 1-15.

Sack, Rolf, Das Anstandsgefühl aller billig und gerecht Denkenden und die Moral als Bestimmungsfaktoren der guten Sitten, NJW 1985, S. 761-769.

Säcker, Franz Jürgen/Rixecker, Roland (Hrsg.), Münchener Kommentar zum Bürgerlichen Gesetzbuch, Band 2 – Schuldrecht Allgemeiner Teil: §§ 241-432, 5. Aufl., München 2007 (zit.: MükoBGB/*Bearbeiter*, 5. Auflage 2007, § Rn.).

Säcker, Franz Jürger/Rixecker, Roland/Oetker, Hartmut/Limperg, Bettina (Hrsg.), Münchener Kommentar zum Bürgerlichen Gesetzbuch, Band 6 – Schuldrecht – Besonderer Teil III: §§ 631-704, 8. Aufl., München 2020 (zit.: MüKoBGB/*Bearbeiter*, § Rn.).

Säcker, Franz Jürger/Rixecker, Roland/Oetker, Hartmut/Limperg, Bettina (Hrsg.), Münchener Kommentar zum Bürgerlichen Gesetzbuch, Band 2 – Schuldrecht – Allgemeiner Teil I: §§ 241-310, 9. Aufl., München 2022 (zit.: MüKoBGB/*Bearbeiter*, § Rn.).

Säcker, Franz Jürger/Rixecker, Roland/Oetker, Hartmut/Limperg, Bettina (Hrsg.), Münchener Kommentar zum Bürgerlichen Gesetzbuch, Band 3 – Schuldrecht – Allgemeiner Teil II: §§ 311-432, 9. Aufl., München 2022 (zit.: MüKoBGB/*Bearbeiter*, § Rn.).

Säcker, Franz Jürger/Rixecker, Roland/Oetker, Hartmut/Limperg, Bettina (Hrsg.), Münchener Kommentar zum Bürgerlichen Gesetzbuch, Band 5 – Schuldrecht – Besonderer Teil II: §§ 535-630h, 8. Aufl., München 2020 (zit.: MüKoBGB/*Bearbeiter*, § Rn.).

Säcker, Franz Jürger/Rixecker, Roland/Oetker, Hartmut/Limperg, Bettina (Hrsg.), Münchener Kommentar zum Bürgerlichen Gesetzbuch, Band 1 – Allgemeiner Teil: §§ 1-240, 9. Aufl., München 2021 (zit.: MüKoBGB/*Bearbeiter*, § Rn.).

Säcker, Franz Jürger/Rixecker, Roland/Oetker, Hartmut/Limperg, Bettina (Hrsg.), Münchener Kommentar zum Bürgerlichen Gesetzbuch, Band 2 – Schuldrecht – Allgemeiner Teil I: §§ 241-310, 9. Aufl., München 2022 (zit.: MüKoBGB/*Bearbeiter*, § Rn.).

Sacksofsky, Ute, Steuerung der Familie durch Steuern, NJW 2000, S.1896-1903.

Saenger, Ingo/Inhester, Michael (Hrsg.), GmbHG – Handkommentar, 4. Aufl., Baden-Baden 2020 (zit.: HK-GmbHG/*Bearbeiter*, § Rn.).

Sambuc, Thomas, Folgenerwägung im Richterrecht – Die Berücksichtigung von Entscheidungsfolgen bei der Rechtsgewinnung, erörtert am Beispiel des § 1 UWG, Berlin 1977 (zugl. Univ., Diss. Konstanz 1976).

Sandrock, Otto, Subjektive und objektive Gestaltungskräfte bei der Teilnichtigkeit von Rechtsgeschäften, AcP 159 (1960), S. 481-546.

Savigny, Friedrich Carl v., System des heutigen Römischen rechts, Band I: Quellen des heutigen Römischen Rechts, Berlin 1840, Nachdruck 2012, herausgegeben und veröffentlicht von Otto Ludwig Heuser 2013.

Schachtschneider, Karl Albrecht, Das Sittengesetz und die guten Sitten, in: Bernd Becker (Hrsg.), Festschrift für Werner Thieme zum 70. Geburtstag, Köln/Berlin/Bonn/München 1993, S. 195-226.

Schaub, Günter (Begründer), Arbeitsrechts-Handbuch - Systematische Darstellung und Nachschlagewerk für die Praxis, 19. Aufl., München 2021 (zit.: Schaub ArbR-HdB/*Bearbeiter*, § Rn.)

Schillig, Michael, Konkretisierungskompetenz und Konkretisierungsmethoden im Europäischen Privatrecht, Berlin 2009 (zugl. Univ., Diss. Berlin 2008).

Schmidt-Rimpler, Walter, Grundfragen einer Erneuerung des Vertragsrechts, AcP 147 (1947), S. 130-197.

Schmitt-Rolfes, Günter, (Ex-)Abteilungsleiter als GmbH-Geschäftsführer, NZA-Beilage 2014, S. 37-42.

Schmoeckel, Mathias, Der maßgebliche Zeitpunkt zur Bestimmung der Sittenwidrigkeit nach § 138 I BGB, AcP 1997, S. 1-79.

Schnapp, Friedrich E., Kassenschließung trotz fehlerfreier Errichtung? – Über die Vergesslichkeit des Sozialgesetzgebers und den Zustand der Kommentarliteratur, NZS 2002, S. 449-454.

Schneider, David, Singularia non sunt extendenda – Zur Analogiefähigkeit von Ausnahmevorschriften, JA 2008, S. 174-177.

Schneider, Uwe H., Der Anstellungsvertrag des Geschäftsführers einer GmbH im Konzern, GmbHR 1993, S. 10-21.

Schnelle, Ulrich, Wettbewerbsverbot für Gesellschafter-Geschäftsführer bei Unternehmensverkauf, GmbHR 2000, S. 599-604.

Scholz, Franz (Begründer), Kommentar zum GmbH-Gesetz, Band I: §§ 1-34, 12. Aufl., Köln 2018 (zit.: Scholz/*Bearbeiter*, GmbHG § Rn.).

Scholz, Franz (Begründer), Kommentar zum GmbH-Gesetz, Band II: §§ 35-52, 12. Aufl., Köln 2021 (zit.: Scholz/*Bearbeiter*, GmbHG § Rn.).

Schrader, Peter/Schubert, Jens M., Der Geschäftsführer als Arbeitnehmer, DB 2005, S. 1457-1463.

Schrader, Peter/Schubert, Jens M., Der "getarnte" Arbeitnehmer-Geschäftsführer, DB 2007, S. 1617-1620.

Schroeder, Ulrich, Darf der Vorstand der Aktiengesellschaft dem Aktienkäufer eine Due Diligence gestatten?, DB 1997, S. 2161-2166.

Schubert, Claudia, Der Schutz der arbeitnehmerähnlichen Personen – zugleich ein Beitrag zum Zusammenwirken von Arbeits- und Wirtschaftsrecht mit den zivilrechtlichen Generalklauseln, München 2004 (zugl. Univ., Diss. Jena 2002/2003).

Schulze, Marc-Oliver/Hintzen, Martina, GmbH-Geschäftsführer als Arbeitnehmer?, ArbRAktuell 2012, S. 263-267.

Schulze, Reiner (Hrsg.), Bürgerliches Gesetzbuch – Handkommentar, 11. Aufl., Baden-Baden 2022 (zit.: HK-BGB/*Bearbeiter*, § Rn.).

Schwab, Brent, Rechtsprobleme der Arbeit im Leistungslohn – 1. Teil: Grundlagen, Vergütung und Kündigung, NZA-RR 2009, S. 1-7.

Schwab, Dieter, From Status to Contract? – Aspekte der Vertragsfreiheit im Familienrecht im Lichte seiner Reformen, DNotZ Sonderheft 2001, S. 9-42.

Schwacke, Peter, Juristische Methodik – mit Technik der Fallbearbeitung, 5. Auflage, Stuttgart 2011 (zit.: Schwacke, Juristische Methodik, S.).

Seel, Henning-Alexander, Wettbewerbsverbot gegen Entschädigung - Merkmale, Form und Gestaltungen nachvertraglicher Wettbewerbsverbote im Arbeitsvertrag, NWB 2018, S. 953-960.

Sina, Peter, Zum nachvertraglichen Wettbewerbsverbot für Vorstandsmitglieder und GmbH-Geschäftsführer, DB 1985, S. 902-905.

Spindler, Gerald/Schuster, Fabian (Hrsg.), Recht der elektronischen Medien – Kommentar, 4. Aufl., München 2019 (zit.: Spindler/Schuster/*Bearbeiter*, § Rn.).

Spindler, Gerald/Stilz, Eberhard (Hrsg.), beck-online.GROSSKOMMENTAR zum AktG, Stand: 1.2.2022, München 2022 (zit.: BeckOGK/*Bearbeiter*, AktG § Rn.).

Stadler, Astrid (Hrsg.)/*Rüthers, Bernd* (Begründer), Allgemeiner Teil des BGB, 20. Aufl., München 2020 (zit.: *Stadler*, BGB AT, § Rn.).

Stagat, Rolf, Risiken und Nebenwirkungen von Geschäftsführer-Anstellungsverträgen, NZA-RR 2011, S. 617-623.

Staub, Hermann (Begründer)/*Canaris, Claus-Wilhelm/Habersack, Mathias/Schäfer, Carsten* (Hrsg.), Staub HGB Online, Stand: 1.11.2014, Berlin 2021 (zit.: Staub/*Bearbeiter*, HGB § Rn.).

Staub, Hermann, Kommentar zum Gesetz betreffend die Gesellschaften mit beschränkter Haftung, 1. Aufl., Berlin 1903 (zit.: *Staub*, GmbHG, 1. Auflage, § Anm.).

Staub, Hermann, Kommentar zum Handelsgesetzbuch I – Buch 1: Handelsstand. Buch 2: Handelsgesellschaften und stille Gesellschaft, 8. Aufl., Berlin 1906 (zit.: *Staub*, HGB, 8. Auflage, § Anm.).

Staudinger, Julius v. (Begr.), Kommentar zum Bürgerlichen Gesetzbuch mit Einführungsgesetz und Nebengesetzen: Buch 2. Recht der Schuldverhältnisse: §§ 328-345 (Vertrag zugunsten Dritter. Draufgabe. Vertragsstrafe), Neubearbeitung, Berlin 2020 (zit.: Staudinger/*Bearbeiter*, BGB § Rn.).

Staudinger, Julius v. (Begr.), Kommentar zum Bürgerlichen Gesetzbuch mit Einführungsgesetz und Nebengesetzen: Einl. Zum BGB; §§ 1-14 VerschG (Natürliche Person, Verbraucher, Unternehmer), Neubearbeitung, Berlin 2018 (zit.: Staudinger/*Bearbeiter*, BGB § Rn.).

Staudinger, Julius v. (Begr.), Kommentar zum Bürgerlichen Gesetzbuch mit Einführungsgesetz und Nebengesetzen: Buch 2. Recht der Schuldverhältnisse: §§ 611-613 (Dienstvertrag und Arbeitsvertrag), Neubearbeitung, Berlin 2020 (zit.: Staudinger/*Bearbeiter*, BGB § Rn.).

Staudinger, Julius v. (Begr.), Kommentar zum Bürgerlichen Gesetzbuch mit Einführungsgesetz und Nebengesetzen: Buch 1. Allgemeiner Teil: §§ 134-138; ProstG (Gesetzliches Verbot, Verfügungsverbot, Sittenwidrigkeit), Neubearbeitung, Berlin 2021 (zit.: Staudinger/*Bearbeiter*, BGB § Rn.).

Staudinger, Julius v. (Begr.), Kommentar zum Bürgerlichen Gesetzbuch mit Einführungsgesetz und Nebengesetzen: Buch 2. Recht der Schuldverhältnisse: §§ 241-243 (Treu und Glauben), Neubearbeitung, Berlin 2019 (zit.: Staudinger/*Bearbeiter*, BGB § Rn.).

Steinau-Steinrück, Robert v., Der GmbH-(Fremd-)Geschäftsführer als Arbeitnehmer, NJW-Spezial 2015, S. 498-499.

Steiner, Udo, Technische Kontrolle im privaten Bereich – insbesondere Eigenüberwachung und Betriebsbeauftragte, DVBl 1987, S. 1133-1142.

Steiner, Udo, Der Richter als Ersatzgesetzgeber – Richterliche Normenkontrolle - Erfahrungen und Erkenntnisse, NJW 2001, S. 2919-2924.

Stellhorn, Holger, Das argumentum ad absurdum und seine Bedeutung in examensrelevanten Meinungsstreitigkeiten, ZJS 2014, S. 467-470.

Stern, Klaus/Sachs, Michael/Dietlein, Johannes, Das Staatsrecht der Bundesrepublik Deutschland, Band IV/1: Die einzelnen Grundrechte – Der Schutz und die freiheitliche Entfaltung des Individuums, München 2006 (zit.: Stern/Sachs/Dietlein/*Bearbeiter*, StaatsR IV/1, S.).

Stjerna, Ingve Björn, Zur (Un-)Vereinbarkeit des § 145 PatG mit dem Grundgesetz, GRUR 2007, S. 17-23.

Stöhr, Alexander, Der GmbH-Geschäftsführer als Arbeitnehmerähnlicher? – Voraussetzungen und Umfang des arbeitsrechtlichen Schutzes, GmbHR 2020, S. 411-417.

Stöhr, Alexander, Der arbeitsrechtliche Schutz von GmbH-Geschäftsführern am Beispiel der Kündigungsfrist – Zugleich eine Besprechung des Urteils des BAG v. 11.6.2020 - 2 AZR 374/19, RdA 2021, S. 104-111.

Stoll, Heinrich, Begriff und Konstruktion in der Lehre der Interessensjurisprudenz, in: Heinrich Stoll (Hrsg.), Festgabe für Philipp Heck, Max Rümelin,

Arthur Benno Schmidt, Tübingen 1931, S. 60-117 (zit.: *Stoll*, FS Heck, Rümelin, Schmidt, 1931, 60).

Storf, Carsten, Nachvertragliche Wettbewerbsverbote bei den freien Berufen, Hamburg 2007 (zugl. Univ., Diss. Kiel 2006).

Strategy&, Pressemitteilung „Deutsche CEO-Wechselquote mit 20,6% auf Rekordhoch" zur „CEO Success Studie" vom 15.05.2019, München 2019, abrufbar unter *https://www.strategyand.pwc.com/de/de/presse/2019/deutsche-CEO-wechselquote-rekordhoch.html* (zuletzt abgerufen 27.07.2022).

Straube, Gunnar, AGB-Kontrolle von nachvertraglichen Wettbewerbsverboten, BB 2013, S. 117-119.

Struck, Olaf, Flexibilität und Sicherheit – Empirische Befunde, theoretische Konzepte und institutionelle Gestaltung von Beschäftigungsstabilität, Wiesbaden 2006.

Stürner, Michael, Der Grundsatz der Verhältnismäßigkeit im Schuldvertragsrecht – Zur Dogmatik einer privatrechtsimmanenten Begrenzung von vertraglichen Rechten und Pflichten, Tübingen 2010.

Stürner, Rolf (Hrsg.), Jauernig – Bürgerliches Gesetzbuch mit Rom-I-VO, Rom-II-VO, Rom-III-VO, EG-UnthVO/HUntProt und EuErbVO – Kommentar, 18. Aufl., München 2021 (zit.: Jauernig/*Bearbeiter*, BGB § Rn.)

Tänzer, Arnulf, Die aktuelle Geschäftsführervergütung 2005 – Die Gesamtbezüge für GmbH-Geschäftsführer: Welche Gehälter, Tantiemen und Zusatzleistungen sind angemessen?, GmbHR 2005, S. 1256-1260.

Teubner, Gunther, Standards und Direktiven in Generalklauseln – Möglichkeiten und Grenzen der empirischen Sozialforschung bei der Präzisierung der Gute-Sitten-Klauseln im Privatrecht, Frankfurt am Main 1971 (zugl. Univ., Diss. Tübingen 1970).

Thüsing, Gregor, Was sind die Besonderheiten des Arbeitsrechts?, NZA 2002, S. 591-595.

Thüsing, Gregor, Nachorganschaftliche Wettbewerbsverbote bei Vorständen und Geschäftsführern - Ein Rundgang durch die neuere Rechtsprechung und Literatur, NZG 2004, S. 9-15.

Tonner, Martin, Sittenwidrigkeit von Ehegattenbürgschaften BGH, NJW 1999, 58, JuS 2000, S. 17-22.

Traub, Fritz, „Geltungserhaltende Reduktion" bei nichtigen vertraglichen Wettbewerbsverboten? – (Zugleich ein Versuch zum Verständnis der Entscheidung des BGH vom 19.10.1993 - KZR 3/92), WRP 1994, S. 802-806.

Uffmann, Katharina, Das Verbot der geltungserhaltenden Reduktion, Tübingen 2010 (zugl. Univ., Diss. Bayreuth 2010).

Ulmer, Peter, Teilunwirksamkeit von teilweise unangemessenen AGB-Klauseln? – Zum Verhältnis von geltungserhaltender Reduktion und ergänzender Vertragsauslegung, NJW 1981, S. 2025-2033.

Ulmer, Peter/Brandner, Hans Erich/Hensen, Horst-Diether (Hrsg.), AGB-Recht – Kommentar zu den §§ 305-310 BGB und zum UKlaG, 13. Aufl., Köln 2022 (zit.: Ulmer/Brandner/Hensen/*Bearbeiter*, AGB-Recht, § Rn.).

Ulmer, Peter/Schäfer, Carsten, Die rechtliche Beurteilung vertraglicher Abfindungsbeschränkungen bei nachträglich eintretendem grobem Mißverhältnis – Besprechung der Entscheidung BGHZ 123, 381, ZGR 1995, S. 134-155.

Unberath, Hannes, Die Vertragsverletzung, Tübingen 2007.

van Kann, Jürgen/Keiluweit, Anjela, Nachvertragliches Wettbewerbsverbot und Karenzentschädigung bei Organmitgliedern einer Gesellschaft - ein Überblick, BB 2010, S. 2050-2053.

Vesper, Christine, Indirekte nachvertragliche Wettbewerbsbeschränkungen - Rechtliche Grenzen und Gestaltungsmöglichkeiten unter Berücksichtigung des Grundsatzes der bezahlten nachvertraglichen Karenz, Baden-Baden 2015 (zugl Univ., Diss.Köln 2014).

Vykydal, Swen, Der unmittelbare Kontrahierungszwang im deutschen Recht - unter besonderer Berücksichtigung des § 2 StromeinspeisungsG, JA 1996, S. 81-88.

Wank, Rolf, Arbeitnehmer und Selbständige, München 1988 (zugl. Univ., Habil.-Schr. Köln 19882/1983).

Wank, Rolf, Grenzen der richterlichen Rechtsfortbildung, Berlin 1978 (zugl. Univ., Diss. Köln 1976/1977).

Wank, Rolf, Richterliche Rechtsfortbildung und Verfassungsrecht – Korreferat, ZGR 1988, S. 314-380.

Wank, Rolf, Der Fremdgeschäftsführer der GmbH als Arbeitnehmer, in: Rolf Wank (Hrsg.), Festschrift für Herbert Wiedemann zum 70. Geburtstag, München 2002, S. 587-615.

Wank, Rolf, Fremdgeschäftsführer einer GmbH als Verbraucher, RdA 2011, S. 178-181.

Wank, Rolf, Die Auslegung von Gesetzen, 6. Aufl., München 2015.

Wank, Rolf, Der Arbeitnehmer-Begriff im neuen § 611a BGB, AuR 2017, S. 140-153.

Wank, Rolf, Die GmbH-Fremdgeschäftsführerin und die Fiktion des § 5 Abs. 1 Satz 3 ArbGG, RdA 2019, S. 312-317.

Wank, Rolf, Juristische Methodenlehre – Eine Anleitung für Wissenschaft und Praxis, München 2020 (zit.: *Wank*, Juristische Methodenlehre, § Rn.).

Wank, Rolf/Maties, Martin, Arbeitnehmer oder Gesellschaftsorgan oder Vereinsmitglied?, NZA 2007, S. 353-358.

Weber, Ralph, Einige Gedanken zur Konkretisierung von Generalklauseln durch Fallgruppen, AcP 192 (1992), S. 516-567.

Weber, Ulrich/Dahlbender, Frank, Nebentätigkeiten des Geschäftsführers Empfehlenswerte Regelungen im Geschäftsführervertrag, GmbH-StB 2002, S. 83-84.

Weidelener, Johannes, Der richterliche Vertragsschutz am Modell des nachvertraglichen Wettbewerbsverbots des GmbH-Geschäftsführers, Bayreuth 2002 (zugl Univ., Diss. Erlangen-Nürnberg 2002).

Weitnauer, Wolfgang/Grob, Verena, Gesellschaftsrechtliche Wettbewerbsverbote, GWR 2014, S. 185-191.

Wellenhofer-Klein, Marina, Strukturell ungleiche Verhandlungsmacht und Inhaltskontrolle von Verträgen, ZIP 1997, S. 774-781.

Weller, Marc-Philippe, Die Vertragstreue – Vertragsbindung – Naturalerfüllungsgrundsatz –Leistungstreue, Tübingen 2009.

Wendland, Matthias, Mediation und Zivilprozess – Dogmatische Grundlagen einer allgemeinen Konfliktbehandlungslehre, Tübingen 2017.

Wendland, Matthias, Vertragsfreiheit und Vertragsgerechtigkeit – Subjektive und objektive Gestaltungskräfte im Privatrecht am Beispiel der Inhaltskontrolle Allgemeiner Geschäftsbedingungen im unternehmerischen Geschäftsverkehr, Tübingen 2019.

Wensing, Hans-Hubert/Niemann, Jan-Malte, Vertragsstrafen in Formulararbeitsverträgen: § 307 BGB neben § 343 BGB? – Überlegungen zum Verhältnis von Wirksamkeits- und Ausübungskontrolle, NJW 2007, S. 401-405.

Werner, Rüdiger, Koppelungsklauseln in Geschäftsführerdienstverträgen und ihre rechtlichen Rahmenbedingungen, NZA 2015, S. 1234-1239.

Wertheimer, Frank, Nachvertragliche Wettbewerbsverbote bei Arbeitsverhältnissen, Köln 1998 (zugl. Univ., Diss. Freibung im Breisgau 1998 u.d.T.: Wertheimer, Frank: Das nachvertragliche Wettbewerbsverbot als Institut des Arbeitsvertragsrechts).

Westermann, Harm Peter/Grunewald, Barbara/Maier-Reimer, Georg (Hrsg.), Erman – Bürgerliches Gesetzbuch – Handkommentar mit AGG, EGBGB (Auszug), ErbbauRG, LPartG, ProdHaftG, VBVG, VersAusglG und WEG, 16. Aufl., Köln 2020 (zit.: Erman/*Bearbeiter*, BGB § Rn.).

Westphalen, Friedrich Graf v., Koppelungsklauseln in GmbH-Geschäftsführerverträgen auf dem Prüfstand, NZG 2020, S. 321-328.

Westphalen, Friedrich Graf v./Pamp, Rüdiger/Thüsing, Gregor (Hrsg.), Vertragsrecht und AGB-Klauselwerke, 47. Ergänzung, München 2021 (zit.: v. Westphalen/Thüsing/*Bearbeiter*, VertrR/AGB-Klauselwerke, Rn.).

Wicke, Hartmut, Gesetz betreffend die Gesellschaft mit beschränkter Haftung (GmbHG) – Kommentar, 4. Aufl., München 2020 (zit.: *Wicke*, GmbHG § Rn.).

Wieacker, Franz, Privatrechtsgeschichte der Neuzeit unter besonderer Berücksichtigung der deutschen Entwicklung, 2. Aufl., Göttingen 1967.

Wieacker, Franz, Zum Verhältnis von gesetzlichen Generalklauseln und Richterrecht von Fritz Werner – Rezension, JZ 1967, S. 716-717.

Wiebe, Gerhard, Unternehmerfreiheit versus Verbraucherschutz?! – Das Verhältnis zwischen Unternehmerfreiheit und Verbraucherschutz im Spiegel des öffentlichen Verbraucherschutzrechts, Baden-Baden 2017 (zugl. Univ., Diss. Bielefeld 2017).

Wiedemann, Herbert, Das Arbeitsverhältnis als Austausch- und Gemeinschaftsverhältnis, Karlsruhe 1966.

Wiedemann, Herbert, Inhaltskontrolle vorformulierter Verträge, in: Hans Merz/ Walter R. Schluep (Hrsg.), Recht und Wirtschaft heute, Festgabe zum 65. Geb. von Max Kummer, o. Prof. an d. Univ. Bern, Berlin 1980, S. 175-188 (zit.: *Wiedemann*, FS Kummer, 1980, 175).

Wiedemann, Herbert, Zur Verfassungswidrigkeit des HGB § 90a Abs 2 S 2 und eines vertraglich vereinbarten Berufsverbots sowie zur Bedeutung der Grundrechte für das Vertragsrecht und die richterliche Inhaltskontrolle von Verträgen, JZ 1990, S. 695-697.

Wiedemann, Herbert, Verfassungsrechtliche Inhaltskontrolle privatrechtlicher Verträge, JZ 1994, S. 411-413.

Wiedemann, Herbert, Verantwortung in der Gesellschaft – Gedanken zur Haftung der Geschäftsleiter und der Gesellschafter in der Kapitalgesellschaft, ZGR 2011, S. 183-217.

Wiedemann, Herbert, Richterliche Rechtsfortbildung, NJW 2014, S. 2407-2412.

Wilburg, Walter, Die Elemente des Schadensrechts, Marburg a.d. Lahn 1941.

Wilburg, Walter, Entwicklung eines beweglichen Systems im bürgerlichen Recht, Graz 1950.

Wilburg, Walter, Zusammenspiel der Kräfte im Aufbau des Schuldrechts, AcP 163 (1964), S. 346-379.

Willemsen, Heinz Josef/Müntefering, Michael, Begriff und Rechtsstellung arbeitnehmerähnlicher Personen: Versuch einer Präzisierung, NZA 2008, S. 193-201.

Wimmer, Richard, Der Anstellungsvertrag des GmbH-Geschäftsführers, DStR 1997, S. 247-251.

Wirbelauer, Wolfram Heinrich, Die Gestaltung eines vertraglichen Wettbewerbsverbots des GmbH-Geschäftsführers – Eine differenzierte Betrachtung nach organschaftlichen und dienstrechtlichen Aspekten, MDR 2018, S. 61-67.

Wolff, Heinrich Amadeus, Der verfassungsrechtliche Schutz der Betriebs- und Geschäftsgeheimnisse, NJW 1997, S. 98-101.

Würdinger, Markus, Die Analogiefähigkeit von Normen – Eine methodologische Untersuchung über Ausnahmevorschriften und deklaratorische Normen, AcP 206 (2006), S. 946-979.

Würtenberger, Thomas, Juristische Methodenlehre, begründet von Reinhold Zippelius, 12. Auflage, München 2021 (zit.: *Zippelius*, Juristische Methodenlehre, S.).

Zaumseil, Frank, Kündigungsschutz für (Fremd-)Geschäftsführer, NZA 2020, S. 1448-1453.

Ziemons, Hildegard/Jaeger, Carsten/ Pöschke, Moritz (Hrsg.), Beck'scher Online-Kommentar zum GmbHG, 51. Edition, Stand: 1.3.2022, München 2022 (zit.: BeckOK GmbHG/*Bearbeiter*, § Rn.).

Zimmermann, Markus, Landesrechtliche Rauchverbote in Gaststätten und die Grundrechte der Betreiber von (Klein-)Gaststätten, NVwZ 2008, S. 705-710.

Zippelius, Reinhold, Problemjurisprudenz und Topik, NJW 1967, S. 2229-2234.

Zippelius, Reinhold, Juristische Methodenlehre siehe unter *Würtenberger*.

Zöllner, Wolfgang, GmbH und GmbH & Co KG in der Mitbestimmung, ZGR 1977, S. 319-334.

Zöllner, Wolfgang, Die Privatrechtsgesellschaft im Gesetzes- und Richterstaat, Köln 1996.

Zöllner, Wolfgang/Noack, Ulrich (Hrsg.), Kölner Kommentar zum Aktiengesetz, Band 2, Teilband 1: §§ 76-94 AktG, Köln 2010 (zit.: KK-AktG/*Bearbeiter*, § Rn.).

www.ingramcontent.com/pod-product-compliance
Ingram Content Group UK Ltd.
Pitfield, Milton Keynes, MK11 3LW, UK
UKHW021923290926
8980IPUK00016B/1427

9 783631 908495